btb

Buch

Die heimliche Hochzeit Bettine Brentanos und Achim von Arnims im Jahr 1811 ist eine Liebesheirat. Sie besiegelt das Bündnis zweier Menschen, die gegensätzlicher nicht sein können und die doch, jeder auf seine Weise, das Fühlen, Denken und Schreiben der Romantik verkörpern. Kenntnisreich wie niemand vor ihr beleuchtet Hildegard Baumgart die Vorgeschichte dieser Ehe und spürt dabei feinfühlig den Lebenslinien der Protagonisten nach. Sie konzentriert sich auf die Kristallisationspunkte beider Biographien: Elternhaus, soziales Umfeld, kulturelle Einflüsse, Freunde. Gleichzeitig entsteht wie von selbst ein lebendiges Bild jener politisch so ereignisreichen Jahre.

Bei Bettine prägen drei Personen die Erfahrung von Liebe in diesen frühen Jahren: der Bruder Clemens, Karoline von Günderrode, ihre Schriftstellerfreundin, und vor allem Goethe, mit dem Bettine ihr Leben lang in Realität und Phantasie verbunden blieb. Von Clemens Brentano erfuhr Arnim die entscheidende Ermutigung, sein Leben der Poesie zu widmen. Gemeinsam veröffentlichten die Freunde *Des Knaben Wunderhorn*, die romantische Liedsammlung schlechthin, an der auch Bettine ihren Anteil hatte.

Das Schreiben ist von zentraler Bedeutung für Bettine wie Arnim. Hildegard Baumgart zitiert ausführlich aus den zahllosen Briefen, die sich die Liebenden geschickt haben. Durch diese und andere bisher weitgehend vernachlässigte Texte entsteht ein reiches Personen-, Kultur- und Sittengemälde, und man erlebt den so oft beschworenen Zauber Bettines wie Arnims, als würde man sie persönlich kennen.

Autorin

Hildegard Baumgart ist promovierte Romanistin und übersetzt aus dem Spanischen. Neben journalistischen Arbeiten zum Paarthema veröffentlichte sie bislang die Bücher *Briefe aus einem anderen Land (1972)* sowie *Eifersucht. Erfahrungen und Lösungsversuche im Beziehungsdreieck (1985)*. Seit etwa zehn Jahren beschäftigt sie sich mit der Romantik, besonders mit dem romantischen Ehe- und Liebesbegriff, und mit Paarträumen.

Hildegard Baumgart

Bettine Brentano und Achim von Arnim
Lehrjahre einer Liebe

btb

Dem Andenken meines Lehrers Hugo Friedrich und
meines Psychoanalytikers Fritz Riemann, denen dieses
Buch viel verdankt.

Umwelthinweis:
Alle bedruckten Materialien dieses Taschenbuches
sind chlorfrei und umweltschonend.

btb Taschenbücher erscheinen im Goldmann Verlag,
einem Unternehmen der Verlagsgruppe Bertelsmann.

1. Auflage
Genehmigte Taschenbuchausgabe April 2001
Copyright © 1999 by Berlin Verlag, Berlin
Umschlaggestaltung: Design Team München
Umschlagmotiv: Rothfos Gabler/Zwei Gemälde:
Freies Deutsches Hochstift, Frankfurter Goethe-Museum;
Zeichnung: © Ursula Edelmann
KR · Herstellung: Augustin Wiesbeck
Made in Germany
ISBN 3-442-72667-0
www.btb-verlag.de

INHALT

Einleitung 11

URSPRÜNGE 21

Ein adliger Junge in Preußen 21
Ein Trauerhaus, eine traurige Kindheit 21   Ein Onkel, ein Retter 25
Die Großmutter Labes 27   Der Großvater Labes 28
Eine kräftige Sprache 32   Arnim am Joachimsthalschen Gymnasium 33

Eine bürgerliche Kaufmannstochter in Frankfurt 35
Aufsteigerreichtum, Aufsteigerehen 36   Bettine: Vielfalt und Überfülle 38
Rettende Konstanten: Der Vater 38   Die Mutter: Maximiliane
Brentano 42   Im Kloster 45   Bettines erster erhaltener Brief 47
Der Patriarch hinterläßt ein wohlbestelltes Haus 48   In Offenbach
bei der Großmutter 49   Sophie von La Roche, Repräsentantin des
18. Jahrhunderts 50   Bettine zwischen Literatur und Traum 55

ERSTES BEGEGNEN 59

Studentenleben 59
Ein verbotenes Vivat für Goethe 59   Fünf Freunde im Garten 60
Clemens Brentano 62   Arnims Wesen und äußere Erscheinung 64
Beginn der Liederbrüderfreundschaft 67

Frühling am Rhein 71
Kavalierstour oder »Buhlschaft mit der Poesie«? 71   Nach Frankfurt! 73
Drei Wochen im Juni 76   Magnet und Feuer – Arnims Analyse der
Brentanoschen Familie 82   Aber die Dichtung … – ein Programm 83

VERSUCHE, VORKLÄNGE, NACHKLÄNGE 89

Zwiespalt zwischen Liebe und Ordnung: »Hollin's Liebeleben« 90
Henriette Dieterich 90   Welt und Gegenwelt im *Hollin* 91

Nachklänge der ersten Begegnung 92
Zwei Identitäten, zwei Lebenszustände 92   Freundschaft oder Liebe? 95
Reisestationen 97

ERSTE LIEBE, ERSTE FREIHEIT.
BETTINE UND CLEMENS 101

Die Puppe wegwerfen 101   Zwischen Kind und Frau, zwischen
Reflexion und »Natur« 103   Ein neuer Blick auf die Welt 104
Gefährliche Liebschaft 105   Ein Ebenbild macht sich selbständig 107
Die Konkurrentin: Sophie Mereau 110   Versöhnung in Freiheit 113

LIEBE IM AUSLAND.
ARNIM UND GIUSEPPA GRASSINI 117

Paris 117   Englischer Nebel 118   Eine Italienerin in England 119
Krank an Liebe, Vaterland und Leber 126

IM VATERLAND, IN DER VATERSTADT.
ARNIM IN BERLIN, BETTINE IN FRANKFURT 129

Besuch von Clemens in Berlin 129
Bettine im Goldenen Kopf 131

FRAUENLEBEN, FRAUENTOD.
BETTINE UND KAROLINE VON GÜNDERRODE 135

Fremde Freundinnen 135
Sanfte Geistfrau, femme à hommes oder männlicher Geist? 136
Drei Liebesversuche: Savigny, Clemens Brentano, Friedrich Creuzer 139
Lernen und Denken ohne männliche Störung 141

Ein früher Traum vom Helden 141   Gefährdungen und
Rettungsmöglichkeiten weiblichen Lebens 143

Der Dolch und der Rhein. Karolines Tod 145
Creuzer und der Bruch mit Bettine 146   Der Gegenschlag 147
Der Selbstmord 147

Was Bettine daraus machte 151
Eine späte Umdeutung 151   Für die Liebe und gegen den Tod 152
Andere Lieben, andere Tode 153

»EIN WOHLFEILES VOLKSLIEDERBUCH«:
DES KNABEN WUNDERHORN 157

Die neuen Lieder und die alten Bücher 157   Romantischer Umgang
mit der Volkslied-Tradition 160   *Von Volksliedern* 161

BETTINE UND ARNIM:
WIEDERSEHEN NACH DREI JAHREN 163

Annäherung zweier Vielbeschäftigter 163   Der interessanteste Mann und
die anderen Männer 165   Arnim wird von der Familie akzeptiert 168
Auf dem Trages 170   Und wieder ein Lebensprogramm für Bettine 171

PREUSSEN – VERGEBLICHE LIEBE 175

Noch immer kein Krieg 175   Bei Goethe – zwischen »poetischem
und kriegerischem Enthusiasm« 178   In Berlin 183   Beginn des
Briefwechsels mit Bettine 184   Im »Vaterland« 185
Versuch, in den Süden zu kommen 186   Festbeißen oder Ball spielen 188
Krieg und Kriegslieder 193   Bettine in Frankfurt. Tieck und Musik 195
Flucht vor der Niederlage, Trennung auf lange 198   Königsberg 201
Arnim dichtet 202

AUGUSTE SCHWINCK.
ARNIMS »GROSSE LIEBE« 207

Ein Kind aus gutem Hause 207   Verliebt verliebt verliebt 209
Die innere Katastrophe vertritt die äußere 211   Versuch, doch noch
Soldat zu werden 212   Ende und Neuanfang 214

Rückkehr in die Welt der Freunde 216
Bettines Reaktion auf das Auguste-Erlebnis 216   Noch eine Auguste:
Clemens Brentanos zweite Heirat 218   Charlotte Schwinck –
Mutter, Freundin, Trösterin 219   Traum von einem neuen Lied 222
Zornausbruch in sicherer Entfernung 224   Was blieb 226

BETTINE UND GOETHE 229

Vorgeschichten 229
Ein Nachbarssohn, der schreibt 229   »Vergesse nicht Goethe
wie ich Dich lieben lernte« 230   Umgang mit den Büchern Goethes 232
Mignon 233   43 Goethebriefe 236   Bei der Frau Rat – Tochter,
Schwester, Nachfolgerin 238

Der Besuch 240
Über Berlin nach Weimar 241   Weibliche Deszendenz 242
Der erste Blick 243   Auf Goethes Schoß? 244   Im Himmel 247
Behagen, Gespräche, ein Ring 248

Lehren und Folgen 251
Die Mühen der Ebene nach dem Gipfelflug 251   Briefe an Goethe 254
Leben mit Goethe und Arnim: Familientreffen in Weimar 256
In Kassel mit den Freunden 259   Ein nachgeschickter Vergleich:
Bettine Brentano und Auguste Bußmann vor Napoleon 260
Goethes Sonette – ein Irrgarten der Liebe 263

1808 – DAS JAHR ZWISCHEN FRANKFURT
UND HEIDELBERG 267

Vertrauen und Mißtrauen 268   Wer bin ich? Selbstdefinitionen 270
Die Last auf Bettines Herz 274   Alltag und Arbeit 277

Zeitung für Einsiedler 279   Streit mit Johann Heinrich Voß 282
August von Goethe in Frankfurt 283   Eifersucht – Frau von Staël 285
Küsse, Nähe, Erotik – nicht mehr? 288   »Die Ungebundenheit Deines
Herzens« – Nähe durch Distanz 292   Zukunftssorgen 294   Nach Lands-
hut – ein schwerer Abschied 297   Zurückgeblieben in Heidelberg 300

BETTINE IN MÜNCHEN – DAS JAHR
IN DER ROSENSTRASSE 305

Jacobi, Stadion, Humboldt, Schelling, Tieck 305   Kronprinz
Ludwig von Bayern 310   Kinder betreuen 312   Vor allem Musik 313
Ludwig Emil Grimm, ein wenig Boheme und Philosophie 314

ARNIM: ZURÜCK UND
VORWÄRTS NACH PREUSSEN 319

Frankfurt, Kassel, Weimar 319   Berlin – Politik und Literatur
im Vaterland 321   *Der Wintergarten* 324   Die Erzählung *Mistris Lee* 326
Bettines Reaktion 328   Liebe in der Ungunst der Zeiten 329
Schill – und ein Traum von Arnim 332   Heiratsgedanken – der Traum
der Frau Schwinck 334   Beschränkung, Aufruhr und Melancholie 337
Arnim mit Clemens in Berlin 341

BETTINE IN LANDSHUT 1809/10 345

Aufbruch von München 345   Bettines Traum: »Gast!, wer hat dich
gebeten?« 346   Bettine leuchtet in Landshut 348   »Bettine mit
Wintergarten« 352   Veränderungen der Liebe 354   Sailer 355
Die Wahlverwandtschaften 357   Arnims Eheroman von der
Gräfin Dolores 360   Nach Berlin! 365

KEINE RETTUNG ALS DIE EHE? 369

Arnim: »Die Toden Finger deiner Ahnen« 369
Ein Testament, ein Befehl, ein Konflikt 369
Die Ehe: Vermächtnis, Ausweg, Rettung 373

Bettine: Ein Kampf ums richtige Leben 375

Von Landshut nach Wien und Böhmen 375   Freyberg 378
Liebe in die Ferne 379   Einmalig? Anders als alle? 380   Ein Held
ohne Bewußtsein 382   Vom himmlischen zum irdischen Heldentum 384
Arnim: die irdische Stimme der Liebe und der Vernunft 388
Ein zögerndes Ja und seine siegessichere Aufnahme 391   Noch mehr
Hindernisse: ein Gott initiiert die Braut 396   Die fehlenden Briefe 399
Arbeit an Goethes Leben 400

KEIN GLÜCK ALS DIE EHE! 403

Leben in Berlin 404   *Halle und Jerusalem* 407   Verlobung unter freiem
Himmel 410   Goethes Distanzierung 412   Zwischen den Zeiten 413
Handeln als Spiel? Die Tischgesellschaft 415   Heimliche Hochzeit 417

STATT EINES NACHWORTS –
EINIGES ZUR TEXTSITUATION 429

ANHANG

Siglenverzeichnis 433
Belege und Anmerkungen 437
Literaturverzeichnis 479
Bildnachweis 486
Personenregister 487

EINLEITUNG

Gegenwärtige beyde Personen haben sich ordentlicher Weise, in den heiligen Stand der Ehe begeben, solches von der Cantzel öffentlich lassen aufbiethen, und darauf das gemeine Gebet begehret. Weil dann bisher kein Einspruch geschehen, dadurch die vorgenommene Ehe verhindert oder noch möchte verhindert werden, auch keiner hinfort soll gestattet noch zugelassen werden: so wollen wir ihnen, als darzu erbetene Freunde, aus Christlicher hertzlicher Liebe, nochmals zu solchem Stande Gottes Segen, Glück und Heyl wünschen und also miteinander für sie beten: Vater Unser, der du bist im Himmel etc

(Hierauf werden Bräutigam und Braut jeder absonderlich befraget, ob sie sich einander haben wollen, die Trau-Ringe gewechselt, ihre beyde rechte Hände zusammen gegeben, des Predigers rechte Hand darüber geschlossen, und gesprochen:) Was GOTT zusammen füget, soll kein Mensch scheiden.

*

Weil dann gegenwärtige beyde Personen einander zur Ehe begehren, und solches allhie öffentlich vor GOTT und dieser Christlichen Gemeine, als Zeugen zum Jüngsten Tage, bekennen, worauf sie die Hände und Trau-Ringe einander gegeben: so spreche ich sie, als ein Diener Christi unsers Herrn, ehelich zusammen, im Namen des Vaters, und des Sohnes, und des heiligen Geistes. Amen.

B raut und Bräutigam, die am 11. März 1811 diese ehrwürdigen Worte hörten, und taten, was vorgeschrieben war, befanden sich nicht in der Kirche, sondern ganz allein mit einem sehr alten Pfarrer in dessen Bibliothek. Ihre vielen Freunde und Verwandten wußten nichts von der Trauung. Der Bräutigam wäre fast zu spät gekommen, weil ihm ein wichtiges Papier fehlte. Die einzige Zeugin, eine alte hugenottische Dame, die Frau des Pfarrers, mußte der Braut das seidene Myrtenkrönchen leihen, das sie selbst fünfzig Jahre früher getragen hatte, denn der Braut waren Sitte und Bedeutung des hochzeitlichen Myrtenschmuckes unbekannt. Was war das für ein sonderbares Paar?

Die Liebesgeschichte zwischen Bettine Brentano und Achim von Arnim enthält vieles, was jeder Liebende kennt und wiedererkennt. Zugleich ist sie so unverwechselbar wie die Arnimsche Trauung, die Freunde und Familie um ein Fest betrog, für die Brautleute aber der einzig angemessene Ausdruck ihrer eigenwilligen und einmaligen Verbindung war. Arnim war dreißig Jahre alt und weithin bekannt als Herausgeber von *Des Knaben Wunderhorn,* als literarischer Journalist und als Dichter in Prosa und Versen. Bettine, mit 25 keine ganz junge Braut mehr, hatte keinen Beruf und war wegen ihrer reichen Herkunft nicht gezwungen, mit ihren Begabungen Geld zu verdienen wie andere Frauen der Zeit – etwa Sophie Mereau-Brentano, Dorothea Mendelssohn-Schlegel oder Arnims musikalische Freundin Louise Reichardt. Zur berühmten romantischen Autorin wurde Bettine erst nach Arnims frühem Tod im Jahre 1831. Über »Liebe« schrieben beide viel; für Bettines Werk wurden »Liebe« und »Geist« schließlich die Leitworte ihres ganzen Lebens und Schreibens, auch des politischen.

Liebe wird von heutigen Paaren als die wichtigste Grundlage eines dauerhaften Zusammenlebens angesehen, und sie sind auch meistens der Ansicht, das sei immer so gewesen. Es gibt zwar Resignierte oder »Vernünftige«, die nicht ganz daran glauben, aber niemand kann sich von dem übergroßen Anspruch, dem die ebenso große Gefahr des Scheiterns eingeschrieben ist, freimachen. Dem Menschen von jeher angeboren ist diese Vorstellung nicht; sie ist wenig mehr als zweihundert Jahre alt. Nach jahrzehntelanger praktischer und theoretischer Arbeit am Paarthema wurde diese Tatsache zum Anlaß für meine Beschäftigung mit den Arnims. Ich wollte herausfinden, wie das im wirklichen Leben ausgesehen hatte: eine Liebe zwischen zwei Romantikern.

Die Ehe als *Liebes*verbindung, wie wir sie heute wünschen und erwarten, wurde in der Romantik »erfunden«. Vorher verstand man sie als sinnvolle Lösung des Triebproblems, die zu legitimer Kinderzeugung und -erziehung führen sollte. Mann war Mann, und Frau war Frau; persönliche Wünsche, besonders wenn sie konventionsstörend waren, spielten eine untergeordnete Rolle. Zu den Zielen einer Heirat, die man kühl als Sache der Familienvernunft und der materiellen Absicherung ansah, gehörte es keineswegs, Liebe zu verwirklichen und das Glück einer individuellen Sonderwelt zu ermöglichen. Liebe, besonders leidenschaftliche, war seit der Antike etwas, das nicht wesentlich zur Ehe gehörte, ja als außerehelich verstanden wurde. Das 18. Jahrhundert lockerte die rigide Nüchternheit dieser Auffassung allmählich auf. Dem Menschen als freiem Vernunftwesen, auch der Frau, wurde das Recht zugesprochen, Glück zu erwarten, ja zu fordern. »Menschlichkeit«, »Gefühl« und »Natur« entwickelten sich zu Leitbegriffen, Freundschaft unter Eheleuten und gegenseitige seelische Hilfe wurden zum Thema von Literatur und Leitfäden.

Nach dieser Vorbereitung explodierte in den Jahren um 1800 unter einigen jungen Intellektuellen eine in der Menschheitsgeschichte gänzlich neue Liebestheorie. 1796 erklärte der 34jährige Fichte, seit zwei Jahren Professor für Philosophie in Jena: »Die Ehe ist ihr eigener Zweck«, und forderte unerbittlich idealistisch, es dürfe keine Ehe ohne Liebe geben; ja Eheleute, die nach dem Erlöschen ihrer Liebe noch zusammenblieben, lebten nach seiner Ansicht im Konkubinat. Fichtes Schüler und Freunde, die sich in Berlin und Jena zusammenfanden, hatten seinen Rigorismus nicht mehr nötig. 1799 erschien ein als Roman bezeichnetes Büchlein des 27jährigen Friedrich Schlegel, das noch heute als eine Art Manifest der romantischen Ehe- und Liebesauffassung gilt: *Lucinde*, locker und fragmentarisch in der Form, enthusiastisch und frech in der Darstellung, voll Jubel und Begeisterung über das, was Liebe sein kann. Es ging um Verschmelzung von Seelen und Leibern, um die Einmaligkeit einer Beziehung zwischen einem ganz bestimmten Mann und einer ganz bestimmten Frau, um die Auflösung, ja gelegentliche Umkehrung der seit Jahrtausenden festgelegten Geschlechterrollen und um die »Ergänzung«, das Ganzwerden der Liebenden durch das geliebte Gegenüber. Die *Lucinde*, autobiographisch an der Beziehung Friedrichs zu der noch verheirateten Mendelssohn-Tochter Dorothea Veit entlanggeschrieben, erregte bei ihrem Erscheinen ein für uns Heutige unfaßbares Ärgernis. Schlegel wurde der Aufenthalt in Göttingen verboten, sein vier Jahre älterer Freund Schleiermacher, der das Buch in einem Briefessay verteidigte, wurde von seinen theologischen Vorgesetzten gemaßregelt, und der 40jährige Schiller nannte es in einem empörten Brief an Goethe »den Gipfel moderner Unform und Unnatur«. Novalis dagegen, ebenso alt wie Friedrich Schlegel, redete Julius, Schlegels Alter ego in der *Lucinde*, begeistert als Gottgesandten an: »Wenn irgend jemand zum Apostel in unserer Zeit sich schickt, so bist du es. Du wirst der Paulus der neuen Religion seyn, die überall anbricht – einer der Erstlinge des Zeitalters ...«

Liebe wird noch heute oft mit dem Zwillingsbegriff »romantisch« bedacht, und zweifellos gehört sie in den Mittelpunkt der Romantik, ja sie *ist* dieser Mittelpunkt. »Die Liebe ist der Endzweck der *Weltgeschichte* – das Unum des Universums«, schrieb Novalis in sein Notizbuch. Damit war keineswegs eine asketische, in der christlichen

Tradition stehende Liebe gemeint, sondern eine, der es sehr wohl um Fleisch und Blut, um Haut und Haar des geliebten Menschen ging. Daß gerade von dieser auch sinnlichen Liebe die Transzendierung der menschlich-tierischen Natur erhofft wurde und damit eine Erweiterung des eigenen Selbst, daß Körper und Geist, Gefühl und Verstand in der Liebe zusammengebracht, versöhnt, verschmolzen werden sollten, ist das eigentliche Anliegen der romantischen Liebesauffassung. Für einen solchen Anspruch reicht die vorübergehende Liebe nicht aus – dafür braucht es ein ganzes Leben. »Liebe und Ehe sind verschieden, aber vollendete Liebe geht in Ehe über, und so umgekehrt«, wirft Friedrich Schlegel aufs Papier, aber auch: »Nur geniale Menschen können lieben, denn nur sie haben Sinn für Originalität.« Die Voraussetzung für die Möglichkeit von Liebe in der Ehe war, daß jeder Mensch als ein sich immer wieder wandelndes Wesen angesehen wurde und daher zwischen Mann und Frau ein lebenslanges spannendes Wechselspiel von Freundschaft, Leidenschaft und geistigem Austausch möglich war.

Das Herausgerissenwerden aus dem Alltag durch einen wunderbaren inneren Zwang, das Ereignis der Liebe auf den ersten Blick, schaurige und schöne Zufälle, Sehnsucht, Raserei, Liebestod und Wahnsinn – all das empfinden wir heute als romantisch, solange es sich in eine schöne oder rührende Form für Teilnahme und Betrachtung bringen läßt. Die Romantiker erhoben zwar die Formlosigkeit, das Fragmentarische, das Unvollendete zu ihrem Prinzip und sahen gerade darin Sinn und Schönheit. Doch *realistisch* hat kein Romantiker den Zerfall lebender Form dargestellt, etwa das Grauen echten Wahnsinns wie bei Hölderlin, ein verwirrtes Leben ohne inneres Zentrum wie das von Clemens Brentanos zweiter Frau Auguste Bußmann oder eine zerstörerische Krankheit zum Tode wie die der 15jährigen Novalis-Braut Sophie von Kühn. Fern lagen ihnen in der Kunst die hoffnungslosen Liebesschlachten nach Art von Strindberg – und doch: Im Leben hatten sie dergleichen durchzustehen, gerade weil sie sich nicht abfinden konnten mit dem nur einigermaßen Guten, mit dem kleinen Glück, mit gereiztem Alltag und faden Sonntagen. »Du sollst keine Ehe schließen, die gebrochen werden muß«, lautet Schleiermachers siebtes Gebot in seiner *Idee zu einem Katechismus für edle Frauen*, und das vierte: »Merke auf den Sabbath deines Herzens, daß du ihn feyerst, und wenn sie dich halten, so mache dich frey oder gehe zu Grunde.« Wie aber kamen die Romantiker in der Liebe zurecht mit ihrer Forderung, daß die Welt poetisiert werden soll? Dagegen stand die Banalität von Trieb und Materie, die sie am eigenen Leibe kannten wie jeder Mensch.

Ursprünglich wollte ich ein allgemeines Buch über Liebe und Ehe in der Romantik schreiben. Doch zerfiel mein Plan in einem nervösen Zuviel von Theorien, Lebensläufen und literarischen Werken. *Eine* Liebe sollte darum fortan das Thema sein, wegen der Wichtigkeit der Ehe in der Romantik zudem eine, die zur Ehe führte und möglichst zu einer Ehe mit Kindern. »Wo Kinder sind, da ist ein goldenes Zeitalter«, hatte der früh und daher kinderlos gestorbene Novalis geschrieben. Nie zuvor ist über Kinder soviel und so liebevoll nachgedacht worden, und *das Kind* wurde zu einem unentbehrlichen psycholiterarischen Begriff. Selbstverständlich sollte die Frau meines Paares ebenso gebildet, bedeutend und bewußt zeitbezogen sein wie der Mann. Rahel Levin und August Varnhagen von Ense? Keine Kinder. Caroline und August Wilhelm Schlegel? Sie gehören zentral zur Jenaer Romantik und der *Athenäums*-Liebestheorie, aber ihre Ehe war aus Vernunft geschlossen worden; das angebetete Kind Auguste stammte aus einer früheren Ehe Carolines. Caroline und Schelling? Diese Ehe war überaus glücklich und sehr »romantisch« im Aufbrechen wichtiger Konventionen, währte aber nur kurz und blieb kinderlos. Dorothea und Friedrich alias Lucinde und Julius? Auch hier gab es keine gemeinsamen Kinder – und einen Rückfall in die Unterwerfung der Frau, wie ihn Dorothea im Lauf der 25 Ehejahre praktizierte und Friedrich sich gefallen ließ, wollte ich auch nicht gerade begleiten. Ein eindrucksvolles Paar, das lange verheiratet war – 44 Jahre – und viele Kinder hatte, sind Caroline und Wilhelm von Humboldt. Sie haben aber schon 1791 geheiratet, gehören also mehr zur Klassik als zur Romantik, und die Aufregungen, die Treue und Untreue ihrer Verbindung verweisen in vielem auf die Empfindsamkeit und die adelige Oberschicht des 18. Jahrhunderts. Wie stand es mit Clemens Brentano und Sophie Mereau? Clemens, 1778 geboren, gehört in Werk, Leben und Briefen wahrhaftig ins Zentrum der Liebesromantik. Aber die acht Jahre ältere Sophie, als Dichterin von Schiller protegiert, hat noch etwas von der vernünftigen und ein wenig kühlen Grazie des Rokoko. Ihre Werke zählen nicht zur Romantik. Die Ehe der beiden dauerte nicht einmal vier Jahre, und alle drei Kinder, die während dieser Zeit geboren wurden, starben sehr früh. Eine weitere berühmte Liebesverbindung ist die von Robert und Clara Schumann, die 1810 bzw. 1819 zur Welt kamen. Ihre Geschichte ist, was die Intensität der Liebe trotz unglaublicher Widerstände angeht, nicht zu übertreffen. Die Ehe währte 16 Jahre, und das Paar hatte sechs Kinder bei dauerndem künstlerischem Engagement der Mutter. Beim Tod Schumanns 1856 war die Romantik im engeren Sinne allerdings schon vorbei. Auch ist weit mehr das Wort als die Musik mein Feld. Die Königsehe zwischen Friedrich Wilhelm III. und Luise von Preußen, 16 Jahre Dauer, 13 Geburten bis zum Tod der Königin 1810, erschien mir zu sehr bestimmt von ihrer Funktion im Staat und den überwältigenden politischen Ereignissen. Obendrein schrieb zwar Luise hinreißende, Friedrich Wilhelm dagegen eher trockene Briefe. Daß sie von der ordnungsfremden romantischen Liebestheorie etwas hielten, ja diese überhaupt kannten, ist unwahrscheinlich. Luise, zunächst ziemlich ungebildet, beschäftigte sich später wie eine normale bewundernde Leserin mit Goethe und besonders Schiller. Nicht umsonst vergleicht Novalis sie mit der ausgewogenen »klassischen« Natalie im *Wilhelm Meister*.

So kam ich auf die Arnims. Ihre Lebenszeit umgreift alle Phasen der Romantik. Arnim wurde 1781 geboren, Bettine 1785.[*] Als das *Athenäum* und die *Lucinde* erschienen, waren sie noch halbe Kinder. Bei Arnim[**], ab 1798 Student, kann man so gut wie sicher sein, daß er die literarischen Neuerscheinungen auf der Stelle las. Bettine wurden die Theorien der Frühromantik, zurechtgerückt für ein Mädchen zwischen 15 und 17 Jahren, von ihrem Bruder Clemens vermittelt. Als die späteren Eheleute sich 1802 in Frankfurt kennenlernten – Bettine 17, Arnim 21 Jahre alt –, waren beide bereits mit vielen wichtigen Zeitgenossen, älteren wie gleichaltrigen, bekannt oder befreundet. An allen Brennpunkten der Romantik, die sie entscheidend mitbestimmten, in Heidelberg, München, Landshut, Berlin, waren sie später persönlich zu finden oder hatten dort Freunde, Lehrer, Verwandte, Vorbilder, Feinde. Goethe war für sie nicht nur ein großer Autor, von dem man möglichst jedes Wort las, sondern spielte in beider Leben eine wichtige persönliche Rolle. Obwohl Bettines und Arnims Bekanntschaft von Anfang an erotisch funkelte, wurde sie erst nach etwa vier Jahren von beiden als Liebe benannt. Neun Jahre vergingen vom Kennenlernen bis zur Heirat, die Ehe füllte zwanzig Jahre, bis zu

---

[*] Auf ihrem Grabstein in Wiepersdorf steht als Geburtsjahr 1788. In ihren mittleren Lebensjahren ergriff Bettine die Gelegenheit eines Schreibfehlers, um sich drei Jahre jünger zu machen.

[**] Arnim wurde von niemandem mit seinem Vornamen angeredet, deshalb nenne auch ich ihn nicht Achim. Sein Name in der Familie, bei Großmutter, Onkel und Bruder, war Louis, nach seinem ersten Vornamen Ludwig.

Arnims Tod. Sie hatten sieben Kinder. Die Arnims sind im genauen Sinne *das* romantische Paar. »Romantisch« im modernen Sinne ist ihre Liebe aber gerade nicht.

Bettine überlebte Arnim um 28 Jahre und schrieb erst nach seinem Tode Bücher. Mit über fünfzig wurde sie die bekannteste deutsche Romantikerin und eine Weltberühmtheit. Über sie, die seit den sechziger Jahren ins Interesse der feministischen Bewegung gerückt war, hatte ich viel gelesen, zuerst 1969 die noch immer beste Lebensgeschichte von Ingeborg Drewitz. Allerdings ging mir Bettines Hysterie damals so auf die Nerven, daß ich ihr Rahel Varnhagen bei weitem vorzog. Ich sah, genau wie die Zeitgenossen, die ebenfalls nicht genauer hinschauten, am Anfang nur das exaltierte Benehmen, die überstrapazierte Koboldhaftigkeit, die Verwöhntheit und Selbstbezogenheit der reichen Tochter und erst später ihre Treue, ihre Zuverlässigkeit, ihre unkomplizierte Gutmütigkeit. Die Herrlichkeit ihrer Briefe, ihr Übermut, ihr Ernst, ihr Einfallsreichtum, die Unbefangenheit der Selbstdarstellung, die Sicherheit ihrer musikalischen Sprache – all das entzückt mich nach fünf Jahren intensiven Umgangs noch heute, wo immer ich meine zerlesenen Bettine-Bände aufschlage.

Arnim kannte ich »als Person« zunächst gar nicht. Es gibt keine nennenswerte Arnim-Biographie. Er ist der unbekannteste deutsche Romantiker. War mein Interesse für Bettine der Ursprung dieses Buches, so wurde, wie ich es gehofft hatte, mit der Zeit eine Doppelgeschichte daraus, in der Arnim, seine Lieben, seine Werke und seine große Anziehung ebensoviel Platz einnahmen wie seine quirlige Freundin und spätere Ehefrau. Seine Briefe, der nichtwissenschaftlichen Öffentlichkeit weitgehend unbekannt, gehören zu den großen Schätzen unserer Sprache. Durch sie lernt man einen – übrigens sehr deutschen – Charakter voll Humor, Güte und sperriger Herzlichkeit kennen, dessen beherrschtes Wandeln über anarchischen Abgründen, dessen selbstverständliche Intelligenz und Grazie, dessen Hingabe an die Dichtung Herz und Kopf beanspruchen – also den »ganzen Menschen«, auf den es den Romantikern so sehr ankam. Da Arnim eine wichtige Gestalt des literarischen und gesellschaftlichen Lebens seiner Zeit war, gibt es viele Berichte von Zeitzeugen über ihn. In ihnen ist von Arnims »Milde«, Rechtlichkeit, Wohlgeratenheit und Preußentum die Rede. Oft wird seine große Schönheit gerühmt. Seine Werke aber sind voller Unregelmäßigkeit, Willkür, Düsternis und Verrücktheit, führen den Leser allerdings meist wie in einer Rettungsaktion zur Harmonie zurück. Unter der unübersichtlichen Menge seiner Gedichte finden sich viele von ungewöhnlicher und origineller Schönheit – nach Ansicht der französischen Surrealisten war Arnim der erste, der sich an eine écriture automatique wagte* –, doch auch diese sind weithin unbekannt. Bekannter ist leider, daß Arnim mit unbegreiflicher Nachlässigkeit eine große Anzahl schlechter Gedichte schrieb. Welche Beziehung hatte sein Werk zu dem realen Mann Arnim?

Seit 1806, also fünf Jahre bis zur Eheschließung 1811, haben die beiden Liebenden sehr intensiv miteinander korrespondiert. Außerdem wurde in dem elitären Kreis, zu dem sie gehörten, über sie geredet, nachgedacht, geklatscht, was alles in oft sehr schönen Briefen von Nah- und Fernstehenden nachzulesen ist. Die Entwicklung Bettines und Arnims aufeinander zu ist so gut und so interessant dokumentiert wie bei keinem anderen Paar.

Beim Einlesen in die Geschichte dieser Liebe öffnete sich mir eine Tür nach der andern. Im Hintergrund verschwand dabei die Theorie, die mich zu den beiden geführt hatte. Ich folgte jetzt einfach den äußerst windungsreichen und vielfältig verschlungenen Lebenslinien von zwei hochbegabten, überaus anziehenden und dabei sehr komplizierten Menschen. Keineswegs ging es dabei immer nur um Liebe.

Was die beiden vor allem interessant macht, ist, daß sie an Leib, Geist und Leben den größten historischen Umbruch seit der Renaissance erfuhren. In ihre Lebenszeit fiel die Französische Revolution, fielen Aufstieg und Fall Napoleons, die Franzosenkriege in ganz Europa, die Niederlage Preußens und deren langsame Überwindung, fielen große politische Hoffnungen und größere Rückschläge. Beide haben Napoleon aus nächster Nähe gesehen. Beide waren durch ihre Zeit geradezu gezwungen, der Politik sehr viel Raum zu geben, auch Bettine, die angesichts der Ereignisse in Bayern und Tirol, ganz wie es ihre Art war und blieb, sehr emotional und »romantisch« reagierte – eine Vorform ihres »linken« Engagements in Preußen während der vierziger und fünfziger Jahre des 19. Jahrhunderts. Arnim gilt noch heute vielen als konservativ. Das Gegenteil ist der Fall. Doch war das Vaterland, ein Wort und Gefühl, mit dem wir heute Schwierigkeiten haben, gleichsam das Herz seines Lebens und Denkens.

---

* Eine Auswahl von Arnims Novellen erschien 1856 unter dem Titel *Contes bizarres*, übersetzt von Théophile Gautier fils, und wurde 1934 mit einer Einleitung von André Breton neu herausgegeben.

Auf den langen Wegen und Umwegen der Liebe wurden Bettine und Arnim erwachsen. Ich schließe dieses Buch mit der Hochzeit, mit der ich begann. Viele Märchen enden mit der Heirat und behaupten, das Paar, das vorher durch viele Prüfungen gegangen ist, habe glücklich gelebt bis an sein seliges Ende. Ein Märchen ist meine Geschichte nicht. Daher soll der Arnimschen Ehe eine weitere Arbeit gewidmet werden. Entscheidend ist und bleibt dabei das Staunen über die »unerhörten Geschichten«, die diese beiden jungen Menschen in der Phantasie und in der Realität erlebten. Diese Geschichten will ich erzählen.

URSPRÜNGE

Ein adliger Junge in Preußen

E in vollkommener Mensch ist ein kleines Volk«, schrieb Novalis, und an anderer Stelle: nur wer mit sich selbst eine glückliche Ehe führe und eine schöne Familie ausmache, sei überhaupt ehe- und familienfähig. Was die Romantik intuitiv erfaßte, hat die moderne Seelenforschung bestätigt: Das, was wir das Ich eines Menschen zu nennen gewohnt sind, setzt sich zusammen aus den inneren Bildern, die ihm frühe Begegnungen und Erfahrungen eingeprägt haben. Schon immer begannen Lebensberichte mit alten Vergangenheiten, etwa in der Bibel oder in Sagen mit ganzen Listen von Vorvätern. Eigenschaften werden als vererbt angesehen – Last oder Gunst wie das materielle Vermögen. Das bloße Geborensein Bettines wie Arnims ordnete sie unwiderruflich in eine bestimmte gesellschaftliche Gruppe ein. Manche sagen, Ehen würden im Himmel geschlossen. Auf Erden beginnt das Liebenlernen mit der Geburt.

Carl Joachim Friedrich Ludewig FreyHerr v. Arnim, geboren am 26. Januar 1781, wurde drei Wochen später, am 14. Februar, »in der Noth als am Todestage seiner Frau Mutter« in Berlin getauft. Das Kirchenbuch der Marienkirche vermeldet wenige Taufzeugen, so den 18jährigen Bruder der Sterbenden, Hans von Labes, und die Nachbarin und angeheiratete Nichte der Großmutter, Frau Kriegsrat Köppen, wohnhaft Am Quarré 5. Unumstößlich steht am Tage der Taufe fest: das winzige Kind ist von Adel und evangelisch. Sein Zuhause ist ein vornehmer Platz in Berlin. Seine Mutter ist tot.

Ganz anders, viel festlicher, liest sich der Kirchenbucheintrag zur Taufe dieser Mutter. Sie fand ebenfalls in St. Marien statt und wurde vom selben Geistlichen, Oberkonsistorialrat Dieterich, gehalten, der im übrigen der Beichtvater der Königin war. Stolz, Hoffnung, Ehrgeiz und Beziehungen der Familie Labes spiegeln sich in der Auswahl der 16 Paten der vier Wochen alten Amalie Caroline Labes. Den Namen gab ihr eine preußische Prinzessin; auch eine Herzogin und zwei Markgräfinnen, darunter Friedrichs des Großen Schwester Wilhelmine von Ansbach, standen Gevatter, dazu Minister und Exzellenzen. Die beiden Geschwister der Kindsmutter, die schon erwähnte Kriegsrätin Köppen und ihr Mann sowie der Bruder Gottfried Adolf Daum, mögen für das Taufkind die sichtbarsten Paten geworden sein.

Das so anspruchsvoll getaufte kleine Mädchen wurde nur zwanzig Jahre alt, immerhin alt genug, um adelig zu heiraten, ihres Mannes finanzielle Lage durch eine gute Mitgift zu verbessern und zwei Söhne zur Welt zu bringen. Die Mutter, Caroline von Labes, liebte ihre Tochter sehr. »Ich bin übrigens sehr lustigen Temperaments, gerne unter den Leuten, bei Tänzen und habe selbst die Musik und das Tanzen gern exerzieret«, schreibt Caroline über sich selbst. »Meine Tochter von ganz guter Bildung scheinet meinen Charakter geerbet zu haben.« Nach den Bildern, die heute noch in der Kirche des Dorfes Zernikow hängen, war die Tochter der Mutter wie aus dem Gesicht geschnitten. Unter einen »Aufsatz« über ihr Leben und ihren Besitz, den Caroline von Labes, wie es damals in der Mark Brandenburg üblich war, 1777 anläßlich der Einweihung eines neuen Kirchturmes schrieb, hat der damalige Verlobte[*] ihrer Tochter, Arnims späterer Vater, geschrieben: »Ich habe meine Braut herzlich und zum Fressen lieb und in diesem Augenblick auf meinem Schoß sitzend erkenne ich mein ganzes Glück. Eben in diesem Augenblick erhalte den schönsten, den süssesten Kuss, urteile lieber Leser, ob ich geliebt sei.« Arnims Leben wäre mit dieser fröhlichen Mutter sicher anders verlaufen. Das Paar lebte drei Jahre, offenbar glücklich, im Arnimschen Schloß Friedenfelde, das reich und üppig ausgestattet war.

Begraben wurde Amalie Caroline von Arnim auf Zernikow, dem Gut und geliebten Sommersitz ihrer Mutter, gestorben aber ist sie in Berlin, wohin sie zur Niederkunft in das große Haus Am Quarré 4, dem heutigen Pariser Platz, Winter- und Hauptsitz der Familie Labes, zurückgekehrt war.

Der matrilineare Einfluß zeigt sich hier sehr deutlich: die junge Frau scheint noch gar nicht in den Familienbereich der Arnims übergegangen zu sein. Sie bekam ihre Kinder »zu Hause« bei der Mutter und kehrte im Tode »nach Hause« aufs Landgut zurück. Arnims Vater dagegen, der seine 23 Jahre jüngere Frau um zwanzig Jahre überlebte,

---

[*] Es ist interessant, daß der Vater Arnims Achim Erdmann von Arnim genannt wird und auch mit »A. E. von Arnim« unterschreibt. Auch er benutzte demnach den Namen Achim, der der Großmutter später so verhaßt war. Sein voller Name war Joachim Erdmann.

ruht nicht neben ihr, sondern wurde in der für sein Lieblingsgut Friedenfelde zuständigen Kirche in Kaakstedt begraben. Er hinterließ bei seinem Tode im Alter von 63 Jahren »vier Mädchen mit Kindern oder schwanger«.

»Louis«, wie er wegen seines letzten Vornamens in der Familie genannt wurde, und sein nur 17 Monate älterer Bruder Carl wurden von der Mutterseite vereinnahmt, fast gekauft. Die Absicht der Großmutter Labes war es vor allem, ihre Enkel besser zu erziehen, als es der Vater gekonnt hätte – in der Treue zu Preußen und dessen höchsten Herrschaften. Sie zahlte ihrem Schwiegersohn, dessen Fähigkeit zu väterlicher Verantwortung sie nicht recht traute, 1000 Taler als Ablösungsgeschenk. Ein an der Nähe seiner Söhne interessierter Vater wäre auf eine solche Bestechung kaum eingegangen. Auch das spätere Benehmen Joachim Erdmann von Arnims deutet keinerlei Bedauern an. Er hat sich um seine Söhne schlichtweg nicht gekümmert. Caroline beanspruchte die kleinen Enkel »mit Heftigkeit, theils aus guten Absichten, theils ihres Trostes wegen«, schrieb Arnim später an seinen Onkel, und sie tat sofort das Nötigste: sie wählte »die Amme, welche die dickste (*sic!*) Brüste und die beste Gesundheit hatte«, die war aber »voll Läuse und muste gereinigt werden«. Was die körperliche Versorgung angeht, war Arnim also gut aufgehoben. Seelisch sah es anders aus.

Er und sein Bruder wuchsen in Berlin »in der trüben gepreßten Luft einer zwangvollen Kinderstube auf«, einer Luft, die ihm noch im Alter von 25 Jahren bei seiner Rückkehr in die Stadt »wie eine Mauer« entgegenstand – eines der für Arnim so typischen gewaltsamen Bilder. In Zernikow war er glücklicher. Dort gefielen ihm die steinernen Rokokofigürchen im Garten – »es waren meist lachende Buben mit Trommel und Pfeifen«.* Auch mag die Freude, die er zeitlebens beim Anlegen und Pflegen von Gärten empfunden hat, aus der Sehnsucht nach der Freiheit im Grünen stammen, die während der frühen Jahre städtischer Düsternis im großmütterlichen Haus in ihm gewachsen war. Er ging in Zernikow, wo die Großmutter meist von Juni bis Oktober blieb, bei einem Schneider in die Schule und besuchte vorschriftsmäßig die Kirche, in der er allsonntäglich das Bild seiner schö-

---

* Die Informationen über Großmutter und Großvater Labes stammen aus Niederschriften Arnims aus einer Zeit, als er sich für Biographien interessierte. Ich zitiere nach Steig I. Die Originale liegen heute in der Biblioteca Jagiellonska in Krakau.

nen jungen Mutter von der Empore herabblicken sah. »Zwey Groschen«, so notiert er, durfte er in den Klingelbeutel werfen. Er hatte Freunde, zwei Brüder Heyne, mit denen er nach dem Tod Friedrichs des Großen Beerdigen spielt. »H[err] Heyne wie er mich auf den Schooß nimmt, eine sehr behagliche Zeit«, vermerkt er ausdrücklich in seinem Taschenbuch. Doch gab es auch hier strenge Zucht: Anderswo hatten Kinder eigene Pferde, »und mich armen Sünder jagte man herunter, wenn ich nur drey Schritte einen Mistwagen über den Acker fuhr«.

Das erste erhaltene Schriftstück des Siebenjährigen, ein Brief an seinen Vater, ist in einer so perfekten, erwachsen wirkenden Schrift abgefaßt, daß Arnim viele Jahre später, offenbar selbst erstaunt, mit Ausrufungszeichen an den Rand kritzelte: »Ich war 7 Jahre alt! A. Arnim«. Schon in diesem Alter scheint er sich also durch übermäßige, unkindliche Konzentration vor Einsamkeit und Langeweile gerettet zu haben. »Hochzuehrender Vater«, beginnt der Brief vom 10. September 1788 aus Zernikow, »weil ich so lange nicht an Sie geschrieben habe, so hielt ich es für Schuldigkeit an Sie zu schreiben ob Sie sich wohlbefinden. Seien Sie doch so gütig und antworten Sie mir bald auf diesen Brief, denn es ist mir viel daran gelegen zu wissen ob Sie sich noch wohl befinden, weil ich seid sehr langer Zeit nicht weis ob Sie sich noch wohl befinden ...«

Der Vater aber war und blieb fern. Alle Kinderbriefe enthalten Bitten um Antwort und Berichte über das Warten auf Post, allmählich aber äußert sich die Hoffnung auf Wiederbegegnungen nur noch in den Formeln eines wohlerzogenen Knaben, der sowieso nicht mehr mit väterlicher Liebe rechnet. Die wenigen Erinnerungen, die gelegentlich in den Briefen des erwachsenen Arnim auftauchen, haben etwas Düsteres, Einsames. »Ich ruhte als Kind nicht eher bis ich an einer schönen Puppe, welche in ihrem Leibe ein Wachskind unter einem Glase zeigte, nicht eher bis ich das Glas zerbrochen, dann weinte ich sehr.« Was für ein merkwürdiger Gegenstand aufklärerischer Kindererziehung mag das gewesen sein! Und wie unheimlich wird dem späteren Leser zumute, wenn er daran denkt, daß das Kind Arnim den Leib seiner wirklichen Mutter zerbrach! Da bleibt freilich nichts, als *sehr* zu weinen.

Ein zweifellos späteres Erlebnis zeigt ähnlichen Mut zur Erfahrung, aber auch schon kräftigeren inneren Schutz. »Wir hatten in unserem Hause in der Rumpelkammer eine alte künstlige Uhr; wenn die Stunden schlugen, waren die heiligen drey Könige gekommen hatten sich dreymal verbeugt, auch stand da Apollo unter den neun Musen und schlug mit dem rechten Fuß den Tackt, ich hatte es nie in Bewegung gesehen, aber die Erzählung davon sezte alle meine Begierde in Bewegung. Ich brach mich endlich über ein Boden durch und fand das zerstäubte Wrack jener Uhr, die Puppen aber keine Räder, kein Leben, da stand ich nun und wuste nicht, ob ich je zurück könnte und was ich für Strafe würde bekommen.« Er war durch Boden oder Wand eingebrochen – wo war die Tür, die er ja offenbar nicht kannte? Auch dem Leser drängt sich für einen Augenblick die grausige Vorstellung eines in einer Rumpelkammer des riesigen Hauses der Großmutter verhungernden Kindes auf, das sich aus lauter Angst vor Strafe nicht bemerkbar zu machen wagt. »So stand ich da und beneidete die kleinen Könige, die ruhig dastanden ungeachtet sie mich verrathen hatten. Das tröstete mich und ich ging ruhig umher um mir einen guten Stock und eine Strippe zur Knalpeitsche zu suchen …« Eine Peitsche gegen unsichtbare Feinde, das ist, wie Singen im Dunkeln, ein Mittel, sich selbst als Trost und Stärke wahrzunehmen. »… auch kam ich unbemerkt aus diesem Allerheiligsten zurück.«

Arnims Neigung zum Rückzug aus Enttäuschung, zur depressiven Bitterkeit, zum Mißtrauen gegenüber nahen Menschen hätte sich gewiß noch viel stärker ausgebildet, hätte nicht der Onkel Hans von Labes die innere und äußere Abwesenheit des Vaters teilweise gutgemacht. »Ich hing an ihm in meiner Jugend wie an einem Heiland«, schrieb er später an Bettine. Labes war warmherzig, enthusiastisch und humorvoll, und gegenüber seinen halbwüchsigen Neffen benahm er sich sogar brieflich gelegentlich lustig verschroben und übertrieben – etwa so: »Guten Morgen meine schöne Herren, Karl und Louis, beide von so stattlicher Größe, dass das Auge von euerm Zenith bis zu euerm Nadir fast eine Reise zurücklegen muß …« Man sieht die zwei schlaksigen, hoch aufgeschossenen Halbwüchsigen sich über eine solche Ausdrucksweise amüsieren, die im strengen Haus der Großmutter sicher nicht zum täglichen Umgangston gehörte.

Von seiner »zärtesten Jugend« an habe er Arnim »herzlich geliebt«, erzählte der Onkel Bettine, als er sie zum erstenmal traf. Er spielte eine merkwürdig moderne Rolle im Leben Arnims, ähnlich den jungen Vätern von heute, die sich in bewußten Gegensatz zum Patriarchenvorbild stellen – ein Freundesonkel, ein Vaterbruder. Seine Erfahrungen waren in der Tat denen der beiden verwaisten Brüder ähnlich, denn Caroline Labes wandte auf sie die gleichen Erziehungsprinzipien an wie beim eigenen Sohn, der in seinen Memoiren schreibt, er sei »von Jugend auf im älterlichen Hause ... mit einer dem Ausdruck der Liebe und Mitempfindung fast gänzlich fremdartigen Härte behandelt worden«.

Labes fand 1794 eine anmutige, sanfte Frau aus einer sehr liebevollen Familie. Und indem er seine Luise heiratete, suchte er sich gleichsam neue, bessere Eltern, denn da kein Sohn in der Familie war, adoptierte ihn sein Schwiegervater Graf Görz von Schlitz, und Hans von Labes trug von da an den Titel eines Grafen von Schlitz. Die junge Tante, nur acht Jahre älter als Arnim, hatte ein sicheres literarisches Urteil und war außerdem etwas kränklich – ein vollkommenes Gegenbild zur stets gesunden, unablässig aktiven Großmutter. Fast gleichzeitig, am 24. Dezember 1793, fand auch die Doppelhochzeit der bezaubernden blutjungen Mecklenburg-Strelitzer Prinzessinnen Louise und Friederike mit dem preußischen Thronfolger Friedrich Wilhelm und dessen Bruder statt. Arnim, der später einige persönliche Kontakte mit der schönen Königin hatte und zu ihrem frühen Tod eine Kantate schreiben durfte, erinnert sich gerührt in einem Brief an Bettine, »wie ich als Kind ... sie im Glanze ihrer Schönheit zur Vermählung durch die gedrängten Säle mit gesenktem Haupte langsam hingehen sah«. Die Tante und die Königin trugen beide den damals häufigen Namen Luise. Beide begegneten Arnim in der Zeit seiner ersten schwärmerischen Empfänglichkeit für weibliche Reize.

Zu Hause aber fehlte dergleichen. Zwar war kein Mann, sondern eben die Großmutter das Zentrum des Hauses, doch sie bot alles andere als zärtliche Weiblichkeit. Vielleicht haben Kinderfrauen oder Mägde den kleinen Jungen manchmal gestreichelt. Der erwachsene Arnim berichtet eine merkwürdig träumerische Kindheitsszene: Er hörte Kirchenlieder »von meiner Wärterin beim Ausfegen der Zimmer, das in gleichem Zuge sie begleitete, mir ward dabey ganz still, ich mußte oft an sie denken«. Hofmeister erzogen ihn und seinen Bruder. »Ich denke ... an meine Hofmeister, die mir alles verboten, woran ich eine einsame stille Freude hatte«, schreibt er später einmal an Bettine. Die Streitereien zwischen den Brüdern, über die öfter berichtet wird, begannen sicher früh, wie es nur natürlich ist zwischen so nahen Geschwistern. Doch gab es kaum gemeinsame Ausbrüche und Streiche, die die beiden hätten wieder verbinden können, und vor allem keine Eltern, die solche Kindersünden zwar korrigieren, zugleich aber oft mit Amüsement und sogar Stolz darauf reagieren. Ein strenges Erziehungsgerüst gewöhnte Arnim an Arbeit und Pflicht und beförderte andererseits als Gegengewicht eine besonders wilde und ungeordnete Phantasie. Der Vorteil dieser Lebensform war ein selbstverständliches Gefühl von Ordnung und Bindung, von Kontinuität, von Loyalität (und Diskretion) gegenüber der Familie.

Von der »Riesennatur« der Großmutter redet Clemens Brentano und nennt sie »eine art Göthe an Kraft und Äußerung«. Sie wurde 1730 geboren, war also fünfzig Jahre alt, als sie die elterliche Fürsorge für die beiden Enkel übernahm. Ihr Vater Gottfried Adolf Daum war Kaufmann und Aufsteiger. Zusammen mit David Splittgerber gründete er im Jahre 1712 in einer »sehr bescheidenen Mietwohnung« eine Firma, die in den dreißig Jahren, die Daum noch blieben, stark expandierte und bald von König Friedrich Wilhelm I. begünstigt wurde. Er legte diesem »Gewehr-, Messer-, Spiegel-, Zuckerfabriken an ...«, wobei sie einander gegenseitig unterstützten und nothwenig waren«. Die Firma wurde unter dem Namen Schickler bis ins 20. Jahrhundert weitergeführt, eine Weltfirma, die als Bankhaus auch des Hofes mit den Fuggern verglichen wurde. Der Schwerpunkt des produktiven Engagements lag auf dem Gebiet der Metallindustrie, auf dem die Firma Daum und Co. führend war. Auf ihre Gründung gehen die Gewehrfabriken in Potsdam und Spandau zurück. Unversehens finden wir so die Wurzeln eines wahrhaft zivilen Romantikers im Zentrum der Kriegswilligkeit Preußens.

Doch war Daum auch der behäbigen Seite des Soldatenkönigs gefällig: eine holländische Küche von rot-weißen Ziegelsteinen, mit Fliesenherd, großem Tisch und einer Sammlung holländischer Pfeifen hatte er eigens für den König gebaut. »Da besuchte ihn der König oft mit seinen Generälen und trieb seine Art von Späßen.« Es war das berühmte Tabakskollegium, das hier tagte, was bedeutete, daß der König sich von der Mühsal, Preußen groß und mächtig zu machen, erholte, indem er mit eher ungehobelten Kameraden Bier trank, einfache kalte Speisen aß und über Jagd- und Kriegserlebnisse redete. Die junge Caroline Daum wird die Verbindung von Königtum und derber Männlichkeit sehr eindrücklich erfahren haben; man kann sich denken, was für eine Aufregung es war, wenn der König das Haus beehrte.

Auch in anderer Hinsicht wuchs Arnims Großmutter »typisch preußisch« auf: In dem reichen Hause ging es vollkommen streng und sparsam zu. Sie und ihr Bruder wurden zwar von Gouvernanten und

Hofmeistern, aber äußerst eng und reglementiert erzogen. Selbst in den spärlichen »freien« Abendstunden mußten sie noch üben, »anständig und zierlich« zu gehen, was hieß, daß sie sich nicht einmal nach herabgefallenen Früchten bücken durften und daher kleine Listen erdachten. »Ein schönes buntes Steinchen oder vielleicht des Vaters Hemdknopf« gingen durch, ließen sich zu einer graziösen Verneigung benutzen und gaben Gelegenheit, mit geschickten Kinderfingern heimlich Kirschen oder Pflaumen aufzuheben.

Caroline Daum war offenbar wach, schnell und intelligent. Latein, das sie als Mädchen nicht lernen durfte, habe sie nebenbei, vielleicht stickend oder zeichnend, durch Zuhören beim Unterricht des Bruders mitbekommen. Arnim, aus dessen Aufzeichnungen etwa aus dem Jahre 1810 diese Berichte stammen, schreibt: »sie war vom Vater gern gesehen«. Eine Vatertochter, gewiß. Die strengen preußischen Prinzipien wurden jedoch auch von der Mutter, einer Apothekerstochter aus Magdeburg, vertreten. Als ihr Sohn, Carolines Bruder, nach Italien ging und katholisch werden wollte, drohte sie ihn zu enterben. Wie in einem Lehrstück über aufgeklärte Toleranz und Tugend erklärte die junge Caroline daraufhin feierlich, das ihr dann zufallende Erbe nicht annehmen zu wollen – und versöhnte dadurch Mutter und Sohn.

Als Frau hatte Caroline Daum ein merkwürdiges Schicksal, das sie wieder ganz in die Nähe des Monarchen führte: sie heiratete 1758 Friedrichs des Großen Günstling und Kammerdiener Fredersdorff, der 45 Jahre alt und kränklich war, von ihr offenbar aber angebetet wurde. Er soll ein schöner Mann gewesen sein, den Friedrich zärtlich (wenn auch nicht homosexuell) liebte und daher nicht verheiratet sehen wollte. Schließlich drohte Fredersdorff, der Liebeskummer um die Jungfer Daum werde ihn noch kränker machen und vielleicht umbringen. »Das wirkte. Der König willigte ein«, schreibt Arnim, und das verliebte Paar schaffte es, innerhalb von 24 Stunden zu heiraten, damit der König nicht auf andere Gedanken käme. In seiner Skizze betont Arnim die Hingabe der Großmutter an ihren pflegebedürftigen Ehemann, die »selige Freiheit, Übereinstimmung und innere Heiterkeit« dieser immerhin fünf Jahre währenden Ehe. Zugleich, entgegen seiner sonstigen Dezenz, behauptet er die Bewahrung ihrer Jungfernschaft. Woher mag Arnim das wissen? Eigentlich kann es ihm niemand anders erzählt haben als die Großmutter selbst, ebenso wie die Geschichten aus ihrer eigenen Kindheit und die späteren

Anekdoten über den Ehemann Hans Labes, den Vater ihrer beiden Kinder Amalie und Hans. Vielleicht hat es also doch eine Art von Vertrautheit mit der resoluten alten Frau gegeben, die auf ihre Art sehr an den beiden Enkeln und schließlich, in ihrer allerletzten Lebenszeit, besonders an »Louis« hing, dessen Literaturname »Achim« ihr allerdings zuwider war. Davon wird noch die Rede sein.

Carolines zweite Ehe mit einem adeligen Rittmeister namens Aschersleben wurde im Jahr von Fredersdorffs Tod (1758) geschlossen und nach kürzester Zeit wegen »schlechter Begegnung« wieder geschieden. Während der langen Zeit häuslichen Dienens und Pflegens bei Fredersdorff waren die Energie und Entscheidungsstärke, die Caroline von nun an nicht mehr verlassen sollten, in ihr ausgereift. Sie war Ende Zwanzig, von Herkunft reich, Erbin des Gutes Zernikow* und nahm nun ihr Leben selbst in die Hand. Hatte sie schon bei Fredersdorff eine ungewöhnliche Wahl nicht gescheut, so entschied sie sich jetzt zum zweitenmal für eine sonderbare, wenn auch ehetauglichere Persönlichkeit, den Geheimrat Hans Labes, einen Bürgerlichen, trotz aller Nähe zum Hof. Pünktlich ein Jahr nach der Hochzeit wurde Arnims spätere Mutter Amalie geboren, dann der Sohn Hans. Daß es keine weiteren Kinder gab, verwundert. Zu vermuten ist, daß Caroline Labes auch hier eine Entscheidung traf, besonders wenn wir von den schönen Freundinnen des Ehegatten hören.

Auch Labes »dankte sich selbst alles«, wie Carolines Vater Daum. Er stammte aus bürgerlichen, aber nicht reichen Verhältnissen, lief von zu Hause fort und machte sein Glück alleine. Sein Glück war aber nicht das Geld, sondern er bewegte sich nach glänzendem Studium in der Welt der Diplomatie, wo er sich zunächst die Gunst und später »durch eigenthümliche Unbeugsamkeit und manchen Übermuth« geradezu den Haß des Königs zuzog. Zu diesen »Eigenthümlichkeiten« gehörte, daß sich Labes, da Friedrich der Große ihn durchaus nicht adeln wollte, vom Kaiser in Wien zum Baron ernen-

---

* Friedrich II. schenkte Zernikow bereits im Jahre 1740 Fredersdorff, der es, seit seiner Eheschließung tatkräftig unterstützt von seiner jungen Frau, erweiterte und verschönte. Caroline v. Labes vererbte das Gut im Jahre 1810 ihrem Sohn Hans v. Labes-Schlitz. Dessen Tochter, Adele Gräfin Bassewitz-Schlitz, starb im Jahre 1855 kinderlos. Daher fiel Zernikow an Arnims Bruder Carl Otto, der es noch 6 Jahre besaß. Als auch er 1861 ohne (legitime) Kinder starb, waren die nächsten Erben die Kinder von Arnim und Bettine. Das Gut blieb bis zum Ende des Zweiten Weltkrieges im Besitz der Familie von Arnim (vgl. Clara von Arnim).

nen ließ. Friedrich verfügte auf der Stelle eine Strafe von 100 Dukaten, falls Labes in Preußen diesen Titel führte. Weil er trotzdem als Baron unterschrieb, mußte er diese Strafe nicht weniger als dreimal zahlen.* Zweieinhalb Monate nach Friedrichs Tod erhielten Caroline und ihr Sohn Hans das ersehnte Diplom. Adelig blieb die Familie von Labes, und adelig pflanzte sie sich fort.

Labes war hoch verschuldet und daher mehr oder weniger gezwungen, nicht in Berlin, sondern in Zernikow auf dem Gut seiner Frau zu leben, wo er exzentrisch »in den eigentümlichsten, aber prachtvollsten Launen herrschte«. – »Seine Trinkgelage wurden von allen Großen des Reiches besucht«, aber auch von der Karschin, der »deutschen Sappho«, einer häßlichen, später berühmten dichtenden Schneiderswitwe mit vier Kindern, einer Mutter Courage der Literatur, deren frische Gelegenheitsgedichte eine Zeitlang Berlin begeisterten. Sie war die erste Frau in Deutschland, die vom Schreiben lebte – etwas, das Arnim selbst nicht annähernd erreichte und wovon auch die nacheheliche Bettine nicht einmal träumte. Dieser Großvater ist Arnims erster Vorfahr, der mit Büchern lebte, besonders den lateinischen Klassikern. Jeder Freund, der ihn besuchte, mußte ihm ein Buch schenken. Er scheint sich in sonderbarer Identifikation teils als Horaz, teils als römischer Imperator empfunden zu haben. Die Bibliothek, wie zusammengewürfelt sie immer gewesen sein mag, gab dem jungen Arnim in den Zernikower Sommern die Möglichkeit herumzulesen – wer weiß was! Jedenfalls können wir vermuten, daß die große Belesenheit Arnims hier ihren Anfang nahm und daß von den Büchern des Großvaters Labes einige in seine eigene berühmte Bibliothek übergegangen sind.

1776 wurde Caroline Labes Witwe. Die Särge ihrer beiden Männer sollten 35 Jahre im Erbbegräbnis von Zernikow, wo sie bis 1945 standen, auf die Frau in ihrer Mitte warten. Mit 46 Jahren und zwei halbwüchsigen Kindern war sie nun Alleinherrscherin über ein Vermögen und viele Schulden.

---

* Noch nach Labes' Tod ließ Friedrich, der bei Eheschließungen hoher Hofbeamter seine Zustimmung geben mußte, anläßlich der Verheiratung von Arnims Eltern seinen Ärger sarkastisch spüren: »Eine Baronesse von Labes kenne ich nicht«, ließ er Joachim Erdmann von Arnim wissen, »aber die Jungfer Labes könnt Ihr heirathen.« Joachim Erdmann von Arnim war Gesandter in Kopenhagen und Dresden gewesen und bis 1778 Intendant der Berliner Oper – auch er ein eher mißliebiger Untertan Friedrichs.

Arnims Großmutter Caroline von Labes (1730–1810). Original ursprünglich in der Kirche von Zernikow, jetzt in Familienbesitz.

»Meine Großmutter hatte noch bis in ihr Alter selten lebendige blaue Augen und regelmäßige feste Züge. Sie war groß und gut gewachsen ... Sie war heftig, lebendig, voll Lust an allem Weltgetümmel; an Ergebenheit, Beschränkung, Mäßigung von Jugend auf gewöhnt; durchaus rechtlich, edel, muthig, und den meisten eine lustige, willkommene Gesellschafterin.«

Heute würde man sie sportlich nennen. Sie ritt oft in einem Tage von Berlin nach Potsdam und zurück, berichtet Arnim anerkennend, und das, wie er anzumerken nicht vergißt, zu einer Zeit, da der Weg ungeebnete acht Meilen lang war – also zusammen ungefähr 60 Kilometer.* Heute beträgt der direkte Weg vom Brandenburger Tor, neben dem das Stadthaus der Großmutter lag, etwa 25 Kilometer. Jedenfalls ging das nicht im Damensattel. Arnim hat ein Bild von ihr im Reitkleid gesehen, »eine halb männliche grüne Tracht, der schwarze Hut dreieckig und aufgeschlagen mit einem Steine«. Und: »Sie ritt auch wie Männer«, formuliert Arnim, ungeschickt vor befremdeter Bewunderung: also rittlings, mit dem Pferd zwischen den Beinen. Das muß ziemlich unerhört gewesen sein, besonders für eine Dame gesetzteren Alters.

Diese Frau, sehr beherrschend und mit einer Reihe eher männlicher Eigenschaften, hat zweifellos Arnims Frauenbild stark beeinflußt. Wenn Brentano sie mit Goethe vergleicht, so könnte man sie ebensogut einen Alten Fritz im Haus- und Familienreich nennen. Rigorose Pflichterfüllung, unerschütterlicher Anstand, ein entschieden zupackender Sinn für das unmittelbar Nötige und kein Blatt vor dem Mund – so stellt sie sich in den von Arnim aufgehobenen Briefen dar. An ihrer Macht- und Verantwortungsstellung gegenüber den beiden Enkeln hatte sie nicht den geringsten Zweifel, wenn sie sich auch oft energisch darüber beschwert, daß ihre Wünsche und Anordnungen nicht befolgt werden. Auf den ewig abwesenden Vater Joachim Erdmann war sie nicht gut zu sprechen und machte auch kein Hehl daraus. Ihr Ziel war, die jungen Männer zu tüchtigen gesellschaftsfähigen Staatsbürgern werden zu lassen; daran, daß sie es erreichen würde, hat sie wohl zunehmend gezweifelt.

Gut gemeinte, aber sarkastisch klingende Ermahnungen scheinen eher ihr Mittel gewesen zu sein als Lob: »Dir lieber Karl seegen Gotts in deiner gestärckten gesundheit und in dem guten vorhaben, von nun ungestöhrt deine Studien fleißig fortsetzen zu wollen. Amen Amen Amen«, schreibt sie an Arnims Bruder nach Göttingen. »Nie aber beantwortest du, oder dein Bruder meine Fragen; und doch hatte ich zu bester Errinnerung bei einer jeden noch das Wort, *Antwort*, beigeschrieben.« Öfter beklagt sie sich über Arnims schlampige Art, das Siegel so auf die Rückseite des Textes zu setzen, daß dadurch Worte unleserlich wurden – »es ist doch schade um die schöne Gedanken die dadurch verlohren gehen«, was sicher halb ernst, halb ironisch zu verstehen ist. Ironie, auch Selbstironie scheint überhaupt eine rettende Haltung für sie gewesen zu sein, und eine gewisse Anmut und Schnel-

32   * Eine preußische Meile betrug etwa 7500 m.

ligkeit zeichnen sie gegenüber konventionelleren Briefen der Zeit aus: »Alle Übrige, Priester und Leviten, Fräul. und Jungfern empfehlen sich Euch. Lebet wohl ihr meine lieben. NB wenn ihr folgsam und ordentlich seid. sonst seid Ihr meine Betrüber. Adieu Adieu Adieu.« Sie schildert den Geburtstag einer Freundin, den sie »mit klingendem Spiel ... durch den quehrpfeiffen und Trommelschläger, dem ein Keßel statt Trommel diehnte«, feiern ließ, und fügt hinzu: »Dergl. Faxen machen wier hier, und sind dabei vergnügt.«

Die Großmutter war alles andere als eine kultivierte Frau. Sie berichtet dennoch öfter in ihrer entschieden urteilenden Art über den Besuch von Oper und Schauspiel (»man gab den travestirten Hamlet, ein erbärmliches Wehsen; auch waren wenig Zuschauer, und ich entsage darauf förmlich«), sicher die einzige Beschäftigung mit Kultur, die ihr sinnvoll erschien, weil sie zugleich die Gelegenheit bot, zu sehen und gesehen zu werden. Malerei mag ihr nützlich erschienen sein; es existieren einige gute, das heißt auch teure Bilder von Familienmitgliedern, bestellt zweifellos zur höheren Ehre nicht der Kunst, sondern der Familie. Man kann annehmen, daß Arnim an ihrem Beispiel einen selbständigen, handfesten Umgang mit Sprache erfuhr und daß ihm trotz aller Normen für gutes Benehmen keine Zimperlichkeit im Sprechen abverlangt wurde – was übrigens immer eine Freiheit war, die sich Adlige nahmen und die sie noch im 19. und 20. Jahrhundert vom vorsichtigen Anstand gewisser Bürgerlicher unterschied.

Ganz und gar fremd stand die Großmutter allen geistigen Interessen Arnims gegenüber. Daß die Brüder ab Herbst 1793, also mit 14 bzw. 12 Jahren, in eine öffentliche Schule, das Joachimsthalsche Gymnasium, gehen durften, mußte erst mit Hilfe des Onkels durchgesetzt werden. Frau von Labes hielt es für ausreichend, die beiden durch Hofmeister auf die Universität vorzubereiten, was eine wesentlich schmalere Bildungsbasis bedeutet hätte. Vielleicht war ihrem dynastischen Sinn auch der Kontakt mit anderen jungen Leuten, die sie nicht kannte, suspekt. Doch spricht es für ihren Gerechtigkeitssinn und Anstand, daß sie 1796, da sie offenbar einsah, wie sehr ihren Enkeln der Besuch »des Joachimsthals« nützte, eine Stiftung für begabte, aber arme Abiturienten einrichtete.

Arnim muß sich begeistert und mit ebensoviel Fleiß wie Leichtigkeit in die Schularbeit gestürzt haben. Jahre später fällt ihm angesichts des fröhlichen Schülerlärms in einer Boarding School in England wieder ein, wie auch in seiner Schule »die Glocken fröhlich schallten und mein Getrappel über die hohlen Gänge; wie junge Katzen jagten wir da übereinander weg aus leerer Freude über das Licht, weil wir die vorige Zeit blind im Mutterhause zugebracht«. Ein berühmter Pädagoge, Meierotto, war zu dieser Zeit Rektor des Gymnasiums. Er zog offenbar begabte Schüler an. Arnims Freund und Klassenkamerad Friedrich von Raumer, später ein bekannter Historiker, nennt Meierotto in seinen munter und herzlich berichtenden Lebenserinnerungen einen »wahren Schulmonarchen im edelsten Sinn, ohne Härte, ohne Schwäche, zugleich geehrt und geliebt«, mit der Gabe, »jeden so zu behandeln, wie es für ihn persönlich angemessen war«, aber auch »gleichartig auf viele einzuwirken, wo es nöthig schien«.

Im Vergleich zu heute fällt das geringere Fächerspektrum am Gymnasium auf. Arnim nennt dem Onkel Mathematik als sein Lieblingsfach. Wichtig waren vor allem die alten Sprachen, also Griechisch und Latein, und deren berühmte Autoren. Außerdem wurde Geschichte gelehrt, offensichtlich auch hier vor allem die antike. Von deutschen Aufsätzen ist die Rede und von einer »Anleitung zur Wohlredenheit«. Musik, moderne Sprachen, natürlich erst recht gesellige Fähigkeiten wie Tanzen oder das standesgemäße Fechten mußten außerhalb der Schule erlernt und geübt werden. Über Arnims erste Kontakte zur moderneren Literatur können wir nur Vermutungen anstellen. Raumer berichtet von einer Tante, die ihm »Shakspeare« nahebrachte, von einem Onkel, der ihm die modisch-sentimentalen Romane des vielgelesenen deutschen Autors Lafontaine mit den Worten ausredete: »Lies die Alten, damit du jung bleibst«, und von einem anderen Onkel, der ihm Goethes *Iphigenie* empfahl. In Raumers Familie wehte die freiere Luft des akademischen gebildeten Bürgertums. Arnim hatte dergleichen Verwandte nicht, außer Onkel und Tante Schlitz, die aber grundsätzlich mit dem von der Großmutter geplanten Lebenslauf einverstanden waren. Doch wird er von seinen Freunden, mit und ohne Genehmigung wohlmeinender Erwachsener, literarische Erfahrungen übernommen haben. Jedenfalls waren ihm, wie seinem Großvater Labes, Bücher als solche wichtig. Die einzige Bitte in allen erhaltenen Briefen, die Arnim – kurz vor seinem 15. Geburtstag – an den fernen Vater richtet, betrifft Geld für den günstigen Ankauf von Büchern in einer bevorstehenden Auktion. Er sollte ein großer Büchersammler bleiben.

Als 17jähriger verließ er die Schule Ostern 1798 mit einem sehr ernsten, anerkennenden Zeugnis: »Der einzige Vorwurf, den Lehrer, deren Beobachtung auch in seinen häuslichen Geschäften ihm folgte, je ihm machen mußten, war der, er sei zu fleißig, er verbinde zu viel. Sonst mußte sein Bemühen und sein ganzes Bezeigen ihm ungetheilten Beifall erwerben. Er nimmt das Zeugniß seiner Lehrer mit, daß sie nicht oft Schüler sahen, die so sicher als er, gut in jedem Verhältniß seyn wollen.«

Nach fröhlicher Jugend sieht das nicht aus, doch wird Arnim durch seine Einsicht in Zusammenhänge, durch Verstehen und Wissen gelegentlich Glück erfahren haben. Das ist wenig und viel zugleich. Arnim war nicht nur hochbegabt, sondern ausgesprochen frühreif. Er interessierte sich buchstäblich für alle Wissensgebiete, besonders auch die Philosophie, und war besessen von einer wahren Lesewut.

Zur Elite zu gehören bedeutet auch, der Gefahr des Absturzes aus allzu großen Erwartungen ausgesetzt zu sein. Aus der Abiturklasse Arnims beging der primus omnium in Halle, wohin die Freunde gemeinsam zum Studium gezogen waren, bereits ein Jahr später Selbstmord – »ein Schulfreund und täglicher Bekannter«, wie Arnim an Bettine schreibt. Es ist der erste Selbstmord in einer Reihe von mehreren, die Arnim beeindrucken sollten und die auch auf sein erstes Werk, den *Hollin*-Roman, einwirkten. Noch zwei weitere junge Männer desselben Jahrgangs haben sich, wie Raumer berichtet, erschossen, »alle, weil übertriebene Hoffnungen in ihnen erweckt wurden und ihre Eitelkeit sie verführte, sich zu hoch anzuschlagen«. Daß begabte junge Menschen mit Selbstmordabsichten und -träumen umgehen, ist fast die Regel. Arnim gestattete sich, wie Goethe, nur in der Literatur deren Realisierung.

Eine bürgerliche Kaufmannstochter in Frankfurt

Auch Bettines Taufe ist dokumentiert: das Taufbuch des Bartholomäus-Domes in Frankfurt verzeichnet – lateinisch –, daß »die legitime Tochter« ihrer Eltern am 4. April 1785 geboren und einen Tag später auf den Namen Catharina Elisabetha Ludovica Magdalena getauft wurde – demnach: sofort nach katholischer Sitte und sicher ohne großen Aufwand, da die Mutter ja noch im Wochenbett lag und die Neugeborene das 13. Kind ihres Vaters und das siebte ihrer erst 29jährigen Mutter war. Bei so vielen Kindern vergeht einem das Feiern. Die einzige Patin war eine Freundin von Bettines Großmutter La

Roche, Catharina Elisabetha Bethmann, wegen Abwesenheit vertreten durch Magdalena Willemer*. Das kleine Mädchen war also bürgerlich, katholisch, durch ihre Eltern eine Bürgerin der Stadt Frankfurt und trug einen italienischen Namen. Die Zärtlichkeit des Vaters machte aus Elisabetha Elisabettina und schließlich Bettina.

»Ich kann Dir sagen, es tat mir ordentlich wohl, einmal jemand zu sehen, der Dich in Deiner Jugend gekannt, Du, der Du immer so allein warst ohne alle Geschwister und Verwandte«, schreibt Bettine an Arnim, als sie von der Freundlichkeit und Zuneigung seines Onkels erfährt – denn vollkommen fremd mußte ihr ein einsames Kinderleben erscheinen. »Es war einmal ein Kind, das hatte viele Geschwister«, beginnt eine berühmte Stelle aus dem letzten von Bettines autobiographischen Briefromanen, *Clemens Brentanos Frühlingskranz* – eine im Märchenton gehaltene Selbststilisierung der fast 60jährigen, der aber beeindruckende Zahlen und Fakten zugrunde liegen.

Ihr Vater Peter Anton Brentano war Angehöriger einer weitverzweigten italienischen Kaufmannsfamilie aus Tremezzo am Comer See. Zur Zeit von Bettines Geburt hatten diese und andere Brentanos schon seit über hundert Jahren Handelsniederlassungen für italienische Erzeugnisse – Öl, Käse, Früchte – in Deutschland, besonders im Handelszentrum Frankfurt, und waren reich geworden, ohne sich aber als Deutsche zu empfinden (Angehörige des Heiligen Römischen Reiches deutscher Nation dagegen waren die Brentanos als Norditaliener sowieso). Geboren wurden sie in Italien, und zum Sterben kehrten sie dorthin zurück. So war auch Peter Anton wie alle seine zehn Geschwister in Tremezzo geboren und sprach laut Bettine »gebrochnes Deutsch«, was wohl übertrieben war, denn es existieren Briefe von ihm in komplizierter deutscher Sprache. Einen italienischen Akzent hatte er sicher, und Bettine sprach, wie aus einigen Briefstellen hervorgeht, ein natürliches Italienisch.

In erster Ehe verband er sich, wie in der Familie öfter praktiziert, mit einer Cousine aus einem anderen Brentano-Zweig, die nach sieben Ehejahren im sechsten Kindbett starb. Peter Anton, der 39jährige Witwer, heiratete 1774 die schöne 18jährige Maximiliane von La Roche, die sich von da an, wie Goethe das ausdrückte, als »Mutter

---

* Sie war die erste Frau des Geheimrats Willemer, an den man sich ohne seine zweite Frau Marianne, Goethes Liebe in der Zeit des *West-östlichen Diwans*, kaum noch erinnern würde.

von einigen Stiefkindern benehmen«, vor allem aber selber die Familie Brentano mehren und vergrößern sollte. Wie ihre Vorgängerin wurde sie alle ein bis zwei Jahre schwanger. Bettine war ihr siebtes Kind und wurde im April 1785 geboren. Vor Bettine kamen, beginnend mit dem Jahr 1775, Georg, Sofie, Clemens, Gunda, die mit drei Jahren verstorbene Maria und Christian zur Welt, nach ihr bis 1788 Lulu und Meline. Sie alle bewohnten zusammen mit Anton, Franz, Peter, Dominicus und Paula aus der ersten Ehe das riesige Haus zum Goldenen Kopf, welches Lager, Kontor, Umschlagplatz und Wohnhaus in einem war.

Als ob Maximiliane schon einige Jahre vor ihrem Tod tödlich erschöpft gewesen wäre, gebar sie nach Meline noch drei Kinder, deren Lebenskraft nur für einige Monate reichte: Caroline, Anna und Susanna. Dann starb sie selbst im Herbst 1793, anderthalb Monate nach dem Tod ihres letzten Kindes, »ohne sichtbare Krankheit und unerwartet, so wie eine Blume stirbt über Nacht«. Diese poetische Beschreibung eines späten Nachfahren übergeht die unglaublichen Belastungen, denen diese »Blume« ausgesetzt war. Allein die drei Säuglingstode der letzten drei aufeinanderfolgenden Jahre würden als seelische Todesursache heute niemanden erstaunen. Dramatisch schildert Bettine die Trauer ihres Vaters und ihre Versuche, ihn zu trösten: Die Achtjährige hält ihm den Mund zu, er soll nicht so laut, so jammervoll klagen, »sie legt den Kopf an seine Brust und spürt seine Tränen rinnen«.

»Werde doch auch so gut wie Deine Mutter«, sagt der Vater – ein schwieriges Vermächtnis! Und ob Peter Anton nun in seinem Weinen und Klagen den Verlust einer wirklichen Liebe beklagte oder einfach mit italienischer Direktheit das Entsetzen über seine durch den Tod der Haus- und Ehefrau ins Unerträgliche veränderte Lebenssituation aus sich herausstieß – um die »Zerstörung im Haus« zu lindern oder zu beheben, heiratete er ein drittes Mal und hielt dabei nicht einmal das Trauerjahr ein. Diesmal betrug der Altersabstand zwischen den Ehepartnern 36 Jahre. Die neue Frau war jünger als alle Kinder aus der ersten Ehe. Eine Aufsteigerpartie war auch sie – diesmal von unbefragtem Adel ohne bürgerliche Herkünfte wie noch bei Maximiliane: Friederike Anna Ernestine von Rottenhof. Pünktlich ein Jahr nach der Hochzeit gebar sie einen Sohn (der gleich wieder starb) und ein Jahr später einen zweiten (der 16jährig in den Freiheitskriegen fiel).

Selbst diese Engfassung von Bettines Kindheitsgeschichte über-
schwemmt den Leser mit unübersehbaren Leben und Toden, es verwirren sich Namen und Zahlen, die Historiker widersprechen sich oft
und wurden wohl auch gelegentlich müde, genau hinzuschauen. Das
Allzuviele, die übergroße Lebendigkeit in Bettines Leben und Werk
lassen sich auf dem Hintergrund dieser Familiengeschichte gut verstehen. »Die Brentanos haben alle einen Sparren zuviel, sagte man in
Frankfurt«, hat ein Zeitgenosse geschrieben. Doch hatten sie eben
nicht alle den gleichen. Die vielen Geschwister waren zwar alle einer
ähnlich überreichen Umgebung ausgesetzt, aber jedes hat anders reagiert, weil natürlich jedes, auch was die Erfahrungen mit den Eltern
angeht, ein ganz eigenes inneres Schicksal hatte.* Äußerlich allerdings war die Hinterlassenschaft für alle gleich: Als der Vater starb,
erbten alle die gleiche Summe.

Fallen an Arnims Kinderzeit die Starrheit, das Gleichmaß, die Langeweile und Entbehrung von Wärme auf, so überwältigen angesichts
von Bettines Elternhaus Unruhe, Bewegung, Durcheinander, Überfülle. Was bei Arnim nur allzu klar war, die Hierarchie der Generationen, wurde von Bettine als fragwürdig, schwankend, ja geradezu als
»nicht so wichtig« erfahren. Als Peter Anton Maximiliane heiratete,
war sein ältester Sohn nur sieben Jahre jünger als die neue Frau. Bettines ältester Halbbruder, Anton, war 22 Jahre vor ihr geboren, hätte
also ein junger Vater sein können, und Franz, zwanzig Jahre älter als
sie, wurde tatsächlich nach des »alten« Brentano Tod (den man alt
kaum nennen mag, da er erst 61 war, als er starb, und eine schwangere
Frau hinterließ) der liebevolle, vernünftige, sorgende und gelegentlich
strenge Familienvorstand und »Vater« seiner jüngeren Geschwister.

Es fällt schwer, sich die Ordnungsmächte in dieser unübersichtlichen
Familienwelt vorzustellen. Fest stand eins: Der Vater war die einzige

---

* Genial oder genialisch waren allein die Kinder Maximilianes. Geburtsschäden
traten dagegen nur in der ersten Kinderreihe, aus der Verwandtenehe auf: der Älteste, Anton, sehr geliebt von den andern Geschwistern, war schwachsinnig (er
wurde sechzig Jahre alt und lebte und starb im Goldenen Kopf). Peter, der vierte in
der Reihe, war bucklig und sehr klein und starb an einem Treppensturz aus plötz-
licher Schwäche, und auch die einzige wirkliche Lebenskatastrophe der Familie,
ein Suchttod aus Alkoholismus, traf einen Sohn dieser (rein italienischen) Ehe:
Dominicus, der »Doktor«, ein Jurist, verkam und starb schließlich mit 56 Jahren.
Reichlich Stoff also für Leute, die dergleichen auf »Vererbung« zurückführen und
aus Ehen unter Verwandten Degeneration herleiten.

unbefragte Konstante und hatte auch keinen Zweifel an seiner Funktion und Absicht als Erzeuger einer Familie, die so lange wachsen sollte, wie es Gott gefiel. Er kannte offensichtlich keine Potenzschwierigkeiten, und der Gedanke, daß zu viele Schwangerschaften einer Frau schaden könnten, muß ihm fremd gewesen sein. Er war ein zugleich mächtiger und entfernter Vater. Einer seiner Söhne schrieb: »Mit seinen Kindern gab er sich wenig ab, sondern hielt sich nach der Sitte vornehmer Italiener in einer Ehrfurcht gebietenden Entfernung. Erschienen wir vor ihm, so küßten wir seine Hände, und war er dann freundlich, so küßte er unsere Stirn.«

Wie weit er mit seiner Vornehmheit tatsächlich gekommen ist, sei dahingestellt. Goethes Mutter mokierte sich jedenfalls mit der ihr eigenen Lust am Tratschen darüber, daß »der Peter sich zu einem vornehmen Mann« schicke »wie der Esel zum Lautenschlagen«. Als er 1777 zum Residenten, also zum diplomatischen Vertreter des Erzbischofs und Kurfürsten von Trier bei der Freien Reichsstadt Frankfurt, ernannt wurde, stieg ihm das nach Ansicht der Frau Rat sehr zu Kopf. Er wollte ständig einen Bediensteten bei sich haben und seine Frau nicht mehr zu Fuß gehen lassen. Er legte Wert auf die Anrede »Herr Resident«. »Neulich war er beym Papa [Goethes Vater], der im Discurs Herr Brentano sagte, wissen Sie nicht, daß ich Churfürstlich Thririscher Residendt bin? Ha ha ha, danach könt ihr Euch also richten …« Mag Catharina Elisabeth Goethe hier auch ein wenig übertrieben haben – die Souveränität eines Menschen, für den »Vornehmheit« seit Generationen etwas Selbstverständliches ist, zeigte der neu ernannte Diplomat nicht. Die Italiener waren in Frankfurt immer noch Außenseiter.

Freilich war Peter Anton weit entfernt von den deutschen Anfängen seiner Vorfahren, die im frühen 17. Jahrhundert als »Pomeranzengänger« oder »Citronenkrämer« selbstgezogene Südfrüchte nach einer langen Reise vom Comer See über die Graubündener Pässe »in Aushockung und täglicher Umtragung«, also hausierend und im Straßenhandel anboten. Die italienischen Kaufleute waren anspruchslos, aufdringlich, geschäftlich rücksichtslos und hielten in großen Familienverbänden fest zusammen. Sie wurden bald zu gefürchteten Konkurrenten der deutschen Frucht- und Gewürzhändler, waren verhaßter als die Juden und galten noch im 18. Jahrhundert als große wirtschaftliche und wegen ihres Katholizismus auch religiöse Gefahr. Trotz empfindlicher Strafen dachten die Einwanderer nicht daran, die immer neuen einschränkenden Bestimmungen des Stadtrates einzuhalten.* Sie blieben dabei äußerst arbeitsam und wurden immer reicher und mächtiger. Bis zum Engros-Handel und zum eigenen Hausbesitz war es dennoch ein langer Weg. Die Ähnlichkeit zu Verhalten und Erfolg der Juden liegt auf der Hand. Wie diese beschäftigten die Italiener viele eifrige und zudringliche Jungen, die für sie in der Stadt Aufträge erledigten, und fielen selbst durch südlich-fremdartiges Benehmen und Aussehen auf. Noch dem Großvater Bettines wurde 1754 das Bürgerrecht in Frankfurt mit der Begründung verweigert, daß er – wie andere Italiener – das verdiente Geld nicht in Deutschland anlegte, sondern nach Italien mitnahm und dort seine Güter vergrößerte.

Peter Anton jedoch wuchs über diese Schwierigkeiten endgültig hinaus. Er erhielt das Bürgerrecht Anfang der sechziger Jahre wegen einer unanfechtbaren Voraussetzung: er heiratete eine Cousine, die bereits in Frankfurt geboren war. Dennoch trug das berühmte Haus, das Brentano 1777 kaufte, zuerst einen italienischen Namen: Coppa d'Oro, also Goldener Becher. Die Frankfurter machten daraus einen Goldenen Kopf. Noch immer befanden sich Wohnung, Geschäftsräume und Lager unter einem Dach, noch immer handelte die Firma mit den angestammten Gewürzen und Südwaren. Was im Haus lagerte, hineingebracht oder von dort abgeholt wurde, hört sich an wie eine der atmosphäregebenden Sammlungen poetischer Alltäglichkeit, die in romantischen Texten gelegentlich vorkommen: schwarzer oder weißer Pfeffer, Muskatnüsse, Näglein, Zimt, Anis; holländisches Raffinat, Melis, Kandis, Kaffee, Tee, Schokolade; Lorbeerkörner, Korinthen, Citronat, Safran; Berliner Blau, Bleiweiß, Schwefel, Hirschhorn, Alaun; Baumöl, Rüböl, Schinken, Würste, Käse, Lichter, Wein und auch Steinkohlen.

Bettines Vater war dauernd und vielfältig beschäftigt. Bei einem Mann von seiner Lebenskraft und seinem heftigen bis cholerischen Temperament ist es kaum denkbar, daß er in seinen späteren Jahren, nachdem er im Geburtsjahr Bettines als 50jähriger die Leitung der Handelsgesellschaft seinem erst 20jährigen Sohn Franz übergab, nicht hineinregiert hätte. Er verwaltete als Generaleinnehmer die Finanzen der zum Kurfürstentum Trier gehörigen rechts- und linksrheinischen Gebiete und war sehr oft am Hof. Das betrifft die gesamte Lebenszeit, die Bettine und ihr Vater gemeinsam hatten. Der

---

* Sonderbare Bestimmungen waren darunter, etwa die, daß die Italiener zeitweilig nur mit halb offenen Türen und Läden verkaufen durften.

*Innenansicht des Hauses zum Goldenen Kopf.
Nach einer Zeichnung von 1798.*

Hof befand sich in Koblenz, etwa 100 Kilometer von Frankfurt entfernt. Damals war die Wasserreise über Main und Rhein bequemer als die Fahrt über Landstraßen. Lange dauerte sie aber auf jeden Fall.

War der Vater in Frankfurt, dann nicht gerade bei den Kindern. Ein schlechtes Gewissen hatte er deswegen zweifellos nicht. »Das Kind«, ein hochverehrter psycholiterarischer Wert der Romantik, war noch nicht entdeckt, und das Kind als »Vater des Erwachsenen«, wie es die Psychoanalyse versteht, erst recht nicht. Peter Anton blieb durch alle seine drei Ehen hindurch das Machtzentrum des »ganzen Hauses«, der Gemeinschaft von Frau, Kindern, Gesinde und Handlungsgehil-

fen, die unter seiner »fürsorglichen Gewalt« stand und »Aufsicht und
Befehl« des Herrn und Vaters unterworfen war.

Die zweite Konstante für die Kinder, die Quelle von Nähe und Wärme für Bettine, hätte die Mutter und Hausfrau sein sollen. Maximilianes Pflichten waren, betrachten wir heutige Haushalte, ungeheuer. Es
wohnten ständig vierzig bis sechzig Menschen im Haus, in dem aber
nicht nur gekocht, gewaschen, geputzt wurde, sondern auch gesponnen, gewebt und geschneidert, geschlachtet, eingeweckt, Butter ein-
gesalzen, Lichter gezogen, Wintervorräte angelegt und beaufsichtigt
wurden. Das war natürlich nicht möglich ohne eine Vielzahl von häufig wechselnden Dienstboten: Köchinnen, Mägde, Ammen, Tagelöh-
ner, Zofen, Diener, Hausknechte, Lakaien – Bezeichnungen, die für
uns fremd, ja märchenhaft klingen und zur Luxusausstattung ferner
reicher Welten zu gehören scheinen. Doch waren sie von größter realer Bedeutung für den Alltag einer Familie, wie sich später in Bettines
eigenem Hausstand exemplarisch, nämlich oft verzweiflungsvoll, mit-
erleben läßt.

Bettines Mutter war die Tochter der berühmtesten deutschen
Schriftstellerin des 18. Jahrhunderts, die sich nicht nur als Anwältin
der Empfindsamkeit bei Mann und Frau verstand, sondern auch als
Erzieherin von »Teutschlands Töchtern« zu liebevollen, immer hoch-
anständigen, lebenstüchtigen und gottvertrauenden Familienmüttern,
welche sich der Führung des geliebten Mannes als Teil des bürgerlichen »Großen Paars« anschmiegsam und kultiviert anheimzugeben
hatten. Maxe war zweifellos nach den Prinzipien ihrer Mutter erzogen, sie verstand etwas vom Haushalt und vertrat Grundsätze wie
diesen: »Bei Kleidung und Küche sei zuerst auf das Nöthige und Nütz-
liche – dann auf Reinlichkeit und Ordnung – am Ende aber auf Zierlichkeit und Pracht zu sehen.« Aber wie war sie im Umgang mit Familie und Freunden?

Wenig ist über sie bekannt, außer daß sie schön war. Hier das berühmteste Zeugnis: »… eher klein als groß von Gestalt, niedlich gebaut; eine freie anmutige Bildung, die schwärzesten Augen und eine
Gesichtsfarbe, die nicht reiner und blühender gedacht werden konnte.« Diese Sätze stammen von Goethe; und die schwarzen Augen von
Werthers Lotte, die man sich nach Benehmen und häuslicher Lieblichkeit sowie ihrer blonden Haare wegen eher als blauäugig vorstellen würde, stammen von Maximiliane Brentano. Denn Goethe war,
als er seine Neigung zur echten Lotte, die die Entscheidung für ihren

*Maximiliane von La Roche im Alter von etwa 16 Jahren.
Anonyme Zeichnung, vor 1774.*

Verlobten Kestner nie in Frage gestellt hatte, notgedrungen aufgeben mußte, eine Zeitlang in die älteste Tochter von Sophie von La Roche verliebt – und mußte sich schließlich auch von ihr trennen, weil sie einem anderen Mann angehörte.

Eine anonyme Zeichnung aus der Zeit vor der Hochzeit zeigt sie im Profil mit reizendem Näschen und teils offenen, teils aufgesteckten Haaren, ein fröhliches, etwas mutwilliges Mädchen mit freundlichem Spitzenkragen und einem Kleid, das aussieht, als könne man sich gut darin bewegen. Die Gemälde aus der Ehezeit dagegen haben repräsentativen Charakter: Maximiliane trägt die schönen, allerdings einschnürenden Rokoko-Korsagen mit zwar blendend ausgestelltem Busen, aber engen Ärmeln, ein Bändchen oder breites Samtband um den Hals. Die Haare sind streng aus dem Gesicht frisiert, und die berühmten dunklen Augen blicken ernst, auch wenn die junge Frau mit einem Buch in der Hand am Klavier vor leger aufgeschlagenen Noten sitzt.

Sie scheint keine rebellische Person gewesen zu sein, sonst hätte sie auch kaum Goethe gefallen, der sich zeit seines Lebens unkonventionelle Frauen allenfalls gern einmal näher ansah, aber niemals von ihnen in den warmen Tönen sprach, die er für Maximiliane fand.

Brentano hatte Maximiliane vor der Ehe kaum gesehen. Auch ihre Eltern kannten den zukünftigen Schwiegersohn so wenig, daß ihnen weisgemacht werden konnte, er habe nur zwei Söhne und eine Tochter, während es in Wirklichkeit fünf Kinder zwischen vier und elf Jahren waren. Eine Liebesheirat oder wenigstens eine selbständige Entscheidung von seiten Maxes war diese Verbindung nicht. Für Brentano muß es ebenso erfreulich wie bedrohlich gewesen sein, eine sehr junge Frau aus einem literarisch-höfischen Milieu mit lebhafter Geselligkeit in sein düster gelegenes Handelshaus und die enge, strenge, bürgerliche Gesellschaft zu führen, in der es für sie nicht mehr um anmutige Gefühlsseligkeit gehen konnte, sondern um Gelderwerb, Verantwortung und Pflichten (auch sexuelle). Gewehrt hat sich Maximiliane nicht, doch war sie in den Augen ihrer gleichaltrigen Freunde und Verehrer am falschen Platz. Man spöttelte über Peter Anton, und selbst ihre Mutter bereute später die eingefädelte Heirat.

Im Lauf der Zeit scheint Maximiliane sich mit ihrer Stellung als Hausfrau und Mutter abgefunden zu haben – Glück und Leid mit den Kindern, auch eine offenbar freiere Haltung ihres Ehemannes und der eine oder andere platonische Verehrer erfüllten ihr Leben und ließen die Erwartung von »Liebe« und »Glück« untergehen in der Zufriedenheit, die die Hingabe an einen akzeptierten Alltag verleiht. Allerdings – bis ihr die Lasten zu schwer wurden. Luther, dessen Eheverständnis für das evangelische wie das katholische Bürgertum mindestens bis zum Ende des 18. Jahrhunderts bestimmend blieb, schreibt dazu: »Ob sie sich aber müde oder tottragen, das schadet nicht, laß sie sich nur tottragen, sie sind drum da. Es ist besser, kurz gesund denn lange ungesund leben.« Und so erlosch die Blume Maximiliane.

Die Grundlage von Bettines Welt aber war, ganz anders als bei Arnim, ein fraglos verbundenes, wenn auch nicht immer harmonisches

Elternpaar. Später berichtet sie Clemens, als sie den schönen Hut der Mutter »mit dem blitzenden Band von Stahl und Goldperlen« auf dem Speicher fand, sei ihr die hübsche Erinnerung gekommen, daß der Vater, wenn er mit der Familie an Sommerabenden ausfuhr, Glühwürmchen auf diesen Hut setzte. Unerwartete Zärtlichkeit und sommerlicher Scherz leuchten auf zwischen den ungleichen Eltern. Und sogleich muß Bettine den Hut aufsetzen, »er stand mir schön, ich glich der Mama, denn ihr Bild wurde mir wieder ganz deutlich – und der Papa hatte mich auch lieb vor allen Kindern, ich glaube wohl, daß ich ohne Sünde den Hut kann behalten«. Diese glückliche Definition des eigenen Standortes im Leben hatte sich, als sie die Szene in *Clemens Brentanos Frühlingskranz* aufnahm, in Bettine entwickelt und gehalten. Ohne darüber nachzudenken, war sie sich sicher, das liebste Kind des Vaters und zugleich so anziehend wie die schöne Mama zu sein.

Kurz nachdem Arnim 1831 starb, dankte Bettine ihrer Schwester Meline für deren teilnehmenden Brief, der ihr Freude gemacht und ihr wieder einmal gezeigt habe, »daß es nicht umsonst ist wenn einer Mutter Schooß uns gebohren ... Geschwister haben ein tieferes Band und die physische Natur ist eng verbunden mit der geistigen«. Auch nach vielen Jahren also verband sie trotz vieler Differenzen mit den Geschwistern ein grundsätzliches Gefühl des Geborgenseins, des Dazugehörens. Vor allem aber, sagt sie, habe sie plötzlich »eine Erinnerung gehabt von unserer Mutter gleich in den ersten Stunden wo ich wußte daß Arnim geschieden, und daß es mir war als habe sie Mitleid mit mir«. Das ist gewiß keine gewöhnliche Erscheinung beim Tod eines Ehemannes, der an die vierzig Jahre später starb als die Mutter. Bettine war innerlich beschützt und konnte daher auch andere – und sich selbst – beschützen.

Sie sollte diesen Schutz früh nötig haben. Peter Anton, gezwungen, sein unübersichtliches Hauswesen nach dem Tod Maximilianes auf eine neue Frau einzustellen, gab 1794 zuerst Bettine und Lulu, dann auch Meline in das Klosterinternat der Ursulinen in Fritzlar bei Kassel – neun, sieben und sechs Jahre alt. Gunda, mit 14 Jahren die »große« Schwester, mag sich gewehrt haben, wurde aber ebenfalls mitgeschickt. Damit war die junge Hausfrau Friederike auf einen Schlag von der Aufgabe der Mädchenerziehung entlastet. Der elfjährige ungebärdige Christian und Clemens, 16 Jahre alt, wurden von Hofmeistern oder Hauslehrern betreut, waren aber auch oft abwesend. Im

Haus stand jetzt weiblich-freundschaftliche Hilfe für die neue Frau Brentano bereit: Paula aus der ersten Ehe, ein Jahr älter als die neue Stiefmutter, dann die von allen geliebte Claudine Piautaz, die nach dem Tod Maximilianes mit 22 Jahren als Ersatzmutter in den Goldenen Kopf kam, ein Jahr jünger als ihre »Herrin«, sowie Sophie, Clemens' damalige Lieblingsschwester, die 18 Jahre alt war. Ein merkwürdiger Haushalt blieb zurück: zwei junge Männer in den Zwanzigern – Franz, der Firmenchef, und Dominicus –, vier junge Frauen und der 60jährige Peter und Pater omnium.

Die »Kleinen« sollen geweint und geklagt haben, Bettine dagegen habe fröhlich Abschied genommen vom Vater, worauf dieser gesagt habe: »Seht, dies ist das Kind, das gern seines Vaters Willen tut!« und ihr segnend die Hand auf den Kopf legte. So berichtete sie es im Jahre 1826 ihrer schwedischen Freundin Malla Montgomery-Silfverstolpe. Ob es nun wirklich so war oder nicht – dieses Bild vom Vater hat sich in Bettine geformt: er ist mit mir zufrieden, er zeichnet mich aus. Sie sah ihn nicht wieder. Ohne seine Töchter je besucht zu haben, starb er drei Jahre später, 1797, einen Monat vor Bettines zwölftem Geburtstag.

Das Kloster nimmt auch heute noch Pensionärinnen auf. Damals waren es 24, aus guten Familien, wie in allen Berichten betont wird. Der von dem Kasseler Gartenarchitekten Wunsdorf terrassenförmig angelegte Park war und ist wunderschön. Bettine nahm im Kloster eine absonderliche Lebensweise an, die die Nonnen duldeten, weil sie das Mädchen für beinahe wahnsinnig hielten, auch das eine Erzählung für die Schwedin. »Nach dem Tode des Vaters erwachte sie eines Nachts und trat ans Fenster. Da sah sie den Mond die Kanäle und das Wasserbassin erhellen [die sie auch Goethe ausführlich und poetisch schildert], und ihr kam der Gedanke, daß sie in diesem klaren Wasser ihres Vaters Antlitz sehen würde. Unbekleidet lief sie hinaus, durch die langen Gänge zum Wasser hinunter, da stand sie lange und war glücklich. Fortab ging sie allnächtlich hinunter und blieb stundenlang da. Man merkte es nicht oder tat, als ob man es nicht merkte.«

Was Bettine wirklich im Kloster erlebte, wissen wir nicht genau. Natürlich war die Entwicklung eines poetischen Charakters nicht gerade das Erziehungsziel der Nonnen. Der Aufenthalt der Mädchen »aus guter Familie« diente zur Vorbereitung auf die spätere Rolle als Hausfrau und christliche Mutter. Clemens schrieb an die unzufriedene Gundel, die sich nach Stadtluft sehnte, sie solle nur recht gut kochen lernen, dann würden die Freier in Scharen gelaufen kommen,

»6 frankfurter Grenadiers (müssen wir) vor unser Hauß stellen, um (sie) abzuhalten ...«. Die clementinische Ironie ist unüberhörbar, doch macht sie die Welt deutlich, auf die hin die Mädchen erzogen wurden. Französisch, frommes Lesen, ein wenig Musik, feine Handarbeiten und zierliche Basteleien lernten die Kinder, aber auch Zeichnen.

Bettine war in den drei Klosterjahren zum ersten und einzigen Mal in ihrem Leben in eine sehr schlichte Ordnung eingefügt – »diese einfachen Ereignisse, die so gewöhnlich sind wie der Atem«, schreibt sie im *Tagebuch* von *Goethes Briefwechsel mit einem Kinde.* Wahrscheinlich ist diese Erfahrung überhaupt nicht zu überschätzen, und sie mag der Grund dafür gewesen sein, daß Bettine so oft und gern von ihrer Klosterzeit erzählte. Die Mädchen waren eingebunden in den Gang des Kirchenjahres und durften ihre eigene Wichtigkeit in kleinen Aufgaben und im Mithelfen erleben. Bettine hatte das Amt des »Sakristans«, sie durfte nach der Messe den Kelch reinigen und die Kelchtücher waschen – auch hier vergißt sie nicht, sich als hervorgehoben zu empfinden: »dies Amt wurde nur dem Liebling unter den jungfräulichen Kindern vertraut, und die Nonnen hatten mich einstimmig dazu erwählt«. Klein sein und doch dazugehören, darin war die katholische Kirche in diesem Falle für Bettine sicher wohltätiger als der protestantische Religionsunterricht mit seinem unkindlichen Ernst für Arnim.

Die fast 70jährige Bettine, nach langem Leben immer noch unverdrossen dem Kampf gegen Enge, Ungerechtigkeit und Unlebendigkeit ergeben, kritisiert in ihrer späten Arbeit *Die Klosterbeere* zwar das Nonnenleben, das ihr matt, dumpf und vergeblich erscheint, doch berichtet sie auch über die andere Seite ihrer Klosterzeit, das unkomplizierte Tätigsein: Wenn die Nonnen »in ihren häuslichen und Feldangelegenheiten umherschwirrten, ihre Ernten eintaten, Keller und Speisegewölbe besorgten, da waren sie fix und plauderten emsig, sie teilten ihr Einkommen ein, ihre Gehöfte zu vergrößern, bauten Scheunen und Ställe, da wußten sie guten Rat«. Tatsächlich mag Bettine da manches gelernt haben. Auch sie war später ja »fix und emsig«. Kräftig war sie außerdem: Im Stamm einer Linde findet sich noch heute ein säuberlich ausgehobenes »BB 95«, das von Kinderhänden nicht ganz leicht hineinzuschnitzen gewesen sein muß.

Bettines erster erhaltener Brief fällt in diese Zeit. Der Vater, an den er gerichtet war, soll ihn in seiner letzten Krankheit bei sich getragen und immer wieder angeschaut haben.

Lieber Papa!
Nix – die Link (da war eine Hand mit der Feder gezeichnet) durch
den Jabot gewitscht auf dem Papa sein Herz, die Recht (wieder
eine Hand gemalt) um den Papa sein Hals. Wenn ich keine Händ
hab kann ich nit schreiben.
Ihre liebe Tochter Bettine
Fritzlar 1796 am 4ten April

Der 4. April 1796 war Bettines elfter Geburtstag, wenn sie auch im
Günderode-Buch behauptet, sie sei damals acht gewesen. Der Brief ist
wirklich bezaubernd, hat jedoch mit anderen Kinderbriefen Bettines,
die zwar auch schon teilweise witzig, aber eher brav und etwas altklug
sind, nichts zu tun. Wie anders ist dagegen Arnims erster Brief an den
Vater – ungeschickt, kindlich, sehnsuchtsvoll, aber streng an Konventionen gebunden. Sehen wir genauer hin, was Bettines reizende
sprachliche Form ebenso verhüllt wie ausdrückt, so ist ihr Brief eine
frühe Selbsttröstung durch Gestaltung und unkonventionelles Benehmen – wenn man will, eine kindliche Raffinesse. Die Elfjährige
steht vor zwei unbehaglichen Problemen: Sie vermißt den Vater und
dessen körperliche Nähe, und sie hat keine Lust, einen Brief zu schreiben. Zugleich will sie sich nicht unbeliebt machen, indem sie überhaupt nicht schreibt. So zaubert sie sich den weit entfernten Vater,
den sie mindestens zwei Jahre nicht gesehen hat, herbei, macht ihm
und sich die Gedankenfreude einer Umarmung oder Umklammerung
(eine Hand auf des Vaters Herz, eine um seinen Hals) – und drückt
damit aus, daß sie im Augenblick nicht schreiben will oder »kann«.

Bettine jedenfalls gelingt es, sich noch in ihrer Verweigerung angenehm und zugleich auffällig zu machen. Clemens hatte recht, wenn
er meinte, in diesem Brief läge ihrer »ganzen Anmut Keim«. Das Ver-
locken durch Ungewöhnlichkeit, das Spiel zwischen angebotener Hingabe und selbstbestimmtem Rückzug, das Skurril-Anmutige an den
Grenzen der Konvention, das eine ganz eigene Art von Anstand nie
verläßt, wird sie ihr Leben lang beibehalten, auch wenn sie deshalb in
späteren Jahren oft Anstoß erregte und Kränkungen in Kauf nehmen
mußte.

Unvermutet starb Bettines Vater am 9. März 1797. Er hatte mit seiner
jungen Frau noch zwei Söhne gezeugt, von denen der erste bald starb
und der zweite erst nach dem Tod des Vaters geboren wurde. Wirklich bewegt hat dieser Tod wohl vor allem Clemens, dem die auto-

ritäre Gegenfigur, der Große Vater, einen Halt im Leben gegeben hatte. Was Haushalt und Firma anging, so hatte Peter Anton vorgesorgt. Er hinterließ das gewaltige Vermögen von 1 192 699 Gulden. Eingebracht hatte er 40 000 Gulden, als er sich 1771 selbständig machte. Nach vielen Streitigkeiten, von denen allerdings die Töchter und wohl auch der geschäftlich nicht ernst zu nehmende Clemens kaum etwas erfuhren, wurde im Jahre 1801 festgelegt, wieviel jeder Erbe erhielt. Auf die acht Kinder aus der zweiten Ehe entfielen je 77 318 Gulden. Bettine war damit eine gute Partie. Sie hat selten über das Frankfurter Geld gesprochen, doch wissen wir von Clemens, daß er zeit seines Lebens von den Zinsen leben konnte. Vor seiner Eheschließung mit Sophie Mereau teilte er dieser mit, daß er mit ungefähr 1200 Reichstalern rechnen durfte und sie sich »bei einer vernünftigen Öekonomie eines angemessnen Üeberflusses erfreuen würden«.

Doch noch immer waren die drei Kloster-Schwestern im Goldenen Kopf nicht recht unterzubringen, zu klein noch, um im großen Haus selbständig zu sein und zu helfen. Gunda dagegen hatte sich durchgesetzt und war seit Herbst 1796 wieder in Frankfurt. Nach dem Einmarsch der revolutionären (und antiklerikalen) Franzosen im Mai 1797 konnten aber die kleinen Schwestern auch nicht mehr in Fritzlar bleiben. Anfang Juni schrieb Gunda an Clemens, der nach manchen Umwegen in Halle studierte, die Schwestern würden bald zurückkommen, »um in Offenbach ihre Education zu vollenden, welches Geschäft denn die Großmama über sich nehmen wird«.

Ab Ende Juli 1797 waren Bettine, Lulu und Meline also in Offenbach, zwölf, zehn und neun Jahre alt. Sie blieben damit weiter, wie im Kloster, unter Frauen. Der Haushalt bestand aus der Großmutter, 66 Jahre alt, deren aus unglücklichster Ehe zurückgekehrter Tochter Luise, einer verbitterten Enddreißigerin, der sehr alten Base Cordula und nur einer Magd. Sie lebten in einem freundlichen Haus in der Domstraße, das sich der Großvater La Roche 1786 gekauft hatte. Er starb 1788. Das Haus bezeichnete Sophie als ihre »Grillenhütte«, ein Wort mit unklarer Bedeutung – meinte sie mit dem ein wenig manierierten Bild die Kleinheit des Hauses oder sah sie es als Heimstatt ihrer zirpenden Produkte? Oder betrachtete sie sich selbst als grillenhaft? Nach vielfachen Schicksalsschlägen ging es der alten Dame finanziell nicht gut. Schon vorher hatte sie den Sohn ihrer Freundin Bethmann aus Frankfurt mitsamt Hausmeister als zahlende Pensionäre aufgenommen und bekam jetzt für ihre eigenen Enkelinnen regelmäßige Zahlungen vom Familienoberhaupt Franz. Eine Brentanosche Hypothek auf ihr Haus mußte sie mit vier Prozent verzinsen, und nach der Einnahme von Trier durch die Franzosen erhielt sie vom Kurfürsten keine Witwenrente mehr. Sie suchte daher durch Schreiben Geld zu verdienen, was ihr Anlaß zu vielen Klagen gab, aber sie auch weiterhin zu einer Person des literarischen Lebens machte. Durch sie, die Verfasserin des ersten empfindsamen deutschen Romans, *Geschichte des Fräuleins von Sternheim*, kam die Literatur in die Familie Brentano. Uns Heutige berührt das Buch kaum noch. Die La Roche ist für uns viel interessanter durch die Tatsache ihres Lebens als schreibende Frau als durch ihre Hervorbringungen.

Sie wurde 1731 geboren, war also fast genauso alt wie die Großmutter Arnims und stammte wie diese aus bürgerlichem Elternhaus. Auch sie war ein Vaterkind. Während die Großmutter Labes, eine monarchistische Feudalfrau, ihr Leben Geld, Geltung und Gütern widmete, wollte bereits die ganz junge Sophie vor allem lesen und lernen. Ihre »Gelehrsamkeit« – mit unseren Worten: die kultivierte Allgemeinbildung einer jungen Frau – wuchs auf dem Nährboden von Bibellektüre, pietistischer Betrachtungstheologie und Seelenschau. Wichtiger und neuer jedoch erscheint ihre Annäherung an die Naturwissenschaften, die sie nie systematisch kennenlernen durfte, aber mit größerem Ernst betrieb, als es Bettine jemals tat.

Ihre erste Verlobung mit dem italienischen Arzt Bianconi zerbrach an der Frage der Konfessionen. Sophies Vater war evangelisch, der Verlobte wollte katholische Kinder haben. Sophie blieb nur das Weinen, und selbst das verbot man ihr als Ungebärdigkeit. In einer grauenerregenden Szene zwang sie der Vater, vor seinen Augen alles Schriftliche, das sie mit ihrem Verlobten verband – Briefe, Noten und Mathematikhefte –, zu zerreißen und zu verbrennen, das Bild Bianconis mit der Schere zu zerstückeln und seinen Ring mit zwei hineingesteckten Eisenstangen zu zerbrechen. Dieser Einbruch von kruder Gewalt in eine Welt, in der Tugend, Gefühl und Wissen die animalische Menschlichkeit zähmen sollten, muß für Sophie traumatisierend gewesen sein. Sie rettete sich in stille häusliche Tätigkeit, in die Welt der Bücher und tat ein sonderbares Gelübde: »Niemand (soll) mehr jemals meine Stimme, mein Clavierspiel, die italienische Sprache … oder irgend etwas, so er mich lehrte, hören, oder nur in mir vermuthen.« Diesem Verzichtschwur blieb sie treu. Es ist, als ob sie die Härte des Vaters in sich selbst hineingenommen und gegen sich gewendet hätte.

Gerade wegen der unausweichlichen Unterwerfung unter die Männer hatte sich ihr tief eingeprägt, daß ein Mädchen heiraten muß, solange es Zeit ist. Weniger als ein Jahr nach dem erzwungenen Zerbrechen der Beziehung zu Bianconi verlobte sie sich mit ihrem entfernten Verwandten Christoph Martin Wieland, einem begabten und schwierigen Siebzehnjährigen. Sie selbst war 18. Daß sie dadurch über den Umweg bürgerlich-empfindsamer Familienpläne in den entstehenden Zentralwirbel des deutschen Geisteslebens geriet, konnte sie natürlich nicht wissen. Bettine sollte sich mehr als fünfzig Jahre später mit des alten Wielands Hilfe endlich an den Mittelpunkt dieses Wirbels bringen: zu Goethe.

Sophie wurde im Pfarrhaushalt von Wielands Eltern untergebracht, wo die Mutter und Hausfrau mit der zukünftigen Schwiegertochter immer weniger einverstanden war. Sie war ihr zu »gelehrt«, ein wenig vergnügungssüchtig und an häuslichen Tugenden nicht besonders interessiert: »Kein so durchtrieben Mädle wird man nicht finden«, schrieb die Mutter, »wan mein Sohn das Mensch zu seiner Frau bekomt, so ist er sein Lebtag ein armer Mann und Märtherer ...« Wieland war meistens weit weg, in Tübingen und in der Schweiz, und machte keine Anstalten, einen familienernährenden Beruf zu ergreifen. So übernahm Sophie die Initiative, antwortete nicht mehr auf Wielands Briefe und ließ die heiligen Schwüre Schwüre sein. »Sie thut was Sie will, Sie läufft den Manspersohnen nach und schickt ihnen nach, sie gibt alle gelegenheit, Sie zu verführen«, meldet die alte Frau Wieland. Sogar in ein »Catholisches Hauß« sei sie gegangen, um dort geselligen Verkehr aufzunehmen.*

Und schließlich heiratete sie 1753 auch einen Katholiken, wogegen der Vater jetzt keine Einwände mehr hatte, da er selbst eine neue Ehe einging und die Tochter lossein wollte: den angemessene elf Jahre älteren kurmainzischen Rat Georg Michael Franck La Roche, später geadelt, einen Diplomaten und Staatsmann, der sie in die höfische Gesellschaft von katholischen Kirchen- und Gebietsmagnaten mitnahm und dort gut brauchen konnte. Sophie und Wieland gelang es mit der großzügigen Gelenkigkeit und Freiheit der Jugend, ihre sowieso eher literarische Liebe in Freundschaft zu verwandeln – in eine

---

* Die Zitate stammen aus einem langen redseligen Brief von Wielands Mutter an Bodmer, den Züricher Mentor und Gönner ihres Sohnes. Der Brief wirkt zwar denunziatorisch, aber akribisch wahrheitsgetreu. Die Kriterien für weibliches Benehmen waren bei Regina Catharina Wieland andere als bei dem »Mädle«, und sie schildert die Ereignisse, wie sie sie sieht.

lebenslange. Sophie bekam acht Kinder, von denen fünf überlebten und in ihrem Leben, eigentlich ihrem *Beruf* als Hofdame, auf angemessene Weise untergebracht werden mußten.

Von allen Beschreibungen der La Roche ist die Goethes am aufschlußreichsten. »Sie war die wunderbarste Frau, und ich wüßte ihr keine andre zu vergleichen. Schlank und zart gebaut, eher groß als klein, hatte sie bis in ihre höheren Jahre eine gewisse Eleganz sowohl der Gestalt als des Betragens zu erhalten gewußt, die zwischen dem Benehmen einer Edeldame und einer würdigen bürgerlichen Frau gar anmutig schwebte … Sie sprach gut und wußte dem, was sie sagte, durch Empfindung immer Bedeutung zu geben. Ihr Betragen war gegen jedermann vollkommen gleich. Allein durch dieses alles ist noch nicht das Eigenste ihres Wesens ausgesprochen; es zu bezeichnen ist schwer. Sie schien an allem teilzunehmen, aber im Grunde wirkte nichts auf sie. Sie war mild gegen alles und konnte alles dulden, ohne zu leiden; den Scherz ihres Mannes, die Zärtlichkeit ihrer Freunde, die Anmut ihrer Kinder, alles erwiderte sie auf gleiche Weise, und so blieb sie immer sie selbst, ohne daß ihr in der Welt durch Böses oder Gutes, oder in der Literatur durch Vortreffliches und Schwaches wäre beizukommen gewesen. Dieser Sinnesart verdankte sie ihre Selbständigkeit bis ins hohe Alter, bei manchen traurigen, ja kümmerlichen Schicksalen.«

Daß die La Roche für Goethe eine so genau bekannte Gestalt war, verdankte sie sich selbst: Durch Wieland ins Schreiben eingeführt, gebildet und daher mutiger als andere Frauen, verfaßte sie, als ihr, wieder auf männlichen Befehl, beide Töchter für eine standesgemäße Klostererziehung entzogen wurden, den berühmten *Sternheim*-Roman, der 1771 erschien. Die unter englischem Einfluß geschriebene, weitläufige Erzählung über eine junge deutsche Landadelige zwischen Tugend und Laster, Bürgertum und Hof, aber auch zwischen Selbst- und Fremdbestimmung war eine kurze Zeit lang das Entzücken aller literarischen Gruppen. Besonders die Jungen waren begeistert. »Ohne die *Sternheim* kein *Werther*«, schreibt ein Biograph überzeugt und überzeugend. Der 22 Jahre alte Goethe fand die Ungeschicklichkeiten im Buch der 40jährigen Anfängerin ganz unwichtig, denn hier sei kein Buch zu beurteilen, sondern »eine Menschenseele«. Und natürlich wollte er Frau von La Roche auch kennenlernen, was dieser mit ihrem gesellschaftlichen Geschick sehr zustatten kam: In Ehrenbreitstein gegenüber von Koblenz trafen sich jetzt öfter einige Protagonisten der mächtig austreibenden neuen deutschen Li-

*Sophie von La Roche, Bettines Großmutter (1731–1807).
Anonymes Pastell, nach 1774.*

teratur – Goethe, Merck, Heinse, Jacobi und auch der inzwischen berühmt gewordene Wieland; man las gemeinsam, konversierte, spielte, trieb sich in der Natur herum und hatte mit Recht das Gefühl, daß in dem kleinen Ort am Rhein dem hauptstadtlosen Deutschland ein literarisches Zentrum erwachsen sei. Die Töchter Sophies waren inzwischen heimgekehrt, beide sehr hübsch. Maximiliane, Sophies Älteste, Bettines spätere Mutter, und ihre etwas jüngere Schwester Luise schmückten die Zusammenkünfte und lernten die Autoren, die heute noch in unseren Literaturgeschichten leuchten, als Freunde, Verehrer und Bewerber kennen – wie später auch Bettine und ihre Schwestern.

Sophie La Roche muß aus den Erlebnissen ihrer Jugend den Schluß gezogen haben, daß es vor allem darauf ankommt, die Achtung vor sich selbst nicht zu verlieren. Es ging ihr dabei um ihr und ihres Mannes Ansehen in der höfischen Welt, nicht so sehr um die »Menschenseele«. Weniger adrette Verehrer ihres Buches, wie Lenz und Heinse, hielt sie eher fern. Doch lag ihr viel an ihrem eigenen gesellschaftlich-literarischen Ruhm. *Sie* war das Zentrum des Hauses und nicht etwa ihre Töchter. Daher schrieb Goethe nicht direkt an »Mademoiselle Max«, schon gar nicht, als sie Madame Brentano geworden war, sondern an Sophie, so wichtig die Faszination durch Maxe auch für ihn war. Die 43 Briefe Goethes, die die Großmutter aufbewahrte, sollten später in Bettines Leben Epoche machen. Allmählich zog sich Sophie jedoch von den sie überholenden jungen Gefühlsriesen zurück. So ernst wie diese hatte sie es nicht gemeint. Wo sich die zelebrierte »tiefe« Empfindung, die angelernten Tränen mit Realität, Natur und gar mit Tod und Selbstmord verbanden, verlor sie den Boden der Beherrschung, ohne den sie nicht leben konnte.

Ausgerechnet Sophie, die für die Selbstbestimmung des Gefühls eintrat und die Perfidie konventioneller Mädchenverheiratung in der *Sternheim* angeprangert hatte, sie, die eine vom autoritären Vater verdorbene Lebensperspektive verschmerzen mußte – diese Sophie von La Roche verheiratete beide Töchter, ohne sie um ihre Meinung zu befragen. Sie ließ zu, daß genau die Welt höfischen Kalküls, die die Sternheim ins Unglück bringt, auch das Leben ihrer eigenen Kinder bestimmte. Es erscheint geradezu wie eine Weitergabe des eigenen Unglücks, wenn nicht gar wie eine unbewußte Rache an der Schönheit und Unbefangenheit der beiden Mädchen, daß Maxe an den verwitweten Brentano und Luise an den Trunkenbold Möhn gegeben wurde.

Das Leben spielte Sophie von La Roche hart mit. Ihr Mann, Kanzler eines katholischen geistlichen Fürsten, wurde 1780 wegen seiner antirömischen und bürgerlich-aufklärerischen Gesinnung entlassen – für Bettine ein Grund, ihm auf einigen Seiten der *Günderode* ein ehrendes Denkmal zu errichten. Sophie, jetzt unfreiwillig frei von höfischen Pflichten, verfaßte Zeitschriften und lehrreiche Bücher für junge Frauen, mit denen sie auch Geld verdienen wollte. Noch eine andere Erweiterung ihres Lebens riskierte sie, inzwischen Mitte Fünfzig: sie bereiste Frankreich, England, Holland und die Schweiz und schrieb darüber. Arnims Großmutter hat dagegen die Mark

Brandenburg ihr Leben lang nicht verlassen. Nach Offenbach ging Sophie auf Wunsch ihres schon kranken Mannes, der dann 1788 starb. Härter als sein Tod traf sie 1791 der ihres 23jährigen Lieblingssohnes Franz. Zwei Jahre später starb Maximiliane. Luise litt unter ihrer unglücklichen Ehe, der Sohn Fritz wanderte nach Amerika aus, zerstritt sich mit seiner reichen Frau, war eine Zeitlang in Rußland verschollen. 1797 schließlich starb der Schwiegersohn Brentano. Zu etwas gebracht in Sophies Sinne hatte es von ihren Kindern nur Carl, ein preußischer Bergrat. In ihren langen Altersjahren beschrieb sich Sophie in ihren vielen Briefen als alt, traurig, ängstlich und arm. Sie jammerte, kann man sagen. Wen wundert's?

Diese Frau, noch immer gesellschaftlich aktiv, wenn auch vergessen, ja verachtet von der bestimmenden Generation von Schriftstellern, stand nun Bettine als familiäre Autorität im Haus gegenüber. Zur Zeit seiner letzten Begegnung mit der ehemals verehrten »chère maman«, 1799, schrieb Goethe an Schiller: »Sie gehört zu den nivellierenden Naturen, sie hebt das Gemeine herauf und zieht das Vorzügliche herunter und richtet das Ganze alsdann mit ihrer Sauce zu beliebigem Genuß ân.« Da lebte Bettine schon zwei Jahre in Offenbach und war 14 Jahre alt. Sie wird mit der »Sauce« nicht immer einverstanden gewesen sein. Doch hatte sie für die Unabhängigkeitsübungen der Pubertät ein ziemlich weiches, vielleicht zu weiches Gegenüber. Die Großmutter hatte kaum noch Gelegenheit, in einen wirklichen Konflikt zwischen ihrer Mütterlichkeit und ihren gesellschaftlichen Ambitionen zu geraten. Ihre Besucher waren vor allem französische Emigranten, die in Offenbach untergekommen waren, gelegentlich Familie und Freunde aus Frankfurt, selten Neugierige oder alte Bekannte, die die große alte Dame der empfindsamen Literatur sehen wollten. Doch erzählte sie Bettine oft von früher, so daß diese die meisten schreibenden Zeitgenossen so kennenlernte, wie sie die Großmutter als junge Menschen erlebt hatte. Arnim dagegen erfuhr von Caroline von Labes Geschichten aus dem Königshaus, Klatsch aus benachbarten Adelsfamilien und zweifellos Anekdoten vom Alten Fritz.

Bettine beschreibt im *Frühlingskranz* und besonders in der *Günderode* die Häuslichkeit in Offenbach als wohltuend reinlich und geordnet, das ganze Gegenteil ihrer eigenen poetischen Unordnung. Selbstbeherrschung, Anmut und die Schönheit des Alters bezaubern die Enkelin an der Großmutter: »mit ihren großen weißen Locken

ihr ums Gesicht spielend, in dem langen schwarzen Grosdetourkleid*
mit langer Schleppe … Ei wie fein ist doch die Großmama, alle Menschen sehen gemein aus ihr gegenüber.« Selbst die von Clemens und
den anderen Jungen verachtete Empfindsamkeit stört Bettine nicht,
»im Gegenteil findet es Anklang in mir und obschon ich manchmal
über gar zu Seltsames hab mit den Andern lachen müssen, so fühl
ich doch eine Wahrheit meistens in Allem«. Die Großmutter ist ein
sanft staunendes Gegenüber von Bettines träumerischen Zuständen.
»Könnte ich denn ein Wolkenschwimmer werden«, fragt sie die alte
Frau. »Kind meiner Max, sagte sie, was hast du vor wunderliche Gedanken.« Sie behauptet, die Großmutter habe oft schwäbisch gesprochen, wenn sie mit ihr allein war. Hatte Bettine somnambule Zustände, um ihrem »Genius«, dem inneren Dämon, nahezusein, dann
rief die Großmutter sie zurück: »Mädele was starrst – sollt man glauben, Du wärst außer der Welt entrückt. – Ich fuhr auf – da lacht sie.
›Gutes Kind wo bischt? – Bischt beim Schutzengel?‹ – und zieht meine
Hand an ihre Brust – ›so sagen die Schwaben, wenn einer so in sich
verstummt.‹« Sophie von La Roche war altersmilde geworden. Sie erzählte auch von Maximiliane, »von ihrer Anmut und feinem Herzen,
sie sagte: Alles was Ihr Kinder an Schönheit und Geist teilt das hat
Eure Mutter in sich vereint; und dann hat sie zu sehr geweint um von
ihr weiter zu sprechen.«

Ob diese harmonisierende Darstellung den Gefühlen der wahren
jungen Bettine entsprach, ist zweifelhaft. Gelegentlich tauchen Differenzen auf. »Meinungen von geistreichen Männern zu hören was der
Großmama ihre Passion ist, das scheint mir leeres Stroh, liebe Großmama – Du kannst doch nicht leugnen daß sie die Welt verstehen und
dazu berufen sind sie zu leiten? sagte sie gestern. – Nein liebe Großmama mir scheint vielmehr daß ich dazu berufen bin. ›Geh schlaf aus
Du bist e närrisch's Dingle.‹« Die Großmutter war zudem mit dem
Einfluß, den Clemens auf Bettine ausübte, ganz und gar nicht einverstanden, und schließlich übte Bettine, nachdem sie von Offenbach
nach Frankfurt umgezogen war, die gleiche ungeduldige Kritik an der
Großmutter, die wohl allmählich die allgemeine Haltung der Familie
geworden war. Sie nennt einen Brief von ihr »lamentos« und seufzt:
»Daß einen die Geplagten doch nicht ungeplagt lassen können; ich
denke hier an ein Lied von Novalis:

---

56   *   Gros de Tour ist ein schwerer, meist gerippter Taftstoff.

Ach wann wird das Blatt sich wenden
Und das Reich der Alten enden.«

Abgesehen von der Zugehörigkeit zur Oberschicht hatte die Jugend
von Bettine und Arnim wenig gemeinsam. Die Kultur des 18. Jahrhunderts, in dem sie ihre ersten 15 bzw. 19 Jahre noch verlebten, präg-
te sie auf ganz verschiedene Weise. Ihre Entwicklung in der sowohl
schicksalhaften wie persönlich gewollten Auswahl von Reizen und
Kontinuitäten wirkt zunächst »typisch weiblich« und »typisch männlich« und war es in der Tat, was die Erziehungsgewohnheiten der Zeit
angeht. Aber auch psychologisch schreiben wir einem Mann eher
Disziplin, Strenge und konsequente Ausbildung zu und einer Frau
Träumerei, Inkonsequenz und Anpassung an wechselnde Lebensumstände. Doch zugleich wurden schon in diesen frühen Jahren,
noch zögernd zwar, entscheidende Wegrichtungen eingeschlagen, die
zu bettinisch-arnimschen Spielarten der »sanften Männlichkeit« und
»selbständigen Weiblichkeit« führen sollten, welche Friedrich Schlegel als »einzig recht, wahr und schön« postuliert hatte. Bei beiden entstanden die neuen Haltungen durch Widerstand. Die Großmütter,
denen in diesem Kapitel soviel Raum gegeben wurde, spielten dabei
eine wichtige Rolle. Arnim mußte »Weiblichkeit« in sich entwickeln,
weil sie ihm in der äußeren Welt seiner Familie nur in sehr »männlicher« Form gegenüberstand. Bettine war in ihrer somnambulen Art
eine unverhoffte Nachfolgerin der Großmutter, die in ihren jungen
Jahren den Aufstand gegen männliche Macht geprobt hatte, dann ihre
Weiblichkeit innerhalb der Männerwelt eingesetzt, sich Neuland eröffnet hatte – und schließlich allerdings gescheitert war, was Bettine
erspart blieb.

Wer die beiden damals traf, den Studenten Arnim und die halbwüchsige Bettine, sah einen noch sehr jungen Mann, ernsthaft, wohlerzogen, überaus intelligent und als Naturwissenschaftler bereits
bedeutend, und ein verwöhntes, reizendes, etwas sonderbares Mädchen. Arnims Standort in seiner Familie war bestimmt von der Kom-
pensation des unwiederbringlichen Verlustes seiner Eltern. Sein
einziger Konkurrent war der Bruder (der immerhin beide Eltern anderthalb Jahre gehabt hatte), und die Lebensaufteilung war wohl
schon damals klar: Arnim der Tiefe, Zuverlässige, schwerer Lebende,
sein Bruder elegant und konventionell in einem Sinne, der niemandem
ernsthaft weh tat. Bettine dagegen mußte sich unter vielen geliebten
und rivalisierenden Geschwistern einen eigenen Standort suchen. Die

weibliche Anpassung und die Hochschätzung des Familienansehens in der Gesellschaft, wie sie die ältere Gunda präsentierte, war Bettines Sache nicht, ebensowenig die kluge anmutige Sanftheit der früh verstorbenen Sophie und schon gar nicht die resignierte Beugung der vernünftigen Meline unter die Konvention. Bettine wählte und kultivierte das Bunte, das Poetisch-Auffallende, das Schillernde, das Hüpfende, auch das Witzige und Schnelle und zugleich das gewissermaßen Mondsüchtige, die jugendliche Tiefe einer unerfahrenen jungen Frau. Sie inszenierte eine Rebellion gegen das verlangte Weibliche. Zugleich hatte sie aus Mutternachfolge, Vaterliebe und der resignierten, aber standhaften Freundlichkeit der Großmutter ein unauslöschliches Vertrauen ins Weibliche gewonnen.

ERSTES BEGEGNEN

Studentenleben

Kennengelernt haben sich Bettine und Arnim im Sommer 1802, sie 17, er 21 Jahre alt. Es war keine Liebe auf den ersten Blick, gerade weil sie alles andere als ein Zufall war. Clemens Brentano, seit einem Jahr eng mit Arnim befreundet, betrieb die Annäherung zwischen seinem Freund und seiner Lieblingsschwester mit »poetischer Gewalttätigkeit«. Doch entstand auch die Freundschaft zwischen den beiden jungen Männern nicht auf den ersten Blick, sondern hatte eine langsamere Geschichte, als gemeinhin angenommen wird.

Clemens erwähnt Arnim zum erstenmal in einem Brief vom 7. Juni 1801 an seine Schwester Gunda im Zusammenhang mit einer Sensation: Goethe sei da, man habe »ihm gleich ein Vivat zusammengerufen, indem soviel Stimmen waren als Leben in Göttingen ist« – nämlich studentisches Leben, das andere zählt er nicht. Eine Szene wie auf dem Theater, die Goethe so wichtig war, daß er sie noch zwanzig Jahre später aus der Erinnerung so aufzeichnete: »… bei der Krone eingekehrt, bemerkt' ich, als eben die Dämmerung einbrach, einige Bewegung auf der Straße; Studirende kamen und gingen, verloren sich in Seitengäßchen und traten in bewegten Massen wieder vor. Endlich erscholl auf einmal ein freudiges Lebehoch! aber auch im Augenblick war alles verschwunden.« Goethe freute sich über diese Ovation besonders, weil »dergleichen Beifallsbezeugungen verpönt«, das heißt verboten waren, aus Angst vor Zusammenrottungen von Studenten, die die Obrigkeit unabhängig vom Anlaß als staatsgefährdend fürchtete – wie zu vielen Zeiten. Dabei war Goethe ja durchaus den Honoratioren und der öffentlichen Ordnung zugetan – Clemens berichtet ein paar Tage später nicht ohne Häme an Savigny: »Göthe ist schon mehrere Tage hier, warum weiß Gott und Göthe, er stakelt mit seinem Verkehrten hut zu allen Professoren.« Daneben ist ein würdiger Herr gekritzelt mit einem sonderbaren Dreispitz, der nicht quer, sondern der Länge nach auf dem Kopf sitzt. Doch war dieser würdige Herr nach einer fast tödlichen Krankheit Anfang des Jahres schlichtweg dankbar, am Leben zu sein, und vermerkt: »Ein so freundlicher Empfang wäre dem gesunden schon wohltätig gewesen, dem Genesenden ward er es doppelt.«

Das Vivatrufen war also ein »Burschenstück«, eine Studentenkühnheit. Arnim war stolz darauf, und so schreibt er wenige Tage später seinem Schul- und Studienfreund Friedrich von Raumer am Ende eines in schrullig-melancholischem Jargon abgefaßten Lebenszeichen-Briefes: »Göthe war hier, ich habe ihn gesprochen ihm ein dreyfaches öffentliches Lebehoch ausgerufen allen Verboten zum Troz ...« Dies sei das einzig Vernünftige an seinem ganzen Brief, schließt er.

Nach getaner Heldentat trafen sich, wie Clemens schreibt, einige Freunde in dem Garten, der zur Wohnung von August Stephan Winkelmann gehörte, und »tranken sich lustig«. Zu ihnen gehörte auch Arnim. Dieser erste kurze Bericht eines Treffens der beiden jungen Männer, die zum berühmtesten Freundespaar der deutschen Romantik werden sollten, verdient etwas vorsichtige Ausmalung.

Sie waren zu fünft und alle zwischen 20 und 23 Jahre alt: mit den beiden späteren *Wunderhorn*-Freunden saßen und tranken Theodor Friedrich Arnold Kestner, Sohn von Goethes ehemaliger Lotte, der in Jena mit Brentano zusammengewohnt hatte, Konrad Friedrich Heyer, Mediziner wie Kestner und Braunschweiger wie Winkelmann, und Winkelmann selbst, über den sich alle kannten – junge Männer, aber keine ganz jungen Studenten mehr. Diese drei sollten drei oder vier Jahre später schon Professoren bzw. Privatdozenten sein (wozu aber eine wesentlich einfachere Prozedur nötig war als heutzutage, so daß diese Berufungen in jugendlichem Alter eher die Regel als die Ausnahme waren – denken wir etwa an die bekannteren Beispiele von Schelling und Savigny). Mehr oder weniger unbekannt waren einander nur Brentano und Arnim.

Man könnte an eine Zeichnung der Zeit denken: lockeres Beieinandersitzen auf einfachen Holzstühlen, erhobene Gläser, legere Kleidung, ein warmer Sommerabend, Gartengrün in ländlicher Natürlichkeit. Obwohl alle fünf sich ursprünglich den Naturwissenschaften oder der Medizin zugewandt hatten, die sich in jenen Jahren unter dem Einfluß der neuen organismischen Auffassung von »Natur« und »Leben« so intensiv veränderten, verband sie vor allem das gemeinsame Interesse für Kunst und besonders Literatur. Sie verachteten die studentischen Landsmannschaften, die sich einfach durch die geographische Herkunft zusammenfanden und das derbe und laute Benehmen an den Tag legten, das heute noch von den traditionellen schlagenden Verbindungen gepflegt wird. »Wenn die Landsmannschaften beim Bier und unmusikalischem Gebrüll ihre Kommersche hielten, saßen wir still bei einem edleren Getränk, den Versen unserer Dichter lauschend, von denen auch wohl eins oder das andere nach guten Melodien drei- oder vierstimmig ausgesetzt, gesungen wurde« – so beschreibt ein entfernterer Freund die Geselligkeit der studentischen Musensöhne.

Goethe war die Zentralsonne dieser Welt. »... sollst du alles waß Göthe schrieb, und auch nicht eine Zeile nicht lesen, ja anbeten, und studieren ... er ist der gröste mensch, der lebte, und seine Werke sind, die schönste Welt, und wer in ihnen wohnt, der ist der glücklichste mensch, Ich bitte dich herzlich, bilde dir einmal ein, die Laußewelt wäre nicht da, und ziehe ganz in Göthen ein, in alles alles, gehe mit seinen Personen und Gedichten um, so wirst du glücklich werden«, schreibt Clemens drei Tage nach diesem Gartentreffen, sich vor Begeisterung verhaspelnd, an Gunda, für die er in diesen Monaten allenthalben nach Trost suchte, um ihr die Trauer über den Tod der Schwester Sophie überwinden zu helfen.

Für den 20jährigen Studenten Achim von Arnim begann in diesen Junitagen seine persönliche Beziehung zum Geheimrat von Goethe, und die Auszeichnung, die ihm dadurch zuteil wurde, erhöhte zweifellos sein Ansehen bei den Freunden und auch beim Goetheverehrer Clemens. Daß der große Dichter »bei« den Brüdern Arnim, also in deren wie immer gearteter Studentenbehausung erschien, war etwas ganz Besonderes. Der Grund des Besuchs lag in Arnims Bekanntheit als Naturwissenschaftler. Arnim muß Goethe durch seine Veröffentlichungen in den *Annalen der Physik* bekannt gewesen sein, einer Zeitschrift, die von zweien seiner Lehrer an der Universität Halle herausgegeben wurde. Er publizierte dort Rezensionen, die als Forschungsinformationen wichtig waren, und auch eigene Arbeiten, darunter im Jahr 1800 *Anmerkungen zur Licht-Theorie*, Baustein einer geplanten großen Abhandlung über Wärme, Licht und Farben, die nicht zustande kam – weil Arnim sich entschloß, Wärme, Licht und Farben (und die Gegenwelt dazu: Kälte, Dunkel und die Fahlheit des Todes) in der Dichtung zu erforschen. Wir dürfen uns vorstellen, wie Arnim, ganz Höflichkeit und Verehrung, dem für ihn alten Herrn (Goethe war 52) Rede und Antwort stand, bescheiden und doch selbstbewußt, bis Goethe die Unterredung beendete.

Goethe war von dem schönen und klugen jungen Mann sehr angetan, Arnim seinerseits von Goethe hingerissen. »Ich kenne noch die Stelle auf dem Walle [in Göttingen]«, schreibt er fünf Jahre später an Bettine, »er sah so groß und gewaltig aus, daß ich fürchtete, nicht vorbeikommen zu können.«[*] Goethe, der etwa ebenso groß war wie Arnim, wurde in der Zeit dieser Begegnung als dick und geradezu unförmig geschildert, kurzbeinig hat ihn ein schärf hinschauender Zeitgenosse genannt, und Arnim hätte einen anderen älteren Mann dieser Statur vielleicht als »Philister« abgetan. In den Augen des jungen Verehrers überstrahlte der gewaltige Geist die unerfreuliche Physis.

Clemens und Arnim konnten sich da erst wenige Wochen kennen. Es war Arnims drittes Semester in Göttingen (und das letzte seiner ganzen Studienzeit), aber Clemens kam erst Mitte Mai 1801 von einer seiner Unruhereisen dort an und wurde am 21. Mai als *studiosus philosophiae* immatrikuliert. Das war für ihn ein Fachwechsel. Nach gescheiterten Versuchen als Kaufmann und Bergwissenschaftler hatte er in Halle Kameralistik, die damalige Form der Wirtschaftswissenschaft, studiert oder wenigstens so getan. Dann schrieb er sich in Jena für Medizin ein. Seine Familie sah das wohl mit ebensoviel Resignation wie Mißbehagen. Als Lehrling in der Familienfirma hatte er Frachtbriefe in Reimen geschrieben, war in Kaffeefässern zwischen den »wogenden Bohnen« herumgesprungen und hatte eines Tages in einer stillen Abendstunde sämtliche Türen vom Kontor bis zum Speicher aus den Angeln gehoben. Daß so einer nicht zum seriösen Handelsmann taugte, sieht jeder ein. Wenn man sich aber einen noch unpasssenderen Beruf für den unzuverlässigen und sprunghaften Cle-

---

[*] Arnim nahm diese Stelle über »Deutschlands Meister« auch in sein Drama *Halle und Jerusalem* auf, das Goethe allerdings deswegen nicht weniger mißfiel. Arnim war laut Reisedokument, das der preußische Gesandte ihm 1803 in Paris für England ausstellte, 5 Fuß 3 Daumen groß (frz. Maße, vgl. Wingertszahn Chronik, Nr. 535). Ein französischer pied war bis etwa 1812 0,3248 m lang, eine pouce 0,0271 m. Arnims Körpergröße betrug also 170,53 cm. Goethe war ungefähr ebenso groß wie Arnim. Im Jahre 1828 (man muß also damit rechnen, daß Goethe kleiner war als 1801) wurde er von dem Bildhauer Rauch für eine kleine Skulptur, deren Proportionen stimmen sollten, vermessen: er maß 6 Fuß und 1 ½ bis 1 ⅔ Zoll (nach: Goethe, seine äußere Erscheinung, hg. von Emil Schaeffer und Jörn Göres, Frankfurt 1980). Er war also etwa 1,70 m groß, wahrscheinlich mit Schuhen, denn für eine Statue wird Rauch ihn kaum gebeten haben, die Schuhe auszuziehen. (Maße errechnet nach den Angaben über französische und Sachsen-Weimarische Längenmaße in: Hans Joachim von Alberti, Maß und Gewicht, Berlin 1957.)

mens denken will, dann ist es der des Arztes. Advokat wollte er werden, dann wieder Bauer und zu diesem Zwecke auf Savignys Gut Trages die Wirtschaft lernen. Man sieht geradezu den vernünftigen Savigny, den Juristen, Freund und späteren Schwager von Clemens, mit seinem freundlichen Backenknochengesicht und den gescheitelten Christushaaren den Kopf schütteln über solche Vorstellungen von einer Karriere. Im Grunde war auch Clemens bereits 1798 klar, daß er nie etwas Gescheites verdienen würde und statt dessen zur Schriftstellerei geboren oder verdammt sei.

Er war sehr dunkel, sehr unruhig und sehr schön. Bettine schildert ihn so: »Du siehst im Spiegel ein edles Angesicht mit sanftem Reiz der Unterlippe, mit unendlich anmutig witzigem Feuer der Oberlippe widersprochen. Du siehst eine blendende Stirn, auf der das Genie nicht zu verschleiern ist, und ein paar schwarze Augen und einen ganzen Kerl, der gewohnt ist zu siegen!« Seine Augen waren groß und lebendig; Bettine beschreibt die eigenen, die auch oft gerühmt werden, in einem frühen Brief an Savigny als »groß und braun, etwas heller als des Clemenz seine«. Zur Zeit des Treffens im Göttinger Garten war er »schlank wie eine Pappel«, wie eine Freundin seiner Geliebten und späteren Ehefrau Sophie Mereau schreibt, »und so gewandt und elastisch, daß er die wunderbarsten Sprünge und Kletterversuche anstellte. Dabei waren seine Bewegungen so leise, daß er fast unhörbar einherging und sich regte …« Diese Geschmeidigkeit war Ausdruck eines Geistes, dem Eindeutigkeit und Geradheit nur unter großen Mühen abzugewinnen waren. Die auffallende, fast tierhafte Geschicklichkeit läßt sofort an Bettine denken, deren klischeehaft weitergetragenes Kennzeichen, ihre vielbesprochene »Koboldhaftigkeit«, zum Teil darauf beruhte, daß sie sich sehr viel und sehr unkonventionell bewegte.

Die schönste und sicher treffendste Darstellung aus Brentanos Jugend ist die Büste von Friedrich Tieck, dem Bruder des verehrten Dichters, fertiggestellt im Herbst 1803. Auch Bettine hatte später ein Exemplar davon in ihrer Berliner Wohnung stehen. Das Gesicht ist noch jugendlich schmal, länglich und kräftig. Die üppigen Locken sind nach der antikisierenden Mode der Zeit in die hohe Stirn hineinfrisiert, Kinn, Mund und Nase ausdrucksvoll und energisch. Clemens selbst war der Ansicht, daß er wie seine Büste aussehen *könnte*, »wenn ich das Ziel meiner Kunst erreicht hätte, es mir ein Trost für die Möglichkeit, daß ich so aussehen kann, und ich will von nun an keine Gesichter mehr schneiden«.

Bettine schenkte Clemens zu Weihnachten 1800 eine Brieftasche, »worauf sie einen Eichbaum gestickt hatte, an den sich ein schild mit ihrem nahmen lehnt. Um die Eiche stehen die Worte, qui s'appuie a un bon arbre, a bonne ombre.« Hier, darf man sagen, irrte Bettine. Clemens war für niemanden ein Baum, an den man sich zuverlässig anlehnen konnte. »Er ist ein höchst sonderbarer Mensch«, schrieb eine Freundin der Mereau, »sehr geistreich, auf seinem Gesicht ist das vollkommen ausgeprägt … Er kommt mir vor wie ein schönes Buch, an dem die Blätter verbunden [falsch gebunden] sind, wo man doch Stellen zusammenhängend lesen kann und wieder keinen Zusammenhang findet.«

Die Zerrissenheit, das Unzusammenhängende muß sehr auffallend gewesen sein. Clemens wußte das, und es war ihm auch recht, daß er auffiel. »Das Allgemeine würde ohne meinesgleichen über dem alten Adagio, das ihr von Ewigkeit zu Ewigkeit zum allgemeinen Besten aufspielt, vor Langeweile einschlafen«, läßt er Godwi, seinen literarischen Zwilling, selbstbewußt sagen. Von allen romantischen Autoren läßt uns Clemens Brentano am besten verstehen, was der Genius, der Dämon in einem »göttlichen Menschen« ist. »Wie geht es denn?« fragt zögernd und nachdenklich Sophie Mereau in ihrem ersten Billett an den jungen Verehrer, er 20, sie 28 Jahre alt – »o! Clemens, Clemens! lieber schrecklicher, göttlicher, unmenschlicher Clemens!« Ein »Mensch« im Sinne klassischen Maßes sollte dieser weltliche Engel niemals werden.

Arnim war nicht nur durch seine Herkunft, sondern auch durch seinen selbstbestimmten Werdegang das ganze Gegenteil von Clemens. Immer wieder werden an ihm die Ruhe, das Wohlgeratene, die »Milde« bemerkt. Durch Haltung und Diskretion, auch durch Güte und Humor verdeckte Arnim im Leben den anarchischen Untergrund, aus dem in seinen Werken »ungestalte Kreaturen aufsteigen, die einer mit Wissen und Willen sich selbst überlassenen Phantasie entspringen«. Diese Eigenschaften, die eigentlich unjugendlich klingen, müssen ihn schon früh charakterisiert haben. Zugleich hat er viele durch seine Jugendfrische bezaubert. Körperliche Stärke und das, was man heute Sportlichkeit nennen würde, machten ihn zusammen mit einer blendenden Intelligenz und großen Freundlichkeit zum Inbild eines gelungenen Menschen. In Winkelmanns Nachwort zum *Godwi* läßt Clemens »A.« am Sterbebett des fiktiven Autors Maria alias Brentano sitzen – ein typisch romantisches Verwirrspiel, bei

Clemens Brentano. Büste von Friedrich Tieck, 1803.

dem man nicht weiß, wer eigentlich schreibt, aus dem aber jedenfalls diese Charakteristik des neuen Freundes hervorgeht: »Die letzten hellen Tage und Stunden verdankt er dir, A., deine Ironie, dein reines Gefühl und dein jugendliches poetisches Dasein heiterten den Kranken ach, wie sehr! auf. ›Nun sterbe ich ruhig‹, sagte Maria einst lächelnd, ›ich habe den Humor gesehen.‹« Der Anklang an das biblische

»Herr, nun lässest du deinen Diener in Frieden fahren, denn meine Augen haben deinen Heiland gesehen« (Lukas 2, 29–30) darf und soll sicher mitgehört werden. Geschrieben wurden diese Zeilen, ob von Winkelmann oder Brentano, jedenfalls im Jahre des Kennenlernens 1801.

Reichtum und Selbstachtung von Arnims Herkunftsfamilie lassen sich ablesen an den Bildern, die es von ihm gibt – man hatte Geld und war es gewohnt, die Lebenden, die später einmal als Ahnen an der Wand hängen sollten, von anerkannten Künstlern porträtieren zu lassen. Als Arnim selbst das Familienoberhaupt wurde, führte er diese Tradition nicht fort, und auch Bettine war nachlässig damit, so daß es von ihm aus seinen eigentlichen Mannesjahren nur eine einzige Zeichnung von 1820 gibt. Auf der frühesten Zeichnung aus dem Jahr 1800, anonym, aber fein gearbeitet, blickt der 19jährige, der schon seit zwei Jahren in Halle studierte, ohne Lächeln in die Welt, als ob das vorgeschrieben wäre. Entgegen den sonstigen Berichten über seine schlampige Kleidung scheinen hier die komplizierten Hemd- und Kragenfalten sorgfältig gebügelt, ein Westchen schließt sich unter der Frackjacke. Man erkennt zwar den Ansatz des Haarschopfes und die große Nase wieder, wie sie auf dem berühmtesten, dem Ströhling-Bild von 1804 zu sehen sind, aber die vollen Wangen haben noch etwas Kindliches. Sehr jugendlich, großäugig, verletzlich, mit weichem Mund stellt ihn auch ein Gemälde von Franz Anton Zeller dar – unkonventioneller als die aquarellierte Zeichnung durch den Ausdruck wie durch die legere Auffassung der Kleidung.

Ströhlings Gemälde, *das* Arnim-Bild, entstand 1804 in seinem eigenen Auftrag in England und war für den kleinen Joachim Ariel Brentano gedacht, der die Ehe zwischen Clemens und Sophie begründet hatte. Arnim sollte Patenonkel sein. Angesichts dieses Bildes kann man verstehen, daß Bettine Arnim »königlich« fand, wie sie im *Frühlingskranz* begeistert schreibt. Ein Samtumhang ist malerisch um ihn drapiert, der Blick über die Schulter leicht rückwärts gewandt, der Hintergrund um das Profil herum aufgehellt. »Die kurzen wolligen Haare«, schreibt Bettine mehrere Jahre später, habe er sich wohl wieder einmal selbst geschnitten, doch wäre dem heutigen Betrachter etwas so Mokantes zu dem Bild kaum eingefallen. Arnim, der sich mit seinen 23 Jahren schon endgültig als Autor, als »Dichter« verstand, richtet seinen Blick ernst und in sich selbst versunken in die Ferne. Noch immer sind Wangen und Kinn jugendlich rund im eigentlich schmalen Gesicht. Die üppigen Lippen sind weich, doch geschlos-

Arnim als Student im Jahre 1800. Anonyme Zeichnung.

sen, die ganze Erscheinung drückt standesgemäße Festigkeit aus. So wollte sich offenbar Arnim damals gesehen und verstanden wissen.

In Göttingen scheint die Freundschaft zwischen Clemens und Arnim noch nicht besonders eng gewesen zu sein. Ob etwa Arnim den 17jährigen Brentano-Bruder Christian kennenlernte, der Clemens zusammen mit dem englischen Reisenden Henry Crabb Robinson im Juni besuchte, ist nicht bekannt, ebensowenig, ob er Clemens' Gefühle miterlebte, nachdem Sophie Mereau, übrigens unter dem Vorsitz

Herders, von ihrem ungeliebten Mann geschieden worden war. Zwar habe er Arnim in Göttingen schon geliebt, schreibt Clemens später, aber er habe »nie Freundschaft von ihm begehrt«. Noch genauer: »Ich war nicht traurig, da du von Göttingen giengst.«

Doch deuten einige Anspielungen des erst im Dezember beginnenden Briefwechsels zwischen Arnim und Clemens auf studentischen Austausch hin. So schreibt Arnim, Clemens habe ihm die Widmung seines Romans an Bettine* vorgelesen, »in unserm Studierzimmer mit der doppelten Aussicht, während der Regen gegen die Fenster schlug«. Dies scheint die erste direkte Erwähnung Bettines durch Arnim zu sein. Bei Clemens' dauernder Beschäftigung mit dem angebeteten Phantasiegeschöpf, das er aus der Schwester machte, versteht es sich von selbst, daß er sowieso oft mit seinen Freunden über sie gesprochen hat. Und so erscheint sie, sogar mit ihrem richtigen Namen, vor aller realen Bekanntschaft in Arnims erstem Roman, *Hollin's Liebeleben,* an dem er schon in Göttingen schrieb oder mindestens herumdachte. »Bettine« heißt die jüngste Tochter einer der schönen Familien, die bei Arnim als Sehnsuchts- und Zufluchtsorte gelegentlich eine Rolle spielen – mehrere Kinder, oft Töchter, ein freundlicher Vater, eine ernste Mutter. »Bettine, die jüngste, verjagte bald meinen Trübsinn durch ihren Mutwillen ... ich gewann sie deswegen lieb, sie hat darin viel Ähnlichkeit mit Marien**, witzig zu sein, ohne den Beifall anderer zu suchen, bloß weil ihr mehr Witz und Lebhaftigkeit geblieben, als sie in den Verrichtungen des täglichen Lebens verbrauchen kann.«

Doch blieb dies im Roman eine kleine romantische Sympathie für ein reizvolles Mädchen unter anderen – wie auch die Sympathie für Clemens noch nicht viel mehr gewesen zu sein scheint als das Interesse an einem auffallenden Menschen, das Wahrnehmen einer Begabung, das Ahnen einer Möglichkeit von Nähe und Verwandtschaft. Andere Kommilitonen und auch die unglücklich verheiratete Frau des Verlegers Dieterich, von der später noch die Rede sein soll, standen Arnim in Göttingen näher als der eben hereingewehte Clemens.

Arnim verließ Göttingen Ende Juli 1801 und reiste auf das Großmuttergut Zernikow, wo er von August bis Oktober blieb und *Hollin's*

---

* Es handelte sich also um die »unabhängige Dedikazion« »An B.« des zweiten *Godwi*-Bandes, mehrere Seiten, die Clemens ganz am Schluß seiner Arbeit hinzufügte.

** Maria heißt die Geliebte Hollins.

Liebeleben, seinen ersten Roman, niederschrieb. Clemens seinerseits fuhr am 10. August, bis Kassel begleitet vom getreuen Winkelmann, nach Marburg zu Savigny und dann weiter nach Frankfurt, wo er auch Bettine wiedertraf. Er, der alles, was ihn beschäftigte, in Briefen von sich sprudelte, dessen Begeisterungen und Liebesschwüre sich zwar oft schnell ins Gegenteil verkehrten, der seinen Freunden aber jedenfalls spontan die Stichflammen wie das konstante Feuer seines Herzens mitteilte – dieser tobende, bezaubernde, lügenhafte und im Moment des Schreibens wohl immer ehrliche Briefschreiber erwähnt Arnim mit einer Ausnahme über ein halbes Jahr lang nicht ein einziges Mal, weder während der Zeit des gleichzeitigen Aufenthaltes in Göttingen noch danach, als Arnim ab November zusammen mit seinem Bruder bereits die standesgemäße Bildungs- und Kavaliersreise angetreten hatte. Clemens verfügte auch nicht über Arnims Reiseplan-Adressen, während Arnim sie mehreren anderen Freunden hinterlassen hatte, von ihnen Briefe erhielt und aufbewahrte und ihnen schon bald über die ersten Erlebnisse aus Dresden berichtete.

Näher als Clemens stand Arnim Winkelmann. Ihm und nicht Clemens gab er Ende September in einem äußerst gewundenen Brief bekannt, daß er im Sommer, ohne daß es jemand ahnte, »in andern Umständen gewesen« sei, weil er »mit der Poesie Buhlschaft getrieben« habe. Unter Tränen, »an den springenden Wassern in seinen Augen«, habe er bemerkt, »er würde eines Kindes genesen«. Die an sich einfache Mitteilung: »Ich habe einen Roman geschrieben« bringt Arnim so schwer zu Papier, daß der mühsam den Meandern folgende Leser tatsächlich an das Geständnis einer illegitimen Schwangerschaft erinnert wird. »Mein poetisches Gemächte ist ein Roman und zwar mit Tendenz*, darum kein Wort davon bis zur Erscheinung.« Als Bestätigung seines Erstlings ließ Arnim die Tränen einiger »gutmütiger Landfräuleins« gelten, denen er in der Uckermark den *Hollin* vorlas.

Rat, Zustimmung oder Kritik der Freunde konnte das natürlich nicht ersetzen – das sah Arnim nach erstaunlich kurzer Zeit selbst ein. Da allerdings war sein Hauptgesprächspartner schon Clemens, der den Platz, den Winkelmann in Arnims Leben gehabt hatte, unter Einsatz all seines persönlichen Zaubers, mit der Selbstverständlich-

---

* Nur an der Bemerkung »mit Tendenz« läßt sich in diesem Brief der Einfluß Clemens Brentanos erkennen, denn die Vorrede des Autors Maria zum *Godwi* beginnt mit den Worten: »Dies Buch hat keine Tendenz, ist nicht ganz gehalten, fällt hie und da in eine falsche Sentimentalität …« (*Godwi*, 15).

keit eines großen Liebenden und dem unübersehbaren Vorteil seiner Genialität beanspruchte und auch lange behielt. Winkelmann, der seinen Freunden Vorlesungen »über Kunst« und auch über den *Faust* hielt »und das wie vielleicht keiner in der Welt«, der über philosophische Anthropologie und klassische Philosophie las, griechische Gedichte übersetzte und dennoch das Armenwesen als seine wichtigste Aufgabe ansah – dieses romantische Vielfachtalent gehört zu den vielen Menschen, die im Umkreis Größerer eine Zeitlang ihre emotionale und funktionelle Nützlichkeit haben und dann durch die »Richtigen« ersetzt werden.

Keine Rede also war bei Clemens von Arnim und bei Arnim von Clemens – bis Arnim im Dezember 1801 umgehend aus Regensburg schrieb, wo er ein Exemplar des zweiten *Godwi*-Bandes erhielt, offenbar direkt vom Verlag. Als Clemens den Brief bekam, war er gerade dabei, an Ludwig Tieck zu schreiben. »So eben habe ich eine kindische Freude«, fügt er als Postskriptum dem angefangenen Brief hinzu, »und um des kindischen halber verzeihen sie mir, daß ich sie äußere.« Arnim hatte nämlich geschrieben, daß er in Dresden drei Wochen lang fast täglich mit Tieck zusammengewesen sei, und so bot sich nebenbei eine gute Gelegenheit zu zeigen, daß Clemens wieder einmal mit einem befreundeten Zeitgenossen aufwarten konnte, dessen Bekanntschaft sich lohnte: »ich weiß sicher, daß vielleicht Arnim der einzige Deutsche ist, der Sie ließt, wie sie es meinen«. Und zum erstenmal benutzt Clemens hier die Formel, die später so geläufig werden sollte: »Arnim und Brentano«. Diese beiden nämlich würden sich für Tieck »regen und opfern, er für den Frohsinn, ich für die Wehmuth«.

Aus diesem Brief wie aus einigen folgenden geht hervor, daß Clemens keineswegs mit einem Brief von Arnim gerechnet hatte: »Gott, Gott, wie entzükt es mich, daß du meiner gedenkst, wahrlich Arnim, ich habe täglich in diesen kranken Tagen ohne Lieb und Treu, an dich und meine Gesundheit wie betend gedacht, aber daß du mir schreiben würdest, habe ich fast nicht verdient …« Die Beteuerung täglichen Gedenkens wird der Leser so ernst nicht nehmen, die Freude aber schon.

Ganz zweifellos ist Clemens Brentano der Werbende in dieser nun aufblühenden Freundschaft: »Deine Briefe, lieber Arnim«, heißt es gleich im nächsten Brief nach Regensburg, »wenn du wüßtest, wie glücklich sie mich machen« – sachliche Mitteilungen seien nicht so wichtig, »warlich es ist mir nur um dich zu thun, um deine Worte«.

Und in der oft sehr direkten, etwas bramarbasierenden Sprache der Freunde fährt er fort: »... deine Briefe sind mir ein goldener Eierstock der mir in einem unfruchtbaren Uterus der Welt unvermutet aufschießt, ich hätte nicht gedacht, daß ich dich intereßirte, daß du mir gut wärst, so waß finde ich selten, und so von selbst hast du es gethan, du Goldjunge.« Nun freilich will er alles wissen: »Schreibe mir daher so oft du kannst, alle Privatnarrheit, alle Privatbosheit, den eigenthümlichen Fluch und Seegen laße an mich aus, auf Erden sei dir kein treuer Herz als ich ...«

Literatur, eigene und fremde, Projekte, verwirklichte und vergessene, und Freunde, ehrliche und unehrliche, werden die großen Themen in den Briefen von Clemens bleiben. Vor allem aber bietet er Arnim etwas an, »waß dir nicht entgehen soll, weil es mein theuerstes ist und das einzige, wo ich alles tauge, und wo mich alle Kritick vortreflich und schäzzbar finden soll – meine Schwester *Betine*, du kennst sie [vom Hörensagen natürlich], wird täglich lieber mich liebender, tiefer, freudiger und Himlischer ...«

Frühling am Rhein

Arnim, der sich ab November auf seiner großen Reise befand, bewegte sich dennoch geographisch wie seelisch immer weiter auf Clemens zu. Aus der Sicht der Großmutter, die die beiden Brüder reichlich mit standesgemäßen Mitteln ausgestattet hatte – Geld, Diener, Reisewagen –, war die große Reise der Abschluß einer Erziehung, die auf ein hohes und angesehenes Amt im Dienst des preußischen Staates ausgerichtet war. Sie sollte das sein, was man als Kavalierstour bezeichnete, also eine Einführung junger Adeliger in die Welt der Standesgenossen an anderen Höfen und in anderen Ländern, in das dort gepflegte Benehmen und Reden, in die Sensibilität für das Erlaubte und Nichterlaubte, für Intrigen und Handlungsräume innerhalb einer internationalen Elite. Auch in den adeligen Exerzitien wie Fechten, Reiten, Tanzen sollten sich die Neulinge vervollkommnen. Empfehlungsschreiben oder verwandtschaftliche Beziehungen öffneten ihnen die wichtigen Türen und damit die Salons, die Ballsäle, die vornehmen Logen in den Schauspielhäusern und gelegentlich die familiären Wohnräume von Menschen, mit denen sie außer der ähnlichen Herkunft auch noch Sympathie oder Freundschaft verband. Dieses Programm und die damit verbundenen Erwartungen erfüllten die Brüder – Carl, der später ja Diplomat wurde, wohl mehr als Achim. Jedenfalls wurden sie in Dresden, Regensburg, Wien und Paris bei Hofe vorgestellt, was der Großmutter mit ihrer monarchistischen Gesinnung gewiß Freude machte.

Doch der großmütterlich-traditionelle Entwurf hatte sich unterderhand bereits vom Elitären ins eher Bürgerlich-Menschliche verwandelt, und zwar mit Hilfe des Onkels Schlitz, der in seiner Jugend auf einer kurzen Reise in die Schweiz »schwärmerischen Sinn eingeathmet« und sich von der Standesstrenge seiner Mutter entfernt hatte. Er versuchte den Brüdern und besonders Achim, der ihm wesensverwandter war, zu einem anderen Konzept von Reise zu verhelfen, das die adelige Verpflichtung mit den Zielen einer bürgerlichen Bildungsreise verband. In einem langen väterlich-freundschaftlichen Brief vom 31. Januar 1801 zieht er am Ende der eigentlich auf zwei Jahre geplanten Studienzeit Bilanz über Arnims bisherige Entwicklung und sieht darin zwei Linien, die ihm beide für die »Bestimmung« des Neffen eher bedenklich erscheinen. Ihm sei es gelungen, Arnim »von der Neigung zu metaphysischen Spekulazionen abzuleiten« und zum Studium der Naturwissenschaften zu führen. Doch sei dort das, was er als »Grundlage zu einem Gebäude« angesehen habe, der »Wohnplatz« des Neffen geworden. Er verlange daher Erdung der verstiegenen Studien Arnims durch ernstliche Beschäftigung mit »Mechanik, Gewerbekunde, Landwirthschaft und Civilbaukunst«. Die wesentlichsten Gegenstände für Arnims Aufmerksamkeit sollten nicht »Katheder, Bücher, Professoren und deren Systeme sein«, sondern »Menschen aus allen Ständen, Nationen, Sitten Gewohnheiten, Gesetze, der Mensch wie er ist und nicht wie wir träumen daß er seyn sollte«. In der Tradition der praktischen Humanität des 18. Jahrhunderts sollte Arnim sich also auf das vorbereiten, wozu er nach Ansicht der Familie durch seine Herkunft bestimmt war, und keinesfalls die Karriere eines Wissenschaftlers anstreben. Dabei konnte Schlitz das Renommee der naturwissenschaftlichen Veröffentlichungen Arnims kaum entgangen sein.

Das zusätzliche Semester, das Arnim sich wünschte, setzte der Onkel bei der Großmutter durch. Doch ist es eine Ironie des Generationenwechsels, daß Arnim gerade in diesem fünften Göttinger Semester begann, »mit der Poesie Buhlschaft zu treiben«. – »Dein Alter heißt Frühling«, schrieb der freundliche Onkel, und da habe die Einbildungskraft eben ihre »schimmernden Momente des Taumels«. Das werde vorübergehen, meinte er.

Doch war die Entfernung vom projektierten Lebensweg dauerhaft und noch viel größer, als Hans von Schlitz gefürchtet hatte. An Clemens ging im April 1802 das erste klare Bekenntnis Arnims zur Dichtung als Lebensbestimmung: »Ich habe hier viel gedichtet … Es ist mir jetzt ernster geworden mit der Poesie, ich habe ihren Zauberklang gehört, aus ihrem Becher getrunken, und ich tanze nun wie es das unendliche Schicksal will, gut oder schlecht, meinen Reihen herunter.« Ein junger Angehöriger des »rühmlichen und reichen Geschlechts« der Arnims eröffnete damit eine neue Tradition. Viele Arnims nach ihm waren nicht gerade »Dichter«, haben sich aber als schreibende Menschen verstanden wie er. Freilich waren sie darin auch Nachkommen Bettines.

Von Wien aus reiste Arnim nach München und kündigte von dort aus seine Ankunft für den 1. Juni in Frankfurt an. Ein jubelnder Aufschrei antwortete ihm: Clemens konnte sich kaum lassen vor Freude und offenbarte eine Euphorie, ein Begehren, ein Außersichsein, das Arnim als eine Möglichkeit von Leben entgegenkam, die ihm bis dahin nicht begegnet war. Von seiner eigenen inneren Bereitschaft dazu hatte er allenfalls eine »Ahndung« gehabt, der er sich freilich im *Hollin* schon angenähert hatte. »Laß mich nur hintoben in diesem Briefe«, schrieb Clemens, »und wenn dir undeutlich hoch und tief, und zu unendlich … dabei wird, so werfe dieß deiner liebevollen Begierde nach mir als Futter hin, damit sie wachse, denn warlich ich renne dich über den Haufen, wenn du nicht recht Wiederstand thust mit Freude mich zu sehen.«

Der anschließende Ausruf sollte Arnim vollends überzeugen: »Ach Arnim, Arnim, wie gütig ist Gott, der dir meinen Reichthum, seinen Reichthum, dieses Ebenbild seiner selbst zeigen will …« Das Ebenbild ist Bettine, die Clemens ganz selbstverständlich für ein Glück zu dritt bestimmt. Die noch gar nicht recht gelebte Freundschaft mit Clemens muß für Arnim angesichts dieser überwältigenden Großzügigkeit und Hingerissenheit von Anfang an verschmelzen mit der Verbindung zu Bettine. »Ich kann dich lieben, und dich glüklich machen, wenn ich dir, weil ich dir, wo ich dir, wie ich dir Sie zeigen werde, ach ach im Mai und im Achim, und in ihr, und in mir wollen wir uns wiedersehen … wenn du aber den 1. Juni nicht da bist, so sterbe ich und Betine vor Begierde, und da geh hübsch mit zur Leiche, und weine um deine Seeligkeit, denn die freßen wir dir im Himmel zur Strafe zum Voraus weg. Dein Clemens.« Der jugendliche Übermut findet kein Ende, es folgt noch ein Postskriptum, das mit dem gewagten Bekenntnis schließt: »heute am jüngsten Tage bist du mir neuerdings erschienen, mein Jesus, ich lege dir mein Glaubensbekenntniß ab, Hoffe nach dem ersten Juni, und liebe dich.«

Bisher ist Bettine auf merkwürdige Weise als Objekt erschienen, fast als ein Planstück im Entwurf Clemens Brentanos für eine neue Lebensfestigkeit, die er übrigens niemals wirklich erreichen sollte. »Ihr seid die Dualität, die mich konstruirt, und kennt euch nicht« – ihr: Arnim und Bettine. Als ein Bild, ein Konstrukt muß einem nüchterneren Blick die »liebe göttliche Betine« erscheinen, die nicht wie ein Mensch schreibt, sondern so außerordentlich, daß Clemens in seinem Enthusiasmus empfindet: »das ist Gott, der so spricht«. Und es ist im Grunde kein reales 17jähriges Mädchen, das Arnim nun kennenlernen soll, sondern die Wunderwelt Bettinischen Lebens und Webens, allerdings unter lockenden Versprechungen: »das Mädchen soll dich küssen, und will dich küßen, wenn du nach Frankfurt kömmst«. Daß sie wirklich derart bereit war, Arnim zu küssen, lassen die folgenden Ereignisse zweifelhaft erscheinen.

Wann genau und mit welchen Gefühlen sie sich zuerst gegenüberstanden, wissen wir nicht. Arnim kam an dem herbeigesehnten 1. Juni in Frankfurt an, wo Clemens ihn im Familienhaus zum Goldenen Kopf erwartete und unterbrachte. Später, als Bettine nach Frankfurt übergesiedelt war, bewohnte sie laut Clemens die Stube, in der sich Arnim und Clemens wiedersahen und auch Bettine Arnim zum erstenmal traf, »es bleibt ihr eine Liebe Erinnerung«. 1802 war sie nur zu Besuch im Elternhaus.

Ihre ständige Wohnung war noch immer, nun schon seit fünf Jahren, bei der Großmutter La Roche in Offenbach, das heute mit Frankfurt zusammengewachsen ist, damals aber das Residenzstädtchen des winzigen Fürstentums Isenburg-Birstein war. Clemens legte den Weg von Frankfurt, es mögen 10 bis 15 Kilometer gewesen sein, manchmal zu Fuß zurück. Die Umgebung war ländlich-schön, »die Gesellschaft sehr ehrenwerte Leute, alle wohlhabende Refugié-Familien, freundlich, fröhlich und gebildet«, wie die Großmutter schrieb. Die Frankfurter Bürger schätzten Offenbach nicht nur als Sommerfrischen- und Ausflugsort, sondern begannen auch im Verein mit den »ehrenwerten« Waldenser- und Hugenottenabkömmlingen in Offenbacher Manufakturen zu investieren, besonders in den letzten Jahrzehnten des 18. Jahrhunderts. Zugleich galt das Städtchen in dieser

Die junge Bettine. Lithographie von A. Off.

Zeit als ein kulturelles Zentrum. Dort konnte Bettine also in Ruhe die seelischen und körperlichen Veränderungen der Pubertät durchleben.

Was konnte sie von Arnim wissen? Daß er ein Freund von Clemens war, den dieser von der Universität kannte. Möglicherweise hatte Clemens ihr von Arnims Ansehen als Naturwissenschaftler erzählt, und vielleicht wußte sie über Gunda von dem aufregenden Vivat für Goethe. Ihr wird bekannt gewesen sein, daß er ein norddeutscher Adeliger war, wohl kaum aber, daß er einen Roman geschrieben hatte, denn wahrscheinlich hatte noch nicht einmal Clemens selbst *Hollin's Liebeleben* erhalten. Daß Arnim ziemlich viel Geld haben mußte (also in den Augen Interessierter eine gute Partie war), ergab sich aus der Tatsache, daß die Reise nach Frankfurt und an den Rhein Teil seiner Bildungsreise war, die er anschließend fortsetzen sollte. Wie weit sie den Clementinischen Anpreisungen der Arnimschen Vortrefflichkeit Glauben schenkte, kann man dahingestellt sein lassen, denn sie kannte dergleichen schon von seinen Begeisterungsschüben für Winkelmann und Savigny.

Und was wußte Arnim von Bettine? Vor allem, daß Clemens Brentano, sein Noch-nicht-einmal-Freund, sie anbetete. Gesellschaftlich war sie für ihn eine heranwachsende Tochter aus reichem Kaufmannshaus und ganz anders als Arnim selber auf die natürlichste Weise ins literarische Leben hineingeboren: Ihr Elternhaus stand in unmittelbarer Nachbarschaft des Goetheschen, Goethes Mutter war eine lebensbegleitende Nachbarin, wohlbekannt und fast gleich alt mit der Brentanoschen Großmutter Sophie von La Roche, die zwar literarisch gesehen aus der Mode gekommen, aber noch immer eine berühmte Schriftstellerin war.

Arnim und Clemens brachten »zusammen … acht Tage in Frankfurt und Offenbach zu« – das ist alles, was wir über die Tage nach Arnims Ankunft in Frankfurt wissen, noch dazu aus einer nicht eben sicheren Quelle, nämlich aus Bettines *Frühlingskranz*-Komposition von 1844, in der sie mit Daten und Zeiten recht willkürlich umging.

Anschließend gingen die beiden Freunde auf eine Rheinreise, wie vorher schon Clemens und Savigny im Herbst des vergangenen Jahres. Bis Bingen, wohl eher zufällig, reiste mit ihnen Henriette Mendelssohn, die Tochter des großen Moses und Schwester von Friedrich Schlegels Lebensgefährtin. Bettine begleitete die Abreisenden ans Mainzer Schiff. In Bingen machten die Freunde Station und fuhren dann weiter nach Koblenz. »Der Frühling war so schön, der Rhein trug mich so gastfrei, Arnim hat mich so lieb«, lautet ein Billett von Clemens an Bettine, »da trat ich hierher in meine Jugend, die mich rings umfing.« Clemens hatte zwei frühe Kinderjahre und einen Teil seiner Gymnasialzeit in Koblenz verbracht. Dort blieb er, in neue Liebeleien verstrickt, hängen, während Arnim allein nach Düsseldorf weiterfuhr.

Nach seiner Rückkehr verabschiedete sich Clemens in Koblenz von ihm – eine rätselhafte Entscheidung, wenn man bedenkt, daß er die wenigen Tage, die Arnim sich auf dem Abstecher von seinem vorgeschriebenen Reiseweg noch gestattete, mit dem Freund hätte in Frankfurt teilen können. Doch zeigt sich hier wohl wieder einmal einer der großen Unterschiede zwischen Arnim und Clemens, nämlich das ungestüme Verlangen nach schneller Befriedigung der unmittelbarsten Bedürfnisse bei Clemens und die Stetigkeit und Ruhe des Planens und Ausführens bei Arnim. Das Mädchen, in das Clemens sich verguckt hatte, Braut eines Freundes, ihm von Kind auf bekannt, war in diesem Augenblick wichtiger als Arnim. Clemens hat später mehrmals den gemeinsamen Tagen, die er selbst verkürzte, nachgejammert. »Eine Minute meines Lebens verfluche ich es ist, die an der fliegenden Brüke* zu Coblenz als ich dich verließ …« Erst im November 1804 sahen sie sich in Berlin wieder, also fast zweieinhalb Jahre später. In dieser Zeit entwickelte sich zwischen ihnen einer der wichtigsten Briefwechsel der deutschen Romantik.

Arnim blieb noch einige Tage in Frankfurt, jetzt wohl schon mit Selbstverständlichkeit im Goldenen Kopf, und traf auch Bettine wieder. Im ersten Brief an Clemens – vom 9. Juli aus Zürich – läßt Arnim die Brentanoschen Schwestern, Brüder und die Hausfrau-Schwägerin Toni grüßen und berichtet: »Deine Bettina habe ich nur dreimal gesehen, und daran war deine Abwesenheit schuld, aber einen frohen Abend habe ich in ihrem Garten gelebt …« Arnim wurde durch die Regeln der Sittsamkeit von Bettine ferngehalten – und doch scheint er sie wenigstens einmal allein gesehen zu haben.

Bettine war noch tief in der Welt schwärmerischer Mädchenfreundschaft befangen, die für junge Frauen so unersetzlich wichtig ist. Karoline von Günderrode, eine junge Adelige mit großem literarischem Ernst und Anspruch und einem eigensinnigen, Bettine weitgehend unbekannten Liebesleben, war in diesen Jahren für sie mindestens ebenso wichtig wie Clemens.

Auffallend ist, daß die Ironie und der schnippische Abstand, den die Bettine der Briefbücher (und auch die der wenigen erhaltenen echten Briefe) mit Vorliebe gegenüber allen sie umgebenden Männern, auch gegenüber Clemens, an den Tag legte, im Zusammenhang mit der Rheinreise und Arnims Besuch keineswegs aufgegeben wird. Zu dem Herumlieben, wie es Clemens betreibt, schreibt sie: »Bist du glücklich in die Wochen gekommen mit einer neuen Liebschaft? – am Rhein, wo's allemal so geht? … Das erstemal Walpurgis, das zweitemal die Gachet**, und nun Benediktchen, hinter all dem steckt nun noch Mienchen [die Schwester der Günderrode], da steckt die Günderode, da steck ich auch, da steckt auch die Eitelkeit …«

Und gleich anschließend berichtet sie, wie sie von der Verabschiedung der beiden Rheinreisenden am Mainzer Schiff schnurstracks zur Günderrode in das fromme Adelsstift gelaufen sei, wo die verarmte Freundin standesgemäß und mit erstaunlichen Freiheiten untergebracht war, und alles sofort und aufgeregt mit ihr durchgespro-

---

* Die »fliegende Brücke« war eine Fähre, die an einem Seil geführt wurde.

** Eine französische Adelige, die Bettine und Clemens sehr beeindruckte, s. Günderrode-Kapitel.

chen habe: »Ich lachte und sie lächelte (sie lächelt immer nur über Dich, sie lacht nie), wie ich ihr die Beschreibung machte von Euch zwei.« Sie erzählte der Freundin vom »feinen und eleganten«, leicht geckenhaften Clemens, der mit Arnim um die Blicke der Mädchen am Brunnen rivalisierte, während dieser offenbar unbesorgt um seine Attraktivität recht schlampig gekleidet und dennoch mit der Ausstrahlung selbstbewußter jugendlicher Männlichkeit herumlief: »so schlampig in seinem weiten Überrock, die Naht im Ärmel aufgerissen, mit dem Ziegenhainer*, die Mütze mit halb abgerißnem Futter, das neben heraussah«. Allem Anschein nach war Arnim nicht auf Mädchenfang aus.

Arnim sei, so Bettine im *Frühlingskranz*, »zu uns ins Stift« gekommen und habe einen Abendspaziergang nach der Grünen Burg vorgeschlagen, dem Landgut eines Zweiges der befreundet-verwandten Familie Bethmann – Naherholungsgebiet, würde man heute sagen, jetzt der Grüneburgpark. Damals war es dort noch ganz ländlich, die drei gingen über stille Feldwege, Bettine immer voraus, was sie dazu nutzte, sich umzudrehen und die beiden zu betrachten, »vom untergehenden Tag mit einem Nymbus umfangen, schreiten(d), mehr schweben(d). Der Arnim sieht doch königlich aus! – die Günderode auch!« Und noch betonter: »der Arnim ist in der Welt nicht zum zweitenmal, die Günderode auch nicht!« Bettines unermüdliche Lust zu verehren zeigt sich hier noch sehr kindlich, ohne eigene Wünsche: Ein königliches Paar steht ihr gegenüber, und keine Rede ist von den Clementinischen Versprechen der Küsse und Wunder, die allein Bettine zu bieten hätte.

Passend zieht ein Gewitter auf, eine Regenflut rauscht, sie finden einen großen Kastanienbaum, unter dem sie einigermaßen geschützt sind. »Arnim breitete seinen grünen Mantel um uns, die Günderode hat mit dem Kragen den Kopf geschützt, ich konnte es aber nicht drunter aushalten, ich mußte sehen, was am Himmel passiert«, und es folgt eine etwas bramarbasierende Betrachtung über die Wolkenbildung. Sichtlich aus ironischem Erinnerungsabstand fügt die 50jährige Schreiberin und erfahrene Mutter von heranwachsenden Töchtern hinzu: »Ich opponierte dem Gewitter mit allerlei vom Zaun gebrochener Philosophie, die nicht Hand und Fuß hatte und nasse Flügel, die ließ sie hängen.« Der Grund für die flügelschlagende Auf-

---

* Ein Stock aus Kornelkirschenholz, der von Studenten gebraucht wurde und daher ein Erkennungszeichen für die akademische Zugehörigkeit war.

regung, selbstverständlich später eingefügt: »Arnims wunderschöne Jugendnähe elektrisierte mich.« So schreibt keine 17jährige, und sei sie noch so altklug. Was Bettine hängenblieb, als sie nach vielen Ehejahren genauer über die Lockungen und Freuden gelebter Liebe Bescheid wußte, war die sinnliche Anziehung, die von diesem schönen großen jungen Mann ausging. Man kann die Szene ja geradezu riechen: die Sommererde, deren Duft sich durch den Regen entfaltet, den Geruch nasser Wolle von Arnims Mantel, den frischen Atem aller drei.

Sie kehrten zurück ins Stift; dort wurden Arnim und Bettine, sicher von den besorgten älteren Stiftsdamen, die aufgeweichte Straßen oder Erkältungen befürchteten, zum Bleiben aufgefordert. »Wer war froher wie ich«, schreibt Bettine. »Eine schöne Sommernacht unter einem Dach mit dem Arnim, und (mit) Günderödchen durchgeplaudert« – denn die Günderode wurde »ins Bett gesteckt« und Bettine in ihr Zimmer einquartiert, wo die beiden, angeblich auch die ernste Günderode, in backfischhafter Manier darum zankten, daß sie keineswegs in Arnim verliebt seien, »dann zankten wir einander, daß wir kein Vertrauen hätten, und wolltens nicht gestehen, daß wir ihn doch liebten, dann rechtfertigen wir uns, daß wirs nicht täten, weil jede geglaubt hatte daß die andere ihn liebe, dann versöhnten wir uns, dann wollten wir großmütig einander ihn abtreten, dann zankten wir wieder, daß jede aus Großmut so eigensinnig war ihn nicht haben zu wollen«.

Wenn der Brief an Clemens, aus dem die Szene stammt, nicht echt ist, so ist er jedenfalls glänzend erfunden. Man kann sich das Gekicher und Getuschel einer intensiven Mädchenfreundschaft vorstellen, in die der junge Mann als mögliche, vorerst nur spielerisch wahrgenommene Störung einbricht. Was Bettine nicht oder kaum wußte: Karoline von Günderrode, fünf Jahre älter als sie selbst, also 23, war in Savigny verliebt, Bettines späteren Schwager, der ihr – und auch Bettine – schließlich die konventionellere (und im Vergleich zur Günderrode viel reichere) Gunda vorzog.

Und sogleich werden die Mädchen wieder zur Solidarität miteinander gezwungen: Durch die dünne Wand hören sie ein Husten und Räuspern – die Stiftsdamen hatten offenbar nichts dabei gefunden, dem fremden jungen Adeligen ein Zimmer direkt neben dem Dachstübchen der Günderrode zuzuweisen, so daß er, bestimmt zu seinem Erstaunen und Amüsement, den sicher nicht immer leise geführten Streit der kleinen Verehrerinnen mit angehört haben mußte.

Am nächsten Morgen treffen die beiden verlegenen Streiterinnen den Frühaufsteher beim Frühstück. Er hat ihnen Vergißmeinnicht-Sträuße im Feld gepflückt, es wird ein wenig gesungen und getändelt, Bettine singt zur Gitarre »Das schmerzt mich sehr, das kränket mich, daß ich nicht genug kann lieben dich«, und Arnim bittet sie, den zerrissenen Daumen seines Handschuhs zu flicken. »Der Handschuh duftete so fein, so vornehm«, und den vernachlässigten anderen wirft Bettine unter den Tisch in der Hoffnung, Arnim möge ihn vergessen und sie damit ein Andenken haben – was beim schlampigen Arnim gut kalkuliert war, denn so geschah es tatsächlich.

Der Abschied naht, sie machen auf Arnims Wunsch einen Stern aus, den sie alle drei ansehen wollten, »wenn sie aus der Ferne aneinander dächten«. Bettine aber vergißt den Stern sofort, und später tut es ihr leid, »daß er vielleicht treu und redlich seinen mit uns ausgemachten Stern ansieht, in der Meinung, wir kuckten auch, und nun kucken wir beide wie die Hahlgänse* daneben!«.

Weg ist er also – und es wird mehr als drei Jahre dauern, bis sie sich wiedersehen. Die *Frühlingskranz*-Bettine kehrt in die Bruderliebschaft zurück und schreibt an Clemens: »… ich hab Dich doch ganz allein lieb, und so lieb wie mich hast du niemand anders«, was freilich eine Behauptung des nicht-wissen-wollenden »Kindes« ist. Dann aber doch: »Sag dem Arnim, daß ich ihn noch recht liebhabe, aber nicht so deutlich sage es ihm wie hier in diesem Brief.«

Was die Übernachtung Arnims im Stift angeht, so hat sie wenig Wahrscheinlichkeit für sich. Die Entfernung zwischen Stift und Goldenem Kopf war in zehn Minuten zurückzulegen, was einem jungen Mann selbst bei Regen durchaus zuzumuten ist. Die Briefcollagen im *Frühlingskranz* und in der *Günderode* enthalten zweifellos manche Veränderungen, Zeitverschiebungen und Zusätze, darunter auch diese Erfindung. Der Zustand Bettines und Arnims in diesem Jahr ist aber sicherlich genau wiedergegeben – Arnim ernsthaft-heiter, romantisch höflich, was ja durchaus einen Schutz vor direkteren Gefühlsäußerungen bietet, auch er »elektrisiert« von der »Jugendnähe« der beiden schönen Mädchen, Bettine aufgedreht und letztlich ebenso unbeholfen wie er. Allerdings verfügte sie bereits über die Ironie, über das kokette Sichzeigen und Wegschlüpfen, das soviel öfter bei begabten jungen Frauen als bei Männern vorkommt.

In *einer* Beobachtung stimmen die beiden überein: der Abschied

80   * Hahlgänse sind dürre, noch nicht gemästete Gänse.

war »kalt«. Bettine bedauert das, sie wäre mit Arnim lieber wie mit Clemens umgegangen, nicht »wie mit einem Fremden, der mich gar nichts angeht«. Arnim dagegen schildert den Abschied genau – und hier handelt es sich um einen einwandfrei echten Brief, nicht um eine mögliche spätere Umdeutung wie bei den *Frühlingskranz*-Zitaten; er schreibt an Clemens, der natürlich begierig auf Nachrichten über sein Freund-Schwester-Projekt wartete: »Sie begleitete mich auf den Fußweg nach Frankfurt [von Offenbach], die gebogenen Apfelbäume beschatteten uns, und die untersinkende Sonne blickte neben den Baumstämmen zu uns hin. Wir liefen zwischen den Kornfeldern um die Wette, die schwankend mit uns zogen, sie verwickelte sich in ihrem Kleide und fiel, ich war zu sehr im Laufe, um ihren Fall auszuhalten, das schmerzte mich; ich war im letzten Augenblicke dadurch weniger zurückhaltend als sonst und küßte sie zum Abschiede, sie aber schien kalt … Lieber, Du müßtest Bettinen nicht kennen, wenn sie liebte, wäre sie hier nicht kalt geblieben; und Du müßtest mich nicht kennen, daß alle Elemente mich von Frankfurt [nicht] hätten wegbringen können, wenn ich nach meiner ganzen Wesenheit liebte.«

Diese bezaubernde Szene zeigt nicht nur die »Kälte« der beiden, sondern auch ein wenig die Gründe dafür: Hier geht es um ganz unliterarische »Kindlichkeit«, um zwei junge Menschentiere, die sich fast balgen vor lauter Lebenslust. Mehr als der kühle Kuß beim Abschied zeigt diese Situation, daß sie noch nicht so weit waren, sich einer weiterführenden Liebe zu öffnen, sonst hätten sie sich im Hinfallen und Auffangen zweifellos in den Armen gelegen.

»Weine oder lache ich, ei Du heilige Dreifaltigkeit (nein, nicht Dreifaltigkeit, Dreieinigkeit, nein, nicht Dreieinigkeit, Treueinigkeit, nein, nicht Treueinigkeit, Untreueinigkeit), was soll das werden?« schreibt Bettine kurz vor oder nach dem Besuch Arnims an Savigny[*], den sie ja nach Anweisung ihres Bruders auch für einen Liebeskandidaten zu halten hatte, und zwar schon viel länger als Arnim. »Bin ich eifersüchtig, bin ich froh?« Eifersüchtig darauf, daß Arnim Clemens näherstand als ihr? Jedenfalls hat sie hier sehr hübsch die Grundfigur des Liebesdreiecks benannt, das in Arnims Werk so häufig vorkommt und in ihrer beider Leben die geziemende Rolle spielen wird – »Untreueinigkeit«. Vorbeugend schreibt sie vor der Abreise des Bruders zum nun schon dritten Winterbesuch und -aufenthalt bei Savigny in Marburg an diesen: »… ich fürchte sehr, er wird Ihnen viel von meiner

---

[*] Clemens und Savigny kannten sich seit Juli 1799.

großen Liebe zu Arnim weismachen wollen und noch mehr, daß Sie geneigt sein werden, ihm alles zu glauben. Der Brief, den ich an Clemens über Arnim schrieb, ist zwar sehr – ich weiß nicht recht, wie ich ihn nennen soll, aber ich bin jetzt sehr ruhig ...«

Aus allen Reaktionen Bettines geht hervor, daß sie Arnim zwar sehr anziehend fand, aber auch fremd. Sie rettet sich in eine Metapher, die – bereits in ihrem 17. Jahr! – ein Verhältnis zum Leben benennt, das das unverwechselbar Bettinische bleiben wird: »Ist denn das Leben ein schwerer Sack? nein, es ist ein großer Gewichtstein, der so leicht zu tragen ist, wenn Ihr ihn mit dem kleinen Finger hebt. Wenn Ihr ihn aber mit beiden Armen umfassen wolltet, da werdet Ihr freilich nicht weit kommen.« Die Zuversicht, den Punkt zu finden, an dem man die Welt erwischen muß, um sie tragen (und ertragen) zu können, sollte Bettine nie verlassen.

Arnim dagegen nahm in seiner Art die Sache ernster. Von Clemens bedrängt, gewöhnt, eher nachzudenken als draufloszufühlen, hat er sich die ganze Familie Brentano mit dem Edelstein Bettine genau angeschaut und dann ebenso klug wie bedächtig benannt, was da seiner Meinung nach zu sehen war: Das ganze Haus sei eine »Verbindung aus Feuer und Magnetismus«, auch Clemens, und Bettine sei »die höhere Verbindung von beidem«, heißt es gleich im ersten Brief aus Zürich. Die Naturwissenschaft verhilft hier ihrem durch die schwirrende Brentano-Welt beunruhigten Jünger zu Ordnungsprinzipien.[*]

Vater Brentano, so legt es sich Arnim zurecht, sei als Südländer »sehr klug für sich, sehr sinnlich für sich« und nur in zweiter Linie anziehend für andere, sein Symbol sei das Feuer. Die Mutter »unendlich liebevoll ... zu sich hinziehend« wie ein sanfter Magnet – und beide dadurch in höchstem Gegensatz. Denn im Feuer – oder durch Erschütterung – verliert der Magnet seine Kraft. In den Kindern treffen die beiden Gegensätze aufeinander, »daher das ihnen ganz Eigentümliche«, das Seltene, das Ungewöhnliche. Das »Vaterfeuer« taucht bei ihnen in verschiedenen Variationen wieder auf, zerstörerisch im Witz, tüchtig und unermüdlich im »Gewerbe«, selbstbestimmt lodernd in der Kunst, fragwürdig und unbefriedigend, wenn es nur für die Geselligkeit brennt. »Das Anziehende des Muttermagneten«

---

[*] Arnim bot im Juli 1802 den ganzen Vergleich zwar Clemens gleichsam an, aber dieser ging darauf nicht ein. Ein ausgearbeiteter Entwurf fand sich in Reinschrift bei Arnims Papieren.

bringt schon aus der Ferne jedes »Eisenkörnchen«, also jede verwandte Seele, in Bewegung zu den Geschwistern hin. Die Verbindung ist gefährlich: »wo keins der beiden Prinzipe obsiegen konnte«, droht »Verblödung«[*], wo das Feuer »ins Unbestimmte lodert« und der Magnet »kein Eisen findet« wie bei der verstorbenen Sophie, sogar Wahnsinn und Tod. Bei Clemens sind beide Prinzipien offenbar besonders stark ausgeprägt und widerstreiten in ihm selbst. Gunda hat sie am besten integriert – Bettine ist die »Wunderbarste«, womit auch gemeint ist: Sie ist zum Verwundern einmalig.

In ihr nämlich löst sich der Widerspruch zwischen Feuer und Magnetismus. Verbinden sie sich wirklich, so entsteht etwas ganz Neues. Es ist ein Magnetismus, eine Mutteranziehung »höherer Art«, die wegen ihrer Ungewöhnlichkeit zwei Eigenschaften hat: dieser »höhere Magnetismus« kann »mit unendlicher Klarheit alles Äußere, das ihn berührt, betrachten«, und zwar mit einer Distanziertheit, als sei es bereits vergangen. Aber, und das ist die zweite »wunderbare oder wunderliche« Eigenschaft, er ist »jedem andern undurchdringlich«. Kein fremdes Feuer, kein anderer Magnet kann ihn wirklich beeinflussen. So sieht Bettine »mit klarem Auge durch den Feuerdampf ihres Bruders [Clemens] und liebt ihn einzig«.

Wer so genau hinschaut, dem wird sie bei aller Bewunderung nicht ganz geheuer sein. Und Liebesküsse beim Abschied wird er tunlichst unterlassen. Dennoch hat weder jetzt noch später irgendein Mensch Bettines Eigenart genauer und einfühlender erfaßt als Arnim in dieser ganz frühen Zeit.

Ein weiterer Grund für Arnims Distanzierung, sein Weiterziehen, seine Selbstbehauptung gegenüber den Kuppelplänen des Freundes war, daß er die Bindung, die Liebe bedeutet, noch nicht brauchen konnte. Die lebensstrukturierende Arbeit war für ihn, den Protestanten, den Preußen, eine Selbstverständlichkeit, obwohl er ebenso wie Clemens damit rechnen konnte, nicht zum Broterwerb gezwungen zu sein; aber wo und für was er arbeiten wollte, mußte er erst herausfinden. Er trug zwei widersprüchliche Befehle in sich: Sei ein Adeliger und lebe wie ein solcher (auf deinen Gütern, im Staatsdienst, beim

---

[*] »Verblödet« war von den Kindern Peter Antons und Maximilianes keines. Arnim denkt hier an den schwachsinnigen, aber sehr geliebten Bruder Anton aus Peter Antons erster Ehe. Der gefährdetste Sohn von »Magnet und Feuer« war der »Doktor«, Dominicus, der an Alkoholismus starb.

Militär) und, zunehmend: Sei ein Dichter, das ist deine wahre Aufgabe im Leben. Er, dem es schon Schwierigkeiten bereitete, die Tatsache seines Schreibens überhaupt bekanntzugeben, mußte sich also mit der Berechtigung seiner zur Äußerung drängenden Begabung auseinandersetzen. Zweifellos hoffte er, in diesem Konflikt von Clemens, dem Lieder- und Schriftstellerbruder, verstanden zu werden.

So teilte er Clemens eine handgemachte Theorie mit, die auch als gesondertes Schriftstück in konziserer Form erhalten ist. Wahrscheinlich hatten die Freunde schon auf der gemeinsamen Reise darüber geredet, denn das Frankfurter Marktschiff, das täglich mit vielen und sehr gemischten Passagieren nach Mainz fuhr, habe Arnim zum Nachdenken über die Rolle der Poesie im Alltag gebracht. Dort nämlich sangen immer dieselben elenden drei Musiker immer dieselben schlechten Melodien, und doch, findet er, ging von dieser primitiven Kunstübung eine belebende Wirkung aus, »ihre Töne ziehn ... wie ein kühler Wind durch die dumpfe Luft des Schiffsraums«.

Nun folgt das, was Arnim in dem aufgehobenen Papier als *Die große Arbeit, eine Lebensaussicht* bezeichnet: »Alles geschieht in der Welt der Poesie wegen«, beginnt er lapidar, »und die Geschichte ist der allgemeinste Ausdruck dafür.« Der erstaunte Leser erfährt als Erklärung, daß er bei dem Wort »Poesie« nicht an dichterische Sprache, sondern an »das Leben mit einem erhöhten Sinne« denken soll, zu dem im Grunde jeder hinstrebt. Zum höheren Sinn zählt Arnim nicht nur den Konsum der kulturellen Güter, sondern alles, was nicht dem Druck der Notwendigkeit folgt: die Stiftung eines Kaufmanns, den Sonntag des Handwerkers, die Spielstunde des Schülers. Nur dafür strengen sich im Grunde alle Menschen an, und das nennt Arnim pauschal »Poesie«. Er befindet sich damit im Zentrum der romantischen Theorie. »Die Welt muß romantisiert werden«, lautet einer der berühmtesten Sätze von Novalis, womit ebendiese Erhöhung des ganzen Lebens und aller gewöhnlichen Tätigkeiten gemeint ist. Nur wenige, fährt Arnim fort, haben das Privileg, »reich genug geboren« zu sein, »daß ihnen die Arbeit ein Spiel wird – und das sind die Poeten«. (Mit Reichtum dürften hier vor allem die natürlichen Anlagen und erst in zweiter Linie die materiellen Bedingungen gemeint sein.)

Arnim geht mit seiner ans Licht drängenden Leidenschaft fürs Dichten sehr charakteristisch und höchst erstaunlich um. Offenbar will er nicht wie die meisten Autoren einfach schreiben, weil er muß, sondern er fühlt sich privilegiert und ausgezeichnet durch seine Be-

gabung und das Glück, das sie ihm bereitet. Er findet dafür die zeittypischen Worte »Begeisterung« und »Unsterblichkeit« und meint den
Genuß seiner selbst im Licht einer ebenso schwierigen wie zutiefst
befriedigenden Tätigkeit. Dadurch aber scheint er eine gewisse Bring-
schuld zu haben. Wer mit einem solchen Geschenk auf die Welt gekommen ist, »verfehlt den Zweck seines Lebens«, wenn er nicht dafür
arbeitet, daß »die übrige Menschheit« auch zu dem ihr möglichen Genuß kommt. Ein Poet, der sein Talent verkommen läßt, würde die Ursache dafür sein, daß »Langeweile mit Langeweile eingekauft« würde.
Arnim ist nicht etwa stolz auf die angeborene Auszeichnung, sondern
er »will dienen, nachdem er geherrscht hat« – ein Grundsatz, der in
den besten Adelsfamilien zu den Lebensregeln gehört. Dem folgt nun
eine Litanei der Aufopferung. Das Leben des wahren Poeten hätte
das Ideal heiligen, sich selbst genießenden Spiels erfüllen können; er
aber ordnet das Spiel einem Zwecke unter, »er ist ein echter Märtyrer
und Einsiedler, er betet und kasteiet sich für andere, er stirbt, damit
sie das *Leben* haben, er hat die Himmelsschlüssel«, geht aber selbst
nicht ins Himmelreich – und es folgen noch weitere Umschreibungen
heldischer Hingabe. Er riskiert sich, würden wir heute sagen, weil er
nur so das Gefühl hat, richtig zu leben. Messianische Anklänge sind
nicht zu überhören.

Weitausgreifende praktische Ideen folgen, jedenfalls in der spon-
taneren Fassung des Briefes: eine verständlichere poetische Sprache
für das Volk muß her, es soll leichteren Zugang zu Noten und Buch-
staben bekommen, eine Druckerei muß gefunden, eine Bänkelsänger-
schule, eine Sängerherberge, Schauspiel- und Dichterschulen sollen
gegründet werden, möglichst »in dem Schlosse Lauffen beim Rhein-
fall«. Die Notwendigkeit, »eine allgemeine deutsche Sprache« zu er-
finden, wird bedacht – vergessen wir nicht, wie trennend die Dialekt-
grenzen außer in der Oberschicht damals waren! –, die Ausländer
werden sich mit den Deutschen verbünden, Deutschland wird »der
Blitzableiter der Welt«, mit anderen Worten, der Poet sorgt für nicht
weniger als für ewigen Frieden.

»Sie sei unser diese Tat«, heißt es hochgemut, »ich fühle dazu den
Mut, und Du wirst ihn auch haben.« Wer Clemens etwas genauer
kennt, als Arnim ihn im Jugendsommer 1802 kennen konnte, wird
seine Zweifel daran haben und diese auch in den Reaktionen auf
Arnims preußischen Höhenflug bestätigt finden. Denn Clemens, liebend und liebessüchtig, antwortet zwar unmittelbar im nächsten Brief
und dann noch einmal im folgenden, doch seine Haltung ist gegen-

über dem Plan reserviert und unkonkret. Er spielt mit etwas vagen Genie-Ideen und reagiert direkt und praktisch nur auf die Gedichte, die Arnim in seinem Brief mitgeteilt hatte, und das durchaus nicht unkritisch.

Obendrein zeigt er sich praktischer als Arnim: Wird der ganze Plan nicht später als eine Jugendtorheit erscheinen? »Wird dich nicht der Staat, und der Stand gefangen nehmen, werden dich nicht die Toden Finger deiner Ahnen festhalten, wird dir deine Familie … nicht so freundschaftlich die Hand drükken, daß du dich in den Sessel von jeher sezzest, etwa so poetisch bist, als es geschmackvoll ist, so würkend, als man absehen kann, und so freundschaftlich, als es artig ist.« Damit spricht ausgerechnet Clemens, der Träumer und Traumdichter, aus, was jeder kühle konventionelle Kopf denken wird.

Wie recht er hatte, zeigt ein Brief der Großmutter Arnims vom Februar desselben Jahres 1802, in dem die ganze Kraft der alten Frau und ihrer Vorstellungen von dem, was in der Familie als richtig zu gelten hat, zum Ausdruck kommt. Arnim hatte wegen einer nicht mehr aufzuklärenden Meinungsverschiedenheit von der Großmutter gefordert, sich zu entschuldigen – ein unerhörter Vorgang für den 21jährigen gegenüber dieser Respektsperson. Er unterschrieb mit »Achim von Arnim« – mit dem Namen also, der ihm in der Literaturgeschichte bleiben sollte. Mit sehr klarem Empfinden für die Wichtigkeit der Namensänderung reagierte die Großmutter schneidend auf Arnims leider unbekannte Äußerungen. Sie erwartete Nachrichten von den Enkeln, »statt dessen aber, waß fand ich? einen langen ungereimten Wischwasch von – Gott weiß wie ich es nennen soll. Warlich dieser Brief war nicht die 8 gr [Groschen] Postgeld werth und noch lieber hätte ich solche gezahlet um ihn nicht gelehsen zu haben, denn ich finde darin mehr Uhrsache zur Beleidigung, als du in dem Meinigen finden kontest; der Herr Achim* von Arnim geben sich darin zu erkennen. Sie zeigen sich sehr aufgebracht, wäre ich Gott in diesen [Textlücke] Anfall der Hitze, gewiß wäre ich auf Degen oder Pistole gefordert worden. Als ein, nur bloße Großmutter finde ich diesen Brief sehr beleidigend …« Sie gibt dann einige Erklärungen ihres Verhaltens und fährt fort: »dieses also ist mein ganzes Verbrechen gegen den H. *Achim von Arnim* … ich darf also nicht deshalb um Ver-

---

* Die Großmutter nannte ihn nie anders als Louis. Angeredet wurde er überhaupt nie mit seinem Dichternamen; auch Bettine nannte ihn, wie es weitgehend zwischen Ehepartnern üblich war, nur mit dem Nachnamen, also Arnim.

zeihung bitten und werde es auch nicht thun … in der Folge mir aber dergl. Inhalt des Briefes verbitten«. Die Unterschrift ist »v. Labes«.

Eindrucksvoll ist die gewandte, sichere und entschiedene Ausdrucksweise der Großmutter, ist aber auch die Tatsache, daß ein solcher Streit immerhin möglich war und Arnim wenigstens versuchte, sich verständlich zu machen. Seine Haltung gegenüber Caroline von Labes war nicht nur die der resignierten Furcht oder Ehrfurcht, sondern er hatte das Einstehen für die als richtig erkannte Sache von ihr gelernt und probierte es nun ausgerechnet an ihr selbst aus. Andererseits mußte er – und das sein Leben lang – mit den inneren Bildern und Werten zurechtkommen, die sie ihm vermittelt hatte. Das sollte ihn hindern und fördern, jedenfalls aber entscheidend prägen.

Als Clemens unmittelbar an seine Zweifel über Arnims großen Plan den romantischen Aufruf, »ein Narr« zu sein, anschloß, konnte er nicht ahnen, wie sehr und vor allem auf welche Weise dieser Wunsch in Erfüllung gehen sollte. Arnim machte sich nämlich mit seinem »lebenspraktischen« Ansatz den Weg frei für ausgerechnet das, was später so oft an ihm kritisiert wurde: seine alle Regeln und Grenzen sprengende Phantasie, die gerade »das Volk« nicht verstehen konnte. Seine Poesie, seine Arbeit sollte einem Zweck dienen – das war ernst und ehrlich gemeint. Doch mit unbewußter List erteilte er sich dadurch die Genehmigung, sich selbst ausdrücken zu dürfen und sich dem hinzugeben, was ihm in Leid und Glück am wichtigsten war: eine eigene Welt zu erschreiben. »Unthätig sein«, so nannte die Großmutter sein Poetenleben. Diesen Vorwurf brauchte er, jedenfalls von seiten seiner eigenen Seele, durch den Entschluß zur »großen Arbeit« für andere nicht mehr zu fürchten.

VERSUCHE, VORKLÄNGE, NACHKLÄNGE

Warum sollte es in der Liebe anders sein als mit allem übrigen? Soll etwa sie, die das Höchste im Menschen ist, gleich beim ersten Versuch von den leisesten Regungen bis zur bestimmten Vollendung in einer einzigen Tat gedeihen können? … Auch in der Liebe muß es vorläufige Versuche geben, aus denen nichts Bleibendes entsteht.« Diese menschenfreundlichen Worte des Theologen Schleiermacher, die er 1803 an seine Braut schrieb, hätten Bettine und Arnim gefallen. *Wir* wissen, daß sie neun Jahre, nachdem sie in Frankfurt auseinandergingen, heirateten. Sie aber verließen einander als zwei junge, sinnlich und intellektuell neugierige Menschen, die nicht daran dachten, sich als füreinander bestimmt anzusehen. Sie hatten viel zu lernen, viel zu erfahren, viel zu lesen und zu schreiben, und es ist nur natürlich, daß beide in ihrer Unfertigkeit Angst vor Dauer hatten. *Einen* Grundstein seines Lebens hatte Arnim mit seinem großen Plan für die Dichtung gesetzt. Für die »bürgerlichen« Festlegungen war es noch viel zu früh, sowohl was einen Beruf als auch was die lebenslange Bindung an eine Frau angeht. Bettine dagegen hätte, wäre sie ein Mädchen wie die meisten gewesen, sehr wohl schon heiraten können. Aber sie empfand sich, von Clemens darin bestärkt, bereits als etwas so Besonderes, daß davon nicht die Rede sein konnte. Das Wort Hochzeit – Hoch-Zeit – hat ja bei genauem Hinhören einen traurigen Beiklang. Ein Plateau scheint erreicht, von dem es wohl nur noch einen Abstieg gibt, jedenfalls keinen Aufstieg zu einer höheren Festzeit. Außerdem wird am Traualtar ein allgemeines Schicksal besiegelt – »Liebe«, Hausstand, Gemeinsamkeit, Kinder wie bei allen anderen auch. Das Gespenst der verachteten Philisterehe droht die Frischvermählten in seine Spinnweben einzuschließen. Über den lächerlichen Versuch, »mit dem Feuer der Haushaltung die Liebesfackel anzünden zu wollen«, macht sich Arnim denn auch gleich in seinem ersten Roman lustig.

Dennoch begehrten Bettine und Arnim den Jedermannssegen der Ehe schließlich mit voller Überzeugung – allerdings erst, nachdem sie sich in Versuch und Irrtum dafür bereit gemacht hatten. Beide gingen entsprechend ihrer sozialen und seelischen Disposition über sehr verschiedene Lehrpfade und gelangten dabei auch in Sackgassen der Liebe. Arnim hatte die Möglichkeit, seine Erfahrungen in seinen Werken zu verarbeiten. Bettine blieben nur die Briefe, in denen sie sich mit großer Unbefangenheit und Selbständigkeit ausdrückte. Beide haben die vielen Wendungen ihrer Wege beschrieben, wie nur sie es konnten. Sie hatten aber außer Begegnungen mit geliebten Menschen auch noch ganze Welten zu erfahren, zu erobern und zu verändern – in Literatur, Musik, Politik –, bis sie eine Grundlage für ein wirklich erwachsenes, sagen wir in diesem Fall: ehereifes Leben geschaffen hatten.

Zwiespalt zwischen Liebe und Ordnung: »Hollin's Liebeleben«

»Ergeben bin ich Dir ewiglich / Mein Herz, mein Sinn und all mein Blut / Dient ewig Dir mit treuem Muth. L. Achim von Arnim.« So stand es auf der ersten Seite des Stammbuches einer jungen Frau in Göttingen, die nach Ansicht der Freunde viel mit Arnims erstem Buch, dem kleinen Roman *Hollin's Liebeleben*, zu tun hatte. Es handelte sich um Henriette oder »Jeanette« Dieterich (1776–1827), unglücklich mit Arnims Verleger verheiratet. »Er erneute seine Garderobe, versorgte sich mit wohlriechenden Essenzen und schrieb *Holly's Liebeleben*«[*], berichtet Arnims Schulkamerad Raumer in seinen Erinnerungen, und auch der Freund Kestner witzelt im Studententon, daß die Niederkunft Arnims wunderbarerweise mit einer tatsächlichen von Madame Dieterich zusammengefallen sei. Arnim hat einige Briefe von ihr aufbewahrt, was allein schon ein Zeichen für eine engere Beziehung sein mag. Sie schreibt mit einer gebildeten, leicht melancholisch gefärbten Anmut, einer sanften intelligenten Ironie und sagt auffallend oft, daß gewisse Dinge mündlich besser zu besprechen wären. Wie tief die Verehrung für Jeanette Dieterich ging, läßt sich möglicherweise gerade aus dem hartnäckigen Schweigen beider schließen. Eine schöne, junge und dazu noch unglückliche Mutter, nur ein paar Jahre älter als die eigene zur Zeit ihres Todes, stellt ein klassisches Objekt der Sehnsucht für einen streng erzogenen jungen Mann in einer patriarchalischen Gesellschaft dar!

---

[*] Die englische Schreibweise Raumers deutet auf den Zusammenhang mit der englischen Romanmode.

Das kleine Erstlingswerk ist die Geschichte einer vorehelichen (ausdrücklich ersten) Liebe. Hollin ist ein schwärmender junger Mann, der nach Art der Frühromantiker klagend und hochmütig über die »unerträglich einförmige«, das heißt geistlose Lebensart sowohl an der Universität wie unter den Bürgern räsoniert, durch die alles Außerordentliche ins Banale heruntergezwungen wird. »Die ganze Verbildung und Unnatur unserer Zeit, ihre ganze geregelte Jämmerlichkeit« zeigt sich für ihn besonders in den ohne Liebe geschlossenen Ehen.

Er lernt ein Mädchen, Maria, kennen, die ganz reine Natur und zugleich reine Bildung ist, was beides sie anfällig macht für Hollins erotische Hingerissenheit. Alles, was er vorher über die Liebe der anderen Menschen wußte, trifft hier nicht zu. Wohl aber bleibt sein Credo bestehen, »daß die Liebe freudig alles bewilligen müsse, was sie mehr als Freundschaft geben kann«. So bewilligt Maria ihm »alles«. Hollin bewährt sich arbeitend und lernend im praktischen Leben, um die Liebste vor aller Welt zu dem machen zu können, was sie ist – seine Frau. Durch melodramatische Klatschereien und Mißverständnisse glauben plötzlich aber beide, sie würden nicht mehr geliebt, und die Liebesgeschichte wird daraufhin zum Eifersuchtsdrama. In einer Maria-Stuart-Aufführung, bei der die schwangere Maria die Königin spielt und Hollin natürlich den Mortimer, ersticht er sich auf offener Bühne – die Rolle wird Wirklichkeit. Maria stirbt an einer Fehlgeburt, und beide werden – als Sünder – außen an der Kirchhofsmauer begraben.

»Wie Werther«, schallte es aus dem germanistischen Blätterwald. Arnim bestätigte das mehrfach und schrieb bald nach der Veröffentlichung an Winkelmann: »Der verdammte Werther und meine falsche Verehrung der Götheschen Formen hat mich verführt.« Das war freilich mit oder ohne Verehrung vergebene Liebesmüh: Ein Blick auf den *Werther* zeigt die unüberbrückbare Differenz. Arnim wirkt gegenüber Goethe erfahrungslos, pubertär, er wirft mit Gefühlen und wilden Ereignissen um sich und benutzt die zeittypischen Klischees, statt wie Goethe einen neuen Ausdruck für ein bis dahin nicht formuliertes Lebensgefühl zu finden (das dann selbst klischeebildend wirkte). Arnims Hollin ist, wie sein 20jähriger Autor auch, einfach ein begabter guter Junge, dem Literatur und Trieb die Brust zerreißen, und tatsächlich hätte das kleine Werk wohl besser den Titel *Hollins Jammerleben* verdient, wie es ein zeitgenössischer Rezensent bissig vorschlug.

»(Beurtheile) meine Anlage zur Dichtung … nicht aus dem Hollin, das ist so ein Übergangsversuch, wo der Geist noch nicht zur Freiheit gelangt ist«, schrieb Arnim ein halbes Jahr später an seinen Onkel, als dieser wieder einmal den Neffen zu den Plänen der Familie zurückführen wollte. Aber er traute sich für die Zukunft zu, »der Kunst ein sicheres Schloß auf märkischem Sande zu bauen«.

Was Arnim in seinem Erstlingswerk von allen Vorgängern und Zeitgenossen unterscheidet, ist die *Beilage*, die er nach dem schauerlichen melodramatischen Ende anfügte. Es ist das nacherzählte Leben des Schweizer Naturwissenschaftlers und Alpenforschers de Saussure (1740–1799). Die Biographie des berühmten Mannes war gerade erschienen. Es ist ein exemplarisch diszipliniertes und unermüdlich zuversichtliches Leben und wird ohne Kommentar und Verbindung neben Hollins Untergangsgeschichte gestellt. Die parallele Nichtparallelität zwischen Hollin und Saussure überließ Arnim den Zeitgenossen zur eigenen Entdeckung, was offenbar hieß, ihnen zuviel zuzumuten. Bis in unser Jahrhundert hinein ist der Sinn dieser Hinzufügung den Lesern nicht einmal des Nachdenkens wert erschienen.

Dabei weist sie schon auf das Dichtungsprogramm hin, das Arnim erst ein Jahr später formulierte. Arnim benennt im *Hollin* zum erstenmal die Grundunentschiedenheit seines Lebens. Einerseits begehrt er gegen Philisterei und Autoritäten auf und steht ein für Freiheit, Gefühl und Selbstbestimmung. Andererseits braucht und verlangt er Einordnung, Einsicht, Disziplin und bürgerliche Tradition. Phantasie und Wildheit sind nicht nur der Widerpart von Ernst und Strenge, sondern stehen ihnen letztlich gleichberechtigt gegenüber. Literatur ist der Anziehungs- und Ausdrucksort »bethörender, heimathloser, wilder Kräfte«. Ihr Gegengewicht ist zunächst die Naturwissenschaft und später die »Mühle der Geschäfte« für Familie, Land und Stand.

Nachklänge der ersten Begegnung

Acht Tage nach Arnims Abreise, also Ende Juni 1802, so berichtet Clemens laut *Frühlingskranz*, habe er von Bettine einen Brief bekommen, »daß sie dich liebe, im Augenblick«.[*] Ein paar Sätze weiter heißt

---

[*] Es ist unklar, welcher Brief das war. Als Original ist nichts erhalten. Vielleicht hat die schreibende und erfindende Witwe und Vermächtnisträgerin Bettine im Jahre 1843 Teile davon in die Collage über das Gewitterabenteuer im *Frühlingskranz* hineingenommen.

es aber schon, jetzt, Anfang bis Mitte August, behaupte Bettine, Arnim nicht mehr zu lieben. Sie liebt ihn – sie liebt ihn nicht – sie soll ihn aber lieben: dieses Spiel treibt Clemens noch eine Zeitlang weiter. Von Bettine selbst gibt es, wie schon erwähnt, einige Zeugnisse der Beunruhigung und bald danach der Einordnung Arnims in ihr Freundschaftsuniversum – liebevoll an den Rand versetzt, könnte man sagen. Von Arnim dagegen ist nicht nur die bereits erwähnte Magnet- und Feuertheorie erhalten, sondern auch ein außerordentlich reifer und psychologisch erstaunlicher Brief an Clemens, der zweite von der wieder aufgenommenen Bildungsreise, der zweite auch aus der Schweiz. Arnim bezieht sich darin auf einen nicht mehr vorhandenen Brief Bettines an Clemens, in dem es um Arnim ging, und setzt nachdenklich seine und Bettines Identität gegeneinander:

»Ich lese Bettinens Brief und lese ihn wieder, und zum erstenmal weiß ich nicht, was ich Dir schreiben soll, da mir gewöhnlich die Feder mit dem Kopf davonlief. Ich habe oft so recht tief und fest in einen Wassersturz geblickt, und ich glaubte mich zu begreifen; ich weiß wahrlich nichts von mir, ob ich Wasser oder Dunst oder Eis oder ein Stück des glühenden Regenbogens bin, aber ich glaube, daß ich wechselnd eins nach dem andern werde. Es ist mir jetzt sehr rührend, worüber ich damals oft lachte, die ewige Predigt woran einer meiner Lehrer arbeitete: was war ich? was bin ich? was werde ich? Ja, wer das beantworten kann …« Er habe einmal einen festen Kern in sich gekannt, »aber ich weiß nicht, ob er gewachsen ist zum Baume, ob er schattet oder blüht«.

Eine Identitätskrise also, Unsicherheit in sich selbst, ein Zustand, der sicher mit dem noch unfesten Entschluß für die Literatur und mit der äußeren Elevensituation als bildungsreisender Kavalier zu tun hat. »Und nun siehe Bettinen dagegen mit ihrer Klarheit durch sich selbst, sie kennt jede Empfindung in sich.« Angesichts der aufgeregten und unruhigen Mädchenerinnerungen und -briefe muß diese Feststellung im höchsten Maße erstaunen. Hat Arnim in die Tiefen unter der Oberfläche geblickt, oder idealisiert er Bettine einfach weg nach Art der klassisch-romantischen Frauenbilder?

Er fährt jedoch fort: »… und ihr ganzes Nachdenken ist ein Sinnen über sich, sie kann ewig nur durch *sich* froh werden und traurig …« Daher seien er und sie zutiefst voneinander verschieden. »Die ganze Richtung unserer Kräfte treibt entgegengesetzt, ihre Nähe ergreift mit einer Trauer darüber, daß jeder Augenblick uns weiter entfernt, und daß ich nicht umkehren kann zu ihrer Ruhe. Der Mensch ist nicht wie ein Schiffsmann, der von einem Ufer zum andern hinüber und zurückrudert … es ist etwas Unwandelbares in seinem Lauf und sind die Lichtperioden wechselnd.« Eine unüberwindliche Ungleichzeitigkeit trennt sie demnach – Arnim will unstet sein, schweifen, andere kennenlernen, »neues Licht« suchen, Bettine dagegen will bleiben, bei sich selbst sein, in *ihrer* Welt und nicht in der äußeren.

So sieht es jedenfalls Arnim – und damit hat er intuitiv etwas ganz Wichtiges bei Bettine erkannt: ihre Selbstzentrierung, auf die sie nicht verzichten kann, gerade weil sie sich unbewußt auf ein sehr extrovertiertes Leben vorbereitet. Sie sucht sich zwar stützende Begleiter, aber machen muß sie es ganz allein, da helfen kein Clemens, keine Günderrode, kein Savigny und auch kein Arnim. »Ich war ein freundlicher Ruf in ihre Einsamkeit«, fährt Arnim fort, und nun folgt ein Vorwurf an Clemens: »in eine Einsamkeit, wo Du sie leider alle verachten gelehrt hast«. Im Grunde hat Arnim die geschwisterliche Sonderwelt, ihr Widerspruch gegen alles Normale und bürgerlich Gewachsene immer wieder auch *nicht* gefallen, und daraus ergibt sich ein Grundmißtrauen gegen Bettine, das Arnim sein Leben lang nur selten verlassen wird. Doch sind Anziehung und Zauber Bettines letztlich immer stärker gewesen als alle Zweifel. Bewundernd schreibt Arnim: »Was andern Mädchen schon hohe Liebe wäre, ist für Bettinen Freundschaft, ihre Liebe aber muß etwas werden, wovon kein anderes Mädchen etwas ahndet.« Und: Wegen der genannten Unmöglichkeit müßten Clemens und Arnim froh sein, daß Bettine Arnim *nicht* liebt, »aber ich muß jubeln, daß sie mir gut ist«.

Ein rührender Aspekt dieses frühen Nachdenkens über Bettine ist eine gewisse Fürsorge, wohl angesichts von Clemens' Anstrengungen, die Schwester nach seinem (doch zutiefst wechselhaften) Bilde zu formen. »Es ist das einzig Gute an mir, wie am Frühling, daß wir keinen mit unserer Kälte oder Hitze belästigen, der Wesen Mannigfalt kann sich frei entfalten. Das nannte Bettine meine Höflichkeit, sie glaubte nie einen höflicheren Menschen gesehen zu haben. Du wirst Dich erinnern, das machte sie wohl, sie wurde freier, aber* lieber.« Arnims größere Ruhe, seine Freundlichkeit, sein Abwarten, seine Begabung, zuhören zu können, ohne wie Clemens immer schon vorher zu wissen, was zu kommen hätte, mögen Bettine tatsächlich wohlgetan haben. »Aber jede Pflanze braucht festen Boden, und den giebt

---

* Das »aber« sollte man nicht übersehen: für Arnim hat »frei« auch den Beiklang von »ungezügelt«, und eigentlich kann eine ungezügelte Frau nicht »lieb« sein.

ihr der Frühling nicht. Sie hat das einen Augenblick gefühlt, es war der einzige, wo wir uns gekannt haben.« »Erkannt«, hätte es heißen müssen – und hier schließt sich die schon geschilderte Wettlaufszene an, bei der die Gelegenheit eben *keine* Liebe machte.

Clemens, der sich ja eigentlich in einer Art Liebesrausch mit Arnim befand, reagierte außerordentlich zwiespältig auf Arnims nachdenkliche Distanz zu Bettine. Er fühlte sich selbst in der Schwester zurückgestoßen: »Wenn ich Deinen Brief über sie nun zum 3tenmal lese, so fällt mir doch ein Fähndrich ein, dem Du mit Hauptmanns Kharakter den Abschied giebst, einen seelig sprechen, der dazu sterben muß.« Und Arnim erfährt plötzlich erstaunliche Dinge: »Du kannst wohl begreifen, daß ich sie von dieser Liebe zu heilen suchte, und dazu giebt es kein Mittel als Nekerei, sie weinte im Anfang.« Clemens, der Kuppler und Werber, der meinte, Bettine zu brauchen, um Arnim anzulocken, will es also gewesen sein, der Bettine ihre Nichtliebe suggerierte! Das für Clemens so charakteristische augenblicksverhaftete Denken in Extremen führt ihn zu einem düsteren Gemälde von Bettines Lebensumständen: »Lieber Arnim, dieses Mädchen ist sehr unglüklich, sie ist sehr geistreich, und weiß es nicht, sie ist durch und durch mishandelt von ihrer Familie und erträgt es mit stiller Verzehrung ihrer selbst, mich liebt sie, weil ich ihr alles bin, da ich ihr allein nah bin.« Nun also – da ist es Clemens und nicht Arnim, den sie liebt, und Arnim wird in einer Unglücksvision gezeigt, wovon er Bettine hätte erlösen sollen. Wir reiben uns ein wenig die Augen und erinnern uns an die immer wieder auch liebevolle familiäre Umgebung Bettines, an ihr fröhlich-poetisches Wesen, das so gar nicht nach »stiller Verzehrung« oder gar »Ertragen« aussieht, und lesen erstaunt: »Ich fürchte, sie wird nicht lange leben, so ohne Liebe und Freude.« Dem folgt zuletzt der schneidende Satz an Arnim: »Ich bitte darum deine Hochachtung für sie zurückzuziehen, man kann an Surrogaten sterben.«

Arnim ist auf diesen Brief nicht eingegangen, wie er überhaupt die Fähigkeit hatte, die Brentanosche Seelenwildnis gelegentlich schlichtweg zu ignorieren. Er wollte Clemens für sich als Freund, als Schriftstellerkollegen, eben als »Liederbruder«. Die unkontrolliertesten Briefe, die von Arnim bekannt sind, hat er an ihn geschrieben, und als Empfänger solcher Offenheit muß er ihn unschätzbar und zutiefst vertrauenswürdig gefunden haben. Die Freundschaft mit Clemens wurde für etliche Jahre Arnims verläßlichster Zufluchtsort im Leben.

Die folgende Strophe aus Arnims nächstem Brief an Clemens kann als eine fröhliche Selbstdefinition angesehen werden:

> Auf Wolken hoch ich wohne,
> Die Freundschaft meine Braut,
> Am Mastbaum hängt die Krone,
> Dein Herz hineingebaut.

Die Freundschaft soll demnach Arnims Braut sein – und nicht Bettine, die sich als »ein Schatten« über den »grünen Hoffnungstisch« legt, an dem sich Arnim sitzen sieht. Weg mit dem Schatten also – und das geht so: Clemens, so Arnim, verkenne Bettines Lebenstendenz, wenn er meint, es ginge ihr um Liebe. »Ihr Sehnen … steigt zur Kunst, und nur in dieser Thätigkeit wird sie Ruhe finden …« Arnim benutzt hier eine Abwehr, hinter die sich viele Männer retten, denen Dasein, Gefühle und Unglück der Frauen zu nahe kommen. Sie soll sich mit etwas anderem beschäftigen – fast hört es sich an, als wolle er sagen: sie soll erst mal etwas lernen und leisten. Etwas gravitätisch klingen die weisen Ratschläge schon. Sympathischerweise merkt Arnim es selbst: »Ich hätte nicht gedacht, daß ich heute noch in den Lehrton fallen würde, Du siehst wenigstens daran, daß meine Hochachtung gegen Deine Schwester wahr ist.« Gleichwohl trifft letztlich des empfindlichen Clemens Meinung zu, daß Arnim Bettine lobend von sich wegrückt.

Zum Glück entsteht daraus nicht weiteres Mißbehagen. Clemens zeigte diesen Brief seinen Schwestern Gunda und Bettine, was niemanden erstaunte: es entsprach ja den Gewohnheiten der Zeit im allgemeinen und der Neigung des Clemens zur Indiskretion im besonderen. Arnim schickte ein tändelndes Liedchen in Jamben, »Frühling und Sommer«, »Meinen verehrungswürdigen Freundinnen Gunda und Bettine gewidmet«. Es war für Arnims entstehendes Werk *Ariels Offenbarungen* bestimmt. Bettine hat auf diesen ersten erhaltenen Brief Arnims an sie (und Gunda) offenbar nicht geantwortet. Warum auch? Ihr letztes Wort blieb ein »Adieu Arnim«. Und Arnims letztes vor einer langen Pause ist das vage Versprechen, sich vielleicht »mystisch in den wunderbaren Zeichen, welche wir Schrift nennen«, den Schwestern wieder anzunähern. Er tat es nicht. Fast drei Jahre sollte es dauern, bis sie sich wiedersahen – Zeit zum Leben, Zeit zum Lernen, Zeit zum Lieben.

Da Bettine damals in größter innerer und möglichst auch äußerer

Nähe zu ihrem Bruder lebte, ist nicht recht auszumachen, ob ihr weiteres Interesse an Arnim wirklich ihr eigenes war oder ob es durch Clemens geschürt wurde. Im November 1802 siedelte sie endgültig von der Großmama in Offenbach nach Frankfurt über. Clemens schreibt im April 1803 an Arnim in Paris, sie sei »jezt ganz hier im Hauße, oder gar nicht zu Hauß. Alle Blumen, die du ihr gepflückt hast hat sie getrocknet, sie spricht nur von dir mit mir …«

Es folgen zwei hingewischte Profilzeichnungen, mit denen sich die Geschwister amüsieren. Die eine ist eine schematische Skizze von »König Friedrich dem einzigen« mit der unverkennbaren großen spitzen Nase, die andere eine von Arnims ebenfalls sehr charakteristischer Seitenansicht, »denn Bettine kann nicht die Feder probieren ohne dich mit ähnlichen Linien zu zeichnen, ich kann es nicht so gut wie sie, oder ich liebe dich nicht so sehr, aber gieb Acht, welches das Ansehnlichste sein wird, welches von Beiden am mehrsten geschmeichelt ist, ich sage nicht von wem das eine und das andere ist, du mußt rathen, wer dich von uns am mehrsten liebt«. Geschmeichelt ist keins von beiden.

Der lange Brief, aus dem ich hier zitiere, enthält eine ausführliche Inhaltsangabe der *Natürlichen Tochter* von Goethe, die am 2. April 1803 in Weimar uraufgeführt worden war. So funktionierte damals literarische Öffentlichkeit: Der gemeinsame Freund Wrangel hatte einen langen Bericht an Savigny in Marburg geschrieben, dieser ihn Clemens nach Frankfurt geschickt, und Clemens schrieb ihn am 30. April ab, um ihn Arnim in Paris zukommen zu lassen. Denn »die neusten Produkte in Weimar« zu kennen, war nicht nur für jeden kultivierten Leser eine Freude, sondern verschaffte auch Prestige, wenn man sie möglichst früh bei Treffen Gleichgesinnter weitererzählen konnte. Gedruckt wurde das Stück einige Monate später als *Taschenbuch auf das Jahr 1804* bei Cotta. Dann erst stand es den Gebildeten, die nicht durch eine Freundeskette mit dem Geisteszentrum verbunden waren, zur Verfügung.

Clemens also begann Wrangels Bericht abzuschreiben, wurde dann aber weggerufen und bat Bettine, weiterzuschreiben. Dies waren für etwa drei Jahre die letzten Zeilen von Bettines Hand, die Arnim empfing – in *ihrer* Handschrift das neueste Stück von Goethe, der später so wichtig in ihrem Leben sein würde.

Arnim hat zur gleichen Zeit, da sich Bettine mit Bilderspielen in Frankfurt beschäftigte, viel von der Schweiz und einiges von Norditalien gesehen: die berüchtigte Via Mala und den Comer See. Ohne sich darüber klar zu sein, war er hier ein einziges Mal im Ursprungsgebiet der Brentano-Familie. Von einem »Reise Wirwar« spricht die Großmutter, und viel von ihren Sorgen um die ausgeflogenen jungen Männer: »Böse Kinder seid ihr, daß ihr mir so viehl Unruhe machet.« Man kann sich leicht vorstellen, wie lästig und lächerlich es die Brüder fanden, noch als zu behütende Kinder betrachtet zu werden.

Bettine ist ihr ganzes Leben lang nur ein einziges Mal in einem fremdsprachigen Land gewesen – die paar Wochen im Jahre 1810 in Bukowan in Böhmen, von denen noch zu berichten sein wird. Der Gaisberg bei Salzburg war ihr höchster Berg, Wien die fernste und ausländischste Stadt. Nicht Italien und nicht Frankreich hat sie gesehen. Der Vorsprung an Weltkenntnis auf Arnims Seite ist in der Tat beeindruckend, und so mußte sich fast zwangsläufig das traditionelle Gefälle zwischen dem Mann im weiten Leben und dem Mädchen in Heimat und Häuslichkeit ergeben. Daß Bettine in diese Rolle schlecht paßte, sollte zu einem unterschwelligen Dauerkonflikt zwischen den beiden späteren Ehepartnern und auch *in* jedem von ihnen führen.

Arnims Reise ging von Bern weiter in Richtung Genf, wo die Brüder im September eintrafen. Sie blieben dort bis nach Weihnachten, mit einer langen Unterbrechung allerdings: sie fuhren nach Lyon, Marseille, Nizza, Genua und kehrten von dieser Nebenreise noch einmal nach Genf zurück, um von dort aus nach Paris aufzubrechen. Inmitten all dieser Herausforderungen an Körper und Seele muß Arnim ununterbrochen gearbeitet haben. Viele Gedichte warf er aufs Papier (einige davon in die Briefe an Clemens), er fing in Genf wieder an, sich unter dem Einfluß des Naturforschers und Arztes Jurine mit den Naturwissenschaften zu beschäftigen, er trug sich mit Entwürfen für spätere Arbeiten und schrieb eine Novelle, *Aloys und Rose*, die 1803 in einer Zeitschrift veröffentlicht wurde.[*]

Die politische Situation, um die es auch in dieser Novelle ging – die Schweiz wehrte sich dagegen, »Helvetische Republik« von Napoleons Gnaden zu sein –, forderte Arnims Teilnahme heraus; er dachte sogar daran, auf der Seite der Schweizer zu kämpfen, und machte sich zu diesem Zweck schon auf den Weg – weiter als die hundert Kilometer

---

[*] In den »Französischen Miszellen« in Tübingen, die von der in Paris im Umkreis von Friedrich Schlegel und Dorothea Veit lebenden deutschen Schriftstellerin Helmina von Hastfer herausgegeben wurde.

von Genf bis Lausanne ist er allerdings nicht gekommen, dann kehrte er wieder um.

Wurde es ihm zuviel mit dem Schreiben, dann besuchte er Gesellschaften, die ihm als Angehörigem der europäischen Oberschicht ganz selbstverständlich offenstanden. Auf diese Weise lernte er die »unendlich lebhafte« schweizerisch-französische Intellektuelle Liebende Germaine de Staël-Holstein (1766–1817)* kennen, stritt sich mit ihr herum und war von ihr beeindruckt: »sie interessirt mich«. Auch sie, die die Männer und die deutsche Literatur gleichermaßen liebte, »interessierte« sich für Arnim, was Bettine später nicht eben gefiel.

---

* Die Staël war die Tochter des bedeutenden französischen Finanzpolitikers Necker (1732–1804), der jetzt, in Ungnade bei Napoleon und dennoch von ihm gefürchtet, wieder im heimatlichen Coppet in der Schweiz lebte. »Der alte Necker sitzt in stiller Trauer dabei, er verlor allmählig seine Frau, deren Talente und Schönheit ganz Paris beschäftigten, sein Ansehen und den größten Teil seines Vermögens.« (Steig I, 55, Schultz I) Neckers Frau, Susanne Necker-Curchod, war eine Schriftstellerin, in deren Pariser Salon die literarischen Größen der Zeit verkehrten. Germaine de Staël veröffentlichte 1800 ihr erstes bedeutendes Werk *De la littérature considerée dans ses rapports avec les institutions sociales*, doch hatte Goethe bereits 1796 ihren *Essai sur les fictions* für die *Horen* übersetzt. Sie war, seit Napoleon sie aus Paris verbannt hatte, ganz auf Coppet angewiesen und machte es zu einem literarischen Zentrum besonders der modernen, also romantischen Literatur.

ERSTE LIEBE, ERSTE FREIHEIT.
BETTINE UND CLEMENS

> »Für Deine Briefe an Bettine bis zu Deiner ersten Verheira-
> thung habe ich Dich oft in Gedanken geküßt, Deine Liebe
> zu ihr hat ihre Liebe erzogen und so geniesse auch ich von
> deiner Saat.« (Arnim an Clemens, 26.10.1811)

Daß Arnim viel von der Wichtigkeit Bettines für Clemens wußte, ist selbstverständlich. Was umgekehrt der sieben Jahre ältere Bruder für sie bedeutete, ahnte er vielleicht, doch wurde es ihm erst ganz klar, als er nach seiner Verheiratung die Briefe las, die Clemens an Bettine geschrieben hatte.* Sie wurden später zur Grundlage von *Clemens Brentano's Frühlingskranz.* Wer weiß, ob dieses Buch ohne Arnims ordnende Hand möglich gewesen wäre.

Clemens war der erste Mann, der auf Bettines bewußtes Leben einwirkte, er hatte ganz gewiß eine Zeitlang mehr Einfluß auf sie als jemals irgend jemand sonst. Das aufrauschende Glück eines echten *coup de foudre* scheint Bettines Welt mit einem Schlag erweitert und verändert zu haben, als sie Clemens zum erstenmal anders wahrnahm als ihre vielen anderen Brüder – eine berühmte Szene aus dem *Frühlingskranz,* an deren innerer Wahrheit nicht zu zweifeln ist. Bettine will schnell ihre Puppe weggeworfen haben, als sie Clemens erblickte: »… und ich sah Dich an und kannte Dich nicht, und hielt Dich für einen fremden Mann, der mir aber so wohl gefiel mit seiner blendenden Stirne und Dein schwarz Haar so weich und so dicht, und Du setztest Dich auf einen Stuhl und nahmst mich auf einmal in Deine zwei Ar-

---

* Ich benutze als Quellen für das Folgende erhaltene Originalbriefe sowie Bettines 1844 erschienenes Buch *Clemens Brentano's Frühlingskranz, aus Jugendbriefen ihm geflochten, wie er selbst es schriftlich verlangte,* in dem Bettine ihre und des Bruders Briefe auf oft nicht aufzuklärende Weise verändert hat. Bei den *Frühlingskranz-*Briefen kann man, anders als bei denen des früher erschienenen *Günderode-*Buches, sagen, daß Bettine sich in Tendenz und Text ziemlich genau an die ihr vorliegenden und heute verlorenen Originale gehalten hat. Bettine ist mit den Materialien, die sie für den *Frühlingskranz* verwendete, recht genialisch umgegangen, nicht aber absichtslos. Zeitordnung und Zitatgenauigkeit interessierten sie wenig, um so mehr die Entwicklung, die sie darstellen wollte. Vergleicht man die erhalten gebliebenen Briefe mit dem Buch, so stimmt der Gang der inneren und äußeren Geschehnisse viel genauer überein, als man das zunächst für möglich gehalten hätte.

me, und sagtest weißt Du wer ich bin? ich bin der Clemens! Und da
klammerte ich mich an Dich, aber gleich darauf hattest Du die Puppe
wieder unter dem Tisch hervorgeholt und mir in den Arm gelegt, ich
wollte aber die nicht mehr, ich wollte nur Dich. Ach, das war eine
große Wendung in meinem Schicksal ...«

Die Szene gibt wie in einem Brennglas den Konflikt wieder, mit
dem es Bettine und Clemens zu tun hatten: Sie wirft die Puppe, Zeichen kindlicher Weiblichkeitsvorbereitung, weg, er gibt sie ihr wieder,
nimmt die Schwester aber gleichzeitig in seine Arme – ein 21jähriger
eine 14jährige, die er bereits im nächsten Jahr Savigny gegenüber als
Heiratskandidatin anpreisen wird. In aller Unschuld ist das eine Er-
weckungsszene. Bettine will die Puppe nicht mehr, die er ihr, vielleicht von ihrer leidenschaftlichen Reaktion erschreckt, zurückgeben
möchte. Er sitzt, sie klammert sich an ihn. Es ist, als ob die paradigmatische Situation des anstößigen Auf-dem-Schoß-Sitzens, die in
Bettines Leben eine so auffallende Rolle spielen sollte, hier zum erstenmal Gestalt gewinnt.

Clemens kannte genügend gewöhnliche Mädchen und junge Frau-
en. Er wußte, daß mit der Machtergreifung sexuellen Begehrens fast
immer die Kindlichkeit verschwand, Banalität und Lieblosigkeit sich
ausbreiteten und die Poesie schließlich im Alltag des »Philisterlebens«
unterging, weil sie einfach eine Frage der Biologie war. Er wußte
ebenso, daß selbständig gelebte weibliche Sinnlichkeit, wie er sie bei
Sophie Mereau kennengelernt hatte, zu »unweiblichen« Entscheidungen und schneidenden Kränkungen führen konnte. In Bettine dagegen begegnete Clemens einem Geschöpf, das sich zur phantasierten
Wiedergutmachung all seiner Wunden und zum utopischen Entwurf
eines ganz anderen Frauentyps eignete. Diese Kindfrau sollte instink-
tive Sinnlichkeit, »Geist« und Poesie mit völliger Unbefangenheit verbinden und dabei so »rein« sein, daß sie gegen alle aus ihrem Benehmen entstehenden Mißverständnisse und banalen Ansinnen gefeit
war.

Bettine ergriff die Chance, die der fremde Bruder ihr bot, mit der
traumverwandten Sicherheit außergewöhnlicher Menschen, die in
einer konventionellen Umgebung plötzlich die Öffnung des einzigen
eigenen Weges finden. Sie war wie ihre Schwestern für eine vorteil-
hafte Heirat bestimmt, spürte aber weit über das backfischhafte »Ich-
heirate-nie« hinaus, daß selbst eine Ehe, wie sie Gunda später mit
Savigny führte, zu eng für sie gewesen wäre, geschweige denn die wesentlich uninteressanteren der jüngeren Schwestern Lulu und Meline.

Ganz typisch ist dabei für Bettine die Opposition gegen die Familie, die sich dennoch gleichsam im Schutz dieser Familie abspielt. Es war kein genialer Literat, kein Hofmeister, kein interessanter Verehrer der Großmutter, mit dem sie die Familie schockierte und ihre unverwechselbare Art des Nein und Ja einübte, sondern der eigene Bruder – der begabteste von allen, der anziehendste, der gefährdetste, wie es bei der mit Superlativen lebenden Bettine nicht erstaunt, aber doch ein Bruder, der mit Selbstverständlichkeit die Rolle des Beschützers einnahm. Er mußte Bettine sicherlich auch vor sich selbst beschützen.

Es war eine Liebe mit allen Zeichen, die jedermann kennt, der einmal verliebt war. Zwischen den beiden Geschwistern herrschte das Gefühl, einander tief vertraut und zugleich ganz neu und interessant zu sein. Waren sie getrennt, so sehnten sie sich nach einander. Waren sie zusammmen, so wollten sie möglichst für sich sein. Es gab Eifersucht, verliebte Neckerei und, das vor allem, die Eroberung neuer Welten des Geistes und der Erfahrung. Das Glück, sich als ein unverwechselbares Wesen vor liebenden Augen darzustellen, wurde Bettine zum erstenmal mit Clemens zuteil. Er ermöglichte ihr dazu die schönste Art des Lernens, die des Lernens aus Liebe. Und schließlich gab es die Trennung, gab es Enttäuschung, Befreiung und Normalisierung.

Am Anfang aber stand die Bezauberung. Nicht die Intelligenz, sondern die Seele, die Anmut, das »Göttliche« an der Schwester zog Clemens an, und so entwickelte und betonte sie ihm zuliebe diese Seite und Fähigkeit ihrer Persönlichkeit. Bettine lernte durch Clemens schreiben, sie lernte vor allem aber, daß sie es wert sei, »aufgeschrieben zu werden«[*], oder besser: »sich selbst aufzuschreiben«. »Sei versichert«, schrieb Clemens an Gunda, deren Hilfe er für die heimliche Briefübermittlung erbat, »daß ich in dem Briefwechsel nichts genieße, als das Vergnügen, meine Umgebung ganz zart auszusprechen ... und zu sehen, wie sie sich ausdrükken lernt.«

Die Familie war da allerdings anderer Meinung, und ganz so zart und uneigennützig entwickelte sich Clemens' Interesse denn auch tatsächlich nicht. Er ließ Bettine an seinen Liebschaften mit verschiedenen Mädchen teilnehmen, er brachte sie mit Arnim zusammen, was eigentlich auch nicht ohne Aufsicht geschehen durfte, und er bezog sie

---

[*] Eine Formulierung, die ich so einmal von einem Kind hörte.

schließlich intensiv in seine Liebes- und Eheentscheidung für Sophie Mereau ein. Er konnte es vor allem nicht lassen, sie trotz der auch ihm lieben Auffassung vom idealen Mädchen, das aus der Natur und nicht aus der Bildung lebt, ins Philosophieren, Reflektieren, ja eigentlich erst in die Lebenswichtigkeit des Lesens einzuführen. Zu Beginn, Weihnachten 1800, war das Nichtlesen allerdings ein Teil ihres ganz besonderen Zaubers. Noch die Widmung des zweiten Teils des *Godwi, An B.*, vom Ende des Jahres 1801, enthält die ebenso zentralen wie paradoxen Worte: »Du sollst dies Buch nicht lesen, denn ich liebe dich … du hast mich gefangen, und bist mir die höchste Lehre. O ich möchte dichten, wie du da stehst, wie du wandelst und blickst, ich möchte denken, wie du gedacht bist, und bilden, wie du geschaffen bist.« Dennoch: Natürlich hat Bettine das Buch gelesen, natürlich war sie mit ihren 16 Jahren stolz darauf, daß er ihr gewidmet war, und natürlich versuchte sie, dem Bild der Huldigung ähnlich zu werden.

In dieser gebildeten Familie mußten nicht nur die normalen Generationenkonflikte ausgehalten werden, nicht nur die Spannung zwischen Literatur und Leben, sondern obendrein die zwischen den Epochen der Geistesgeschichte. Die Clemens eigentlich wohlgesinnte Großmutter, noch hauptverantwortlich für die »éducation« der drei jüngsten Enkelinnen, sah »mit Kummer«, daß Clemens sich mit Bettine von den anderen abschloß und sie »mit seinen Prinzipien tränkte«. Sie meinte damit, daß er Bettine »Gleichgültigkeit gegen Ordnung, Fleiss und Anständiges Betragen« einflößte, daß er die Bücher, die die Großmutter mit den Mädchen las, verachtete und die Vorstellung, nach der »kleine Frauenzimmer sich in ihrem gang u. Bezeugungen den Gratzien nähern sollen«, für verwerflich hielt. Sie stand für die Werte der Empfindsamkeit, Clemens für die der Frühromantik. Klarer hat niemand dieses Verhältnis ausgedrückt als die kluge und unglückliche Charlotte von Kalb, Schillers ehemalige Jugendfreundin, die wie so viele die »alte Mutter La Roche« in Offenbach besuchte: »Sie ist gekleidet in die Nachtnebel des achtzehnten Jahrhunderts und Bettina Brentano, die Erstgeburt des neunzehnten, stand und lag neben ihr in der größten Naivität des neunzehnten.«

Bettine war die Frontstellung gegen ihre Umgebung nicht neu. Ihre »Verwunderung über alles was ich sehe und höre in der Welt« hatte sie schon bisher isoliert. Sie galt als wunderlich und reichlich unerzogen. Jetzt entsteht durch die bewundernde Genehmigung des großen Bruders aus dieser Unangepaßtheit eine poetische Haltung. Die großen klaren Augen eines als unverbildet gedachten Menschenkindes sehen die Welt ganz anders, als die Welt gesehen werden will und soll.

Die Blicke der Fremden oder Naiven – von außen – wurden im 18. Jahrhundert häufig als Vehikel der Kulturkritik gebraucht; Bettine dagegen gründet und verwirklicht in sich selbst eine Gegenkultur, den Entwurf eines neuen Menschen, der allerdings nur möglich wurde, weil sie nicht nur außerhalb der Gesellschaft stand, sondern ihr zugleich in privilegierter Position angehörte. Wenn Bettine den ganzen Tag im Garten arbeitet, ein Beet umgräbt und »Sallat hineinsäet«, wenn sie ihrer Sticklehrerin, dem Judenmädchen Veilchen, die Treppe kehren hilft, wenn sie über den Hühnermarkt in Frankfurt geht, so tut sie all das nicht aus Notwendigkeit, sondern weil sie sich in diesem Tun ausdrücken kann.

Allenfalls konnte man einem Mädchen, wie es sein sollte, eine liebreizende Szene wie diese gestatten: »Ich hab am Feiertag nicht können schreiben, die drei kleinen Katzen auf dem Schoß so komod ineinandergelegt, alle drei eingeschlafen unter der großmächtigen Pappel im Eckelchen auf der Bank. Soviel Blüten tanzten herunter, soviel braune und klebrichte Schalen platzten los von den Knospen, ich dachte, was knistert doch im Baum; und später wie die Katzen so sanft schliefen da hatte ich auch ein bißchen geschlafen.« Doch hätte kaum eine andere das frühlingsmüde Erlebnis so selbstgenießend aufgeschrieben wie Bettine, die wußte, daß sie ihren Bruder damit entzückte.

Und sollte er sie wegen irgendeiner Sache schelten wollen, so wußte sie ein Mittel: »Mit meinem Mund geb ich Dir einen Kuß auf Deinen, in welcher Sprache könnte ich gebieterischer ausrufen, *halts Maul geliebter Bruder!*« Küsse auf den Mund waren sicher auch damals unter Geschwistern nicht üblich. Manchmal, besonders am Anfang der Liebesgeschichte, scheint es Clemens reichlich sonderbar zumute gewesen zu sein. »Bettine wird mir so heftig, so begehrend, daß ich sie ängstlich von mir weißen muß, und heimlich fluche, wie sicher einem alles das zutheile wird, der sie nicht liebt, wie ich«, schreibt er im März 1801. Seine stets bereite Eifersucht meldet sich wieder: »Grüße und küße Bettinen, so viel Plaz an ihr ist – ich möchte alle Männer todstechen wenn ich an euch beide denke«, schreibt er an Gunda.

Wahrscheinlich wollte er Bettine wirklich aus seinen »unreineren« Wünschen und Erlebnissen heraushalten, und er brauchte auch Abstand von der anfangs postulierten Ausschließlichkeit. Im September

1801 behauptet er so weit zu sein, daß er sie nicht mehr »so heftig wie
vorher«, sondern »recht brüderlich« liebt. Doch heißt es noch im Frühjahr 1802: »meine Schwester Bettine quält mich unendlich, sie ist mit
einer so wunderlichen ja furchtbaren Liebe in mich entbrannt, daß sie
den ganzen Tag nach mir weint, und vor Sehnsucht ganz hinwelkt ...«
Auch der erste erhaltene Begeisterungsausbruch an Arnim über Bettine zeigt die somnambule Zweideutigkeit dieser Liebe. »Clemens!
Weißt du wer der Mond ist«, schreibt Clemens für Arnim aus einem
Brief Bettines ab*, »er ist der Wiederschein unserer Lieb.« Und ver-
zückt stammelt das Mädchen weiter über die kosmische Spiegelung
der Geschwisterliebe: »... die Erde aber ist ein großes Bett, und der
Himmel eine grose freudenreiche Decke aller Seeligkeit, Clemens,
Was sehnst du dich nach mir, wir schlafen in einem Bette ...« Wann
und warum ein Mann und eine Frau zusammen in einem Bett liegen,
dürfte Bettine damals schon klar gewesen sein, wenn sie auch bewußt
sicher »daran« in diesem Augenblick nicht gedacht hat.

Es widerspricht eigentlich allen brüderlichen Plänen für den Schon-
bereich um Bettines Seelenwelt, daß er sie mit einer französischen
Abenteurerin namens Louise de Gachet bekanntmachte, die vielleicht
eine bourbonische Prinzessin und alles andere als naturhaft, lieblich
oder eine Seelengöttin war. Allerdings war sie vornehm genug, daß
der Großmama »der Kopf vor Begeisterung schwindelte« und keine
Rede davon war, sie als »unweiblich« etwa nicht zu empfangen. Die
Gachet hatte Affären, ritt in Männerkleidung und war philosophisch
und naturwissenschaftlich außerordentlich gebildet. Clemens nannte
sie schön und edel, weil sie ein großer Charakter war und zum Beispiel waghalsige Unternehmungen auf sich nahm, nur um einem armen Bauern zu helfen. Auf Bettine wirkte sie verführerisch. Hier trat
ihr zum erstenmal, in androgyner Gestalt, eine Verkörperung des
»Helden« entgegen, der später in ihren Gedanken und Schriften so
wichtig sein sollte. »Diese Frau hat mich in einem fortwährenden
Schauerriesel erhalten, und denke Dir, während ich in die Türe ge-
lehnt sie ansah, verstummte sie oft mitten in ihrer Rede und sah sich
nach mir um, keine Goldfrucht winkt lockender aus dem dunklen
Grün ... als wolle sie mir sagen: schwing dich auch aufs Roß, aus

---

* Es besteht kein Anlaß daran zu zweifeln, daß Bettine den Brief so geschrieben hat.
Abgeschriebene Stellen, die man mit den erhaltenen Originalen vergleichen kann,
enthalten in der Regel bei Clemens keine zusätzlichen Phantasien – ganz anders
als bei Bettine in ihren Büchern.

allem heraus was dich beengt, komm vertrau mir, ich will dir die Hand reichen.« Noch in einer Aufzählung von Bettines »Geliebten«, die Varnhagen zusammenstellte, als Bettine eine berühmte Autorin geworden war, kommt die Gachet vor, neben Goethe, der Günderrode, Clemens, dem Fürsten Pückler und vielen anderen. Arnim fehlt.

Die Lösung, die Bettine für diese Versuchung findet, zeigt, wie falsch es ist, sie sich ausschließlich vorzustellen als unglücklich in Familie und vertrauter Umgebung. Die Gachet will Bettine nach Spanien locken, zusammen mit Clemens, der in dieser Zeit tatsächlich öfter über das Projekt einer Spanien- und Portugalreise mit der Gachet redete und schrieb. »Was denken Sie, daß ich hier sollte den Garten verlassen der mir so lieb ist«, antwortet Bettine, und sie begründet ihre Weigerung dazu mit einem »großen Register unzerreißbarer Vaterlandsbande«, nämlich der Bindung an die Brüder, beginnend mit dem »Bruder Franz der mich so lieb hat«, gefolgt von Dominicus, Georg, Christian und Anton. Und schließlich fühlt sie sich gebunden an die Toten in der Familiengruft: Vater, Mutter, Peter und »noch drei Schwestern, die gewohnt sind daß ich sie grüße, wenn ich in Frankfurt durch die Mainzergasse gehe, wo die Karmeliterkirche steht«.

Bettine empfindet aber durchaus auch Reue über ihren Entschluß. Sie sieht die Gachet fortreiten und sich selbst die Dachziegel gegenüber von ihrem Mansardenfenster zählen und die Bohnen im Garten begießen. »Ach was kann ich großes tun? auf die Pappel klettern beim Gewitter daß es auf mich los donnert und blitzt? – oder im Winter auf den Schneeflächen mich tummeln; dem Treibeis nachhelfen im Main?« Ihre Revolution blieb, erstaunlich genug, eine innere, eine der Nähe, was vielleicht noch mehr Mut und Originalität erforderte, als »wie ein Mann« mit einer gewissen Unverbindlichkeit in der Welt herumzureisen.

Clemens, der Bettine bald als eine Art Ebenbild*, bald als sein Geschöpf** oder Werk*** ansah, hat im *Frühlingskranz* die Rolle des Erziehers und Mahners. Ein Mädchen eigene Erfahrungen machen zu lassen, sie zum Lesen und Verstehen zu ermutigen, ihr zuzutrauen, daß sie ein sicheres Gefühl für die Grenzen von Lizenzen und Zu-

---

* »Je mehr Du mir ähnlich fühlst wo ich gut fühle, je mehr Du mir ähnlich denkst wo ich groß und edel denke je mehr bist Du mein Freund« (B I, 31).

** »Ich bin das Weßen, durch das sie wird« (an Winkelmann, Okt./Nov. 1801, FBA 29, 384).

*** »Sie wird mein schönstes Lied« (an Savigny, Nov. 1801, FBA 29, 390).

mutungen besitzt – heute wäre das eine pädagogische Haltung, die die meisten gutheißen würden. Daß der *Wilhelm Meister* eine gefährliche, gar sittenverderbende Lektüre sei, würde niemandem in den Sinn kommen – vielleicht erschiene uns das Buch etwas zu schwierig für eine 16jährige, aber vor dem, was an moralischer Lässigkeit darin ist, würde man sie nicht schützen wollen. Doch mußten diese Leseerlebnisse ebenso vor der Familie geheimgehalten werden wie die Beschäftigung mit Fichte, Schelling und Schlegel.

Vielleicht haben aber die vorsichtigen Verwandten die Sprengkraft, die weiteren Auswirkungen dieser Bücher, richtiger eingeschätzt als wir. Denn Bettine ist alles andere als eine brave Schülerin, die Wissensschätze aufnimmt und weiter nichts damit anfängt. Clemens führt ihr vor, wie man anders denken kann als die Großmama und die Brüder und Schwestern in Frankfurt. Sie läßt sich Wege öffnen, und diese bringen sie im Sinne der Konvention auf »dumme Gedanken«, die man einem Mädchen lieber wieder austreiben möchte.

Quer hätte einem gewöhnlichen Heiratskandidaten der berühmte Satz im Kopf gelegen: »Meine Seele ist eine leidenschaftliche Tänzerin«, und besonders dessen noch bedrohlichere Fortsetzung: »... sie springt herum nach einer innern Tanzmusik, die nur ich höre und die andern nicht. Alle schreien, ich soll ruhig werden, und Du auch, aber ... wenn der Tanz aus wär dann wärs aus mit mir. Und was hab ich denn von allen, die sich witzig genug meinen mich zu lenken und zu züglen? Sie ... reden in den Wind. Das gelob ich Dir, daß ich nicht mich will züglen lassen, ich will auf das Etwas vertrauen, das so jubelt in mir ...« Genau und scharf benennt sie dieses »Etwas«: es ist »nichts anders als das Gefühl der Eigenmacht«. Sie, die poetische Seele, das Kind, geht hier durchaus viel weiter, als es Clemens recht sein konnte. »Leg Dirs zurecht wie Du willst ... ich kann nur sagen was auch in der Welt für Polizei der Seele herrscht, ich folg ihr nicht, ich stürze mich als brausender Lebensstrom in die Tiefe wohin michs lockt. – Ich! Ich! Ich!«

Was Clemens sich für Bettines Entwicklung und Bildung eigentlich vorstellte, geht aus einem erhaltenen Originalbrief hervor (vermutlich vom September 1803), den Bettine nicht für den *Frühlingskranz* verwendete. Clemens setzt sich klar, aber nicht eigentlich aggressiv ab gegen »die äußre Welt, und besonders unßre nächste Umgebung, unßre Famillie ... sobald ... als dieße Menschen ihre Macht ausüben, unßer Besserwerden oder sein, zernichten wollen, müssen wir alle Macht, allen Glauben an das unsrige anwenden, um uns zu begründen, und fest zu erhalten.« Diese Selbstverteidigung kann nur auf der Entwicklung eines Selbstbewußtseins beruhen, auf dem »Gefühl unßrer Personalität«, und auf der (Fichteschen) Erkenntnis: *ICH BIN ICH und alles andere ist NICHT ICH.*

Wenn aus dieser gemessenen Auffassung des verantwortungsbewußt nachdenkenden älteren Bruders so extreme Überschläge des Ichgefühls bei der Schwester entstanden, wie sie das obige Zitat zeigt, so mußte ihm im Grunde angst und bange werden. Die immer wiederholten Clementinischen Beteuerungen über die Sanftheit, Poesie und Schutzbedürftigkeit Bettines wirken angesichts solcher Kraftsprüche befremdend. Es kommt einem so vor, als würde, wo es gefährlich wird, eine junge Frau wieder einmal nicht ernstgenommen.

Daher ist es nicht mehr erstaunlich, daß Bettine die idealisierenden Liebeserklärungen und Huldigungen des Bruders spöttisch ablehnt. Als Clemens sie in einem Gedicht als schöne Seele in den Himmel erhebt, antwortet sie schnippisch und wenig beeindruckt, sie könne mit seinem Gedicht kaum gemeint sein, denn »ich bin kein solcher Einsamkeitskobold, kein solch Wolkengespenst, noch Schattenriß der Erhabenheit«. Sie läßt es sich statt dessen mit dem Frühling und ihrem »himmlischen leichtsinnigen Stubenkameraden«, ihrem Dämon, wohlsein und fügt Mitteilungen über einen Gärtner ein, der ihr »bester Geselle sei«. Worauf Clemens im nächsten Brief beleidigt und eifersüchtig reagiert, ihre Naturschwärmerei empfindsam nennt und als Heilmittel dagegen Strümpfestricken, Spazierengehen und den Umgang mit vernünftigen Frauen empfiehlt. Besonders aber legt er ihr Goethes jüngstes Werk ans Herz, den siebten Band seiner Schriften, 1800 erschienen, in dem die Gedichte ein »Antidotum der Empfindsamkeit« seien. »Meistens Goethe und immer Goethe« solle sie lesen – wieder eine Wegweisung, die Bettines Leben entscheidend bestimmen wird.

Die Widerständigkeit Bettines einerseits, die dadurch stärker moralisierende und einschränkende Position des geliebten Bruders andererseits – das waren Vorboten einer Distanzierung. Doch mußten auch äußere Ereignisse dazukommen, um die beiden voneinander zu lösen. Clemens, ein erwachsener Mann mit erotischer und sexueller Erfahrung, war in der ersten Zeit der Bettine-Faszination von seiner großen Liebe Sophie Mereau getrennt und hielt sie für verloren. Allerdings konnte er – wie kaum anders zu erwarten – das Sich-vielerorts-Verlieben nicht lassen und besaß damit auch einen Schutz vor Bettine. Sie ihrerseits versuchte es mit dem Wahrnehmen männlicher

Verehrung, wie etwa bei dem Gärtner, doch war es für eine wirkliche Liebe noch zu früh. Ein weiteres, letztlich distanzierendes Ereignis war der Besuch Arnims im Sommer 1802. Vor allem aber mußte sich Bettine ab Anfang 1803 damit abfinden, daß Clemens die Verbindung zu Sophie wieder erreicht hatte, eine neue Liebesbeziehung zu ihr eingehen konnte und sie im November heiratete, weil sie schwanger geworden war.

Alle diese aufregenden Vorgänge konnte Bettine, die so lauthals ihre Selbstbestimmtheit proklamiert hatte, denn doch nicht allein bewältigen. Sie fand das alters- und geschlechtsgemäße Mittel: eine Freundin, Karoline von Günderrode. Mit Hilfe dieser Bundesgenossin muß Clemens nun erfahren, »wie zwei Mädchen sich über einen listigen Jüngling lustig machen«. Bettine sieht ihn fortan mehr von außen und nicht nur als Teil ihrer selbst von innen und gestattet sich gegenüber Clemens die Überlegenheit der Ironie und des liebevollen Spöttelns. Sie zeigt ihm, daß sie eine eigene Welt hat, in der sie ihm keine Rechte einräumt, sie war auf einem Ball, wo sie verehrt und angebetet wurde*, sie studiert die Revolution nicht nach Clemens' Anweisungen, sondern mit der Günderrode, und sie genießt die Heimlichkeit, die sie mit der Freundin teilt. »Er brauchts nicht zu wissen, daß wir so himmlische Kerle sind, heimlich mit einander, wo er nicht dabei ist und keiner.«

Es kommt, wie schon gesagt, hinzu, daß Arnim auf die Bühne von Bettines Leben tritt. Neben ihm fallen die selbstbezogene Eleganz und das Herumlieben von Clemens besonders auf. Und andererseits hilft die Liebe zu Clemens, aber auch das Bündnis mit der Günderrode Bettine, sich nicht zu tief auf Arnim einzulassen. Sein Besuch in Frankfurt führt sie noch einmal zurück zu Clemens: »Ich wollt Du wärst bei mir, ich hab Dich doch ganz allein lieb, und so lieb wie mich hast Du niemand anders.«

Doch mußte Bettine an diesem Punkt die Erfahrung machen, daß es dabei nicht blieb. Trotz aller gegenteiligen Beteuerungen wurde eine andere Frau zentral wichtig im Leben des Bruders – die Mereau,

---

* In Bettines Buch *Die Günderode*, dessen Geschehnisse teilweise zeitgleich mit denen des *Frühlingskranzes* sind, ist die bezaubernde Schilderung dieses Balles erhalten, wo Bettine vom Gastgeber Moritz Bethmann romantisch beflirtet wird und außerdem noch beeindruckt ist von der hingegebenen Verehrung des Gärtners, der ihr den Kranz fürs Fest flicht und aufsetzt (!) und ihn hinterher zur Erinnerung behalten darf (B I, 490–496).

der Clemens seit der drei Jahre zuvor von ihr beendeten Affäre nach-
getrauert und die er im Grunde nie aufgegeben hatte. Anfang des Jahres 1803 hatte Clemens endlich erreicht, daß Sophie ihm wieder
schrieb. Bettine reagierte sofort mit Ablehnung.* Die geschiedene
Dichterin mit nicht eben tadellosem Ruf, acht Jahre älter als Clemens,
hatte in der Familie, von der immer wieder erstaunlichen Großmama
abgesehen, kaum Verteidiger. Natürlich erwartete Clemens Verstär-
kung von Bettine – ahnungslos wie die meisten Liebenden, die zunächst die Eifersucht, die sie auslösen, gar nicht verstehen können.
Er, der soviel von der Einmaligkeit seiner Liebe zu ihr geschwärmt
hatte, setzte sie plötzlich ganz nüchtern an ihre reale Stelle im Leben:
neben Bettine mußte für jeden vernünftigen Blick Platz für eine Ehefrau sein.

Aber Bettine war nicht vernünftig; Clemens allerdings letzten
Endes auch nicht. Seine herrlichen Liebeserklärungen an Sophie
überschneiden sich in nicht endenwollenden Briefen mit der unver-
änderten Begeisterung über Bettines Einmaligkeit. Er trägt die her-
umliegenden Briefe von ihr zusammen, um sie der Mereau als schönstes Geschenk darzubringen. Er schwärmt von Bettines Unschuld,
Güte, Reinheit und Schreibkunst. In den Augen der Mereau war
sie sicher weniger ein Gegenstand der Hoffnung und Sehnsucht,
eine mögliche »schöne Schwester« im Sinne des französischen »belle
sœur«, wie Clemens enthusiastisch hoffte, sondern eher eine mit einiger Verblüffung wahrgenommene Rivalin.

Zu Herzen gehend, wie jede miterlebte tiefe Liebesenttäuschung,
sind Bettines Reaktionen angesichts der immer klarer werdenden
Bindung des Bruders an die Mereau. »Ich weiß auch nicht, warum ich
hier sitze und der Zukunft den Rücken drehe ... da suche ich nun in
Deinen früheren Briefen wie es sonst mit uns war ... und finde ein
Lauffeuer verbundener Gefühle und Gedanken, ... es war ein zu hei-
ßer Frühling.« Clemens, so empfindet sie es und hat ja auch recht damit, Clemens geht voran in der unvermeidlichen Ablösung, »ungeduldig, da machst Du die Tür auf zum nächsten Revier, wo die Blüten
freudig herumtanzen, und wie es da weitergeht mit Befruchten und
Reifen, das ergreift Dich«. So weit ist sie selbst noch nicht und wird es
auch lange nicht sein. »Ich aber bleib noch hier, das schmale grüne
Fleckchen des Unvergeßlichen! – erster Geschwisterliebe ... Das ist
mein Plätzchen.« In der Traurigkeit des Verlassenseins bleibt ihr nicht

---

* »Betine hasst die Dichterinn« (an Savigny, April 1803, FBA 30, 65).

einmal der Trost, gleiche Möglichkeiten zu haben. »O welche schwere Verdammnis, die angeschaffnen Flügel nicht bewegen zu können …!«

Und doch, eine von Bettines großartigen paradigmatischen Szenen zeigt ihr und uns noch im selben Brief den Weg, auf dem sie weitergehen kann – einen einsamen, aber ihren eigenen Weg. Im Hause Moritz Bethmanns wird *Hamlet* gelesen, laut, wohl mit verteilten Rollen. Die Szene zwischen Hamlet und Ophelia*, die alle für sich gelesen hatten, mag keiner vorlesen. Aber Bettine läßt sich nicht abhalten, sie liest »mit lauter Stimme die ganze Szene trefflich, ja trefflich … und die Lenznacht meiner Empfindungen stieg aus meiner Brust hervor wie eine Feuersäule und ich las fort stehend«. Als sie sich umschaut, ist sie allein. »Alle waren fort in die andern Zimmer … Was sie dachten weiß ich nicht.«

Für die anderen war es offenbar unerträglich, ein Fräulein Brentano von 18 Jahren in die Zumutungen dieses Gespräches eintauchen zu sehen. Alle wußten, daß später im Stück sehr direkte Worte fallen würden: »Fräulein, soll ich in Eurem Schoße liegen? … Ein schöner Gedanke, zwischen den Beinen eines Mädchens zu liegen …« (Hamlet III, 2). Bettine weiß es auch, und sie schert sich nicht darum. Sie steht in aller Öffentlichkeit zu der Freiheit, die Clemens ihr geöffnet hat: selbst lesen, selbst reden, selbst dastehen. »Auf mich hatte es eine glückliche Wirkung.« Zum erstenmal schläft sie wieder gut. Und der innere Schutz, den sie mit sich trägt, wird klar formuliert: »Es weissagt etwas in mir, daß eine Kraft in dieser Welt sei, die mich mit Leidenschaft liebt.«

Was immer diese Kraft sein mag, Clemens jedenfalls ist es nicht mehr. Er bringt es nicht einmal fertig, sich richtig von ihr zu verabschieden. Sehr zur Sorge der Familie wird Bettine krank. Doch schreibt sie bald an Gundel, ihre Gesundheit sei »so wiederhergestellt, daß sie Zentnerlasten vertragen kann«. Es mag die vernünftige Gundel und die anderen Geschwister beruhigt haben, daß Bettine sich zum Thema Clemens so äußert: »Wenn Clemenz nicht glücklich durch ein Weib werden kann, so hat er die gerechtesten Ansprüche auf mich zu machen und ich werde ihm alles zu versüßen suchen, weil ich überzeugt bin, er würde das Nämliche tun. Wird er aber glücklich, so hat er nichts mehr an mich zu begehren und ich sehe dann mit

---

* Als »die Szene« zwischen Hamlet und Ophelia nehme ich *Hamlet* III 1 an, unmittelbar auf den »Sein-oder-Nichtsein«-Monolog folgend, weil sie die einzige ist, in der Hamlet und Ophelia allein auf der Bühne sind.

Ruhe seinem Lebenslauf zu.« Wie es ihr angesichts dieses vorläufigen Schlußstriches gehe, könne sie nicht recht sagen: »… ich bin heute traurig und morgen froh und übermorgen ausgelassen … in meinen Verhältnissen kann ich mich gar nicht fragen, ob ich zufrieden bin, denn es sind gar keine Verhältnisse.«

Ein oft gesehener Verlauf: Männer geben dem Bedürfnis nach mehr Abstand nach und leiten damit Trennungen ein. Vollziehen und benennen müssen diese die Frauen. Bettine geht hier zum erstenmal mit der Entschiedenheit vor, die ihr später immer wieder zur Verfügung stehen wird. Sie muß die Verworrenheit des Bruders »aus dem Dunkel ins Klare bringen« und führt sogar in aller Liebe einen Gegenschlag. »Du siehst im Zauberspiegel die Bettine wie sie sein könnte, aber nicht ist!« Er hat kein Recht mehr auf ihr Herz, da er ihr das Recht auf seines genommen hat. »Du bittest mich, mich nicht zu verlieben; ach Clemens … mein Herz ist nicht leicht bestechlich, und verliebe ich mich einmal wirklich, so werd ich Dich nicht zum Vertrauten machen …«

Soweit der *Frühlingskranz*. Über die Zustimmung Bettines zur Verbindung mit Sophie Mereau gibt es ein schönes und merkwürdiges Dokument. Ein glücklicher übermütiger Clemens schreibt Mitte September aus Frankfurt an Sophie, die er mit »Lieber Sophus! oder Butschki, Rutschki« anredet. Er hat Bettine »gesund und zufrieden« angetroffen und hat »noch nichts mit ihr als von dir gesprochen, und sie kann sich nicht satt hören, sie findet auch, daß du mich heuraten müstest«. Doch noch immer fühlt er sich in der Mitte zwischen *zwei* liebsten Frauen. »Wenn sie meine Schwester nicht wäre, und du wärst im gleichen Alter mit ihr, und ihr hättet beide nichts erlebt als das Abendmahl … so würde ich in dich toll verliebt sein, und nach dir verlangen, sie aber würde mich erringen und ich würde dich nicht bei ihr vergessen. So aber, da ich nicht außer ihr lieben kann, als dich, so bist du doch und bleibst die einzige.« Was Sophie sich dabei dachte, wissen wir nicht. Vielleicht, daß sie sich keine Eifersucht leisten konnte. Den eifersüchtigen Part spielte Clemens in ihrer Verbindung jetzt und später eindrücklich genug.

Tatsächlich löst sich nun, jedenfalls in Bettines milder Darstellung im *Frühlingskranz*, alles in Wohlgefallen auf: Bettine schreibt über Sophie den wunderbaren Satz: »Sie hat mir eingeleuchtet wie ein Stern.« Ein schöner Winter steht ihr bevor, behauptet sie: »die Heiraten der Geschwister werden nicht wenig zur häuslichen Glückseligkeit beitragen«. Georg hatte im Juni 1803 geheiratet, Gundel und Savigny waren ein verliebtes Paar geworden und heirateten im April des nächsten Jahres. Sophie war schwanger. Am 29. November 1803 wurden »Herr Clemens Brentano aus Frankfurt a. M., privatisirender Gelehrter, und Frau Professorin Mereau aus Jena« in der lutherischen Pfarrkirche in Marburg »copulirt«.

Jeder Mensch wird in seinen Jahren zwischen etwa 14 und 20 aufs heftigste verändert. Seine biologische Bestimmtheit läßt sich unter dem intensivsten Triebdruck des ganzen Lebens nicht mehr übersehen. Wir werden uns unseres Ichs, unserer Einmaligkeit, unserer Eigenart stürmisch bewußt. Gleichzeitig besteht eine große Bereitschaft für leidenschaftliche Nähe. Der Druck sozialer Ordnungen wird häufig als unerträglich empfunden und doch als Halt und Schutz gebraucht und herausgefordert. Auch Bettine mußte sich den artspezifischen Vorgängen stellen, so ungewöhnlich sie war. Durch die Bruderliebe konnte sie in einmaliger Weise diese Unruhezeit nutzen und sie viel mehr genießen, als es die Regel ist. Die überlebensgroße Verehrung, die Clemens ihr zuteil werden ließ, hat ihr ein fast unzerstörbares Selbstbewußtsein mitgegeben. Er war eben nicht irgendein Gerning, der mit seinen 10 000 Gulden Jahreseinkommen an Bettine als Braut dachte und den sie »wie ein Rohrspatz schimpfend« von sich wies, nicht Bethmann, der sie ein wenig anhimmelte, sondern Clemens Brentano, ein Dichter, ein »Genius«, dem ihren tief verwandt und doch zum Glück nicht inzestuös genug, um eine Lebenskatastrophe auszulösen.[*]

Gerade diese Verehrung ließ sie aber auch ihre Macht erleben. Beim Ausprobieren weiblicher Widerständigkeit erfuhr sie, daß sie nicht weniger geliebt wurde, wenn sie nein sagte, daß sie sich erlauben konnte, Menschen – vor allem Männer – anders wahrzunehmen, als Clemens es gern gerade auch für sich gehabt hätte. Das spöttische und doch herzliche Außenstehen, den unverdorbenen humorvollen Blick eines »Naturkindes« lernte sie in der Beziehung mit Clemens als etwas für ihr ganzes Leben Verwendbares kennen.

Vor allem aber wurde Bettine durch Clemens zu einer Frau, die Mut zu selbständigem Schreiben hatte. Es sollte allerdings noch er-

---

[*] Ein Beispiel für eine Geschwisterliebe, die in Depression und Tod endete, bietet Goethes Beziehung zu seiner Schwester Cornelia (vgl. Eissler, *Goethe*). Diese hatte zweifellos nicht die Lebenskraft Bettines, lebte auch in einer noch eingeschränkteren gesellschaftlichen Umwelt (vgl. Prokop). »Sattelzeiten« (nach Kosellek) haben eben ihre Vorteile.

staunlich lange dauern, bis ihre Bücher entstanden, und auch darüber lohnt es sich nachzudenken. Clemens hat sie oft genug zum »Dichten« aufgefordert, doch wurde daraus nichts. Ihr Feld blieben die Briefe, aus denen sie später auch ihre Bücher machte. Briefe – häufig weitergegeben und vorgelesen – waren ein Medium zwischen Intimität und Öffentlichkeit, das eigentlich als einziges den »anständigen« Frauen offenstand. Bettine zeigt sich hier wieder in ihrer typischen Paradoxie – der unkonventionellen Nutzung der Konvention –, womit sie letzten Endes mehr Aufsehen erregt und mehr erreicht hat als alle, die wirklich die Grenze zur Autorschaft überschritten. Natürlich brachte Bettine den »Keim ihrer Anmut« als Begabung mit. Doch Clemens war ihr Entdecker und Förderer. Die hohe Ausdruckskunst ihres individuellen Briefstils läßt sich nur mit dem von Caroline Schlegel-Schelling und Rahel Varnhagen vergleichen.

Die letzten Worte des *Frühlingskranzes* lassen das Ende offen – nicht nur ein romantischer Formtrick: »Du hast ja in der Welt nichts zu tun, schreibe mir doch oder ich glaube, daß Du mich nicht mehr liebst. Clemens.« In der Tat hatte Bettine in der Welt, die Clemens im Zustand seiner Liebe zur Mereau so sehr zu begehren meinte, »nichts zu tun«, denn sie lebte in »gar keinen Verhältnissen«. Sie mußte weiter nach ihrem Platz in der Welt suchen. Wieder wird sie für die Suche eine Liebe benutzen: die zu Karoline von Günderrode.

LIEBE IM AUSLAND.
ARNIM UND GIUSEPPA GRASSINI

Arnims Bildungsreise hätte im Sommer 1803 zu Ende sein sollen. Von Paris aus sollte es nach Hause gehen, doch die Brüder erreichten, daß Großmutter und Onkel einer Verlängerung zustimmten: sie durften noch nach England reisen. Von Mitte Januar bis Ende Juni 1803 war Arnim in Paris, ununterbrochen aufnehmend, arbeitend, lesend, Besuche machend, diskutierend und auch schreibend, doch nicht gerade fröhlich. »Paris liegt auf meiner ganzen Tätigkeit wie Streusand auf einem Rechenbuche, es verwischt sich nichts, aber es kommt auch nichts hinzu ... Hier ist nichts als Grippe, H[ure]n und Restaurateurs, alles saugt an einem wie Blutegel. Es ist, als ob man sich im Meere badete und die Haifische beißen einem die Beine ab.«

Er hatte Kontakte zu den Paris-Deutschen, die in der politischen und kulturellen Weltzentrale lebten: die berühmtesten waren Friedrich und Dorothea Schlegel, zu denen ihn die größten Warnungen des eifersüchtigen Clemens begleiteten und die er so schlimm nicht finden konnte.[*] Er traf seinen väterlichen Freund Reichardt[**] wieder

---

[*] »Denke Dir ich bin der festen Meinung, daß er eine grundgute Seele wäre, wenn er nicht in seinem Beutel den Grund sehen könnte, das giebt ihm wahrscheinlich zuweilen Neid, Prätensionen ein ... Ich habe ihn und seine Frau sehr bescheiden gefunden ... Er liest sehr langweilig eine Geschichte der neueren Philosophie und Poesie ...« (Steig I, 66, Schultz I, 110).

[**] Johann Friedrich Reichardt (1752–1814) aus Königsberg, ein unruhiger, sehr produktiver und weltoffener Musiker, Komponist und Schriftsteller, war seit 1776 Königlicher Kapellmeister in Berlin. In den zwei Jahren, in denen Arnims Vater Intendant der Königlichen Schauspiele war (1776–1778), arbeiteten die beiden Männer zusammen und freundeten sich an. Reichardts besonderes Arbeitsgebiet war das Lied. Er schrieb aber auch Musik zu Theaterstücken. Die Zusammenarbeit mit Goethe gelang in den neunziger Jahren zu beiderseitiger Zufriedenheit, löste sich aber durch Goethes Mißmut über Reichardts politisches Engagement für die Französische Revolution auf (vgl. Biedrzynski). Auch in Berlin wurde Reichardt aus diesem Grunde untragbar, wurde allerdings sanft behandelt und erst nach drei Jahren bezahlten Urlaubs 1794 entlassen. 1796 erhielt er eine Pfründe ohne viel Arbeit als Salinendirektor in Halle. Das ermöglichte ihm, im Sommer auf seinem Gut Giebichenstein bei Halle zu leben, das ein wichtiger romantischer Treffpunkt wurde. Politisch blieb er seinen Überzeugungen treu und wurde daher ein Gegner Napoleons (zu seiner Freundschaft mit Arnim vgl. Moering Reichardt).

und lernte den Grafen Schlabrendorf (1750–1824) kennen, der seit elf Jahren in Paris lebte. Bei diesem Landsmann und Standesgenossen, einer Vaterfigur, fand er mit seinem Poesie- und Volksbildungstraum freundliche Zustimmung. Nie hätte sein wirklicher Vater, nie selbst der wohlmeinende Onkel Schlitz ihn derartig ermutigt. Aufatmend erlebt der grübelnde und unzufriedene Großstadtwanderer und Weltlehrling das Gehaltensein durch alte Wurzeln, die neu austreiben: »O mein heiliges Vaterland, ich fühle es, daß du mich hier noch in der Fremde begeisternd anhauchst, du hebst mich, du treibst mich, zu dir hin lebe ich, fühle mich leicht wie eine Feder ...«

Für Schlegels Zeitschrift *Europa* schrieb er einen heutzutage von der Forschung geschätzten, damals aber wenig beachteten, etwas nachlässig veröffentlichten Bericht über das Theater in Paris, die *Erzählungen von Schauspielen*. Auch diese erstaunliche Arbeit kreist um Sinn und Aufgabe künstlerischen Schaffens und zeigt eine große unruhige Begabung. Theaterkritik, Kunsttheorie und eine kleine Szene unter Freunden – sie wachen am Bett einer genesenden Kranken, unterhalten sich über Theater in Frankreich und weiter über Kunst, Mythologie und Tanz – verbinden sich auf knapp vierzig Seiten zu einem poetisch-unterhaltsamen Gebilde mit den für die Romantik typischen ausufernden Grenzen.

Im intelligenten Herumtheoretisieren und Tasten nach einem klaren Weg für die Kunst weist Arnim in dieser Jugendarbeit dem Tanz eine zentrale Stelle zu. Der Körper als Kunstwerk, der Mensch in seinen höchsten Bewußtseinsstufen als Bewahrer aller Kunst, wenn auch die Kunstwerke untergehen – wir begleiten hier Arnim auf einer ebenso ernsthaften wie taumelnden Suche nach einer begeisternden neuen Zeit und seinem Ort in ihr. Als Zentralfigur seiner Phantasie und als Alter ego hatte er sich Ariel erfunden, einen reisenden Tänzer, um den herum Arnims zweite größere Veröffentlichung entstand. Der »Universalroman« *Ariels Offenbarungen*, eine Mischung aus poetischen Texten, Entwürfen von Dramen und satirischen sowie theoretischen Stücken, erschien 1804 in Göttingen bei Dieterich.

Die Überfahrt war stürmisch, der Nebel in England heiterte Arnim nicht gerade auf: »In England ist eine wunderbare Luft, eine Art von immerwährendem Alpdruck, ein Spiegel, dem ein Flor übergezogen. Ich bin seit meiner Ankunft in einer immerwährenden Betäubung.« Dennoch fuhr er pflichtgemäß in seinen Reisebeschäftigungen fort, ging ins Parlament, ins Theater, zu Pferderennen und Boxveranstaltungen und suchte sich Einblicke in Presse und Justizpraxis zu verschaffen. Er bereiste berühmt schöne oder berühmt romantische Gegenden wie die Isle of Wight, die Walliser Berge und die schaurigen Weiten Schottlands. Das Englandbild, das er mitbrachte, dürfte das idealisierende seiner Abiturrede von vor fünf Jahren gewesen sein, geprägt von der zeittypischen Hochschätzung englischer Ökonomie, Gesellschaft und Kultur. Was er jetzt erlebte und erfuhr, ließ ihn dieses Bild stark korrigieren. Die Lords sind bei näherem Hinsehen keineswegs außerordentlich, die Ladies lassen zu wünschen übrig. Vieles war wohl allein deshalb enttäuschend, weil der Beobachter unruhig und niedergestimmt war. Lediglich die Landwirtschaft und die Gesetzgebung fanden seine Bewunderung, doch ebenfalls nur mit Einschränkungen. Zur englischen Literatur der Zeit suchte er keinen Kontakt und nahm sie wohl nicht einmal wahr.

Es mag Zufall sein, aber aus Paris, dem zu allen Zeiten (auch) der Ruf einer Stadt der Liebe anhaftete, gibt es keine Äußerungen Arnims über Frauen. In England dagegen begann er über die Ehe nachzudenken, vielleicht unter dem Eindruck der Heirat von Clemens und Sophie im November 1803. Außerdem war England das Land der Frauenemanzipation. »Der Geist von der Miß Wulstonekraft«[*], schreibt Arnim in der bei ihm regelmäßig fehlerhaften englischen Orthographie, »ist eigentlich national und keineswegs erloschen.« Daß Arnim wie den meisten Männern das Aufbegehren der Frauen wenig geheuer war, zeigt seine Phantasie über ein »Reich der Weiber«, das sich von England aus »über ganz Europa« verbreiten könnte. »Wenn die Weiber Richterinnen würden«, so könnte »keine Wahrheit verlangt werden, sondern nur eine Art Eindruck wie der von Gemälden.« Dadurch, so Arnim hellsichtig, »würde der ewige Friede in der That geschlossen, der bisher nur geträumet wurde, und *der ewige Krieg im Traume würde dagegen beginnen*« (Hervorhebung von mir, H. B.). An einen dauerhaften Frieden zwischen Männern und Frauen kann er offenbar nicht glauben.

Arnim hatte in England, sieht man es einmal kühl und soziologisch, eine standesgemäße Affäre, die einzige, von der wir wissen: mit einer Frau, die für die Liebe des Herzens und des Kopfes interessant genug und für die des Leibes nicht verboten war, was aber zugleich bedeu-

---

[*] Mary Wollstonecraft veröffentlichte 1792 ein Grundbuch der Frauenbewegung, *A vindication of the rights of women.*

tet, daß sie für eine Lebensbindung nicht in Frage kam. Giuseppina Grassini (1773–1830), »die erste Italiänische Sängerin der Welt«, wie Arnim an Clemens schreibt, trat von März bis Juli 1804 an der Londoner Oper auf. Sie war sehr berühmt. Möglicherweise hatte Arnim sie schon 1801 in Berlin singen hören. Nach der Schlacht von Marengo sei es Napoleon gelungen, sie für Paris zu gewinnen, schreibt ein Arnimforscher. Was immer das bedeuten mag, jedenfalls war es offenbar auch für Napoleon nicht ganz selbstverständlich, daß diese Frau seiner Einladung folgte und ihn zudem noch persönlich erhörte.

Arnim lernte sie bei dem in London ansässigen Düsseldorfer Maler Eduard Peter Ströhling kennen, von dem Arnims berühmtestes Porträt stammt. Er malte auch die Grassini, deren Bild leider nicht erhalten ist. Sicher war die eher freie Atmosphäre eines Ateliers günstig für die Annäherung an eine umschwärmte Künstlerin. Vielleicht war auch sie von dem schönen jungen Mann, den wir uns mit dem Mantel malerisch drapiert wie auf dem Bild vorstellen können, beeindruckt oder gar bezaubert. Jedenfalls blieb Arnims Leidenschaft für die Italienerin unter den Freunden noch lange im Gespräch, wurde also von ihm anders behandelt als die verschwiegene Liebe zu Henriette Dieterich in Göttingen. Einen Mann von 23 Jahren schmückte es, mit einer so begehrten und auffallenden Frau ein Verhältnis zu haben. Arnim schloß sich hier einmal im Leben an die adlig-leichtfertige Familientradition an: Sein Vater, sein Bruder und viele Standesgenossen unterhielten Beziehungen zu Frauen, die sie nicht heiraten konnten und wollten, selbst wenn sie Kinder mit ihnen hatten.

Arnim erlangte demnach durch die Grassini sowohl sinnliche Befriedigung in einer Zeit der Krise und der Unzufriedenheit als auch Ansehen bei andern Männern durch das Erringen einer Vielbegehrten. Clemens nennt sie darüber hinaus später in einem Atem mit der verehrten Tante Arnims, die übrigens fast genauso alt war wie die Sängerin, und mit der Reichardt-Tochter Luise, beide Frauen, bei denen jeder zweideutige Gedanke sich von selber ausschloß. »… ich weiß nicht warum ich alle Weiber, die du lieb hast, so unendlich ehren muß, es muß die ernsthafte herrliche Art sein, wie du von Ihnen redest, so habe ich immer eine große Liebe zu deiner Tante gehabt, und dann zur Grassini, und dann sehr sehr zur Luise Reichard.« Dringend und wichtig war Arnim diese Liebe auf jeden Fall, denn in einem Brief an Clemens kurz nach dem Kennenlernen nimmt sie breiten Raum ein – einen Raum allerdings, der sehr ungewöhnlich gefüllt ist.

»Ihre Bekanntschaft ist mir interessant geworden durch ihre poli-

*Achim von Arnim im Alter von 23 Jahren.
Gemälde von E. P. Ströhling, 1804 (vgl. Bettines Beschreibung, S. 66).*

tischen Verhältnisse; sie hat den kleinen Welteroberer Bonaparte in ihren Armen gehabt.« Die langen Barone von Arnim waren dem kleinen dicklichen Franzosenherrscher gleich am Anfang ihrer Pariser Zeit vorgestellt worden. Arnim berichtete Bettine später über dieses Ereignis: »Von grimmem Haß gegen Napoleon raffte mich sein Anblick fast zu einer Art Gottesfurcht gegen ihn hin, ich kenne Ihr Gefühl und habe es geteilt, es ist etwas Übermächtiges in ihm, was mich besiegt hat, nicht sein Glück oder seine Macht, es ist eine Atmosphäre.«

Wie so oft waren also Arnims Empfindungen sehr ambivalent: Er spürte die ganze Größe, konnte auch die historische Chance schätzen, die Bonaparte ergriffen und für die Welt genutzt hatte, sah zugleich aber voll Sorge und Haß die tödlichen Folgen von dessen Politik. Die Schweiz hatte Arnim als bedroht erlebt, England war zur Zeit seines Aufenthaltes gezwungen, sich auf einen neuerlichen Krieg mit Napoleon vorzubereiten, und immer wieder sprach er von der Unausweichlichkeit einer kriegerischen Auseinandersetzung zwischen Frankreich und Preußen. »Wenn sie ihn doch erwürgt hätte!« schreibt er über die Grassini, die, wäre sie eine moderne Judith gewesen, diese Möglichkeit gehabt hätte. Arnims Eifersucht und Vaterlandsliebe vermischen sich hier. »Die Politik schmerzt mich tiefer als ich es aussprechen kann«, fährt er im Brief an Clemens fort, er suche sich also »politisch[*] zu trösten«, womit er meint, seine Liebschaft mit der früheren Napoleon-Geliebten sei eine Art Rache an den Franzosen. Man muß wohl ein Mann sein, um solche Gedanken nachfühlen zu können.

Das Gedicht, mit dem er Clemens, seinem Seelen-Gegenüber, Auskunft über seine eigentümliche Situation gab, ist so haarsträubend sonderbar, daß es sich lohnt, es näher zu betrachten, obwohl oder gerade weil es ein schlechtes, ein im Wortsinne unmögliches Gedicht ist.

> Walzerlied
> 1.
> Aus schwarzem Sternenhaar
> Die Augen dunkel klar
> Den Hals gelb dir versengen:
> Die Knospen scheu hängen:
> Wie Espenlaub mein Herz hat nimmer Ruh,
> O wäre früher ich geboren oder später Du!
> 2.
> Du Sonnentagesglut
> Du Sternen kühlend Blut,
> Hast viele erwärmet,
> Augenringlein erschwärmet:
> Wie Espenlaub mein Herz schlägt auf und zu,
> O wäre früher ich geboren oder später Du!

---

[*] »Politisch« bedeutet im Sprachgebrauch der Zeit auch weltklug, taktisch, lebensgeschickt, hat also hier wohl einen Doppelsinn.

3.

Da Sonne immer fern
Sey Königin nahe gern;
Die ferne gestrahlet,
Sind Wangen bemahlet
Wie Espenlaub mein Herz schlägt um im Nu
O wäre früher ich geboren oder später Du.

4.

Doch Sonne in der Blöße,
Doch Königin in Größe
Dich drücken schon Kronen,
Wie soll ich dir lohnen
Wie Espenlaub mein Herz mir rauscht im Schuh
O wäre reicher ich geboren oder ärmer Du.

5.

Ey Königin der Liebe
Ey sieh die frechen Diebe
Die Franzen gerissen
Vom Throne vom Kissen
Wie Espenlaub mein Herz erregt der Wind
O wäre nimmer ich geboren oder Dir geschwind.

6.

Die Franzen anzuweben
Den Busen zu erheben
Die Wangen zu mahlen
So will ich bezahlen
Wie Espenlaub mein Herz hat nimmer Ruh,
Als wenn es schlösse seine Knospen zu.

Das Gedicht wirkt wie aus einer metrisch-inhaltlichen Idee heraus hingeworfen und läßt Arnims rücksichtslos direkte Arbeitsweise erkennen, bei der es ihm nicht im geringsten darauf ankam, welchen Eindruck er beim Leser machte – allerdings wurde diese Fassung des Gedichtes auch nicht veröffentlicht.

Der Kehrreim zeigt Arnims aufgeregte Auseinandersetzung mit dem Altersunterschied von acht Jahren, der aber in der romantischen Generation mit ihren anspruchsvollen jungen Hochbegabten so ungewöhnlich nicht war. Wahrscheinlich langweilten sie sich mit gleichaltrigen Mädchen. Caroline Schlegel, Dorothea Veit-Mendelssohn, Rahel Levin – sie alle wurden von viel jüngeren Männern geliebt und verehrt. Sophie Mereau hatte Clemens genau die acht Jahre voraus, die Arnim jetzt bei der Grassini das Herz flattern ließen. Der Unterschied lag darin, daß die älteren Frauen der anderen, wenn sie sich auch nicht »keusch« verhielten, so doch ihrem Herzen folgten, während die Grassini sich mehr oder weniger direkt bezahlen ließ.

Arnim erlebte also die Vulgärversion der Liebe zur älteren Frau und hatte darunter so heftig zu leiden, daß er den Schmerz in sarkastische Aggressivität umformte, die heftig Begehrte mit äußerster Ambivalenz als hexenhaft unattraktiv darstellte und als käuflich heruntermachte, während sie andererseits als »Königin« und »Sonne« sein Blut kühlte. Viele Verse sind unverständlich und unfreiwillig komisch. Doch besteht an der Haltung Arnims kein Zweifel. Er ist fasziniert von einer Frau, die seinen strengen jugendlichen Blicken verbraucht und alt vorkommt (die Zeile »die Knospen scheu hängen« lautete ursprünglich »die Brüste schön hängen«), die sich schminken muß, um rosig auszusehen, und wegen ihres liederlichen Lebenswandels Augenränder hat. Er glaubt die Geliebte nicht bezahlen zu können, da ja reichere, sogar gekrönte Liebhaber ihr mehr zu bieten hätten. Aus der letzten Strophe muß man wohl schließen, daß er seinen Haß auf die Franzosen, ihre früheren »Benutzer«, richten und durch seine Liebe den Hängebusen und die verlebten Wangen irgendwie gutmachen will.

Haben wir es also mit einer Rettungsphantasie zu tun? Freud erklärt diese Art von Liebesbeziehung mit der Liebe zur Mutter, die ja auch einem anderen gehörte und daher nicht keusch war. Arnim hat seine Mutter nie erleben können. Seine Großmutter war weit von allem Paarleben entfernt. Vielleicht war Arnim, der in der frühkindlichen Liebe zu einer Frau der Beschränkung durch einen realen erwachsenen Mann nie ausgesetzt gewesen war, um so heftiger seinen Phantasien ausgeliefert, die er hier an nicht eben gewöhnlichen Personen, nämlich Napoleon und einer weltberühmten Sängerin, ausprobiert. Das Ganze war, wenn man der ödipalen Theorie folgt, eine unwiderstehliche Gelegenheit für sein Unbewußtes. Die Begegnung von Angesicht zu Angesicht mit dem schon etwas dicklichen kleinen südländischen Aufsteiger hatte dazu geführt, daß Arnim von Napoleons Genie ergriffen war und ihn verehrte. Gleichwohl diskutierte er in einem Aufsatz von 1806, daß es eigentlich wünschenswert wäre, Napoleon umzubringen. In diesem Todeswunsch verband sich das politische Ziel mit dem unbewußten, den Übervater und Weltenherrscher zu betrügen, ja in einem obszönen Sinn »auszustechen«. Die allgemeine männliche Getriebenheit, Frauen von fragwürdigem Ruf selbst zu erobern, mag das Ihre beigetragen haben. Daß ein Mensch wie Arnim kaum zynisch in ein solches Experiment hineingehen konnte, sondern mit der ganzen Illusion von Zärtlichkeit und persönlicher Faszination, machte die Sache für ihn nicht gerade leichter.

Darüber hinaus scheint Arnim hier zum erstenmal seinem »Typ« zu begegnen: der dunklen zarten Gegenwelt zu seiner großen Blondheit, der übrigens auch Clemens angehörte. Bettine war prototypisch schwarz und klein, und Arnims große Liebe Auguste Schwinck, so sagt er, sei Bettine ähnlich gewesen. Nur hatte Bettine gesunde Farben, während ihn bei der Grassini die Blässe, wie sie bei nicht mehr ganz jungen Dunkelhaarigen häufig ist, enttäuscht zu haben scheint, da er offenbar von ferne meinte, sie habe natürlich frische Wangen. Auch Clemens erwähnt im Jahre 1807 die Blässe der Grassini, die er in Holland beobachtet hatte: »ich sah sie lange an deinetwegen, das ist eine schöne göttliche wüste Welt, sie war von Stutzern umringt, und blaß, aber sie ist schön.« Eine 34jährige allmählich verblühende Kokotte also, von deren eigenen Reaktionen wir übrigens nicht das geringste wissen.

In der Phantasie hat die Grassini Arnim noch lange beschäftigt. Das »Walzerlied« erfuhr mehrere Umgestaltungen, verlor seine Obszönitäten und wurde, immer mit dem Espenlaub-Refrain, zu einem Lied der Liebe zwischen einem jungen Mann und einer älteren Frau, deren Beziehung unklar bleibt. Er scheint einerseits nicht erhört zu werden, andererseits hält sie ihn aber fest, und er sehnt sich weg von ihr.* Reichardt hat das Lied vertont.

In der Novellensammlung *Der Wintergarten* von 1809 hat Arnim in hastig geschriebenen Romanzenversen eine lange melodramatische, weithin mehr geleimte als gereimte Geschichte mit dem Titel *Nelson und Meduse* veröffentlicht. Der als lebenstäppisch und frauenunerfahren gezeichnete Admiral** gerät darin an eine bezaubernde Sängerin, in der alle Freunde Arnims sofort die Grassini erkennen wollten. Arnim stritt dies ab und gab es doch zu: es sei weiter nichts daran, als

---

* Clemens erlebte später in der Liebe zu der sehr viel jüngeren Emilie Linder die umgekehrte Situation und betitelte ein Gedicht mit »O wäre später ich geboren oder früher Du!« (vgl. A V, 1136).

** Nelson, der eine weltberühmte Liaison mit der wunderschönen Schauspielerin Lady Hamilton hatte, war zur Zeit von Arnims Londoner Aufenthalt nicht mehr naiv und jung, sondern Mitte Vierzig und hatte zwei Jahre zuvor die endlich verwitwete Lady, die bereits Mutter einer Tochter Nelsons war, geheiratet.

daß die Oper *Proserpina* des Komponisten Peter von Winter, der von 1803 bis 1805 Leiter der Londoner Oper war, während Arnims Aufenthalt aufgeführt wurde und er der Grassini danach Blumen schickte. Wir dürfen die hübschen Szenen zwischen dem verliebten und naiven Nelson und der künstlerisch-schlampigen Sängerin als autobiographisch gefärbt ansehen.

Das Ganze ist wahrhaftig kein großes Stück Literatur. In den gefährlich holpernden Versen der deutschen Romanzentradition mit den so leicht lächerlich wirkenden vier trochäischen Hebungen findet mindestens der heutige Leser viel unfreiwillige Komik, mag philologische Andacht darin auch eine bemerkenswerte Äußerung Arnimscher Kunstauffassung erkennen.

Wir dürfen wie Arnim selbst annehmen, daß die lebensgefährliche Leberkrankheit, die er sich Anfang Mai kurz vor der beabsichtigten Heimreise in London zuzog, mit seiner seelischen Situation zusammenhing. Die vielbesprochene Affäre mit der Grassini währte nur kurz. Ein Todkranker wandelt nicht auf Liebespfaden, und als Besucherin am Krankenbett kann man sich eine mondäne Künstlerin kaum vorstellen. Arnims Liebschaft kann also höchstens sechs bis sieben Wochen gedauert haben. Seine Situation war sehr bedrängt. Sein Vater war in Berlin gestorben. Wie sich im März herausstellte, hatte Arnim aus dem Nachlaß überwiegend Schulden zu erwarten. In London fehlte es ihm und seinem Bruder an Geld, er spöttelte darüber, daß sie sogar am Essen sparen mußten. Auch an seinem Talent zweifelte er – habe er schon in der Physik nichts denken können, das ihm nicht »von andern vorweggenommen und so schon vergangen« war, so gehe es ihm jetzt in der Dichtung nicht viel besser. Die Liebe war schwierig, ja unmöglich. Letztlich muß auch die mehr als kühle Reisegemeinschaft mit dem Bruder bedrückend gewesen sein. Arnim erwähnt ihn niemals namentlich, spricht allerdings öfter von »wir«. Freundlicher ging er mit Carl oder Pitt erst um, als unter dem Eindruck der weltgeschichtlichen Gefährdung nach dem preußischen Untergang 1806 die Familienbindung dringender erschien.

Unter diesen Umständen ist es wenig verwunderlich, daß es dem Körper nicht mehr gelang, sich gegen den Angriff einer schweren Infektion zu wehren. Ein Lied der berühmten weißen Frau der Hohenzollern, die Todesfälle ankündigt, steht am Ende eines Fragments über die Jugendgeschichte Friedrichs des Großen, an dem Arnim in England arbeitete. Er berichtet, es habe ihn, nachdem er das Lied der weißen Frau geschrieben habe, »eine innere Hand mit solchem Schauder« ergriffen, daß er »weder fortdenken noch fortschreiben« konnte … »er lief das Lied der weisen frau sprechend durch die Straßen Londons und ward den folgenden Tag in einem Londner Wirtshaus eine Stunde von seiner Wohnung todkrank«, berichtet Clemens später den Savignys. Arnim hatte eine Vorahnung vom Untergang Preußens, die ihm unerträglich war, weil er »im voraus fühlte, was zu schwer war um es gern zu überleben«. Er empfand sich als vollkommen gehemmt und bedroht, »ich fühlte einen höheren Gedanken in der Welt, dem das was ich dachte unlieb war«. Sein Zustand steht in charakteristischem Gegensatz zu dem Bettines nach ihrer Krise mit Clemens, als sie schrieb: »Es weissagt etwas in mir, daß eine Kraft in dieser Welt sei, die mich mit Leidenschaft liebt.«

Arnim zweifelte gegen Ende seines Englandaufenthalts geradezu an seinem Verstand. »Mir kam das so toll vor, daß ich mich gewissermaßen für toll hielt. Der Gram über diesen meinen Zustand machte mich wirklich einige Zeit krank, ich rührte in einem halben Jahr keine Feder an.« Die Krise hatte ihren Höhepunkt erreicht. Es ist – da das Schreiben absurd geworden ist – kein anderer Ausdruck mehr möglich als der körperliche. Clemens berichtet, Arnim habe, eine Art Kassandra seiner selbst, Verse der weißen Frau hergesagt, »sooft er den Fieberparoxismus beschleunigen wollte«, und der sei dann auch gekommen. Die Verse lauten:

Keiner will mich hören
Alle scheuen gleich,
Geb ich gute Lehren,
Denke ich für euch.
Immer die Korallen
An dem Rosenkranz
Seh ich niederfallen
Zu dem Totentanz;
Nicht vorüber
Gehet dieser.

»Keiner will mich hören« – das konnte gewiß auch Arnim von sich sagen. Vielleicht hat er nicht nur den Untergang Preußens vorausgeahnt, sondern auch, am Ende der langen Lehrzeit von Studium und Bildungsreise, die Lasten seines eigenen Lebens, das jetzt nach allen Plänen beginnen sollte. Die schwere Krankheit wirkt wie ein Totstellreflex. Im einzigen Clemens-Brief dieser Rückzugsmonate bekam Arnim dessen sehr zwiespältige Meinung über *Ariels Offenbarungen* zu lesen.* Das konnte kaum aufbauend auf einen depressiv gestimmten Menschen wirken. Ermutigend dagegen waren die immer neuen Versicherungen einer gemeinsamen Zukunft mit dem Freund: »ich verstehe dich und deine Kunst ... und will dir beistehen deine Werke für die Welt zu vollenden, ach und laß mich dir sagen mit einem Worte, waß ich kann, ich kann dich lieben, dir zusehen und ruhig sterben.« Er mag gelächelt haben, der schwache blasse dünne Arnim, der selbst dem Tode nahe gewesen war.

---

* Clemens hatte vollkommen recht mit dem absehbaren Mißerfolg des *Ariel*. Als Arnim 1806 bei Dieterichs in Göttingen zu Abend aß, sah er, daß Exemplare der konservativen Zeitschrift »Der Freimüthige« wohl zur besseren Lagerung in Seiten aus dem *Ariel* eingewickelt waren – Makulatur. Clemens' *Drama Ponce de Leon* ereilte das gleiche Schicksal. »Das hat mich in eine angenehme Lustigkeit versetzt«, schreibt Arnim (an Clemens, 30.7.1806, Steig I, 190).

IM VATERLAND, IN DER VATERSTADT.
ARNIM IN BERLIN,
BETTINE IN FRANKFURT

Arnim brauchte lange, um seine englische Krankheit ganz zu überwinden. Bevor er nach Berlin zurückkehrte, blieb er viele Wochen in der wohltätigen Stille von Zernikow, um sich zu erholen. Es sieht manchmal so aus, als habe er sich von diesem ersten Einbruch einer Todesdrohung in sein Leben nie ganz erholt. Noch im September konnte er nicht an eine neue geistige Arbeit denken: »… denn bey völliger Munterkeit meines Geistes fängt mein Blut immer noch beym Schreiben heftig zu arbeiten an.« Er hatte also wohl noch Fieberschübe. Im November konnte ihn Clemens in Berlin in die Arme schließen. »Er ist immer noch derselbe, nur durch seine Krankheit wenig magrer«, meldete Clemens seiner Frau nach Heidelberg. Auch Clemens war noch derselbe – was den Kontakt der beiden nicht unbedingt erleichterte. Er war tief getroffen vom Verlust seines kleinen Sohnes Achim Ariel, der nur fünf Wochen gelebt hatte, und verwandelte die eigene Trauer in Vorwürfe an Sophie. Er behauptete, seit einem Jahr aus Ehekummer nichts mehr geschrieben zu haben.

Die Wiederbegegnung in Berlin war fast wie ein Liebestreffen vereinbart – »Arnim hat zu meiner Ankunft expreß ein weiteres Quartier gemiethet, vier Stuben im Levischen Hauße* parterre hinter dem neuen Packhof, er hat alles Geräthe für mich gekauft, wie für eine Frau, wir haben uns recht lieb«. Dennoch hören sich Clemens' Berichte an Sophie in Heidelberg an, als sei er von morgens bis abends mit seiner Sehnsucht nach ihr beschäftigt gewesen. Daneben erfährt sie eher negativ Gefärbtes von Gesellschaften und berühmten Leuten. Die Stadt Berlin sei »so zu sagen schön«, aber durch ihre Größe zeitraubend, »das Brandenburger Thor ist sehr schön, aber es ist mir als halte es die Stadt nicht recht warm, und der Wind weht herein«. Bei »Mademoiselle Levi« – der berühmten Rahel – war es langweilig. Selbst an Arnim, der freilich »sein ganzes Berlin« sei, nörgelt Clemens herum, die gemeinsame Arbeit am Liederbrüder-Projekt und

---

* Es handelt sich nicht um das Haus von Rahel Levin, sondern um das von Samuel Salomon und Sara Levy, Hinter dem Packhof 3. Im Garten dieses Hauses verlobten sich Bettine und Arnim im Dezember 1810.

das Studium der alten deutschen Bücher seien gefährdet durch »das unendliche Quellen« der eigenen Arnimschen Produktivität. An die modernisierende Umarbeitung des mittelalterlichen Tristan-Romans, die die Freunde vorhatten, wage Arnim sich nicht heran, und überhaupt: »mit Arnim zugleich Etwas zu versuchen«, war »nicht mehr als eine schöne Versuchung auf dem Sopha«. Zum frühestmöglichen Zeitpunkt kehrte Brentano vom heißersehnten Wiedersehen zurück in den Schoß seiner Frau – ein Kind, ein Verrückter, ein erotisch Besessener. Es kann einem Hören und Sehen vergehen bei den betörenden und dennoch oft zweifelnden und kränkenden Liebeserklärungen an seine Frau, die in der gesamten deutschen Literatur ihresgleichen suchen. Und angesichts des Clementinischen Lärmens über sein Unbehagen in Berlin versteht man, daß Arnim nach dem unaufhaltsamen Aufbruch des verliebten Freundes am 18. Dezember enttäuscht und unsicher war, ob er noch an die große Freundschaft glauben konnte.

Schon während der Reise schrieb Clemens ihm allerdings reumütig. Arnim antwortete erleichtert, aber noch ironisch: »Schon fürchteten wir, ich und meine Filtriermaschine und mein Windofen, Du würdest unsrer nicht mehr denken, wir waren Dir doch etwas fatal geworden?« Kaum in Heidelberg angekommen, fand Clemens Worte der Entschuldigung und Treue. »Lieber Arnim, es ist auf Erden nichts zu geben, das des Nehmens wehrt ist, als das innerste Vertrauen, ich kann dir nichts mehr geben als waß du hast, meine innige Verehrung meinen Glauben, meine Hofnung, meine Liebe hängen an dir, du wirst dich nicht von mir wenden, weil du mich vielleicht durch unsre Nähe unter deiner Erwartung gefunden, behalte mich immer bei …« Jetzt konnte Arnim ehrlich erfreut antworten: »Gott weiß, Dein zweiter Brief hat mich sehr bewegt. Ich hatte wohl gezweifelt, ob Du wahr gegen mich gewesen, ich schien mir so überflüssig Dir, daß ich nicht begreifen konnte, wie ich Dir jemals nothwendig gewesen. Es geht alles besser als die Gedanken, Du bist glücklich und bist mir gut, was will ich mehr!« Die Freunde konnten sich wieder ihrem gemeinsamen Projekt nähern, und immer dringender wurde es, sich wiederzutreffen – in der Nähe von Sophie, die so lebenswichtig für Clemens war. »Heidelberg« und »Mai« wurden die Stichworte der gemeinsamen Sehnsucht und durchaus auch konkreter Pläne.

Arnim mußte sich in Berlin um Erbschaftsangelegenheiten kümmern, gelegentlich auch um seine Güter, aber es war keine Rede von einer Staatsstellung, wie sie die Familie sich vorgestellt hatte. Er stand nach seiner englischen Krise vor einem neuen Anfang, sah aber noch deutlicher als bisher, daß die Hauptstadt seines Vaterlandes nicht der Ort war, an dem er sein durfte, was er werden wollte. Aus England hatte er an Clemens geschrieben, er »habe Lust … Zeitungsschreiber« zu sein, doch auch daraus wurde nichts. Er meldet wenig von Geselligkeiten, gar nichts von Kontakten mit mächtigen Männern, aber viel über neue Lieder von Reichardt und über sein Studium der barocken Literatur. »Ich bin nicht müssig gewesen Flemming, Opitz, Tscherning, Lohenstein, Frischlin und die beyden Gryphius [Vater und Sohn] liegen mir zu Füßen.«

Vor allem: Der Plan für ein gemeinsames Volksliederbuch nahm klarere Formen an. Der Zwiespalt zwischen den preußisch-familiären Ansprüchen und seinen eigenen Plänen spitzte sich dadurch zu. »Alles mahnt mich zu Dir, jede grünende Knospe ist mir ein drohender Vorwurf, nur fürchte ich wieder meiner alten Großmutter so schnell durchzugehen, eben weil sie mich in nichts behindert«, schrieb er im April an Clemens. Die preußischen Befehle vernahm er eben nicht nur von außen, und je sanfter die Großmutter wurde, desto größer wurde ihre Macht. »Doch es sey. Den vierten May will ich von hier fort.« Und Anfang Mai brach Arnim wirklich auf in den Süden.

Bettine war 1802 bei der Rückkehr in ihr Vaterhaus in die Obhut der neuen Hausfrau Toni, Franzens Frau, übergegangen, die 1798 blutjung aus Wien in den Goldenen Kopf gekommen und nur ein Jahr älter als Bettine war. Der besorgte Vormundsbruder hatte sich erhofft, die Einordnung in den großen Haushalt werde die kleine Schwester zähmen. Die Zeiteinteilung in »Besorgung des Hauswesens und weibliche Arbeit«, auf die Toni achten sollte, würde »einziger Balsam« für ihre unruhige Seele sein. Nach einem Dreivierteljahr mußte der Bruder allerdings seufzen, sie sei zwar »ein herzensgutes Mädchen, aber étourdi und leichtfertig bis ins Unbegreifliche, sie hasset so ganz alles, was nur eine entfernte Ähnlichkeit mit sittlichem Zwang hat«.

Daß aber Bettine – »die Andacht und Poesie – unter diesen Menschen gefangen« sei und »nach und nach zerdrückt« werde, war eine Clementinische Übertreibung, die man so ernst nicht nehmen sollte. Doch herrschte kein ewiger Friede im Haus, wie es harmonisierende Darstellungen im 19. und auch noch in unserem Jahrhundert gern annahmen. Die Geschwister waren zu verschieden und zudem alle daran gewöhnt, entschiedene Ansprüche zu stellen. Nachdem im Sommer 1803 auch der 28jährige Georg geheiratet hatte (er war der älteste

Sohn aus Peter Antons zweiter Ehe und damit zum Mitinhaber der Firma bestimmt), gab es, laut Clemens, »zwei Haushaltungen von ganz verschiedenem Karakter am Tisch aus einer Kaßa«, außerdem noch »eine Menge melancholischer, geschwäzziger, delikater, alten Jungfern, histerischen Kousinen, die wie die zwei Köre von Messina kämpfen«. Das Ganze war also kein Ort, an dem Bettine, deren innere Unruhe das ihre dazu beitrug, in Ruhe hätte arbeiten und sich entwickeln können.

Franz, der Familienvorstand, hätte sie selbstverständlich gern unter der Haube gesehen und förderte, was zum gewünschten Frauenbild zu passen schien. Die sonderbaren Wünsche, die die in seinen Augen immer noch wilde Schwester für sich selber hatte, erschienen ihm höchst fremdartig, etwa ihre Bewegungslust, für die Clemens sie bewunderte. »Nichts ist mir wunderbarer als die große Begierde Betinens durch die unwegsamsten Pfade, über Klippen und Felsen durch dick und dünn mit der größten Lust zu spazieren, ich glaube, daß du ihr nicht nach könntest«, schrieb er an Sophie, ein Ausdruck von Bettines allgemeiner Beweglichkeit und ihren Wünschen, andere, »gefährlichere« Luft zu atmen als andere Mädchen. Der »Mottenfraß der Häuslichkeit« war ihr zutiefst suspekt.

Diese letzten Äußerungen stammen aus dem Günderode-Buch und lassen sich auf das Jahr 1804 datieren. Da war sie 19, ein Alter, in dem es uns heutzutage nicht verwundert, wenn eine junge Frau es mit dem Heiraten nicht eilig hat. Um sie herum heirateten viele unter zwanzig, mehr, als man denkt, jedoch auch später. Der »lieb gut Engels-Franz« jedenfalls, der mit 32 Jahren eine reiche 18jährige als Hausfrau in das Riesenhaus in der Sandgasse gebracht hatte, drängte zwischen Scherz und Ernst auf ordentliche Verhältnisse, während Bettine die Vorstellung häuslichen Gleichmaßes ängstigte und sie sich zugleich sagen mußte, sie werde »nie in ein Verhältnis kommen, worinnen ich meiner Kraft gemäß wirken kann«. Kein Glück war also in Sicht, weder innerhalb noch außerhalb der anerkannten Ordnungen.

Es blieb der Humor, auch unter den Geschwistern. Die Frankfurter hätten sie »ausgepelzt«, schreibt die literarische Figur Bettine an die literarische Figur Günderode. »Erstens: ich soll mir häusliche Tugenden angewöhnen. Zweitens: wo ich einen Mann hernehmen will wenn ich hebräisch lern? – Sowas ekelt einem Mann, schreibt der lieb gut Engels-Franz, als wie die spartanische Suppe; an einen solchen Herd wird sich keiner niederlassen wollen und eine Schüssel Mathematik von einem alten schwarzen Juden assaisoniert sei auch nicht appetitlich, darauf solle ich mir keine Gäste einladen, und der Generalbaß als Dessert, das sei so gut wie eingemachter Teufels-Dr[eck] … Man spotte meiner allgemein daß die Lullu eher geheiratet habe, und dann meint er ganz gutherzig, wenn ich ebenso viel häusliche Tugenden geäußert hätte, ich gewiß auch einen Mann bekommen haben würde.«[*]

Was Bettine gar nicht wollte, natürlich. Mit dem Hebräischen war es kaum weit her, der Bericht war eine Brentanosche Überspitzung ihres unerwünschten Umgangs mit Juden. An Sprachen kamen für ein wohlerzogenes Mädchen außer dem sowieso zur Bildung gehörenden Französisch noch allenfalls Italienisch oder Englisch in Frage, Mathematik wirkte exzentrisch, und selbst der Generalbaß, den Bettine seit 1803 lernte, ging über den üblichen Musikunterricht hinaus. Heiratsfähige Mädchen sollten Musik reproduzieren, nicht selber komponieren. Sie sollten in anmutiger Haltung am Klavier sitzen und nicht auf dem Dach eines Taubenschlages singen wie Bettine.[**]

Bettine scheint zeit ihres Lebens nicht besonders an Kleidung interessiert gewesen zu sein. Doch war es ihr gegenüber den Savignys einen ironischen Kommentar wert, daß Lulu für ihre »Mariage ganz prächtig ausstaffiert« wurde, während »der Budin [Bettine selbst, vgl. S. 144 f.] immer noch treu in seinen treuen Lumpen verharrte«. Und hinterhergeschickt: »Ich glaube, der Franz läßt sich nie bewegen, wenn ich nicht heirate, meine Hemden zu renovieren; dies nur nebenbei bemerkt.« Natürlich hätte Bettine Mittel und Möglichkeit gehabt, sich adäquat zu kleiden, ihre Auffassung der eigenen äußeren Erscheinung betonte jedoch zusätzlich ihre Außenseiterstellung. Und selbstverständlich hatte sie in ihrer Jugendzeit immer eine Magd oder Zofe im Hintergrund, die etwa nach waghalsigen Ausflügen zerrissene oder verschmutzte Kleider wieder in Ordnung brachte.

Nicht zu übersehen ist jedenfalls Bettines Parallelität zum anderen extravaganten Außenseiter der Familie, Clemens, der gegenüber Arnim und auch Sophie nicht müde wird, sein Leiden unter den Frankfurter Philistern zu betonen, mit Schuldzuweisungen um sich zu wer-

---

[*] Eine typische Datierungswillkür der Autorin Bettine: Dieser Brief gehört dem Kontext nach in den Winter 1804/05, Lulu heiratete Karl Jordis, von dem sie sich später scheiden ließ, erst am 22. 7. 1805.

[**] »Was sie schreibt vom Singen auf dem Dach, das hab ich gehört, das ist wahr«, schreibt Clemens an Emma von Niendorf, vgl. B I, 1146. In ihren Büchern berichtet Bettine immer wieder davon.

fen, und der niemals seinen eigenen Anteil an den Schwierigkeiten sieht. Bettine ihrerseits fand Ausweg und Anschluß nicht bei ihm und Sophie, sondern bei den Savignys, einer im Grunde recht braven, strebsamen und vorschriftsmäßigen Familie. Das lag nicht an ihrer Schwester Gunda, sondern an dem innigen Verhältnis zu »Habihnnie«, das Bettine entwickelte, nachdem er nicht mehr als Ehemann in Frage kam. Die ehrlichsten Mitteilungen über sie selbst aus den Jahren vor der Ehe mit Arnim verdanken wir dieser Beziehung. Die sich gründenden Familien der anderen Schwestern – ab Sommer 1805 Lulu und Jordis in Kassel, ab Anfang 1810 Meline und der Senator Guaita in Frankfurt – waren dagegen weniger wichtig. Bettine und Clemens haben sich über ihre anderen Schwager lustig gemacht, denn sie fanden sie ihrer Schwestern nicht wert. Bei Gunda und Savigny war es eher umgekehrt.

Die eigentliche Rettung vor dem Unbehagen in Familie und Stadt war aber die Liebe Bettines zu ihrer Freundin Günderrode.

FRAUENLEBEN, FRAUENTOD.
BETTINE UND KAROLINE
VON GÜNDERRODE

Fremde Freundinnen

Über Bettine und ihre wichtigste, ja vielleicht einzige Freundin ist viel geschrieben worden, am meisten von Bettine selbst. Der Titel ihres 1840 erschienenen Buches in zwei Teilen lautet *Die Günderode** und gibt vor, Briefe aus den Jahren 1804–1806 wiederzugeben. Die wenigen erhaltenen Originalbriefe zeigen, wie sehr die Mittfünfzigerin Bettine verändert, dazuerfunden und Briefe anderer Schreiber mitverwendet hat. Bereits die Zeitgenossen wußten bei aller Bewunderung der inzwischen berühmten Autorin, daß auf sie in bezug auf geschichtliche Wahrheit kein Verlaß war. Die angeblich alten Briefe waren »auf lauter funkelnagelneues Papier mit frischglänzender Tinte geschrieben«, berichtet ein Beobachter und kommt zu dem Schluß, »die kleine bewegliche Pythia« habe alle jene »reizenden Briefe aus der Erinnerung gedichtet«. Dichtung und Wahrheit also wie bei Goethe – kann man sich darauf verlassen, daß die erinnerte Wahrheit auch die innere aus der Zeit des Erlebens ist? Zweifellos hat sich Bettines Bild der Günderode so verändert wie das keiner anderen Gestalt ihrer Bücher. Nachdem sie die Geschichte des Selbstmordes ihrer Freundin einmal im Goethebuch erzählt hatte, kommt deren Tod in der *Günderode* selbst gar nicht vor. Er ist nur als Drohung und Angst anwesend, besonders in den schönen letzten Kapiteln.

Im folgenden versuche ich mich so genau wie möglich an Dokumente zu halten, die die »wahre Geschichte« erzählt und begleitet haben. Manchmal allerdings verlasse ich mich auf mein Gefühl, das spätere Texte für glaubwürdig erklärt. Freilich – ausgerechnet bei Bettine, für die doch »Wahrheit« und »Ideal« so wichtige Begriffe waren, und gerade bei ihrem Phantasieleben mit der Günderode darf

---

* Die urkundliche Schreibung ist »Karoline von Günderrode«. Man nahm es damals mit den Namen oft nicht so genau, so daß alle das zweite r fallen ließen und Clemens, der hessische Schwierigkeiten mit den harten und weichen Konsonanten hatte, öfter auch »Güntherot« schreibt. K und C wurden noch viel leichter verwechselt. Ich schreibe »Günderode«, wenn ich die Figur des Buches von 1844 meine.

man gelegentlich an die heitere Gebrauchsanweisung der schreibenden Autorin nach Arnims Tod denken: »Sie müsse mir nicht Alles glaube, ich bin so verloge.« Ganz sicher war ihre Beziehung zu Karoline von Günderrode eine große Liebe mit allen Wünschen nach Ausschließlichkeit, mit Eifersucht, Dankbarkeit, Verzweiflung und Wiederauferstehung, getragen vom schwärmenden Herzen Bettines.

»Die Günderode« (1780–1806) gehörte zur nahen Freundesumwelt der Brentano-Geschwister. Die für unverheiratete junge Frauen ungewöhnliche Bezeichnung mit dem Familiennamen läßt sich aus ihrer ebenfalls ungewöhnlichen Situation erklären. Mit 17 Jahren wurde sie 1797 in eine noble Wohn- und Versorgungsstätte für alleinstehende Damen, das »v. Cronstett und Hynspergisch Adelich-Evangelische Damenstift« in Frankfurt, aufgenommen. Dort wurde aus der Lina, die in Hanau mit vier Schwestern bei ihrer früh verwitweten und verarmten Mutter inmitten eines lebhaften gleichaltrigen Freundeskreises aufgewachsen war, »die Günderrode«; denn Stiftsdamen bezeichneten sich mit dem für ihren Eintritt entscheidenden Familiennamen. Das Stift, ein stattliches Gebäude am Roßmarkt, höchstens zehn Minuten vom Goldenen Kopf in der Sandgasse entfernt, beherbergte vorwiegend ältere, jedenfalls fromme Frauen, die einem würdevollen rituellen Tageslauf unterworfen waren. Karolines Eintritt in die geistliche Institution war nicht ihre eigene Entscheidung, sondern geschah auf Wunsch ihrer Mutter, die in finanziellen Schwierigkeiten war. Die ursprünglich klosterähnlichen Vorschriften des Stifts waren zu Karolines Zeit schon gelockert. Sie mußte nur selten die Stiftstracht tragen, ein schwarzes Ordenskleid mit langer Schleppe und weißem Kragen mit dem Ordenskreuz, worin wir sie uns aber immer noch als bezaubernd vorstellen dürfen. Sie empfing in ihren zwei Zimmern ausschließlich Damenbesuche, ging auf Feste, ins Theater und durfte oft und lange verreisen. Sie war also eigentlich selbständiger und in gewisser Weise ungeschützter als ein Mädchen, das in einer Familie aufwuchs. Auch als Heiratskandidatin war sie nicht aus dem Spiel. Savigny, in den sie sich verliebt hatte, erkundigte sich nach den »häuslichen Verhältnissen, Kindererziehung pp« bei der Witwe Günderrode. Das Resultat scheint ihn nicht befriedigt zu haben.

Die beiden Freundinnen kannten sich lange, mindestens seit Bettines Übersiedelung von Fritzlar nach Frankfurt, also seit sie 12 und Karoline 17 war. Für die Günderrode war sie zunächst die kleine Schwester ihrer gleichaltrigen Freundin Gunda, ein gelegentlich lästi-

Karoline von Günderrode. Die einzige erhaltene Darstellung, Lithographie nach einem Gemälde.

ges Kind gegenüber zwei Mädchen, die mit ernsthaften Zukunftsgedanken um denselben Mann rivalisierten. Die Günderrode konnte sehr unduldsam sein. In Bettines Buch ist sie von überlegener Sanftheit. In Wirklichkeit war sie alles andere als das Inbild der geforderten weiblichen Tugenden. Sie wurde in ihrer Umgebung außergewöhnlich geliebt und verehrt, als Freundin und natürlich auch als Dichterin, und war doch oft unzufrieden mit der Liebe, die ihr entgegengebracht wurde. Die alte Wahrheit, daß niemand ernsthaft schreiben will, der nicht durch innere Düsternis und Mühsal gegangen ist, bestätigt sich auch bei ihr.

Da Frauen sich zu allen Zeiten aufgerufen fühlen, depressiven Menschen, noch dazu wenn sie interessant sind, zu helfen, hatte die Günderrode wunderbare Freundinnen. Sie blieb immer die Umworbene, die mit Empfindlichkeiten und aktiver Kritik reagieren durfte und trotzdem weitergeliebt wurde. Auch Bettine war die Werbende in dieser Freundschaft. Schon früh haben die unerträglichen Dissonanzen in und mit ihrer Umgebung die Günderrode zu einem inneren Rückzug gezwungen. An Gunda Brentano, die engste Freundin der frühen Jahre, schreibt sie 1801: »Es ist ein häßlicher Fehler von mir, daß ich so leicht in einen Zustand des Nichtempfindens verfallen kann« – ein ernstes depressives Symptom also. Zugleich erliegt sie aber dem grellen Reiz von Heldenphantasien – Ossian begeistert sie, den Tod in der Schlacht möchte sie sterben: »Warum ward ich kein Mann! ich habe keinen Sinn für weibliche Tugenden, für Weiberglükseeligkeit. Nur das Wilde Grose, Glänzende gefällt mir. Es ist ein unseliges aber unverbesserliches Misverhältnis in meiner Seele; und es wird und muß so bleiben, denn ich bin ein Weib, und habe Begierden wie ein Mann, ohne Männerkraft. Darum bin ich so wechselnd und so uneins mit mir.«

Wie der Gegensatz zu den Träumen von der männlichen Identität aussah, läßt Bettines Schilderung der Freundin begreifen: »Sie war so sanft und weich in allen Zügen, wie eine Blondine. Sie hatte braunes Haar, aber blaue Augen, die waren gedeckt mit langen Augenwimpern; wenn sie lachte so war es nicht laut, es war vielmehr ein sanftes gedämpftes Girren, in dem sich Lust und Heiterkeit sehr vernehmlich aussprach; – sie ging nicht, sie wandelte, wenn man verstehen will, was ich damit auszusprechen meine; – ihr Kleid war ein Gewand, was sie in schmeichlenden Falten umgab, das kam von ihren weichen Bewegungen her; – ihr Wuchs war hoch, ihre Gestalt war zu fließend, als daß man es mit dem Wort *schlank* ausdrücken könnte; sie war schüchtern-freundlich, und viel zu willenlos, als daß sie in der Gesellschaft sich bemerkbar gemacht hätte. (Es machte einmal) jemand die Bemerkung, sie sähe aus wie eine Scheingestalt unter den andern Damen, als ob sie ein Geist sei, der eben in die Luft zerfließen werde.« Ein nüchterner Zeuge sieht sie so: »Fräulein Günderode ist durch Anspruchslosigkeit und Einfachheit liebenswert. Nach Brentanos Versicherung ist sie eine tiefe Denkerin und liest viel. Aber aus ihrem Umgange war dieses nicht abzunehmen, so wenig legte sie ihren Kram aus und zierte sich doch auch nicht. (Sie ist) groß, wohlgewachsen, nicht gerade schön, aber auch nicht häßlich.«

Ganz und gar nicht paßt zum verbreiteten Bild der schweben-
den Dichterin, daß Clemens ihr im Spätherbst 1805 etwas zynisch
schreibt, beim Anblick ihrer »Augenbrauen mit berustem Kork«, die
er auf Savignys Gut Trages an ihr bemerkt hatte, sei es um ihn geschehen gewesen. Die Günderrode hatte ihrer Schönheit mit einem
harmlosen Mittel etwas nachgeholfen, nur: anständige Mädchen
schminkten sich nicht. Wie die meisten Depressiven wird sie zu un-
terschiedlichen Zeiten sehr verschieden ausgesehen haben. Arnim
berichtet mit einem gewissen Erstaunen von einem Abend im Brentanoschen Hause, »wo sie so hübsch aussah, daß wir uns alle verwun-
derten«. Das war in der Zeit ihrer großen Liebe, und sie wird mitten
in allen Wirren das Glück ausgestrahlt haben, das eine Frau schön
macht, die sich geliebt weiß.

Diese junge Frau nun war in ihren Briefen von einer Nüchternheit
des Stils, von einem Wahrheitsmut im Betrachten der eigenen und
fremden negativen Seiten, die einmalig sind in ihrer Zeit und ihrem
Umkreis. Dabei hegte sie offenbar keine religiösen Neigungen, jedenfalls nicht die üblichen, und benutzte nie christliche Formeln, wie
auch nirgends ein Interesse an Kindern bei ihr zu beobachten ist.
Zwei wichtige Auswege in weibliches Glück waren ihr damit verschlossen. Umgekehrt genügte ihr aber auch nicht, was als »männlich« empfunden wurde: ausdauerndes Studium, strenge Philosophie,
ernsthafte Arbeit an ihrer Dichtung. Das war erlaubt und hätte ihr als
Stiftsdame durchaus ein zufriedenes Leben verschaffen können. Sie
aber wollte beides, Arbeit *und* Liebe.

Ihre erste große Leidenschaft – doch nicht die erste überhaupt – war
Savigny, den sie 19jährig kennenlernte. Dann ließ sie sich – zögernd
zwar, aber dennoch – auf den von ihr als Dichter bewunderten Clemens ein, bis der im Mai 1802 alle Grenzen in einem haltlosen poe-
tisch-wahnsinnigen Brief überschritt, woraufhin sie die Beziehung
abbrach.* Savigny war durch Klugheit, liebevolles Wesen, Schönheit,

---

* In diesem Brief, der von einer rauschhaften Blutsymbolik getragen wird (»öffne
 alle Adern deines weisen Leibes, daß das heiße schäumende Blut wie aus tausend
 wonnigen Springbrunnen sprizze …«), geht es um das bei Clemens so häufige
 Thema des Liebens und Nicht-genug-geliebt-Werdens. Doch war es der Günderrode zweifellos zuviel, wenn Clemens schrieb: »… lägst du nur eine Nacht in meinen Armen, so solltest du dir meine Liebe an deinen warmen Brüsten ausbrühen«
 oder »… drum beiße ich mir die Adern auf und will dir (mein Herz) geben, oder
 du hättest es thun und saugen müßen« (Mai 1802, FBA 29, 445).

aber auch Reichtum* und früh erarbeitete wissenschaftliche Aussichten der begehrenswerteste Mann des ganzen Freundeskreises. Er begriff bereits im Jahre 1800, als Karoline 20 und er selbst 21 war, den Zwiespalt, der am Ende Grund für ihren frühen Tod werden sollte: die Mischung aus anziehender, etwas verdächtiger Weiblichkeit und selbständigem, »männlichem« Benehmen. Karoline war eine erotische Persönlichkeit und ließ das spüren. Dem Ausleben dieser Eigenschaft stand einerseits entgegen, daß sie sehr scheu, und andererseits, daß sie eine ernsthafte Intellektuelle war. Savigny blieb auch nach seiner Heirat mit Gunda ein wenig in sie verliebt und sie sehr in ihn. Aber Gunda Brentano war nicht nur die bessere Partie, sondern auch die passendere Frau. Eine Dichterin hätte Savigny ebensowenig brauchen können wie die genialische Bettine, die Clemens ihm ja vorher zugedacht hatte.

Die große Liebe erlebte die Günderrode mit dem Altphilologen und Mythenforscher Friedrich Creuzer (1771–1858), den sie im August 1804 in Heidelberg durch Clemens Brentano auf einer sommerlichen Wanderung zusammen mit seiner Frau und Stieftochter kennenlernte. Creuzer war 33, Karoline 24, Sophie Creuzer über Mitte Vierzig – eine Professorenwitwe, mit der Creuzer seit einigen Jahren verheiratet war. Zwischen Karoline und Creuzer sprangen offenbar Funken, die sofort ein Feuer entzündeten. Karoline scheint nicht einen Augenblick an die ihr gebotene Zurückhaltung gedacht zu haben. Schon nach kurzer Zeit wurde der übergroßen Anziehung auch körperlich nachgegeben. Von Creuzer gibt es Äußerungen der Reue darüber, von Karoline nicht.

»Nur ein Wunder kann euch zusammenführen Tod oder Geld«, schreibt die Freundin Susanne von Heyden. Da weder Frau Creuzer starb noch Karoline oder Creuzer plötzlich reich wurden, führte schließlich der Tod die Liebenden zwar nicht zusammen, aber löste alle Schwierigkeiten, besonders die Karolines. (Sophie Creuzer lebte noch 25 Jahre. Danach heiratete Friedrich Creuzer, der Versorgung brauchte, mit sechzig Jahren zum zweitenmal. Er wurde 87 Jahre alt.)

In einer Zeit, in der selbst Männer ihre Werke oft ohne Namen oder unter Pseudonym veröffentlichten, durften Frauen erst recht nicht öffentlich als Schriftsteller in Erscheinung treten. So mußte zunächst

---

* Savigny war Vollwaise und der einzige Überlebende von zwölf Geschwistern. Er hatte daher eine traurige Jugend und ein großes Vermögen.

das Dichten der Günderrode geheim bleiben. Doch stand sie schließlich dazu, daß die Lieder und Erzählungen in dem Bändchen *Tian,* 137 hübsch gedruckte Seiten, von ihr stammten.

Was aber hatte sie von Bettine, was hatte vor allem Bettine von ihr und wie sah die Freundschaft zwischen diesen beiden so verschiedenen jungen Frauen aus?

Bettine sieht ihre Zeit mit der Günderrode als »die erste Epoche, in der ich mich gewahr ward« – also mehr oder vielmehr anders gewahr als in ihrer Liebe zu Clemens. Zum ersten und einzigen Mal in ihrem Leben hatte sie ein geliebtes Gegenüber, mit dem sie ohne die Störung der mann-weiblichen Erotik lernen, denken und leben konnte. »Die Günderode war mein Spiegel; an ihr ließ ich jeden Ton widerhallen … Offenbarungen wurden mir, indem ich mich übte, mich vor ihr auszusprechen … nie hat sie eingegriffen in meine Eigentümlichkeit, die doch so absonderlich war und der damaligen Zeit so auffallend und ihrer eigenen Natur so entgegengesetzt … Denn in ihrer Zusicherung und in meiner raschen und kühnen Natur lag eine gewaltige Gegenmacht gegen alles, was meine Eigentümlichkeit gefährdete.« Es ging also weiter um den »Eigensinn«, das Eigene in einer anders definierenden Welt. Die beiden gingen ihren Weg parallel und doch nicht gemeinsam. Die Günderrode hätte andere (männliche) Enthusiasmen für ihr Werk nötiger gebraucht als den Bettines, und das Innerste ihres Lebens als leidenschaftliche sinnliche Frau, das so wenig zu ihrer äußeren Situation paßte, hielt sie vor Bettine verborgen. Bettine aber erfaßte die Chance, die die Beziehung zu der älteren Freundin ihr bot, um an der Gestalt des eigenen Lebens weiterzuarbeiten.

Die weibliche Eingeschränktheit im großräumigen Handeln und Wirken beschäftigte die beiden zweifellos in hohem Maße, besonders da der eigentliche Anlaß für intensiveren Umgang miteinander der Geschichtsunterricht war, den die Günderrode Bettine gab. Sie sahen sich zu diesem Zweck ab Oktober 1804 täglich. »Mit dem Günderödchen bin ich alle Tage, es treibt mich sehr an zum Lernen.« Zugleich fühlte sich Bettine bei der Günderrode beschützt und aufgehoben. »Ich war in ihr zu Hause und sicher.«

Das erste erinnerte Günderrode-Erlebnis Bettines – wahrscheinlich war sie 17, behauptete aber, sie sei 14 gewesen – zeigt sehr deutlich, was die Freundin ihr gab: Bettine und Karoline hätten noch spät an einem Sommerabend im Gras gelegen, geredet und geträumt. Die

Nacht kam, Bettine geriet in einen ihrer exaltierten Zustände und sprach mit einem Stern, den sie wie einen Erlöser und Führer anredete: »... komm heut nacht zu mir und sage mir, was du verlangst, so will ich dir's gewähren, und wär's auch, daß ich dir mein Blut verspritze.« Der Günderrode wird bei diesem somnambulen Benehmen angst und bange, sie versucht, Bettine mit Lachen und Scherzen abzulenken wie ein gefährdetes Kind, doch gelingt ihr das nur scheinbar. »Nachts weckte mich die Günderode aus heftigem Weinen. ›Ach!‹ rief ich, ›der Girondist! – ich wollte seine Hand noch küssen, die er mir bot, aber das Beil ist gefallen, noch eh ich das Schafott erreichen konnte.‹« Der Traum hat eine derartige Intensität, daß Bettine sich kaum aus ihm lösen kann. Bald hält sie ihr Herzklopfen für den Schritt des Helden, bald sieht sie nach dem Stern im Fenster und glaubt, ihrem Versprechen untreu geworden und der Wegweisung des Himmels nicht gefolgt zu sein. Der »Held« ist also innen und außen. Sterben muß er in beiden Welten.

Die Günderrode benimmt sich nun außerordentlich liebevoll und einfühlsam, wie eine sensible Mutter. Sie ging »ganz auf meinen Traumwahn ein« – die beste Möglichkeit, einen Traum zu verstehen und ihm nach und nach das Beängstigende zu nehmen. »Wie sah dein Held aus?« Bettine darf ihn beschreiben: »mutatmend, und große Milde war in ihm, sanft war er ganz und gar, aber ich glaub, er verachtet mich«. Nein, tröstet die Günderrode ernst und lieb, »er verachtet dich nicht, aber du hast einen ungeheuren Schritt zu tun bis zu ihm, so konnte er dich nicht gleich mit aufs Schafott nehmen, wart nur, du findest ihn wieder; was hatte er denn für Gewande an?« Sie führt die zwischen Traum und Wachen schwebende Bettine wieder zur Traumrealität zurück – »weiß und grau waren sie« –, und halb schon wieder schlafend, stellt sich Bettine vor, wie der junge Held aussah, antwortet nicht mehr auf der Günderrode Fragen und spürt noch, wie diese sich über sie beugt, um zu sehen, ob sie wirklich schläft.

Bei der 55jährigen Bettine, die dies einem jungen Freund beschrieb, nachdem sie selbst sieben Kinder in Schlaf und Wachen begleitet hatte, mögen sich Erinnerungen an ihr eigenes Verhalten eingemischt haben. Doch bleibt der Inhalt des Traums, und es bleibt die Tröstung durch weibliche Sanftheit, die sie von der eigenen Mutter nicht berichtet. Es bleibt aber auch die Resignation, die Bettine in ihrem Buch der Günderode bei der Ausarbeitung des Traumerlebnisses in den Mund legt: Frauen seien noch nicht so weit, wirkliche Heldinnen zu sein. Bettine solle aber die Sehnsucht danach weitertragen.

Die schützende und behütende Haltung der Günderrode ist nicht erfunden. Sie hat Bettine wohl öfter gepflegt. Einen harten Kampf habe sie zu bestehen gehabt, schreibt Bettine im Januar 1805 an Savigny, weil »ich ungefähr drei Wochen sehr krank ... und dabei sehr melancholisch war, es war mir immer, als müßte ich bald sterben! ... ich glaube, wenn Günderödchen nicht gewesen wäre, die sich um mich bekümmert hat wie ein einziges Kleinod, ich wäre wirklich capores«. Daß die Krankheit allerdings von der Familie und Bettine selbst der Überanstrengung durch das Philosophieren mit der Günderrode zugeschrieben wurde, zeigt die große innere Spannung zwischen den beiden jungen Frauen.

Die Günderrode konnte ihrerseits die Liebe und Verehrung Bettines, auch deren heitere und verrückte Seiten gut gebrauchen. Die Zeit des innigsten Zusammenlebens der beiden jungen Frauen begann ja fast gleichzeitig mit den Wirren der Creuzer-Liebe. Wahrscheinlich konnte niemand sie wie Bettine anbeten, von ihren Dichtungen begeistert sein und diese mit großem enthusiastischem Gespür auch wirklich verstehen. Mehrere von Karolines Gedichten und poetischen Szenen hat Bettine im Günderode-Buch zum erstenmal gedruckt, andere aus fast völliger Vergessenheit wiederentdeckt.*

Für Bettine war, wie immer in ihrem Leben, der Zwang zur Regelmäßigkeit, noch dazu in Gemeinschaft mit einer Frau, sehr wohltuend und die Möglichkeit, mit ihrem Interesse an Geschichte und

---

* Dennoch läßt der Vergleich von Bettines Buch und den erhaltenen Dokumenten es als zweifelhaft erscheinen, daß Bettine überhaupt über die Produktion der gemeinsamen Jahre Bescheid wußte. Die besten und selbständigsten Gedichte von Karoline von Günderrode entstanden während ihrer Liebe zu Friedrich Creuzer, sollten in einem Bändchen mit dem Titel *Melete* von ihm veröffentlicht werden und wären zweifellos nach dem Selbstmord der Dichterin als das gelesen worden, was sie waren – Ausdruck einer außerhalb der bürgerlichen Ordnung liegenden leidenschaftlichen Liebe, von der die Leser wußten, daß sie mit einem Leben bezahlt wurde. Freunde und Verwandte sorgten dafür – sicher letztlich zur Erleichterung Creuzers –, daß der bereits begonnene Druck unterbrochen und die fertigen Teile vernichtet wurden (Morgenthaler III, 169, Brief von Creuzer an Daub, 20.10.1806). Diese Werke hat also nicht nur Bettine nie zu Gesicht bekommen, sondern überhaupt niemand von den Freunden – außer Creuzer selbst, dessen Reaktionen und Urteile in der für Karoline lebenswichtigen Mischung von Sachkenntnis und persönlicher Beteiligung in vielen Briefen belegt sind. Durch einen unerhörten Zufall hat sich ein einziges Exemplar der *Melete* erhalten, das 1896 gefunden wurde. Der erste vollständige Druck erschien im hundertsten Todesjahr 1906 (vgl. Morgenthaler III).

Philosophie ernstgenommen zu werden, von unschätzbarem Wert. Ihre Pubertät war zu Ende. Sie war sich durch Clemens ihrer selbst in einer Weise bewußt geworden, die ihr alle konventionellen Wege verschloß. Sie wußte aber auch, wie unfertig, wie »zwergleidenschaftlich und dummkindisch« sie noch war. Woher sollte sie einen neuen Führer nehmen? Sie versuchte es mit ihrem Bruder Christian und auch mit Savigny. »Daß ich traurig bin, kannst Du Dir wohl leicht erklären«, schreibt sie im Oktober 1804 an den letzteren. »So viel Lebenskraft und Mut zu haben und keine Mittel, ihn anzuwenden! ... Mir überwältigt diese immerwährende rastlose Begier nach Wirken oft die Seele und bin doch nur ein einfältig Mädchen, deren Bestimmung ganz anders ist. Wenn ich so denke, daß gestern ein Tag war, wie heute einer ist und morgen einer sein wird und wie schon viele waren und noch viele sein werden, so wird es mir oft ganz dunkel vor den Sinnen ...« Sie vergleicht sich mit der ganz im weiblichen Kontext geborgenen Schwester Gunda und sieht sich selber im Gegensatz dazu nur als eine »Erscheinung«, angehimmelt, bestaunt, aber als fremdartig alleingelassen.

Ihre unklare Stellung in der Welt drückt sie durch einen neuen Namen aus: sie nennt sich »Butin« oder »Budin« statt Bettine, »kein Mädchen und kein Bub, ein treu Wesen, hab mich lieb, hab den Budin lieb, ich bin dein treuer guter Budin«. Bettine hat die Bezeichnung vordergründig aus Lust am Spielen mit Worten und Klängen erfunden, ebenso Namen für andere – »Mulin« oder auch »Linster« für Meline, »Lulster« für Lulu, »Gundler«, sogar »Schnundelus« oder »Gundelus« für Gunda. Selbst die Günderrode nennt sie »Günther«. Die weiblichen Formen sind scherzhaft ins Männliche verändert. Das Wort Budin könnte aber auch einen Hund oder Hausnarren bezeichnen. Als begehrenswerte Frau empfand Bettine sich kaum, vermutlich wollte sie sich nicht so empfinden.

»Durch Dein Begreifen gibst Du meinem Geist die Fassung.« Dieser große und schöne Satz definiert am besten die Hilfe, die Bettine von der Günderrode bekam. Die Gegensätzlichkeit, die im Günderode-Buch so stark herausgearbeitet wurde – Bettine das unverwüstliche poetische Leben, die Günderode die kluge, mäßigende und dennoch einverstandene Führerin, die aber über die Gabe verfügt, Gedichte zu *schreiben* und nicht nur zu *leben* –, hat die Beziehung der beiden tatsächlich geprägt. Doch war die Günderode eher zurückhaltend, weniger aktiv und ja auch mit den wichtigsten Fasern anderwärts gefesselt. Bettines einfallsreiches Herz, das sich oft das Gegenüber so zurechtphantasierte, wie es ihr selber gerade nötig war, probierte sich hier zum erstenmal aus. Dabei machte sie weit mehr aus der Freundschaft der Günderrode, als diese ihr tatsächlich zuteil werden ließ. Gerade der Geschichtsunterricht zeigte ihr, wie anders sie mit Wissen umging als die vorsichtigere Freundin. »Ich lasse meistenteils meinen Verstand dahin ziehen, wohin er will, und taumle nachher ganz allein in der sinnlichsten Vorstellung der Geschichte herum.« Das bedeutete Parteinahme statt Betrachtung oder auch: Subjektivität statt Objektivität, vor allem aber das zentrale Wichtignehmen der eigenen Reaktion statt des Anschlusses an traditionelle Betrachtungsweisen. Dennoch nahm die Günderrode sie so ernst wie kein anderer Mensch. »Mein Gott!« schreibt Bettine in einem der vier erhaltenen Originalbriefe, »ich habe niemand, mit dem ich ernstlich sprechen könnte, ohne daß er mir gerade ins Gesicht sagen würde: ›Du sprichst Kinderei, Du lügst, Du bist gespannt, Du extravagierst‹ und meistens in den Augenblicken, wo mir Gott mehr Gnade verleiht, mich in der Sprache auszudrücken, welches nur selten geschieht; Du allein, wenn Du auch nicht zu meinen Ideen eingingst, hättest doch eine Art von Achtung vor denselben, wie vor aller Phantasie der Dichter hat.«

Der Dolch und der Rhein. Karolines Tod

War für Bettine das Leben und Denken mit der Günderrode auch wegweisend und augenöffnend – größere Bedeutung hatte ihr Tod. Dieser Selbstmord ist eines der großen Ereignisse in Bettines Leben – eine tiefe persönliche Enttäuschung, eine Lehre über weibliches Leben, eine Erfahrung der eigenen Verletzlichkeit und ebenso der eigenen Stärke. Abgesehen von ihrem ersten Treffen mit Goethe, ist Bettine auf kein anderes Ereignis ihres Lebens so oft zurückgekommen wie auf dieses.[*]

---

[*] Der wichtigste Bericht im Goethebuch geht auf einen Brief zurück, den Bettine unmittelbar nach dem Ereignis an Clemens schrieb (vgl. Härtl BmK I, 728). Arnim bekam den Brief von Clemens geliehen (20.8.1806, Schultz I, 421 f.) und erinnerte den Freund im Oktober daran, daß er ihn zurückhaben wollte. Daß Bettine den Brief im Goethebuch verwenden konnte, läßt sich nur damit erklären, daß Arnim ihn doch behielt.

Unter den Freunden der Günderrode war »der Dolch« bekannt. Bettine schreibt, Karoline habe ihn auf der Frankfurter Messe gekauft, »mit silbernem Griff …, sie freute sich über den schönen Stahl und über seine Schärfe«. Sie hat damit gespielt und kokettiert. Die Freunde spielten mit. Arnim erinnert sich an heitere, fast kindliche Szenen, etwa an einen Nachmittag, »wo sie so lachend kämpfte den Dolch zu verbergen, den sie aus dem Schranke hervorsuchte, womit wir spielten recht wie Kinder mit dem Feuer, das ihr Bette ergriffen, bis sie beide hinfielen, wo ich sie mit meinen Armen gen Himmel hielt« – ein übermütiges Mädchen mit den harmlosen Berührungswünschen sich balgender junger Leute.

Bettine erfuhr mit Entsetzen von den genauen körperlichen Erkundungen, die die Günderrode anstellte. »Gestern hab ich einen Chirurgen gesprochen«, erzählte sie Bettine, »der hat mir gesagt, daß es sehr leicht ist, sich umzubringen, sie öffnete hastig ihr Kleid, und zeigte mir unter der schönen Brust den Fleck; ihre Augen funkelten freudig; ich starrte sie an, es ward mir zum erstenmal unheimlich …« Dabei war die Günderrode wie die meisten Selbstmörder ganz auf sich selbst konzentriert – auf Bettines Frage, was denn aus ihr werden solle, wenn sie tot sei, antwortete sie obenhin: »O … dann ist Dir nichts mehr an mir gelegen …«

Der Schmerz, der Bettine dann zu einer fassungslosen erotischen Szene treibt, klingt trotz aller Literarisierung wahrscheinlich. »Ich brach in lautes Schreien aus, ich fiel ihr um den Hals, ich riß sie nieder auf den Sitz und setzte mich auf ihre Knie … und küßte sie zum *erstenmal* an ihren Mund, und riß ihr das Kleid auf und küßte sie an die Stelle, wo sie gelernt hatte das Herz zu treffen …«

Aber alle Liebe Bettines vermochte nichts gegen die Macht Creuzers, der die Brentanos nicht leiden konnte. Sie waren ihm zu laut, zu unruhig, zu indiskret, und Bettine im besonderen »egoistisch, kokett, faul und entfremdet von allem, was liebenswürdig ist«. Sie ihrerseits fand Creuzer häßlich, und es erschien ihr unbegreiflich, daß er »ein Weib interessieren könne«. Seine Feindschaft galt ihr sein Leben lang.[*] Auf sein Drängen hin entschloß sich Karoline gegen ihren starken inneren Widerstand zum Bruch mit Bettine.

---

[*] Die Habilitation von Moritz Carriere, einem jungen Freund Bettines, scheiterte in Heidelberg Anfang der vierziger Jahre am Widerstand Creuzers, der sich weigerte, einem Schützling und Gesinnungsgenossen Bettines an seiner Universität zu begegnen (B I, 1118).

Bettine schildert Savigny die schreckliche Szene, in der die Günderrode ihr zeigte, daß sie nichts mehr mit ihr zu tun haben wollte. Bettine glaubte die Freundin im Rheingau und erfuhr, daß sie schon eine ganze Woche in Frankfurt war. »Ich ging gleich hin mit der Meline, um zu sehen, was dies bedeuten sollte. Als ich hinkam, stand sie vom Tisch auf, an dem sie geschrieben hatte. – Guten Tag! – Du bist schon so lange hier und hast mich noch nicht besucht? – Keine Antwort. – Du hättest es wohl noch länger so anstehn lassen, wenn ich nicht von selbst gekommen wäre? – Kann sein. – Du scheinst ja sehr kalt. – Ich bin dir bös (aber alles ganz kalt von ihrer Seite). – So? Du scheinst auch nicht wieder gut werden zu wollen? – Zum wenigsten wäre es mir sehr leid, wenn du darauf drängest, denn ich habe mich in dir getäuscht und du täuschtest dich in mir.« – Seitdem habe sie die Günderrode schon 14 Tage nicht mehr gesehen, schreibt Bettine weiter. Sie könne sich »die ganze Histori bis jetzt auch noch gar nicht erklären«.

Es war Bettine noch nie passiert, daß sie derartig rüde zurückgewiesen wurde, wo sie liebte oder lieben wollte. Clemens hatte bei seinem Rückzug wenigstens versucht, sie in seine Zukunft einzubeziehen, und das war ihm und ihr ja auch gelungen. Jetzt war Bettine verzweifelt und geschlagen und fand sich in der Welt nicht mehr zurecht. Im Goethebuch schreibt sie: »ich war heiter, ich war lustig, ich war überreizt, aber Nächten weinte ich im Schlaf.«

Sie fand eine Lösung, die ihre ganze Lebensgenialität zeigt. »Ich dachte, wenn ich sie nur noch einmal in's Auge fassen könne, dann wolle ich sie zwingen.« So *schrieb* sie ihr – mit einer Klarheit und einer Strenge, die wie von der Günderrode erlernt wirken. Der Brief* soll hier fast ungekürzt folgen:

Ich hätte gern, daß Du der Gerechtigkeit und unserer alten Anhänglichkeit zulieb' mir noch einen Viertelstunde gönntest, heut oder morgen; es ist nicht, um zu klagen, noch um wieder einzulenken. Beides würde Dir gewiß zuwider sein, und von mir ist es auch weit entfernt. Denn ich fühle deutlich, daß nach diesem verletzten Vertrauen bei mir die Freude, die Berechnung meines Le-

---

* Er ist in der zugrunde liegenden Ausgabe von Oehlke (Bd. 7, 343 f.) mit »Juni 1806« falsch datiert, denn er kann erst nach dem Brief an Savigny vom 3. Juli geschrieben worden sein.

bens nicht mehr auf Dich ankommen wird wie ehemals, und was nicht aus Herzensgrund, was nicht ganz werden kann, soll gar nicht sein. Indessen fühle ich immer noch, daß Du Ansprüche auf meine Dankbarkeit machen kannst, obschon sie Dir wenig nützen kann. Ich habe manches, was ich nicht für Dich verloren möchte gehen lassen, dies alles hat ja auch nichts mit unserm zerrütteten Verhältnis gemein, ich will auch dadurch nicht wieder anknüpfen, wahrhaftig nicht! im Gegenteil, diese Ruinen *(größer und herrlicher als Du vielleicht denkst)* in meinem Leben sind mir ungemein lieb ...

Ich habe mir statt Deiner die Rätin Goethe zur Freundin gewählt, das ist freilich was ganz anders, aber es liegt was im Hintergrunde dabei, was mich selig macht, die Jugendgeschichte ihres Sohnes fließt wie kühlender Tau von ihren mütterlichen Lippen in mein brennend Herz, und hierdurch lern ich die Jugend anschauen, und hierdurch lern ich, daß seine Jugend allein mich erfüllen sollte, eben deswegen mache ich keine Ansprüche mehr auf Dich.

Du hast zur Clodin* gesagt, ich wüßte, warum Du Dich mit mir entzweit hättest. Ich weiß es aber nicht, und ich denke, Du wirst es billig finden, meine Fragen darüber zu beantworten, nicht um Dich, sondern um mich zu berichtigen. Ich habe bis jetzt geglaubt, der Creuzer hab' etwas gegen mich oder die Servieres** hätten mir die Suppe versalzen; es sei dem nun, wie ihm wolle, ich verspreche Dir, mich nicht weißbrennen zu wollen, wie Du vielleicht denkst, oder Dir Vorwürfe zu machen, erlaub also, was ich fordern kann.

Wenn mir mein Freund das Messer an die Kehle gesetzt hätte und ich hätte so viele Beweise seiner Liebe, so freundliche aufrichtige Briefe von ihm in Händen gehabt, ich würde ihm dennoch getraut haben. Die Briefe mußt Du mir wieder geben, denn Du kömmst mir falsch vor, solang Du sie besitzest, auch leg' ich einen Wert darauf, ich habe mein Herz hineingeschrieben.

Bettine Brentano

Die Günderrode hat auf dieses Angebot nicht reagiert. Ihr Beharren auf der von Creuzer geforderten Unversöhnlichkeit deutet in der

---

* Claudine Piautaz, die Freundin und Hausdame der Brentanos.

** Die Freundinnen, bei denen die Günderrode im Rheingau war.

Rücksichtslosigkeit der Selbst- und Fremdverletzung voraus auf den so gewalttätigen Selbstmord.

Doch ist auch Bettines Brief alles andere als »voll Einfalt und Gutmütigkeit«, wie sie gegenüber Savigny behauptet. Schon nach etwa drei Wochen, also sehr kurz nach dem letzten Treffen, ist Bettine in der Lage, von den »herrlichen Ruinen« zu sprechen, die sie behalten und ehren wird. Dem folgt ein weiterer Schlag: sie hat sich Goethes Mutter als Freundin ausgesucht, die ihr von der Jugend Goethes erzählt, »was mich selig macht«. Dreimal taucht das Wort Jugend auf – Bettine hat etwas Besseres, Größeres, Freieres gefunden, sie braucht die Günderrode nicht mehr. »Deswegen auch mache ich keine Ansprüche mehr auf Dich.« Und Bettine vollendet die Scheidung, indem sie ihre Briefe zurückverlangt.[*]

Daß Goethes Mutter ihre neue Freundin sei, traf zum Zeitpunkt des Schreibens noch gar nicht zu. »Ich schrieb ihr in leichtfertigem Sinn, ich habe mir die R. Göthe statt ihrer zur Freundin gewählt. Und so lief ich auch zu dieser in peinlichem Mutwillen«, schreibt Bettine an Savigny, vor dem sie ja kaum angibt und (fast?) nicht schwindelt. Die »neue Freundin« war also zunächst eine Phantasie, aus dem Bedürfnis geboren, nicht hilflos zu wirken. Bettine fand ihr eigenes Benehmen offenbar hastig, wirr und ärgerlich. Elisabeth Goethe jedoch, 75 Jahre alt und von unverdrossener Lebenszugewandtheit, war entzückt über die Annäherung dieser verehrungsbereiten 21jährigen, die nichts lieber hören wollte, als was die Dichtermutter sowieso am liebsten erzählte: alles, was ihren Sohn betraf. Und Bettine, bezaubernd bezaubert wie später noch so oft, packte mit sicherem Zugriff eine einmalige Chance: Sie sprach mit Goethes Mutter über dessen Kindheit und Jugend.

Laut *Goethes Briefwechsel mit einem Kinde* hat Bettine der Günderrode noch die ersten Aufzeichnungen von Frau Goethes Erzählungen geschickt. Diese schickte sie zurück, gelesen oder ungelesen. Die Magd, die die Papiere zurückbrachte, berichtete, »es habe der Stiftsdame heftig das Herz geklopft … und auf die Frage, was sie bestellen solle, habe sie geantwortet: nichts«.

Jetzt lag alles, was Karoline etwas wert sein konnte, bei Creuzer:

---

[*] Diese Briefe wurden später zusammen mit denen der Freundin von Arnim »sorgfältig verpackt und eingesiegelt« (an Clemens, 27.4.1839, Corona, 49). Bettine fand sie 33 Jahre nach dem Selbstmord wieder.

Liebe, Arbeit, Zukunft. Doch war sie schon zu Tode erschöpft. An ihre Freundin Lisette Nees von Esenbeck schrieb sie (am 3. Juli 1806, also schon nach dem Bruch mit Bettine), sie sei »eigentlich lebensmüde, ich fühle, daß meine Zeit aus ist, und daß ich nur fortlebe durch einen Irrthum der Natur; dies Gefühl ist zuweilen lebhafter in mir, zuweilen blässer. das ist mein Lebenslauf. adieu Lisette.«

Auslösend für ihre Tat war ein von Creuzer in einer schweren Krankheit gefaßter Entschluß. Ein Engel sei ihm erschienen, erzählte er seinen Freunden, und habe ihm gezeigt, »wie sträflich sein Verhältnis mit der Günderod sei und wie unrecht er seiner Frau tue. Er wolle nun mit G. brechen, möge es kosten was es wolle.« Sein Freund Daub übernahm es, der Günderrode, die noch immer in Winkel bei den Zwillingsschwestern Serviere war, den Entschluß Creuzers brieflich mitzuteilen.

Die Vorsichtsmaßnahmen der Freunde, die den Schock einer unvermuteten Nachricht vermeiden wollten, schlugen fehl. Karoline Serviere, die wegen Creuzers Krankheit in Sorge war, lief dem Briefträger entgegen, »riß ihm die Briefe weg« und öffnete sie. Als erstes las sie auf dem Kuvert, von der Hand einer Freundin geschrieben: »Hüte die Günderod vor dem Rhein und dem Dolch.« Wie es oft bei Selbstmördern geschieht, scheint der endgültige Entschluß, der jetzt ausweglos wie ein Trichter wurde, eine Befreiung für die Günderrode bedeutet zu haben. Sie habe sehr gute Nachrichten erhalten, sagte sie zu den Schwestern, aß mit Appetit, lachte und scherzte. Dann wollte sie im Mondschein spazierengehen. Der Rhein war nah, etwa zweihundert Meter entfernt. Sie kehrte noch einmal um, um einen Schal zu holen. »Es wurde 10–11–12 und sie kam immer nicht; da wurde es den Servieres bang, sie schickten Boten nach allen Seiten, und als man sie nirgends fand, vermutete man, Creuzer habe ihr ein Rendezvous gegeben und sie entführt.« Schließlich war sie ja so fröhlich gewesen – und den Umschlag mit der Warnung fand man erst hinterher auf ihrem Zimmer.

Die schreckliche Ungewißheit fand schließlich ihr schreckliches Ende: im Morgengrauen, der Zeit der Exekutionen, entdeckte man Karoline. Der Anblick muß von grausamer Poesie gewesen sein. Um mit dem Dolch richtig zwischen die Rippen zu treffen, mußte sie das Mieder aufschnüren und »den Fleck unter der schönen Brust« freilegen, den ihr der Arzt gezeigt hatte. An Creuzer hatte sie schon einmal ein Taschentuch mit ein paar Blutstropfen geschickt, die sie an dieser Stelle aufgetupft hatte. »Siehe, so konnte ich das Zarteste für

Dich verletzen …« Dieses Zarteste war nun vor aller Augen zu sehen. In den Schal hatte sie Steine gesammelt, die sie nach dem Stich ins tiefe Wasser ziehen sollten, wohl auch, damit niemand sie so halb-nackt und ausgeliefert sehen sollte. Das mißlang. Sie scheint den Punkt so genau gekannt zu haben, daß sie sehr schnell tot war und am Ufer unter den Weiden liegenblieb. Die Wunde war klaffend und tief und der Blutstrom breit. Wahrscheinlich sah Karoline in ihrer Bleich-heit schön und sanft aus.

Was Bettine daraus machte

Bettine will in ihrer Goethebuch-Erzählung mit ihrem Bruder Franz, dem das Sommerhaus der Familie in Winkel gehörte, in den Rhein-gau gereist sein, um die Günderrode wiederzusehen, und zwar in den Tagen des Selbstmordes. Sie ist in der Tat dort gewesen, aber wohl nicht mit der Absicht, es noch einmal mit der Freundin zu versuchen. »Zufällig« seien sie im Schiff an der Unglücksstelle vorbeigekommen, und ein Bauer habe ihrem Bruder Franz, der die Erzählung seiner Schwester echohaft wiederholte, genau beschrieben, wie die Günder-rode gelegen habe, wo die Füße, wo der Kopf; das Gras sei noch nie-dergedrückt gewesen. Vor den inneren Augen und Ohren des Lesers baut sich eine Szene aus Wasser, grünem Ufer, Nebel und Stimmen auf, in der Bettine, auf dem Schiff in Bewegungslosigkeit gebannt, die unabweisbare Wahrheit erfährt. Ihre Schilderung ist sehr gut kompo-niert, sehr bewegend – und sie enthält eine Umdeutung des Bruches der beiden Freundinnen.

Die Günderrode habe, um ihren Tod für Bettine weniger schmerz-lich zu machen, ohne wirkliche innere Gründe mit ihr gebrochen. Alle vorliegenden Erinnerungen und Äußerungen sprechen dagegen – der Grund für die Trennung war nicht die vorausschauende Schonung Bettines, sondern die Hoffnung Karolines, Creuzer durch diese Un-terwerfung von ihrer völligen Hingabe zu überzeugen. Die Erklärung der Bettine von 1840, in ihrer Phantasie sicher über die Jahre hin lang-sam entstanden, dient der Aufwertung der Freundinnen-Liebe – denn was wäre das für eine Bundesgenossin im Kampf um weiblich selbst-bestimmtes Leben, die auf den Wunsch eines eifersüchtigen und in-triganten Mannes ihre Freundin verrät!

Die reale junge Bettine hatte die Gedanken von der vorausschauen-den Opferung der Freundschaft noch nicht. Ihre Wirklichkeit war nichts als der ganze tiefe Schmerz beim Verlust des ersten selbsterwählten geliebten Menschen – ein Verlust durch zweifache Abwendung: durch den Bruch und durch den Selbstmord. Sie mußte sich zuinnerst entwertet und zurückgestoßen fühlen. Diesmal war die ihr entgegenstehende Übermacht nicht die Liebe wie bei Clemens, sondern der Tod. Sie konnte »nicht auf rechts, noch links acht haben«, weil sie »so ganz und gar eingenommen« gewesen sei »vom Tod, dem fürchterlichen Tod« der Günderrode. Bald danach wußte sie aber bereits, wie es weitergehen würde: »ich werde den Schmerz mein Leben lang mit mir führen, und er wird in viele Dinge mit einwirken, es weiß keiner, wie nah es mich angeht, wieviel ich dabei gewonnen und wieviel verloren habe. Ich habe Mut dabei gewonnen und Wahrheit, vieles zu tragen und vieles zu erkennen; es ist mir auch vieles dabei zu Grund gegangen.« Und doch: Ich »bin froh, daß ichs durchlebt habe«.

Bettine war ja nicht ohne Hilfe, sondern umgeben von Menschen, die sie liebevoll beobachteten und sich Gedanken darüber machten, wie es wohl mit ihr weitergehen würde. »Bettine ist ganz gefaßt und vernünftig«, schrieb Meline an Savigny. Von Goethes Mutter kamen hilfreiche Ratschläge, etwa die Anregung, die Geschichte aufzuschreiben, denn man solle »große und seltne Begebenheiten begraben in einen schönen Sarg der Erinnerung, an den jeder hintreten kann und dessen Andenken feiern«. Doch leistete die resolute alte Frau keinesfalls irgendwelchen Idealisierungen Vorschub. In diesem Jahr sagte Goethe am Abend seines Geburtstags in Weimar, »seine Mutter könne er über Fräulein v. Günderode nicht fragen, denn da kriegte er gleich die Antwort, sie müsse toll geworden sein«.

Wer den ersten harten Schlag einer Todesnachricht überstanden hat, besinnt sich auf das, was ihm bleibt. Der ganze Ernst und die ganze Wärme Bettines zeigten sich im Brief nach dem Tod des hoffnungsfroh erwarteten Savigny-Söhnchens, das nach fünf kurzen Lebenstagen am 4. August 1806 starb, also neun Tage nach dem Tod der Freundin, die ja auch die Freundin Gundas und Savignys gewesen war. Angesichts des größeren Schmerzes »um den Verlust eines solchen Zeugnisses der innigsten ehelichen Liebe« stellt Bettine den ihren zurück. Sie tröstet nicht, sie fühlt sich ein. Und sie nimmt die Partei des Lebens. »Daß Dich der Tod hinterlistig hintergangen hat, das ist traurig, recht traurig, er ist falsch, der Tod; das kann man ja auch an der Gün[derode] ihrem schrecklichen Schicksal sehen; drum muß man auf keine Weise in Verbindung mit ihm treten, nichts als leben –

und eben darum sollt Ihr beide Euch auch dem Schmerz nicht überlassen, denn das ist der Tod, sondern Ihr sollt auf *neues Leben* denken und an mich denken, ob ich Euch in Eurem Unglück zu etwas nützlich und wert sein kann, dann sagt mirs und ich komme zu Euch.«

»Das Leben geht weiter« – mit diesem konventionellen Satz sucht man dem Tod seinen Stachel zu nehmen. Tatsächlich ging bei Bettine in der Zeit um den Tod der Günderrode besonders viel weiter. Ihre eigene Lebenskraft war, wie es in solchen Fällen besonders in der Jugend öfter geschieht, durch Verlust und Tod Karolines aufgeregt und angespornt. Anfang Juni 1806, schon vor ihren Besuchen bei der Frau Rat, war sie Goethe – dem jungen Goethe – ganz nahegekommen, als sie 43 an ihre Großmutter gerichtete Briefe von ihm fand und abschreiben durfte, »voll Liebe zu meiner Mutter«, wie sie Arnim mitteilt. Jetzt war der Zugang zu ihm noch direkter. Sie ging fast täglich zur alten Rätin, die seit 1795 nicht mehr im Haus am Hirschgraben, sondern am Roßmarkt in unmittelbarer Nähe des Damenstifts wohnte – der gleiche Weg also wie vorher zur Günderrode. »Es gibt nichts Schöneres auf der Welt«, schrieb sie bereits Mitte Juli an Savigny, begeistert und – abgelenkt von ihrer Kränkung, wie wenig später von ihrer Trauer.

Doch griff der Tod nicht nur nach dem kleinen Sohn der Savignys. Am 10. August mobilisierte Preußen gegen Frankreich. Bettine erwähnt Arnim nun gegenüber Savigny zum erstenmal mit einer gewissen Selbstverständlichkeit als nahen Menschen, um den sie Angst hat, in einer Mischung aus Überdrehtheit und Sorge: »O weh, Arnim, o weh! schießen und spießen tut weh, er wird ganz sicher hineinpatschen mit seinem jugendlichen Mut, was hat er besser zu tun? sag ich selbst, und dann gute Nacht, o Jüngling, gute Nacht, ihr blonden Locken und scharfen Augen und runde lächelnde Lippen! Was hat die Bettine für ein Schicksal! Die Freundin überrascht der Tod, daß er sich ihr ergibt, eh er sich noch besinnen kann, und der Freund reizt und lockt und neckt ihn, bis er ihn beim Zipfel erwischt haben wird, und ich, die beide gefangen hielten, werde wider Willen frei.«

Der Tod holte aber nicht Arnim, sondern ein anderes Menschenkind. Sophie Brentano-Mereau hatte am 30. Oktober in Heidelberg glücklich in die untergehende Sonne geschaut und zu Clemens die seltsamen Worte gesprochen: »Ich will dir einen Jungen gebären wie die Sonne so feurig, er soll uns so lieb werden wie Arnim, wenn er im

Krieg untergeht.« Sie sah die Sonne nicht wieder aufgehen. Nach der Geburt einer Tochter verblutete sie, wohl wegen einer Steißlage, der die Hebamme hilflos gegenüberstand. Das tote Kind war innerhalb von drei Jahren bereits das dritte, bei dem Arnim Pate sein sollte. Arnim erfuhr von der Katastrophe wegen der kriegsbedingten Unterbrechungen im Briefverkehr erst im Juli 1807.

Daß Bettine besonders in der allerersten Zeit, als man den vom Schmerz der Welt entrückten, vollkommen hilf- und fassungslosen Clemens nach Frankfurt gebracht hatte, die Rolle der wichtigsten Schützerin und Trösterin zukam, verstand sich für die Familie von selbst. Clemens war aber in seinem Schmerz so belastend, daß ihr bereits nach vierzehn Tagen der Schutz ihrer eigenen Seele wichtiger wurde. »Betine trauerte mit mir, aber sie konnte meine Verzweiflung nicht ertragen und sagte mir ... ruhig: laß mich, laß mich, ich sterbe, ich kann kein Elend ertragen, ich liebe dich nicht.« Da war sie wohl wieder, die »Kälte« Bettines – nur zu verständlich, wenn man die wahnsinnsnahen Briefe von Clemens liest, doch nicht »weiblich«, wie es sich gehörte.

Wer trauert, ist unbewußt ganz unmoralisch gierig auf Ersatz für das Verlorene, wenn auch durch innere und äußere Vorschriften gehemmt. So ließ Bettine sich von lebensrettender Untreue davontragen, nicht nur in die Nähe der Rätin Goethe, sondern auch »ans Herz« des attraktiven und hoch angesehenen Taugenichtses Tieck, eines weiteren Dichters also, der von ihr wegen seiner Dichtungen und der Erzählungen ihres Bruders, Arnims und vieler anderer schon länger »mit großer Begierde, ihn kennenzulernen« bedacht worden war. Tatsächlich wurde daraus nicht viel, doch wärmte diese Verliebtheit Bettine eine Zeitlang das Herz. Im Oktober schrieb sie bereits an Savigny: »Die traurige Geschichte der Günderode zieht manchmal noch wie ein Herbstnebel vor mir auf und verzieht sich auch wieder wie ein solcher durch die warmen Sonnenstrahlen meiner übrigen Freunde.«

Im Winter machte sie »des alten Thalbergs« Eroberung, hatte also wieder Gelegenheit, in allem Glanz der Welt ihre Verweigerung des Glanzes zu praktizieren. Der Fürstprimas des Rheinbundes, Carl Theodor von Dalberg, fünfzig Jahre älter als sie, ein eleganter geistlicher Herr, der offenbar empfänglich für den Reiz der ungewöhnlichen jungen Person war, war im Sommer 1806 durch die politischen Umschichtungen Landesherr des bis dahin kaiserunmittelbaren Frankfurt geworden und entwickelte an seinem Hof einen bis dahin in der Bürgerstadt ungewohnten Glanz. Bettine war ihm in einem Konzert aufgefallen, gerade als sie »in Betrachtung seiner Runzeln« vertieft war, wie sie an Savigny schreibt. Sie kokettierte ein bißchen und wich aus, »aber am End hat er sie doch erwischet und sich tapfer mit ihr abgegeben«, berichtet Meline. Zwei Tage später habe sich der Fürst weiter mit Bettine »amüsiert, die denn auch ziemlich ungeniert« gewesen sei. Ihr unbefangenes, ja naives Gefühl für Gleichwertigkeit im Umgang mit Menschen aller Stände und Altersklassen zeigte sich auch hier: »Er ist ein guter Mann, er gleicht mir«, schrieb sie, »es tut ihm alles leid.«

Daneben (und hauptsächlich) ging sie weiter zu Elisabeth Goethe. »Ich hab mich nach und nach so an sie gewöhnt, daß ich mir nicht mehr vorstellen kann, wie ich ohne sie sein könnte.« Sie fuhr fort zu singen und zu lesen und begann mit großer Begeisterung, Zeichenunterricht zu nehmen. Sie war mitten im Leben, und der Tod der Großmutter La Roche im Februar 1807, bei dem nur Meline, aber nicht sie zugegen war, erschien ihr nach dem Tod all der jungen Menschen wohl nicht mehr sehr bewegend, so gern sie die Großmama auch gehabt hatte. Der Ersatz, die Mutter Goethe, hatte auch hier ausgeholfen.

Auf ihre »Natur«, ihren »Genius« zu vertrauen – das hatte sie von Clemens und der Günderrode gelernt. Das zarte, unendlich depressive Eingangsgedicht zu Karoline von Günderrodes untergegangenem Gedichtband soll hier stehen, um den ganzen Unterschied zwischen ihr und Bettine zu zeigen:

An Melete
Schüze, o sinnende Muse! mir gnädig die ärmlichen Blätter!
Fülle des Lorbeers bringt reichlich der lauere Süd,
Aber den Norden umziehn die Stürme und eisichte Regen;
Sparsamer sprießen empor Blüthen aus dürftiger Aue.

Wie fremd mußte Bettine diese graue Metaphorik, diese matte Bescheidenheit, diese demütige Armut sein, noch dazu, wo eine zerstörerische Eigenmacht alles unglaubwürdig gemacht hatte! Das Gesetz ihres eigenen Lebens trennte sie von der Freundin. Aber dasselbe Gesetz ließ auch nicht zu, daß ein Mensch, den Bettine so sehr geliebt hatte, verlorenging. Wie sie später Goethe nicht lassen konnte, der sie immer wieder zurückstieß, so hielt sie auch an der Günderrode fest.

Bettines Kinder schmückten die Mutter auf dem Totenbett mit einem Lorbeerkranz. Sie hatte die »sparsamen Blüthen« der Günderrode mit hineingeflochten und deren vorsichtige Schönheit nach langer Trauer- und Wiederauferstehungsarbeit wieder ans Licht gebracht.

»EIN WOHLFEILES VOLKSLIEDERBUCH«:
Des Knaben Wunderhorn

Bettines intensivste Zeit mit der Günderrode fiel in die Jahre 1804 bis 1806. Wir wenden uns zurück zu Arnim im Jahre 1805. Bettine hatte er nicht vergessen, aber sie war ihm ferngerückt. »Eins meiner liebsten Herzblätter« nennt er im Sommer 1805 nicht etwa Bettine oder ein anderes Mädchen, sondern ein altes Schriftstück zu Volksliedern aus dem 16. Jahrhundert. Seine ganze Kraft richtete sich jetzt auf das Projekt, das bis heute das Kennwort für Achim von Arnim und Clemens Brentano geblieben ist: *Des Knaben Wunderhorn.*

Sie hatten im Enthusiasmus ihrer Freundschaft an einer gemeinsamen Veröffentlichung ihrer Gedichte herumphantasiert. »... im Eingang schreiben wir uns die Lieder einander zu, und wehren uns bescheiden, und umarmen uns«, hatte Clemens im April 1803 mitten in Arnims Pariser Gereiztheit hinein vorgeschlagen. Ein solcher öffentlicher Auftritt zweier Freunde wäre trotz der empfindsam-romantischen Freundschaftstradition eine Novität gewesen. In einem erhaltenen Entwurfsfragment bedankt sich Arnim einen Monat später glücklich und begeistert für den langen Brief und den Vorschlag und erfindet den Titel *Lieder der Liederbrüder.*

Beim Wiedersehen in Berlin war Clemens von Arnims Gedichten nicht besonders entzückt. »Die Zahl seiner auf seinen Reisen geschriebenen originellen seltsamen lieder macht, (es klingt lächerlich aber blos, weil es wahr ist) einen tisch hohen Stoß Papier, man erschrickt, wenn man nur ihre Menge sieht, und fürchtet, daß er sie herausgeben möchte, um auf hundert Jahre Verse genug zu liefern«, schreibt er an seine Frau. Hätte Clemens darauf geachtet, daß von Arnims so lästig quellender Produktion nur ausgesucht Gutes in das Liederbuch aufgenommen würde? Es taucht in der Korrespondenz später noch öfter auf, auch wohl angeregt vom Erfolg des *Wunderhorns*, das ja das neue Buch mitgezogen hätte, doch betonte Clemens immer wieder, daß er zu wenig beitragen könne. Er produzierte viel besonnener und kontrollierter als Arnim – immer wieder eine erstaunliche Tatsache, weil das sonstige Verhalten beider Freunde das genaue Gegenteil erwarten ließe. Zwei zumindest gegensätzlich erscheinende

Interessensrichtungen jedenfalls verbanden sie: die alten Bücher und die neuen Lieder.

Es siegte – zunächst und, was die gemeinsamen Unternehmungen angeht, ein für allemal – die romantische Begeisterung für die Schätze der deutschen Vergangenheit und der deutschen Volksseele, eine Begeisterung, die sich aber, fern aller archivarischen Gesinnung, einmischen wollte in die Gegenwart. »Ich habe dir und Reichard einen Vorschlag zu machen«, schrieb Clemens im Februar 1805, und fügte gleich hinzu, sie dürften nur ihn selbst dabei nicht ausschließen, »nehmlich ein Wohlfeiles Volksliederbuch zu unternehmen ... es muß sehr zwischen dem romantischen und alltäglichen schweben, es muß Geistliche, Handwerks, Tagewerks, Tagezeits Jahrzeits, und Scherzlieder ohne Zote enthalten ... es muß so eingerichtet sein, daß kein Alter davon ausgeschloßen ist, es könnten die bessern Volkslieder drinne befestigt, und neue hinzugedichtet werden, ich bin versichert, es wäre viel mit zu würken, äußre dich darüber, mir ist der Gedanke lieb.«

Arnim war der Gedanke natürlich nicht neu und ebenfalls lieb, nur ausgesprochen hatte er ihn noch nicht. »Über das Volksliederbuch, denke ich, sind wir lange einig, nicht ohne Dich und mit keinem andern als Dir möchte ich es herausgeben«, antwortete er postwendend.

Das Interesse an Volksliedern war nicht neu, sondern bestand seit den sechziger Jahren des 18. Jahrhunderts und ist mit so bekannten Namen wie Herder, Nicolai, Bürger und auch Goethe verbunden. Die Bezeichnung »Volkslied« erfand Herder 1773. Volkslieder sind variantenreich und formelhaft, mündlich weit verbreitet und an Bräuche, Feste, Arbeitsabläufe bestimmter Gruppen und Gemeinschaften gebunden. Gesammelt und aufgezeichnet wurden sie zuerst im 15., gedruckt besonders im 16. und 17. Jahrhundert. Wer sich zu Zeiten unserer Liederbrüder dafür interessierte, mußte einerseits auf die alten Bücher zurückgreifen und andererseits die noch lebendige Tradition befragen. Es gab um 1800 bereits eine ganze Reihe von veröffentlichten Liedersammlungen. Das »Lied«, das seit dem Mittelalter immer auch eine gebildete Gattung gewesen ist – etwa Marienlieder, Minnelieder, protestantische Choräle –, war außerdem eine Mode in Musik und Lyrik geworden.

Der Mut und die Unduldsamkeit ihrer Jugend und die eigene Begeisterung ließen Arnim und Clemens die bisherigen Sammlungen unbefriedigend erscheinen. Wie recht sie hatten! Keine Sammlung vorher oder nachher ist so erfolgreich gewesen, hat so nachgewirkt in gebildeter und ungebildeter Tradition, hat so sehr zum Ansehen der deutschen Romantik in der Welt beigetragen wie die ihre.

Die Leidenschaft, mit der die Freunde sich über alte Werke der deutschen Literatur und ihre eigenen wachsenden Büchersammlungen unterhielten, nahm in ihren Briefen oft wesentlich mehr Platz ein als die Mitteilungen über ihre Beziehungen zu Frauen und Freunden. Wo Arnim und Brentano hinkamen, gingen sie in die Bibliotheken und lernten in den alten kostbaren Büchern selbst kennen, was sie bisher in Auszügen und Sammlungen gelesen hatten. Sie kauften, was sie erreichen konnten – in diesen Jahren verfügte ja auch Arnim noch über ziemlich viel Geld. Die Arbeitsleistung der beiden Freunde ist ungeheuer. Allein die Herausgabe des erhaltenen handschriftlichen Materials zum *Wunderhorn* würde 6000 Folioseiten* füllen. Arnim und Brentano hatten also eine kaum übersehbare Menge von Gedichten und Liedern zu organisieren. Natürlich sammelten sie nicht allein, sondern veranlaßten eine allgemeine Jagd nach mündlichen und geschriebenen Texten. Alle Freunde und Verwandten wurden einbezogen und trugen bei, was sie erfuhren und besaßen. Pfarrer und Lehrer wurden um ihre Mitarbeit gebeten, Kinderfrauen und Spinnstubenmägde befragt, Arbeitsgesänge belauscht und aufgezeichnet. Etwa fünfzig Personen haben mitgeholfen, darunter natürlich auch Bettine und die Brüder Grimm. Texte von etwa 140 älteren bekannten und anonymen Autoren wurden schließlich veröffentlicht. Es ist aber nie die Rede von einem Redaktor oder Sekretär der beiden Herausgeber. Lediglich Arnims Diener Frohreich wird als Schreiber erwähnt. Sicher wurden auch andere Kopisten angestellt. Offenbar wurde zur besseren Verfügbarkeit jeweils ein Gedicht auf ein Blatt geschrieben. Die Hauptlast des Projekts hat – zumindest zwischen dem Zeitpunkt des Entschlusses zur Veröffentlichung und dem Erscheinen des *Wunderhorns* – auf Arnims Schultern gelegen. Allerdings ist es wahrscheinlich, daß der erste Band, der ja das eigentliche Ereignis war, überwiegend aus Clemens' bereits bestehenden Sammlungen zusammengestellt wurde. Um die Drucklegung kümmerte sich hauptsächlich Arnim. Nach dem Erscheinen des ersten Bandes war es dagegen Clemens, der mit vielseitigen Kontakten und feuriger Energie die Sammlung weiterbetrieb.

---

* Folio ist ein heute nicht mehr gebräuchliches Papierformat von 21 x 33 cm, (DIN A4: 210 x 297 mm), in dem viele alte Bücher hergestellt wurden.

Mit heutigen Augen gesehen erscheint die Herausgabe des *Wunderhorns* unbegreiflich genialisch, wenn nicht schlampig. Doch war gerade diese Arbeitsweise ein wichtiger Teil des Grundkonzeptes. Arnim und Clemens wollten nicht das ehemals Lebendige in einem gedruckten Museum versammeln, sondern das noch Lebendige sprudeln lassen und anregen, was zu weiterer Lebendigkeit führen sollte. In der Tat war der Wort- und Bildschatz der Sprache zu ihrer Zeit den Ursprüngen noch so nah, daß man einer solchen Haltung mit einigem Idealismus Wirksamkeit zutrauen konnte, ganz anders als heute. Sie nahmen, was gerade zusammenkam, restaurierten, wo sie meinten, es paßte eben so, und imitierten, ohne absichtlich täuschen zu wollen. Das Eingangsgedicht etwa, das den so wirkungsvollen Gesamttitel lieferte, ist nicht deutschen, sondern altfranzösischen Ursprungs. Die Freunde, wohl am ehesten Clemens mit seinem atemberaubenden Geschick für Reim und Rhythmus, arbeiteten es so hübsch um, daß Goethe ihm die Attribute »feenhaft, kindlich, gefällig« gab. Nicht aufzeichnen, nicht ordnen, nicht eigentlich herausgeben wollten sie, sondern ein romantisches Kunstwerk sui generis (Rölleke) schaffen. Statt der vielgerühmten »edlen Einfalt und stillen Größe« interessierten sie das Närrische, das Schaurige, das Unheimliche und die Anmut der Unordnung.

In dieser Grundhaltung waren sich Arnim und Clemens einig. Sie war, weniger theoretisch durchdacht als dichtend und arbeitend vorgelebt, ihr Beitrag zur aktuellen Situation der Literatur in Deutschland. In Einzelheiten sprachen sie sich nur ungenau ab, was wahrscheinlich hauptsächlich an Clemens lag, der nach den ersten sechs bis acht Wochen Redaktionsarbeit in Heidelberg, in denen ein Grundmanuskript fertiggestellt wurde, Arnim die Weiterarbeit überließ. Zu zerstreut und bekümmert war er noch nach dem Verlust seines zweiten Kindes, kränklich dazu, während Arnim in dieser Zeit Kraft und Zuverlässigkeit ausstrahlte. »Sonne« nannten ihn Sophie und Clemens. Der Verlag Mohr und Zimmer, der mit dem Werk sehr gute Geschäfte machen sollte, war in Heidelberg, die Druckerei in Frankfurt. Arnim reiste zwischendurch noch einmal nach Berlin und war ab Anfang August wieder in Frankfurt, wo er allein die Drucklegung überwachte, obwohl Clemens teilweise gleichzeitig mit ihm in der Stadt war. Arnim schob selbständig noch Gedichte ein, mit denen Clemens nicht ganz einverstanden war.

Bereits Anfang September 1805 erschien *Des Knaben Wunderhorn. Alte deutsche Lieder gesammelt von L. Achim von Arnim und Clemens Brentano.* Es enthielt 214 Gedichte, eine umständliche, ehrfürchtige Zueignung an Goethe, Arnims Nachwort *Von Volksliedern* und eine kurze empfehlende Nachschrift an den Leser, in der Arnim selbstsicher und begeistert erklärt, die Sammlung sei ihm »iezt das liebste Buch, was ich kenne und die Lieder lauter frische, spielende, ringende Kinder, ... jedes pulsiert, jedes athmet«.

Clemens kam erst Ende des Jahres dazu, das Buch in Ruhe in die Hand zu nehmen, und fand seine Skepsis gegenüber dem *Volkslieder*-Aufsatz bestätigt: »... über die eigenthümliche Undeutlichkeit vieler Stellen deiner Abhandlung, verzeih lieber, zerbreche ich mir selbst Schamroth oft den Kopf ...« Hier arbeitete in Arnim wieder der »große Plan« des Dienens und Dichtens weiter, der dem selbstbezogenen Clemens immer fremd gewesen ist. In seinem Aufsatz legt Arnim in assoziativer Form eine Art Skizze der bisherigen Entwicklung der Volkskunst in Wort und Musik vor. Er beklagt, daß sie nur noch bei Gelehrten aufbewahrt ist, und erhofft sich eine Neubelebung, die das Volk wieder zu sich selbst zurückbringt. Gut zu verstehen ist sein Gedankengang für uns Heutige nicht und war es wohl auch damals kaum. Das wird in dieser Philippika gegen die ausgedünnte Kunstpraxis der Gegenwart jedoch durch herrliche Arnimsche Formulierungen aufgewogen, die ihm in seiner »eigenthümlichen« unkontrollierten Schreibweise zugeflogen sind. Hören wir hin, statt uns verwirren zu lassen: Wenn uns Volkslieder begegnen, »überkömmt uns das alte reine Gefühl des Lebens, von dem wir nicht wissen, wo es gelebt, wie es gelebt, was wir der Kindheit gern zuschreiben möchten, was aber früher als die Kindheit zu seyn scheint, und alles, was an uns ist, bindet und löst zu einer Einheit der Freude. Es ist, als hätten wir lange nach der Musik etwas gesucht und fänden endlich die Musik, die uns suchte!« Die Gegenwelt der schematischen Kunstkunst würde eine solche Begegnung nicht ertragen. »Wir« aber, die an die Kraft des Volkes glauben, können getröstet sein. »Als wenn ein schweres Fieber sich löst in Durst, und wir träumen das langgewachsene Haar in die Erde zu pflanzen, und es schlägt grün aus und bildet über uns ein Laubdach voll Blumen ... so scheint in diesen Liedern die Gesundheit künftiger Zeit uns zu begrüßen.« Einen solchen Satz konnte in der gesamten deutschen Literatur nur Arnim schreiben.

BETTINE UND ARNIM:
WIEDERSEHEN NACH DREI JAHREN

Die Arbeit am *Wunderhorn* führte Arnim, wie erwähnt, im
Mai 1805 wieder nach Süddeutschland, also auch in die Nähe
von Bettine*, von der ihm Clemens gelegentlich berichtete, zuletzt
schmerzvoll irritiert über ihre Distanzierung, die sich auch im *Frühlingskranz* spiegelt. Sie scheine Philosophie zu treiben – einen Brief
von Bettine an ihn, Clemens, aus der Zeit nach ihrer schweren Krankheit im Januar, in der die Günderrode sie gesund gepflegt hatte, legte
er einem eigenen an Arnim bei. Dieser reagierte erfreut darauf und
meinte, sie habe »viel eigenen Sinn und Festigkeit gewonnen«, die
Loslösung von Clemens habe ihr offenbar gutgetan. Im selben Brief
hatte sie auch geschrieben, sie wolle nicht an Arnim schreiben, weil
sie nicht wisse, was daraus werden könnte. Den freute auch das, er
schrieb ihr Philosophieren der Krankheit zu (nicht umgekehrt wie die
Familie) und wollte sie deswegen »auslachen«, wenn er wieder in
Frankfurt sei, »daß sie an Tod und Leben ohne Lachen nicht mehr
denken soll«. Wieder also der männliche, freundlich-wegwerfende
Ton angesichts weiblicher geistiger Beschäftigung – insofern leuchtet
es ein, wie lebensnotwendig einem Mädchen wie Bettine der intellektuelle Umgang mit einer anderen jungen Frau war.

Doch ging Arnim noch lange nicht nach Frankfurt. Sehnsuchtsvoll
erwartet, kam er Ende Mai in Heidelberg an. Clemens, dieses kinder-
versessene, sein Leben lang kinderlose Kind, war am 13. Mai Vater eines kleinen Mädchens geworden. Wieder sollte Arnim Pate sein. Die
Taufe verpaßte er, zur Beerdigung kam er zurecht. Clemens' Todesnachricht an Savigny klingt wie ein Kindertotenlied: »Früher, lieber
Savigny, als wir ihr gütiges schönes Taufgeschenck erhielten, ist meinem seeligen Kinde ein scharlachröckchen verehrt worden, das es mit
zu Grabe genommen ... Abends tranks noch, am Morgen wars ganz
tod, wir sind sehr unglücklich mit unsern Kindern, meine arme Frau

---

* Im Günderrode-Kapitel haben wir Bettine bereits bis ins Jahr 1806 begleitet. Lese-
rinnen und Leser werden gebeten, den zeitlichen Rückgriff in diesem Kapitel zu
verstehen und zu verzeihen. Die Vielfalt der Beziehungen von Bettine und Arnim
macht gelegentlich einen Sprung aus der Chronologie nötig.

163

hat unendlich gelitten, zwei, so hintereinander kommen weinen und gehn zu sehen, das ist ein traurig nachsehen, ein traurig dableiben ...« Es mag für die Eltern, die schon zum zweitenmal einen kleinen Sarg zum Friedhof trugen, ein Trost gewesen sein, zusammen mit dem Freund vor dem Grab zu stehen. Wir stellen uns vor, wie der große Arnim seine Arme links um den dunklen Clemens, rechts um die sehr kleine blonde Sophie legte und den Pfarrer die großen Worte von Tod und Auferstehung sagen hörte.

Danach ging es mit der seit zwei Wochen begonnenen Arbeit am *Wunderhorn* weiter. Bettine hatte ein Glas zum Empfang nach Heidelberg geschickt, aus dem Clemens und Arnim Wein trinken sollten – wie so oft drückte sie sich verbindlich-unverbindlich durch ein Geschenk aus. Aber das war auch alles. Die Freunde hatten zu tun, Bettine ebenfalls. Es war die Zeit ihrer intensivsten Zusammenarbeit und täglich gelebten Freundschaft mit der Günderrode, sie trieb Musik, und die Familie und die Verpflichtungen im Goldenen Kopf beanspruchten trotz aller Gereiztheit Zeit und Gedanken.

Dennoch. »Es steht mir etwas bevor«, schrieb Bettine im Juli 1805 von Frankfurt an Savigny in Paris, »Arnim wird in wenig Tagen hier sein, schön an Leib und Seele. Es soll mich wundern, ob ich ihn noch ebenso lieb haben werde wie vor 3 Jahren ...« Es hatte sich ihr also von allem Hin und Her des Jahres 1802 eingeprägt, daß sie ihn »lieb hatte«, was immer das heißen mochte. Im selben Brief machte sie sich, jetzt 20jährig, über ihre zwei Jahre jüngere Schwester Lulu lustig, die wegen eines guten, aber dummen Bräutigams vor lauter Liebe krank sei, im Bett liege und Nervenzucken habe. In acht Tagen werde sie heiraten, »und der Budin wird in der ganzen Stadt ausgelacht, weil er sitzen zu bleiben scheint«. Kam ihr Arnim in dieser Situation vielleicht doch gelegener, als sie es selber wahrhaben wollte?

Er wohnte aber nicht im Familienhaus, sondern im Englischen Hof. Allerdings werden sich die beiden oft gesehen haben, beobachtet von der neugierigen und klatschsüchtigen Familie. Sie machten Ausflüge, besuchten die Großmutter La Roche, gingen auf Gesellschaften und ins Theater – kurz, sie führten das Leben ihrer Gesellschaftsklasse, waren sich sicher oft einig in Vorlieben und Abneigungen, musizierten zusammen (Bettine komponierte Gedichte von Arnim) und waren kaum einmal allein. Arnim lernte die Geschwister und den Lebensstil der Brentanos ausführlich kennen. Von jetzt an konnte er sich von allen ein genaues Bild machen und seine eigenen Erfahrungen neben die oft nur allzu subjektive Realität von Clemens halten.

Bettine suchte weiter mit der Günderrode zu lernen und zu studieren. Clemens berichtet an Sophie, sie habe »bis jezt mit unsäglich manichfachem zerstreutem unterbrochenen Fleiß Griechische Geschichte studirt, die Günderode hat sie auch etwas zur Philosofie angerüttelt gehabt, es hat aber nichts weiter gefangen, als daß sie ein paar schlechte platonische Gespräche geschrieben hat, über die sie jezt lacht«. »Zerstreut, unterbrochen« – hierin hatte Clemens wohl recht. Es mag sogar sein, daß Bettine im Sommer, als Arnim und sie sich wiedersahen, schon dabei war, sich von Geschichte und Philosophie wieder zu distanzieren – oder die Günderrode von ihr, denn genau in jenem August lernte diese Creuzer kennen, der ihr Leben völlig verändern und schließlich zerstören sollte. Immerhin war ihr Einfluß noch groß genug, Bettines Übersiedlung aus der unruhigen Familie in die Studierstille von Savignys Marburger Welt befördern zu helfen. Im Spätherbst, als Arnim noch in Frankfurt war, zog Bettine dorthin – ein Versuch, der dazu führte, daß sie bei Schwester und Schwager eine Art neuer Heimat fand, in der sie sich bis zu ihrer Ehe mit großer Selbstverständlichkeit aufgehoben fühlte. In ihrer Entwicklung war Arnim zu dieser Zeit alles andere als die wichtigste Komponente. Was aber war er dann?

Er war einfach der interessanteste Mann in Bettines Umgebung, da Clemens nun einmal ihr Bruder war, dazu noch in Freude und Schmerzen an Sophie gebunden, und Savigny durch die Ehe mit Gunda zum »Habihnnie« wurde. Sie war in diesen Jahren zu einer jungen Frau geworden – am 4. April 1805 wurde sie zwanzig –, die mit einer lebhaften Sinnlichkeit, einem blühenden Körper und einem gebieterischen Bedürfnis, beachtet und geschätzt zu werden, fertig werden mußte. Die Wege unkomplizierten Lebens, des Wartens und Sichfügens waren ihr verschlossen.

Binden wollte und konnte sie sich nicht. Doch zeigen ihre Briefe und Berichte, wie sehr auch sie dem Schicksal aller Welt unterworfen war: zur Liebe, zur Sexualität, zum Trieb gedrängt zu sein. Bettine verliebte sich also, abgesehen von den großen Ereignissen Clemens und Günderrode, und registrierte auch genau und kokett, wer sich in sie verliebte oder sie wenigstens als »Mädchen«, also als erotisches Wesen, beachtete und wahrnahm. Die Auswahl dieser Personen weist nicht nur auf die Allempfänglichkeit der frühen Jahre hin, sondern zeigt Bettines Lebendigkeit, ihre Originalität, ihr Geltungsbewußtsein – ihren »Charakter«.

Schon jetzt, im Jahre 1805, ist ein ganz junger Mann dabei, Henry Gontard, ein Vorläufer der vielen jüngeren Verehrer, die Bettine später anzuziehen wußte. Er hat »unendliches Vertrauen in mich«, erzählt sie Savigny, »für mich ist er jetzt alles, ich freue mich so an seiner Unschuld und Liebe, jedoch weiß niemand, wie lieb ich ihn habe«. Es ist allerdings nicht irgendein beliebiger Jüngling, und gar so jung ist er im Vergleich mit Bettine auch nicht – zwei Jahre jünger genaugenommen. Seine Mutter war Susette, Hölderlins geliebte Diotima, mit den Brentanos befreundet und drei Jahre zuvor gestorben.* Durch »seine reine freie Unbefangenheit« hatte er als Neunjähriger Hölderlins »ganzes Herz« gewonnen. Das war zwar lange her, doch die Fäden, die den Jungen mit dem unglücklichen Dichter verbanden, wie auch seine Mutterlosigkeit verliehen Henry für Bettine sicher eine besondere Attraktion. An Savigny erging die nicht ganz glaubwürdige Anweisung: »Glaube aber nicht, daß ich in ihn verliebt bin …«

Allerdings seien gewisse andere durch ihn aus ihrem Herzen verschwunden – die sie nicht einmal mehr nennen mag. Darunter war wohl Moritz Bethmann, fast zwanzig Jahre älter als Bettine, ein Bankier und kulturinteressierter Festeveranstalter. Er hatte die Brentanos schon einmal in Unruhe und Enttäuschung versetzt, als die erwartete Verlobung mit der (1800 gestorbenen) Schwester Sophie nicht zustande kam. In der *Günderode* finden sich viele Andeutungen der galanten Spielereien zwischen Bettine und Moritz, besonders die Schilderung eines Balles bei Bethmann, bei dem der Gastgeber, der zwischendurch mit den Schönen und Großen tanzt, die kleine Bettine unterderhand als die heimliche Königin des Festes verehrt.

Es gab noch eine Schar von weiteren Verehrern. Mädchen aus reichem Hause werden, noch dazu wenn sie hübsch und anmutig sind, nun einmal in den Jahren vor der endgültigen Lebensentscheidung umworben und dabei mit mehr Wohlwollen beobachtet als die Männer, die sich unter ihnen umschauen. Das Wählenkönnen gibt ihnen oft mehr Macht, als sie später jemals wieder haben. Verliebte, die ihr nicht gefielen, hatten durch Bettine zu leiden bis zur groben Unhöflichkeit. In der *Günderode* berichtet sie von ihrem Prätendenten Gerning, einem »blechernen lackierten Kerl«, und sehr komisch von einem

---

* Bettines Schwestern Sophie und Gunda Brentano waren mit Susette befreundet gewesen, und nach Sophies Tod hatte das Zusammenleben mit Susette im Gontardschen Garten vor der Stadt Gunda von ihrer Trauerkrankheit erlöst. Dieser Garten war derselbe, in dessen Hecke Hölderlin und Susette ihre heimlichen Briefe hinterlegten.

rotgesichtigen Kammerherrn in Schlangenbad, der wie ein brünstig gewordenes Tier hinter ihr herlief und gegen den sie sich mit einem Regenschirm gewehrt haben will. Pech hatte auch ihr Italienischlehrer Fritz Schlosser, ein Neffe von Goethes verstorbener Schwester. »Dieser Junge hat kein vorteilhaftes Äußere, er ist still und bescheiden«, berichtet Meline im Juni 1805 an Savigny. Bettine übersetzte mit ihm Ariost. Als er sich in sie verliebte, ließ sie Ariost Ariost sein. Ausdauer war nun einmal nicht ihre starke Seite. Niemand hatte sie ihr beigebracht. Die sie liebten, mußten wohl immer wieder wie Clemens sagen: »Ach was brauchst Du zu lernen wenn Du so lieb bist beim Nichtlernen.«

Bettines auffallendes Wesen übte immer wieder eine besondere Wirkung auf Hochgestellte aus. Wer dauernd viele Untergebene, kaum Gleichgeordnete sieht und kennenlernt und sich einen Sinn für das Außerordentliche bewahrt hat, wird aufmerksam, wenn ihm besondere Menschen begegnen, noch dazu in reizender weiblicher Gestalt. Nicht nur Männer wie der blinde Herzog von Aremberg oder der Herzog von Choiseul (beide zudem von der Aureole des Emigrantenunglücks umgeben), der Herzog von Gotha oder der alte Dalberg interessierten sich für sie, sondern auch die Kurprinzessin von Hessen, über die Bettine sowohl im *Frühlingskranz* wie in der *Günderode* berichtet. Schon in diesen frühen Jahren zeichnet sich ab, was sich bei Bettine ein Leben lang beobachten läßt: Unter den Menschen um sie herum sind immer auch Hochadelige anzutreffen, die von Bettine allerdings möglichst in eine besondere Intimität und damit eine Nichtbeachtung ihrer üblichen Lebensrolle hineingelockt werden. So versuchte sie es, ohne allzuviel Erfolg, aber zu Arnims großem Ärger, in München 1809/10 mit dem bayerischen Kronprinzen, dem frauenseligen späteren Ludwig I., der sich im Alter geradezu entsetzt dagegen verwahrte, er könne in Bettine verliebt gewesen sein. So genoß sie zusammen mit ihren monarchistischen Töchtern in den Jahren nach Arnims Tod den familiären Umgang mit einigen preußischen Prinzen, obwohl sie politisch damit nicht hätte einverstanden sein dürfen. Und so inszenierte sie eine sonderbar irreale, nur briefliche Beziehung als Ratgeberin und weise Frau mit dem schwierigen Friedrich Wilhelm IV. von Preußen, an dessen Hof sie andererseits keinen Fuß setzte.

Man kann Bettine darin vielleicht am ehesten mit Goethes Mutter vergleichen. Wie diese benutzte sie die anerkannte weibliche Notwendigkeit, von anderen gestützt und gehalten zu werden, um sich selbst mit Hilfe dieser anderen grandios darzustellen. Es mag sein, daß die noch nicht allzuweit zurückliegende Aufstiegssituation ihrer Familie gekrönte und ausgezeichnete Häupter in einem besonderen Glanz erscheinen ließ, mehr als etwa bei Arnim, der schon als Kind ziemlich selbstverständlich in der Nähe des Hofes aufwuchs.

Trotz des Glanzes um sie herum, trotz zarter und derber Verehrung männlicherseits war und blieb Achim von Arnim der interessanteste Mann in Bettines Umgebung. Denn er verehrte sie nicht einfach – wahrscheinlich war es sogar eine Attraktion mehr, daß er das gar nicht so hemmungslos tat –, sondern er bezog sie in eine, *seine* Welt ein, die denn doch die begehrteste für Bettine war: die der »Dichtung«. Die Worte Dichter und Dichterin nehmen wir heute nur zögernd und skeptisch in den Mund. Bettine und ihre Zeitgenossen waren darin unbefangen, sie wußten genau, was das war, vielleicht jeder ein wenig anders, aber Dichten war eine heilige Tätigkeit. Wer dichtete, war im geistigen Zentrum der Welt, ihm war es gegeben, auszudrücken, was andere suchten. Ein Mensch im Einklang mit sich selbst – der ganze Mensch Ausdruck und zugleich Sprachrohr des Höchsten –, so ungefähr dachte sich auch Bettine den Dichter. Nicht der Priester und nicht der Herrscher waren für diese Zeit die höchste Ausprägung menschlichen Daseins, sondern eben der Dichter, der keine weltliche und keine geistliche Macht ausüben konnte, nur in Wort und Gedanken lebte und diese in Schönheit und Wahrheit faßte.

Eine berühmte Beschreibung Arnims, der man aufs Wort glaubt, lieferte Creuzer der Günderrode: »Arnim redet sehr wenig; was er sagt, ist gewöhnlich heiterer Scherz. Aber im Stillen, wenn ich so neben ihm ging, hab ich mich an seiner Erscheinung geweidet. Zuversicht und Kraft sind ihr aufgeprägt. Es ist doch was herrliches um dies kräftige Auftreten auf den Erdboden, um dieses heitere, klare, feste Blicken in die Welt hinaus, wie wenn sie einem dienen müßte. Das vermag Arnim, und zwar ohne gesuchte Kraft, ohne Brutalisiren, sondern so, daß die Kraft freundlich ist und gemildert und folglich schön. So soll der Mann sein.«

Außerdem war dieser Mann ein durchaus standesgemäßer Partner, ja sogar eine sehr gute Partie, jedenfalls noch im Jahre 1805. Möglich, daß gerade dieses offensichtliche Passen Bettine zum inneren Widerstreben herausforderte. Ganz so einfach konnte es ein Mädchen, das grundsätzlich »anders« und »besonders« sein wollte, der Welt, dem

Leben und der Liebe denn doch nicht machen. Sicher aber war es überaus reizvoll für sie, von Bruder und Freund in deren Arbeit einbezogen zu werden. Von nahem erlebte sie das Entstehen eines Werkes, das mit der geliebten Dichtung auf eine ganz neue und zeitgemäße Art umging und bald auch großen Erfolg hatte. So war sie in der Beziehung zu Arnim nicht nur Anteilnehmende, wie es die traditionelle Rolle der Frau zuließ, sondern Mitarbeiterin, Sammlerin, sicher Beurteilerin und vor allem, darin Seite an Seite mit dem berühmten Reichardt, Komponistin. »Bettine Brentano macht gar hübsche Lieder und Melodien«, schreibt Arnim am 1. September an Sophie Mereau, und Clemens meldet er ausführlicher (nach Wiesbaden), Bettine habe ein Lied aus seinem *Ariel* »recht schön musiziert«, was er als ein liebes Geschenk empfand. Bezeichnend und für Arnim sicher nicht nur sympathisch: Das Lied habe Bettines Musiklehrer Hoffmann sehr gefallen, und »als Bettine ihr gewöhnliches Fechterstück begangen, sie wolle es zerreißen und wegwerfen, ist er ganz wüthend aufgesprungen, hat mit den Füßen gestampft und den Kamm geschüttelt und die Federn gesträubt«.

Daß Arnim von ihrer Familie akzeptiert wurde und – vielleicht noch wichtiger – diese seinerseits akzeptierte, anders als die Günderrode, wirkte in Bettines Gefühlswelt sicher ebenfalls zu seinen Gunsten. Clemens und Sophie liebten ihn einträchtig. Eine rührende Szene berichtet Clemens von der kurzen Rheinfahrt, die das Ehepaar zusammen mit Arnim Mitte September 1805 von Wiesbaden aus unternahm. Auf dem Schiff schliefen nachts die Passagiere unter Deck einfach auf den Planken, unter ihren Mänteln oder unter mitgebrachten Decken wie Sophie, die eine grünseidene hatte, unter der sie im nächsten Jahr starb. Arnim lag neben Sophie. Clemens weckte sie, weil er »in der Nacht sehr traurig war«, und sagte zu ihr: »sieh waß unser Arnim so hübsch und grad da auf dem Boden liegt, ach wenn er tod wäre, wenn du und er tod wären! Damals schliefst du«, schreibt er an Arnim in dem Brief, der vom Tod Sophies berichtet, »und meine Thränen fielen auf dein Antlitz, ich habe dir es nie gesagt …«

Auch von der noch kleinen, aber im Großfamiliengefüge sehr wichtigen Familie Savignys wurde Arnim liebevoll aufgenommen. Gundel, Savigny und die kleine Tochter, ein knappes halbes Jahr alt, kamen Ende September aus Paris zurück. Arnim und Savigny hatten viel voneinander gehört, sich auch vielleicht 1799 in Leipzig schon gesehen, woran sich Arnim aber nicht erinnerte. Jetzt, mit 25 und 26 Jahren, lernten sie sich kennen. Sie mochten sich sofort und blieben in Freundschaft und Hochachtung verbunden bis zu Arnims Tod. »Ich lebe hier sehr einträchtig mit Savigny«, schrieb Arnim aus Frankfurt an Clemens in Heidelberg, und wenn er über Gundel berichtet, er habe sie »eben so unbefangen, annehmlig, gefällig widergefunden, dabey viel gewandter, und in zärtlicher Sorgfalt sehr ergeben für Mann und Kind«, so meint man seine Befriedigung über ein gelungenes Frauendasein herauszuhören.

Zu Bettines noch ganz kindlichem Entzücken bekam das Kind Savignys den Namen Bettina. Zur Taufe Mitte Oktober trafen sich Verwandte und Freunde auf dem Savignyschen Familiensitz Trages, einem Gut im Spessart, nicht weit von Hanau. Arnim war Pate wie Bettine und schrieb ein Taufgedicht, später bestickte Bettine eine Decke damit, »mit zwei schönen Kränzen von allerlei bedeutungsvollem Laub«. Diese Patenschaft sollte Bestand haben. Bettine und Arnim schrieben einander häufig über das kleine Mädchen, »mein klein braunes Kindchen« nennt es Arnim; Savigny berichtet er sogar einen Traum »von dem blau schwarz durchschimmerten Weiß ihrer Augen und daß ich keinem Kinde auf der Welt so gut bin«. Die Namensgleichheit und die schwarzen Augen legen nahe, daß ein anderes »Kind« namens Bettine mit gemeint war.[*]

Mit dem Trages, dem eigentlichen Dauerwohnsitz Savignys, war den Brentanos und der ganzen Freundesgruppe ein neuer Ort glücklichen Rückzugs zugewachsen, wie bald darauf der Garten des Bruders Franz vor dem Bockenheimer Tor in Frankfurt, später dann Winkel, das Franz 1806 übernahm und wo er 1814 sogar Goethe zu Gast hatte, und, wenn auch nur kurze Zeit, Schloß Bukowan in Böhmen. Es müssen schöne Tage auf dem Trages gewesen sein, lauter junge Leute in frischer Herbstluft, und der Anlaß war ein frommes, heiteres Fest. Clemens, den die melancholische und schon wieder schwangere Sophie nicht begleitete, war mit seinen 27 Jahren der Älteste. Er schreibt von der »rauschenden einfachen Fröhlichkeit«, die auch ihn, den ewig Komplizierten, den noch Trauernden »mit sich hingerissen hat«. Außerdem: »Wir thun hier nichts als den ganzen Tag mit der Flinte auf dem Feld hin und her gehn und gar nichts

---

[*] Bettina von Savigny, kurze Zeit verheiratet mit einem griechischen Historiker und Politiker, starb mit dreißig Jahren in Athen, vier Jahre nach Arnim, aber viel früher als ihre Eltern. Das gefährdete Leben dieser Generationen läßt immer wieder schaudern. Von Savignys sechs Kindern überlebten nur zwei die Eltern.

schießen, die Unterhaltung besteht einzig darin, daß man sich lieb hat.« Mit der Flinte auf das Feld ging vor allem Arnim, offenbar von der jagdungewohnten bürgerlichen Familie bestaunt. In einer Reihe späterer Briefe wird er als Vogelschütze liebevoll bespöttelt. Christian, Meline und Bettine Brentano waren da, der 20jährige Jacob Grimm, der seinem Lehrer Savigny als Adlatus in Paris zur Hand gegangen war, Hans von Bostel, ein Jurist, mit Clemens lange befreundet, über den mit Befremden berichtet wird, daß er sich am ganzen Körper wäscht, und wohl auch die Günderrode, obwohl Bettine die Gestalt ihres Buches nur bis Hanau im Wagen mitfahren läßt.

Die Tage in Trages erscheinen wie der leuchtende lebendige Kern eines Neuanfangs zwischen Bettine und Arnim, zwei nun erwachsen gewordenen jungen Menschen. Bezaubernd ist Arnims Phantasiereise ein halbes Jahr später in einem seiner ersten Briefe an Bettine: »Also im Mai sind Sie in Trages? Und ich werde dann mitten im Sande mit Pächtern rechnen und streiten ... oder ich tue das alles auch nicht und gehe über Halle ... über Magdeburg ... (hier folgen die einzelnen Reisestationen mit ihren Attraktionen, schließlich:) nach, nach, nach Trages, und da sähe ich Sie und alle, und wir müßten an der kleinen Bettine sehen, ob nicht alles wie im Herbste in ewiger, fester, starrender Unbeweglichkeit geblieben; von da könnten wir allenfalls weiter nach Michelsbach und Sicilien durch die Säulen des Herkules auf das Sandmeer fahren. Ich sehe das alles, höre die bräunlichen Tritone blasen und wie Kaninchen unter die Wellen schlüpfen, dann sehe ich wieder meine Papiere rings, die weiß geschäumte Flut, ich folgte den Syrenen gern, aber diese Flut wirft mich immer auf den öden Sandstrand zurück.« Michelbach in der Nähe des Trages, Süditalien und die afrikanische Wüste, die Sirenen und der märkische Sand: Unmögliches zusammengedacht und -gezaubert in Worten.

Doch kommen nicht nur Entzücken und Sehnsucht als Nachklang dieser Tage zur Sprache. Unmöglich blieb zu dieser Zeit noch viel anderes. Das Ans-Licht-Zerren von Gedanken und Gefühlen, das unermüdliche Bereden und Reflektieren Bettines und der Brentano-Familie widerspricht einer von Arnims wichtigsten Haltungen, der Diskretion. Der Widerwille zuzusehen, wenn Menschen sich gleichsam aufdecken, ist bei ihm verbunden mit der sehr preußischen und sehr männlichen Scheu, andere in sich eindringen zu lassen.

Unmutig schreibt er im Januar 1806 von Berlin aus an Clemens: »Wie ist es Euch allen ergangen? Ihr habt das meiste einer durch den andern früher verachten als kennen gelernt, bis euch in dem meisten nur das lieb war, was Ihr darüber gedacht, was Euch davon absonderte und losriß, das Sonderbare, was auch in Eurem Hause genial und phantastisch genannt wird.« Die ganze hochfahrende Familie also (obwohl ja keineswegs alle derartig prätentiös waren) betrachtet er in diesem Augenblick ausgesprochen kritisch. Bettine sei von allen noch am fähigsten, »sich von dem sonderbaren Grübeln loszureissen«. Und es folgen Ratschläge an Clemens, wie er mit der Schwester umgehen solle, die wieder, wie schon drei Jahre zuvor, ein Lebensprogramm Arnimscher Art für Bettine vorsehen: »... schreib ihr von Deinen Büchern, die Dir lieb, daß sie nur einen sieht und kennt, der mit Herzlichkeit etwas ergreift, ohne die Welt daraus wissenschaftlich zu construiren ... Zeige ihr die menschlichen Dinge recht nahe und treu; zeig ihr wie viel herrlicher es ist, ein Lied aus c dur ganz und vollendet spielen zu können, als systematisch alle Lieder auf c-dur zu bestimmen; ein Lied klar und rein aufzuschreiben, statt zehne in den Wind zu componiren; daß es gar nicht darauf ankömmt, Homers ganze Weltgeographie zu übersehen, wenn uns das Bild des alten Iliums, das Lager, die Flüsse rings nicht gegenwärtig – Du wirst sie leicht von dem großen Scheine des Talents zu dem in ihr liegenden genügsamen und feurigen Brennpunkte zurückbringen. Nur weil ihr die Dinge so fern stehen, wird sie von allen ihren Beschäftigungen gestört, hält weibliche Arbeiten gewöhnlicher Art für sich zu gering und traut sich keine Kraft zu ernsteren Bemühungen [–] vielleicht geben jene die Kraft zu diesen [–], nur diese Ferne raubt ihr die Anhänglichkeit an andre und jene Zutraulichkeit, worauf die Künste und die Menschen ihre Häuser bauen.«

Wir erinnern uns an das erste intensive Nachdenken Arnims über die Brentano-Familie im Jahre 1801 (vgl. S. 82 f.). Arnim hatte den selbstbezogenen »feurigen« Kern Bettines damals wohl positiver, idealisierter gesehen. Ihre Unerreichbarkeit hielt er früher für einen einmaligen Vorteil, weil sie zugleich sicher in sich selbst und doch liebesfähig sei. Nun, im Jahre 1806, fallen ihm die negativen Seiten mehr auf, die Zerstreuung durch Vielfalt, das Fehlen von Gründlichkeit. Weil es keinen Zwang zur Disziplin gibt, halten Argumentieren und Schwätzen das Eigentliche fern. Normale, auch »weibliche« Beschäftigungen empfindet ein dermaßen um sich selbst kreisender Mensch als Störung. Zugleich hat Bettine aber nicht nur zuviel, sondern auch zuwenig Mut zu »ernsthaften Beschäftigungen« wie Dichten, Komponieren, konzentriert Lesen. Der eigentliche Kern, an den

Arnim glaubt, ist jedoch da; er bleibt für ihn feurig, ist aber auch genügsam und nicht grenzenlos anspruchsvoll – ein gezähmtes Feuer, könnte man sagen.

Arnim ist sich in diesem Brief selbst nicht ganz klar über das, was er sagen will. Einige Stellen sind undeutlich. Er endet aber mit einer Sicherheit: »Bettine ist mir freundlich gesinnt, sie hält etwas auf mich« – und doch: »… und doch wäre es ganz zweifelhaft, wenn ich ihr dies oder Aehnliches schriebe, wie sie es aufnehme, wäre Christian dabey, sie fände es lächerlich, sentimental, flach, wenn sie allein, vielleicht zu hart, in jedem Fall würde sie statt den Eindruck zu empfangen, ihn messen, sie würde sagen, was sie dabey gedacht und wie ich darauf gekommen.«

Am selben Tag aber, an dem Arnim Clemens seine zögernde Einstellung zu Bettine mitteilte, begann er den Briefwechsel mit ihr in einem werbenden, bewundernden Ton.

PREUSSEN – VERGEBLICHE LIEBE

Sein Aufenthalt in Frankfurt und Heidelberg machte Arnim zu einem bekannten Mann im Reich der Literatur und begründete durch äußeren Erfolg den Standort im Leben, zu dem er sich mit dem idealistischen Posaunenstoß seines großen Lebensplanes selbst den Befehl gegeben hatte. Es gab aber noch andere Befehle, und die riefen ihn dringend zurück – in die Heimat, nach Berlin, nach Preußen.

In den Augen seiner Großmutter trieb Arnim mit dem *Wunderhorn* schlichtweg Unsinn. Seine Bildungsreise war schon seit anderthalb Jahren vorbei, und seitdem erwartete sie, daß er sich um sein Vermögen und seinen Stand in der Welt, in die er hineingeboren war, kümmern sollte. »Unthätig« fand sie den so eifrig Tätigen, darin einig mit dem Vormund der Brüder, Wilke, der sehr »wünschete ..., daß die junge Herren sich mehr auf ihre Güther aufhielten und sich darum bekümmerten ... Authors giebt es die Menge – nie sahe ich deren einen Reich.« Damit hatte sie recht. Nur war zu erringender Reichtum nicht Arnims Motiv für ein Leben mit der Literatur; umgekehrt: Sein Erbe ermöglichte ihm gerade seine höheren Aufgaben – für die Großmutter zweifellos eine verantwortungslose Verschwendung. Allerdings verlor das zu erwartende Vermögen seine ursprünglich grenzenlose Zuverlässigkeit. Krieg drohte, und Arnim war nicht so weltfremd, daß er das großmütterliche Vermögen, das fast ausschließlich auf landwirtschaftlichem Besitz beruhte, für unerschöpflich hielt. Frau von Labes hatte für das Jahr 1805 jedem ihrer Enkel 1500 Reichsthaler, die ihr eigentlich als Zinsen für ihnen geliehenes Vermögen zugestanden hätten, geschenkt.* Von diesem Geld konnte Arnim wie gewohnt leben, einen Diener bezahlen, in Frankfurt im Gasthaus statt in einer billigeren gemieteten Unterkunft oder im problematischen Goldenen Kopf wohnen und Kunst und alte Bücher sammeln. Weder Umstände noch Betragen ließen Ende 1805 eine geneigte

---

* Die völlige Verfügung der Großmutter über alles, was den Brüdern an mütterlichem Erbe gehörte, erklärt sich aus der Mißwirtschaft des Anfang 1804 gestorbenen Vaters, die die Großmutter auffing, indem sie Hypotheken auf Bärwalde-Wiepersdorf übernahm. Friedenfelde, das Erbgut der Arnims, war hoch verschuldet.

Großmutter erwarten. »Lieber Louis«, schrieb sie unter weiterer Mißachtung des Dichternamens Achim schon im Sommer sarkastisch an
den Enkel, »Ich thue hiermit berichten daß ich gestorben bin, dieses
konte ich Dir nicht eher berichten, da mir der Orth deines jetzigen
Auffenthalts gäntzlich verborgen war.« Ganz böse – und ganz tot –
war sie allerdings nicht, denn es folgt eine lange muntere Beschreibung eines Besuches in Wiepersdorf, das sie den Brüdern schmack-
haft machen wollte. Anfang November schlug sie Arnim ein gün-
stiges Quartier in Berlin vor, da sie ihn entsprechend seiner eigenen
Ankündigung seit Mitte Oktober täglich erwartete.

Es wurde fast Dezember, ehe er nach Berlin aufbrach. Nicht allein
der Druck der unliterarischen Familie komplizierte ihm das Leben.
Die Verpflichtung seiner Herkunft trieb ihn auch in einem anderen
Sinne um. Er gehörte zur staatstragenden Schicht, dem Landadel, der
noch immer ein fast persönliches Verhältnis gegenseitiger Verpflichtung zur Monarchie hatte. Welchen Staat aber sollte er tragen helfen?
Preußen war, wie die Königin Luise in dem berühmten Tilsiter Gespräch mit Napoleon sagen sollte, auf den Lorbeeren Friedrichs des
Großen eingeschlafen. Der schwache Neffe und Nachfolger des großen Königs, Friedrich Wilhelm II. (ab 1786), hatte den Status Preußens als einer europäischen Großmacht durch ungeschickte Außenpolitik, im Innern durch Verschwendungssucht und Rücknahme der
aufklärerischen Freiheiten (Presse, Religion) aufs Spiel gesetzt. Er
verbündete sich mit Preußens früherem Hauptfeind Österreich gegen
das revolutionäre Frankreich, das 1792 Österreich den Krieg erklärte.
Von den Franzosen gleich im ersten Feldzug geschlagen und in
Schwierigkeiten mit früher polnischen Gebieten verwickelt, löste
Friedrich Wilhelm II. sich 1795 im Separatfrieden von Basel aus der
gemeinsamen Linie der ersten Koalition gegen Frankreich (Preußen,
Österreich, Großbritannien, die Niederlande und Spanien). Eine De-
markationslinie sicherte daraufhin die Neutralität Norddeutschlands;
allein das Wort »Neutralität« muß für viele Preußen eine Kränkung
bedeutet haben. Der König hinterließ 1797 seinem Sohn Friedrich
Wilhelm III., der eine sehr lange und wechselvolle Regierungszeit (bis
1840) vor sich haben sollte, 22 Millionen Taler Schulden und die Kom-
promißlösung mit Frankreich, die immerhin weitere Kriege einstweilen verhinderte. Statt der linksrheinischen preußischen Besitzungen
waren Ansbach und Bayreuth und weitere polnische Gebiete Preußen
zugesprochen worden. Es konnte dennoch keine Rede mehr von einem mächtigen und souveränen Preußen sein.

Arnim war auf ganz natürliche Weise ein Patriot – von Clemens öfter deswegen bespöttelt –, und gerade deswegen hatte er es schwer. Wer sich mitverantwortlich fühlt, wird sich nicht bedenkenlos zur Verfügung stellen, wenn er der Politik seines Königs zögernd gegenübersteht. Wie viele Intellektuelle sympathisierte Arnim mit der Revolution, erlebte aber deren Folgen in der Realität seiner Frankreichreise als sehr enttäuschend: Wie ein Bier, das ausgeschäumt hat, »so leer ist alles nach dem Hauptknall und dem Aufbrausen geworden, was sich damals im Innern regte was ist übrig geblieben, statt einer Ehle ein mètre«. Doch bot die preußische Monarchie keine befriedigende Alternative; auch Friedrich Wilhelm III. konnte für Arnim keine überzeugende Verkörperung von Autorität sein. Der aus Taktik, Schwäche und Veranlagung beibehaltenen Neutralität stand er ambivalent gegenüber, wurde doch Frankreich, jetzt unter der Herrschaft des strategisch genialen Generals, später Konsuls und schließlich Kaisers Napoleon zum gehaßten Feind ganz Europas.

1803 brach der Krieg zwischen Frankreich und England erneut aus. Die Preußen hätten Hannover, das zur englischen Krone gehörte, schützen sollen. Da aber die Engländer die freie Schiffahrt verweigerten, die Preußen wollte, kam letzteres seinem Versprechen nicht nach, und so wurde Hannover von den Franzosen besetzt. Obwohl Preußen bei seinem Neutralitätsversprechen blieb, marschierte 1804 Napoleons General Bernadotte, späterer König von Schweden, zwei Tage durch Ansbach, also durch preußisches Gebiet. Für Friedrich Wilhelm ging es jetzt um die Ehre, und deshalb bereitete sich Preußen zum Krieg gegen Frankreich vor. Es trat 1805 in die bereits bestehende (dritte) Koalition – England, Schweden, Rußland und Österreich – gegen Frankreich ein. Napoleon schlug die Russen und Österreicher am 2. Dezember 1805 bei Austerlitz. Die Russen zogen sich daraufhin in ihr Land zurück. Durch das diplomatische Geschick des preußischen Gesandten Lucchesini erhielt Preußen Hannover zugesprochen, während die preußischen Länder Ansbach, Kleve und Neuenburg* unter französische Herrschaft kamen. In den dreißig Jahren etwa von 1790 bis 1820 – Bettines und Arnims »besten Jahren« – gingen ja Staatsgebilde und Herrschaftsgebiete wie große Fetzen zwischen den Mächten hin und her.

Die Situation in Preußen hatte sich also zugespitzt, ohne daß das Land nun gerade vor Kriegslust zitterte. Bisher waren Mittel-, Ost-

---

* Neuchatel in der Schweiz, preußisch seit 1707.

und Norddeutschland von französischen Plagen verschont geblieben, während der Süden unter Truppenbewegungen zu leiden hatte. »Hier ist heute und gestern alles Himmel und Franzosen«, schreibt Clemens Ende September 1805, also etwa zwei Monate vor Austerlitz, an Arnim in Frankfurt. Arnim selbst sah die Franzosen in Frankfurt einmarschieren, ein Ereignis, das er sich in Berlin nicht noch einmal zumuten wollte. Nach der Niederlage Österreichs war Frankfurt als Freie Reichsstadt »mitgefangen, mitgehangen und ganz zerknirscht wegen der Himmelschreienden Contribution«, mit der Napoleon sich an den Reichtümern der Bürger schadlos hielt. Einquartierung bedrückte den Goldenen Kopf und auch die viel kleinere Wohnung von Goethes 75jähriger Mutter, die damit aber ganz gut zurechtkam.

Arnim, der nun endgültig nicht mehr bleiben konnte, reiste nicht direkt nach Hause, sondern über mehrere Aufenthalte bei Freunden und *Wunderhorn*-Bekannten. In Süddeutschland traf er auf lange Züge elender Kriegsgefangener, er sah in Coburg die ersten Preußen und gönnte sich noch einen Aufschub in Weimar. Dort wurde er von Göttergunst gewärmt. Goethe wandte sich ihm ungewöhnlich freundlich zu. Arnim blieb mehrere Tage, wurde zum täglichen Mittagessen bei Goethe eingeladen, lernte vom Sohn August Schlittschuhfahren und sprach mit dem Vater über das *Wunderhorn*, dessen Widmung Goethe offenbar gern angenommen hatte. »Fast über jedes Lied« habe Goethe gesprochen. Seine Rezension, die einen Monat später in der *Jenaer Allgemeinen Litteraturzeitung* erschien – »herzlich, herrlich, Jung« (mit einem Emphase-Großbuchstaben!), wie Clemens sie entzückt beschreibt –, war ein wirkliches Ereignis und ein Glücksgeschenk für die Freunde.

Goethe verhält sich darin außerordentlich wohlwollend und väterlich-empfehlend gegenüber dem Grundgedanken der Freunde, daß Lieder aus dem Volk für das Volk aufgeschrieben und dann »allmählich belebt und verherrlicht zum Volke zurückkehren« sollten. Eine bessere Unterstützung für ihr unarchivarisches, unwissenschaftliches editorisches Verhalten hätten sich die Freunde nicht erträumen können. Niemand, so Goethe, solle Kritik an diesem Buch üben, sondern man habe sich zu bedanken für die »mit so viel Neigung, Fleiß, Geschmack und Zartheit« zusammengetragene Sammlung. »Von Rechts wegen sollte dieses Büchlein in jedem Haus, wo frische Menschen wohnen, am Fenster, unterm Spiegel, oder wo sonst Gesangs- und Kochbücher zu liegen pflegen, zu finden sein ...« Und nun macht sich der große Mann daran, tatsächlich jedes der 214 Gedichte behaglich zu charakterisieren (durchaus nicht nur positiv), ein Lehrstück überlegener und dennoch spontaner Literaturbeurteilung. »Lieblich konfus und deswegen Phantasie erregend« (*Liebe spinnt keine Seide*), »Zuckt aufs Bänkelsängerische, aber nicht unfein« (*Rattenfänger von Hameln*), »Einzig schön und wahr« (*Wenn ich ein Vöglein wär*), »Ruhiger Blick ins Reich der Trennung« (*Rosmarin*) ... Diese Rezension, auf die sich besonders Clemens in seiner weiteren Sammelarbeit und -propaganda immer wieder berief, hat dem Buch sehr geholfen.

Sicher trug Arnims angenehmer Besuch dazu bei, daß der oft steife und mürrische Geheimrat so lang und locker – tatsächlich jugendlich – über ein romantisches Produkt schrieb. Arnims Goethe-Beziehung wandelte sich von der selbstverständlichen Verehrung des großen Dichters im Vateralter zu einer ungläubig wahrgenommenen, aber dankbar ergriffenen Näheerfahrung, über die er in Tönen nahezu erotischer Ergriffenheit berichtet. »Er sagte mir die Prinze und Prinzessin hätten es [das *Wunderhorn*, H. B.] mit Lust gelesen. Es war mir dabey als wenn eine schöne Königin mit ihren Fingern durch meine Mähne striche und mir den Hals klatschte ... ich hatte den Tag mit Goethe zugebracht, Morgens übersah ich mit ihm von den Bergen der Rasenmühle die unendliche Sternensaat des Schnees ...« Rückblickend schreibt er an Goethe: »Ich sollte etwas von mir hören lassen war Ihr liebreicher Auftrag an mich beym leidigen Abschiede. Wenn ich von mir etwas hören wollte, ich würde immer und immer wieder mir erzählen, wie leicht und erwartend ich die sanften Stufen ihrer Treppe angestiegen, wie befriedigt und schwer ich immer abgestiegen auf die wildfremde, winterharte Erde ...« Und wie ein scheuer Verliebter fährt er fort: »Aber eben weil ich nur immer davon reden möchte, wie ich dies und alles in Ihrer Hand und in Ihrem Blick in schöneren Farben gesehen, so fehlte mir immer eine gerechte Aufschrift zu dem Anfange meines Briefes. Ich wünschte alles darin zu verbinden, was Sie mir sind mit Ihrem Weltgeschäfte, da ich doch in Ihrer Nähe mich bemühe alles zu vergessen, was Sie der Welt schon gewesen, weil Ihre Gegenwart mich so ganz erfüllt ...« Und welches Glück muß es gewesen sein, als Goethe »auf der Stelle« für den »lieben Brief« dankte!

Doch gab es eben auch in Weimar die »wildfremde, winterharte Erde« mit ihren Sorgen und Gefahren. Außer Goethe sprach auch dort alles »nur Krieg und Politik«. Goethe war nicht dabei, als Arnim ganz in die Nähe kriegerischen Engagements kam. Er war einen

Abend lang im Schloß beim Herzog Karl August und traf dort den gebildeten Leichtfuß, Frauenverehrer und späteren Helden seiner Königsfamilie, den preußischen Prinzen Louis Ferdinand. Außer Arnim und dem Prinzen waren die Geliebte des Herzogs, die Schauspielerin Jagemann, und deren Maler-Bruder dabei – vier schöne weltläufige Menschen vor den genießenden Augen und Ohren des fast 50jährigen Herzogs. Schon mittags hatte Arnim seinen früheren Kommilitonen Nostitz getroffen, jetzt Adjutant des Prinzen, wie er selbst aus preußischem Adel, und hatte sich seines »trägen Lebens« geschämt. »Der Prinz war herrlich in Hoffnung und Zutrauen, ich trank ihm zu Glück und Sieg und ein schönes Reich im Süden.« Und unversehens tat Arnim etwas, das er von sich selbst nicht erwartet hatte: »Nachher bot ich ihm meine Dienste an, wo er mich brauchen könnte. Ich habe das gesagt, ich weiß nicht wie; vielleicht war es der Kerl, der hinter mir steht nach Deiner Meinung und mir zuweilen aus den Augen sieht ...«

Clemens antwortete postwendend, zunächst auch er in einem Heldentraum an Arnims Seite: »... ich sah mich schon deine Waffen putzen, dein Zelt hüten, dir den Bügel halten, ich sah dich auffliegen und sinken, ich sah deinen Ruhm in meiner besten Liebe brennen.« Dann aber fährt er fort mit der ganzen Empörung eines Dichterzivilisten und Intellektuellen, der gegen sinnloses Blutvergießen reagiert: »... lieber Arnim, der Kerl der hinter dir steht, steht hinter manchem braven Soldaten, aber nicht oft hinter dem Dichter, und dem Gott des schaffenden Friedens, laße ihn um Gotteswillen hinten stehn, und hole ihn nicht mit Gewalt hervor, er ist nicht umsonst hinter den Stuhl gestellt ...«

Arnim war selbst nicht ganz überzeugt: »... ob es vorübergehen wird wie so manches, was ich in meinem Leben bedeutend glaubte«, fährt er unmittelbar nach der alarmierenden Mitteilung fort, »ich habe gethan, was ich nicht lassen konnte! Er hat mich zu sich gebeten in sein Hauptquartier, in ein paar Tagen bin ich dort.« Eine wahrhaft melancholische Motivation für einen Einsatz als preußischer Offizier! Doch offenbar hatten ihm die Götter, Gott oder das Schicksal dieses Amt nicht zugedacht. Vier Tage später kommt die Rücknahme: »Waffenstillstand* – Winterschlaf, ich gehe nicht ins Hauptquartier ...«

---

* Wahrscheinlich meint Arnim den am 12. Dezember in Schönbrunn geschlossenen Vertrag, in dem Preußen im Tausch gegen Kleve, Neuenburg und Ansbach-Bayreuth Hannover erhielt und durch ein Beistandsbündnis in das Napoleonische

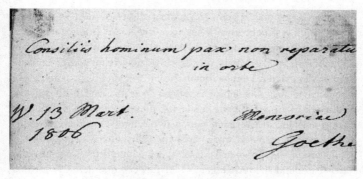

Goethes Eintrag in Arnims Stammbuch.

Es hört sich so an, als habe Arnim, beeindruckt von Goethes Abstinenz, sich dessen überlegen fernstehender Haltung angenähert. Er habe »alles übrige ertragen und entsagen« gelernt und »ganz lustig ein Paar traurige Lieder geschrieben«. Wie in dieser Zeit üblich, bat Arnim Goethe um einen Eintrag in sein Stammbuch, ein sorgsam gehütetes Buch, in das man Freunde und Berühmte zur Erinnerung etwas hineinschreiben ließ oder auch Zugeschicktes einfügte. Goethe sandte Arnim im März eine würdige lateinische Sentenz: »Consiliis hominum pax non reparatur in orbe. Memoriae Goethe.«* Auch hier mahnt er also zum Rückzug aus der Aktivität, zum »Ertragen und Entsagen«, und rät zum Geschehenlassen, zu einer Art Weltfrömmigkeit, die Arnim sicher christlich umdeuten konnte. Arnim nannte den Satz einen »wunderherrlichen Ausspruch über unsere Zeit«. Jedenfalls hat er in der nächsten Zeit politisch beobachtet und gelegentlich sarkastisch kommentiert, aber nicht mehr aktiv in das politische Geschehen eingegriffen.

Clemens Brentanos Reaktion auf sein militärisches Engagement wird das Ihre beigetragen haben. Seine leidenschaftlichen Worte sind ein paradigmatisches Plädoyer gegen den Unsinn idealistischer Menschenverschwendung im Krieg und verdienen deshalb, hier ausführlich zitiert zu werden: »... wenn das Schwanken deines Vaterlandes

---

System eingegliedert wurde. Die Nachricht, selbst wenn sie für den preußischen Prinzen und den Herzog besonders eilig übermittelt wurde, könnte durchaus erst am 19. oder 20. Dezember eingetroffen sein.

* »Nicht durch Beratungen (oder Überlegungen, Einsicht) der Menschen wird der Friede in der Welt wiederhergestellt. Zur Erinnerung Goethe.«

zwischen Krieg und Frieden gleich nicht aus ideellen Ansichten hervorgehen mag, so geht es doch hervor aus dem waß einen Staat in dieser Zeit allein charakterisiert und hält, aus dem richtigen Bewustsein seiner Kräfte, und der Erkenntniß, sie da und dann zu Gebrauchen, wo es sich geziemt. Die Staaten in dieser Zeit sind Egoisten ... Aber ich glaube nicht, daß die freie herrliche Seele, die nach Gottes Ebenbild erschaffene schaffende Seele für diesen Egoisten sich wagen darf, ja es ist ihr allein erlaubt alles, waß der Egoist brach und dürr liegen läßt mit listiger Kunst, zu veredlen, und in dem Meere des Staats grüne Inseln hervorgehen zu lassen, die ... endlich ... ein unsichtbares Vaterland hervorbringen. O Arnim erkenne deine Kraft und deine Zeit, sieh Göthen an, werde waß du kannst, auch der edelste Wein, ja Gottes Blut berauscht nur zur Thorheit in diesen Tagen ... spreche aus waß ewig im Menschen ist ... gieb es dem ordnenden Gedanken, dem lebendigen Wort ...«

Anschließend holt Clemens zu einer großen Huldigung an Arnims Einzigartigkeit aus: »... wenn ich auf unsere neue poetische Kunst sehe, so muß ich immer dein gedenken, du bist so menschlich, gefällig, gütig, gedankenvoll, überschwenglich produktiv, so gar nicht eitel, so vielseitig, hast solche Liebe zu unerkannter Kunst, stehst mit allem so versöhnt.« Er überschlägt sich in ungewohnte Worterfindungen hinein: »bist so sicherstellig und segenbar ... und kaum betrittst du die Dichterbahn, so begegnet dir der beste lebendige Meister auf der Chaussee, wollt ich sagen Kunststraße, und bietet dir tröstend und freundlich die Hand, dir, dem alle abgeschiedenen großen Dichter geliebt sind, ist Goethe befreundet, von dem kein Jüngling dieser Zeit sich des Vertrauens rühmen kann ... lieber Arnim, sei doch eine Minute eitel und bleibe ein Dichter ...«

Die Sorge des Freundes wäre gar nicht nötig gewesen. Arnim lief im Grunde vor dem Krieg davon, zunächst, wie auf dem Hinweg, nach Giebichenstein bei Halle zum Familienfreund Reichardt, bei dem er wie ein naher Verwandter zu Hause war und zehn Tage blieb. Es war Weihnachten. Der Krieg verschwand unter lauter Zierlichkeit. Die Töchter Reichardts schenkten Arnim »einen wunderlichen Confect: Mörser, Kanonen, Scepter von Marzipan«. Er selbst ließ einen Bienenkorb machen mit der Aufschrift *Den Geselligen*, »summte dazu« und ließ viele Marzipanbienen an Drähten darüberschweben. Louise, die begabte älteste Tochter Reichardts, die Arnim liebte, schenkte ihm ein winzig geschriebenes, selbstkomponiertes Lied aus seinem *Ariel,* in eine hohle Nuß hineingefaltet. Seine politischen Erwartungen aber, so schrieb Arnim an Goethe, habe er über die Felsen an der Saale hinuntergeworfen.

Arnim mußte nicht einmal allein nach Berlin reisen, sondern fuhr zusammen mit Reichardt. Die von der Großmutter angebotene Wohnung schlug er aus, und er logierte statt dessen im Gasthaus, aus einer Art von Trotz, »um sich nicht einheimisch zu fühlen in einer der hohläugigen Straßen«. Im Grunde wollte er so schnell wie möglich wieder weg. Den langen Brief, den er im Februar 1806 an Goethe schrieb, mag er wie eine willkommene Aufgabe empfunden haben. Ein heutiger Journalist hätte für diese Art persönlicher Kulturreportage reichlich zu tun, um in etwa vier Wochen zusammenzutragen, was Arnim nach Weimar meldete. Nur kurz geht er auf die politischen Verhältnisse ein. Es folgt nicht nur eine lebendige Darstellung der öffentlichen Sammlungen – Antiken, Bernsteinsammlung, Mineralien, Anatomie –, sondern auch von zwei Bildhauerwerkstätten (bei Schadow und Wichmann), ein Bericht über verschiedene Kunsthandwerksfabriken (Silber- und Eisengießerei, Stuck, Steingut, Porzellan), über Besuche bei Malern und deren allgemeine Beurteilung. Die Gelehrten in ihrer »alten beweglichen Unbeweglichkeit«, namentlich genannt und näher geschildert Alexander von Humboldt und Fichte, kommen ebenso schlecht weg wie das Theater, »das alte schwache, träge, reducirte Stückpferd, dem man das Futter unterschlagen«. Gerettet habe sich Arnim »aus der großen Gesellschaft in die kleine, Berlin zeichnet sich in einer angenehmen Wildheit kleinerer Kreise aus, wo die alten Spiele Blinde Kuh, Mehlschneiden, Pfänder usw nicht verschmäht werden«. Also auch hier: der Versuch, sich ins Harmlose zurückzuziehen.

Ehe er den Brief abschickte, erhielt Arnim von einem Freund Goethes Rezension des *Wunderhorns*, von der er bisher nichts wußte. »Ich wäre glücklich«, schrieb Clemens, »wenn ich dich hätte Göthens Rezension lesen sehen, wie muß dir das Herz gehüpft haben, das liebe musikalische Herz ist wohl nicht leicht in adlicheren Takten eines frohen Selbstgefühls getanzt.« So fehlte es also nicht an einer grundlegenden Freudenzutat im Lebensgemisch dieser Monate. Goethes freundliche Antwort auf den langen Brief, in der er sich sehr höflich noch einmal bedankt für die »lebhafte und dauernde Freude«, den »reinen Genuß« des *Wunderhorns*, mag im übrigen von guter Laune wegen Arnims mitgesandter Geschenke beeinflußt gewesen sein. Es waren Proben aus einer Eisengießerei, darunter ein Löwenkopf, den

Goethe sogar in sein allen Freunden heiliges Haus integrierte – »er prangt an der alten Thüre zum Speisezimmer«.

Arnims Äußerungen über den Zustand Preußens sind genau und bitter. An Clemens geht die Schilderung eines Maskenballs am Königshof, wo Königin Luise als Titania erscheint, »diamantne Strahlen um den Kopf, unter dem schönen Nacken vergoldete, mit Diamanten besetzte Flügel, ein diamantner Blumenstab in der Hand«. Die ernste Zeit wurde demnach vom Hof in seinen repräsentativen Festlichkeiten noch nicht zur Kenntnis genommen. »Die Erleuchtung war künstlich, in ausgeschnittenen Citronen, die mit Oehl gefüllt. Der Hof sah übrigens aus, als wenn er das ausgeschnittene saure Zeug hätte fressen müssen; sie hatten es alle bis zum Hals.« Die preußischen Truppen sah er vom nicht stattgefundenen Krieg zurückkommen, der König sei den meisten heimkehrenden Regimentern entgegengeritten; sie waren nicht kleiner geworden durch Verluste an Gefallenen, dafür aber an Deserteuren, »es sind viele davongelaufen bey der Nachricht vom Rückmarsche, besonders bey des Königs Leibregiment«.

Die Entfernung von der eigenen, der selbstgeschaffenen Welt machte Arnim mitteilungsbedürftig. So war der 26. Januar 1806, Arnims 25. Geburtstag, der Tag nach der sauren Redoute bei Hof, ein Tag vieler Briefe. Arnim schloß einen an Savigny ab, gab den langen ersten Bericht aus Berlin an Clemens auf die Post, in dem sein oben beschriebenes Unbehagen an Bettines Wesen einen so strengen Ausdruck gefunden hatte, und konnte es vielleicht gerade deshalb nicht lassen, den Briefwechsel mit Bettine zu eröffnen. »Freundliche, Werte« nennt er sie, bittet um ein paar Worte, schickt ihr einige eigene Gedichte und Kompositionen von Reichardt. Er unterschreibt sehr offiziell: »Hochachtungsvoll der Ihre, Achim Arnim.« So beginnt mit diesem kurzen Auftakt – Arnim in Berlin an Bettine in Marburg – das Schreiben zwischen den beiden, das ihr gemeinsames Leben begleiten wird, bis fast genau 25 Jahre später der letzte, sehr sorgenvolle Brief drei Tage vor Arnims Tod mit den Worten endet: »… ich küsse Dich von Herzen und mit der Sehnsucht, bei Dir zu sein. Bettine.«

Keine Rede ist in diesen ersten Briefen von Mißfallen und Erziehungswünschen. Beide tändeln höflich und interessiert, spreizen sich ein wenig und zeigen, wie gut sie schreiben können. Von Bettine gibt es Briefe ähnlichen Charakters an andere Personen – an Tieck, auch an Savigny, an Goethe natürlich –, von Arnim nicht einen einzigen. Die Themen drehen sich um Musik, um Kulturgeschehnisse, um

Nachrichten aus dem eigenen, für die Erzählung hübsch zurechtgemachten Leben und aus dem der Familie, und ein wenig nicht allzu schmerzliche Sehnsucht klingt an.

Doch allmählich vertieft sich der Ton, wird ernster, zugleich unbefangener, weniger komponiert. Eine erste wirklich persönliche Mitteilung schickt Bettine nach der Abreise von Marburg über ihre Abschiedsgefühle beim Verlassen dieser kleinen Welt der Stille und des Studiums, die sie vor allem im Günderode-Buch beschreibt. Sie war bei der Familie Savigny und doch für sich, ganz anders als in Frankfurt: »... so ganz allein und doch so froh und ruhig war ich noch nie.« Sie steigt noch einmal auf den Turm, den sie so oft besucht hat, sieht von oben traurig den gepackten Reisewagen und hält Rückschau auf dieses halbe Jahr. Wehmütig denkt sie an ihre Tage und Abende auf dem Turm – »... da war ich so froh, wenn ich mich an einem hellen Tag so recht müde geklettert hatte, immer noch höher, immer noch besser wollt ich sehen – ob ich wohl ferner im Leben noch diesen Eifer haben werde, immer noch höher zu steigen, immer noch besser zu schauen und zu erkennen, was gut und schön ist?«. Das war kurz vor ihren schweren Erfahrungen mit der Günderrode. Was Arnim dazu zu sagen hatte, wie er Bettine half, davon wird später zu erzählen sein.

Arnim fuhr im März ratlos mit seinem Onkel Schlitz nach Neustrelitz in das mecklenburgische Herzogtum von Königin Luises Vater und hielt sich, aus welchem Grund auch immer, mehrere Wochen lang bei seinem Onkel auf, der, obwohl Preuße, ein Haus im Residenzstädtchen des kleinen und nicht sehr reichen Großherzogtums Mecklenburg-Strelitz besaß. »Morgens sehe ich auf den Hühnerhof meines Onkels, Abends auf den Hof des Herzogs.« Am Hof allerdings war »ein sehr angenehmes Hoffräulein« – war das ein Grund? Zusammen mit dem Onkel reiste Arnim noch etwas weiter nördlich nach Karsdorf auf dessen Gut. Graf Schlitz war einer der energischen und leidenschaftlichen Parkanleger jener Zeit (wie auch Eduard in den *Wahlverwandtschaften*), von denen Fürst Pückler der bekannteste geworden ist. Burg Schlitz, von Arnims Onkel damals erbaut, ist heute noch zu besichtigen. Arnim ordnete sich in diese stille ländliche Familienwelt ein, las der verehrten sanften Tante vor, die schlechte Augen hatte, spielte mit der achtjährigen Tochter Adele und begleitete den Onkel »auf seinen ökonomischen Kreuzgängen«. Er schoß wieder Vögel, ritt über die schönen Hügel und vermißte Musik und Gesang.

Die Briefsammlungen des Onkels, darunter deutsche Briefe von Friedrich dem Großen, gingen durch seine Hände, er erfuhr auch manches über seine eigene Familie, so über den Großvater Labes. Schlitz hatte offenbar die Dokumente von der Großmutter und von Arnims Vater übernommen. Auch seine eigenen Kinderbriefe fand er zu Dutzenden hier vor.

Ein schwerer Reitunfall kurz vor der beabsichtigten Rückreise nach Berlin wirkt wie die äußere Realisierung innerer Hemmung. Arnim wollte das Pferd an die Kandare gewöhnen, es wehrte sich, bäumte sich auf und überschlug sich. Zufällig geschah dies an einer schadhaften Stelle des gepflasterten Hofes, also auf weichem Boden, so daß »der Lebensseulen (sic!) Mark und Knochen geschont« wurden. »Ich lag wie ein Titane unter einem Berg, der Berg stand auf, ich auch, aber ich war lahm.« Ein Bein war lädiert, Arnim mußte in Karsdorf bleiben. Einer seiner kurzen Gewaltausbrüche zeigt, auf welcher Glut seine Freundlichkeit und Milde aufgebaut, wohl auch: ihr abgerungen war. Er wünscht dem englischen Hengst, »heimlich« allerdings, »daß ihm in der Schwemme die Augen geblendet werden, daß ich ihn noch todt reiten könnte«.

In Rostock, wohin er zusammen mit Schlitz zu einem zentralen mecklenburgischen Gerichtstermin gereist war, nahm Arnim Abschied vom Onkel, dann in Karsdorf von Tante und Nichte und reiste ab in Richtung Berlin. Unterwegs besuchte er endlich wieder einmal das nördlich von Berlin gelegene Erbteil seines Vaters, die verpachteten und hochverschuldeten Güter Neudorf, Kölpin und Friedenfelde unweit von Prenzlau. Die Arnims hatten außerdem das Patronat über das Bauerndorf Kaakstedt, in dessen Kirche Arnims Vater begraben liegt. Mit seinem Bruder, der sich mit nicht allzu großer Begeisterung um die Bewirtschaftung der Güter kümmerte und auf Friedenfelde mit ihm zusammentraf, hatte er Streit, diesmal über die politische Lage. Pitt war – und blieb auch später – konservativ und scheint der Regierung rundheraus vorgeworfen zu haben, daß sie nicht tat, was sich preußisch gehörte, nämlich in den Krieg zu ziehen. Arnim, zwischen den Stühlen sitzend wie Intellektuelle so oft, berichtet an Clemens, er habe in diesem Falle die Neutralitätspolitik des Königs verteidigt. Und unmittelbar danach spricht Arnim von seiner »großen Lust nach Wiesbaden«, denn er fühle seine »Empfänglichkeit für Rheumatismen«. Statt in den Krieg zur Kur – das war für einen preußischen Adligen wahrhaftig ein resignativer Entschluß!

Die ersehnte Reise nach Süden führte ihn über Wiepersdorf-Bärwalde – eine flüchtige Befolgung des Wunsches der Großmutter, sich um die Güter zu kümmern. Doch ganz entgegen ihrem Wunsch und Willen hatten die Brüder einen neuen Pächter dafür gesucht. Es sollte noch lange dauern, bis Arnim mit Interesse, geschweige denn mit Liebe von seinem Ländchen sprach. Sonderbarerweise »fand« er, wie er an Clemens berichtet, ausgerechnet in Bärwalde, diesem völlig unliterarischen Ort im märkischen Sand, ein schriftliches Produkt eines Mannes, der für Bettine und ihn sehr wichtig werden sollte: ein Sonett »von einem Varnhagen …wie dabey stand, in der Nacht geschrieben, wo er meine V[olks]L[ieder]Abhandlung gelesen«. Erklären läßt sich dieses Zusammentreffen wohl nur dadurch, daß Arnim für die Reise Lesematerial mitgenommen hatte.

Er reiste weiter ins freundschaftliche Giebichenstein, wo er mehrere Wochen blieb. Er genoß den Sommer, die kulturvolle Umgebung, die vertraute Familie. »Hier wohne ich in Reichardts Haus und Garten wie ein eigen dazu gesandter Bauer, so angenehm und eingewohn(t) bin ich mit allen, über mir ziehts hell und dunkel, es kümmert mich nicht, so auch die Weltgeschichte rings, die mir zur reinen Zeitung geworden.« Auch dachte er wieder intensiver ans *Wunderhorn*, was in dem musikalischen Haus sicher mit dem größten Wohlwollen unterstützt wurde. Vielleicht ist es für uns Heutige ungewohnt, bei einer gedruckten Volksliedsammlung an die Melodien zu denken. Arnim und Brentano wünschten sich Worte und Musik immer zusammen, daher auch die Hochschätzung von Bettines musikalischer Begabung. In Giebichenstein lebte Arnim in familiärer heiterer Gemeinschaft mit den Töchtern des Hauses, besonders nah mit der Komponistin und Sängerin Louise (1779–1826), die im Jahr seines Besuchs, 1806, ihre erste eigene Liedersammlung herausgab und allgemein als eine bedeutende junge Frau angesehen wurde. Sie war nicht die schönste der schönen Reichardt-Töchter, denn sie war pockennarbig, aber schlank und angenehm und gleichsam ausgezeichnet durch ein schweres Schicksal – sie hatte zwei Verlobte sterben sehen –, das ihr ursprünglich heftiges Wesen beruhigt und gemildert hatte. »Louise sang mir meine Lieder … so klockenhell vor, daß ich mich für einen unwissenden Handlanger in einer Goldküche hielt«, schreibt er an Bettine. Einige Tage war er im nicht sehr fernen Bad Lauchstädt, wo Goethes Weimarer Theater während der sommerlichen Badesaison eine Dependance hatte, und sah *Die Natürliche Tochter*, *Egmont* und *Figaro*. Sieben Jahre zuvor hatte er als Student in Halle, wo Theateraufführungen verboten waren, hier den *Wallenstein* gesehen. »Es ist doch eins der reizendsten Bäder der Welt«, schrieb er an Bettine.

Diese Sommerwochen waren ein Aufschub, ein Stillstand der Zeit, eine kurze Rückkehr in sorgenfreiere Zustände. »Ich lebte bei Reichardt sehr angenehm, es ward mir ein ruhiges Zutrauen, Willkür soviel ich mochte, Licht und Musik soviel ich liebhabe.« Dennoch: »Ich mußte weiter.« An Savigny, der allmählich zum Freund wurde, schrieb Arnim seufzend: »Ich möchte wohl noch einmal studieren, aber ins Schlimmere rollet die Zeit und kann nicht zurücke.« Ende Juli reiste er endgültig ab. Die Angst und Spannung vor dem Krieg waren allgegenwärtig. Immer noch beabsichtigte Arnim, unterwegs weiter Volkslieder zu sammeln, dann Clemens in Heidelberg zu besuchen und dort den zweiten Band des *Wunderhorns* zu besorgen.

Das Kurfürstentum Hannover, vorher in Personalunion mit England verbunden, hatte, wie schon erwähnt, der preußische Gesandte in Wien für Preußen erhandelt. »In Hannover fiel es mir wie Schuppen von den Augen«, schreibt Arnim an Bettine, offenbar hat ihn dort die Nachricht von der Mobilisierung Preußens erreicht. Der Tag der so lange gefürchteten, dennoch mehr und mehr herbeigewünschten Entscheidung war der 10. August. Soldaten und Offiziere seien einverstanden, ja begeistert, berichtet Arnim eine Woche später an Clemens und Bettine. »Sie glauben sich so beschimpft und vernichtet durch die bisherigen Verhandlungen unseres Königs, daß sie nur in Blut sich zu reinigen meinen.« Und an anderer Stelle: »Wahrscheinlich sind wir von Frankreich aufgeopfert, es soll aber bei allen guten Geistern ein willig Opfertier finden. Die Armee ist voll Freude, unser Sand wirbelt vor Lust, daß er getränkt wird, die Ernte ist reif, schneide sie, wer die Sichel führen kann.«

Diese heftigen Sätze sind für uns nur noch aus dem Kontext der Zeit zu verstehen. Pazifistisch waren allenfalls Sektierer. Arnims Gedanken an Tod und Gewalt hätten keinen Zeitgenossen befremdet, schon gar nicht die Angehörigen seines Standes. »Verluste« einzukalkulieren gehört ja für die Strategen aller Zeiten zum Geschäft. Arnim blieb immerhin empfänglich für den erbärmlichen Eindruck, den Soldaten nach der Ausübung ihres eigentlichen Handwerks machten: »sie kennen nichts als die blauen Flecke von den Göttertritten.« Aus seinem inneren Zwiespalt heraus hatte sich in ihm eine Art Untergangssehnsucht ausgebildet. »Was sollte bestehen, was nicht die Kraft dazu hat! Fort mit uns, wenn wir nicht würdig dieser stolzen Erde, sonst wollen wir uns aber anklammern und einbeißen in dieses liebliche Eigentum!« schreibt er an Bettine, nimmt sich aber sofort ambivalent zurück: »es kann wohl auch alles schlecht und mittelmäßig werden, im Frieden ist kein Heil mehr, im Kriege Verzweiflung.«

Für Klarsichtige war die Niederlage Preußens unvermeidlich. Die Verbündeten Rußland und Österreich waren geschlagen, 16 süd- und westdeutsche Fürsten hatten sich unter Napoleons Protektorat zum Rheinbund zusammengeschlossen und sich verpflichtet, Frankreich militärisch beizustehen. (Der Primas dieses Bundes, Karl Theodor von Dalberg, ist uns schon als Verehrer Bettines begegnet.) Hätte sich also Clemens Brentano zum Kriegsdienst entschlossen, so hätte er gegen Arnim antreten müssen – falls der sich entschlossen hätte ... Preußen, nur noch mit Sachsen im Bunde, war von Feinden umzingelt. »Jetzt stehen wir allein, ganz verlassen, ohne Rücksicht; denn es geht auf Leben und Tod.« Arnim richtete also seine Hoffnungen auf den, »der den Morgenstern hält«. Er werde Preußen nicht fallen lassen, »oder er gibt uns einen Leichenmarsch, daß alle Völker mitweinen sollen zur letzten Ehre«. Der Leichenzug war wahrscheinlich – daß die Völker weinen würden, eher nicht.

Arnims Beziehung zu seinem Vaterland fand ihren Ausdruck in einem ungewöhnlichen Gedicht, das thematisch mit einer wichtigen Selbstdefinition des sich langsam genauer kennenlernenden Paares zu tun hat. Um die wichtigste Aussage des Gedichtes herum führten Bettine und Arnim ein intensives Gespräch über sechs Briefe hinweg, drei von ihm und drei von ihr, und deshalb soll hier ausführlich darauf eingegangen werden. Arnim schrieb die drei Strophen Varnhagen, den er in Giebichenstein kennenlernte, ins Stammbuch. Der spätere Ehemann der 14 Jahre älteren Rahel Levin war erst 21 Jahre alt und Arnim für ihn sicher schon ein literarisches Objekt höchsten Interesses.[*] Die Verse lauten:

> Fest beiß ich mich, mein schwankend Vaterland,
> Und beiß in dich mit allen Zähnen ein,
> Dir tut's nicht weh, ich mag nicht schrein.

---

[*] Varnhagens Sammelsucht und zwanghaftes Archivieren sind oft bespöttelt worden – wir verdanken diesen Eigenschaften aber unendlich viel, vor allem die sog. Sammlung Varnhagen, die zum Glück nach längerer Verschollenheit in den achtziger Jahren in Krakau wieder zugänglich gemacht wurde, eine Schatzgrube der Romantik.

Seis Liebeswut, seis häßlich ohn Verstand,
So tief ich einbeiß, du bist gerne mein,
Willst Mutterbrust dem Kinde sein.

So schwanke denn im Wind, du loser Sand;
Er schwankt, will meine lustge Wiege sein,
Mein Vaterland, und ich bin dein.*

Das Vaterland, allegorisch in allen Ländern weiblich dargestellt, wird wie eine leidenschaftlich begehrte, nicht sicher besessene Geliebte gesehen. Im Beißen als Liebesakt wird sie als unverwundbar phantasiert – unverwundbar wie eine Mutter, die das Beißen des saugenden Kindes aus Liebe erträgt. Der Sprechende beißt sich fest, um nicht schreien zu müssen – eine verzweifelte Liebe, enttäuscht schon lange, doch immer wieder weitergetragen. Man denkt an Arnims Mutterentbehrung und bedauert die Liebespartnerin, die das Fehlen des Weiblichen in seinem Leben ausgleichen und die Enttäuschung an der Mutter wiedergutmachen soll.

Ob das Vaterland wirklich trotz des tiefen Einbeißens »sein« bleibt, ist zweifelhaft. Das Gedicht beschwört mehr, als daß es glaubt. Das Vaterland, die Geliebte, die Mutter »schwankt« wie die ganze Welt und alle hergebrachten Wertvorstellungen seit der großen Revolution. Vielleicht sagt auch diese Mutter wie Arnim: Fort mit euch, ihr verdient nicht zu leben. Vielleicht hat sie nichts bereit als »den Hügel Sand im lieben Vaterland«, den sich Arnim in einer späten und sehr bekannten Gebetsstrophe wünschte, die Bettine über sein Grab an der Wiepersdorfer Kirche setzen ließ. Der karge Mutterboden, der so schwer urbar zu machen ist, wird zur sandigen Wiege für die Ewigkeit, die Arnim wie in verzweifeltem Todeslachen »lustig« nennt. Als einzige Gewißheit erscheint beim ersten Lesen das emphatische »Mein Vaterland, und ich bin dein« in der letzten Zeile. Doch hat man das ganze Gedicht genauer bedacht, so gilt die Gewißheit nur für den Tod. Das Einbeißen ist vielleicht überhaupt ein Antidotum gegen die Versuchung, sich selbst aus dem Staub zu machen, nämlich in Depression oder deren äußerste Konsequenz, den Selbstmord, zu entfliehen.

---

* Der Eintrag ist datiert vom 6. Juli, obwohl Arnim bereits am 1. Juli an Clemens davon berichtet. Wahrscheinlich hatte Arnim vergessen, das Datum dazuzusetzen, und Varnhagen bat ihn nachträglich darum. Die Unterschrift »Zur Erinnerung der Zeit Ludwig Achim von Arnim« stand sicher schon da.

Bettine hat den Brief vom 16. August 1806, in dem Arnim das Bild ihr gegenüber gebraucht, postwendend beantwortet. Sie hatte selbst Schweres auf dem Herzen, denn erst drei Wochen zuvor hatte sich die Günderrode umgebracht. Vielleicht gerade deshalb fühlt sich Bettine aufgerufen, Arnims Phantasie etwas entgegenzusetzen – und stößt auf die Unmöglichkeit zu tun, was sie eigentlich möchte: zu ihm hinreisen. »Nur jetzt in diesem Augenblick möcht ich da sein, wo Sie sind, ich scheue mich nicht es zu sagen.« Für ein Mädchen war das ein sehr kühnes Angebot, so etwas tat man nicht. Sie spürt, wohl zum erstenmal, den Mut und die Kraft, Arnim in einer Situation zu helfen, die er selbst anders einschätzt als sie und in der sie sich mit der Sicherheit der dem Leben und nicht dem Tod verpflichteten Liebe im Recht weiß. »Mit breiten Flügeln« möchte sie ihm »Schatten geben und Kühlung mit treuem Herzen«. Sie spürt das Überhitzte an Arnims Ausbruch. Als ob auch sie wie Clemens den »Kerl« fürchtet, der »hinter ihm steht«, möchte sie ihn dazu bringen, »den Wächter zu überwinden, der ihn im engen Schicksal gefangen hält«. Sie glaubt, er müsse sich zuerst selbst erneuern, wenn er die Welt neu und herrlicher sehen will. Sie setzt ein eigenes Bild dagegen: »Nur der mit Leichtigkeit und Freude die Welt sich zu erhalten weiß, der hält sie fest. Strengt euch nicht zu sehr an, meine Freunde, beißt, klammert euch nicht an, spielt lieber Ball mit ihr, sie ist ja *rund*, wer sie im Gleichgewicht zu halten weiß, der fängt sie immer wieder.« Sie erinnert an Troja, dessen »junge Helden die Burg zusammenrissen, um die Burg selbst zu retten«, und hinterher schrien und jammerten: Troja ist nicht mehr.

Bettines Leichtigkeit war alles andere als Oberflächlichkeit. Schon vier Jahre früher (vgl. S. 82) hatte sie einmal das Bild vom Balancieren der Welt gegenüber Savigny gebraucht, noch spaßhaft und spielerisch: »Ist denn das Leben ein schwerer Sack? nein, es ist ein großer Gewichtstein, der so leicht zu tragen ist, wenn Ihr ihn mit dem kleinen Finger hebt.* Wenn Ihr ihn aber mit beiden Armen umfassen wollt, so werdet Ihr freilich nicht weit kommen …« Weit entfernt ist sie auch hier von der Möglichkeit des Einbeißens und Anklammerns.

---

* Bettine muß dabei, vielleicht von einem Kunststück oder physikalischen Experiment, die Vorstellung von einem großen Gegenstand gehabt haben, der im Gleichgewicht zu halten ist, wenn man ihn genau am richtig berechneten Punkt unterstützt – natürlich nicht mit dem kleinen Finger.

Sie wußte, wovon sie sprach. Sie hatte ihm nämlich im Kontext des Streites um diese verschiedenen Lebenshaltungen gleich nach dem Tod der Günderrode den ersten wirklich ernsthaften Brief geschrieben, in dem sie rückhaltlos über sich selbst berichtete und als Konsequenz aus dem Verlusterlebnis den Schluß zog: »... ich werd mich nicht so leicht an den einzelnen fesseln, ich werd mich wohl an nichts mehr fesseln, und um dieses werd ich oft mit Schmerz und Trauer zu ringen haben.« Sie sprach in diesem Brief von Arnim als werdendem Freund. Ganz auf ihn einlassen konnte sie sich noch nicht. Doch ergriff Arnim mit Selbstverständlichkeit die Gelegenheit, die angebotene Nähe auch auszufüllen. Er rückte die Dinge zurecht, vernünftig, »normal«, auch demütig – das hat Bettine wohl gutgetan.

Ihre grundsätzliche Entscheidung für die Leichtigkeit konnte er indes nicht teilen. »Sie tragen mir auf, mit der Welt Ball zu spielen. Woher wissen Sie, daß die Erde rund? Mir scheint sie ziemlich scharf und spitzig«, schreibt er. Zudem ist er gereizt durch einen Brief von Clemens, den er fast gleichzeitig mit dem Bettines erhielt und in dem der Freund erneut mit allen Mitteln von Vernunft und Liebe gegen einen Kriegsdienst Arnims zu Felde zieht. Die Argumente rauschten Arnim nur so um die Ohren, und das von *zwei* nahen Menschen. Er half sich mit theoretischer Einordnung: »Transzendentalismus« sei hier am Werke, die idealistische Philosophierichtung der Zeit, die alle Veränderung der Welt vom veränderten Individuum ihren Anfang nehmen lassen will und sich um die reale Welt nicht allzusehr kümmert. Er hatte es schwer mit der Subjektivität von Bettine und Clemens, die seinen Konflikt schließlich nicht durchzustehen hatten.

An einen Hafen, von dem Bettine sprach, »wo keiner auf der Wacht zu bleiben brauchte«, glaubt er nicht. »... aber auch nur ein Stündlein ausruhen an befreundetem Herzen«, das möchte er schon. »... da will ich mein Ränzchen hinwerfen, mein Feuerrohr und mein *Schicksal*.« Worte der Annäherung zwischen zwei noch zutiefst bindungsfernen Menschen.

Der briefliche Kampf endet von Arnims Seite mit einem unerhörten Bild, das wieder weit über das in einem Brief an ein Mädchen Erlaubte hinausgeht:

»... vielen Dank für jeden Gedanken, den Sie mir bewahren ... ich nehme auf, lerne und streite, nicht um zu streiten, sondern um zu lernen, es ist ein heiliger Streit, und so will ich denn hitzig der Fährte nachgehen, wenn ich auch endlich, da ich mein Gewild erreiche, statt es töten zu können, mich niederwerfen muß und es anbeten.«

Arnim, der wie viele Künstler über eine große Durchlässigkeit zwischen Bewußtsein und Unbewußtem verfügte, war sich sicher nicht klar, was er hier emporstrudelte. Sein Satz zeigt ein tiefes Gefühl dafür, daß es bei der ernsten Liebe im übertragenen Sinn immer auch um Tod und Leben geht, und im konkreten um den Platz, den jeder in der Welt des anderen einnimmt. Wir haben es hier mit einem adligen Jäger zu tun – das erklärt die Wahl des Bildes, mindert aber nicht seine archaische Wucht. Entweder töten (vielleicht genauer: in sich abtöten) oder anbeten – die Kompromisse dazwischen gehören in die bürgerliche Welt und nicht in die Tiefe dessen, was zwei Menschen schicksalhaft und unwiderruflich zueinanderzieht. Arnim mußte sich die Entscheidung für die Anbetung in späteren Jahren oft erneut abringen, ebenso wie Bettine den Entschluß, sich nicht fesseln zu lassen.

Einbeißen und Ballspielen, verkrampftes Nicht-handeln-Können und Leichtigkeit im Gleichgewicht – da Arnim diese Herausforderung nicht als unerträglich aus seinem Leben warf, muß er gefesselt gewesen sein von diesem jungen Weibsbild, das ihm einen ganz anderen als seinen eigenen, einen geradezu komplementären Lebensentwurf anbot: in allem Ernst zu spielen.

Ob es nun die Warnung der Freunde war oder die eigene Einsicht – jedenfalls befand Arnim im nächsten Brief an Clemens, Soldat zu werden sei zwar das einfachste, aber wahrscheinlich auch das nutzloseste bei seiner »Unkenntniß und Ungewohntheit in tausend nothwendigen Dingen.* Aber was eben allein Werth hat in mir«, nämlich seine Fähigkeit zu reden und zu schreiben, will er als seine patriotische Aufgabe akzeptieren, »und mag ein Wort wie leerer Wind tausendmal gesprochen worden sein, ich will es doch thun, mitfreuen, mitleiden, mitfallen, aufmuntern und trommeln, während andere fechten; kommt mir aber der Feind zu nahe, so schlage ich ihm die Trommelstöcke um die Ohren«. Der ganze Arnim spricht sich hier aus: sein Enthusiasmus, seine Bedenken, seine Neigung zum Grotesken und zum Glück auch seine Selbstironie.

»Meine Absicht ist, wenn der Krieg wirklich durch greift, mit Beyhülfe mancher braver Leute, die ich kennen lernte, ein Tageblatt für

---

* Wäre Arnim Berufsoffizier geworden, so hätte er mit 25 Jahren viel Erfahrung im Waffenhandwerk gehabt, vielleicht schon Feldzüge hinter sich. Ebenso ungeeignet wie er war etwa sein Bruder für den Kriegsdienst, doch machte Carl sich, so weit wir wissen, keine Gedanken darüber.

das Volk zu schreiben«, schreibt er an Goethe, der schon so viele Zeitungen und Zeitschriften kommen und gehen sah und diesem Plan sicher keinen Gedanken widmete. *Der Preuße, ein Volksblatt* kam über eine »vorläufige Anzeige« nicht hinaus. Eine Zeitung als Beitrag zum Kampf, als Gratismutprobe – das mag kümmerlich erscheinen. Doch sollte man nicht vergessen, daß der erste patriotische Märtyrer ein Mann der Worte und der Feder war: der Buchhändler Palm, der die Schrift *Deutschland in seiner tiefen Erniedrigung* nicht einmal verfaßte, sondern nur verlegte.* Palm wurde am 26. August 1806 nach kurzer Kriegsgerichtsverhandlung erschossen. Das Exempel wirkte weniger einschüchternd als empörend und machte viele Zögernde endgültig für den Krieg bereit. »Der Tod des Buchhändler (*sic!*) Palm fordert jeden Deutschen, der je eine Berührung mit seiner Literatur hatte zur Rache auf«, schrieb Arnim an den Herausgeber des Reichsanzeigers, in dem er seinen *Preußen* ankündigen lassen wollte, und bat ausdrücklich, diesen nicht ohne Nennung seines Namens zu veröffentlichen.

Es wurde nun wirklich ernst mit dem Krieg. Preußische Regimenter zogen durch Göttingen, Arnim ließ in aller Eile eine kleine Sammlung Kriegslieder auf schlechtem Papier drucken und verteilte sie unter die Soldaten. Dies war die erste Probe auf die Erwartungen des *Wunderhorns,* aus dem die meisten der neun Lieder des Flugblattes stammten: Lieder sollten gesammelt werden, um im Gesang weiterzuleben. Zwei Lieder hatte Arnim noch dazugedichtet. Die Sammlung enthält außerdem Schillers berühmtes Lied aus dem *Wallenstein* in etwas veränderter, mehr auf Preußen bezogener Form und Luthers *Ein feste Burg ist unser Gott,* ebenfalls ins weltlich Kriegerische verändert.

Eine Rede des populären Generals Blücher an seine Soldaten, gehalten bei strömendem Regen auf dem Göttinger Marktplatz, beeindruckte Arnim so, daß er sie zusammengefaßt an Reichardt weitergab und in ihren Grundzügen später in seinem Erzählungsband *Der Wintergarten* als *Kriegsregeln* in Alexandrinerstrophen setzte. Diese

---

* Der bis heute anonyme Verfasser hatte Napoleon an einer offenbar höchst empfindlichen Stelle getroffen. Er zeigte, daß der Korse seine Versprechen und Aussagen über das edle revolutionäre Frankreich nicht eingehalten habe, statt dessen mit größter Rücksichtslosigkeit in die aggressive französische Hegemoniepolitik früherer Jahrhunderte zurückgefallen sei, und rief zum bewaffneten Widerstand gegen die Franzosen auf. Das Urteil lautete auf Hochverrat, denn: Palm war Nürnberger, die freie Reichsstadt war eben erst, 1806, Bayern zugeschlagen worden, und Bayern war mit Napoleon verbündet.

Rede nahmen die Soldaten ernst. Wie aber reagierten sie auf Arnims Lieder?

Wohl nicht allzu begeistert. Wir Heutigen können uns sowieso einen 25jährigen Zivilisten, der an andere junge Männer, die kurz vor einer Schlacht stehen, ein gedrucktes Blättchen verteilt, kaum vorstellen. »Keiner wußte, woher es kam«, schreibt er an Bettine, womit er meint, niemanden konnten Ärger oder Höflichkeit gegen den Verfasser beeinflussen. So hörte er Lob und Tadel ganz ungefiltert. »Die alten Soldaten meinten wohl, wenn es solchen Wisches bedürfte, da wär es schlecht bestellt.« Die Lieder, außer den Schiller- und Luther-Zitaten, sind von höchst mittelmäßiger Qualität. Wie noch viel anderes, was Arnim über den Krieg gedichtet hat, führen sie die seit Jahrhunderten zur Verfügung stehende Poetisierung des Soldatenhandwerks fort, vom seligen Heldentod bis zur mythischen Bedeutung der Fahne. »Bluth«, »Muth« und »Wonne«, »Freyheit« und »Vaterland« sind Leitworte der Singenden, und auf der Gegenseite stehen die »Tirannen und die Bösen«, die »Franzosenbrut«.

Die ganze Ambivalenz Arnims gegenüber seinem eigenen Tun spricht sich großartig und unheimlich in einem Brief an Bettine aus, in dem er berichtet, daß er die Kolossalstatue des Herkules in Kassel besichtigt habe (in die man hineingehen und aus deren Keule man in Richtung Frankfurt schauen kann, was Arnim sehnsuchtsvoll tat). Der Traum der Zeit, schreibt er, sei »ein Mann, der ganz Rüstung ist, ganz Metall, und über allem steht« wie eben der Herkules zu Kassel. Diesen Traum kann er nicht mitträumen, und was ihn tröstet, ist allein, »daß ich mit meiner Gestalt, so weit ich reiche, den ungeheuren, hohlen, kalten, metallnen Rüsttraum der Zeit erfülle, anschlage an die Wände, daß sie … erklingen«. Er sieht sich also wie einen lebensgroßen Klöppel in einer Glocke – ein grausiges Bild von Hilflosigkeit und Zwang zum »Anschlagen«. Seine Zweifel an der Sache selbst hatte Arnim genügend in brieflicher Prosa ausgedrückt – in den Liedern konnte er sie sich natürlich nicht leisten.

Unterdessen lebte Bettine, trotz oder vielleicht gerade wegen ihrer Trauer um die Günderrode, abgelenkt und umtriebig in Frankfurt. Was sie dort tröstete und fesselte, war vor allem ihre neue Freundschaft mit Goethes Mutter, zu der sie sehr häufig ging. Mitte September aber war jemand in Frankfurt zu Besuch, an dem sie ein ungewöhnliches Interesse zeigte, was auch allgemein bemerkt wurde: Ludwig Tieck, der hochgeschätzte Dichter des *Sternbald* (den Arnim in der Hand hielt, als er starb) und der *Genoveva*, machte auf der Rückreise von Rom in Frankfurt Station, begleitet vom 21jährigen Karl Friedrich Rumohr, dem Kunsthistoriker und späteren Kochphilosophen.

Tieck war Anfang Dreißig und von großer gesellschaftlicher Geschicklichkeit. Seine Shakespeare-Lesungen waren legendär. Die wunderschöne 18jährige Meline, in die sich Rumohr verguckte, berichtet an die fernen Savignys, Tieck habe eigens für sie, die eine Lesung verpaßt hatte, den *Sommernachtstraum* »ganz unaussprechlich schön« gelesen. »Dies geschah auf den Samstag Abend auf meiner Stube. Ich lag auf dem Canapé und 15 Menschen saßen in einem Kreis an den Wänden herum. Wenn ich Dir nur beschreiben könnte, wie schön er liest, es ist aber über alle Begriffe.« Ein kleiner Einblick in die unkonventionelle Geselligkeit im Goldenen Kopf – »er ist von Stube zu Stube herumgezogen, hat 3 Schakspears Stücke gelesen, wobei Bethmann 3 mahl eingeschlafen«, klatscht Clemens an Arnim und spricht von den »Labirinthen des goldenen Kopfs«, in denen sich Tieck von morgens sieben bis nachts um zwölf dauernd aufhielt. Er »war mir schnell recht gut geworden«, schreibt Bettine unbefangen an Arnim, »und hat die Gutmütigkeit gehabt, es mir zu sagen, mir gleichsam mit dieser Andeutung ein Geschenk zu machen … wir waren fast alle Tage bei der Frau Göthe, welche auf Tieck einen sehr angenehmen Eindruck machte. Mein Herz war eine Zeitlang so süß genährt, ich gäbe diese Nahrung nicht um mein Leben«, schreibt Bettine an Savignys und schildert voller Ernst und Ergriffenheit, wie Tieck mit ihr umging. Von außen mag das manchmal leichtfertiger gewirkt haben. Die immer wachen Augen der Familie sahen zu, die Geschwister spöttelten – doch war die Sache von vornherein als folgenlos anzusehen, denn Tieck war erstens verheiratet und hatte zweitens ein Dauerverhältnis mit einer preußischen Adeligen, Henriette von Finckenstein. Auch sonst war er in eroticis nicht gerade ein Kostverächter. Wie aber Bettine auf einen so erfahrenen Mann wirken konnte, ist dennoch erstaunlich. »Betine hat sich in ihn er in Sie verliebt und beinah weit übers Aergerniß hinaus«, kommentierte Clemens an Sophie, und aus der Rückschau schrieb er einen Monat später genauer an Arnim: »… mit Betinen ist er auf du und du gekommen, sie hat so wunderbar schön vor ihm gesungen, ihren wilden Seelenschlag, keine Aria brillante, so wie sie früher sang, sie hat auch schön mit ihm gesprochen, ihr Wesen hat ihn tief gerührt, er hat ihr sehr zugeredet zu dichten, sie hat es auch versprochen –! –! – Waß ihren Gesang be-

trifft, d. h. den extemporirten, so habe ich ihn Thränen dabei weinen sehen, und er versicherte, er der Kirchenmusikus, daß er durch
Sie zuerst seine Ideenreihe über Musick ergänzt fühle, daß er nie
etwas aehnliches gehört habe, und daß er jetzt wisse, wie die Musik
entstanden sei, aber sie sang auch, wie wir es nie von ihr gehört haben.«

Ob es eine andere junge Frau gab, die Gesang improvisierte? Dazu
gehören eine große Freiheit und großer Mut. Wahrscheinlich wurde
Bettine beim Singen nicht begleitet. Die häufigen Berichte vom Singen im Freien, auf Dächern und Bäumen, stellen wohl die für sie charakteristische Situation dar. Aber es ging nicht nur ums Singen. »Sie
hat auch schön mit ihm gesprochen« – sicher allein.

Später hat Bettine von selbst versucht, sich an die üblichen greif-
baren Formen der musikalischen und literarischen Fixierung zu halten. Ihre Lieder sind allerhöchstens mittelmäßig. Als Schriftstellerin
freilich ist sie wahrhaft »außerordentlich«. Sie ist die erste Frau, die
sich in dem versuchte, was später »weibliches Schreiben« genannt
wurde, indem sie Spontaneität zu erhalten und wiederzugeben trach-
tete, ungewöhnliche Assoziationen begünstigte und das Nichtkon-
struieren zu einer Tugend erklärte, die sie allerdings immer wieder
hinterging. Am ehesten ist ihr Zauber, wie der von Clemens, in Briefen erhalten, besonders denen der Jahre vor ihrer eigentlich literarischen Zeit, die ja erst nach Arnims Tod begann.

»Bettine war sehr fidel mit dem Tieck«, schrieb die vernünftige Meline an Savigny, »so daß ich mir dachte, seine Abreise würde sie sehr
schmerzen, aber sie ist heute so toll und lustig wie immer. Ich kann
immer aus ihrem Charakter nicht klug werden. Tieck hat ihren Gesang über alles erhoben, er sagte, in Italien habe er keine schönere
Stimme gehört. Genug, ich glaube, er hat einige Neigung zu ihr, so
wie sie zu ihm.« Mehr war es wohl tatsächlich nicht. Bettine schrieb
aber – unter Mißachtung der Konvention, daß wer geht, zuerst schreiben muß – zwei Briefe der Liebesbegeisterung an ihn, die allerdings
schon vom Du zum konventionelleren Sie zurückkehren und durchaus dazu geeignet waren, vom indiskreten Tieck auch weitergegeben
und vorgelesen zu werden: »Ich mögte nicht, daß Sie von Hier gingen,
ohne daß *ich* nochmals sagen dürfte: – Ich habe Sie unendlich lieb.
Und Abermals: Ich habe Sie Unendlich lieb. Und doch was ist diese
Liebe – als vom Zaune gebrochen … Ein frisch grünends Reiß. Und
solg ein strahlend Haupt! Und desßwegen bin ich es auch. Jung – im
Frühling muß man es suchen wen man es haben will. ein einziger

Sonnenstrahl zu viel nimt die glänzende Farbe hinweg. Und hier mit *Ihnen ans Herz* lieber Tieck *Bettine*.«

Die Lust an der Verehrung klingt hier auf, und es wird zudem der erstaunlichste Grundton von Bettines Liebesprogramm angeschlagen: der der Unterlegenheit, der Jugend, der kindlichen Unbedenklichkeit gegenüber dem Älteren, Überlegenen, möglichst Berühmten und »Herrlichen«. So begann es bei Clemens und der Günderrode, so ist die lebenslange Konstruktion bei Arnim, und so wird es das Goethe-Monument festhalten. Tieck antwortete nicht. »Das macht mich von Zeit traurig, oft sehr, dann wieder weniger, wie es kommt.« Eine Lebensliebe war es nicht, doch näherte sich Bettine Tieck noch einmal an, als sie ihm 1809 in München wiederbegegnete.

Arnim, der Tiecks Benehmen gegenüber Frauen, Freunden und Geld kannte, erhielt den Brief, in dem Bettine ihm von Tieck, wenn auch nur andeutend, berichtet, noch in Göttingen. Er hätte warnend antworten können, doch gab es Wichtigeres. Er war zum Aufbruch nach Berlin entschlossen. Einen Tag vor der für Preußen katastrophalen Doppelschlacht bei Jena und Auerstedt schreibt er im letzten Brief aus Göttingen von seiner Sehnsucht, die er immer liebevoller ausdrückt, und von seiner utopischen Hoffnung, mit Clemens und Bettine in »goldne Weiten« reisen zu können. Aber die Realität ist stärker: zwischen Frankfurt und Göttingen liegen jetzt zwei Armeen. »Glück uns zum Kriege!« schließt er trotz aller Zweifel. Am 14. Oktober, dem Tag der Schlacht, reiste er ab. Er sah noch, wie die Königin Luise, die sich vom Schlachtfeld zu ihrer Tante, Goethes Herzogin Louise, nach Weimar gerettet hatte, »mit verstörtem, mir unkenntlichen Gesicht« in Richtung Berlin flüchtete.

Als nächste Adresse gab er Giebichenstein an. Bettines Antwortbrief vom November blieb dort ein Dreivierteljahr liegen, bis er nach der endgültigen Niederlage im Juli 1807 Arnim nachgeschickt werden konnte. Bis dahin war Arnim auf die mitgenommenen früheren Briefe angewiesen, die er immer wieder las. Der letzte von Clemens zeigt die Gefährdung, welcher Briefe in Kriegszeiten ausgesetzt sind. »… l[asse] uns gegenseitig alles Politische vermeiden in unseren Briefen«, betont er. »… lebe wohl schöner goldner Junge«, schließt Clemens, und Bettine schreibt im Oktober und November: »Adieu, Arnim, auf Wiedersehen!« und dann: »schreiben Sie bald, wenn auch nur wenig Worte.« Bis sie wieder voneinander hörten, geschahen im Wortsinne ungeheure Dinge, in der Weltgeschichte und in beider Leben.

Prinz Louis Ferdinand fiel als einer der ersten. Seine nackte Leiche wurde von französischer Infanterie in den Schloßhof von Saalfeld gebracht und dort auf dem Pflaster liegengelassen – ein Siegfriedbild, ein Heldentod, ein vorausweisendes Zeichen für den Untergang Preußens. Arnim wurde durch diesen Tod vollends bewußt, daß er nicht grundsätzlich und mit Überzeugung Soldat sein konnte, sondern nur für diesen ganz besonderen poetisch-heldischen Mann. »Sein guter Geist trieb ihn über die Brücke des Lethe«, schreibt er im November und über sich selbst: »Nichts ohne Beruf«, womit Berufung gemeint ist. Seine Berufung sieht er von jetzt an, endgültig entschlossen, im Nachdenken, Schreiben, Verstehen und Dichten.

Zwar mußte er auf der Reise von Göttingen nach Berlin wegen versprengter Truppen einen Umweg über Duderstadt machen, aber er langte mit eigener Kutsche und dem Diener Frohreich nach drei Tagen in der Hauptstadt an. Er nahm unterwegs Verwundete in seinem Wagen mit, hörte lange einem alten General zu, der seinen »hinreissenden Gram« vor dem jungen Mann ausschüttete, und mußte in Tangermünde im Hundestall unter einer Treppe nächtigen, weil das Haus, wohl die Poststation, von »des Königs Silberwäscherey« besetzt war. In Berlin wollte er seiner Großmutter helfen und sie eventuell aus der Stadt aufs Land bringen. Er traf sie »ruhig und entschlossen zu bleiben«, fühlte sich entlastet und konnte sich also dem Anblick der in seine Heimatstadt einmarschierenden Franzosen entziehen. Dafür blieb der Onkel Schlitz bei seiner Mutter und fand nun doch »Sorge und Verzweiflung«. Die alte Preußin ertrug den Einbruch in ihre »vieljährige Ruhe«, in »Ordnung und Sauberkeit«, schlecht. In den Briefen, die Arnim in Königsberg erreichten, beklagt sie sich immer wieder über die Einquartierungen in ihrem Stadthaus und auf ihren Gütern. Im April 1807 schreibt sie von 53 Menschen in ihrem Haus und »ebenso viehl Pferde«, später von einem unruhigen Büro, das in ihr günstig am Brandenburger Tor gelegenes Haus einquartiert war, und immer wieder von Geldnöten. Doch gewöhnte sich Caroline von Labes auch an diese Zumutungen. Sie war inzwischen 77 Jahre alt und schien durch die Sorgen nur gesünder zu werden.

Arnim reiste auf die Lehngüter seiner Familie weiter, im Wortsinne ins »Vater«land, in das Zentrum der eigenen Tradition.* Wie es im

---

* Die Gerswalder Arnims, zu denen Achim von Arnim gehörte, waren seit dem 15. Jahrhundert in der Gegend um Gerswalde zwischen Prenzlau und Templin in der Uckermark ansässig. Gerswalde war ursprünglich ein Lehnsgut und wurde

Schloß seines Vaters, Friedenfelde, aussah, beschreibt er nicht, doch wurde auch dort später geplündert. »Was ich von meinen Gütern wiederfinde, nehme ich als Geschenk des Himmels an«, schrieb er im November aus Danzig. Im Oktober 1806 wollt er nicht so sehr nach dem Rechten sehen, als in einer nachträglich sehr romantisch anmutenden Hoffnung für »außerordentliche Maßregeln« des Königs zur Verfügung stehen. Er hielt es für möglich, ja »notwendig«, daß eine »allgemeine Aushebung zum Königlichen Dienst ... zur *Mobilmachung* des ganzen Landes« erfolgte und er mindestens den Versuch machen sollte, eine Landwehr aufzustellen. Vom zuständigen Landrat von Prenzlau erfuhr er, »daß gar nichts anbefohlen sei«; Arnim solle vielmehr Hafer dreschen lassen, was er auch anordnete. Als dann schon ein Dorf in der Nähe brannte und bei Boitzenburg, dem Stammsitz der gräflich-Arnimschen Linie, die später Arnims monarchistischen Töchtern so imponieren sollte, gekämpft wurde, reiste er weiter nach Stettin.

Er befand sich in einer Art Untergangsglück: »Hingegebner in Kummer und Lustigkeit bin ich nie über die Erde gewallt, wie Feenschlösser sah ich meine Gegenwart hinter mir zerplündern, nieder brennen ...« Zehn Männer seines Namens fand er in den Totenlisten. Dabei muß der innere Vorwurf, sich den Gesetzen der Familie entzogen zu haben, wieder sehr laut geworden sein. Doch war seine Entscheidung gefallen. Von Stettin aus zog er ostwärts über den schmalen Damm durch die Odersümpfe, zwischen Truppenresten und anderen Flüchtlingen, Soldatenfrauen und Vieh. Novembernebel und Kälte herrschten im pommerschen Flachland. Noch waren die Franzosen nicht da. In Danzig hatte er Verwandte, wie er eigentlich nirgends ohne Verbindungen war. »Hier leb ich bis ich weiter muß sehr fröhlich, das Schreckliche geht mir glat über«, meldet er der Tante, fügt aber doch als Postskriptum hinzu: »Glauben Sie mich nicht leichtsinnig, daß ich mich im allgemeinen Elende belustige, ich habe voraus gesorgt und gelitten, es ist ein schwerer Kampf wenn die Neigung sich gerne etwas Schreckliches bevorstehendes verbergen möchte.«

---

durch viele Erbteilungen verändert. Das Lehnssystem – Land als »Leih«gabe des Fürsten gegen Kriegs- und andere Dienste – war fast ganz ersetzt durch die Auffassung vom Adel als erstem Stand im Staate mit der Bestimmung, für »die Verteidigung des Staates, so wie die Unterstützung der äußeren Würde und inneren Verfassung desselben« zuständig zu sein (Allgem. Landrecht § 1 II 9). Da seit 1717 die Allodisierung der Lehnsgüter erlaubt war, waren auch die Arnimschen längst in privatem Besitz der Familie.

Sein Ziel war Königsberg, wohin auch König und Königin mit ihrer Familie geflohen waren. Die Stadt der preußischen Königskrönungen – Kurfürst Friedrich III. hatte sich hier 1701 zum König in Preußen gekrönt – war vom Kriege unberührt und sollte bis 1809 Sitz von Hof und Regierung bleiben. In der ältesten preußischen Universität, an der Kant gelehrt hatte, lief der gewohnte Lehrbetrieb. Die schönen Backsteinkirchen waren unversehrt, die Kaufleute lebten einstweilen ungestört in ihren reichen Bürgerhäusern und hatten, wie damals üblich, Sommerhäuser vor der Stadt. Arnim wohnte zunächst im Deutschen Haus in der Kehrwiedergasse und dann in der Wohnung eines Schulfreundes von Tieck, Wißmann, der eine unerwartete Bedeutung für Arnims Leben bekommen sollte: er wurde drei Jahre später der Ehemann des Mädchens, in das Arnim sich in Königsberg fassungslos verliebte. Das Königspaar zog in das eher unwohnliche Schloß ein und behielt, so gut es ging, sein gewohntes Königsleben bei. Hastig und heftig wurde verhandelt, konferiert, Rückschau gehalten, geplant. Preußen befand sich ja noch im Kriegszustand, und manche hatten die Hoffnung auf eine glückliche Wende nicht aufgegeben. Die Vorbereitungen für die weitere Flucht des Hofes waren allerdings schon im Gange.

Für Arnim war Königsberg kurze Zeit ein Ort der Zuflucht und ermöglichte ein einigermaßen geregeltes Leben. Die Stadt konnte einstweilen den Zustrom von Menschen unterbringen, und aus der ungewohnten Situation ergaben sich An- und Aufregungen, die in einer Unzahl von Gesprächen, Zusammenkünften und Niederschriften zum Ausdruck kamen. Mit dem Hof waren nicht nur Offiziere und hohe Beamte gekommen, sondern auch viele Intellektuelle, darunter Fichte sowie der Fürst Radziwill, der später Musik zu Goethes *Faust* schrieb und dem Arnim seine *Gräfin Dolores* widmete. Arnim traf auch Reichardt wieder, der von allen vielleicht den dringendsten persönlichen Grund zur Flucht hatte, da er als Herausgeber der Pariser antinapoleonischen Schrift Schlabrendorffs von 1803 bekannt war. Die Politiker Stein und Hardenberg sowie die Heeresreformer Gneisenau, Grolman und Bülow arbeiteten mit großer Intensität an Plänen zur Bewältigung des Unglücks, die nach Meinung aller nur durch eine grundsätzliche Umstrukturierung des Staates zu erreichen war. Allerdings gab es zunächst große Schwierigkeiten, den König zu überzeugen.[*]

---

[*] Bei Stein führten Differenzen mit Friedrich Wilhelm, der dem 60jährigen in

Arnim dichtete, wie immer. Er schrieb Gedichte über Louis Ferdinand, über die aufgegebenen preußischen Festungen, über Danzig, über Not und Einsamkeit und suchte in seiner Sprache zu bewältigen, was ihn innerlich umtrieb – auch und besonders die Liebe. Die Texte aus dieser Zeit sind wegen ihrer relativen thematischen Geschlossenheit ein gutes Beispiel für Arnims Produktions- und Fixierungsweise. Das lyrische Denken, Träumen und Formulieren war ihm zur Gewohnheit geworden. Vielleicht wäre er, hätte man ihm das genommen, beschädigt worden wie Menschen, die man nachts am Träumen hindert. Seine Gedichte enthalten immer wieder Bilder, die quer zu unserer Erwartung an die Lyrik der Romantik stehen und den romantischen Herz- und Volkston (à la Brentano, Eichendorff, Mörike) brechen. Er stellt sich etwa Pauline Wiesel, die wunderschöne Geliebte Louis Ferdinands, vor, wie sie der »Witwen«verbrennung mit der Leiche des Helden – nach indischem Muster – nicht gewachsen ist. Bereits halbverbrannt (!), rettet sie sich, wenn auch schuldbewußt, aus den Flammen. Das ist in so holprigen ungeschickten Vierhebern geschrieben, daß man Mühe hat, den Hergang überhaupt zu verstehen. Den General Bennigsen sieht Arnim nach der schrecklichen Schlacht von Eylau im Februar 1807, die unentschieden endete und beiden Seiten schwerste Verluste abforderte, als wahnsinnsnahen »Eremiten auf dem Schlachtfelde«. In dem Gedicht »Einsamkeit« findet das lyrische Ich an einem höchst merkwürdigen Ort Ruhe vor Trauer und Lärm:

> Da leg ich den Kopf in den Rachen
> Von meinem zahmen Leu,
> Und lieg da wie im Nachen
> Und laß mich treiben frei!

Die höchst gefährliche (und groteske) Situation des Kopfes im Rachen des Löwen ist eine typisch Arnimsche Übersteigerung. Die Stimmung schwankt zwischen Hoffnung und schmerzlich-verzweifeltem Lachen. So geht es in allen Gedichten dieser Monate – eigentlich ist keines wirklich gelungen. Manche sind interessant als Entwürfe. Oft enttäuscht besonders die letzte Zeile, während die erste

einem Brief »respektwidriges und unanständiges Benehmen« vorwarf, zu einem Zerwürfnis, weswegen Stein Anfang Januar 1807 seinen Abschied einreichte (nach Fischer-Fabian, 129 f.).

interessiert und lockt. Man möchte meinen, Arnim sei zum Überarbeiten einfach unfähig oder jedenfalls unwillig gewesen. Doch hat er viele Gedichte aus seiner Frühzeit sein Leben lang mit sich herumgetragen, sie wiederverwendet und verändert, manchmal zum Schlechteren; und wenn er es für sinnvoll hält, gelingt ihm die Erfüllung traditioneller Formen wie in den »Kriegsregeln«. Der heutige Leser ist so ratlos, wie es oft die Freunde waren – fasziniert von einem sehr persönlichen Erfindungsreichtum und von der Mißachtung fast jeder Vorsicht, abgestoßen von Härten, Unklarheiten und verstörenden Eigenwilligkeiten in der rhythmischen Anordnung.

Bewegend, aber auch paradigmatisch für seine Zeit und seinen Stand bleibt die innere Geschichte Arnims. Sie läßt sich nur im Zusammenhang von Gedichten, Briefen und politischen Aufsätzen verstehen, teilweise auch aus Nachklängen in späteren Jahren. Der Gesamteindruck ist, daß Arnim sich vom Spätsommer 1806 bis zum Herbst 1807 in einem Zustand hochgradiger Erregung befand, von dem ihn keine objektive Aufgabe ablenkte. Er war nicht Soldat, hatte keine Familie, kein öffentliches Amt und machte sich nicht einmal Gedanken um seine Güter. Er war vor allem Zuschauer. Was in seinem frühen Entschluß »Leben für die Poesie« hieß, wurde hier zu einer Art repräsentativer Existenz im Durchleben und Durchdenken dessen, was andere erlitten. Auf die Menschen, die ihn in Königsberg sahen, wirkte er ruhig und gemessen, beschützend und höflich, innerlich aber war er mit der Umwälzung (einer »Revolution« also) beschäftigt, die der Zusammenbruch der alten Werte seines Landes für ihn bedeutete.

Die tiefste emotionale Belastung, die bedrohlichsten Bilder konnte er, klar oder unklar, nur in Gedichten benennen. Brieflich äußerte er sich gemäßigter. Ein rührender Ruf in die Ferne steht am Anfang der Korrespondenz seiner Königsberger Zeit: Am 2. Dezember 1806, ein paar Tage nach der Ankunft, sandte er einen Brief an Bettine mit einem Zitat aus dem 89. Psalm:

> Herr, wie lange willst du dich so gar verbergen
> Und deinen Grimm wie Feuer brennen lassen?
> Gedenke, wie kurz mein Leben ist,
> Willst du denn alle Menschen umsonst geschaffen haben?

Und er fügte hinzu: »Ich drücke meine Lippen zum frischen Lebenszeichen auf Ihre Hand, denn sie müssen ohnedies schweigen, solch ein Schweigen mag schön und lang sein, ein reines Stilleben. – Was hilft es, ein Unglück vorausgesehen zu haben! A. A.«

Bettine, in einem depressiven Winterzustand, schrieb im Januar 1807 an Savigny in Wien, sie habe Arnim nicht geantwortet – »ich bin froh, daß er lebt, mag er nun an mich denken oder nicht«. Auch Arnim versuchte es erst Ende März wieder, als er Hoffnung haben konnte, daß sein Brief wirklich ankäme, denn er gab ihn einem Freund nach Kopenhagen mit. An Clemens schrieb er erst im Mai. Von diesem wiederum, dem Vielschreiber, hat sich aus den folgenden vier Monaten nicht ein einziger Brief erhalten, an niemanden. Sein erster an Arnim von Mitte Juli spricht von fünf Briefen, in denen er versucht habe, Arnim die schreckliche Botschaft vom Tod seiner Frau und seines Kindes zu übermitteln, fünf Weherufe, die ihren Empfänger nicht erreichten. Arnim war in Königsberg also ohne Kontakt zu den Brentanos.

Auf der Ebene bewußten Handelns und Verstehens schrieb er zum Thema der staatlichen Umstrukturierung mehrere Aufsätze, alle im Dezember 1806, die er auch den Reformern vorlegte. Ein Projekt, das seine Ambivalenz gegenüber dem eigenen Stand zeigt, beschäftigte ihn. Da der Adel als Führungsschicht versagt hatte, wollte er eine Ausgangsgleichheit herstellen – aber nicht durch faktische Abschaffung des Adels, wie es ja in unserem Jahrhundert ausgerechnet in Österreich geschah, sondern dadurch, daß der König das ganze Volk adeln sollte. Dadurch würden alle wehrfähigen Männer Soldaten. (In Napoleons Frankreich waren alle Männer zwischen 20 und 25 Jahren militärdienstpflichtig.) Der König sollte eine neue Ritterschaft aus allen Schichten der Bevölkerung konstituieren, die durch Zuwahl erweitert würde. Arnim war also die Vorstellung des Adels so eingewachsen, daß er sich gleich wieder einen neuen Adel vorstellte, bei dem allerdings Privilegien abgeschafft und Verdienste belohnt werden sollten. Arnim legte diesen Entwurf Stein und anderen vor, wurde »aber mit Achselzucken, daß so etwas schwer möglich, belohnt … Mein Entwurf war darum nicht so praktisch, weil er die Adelsidee voran setzte, die vielen ein Aergerniß.«

Arnims Vorschlag zur Neugestaltung des Heeres war dagegen so praktisch, wenn auch nicht völlig einzigartig, daß seine Gedanken tatsächlich die Reform mitbeeinflußt haben. Er kritisierte die innere Haltung, den »dummen Stolz der Offiziere«, der zur Geringschätzung der einfachen Soldaten führe und die Prügelstrafe als selbstverständlich ansehe. Er zählte die vielen überlebten Einrichtungen auf, die die

Niederlage mit verursacht hätten: veraltete Waffen, unzweckmäßige Kleidung der Soldaten, die Schwerfälligkeit des Nachschubs, den Luxus des Offiziersgepäcks und die bunten auffallenden Uniformen der Offiziere, durch die sie geradezu Schießscheiben für die beweglichen französischen Schützen abgaben. Schnelle Abhilfe konnte laut Arnim die Abschaffung der überflüssigen Bagage bringen, die Vereinfachung der Offizierskleidung, die Ausstattung der Mannschaften mit Mänteln, die Abschaffung des Spontons (jener altmodischen Stangenwaffe, die man von Darstellungen der in Reihen schießenden friderizianischen Soldaten kennt), die bessere Übung der Soldaten durch Berücksichtigung guter Ratschläge. Sein originellster Vorschlag, daß nämlich »häufig Soldaten zu Offizieren gemacht würden, etwa durch Wahl«, war illusorisch, jedenfalls was die Wahl angeht. Doch wurde im Ortelsburger Aufruf Friedrich Wilhelms vom Dezember 1806, in dem er seine wiedererlangte Fassung demonstrierte, verfügt, daß für die Dauer des Krieges jeder einfache Soldat, der sich im Kampf auszeichnete, zum Offizier befördert werden konnte (von anderen Offizieren). Dies war der erste zaghafte Schritt in Richtung der Reformen, die später Preußen retteten und Napoleon zu Fall bringen halfen.

AUGUSTE SCHWINCK.
ARNIMS »GROSSE LIEBE«

Wie am Ende der großen Studienreise steigerte und beschloß auch in dieser Phase von Arnims Leben die Faszination durch eine Frau die Krise. Hätte man Arnim gefragt, wen er in seinem Leben am heftigsten geliebt habe, so hätte er sicher noch nach Jahrzehnten geantwortet, seine »große Liebe« sei nicht Bettine, sondern Auguste Schwinck gewesen. Er sah sich einem Überfall heftigster Gefühle hilflos ausgeliefert. Abgeschnitten von den vertrauten Freunden, besonders von Clemens, mit dem ihn ein so unbefangener Mitteilungsstil verband, hatte er nicht einmal jemanden, dem er schreiben, geschweige denn mündlich erzählen konnte. Es gibt daher aus den ersten Monaten dieser Liebe keine Dokumente. Die Informationen aus Königsberg stammen dennoch von Arnim selbst, nämlich aus dem Märzbrief an Bettine, aus seinem ersten Brief an Clemens nach der langen Unterbrechung (Mai 1807) und vor allem aus einem überlangen Schreiben aus Giebichenstein an Augustes Mutter von Ende Oktober 1807, seinem »Rechtfertigungs-Memorial«, wie Clemens es nannte, der es »unter Tränen« abschreiben half (vgl. unten S. 225).

Von »Frau« zu reden erscheint verfehlt. Auguste Schwinck war, als Arnim sie kennenlernte, 14 Jahre alt, ein Mädchen mit aller Lieblichkeit und allen Launen. Welcher Tag es war, an dem Arnim sie beim Schachspielen sah, wobei ihn »ihr Ganzes« ergriff, also ein wahrer *coup de foudre* in ihn einschlug, wissen wir nicht, doch es geschah wohl schon im Dezember 1806, kurz nach Arnims Ankunft. Auguste war die älteste Tochter eines Königsberger Kaufmanns und Kommerzienrates und einer noch jungen Mutter. Die erste Nachricht über sie ist Arnims Mitteilung an Bettine im ersten Brief nach der langen Unterbrechung: sie habe manche Ähnlichkeit mit Bettine, »und das war wie ein guter Genius, der mich ihr gleich zuwandte, so zurückgezogen in sich sie auch aus sich herausblickte. So ist mein ABC fertig aus Auguste, Bettine und Clemens«, schreibt Arnim – und bei diesem A war er mit seinem Latein am Ende. Bei Auguste fühle er, »daß Seligkeit von Sehen kommt«. Wieder war es, da er die Ähnlichkeit mit Bettine mehrmals betont, der zierliche dunkle Gegentyp, der ihn fesselte.

Was es aber sonst war, bleibt rätselhaft. Noch jahrelang beschäftigte ihn diese Liebe, und in späteren Briefen ist noch oft davon die Rede.

Wenn man Arnim von Auguste reden hört, so ist der beherrschende Eindruck: ein kühles junges Ding, doch eigentlich nicht kindlich, sondern oft altklug. Mephistos zynische Andeutung: »Ist über vierzehn Jahr doch alt« hätte auch hier gepaßt. Sie muß durchaus die Ausstrahlung einer zur Liebe reifen Person gehabt haben. Sie war konfirmiert, also fürs Erwachsenenleben freigegeben, scheint umschwärmt und doch von keinem ihrer Verehrer sehr beeindruckt gewesen zu sein. Ein Winterbild, das Arnim heraufruft, zeigt, wie schlimm es schon im Februar um ihn stand: Er sah sie von einem Konkurrenten namens Driesen »im Schlitten gefahren, was sie mir immer abgeschlagen hatte. Ein unbedeutendes schuldloses Vergnügen ... und doch der erste Fall [Absturz] meines Zutrauens, ich ging mit Deetz [nicht näher nachzuweisen] und erstarrte bey dem Anblick so bewußtlos, als stünde die Welt stille um einen andern Lauf zu beginnen. Er fragte mich, was mir wäre, ich weiß nicht, wie ich mich gegen ihn durchlog, aber die Ahndung ist nun erfüllt, daß sie vor mir vorübergleiten, mich einsam würde stehen lassen. Ich ging auf die volle Ressource* um recht einsam zu seyn, da kam noch Driesen mir gleichsam entschuldigend die Fahrt zu erzählen, ich begrif nicht warum, was konnte ich dagegen haben; ich erschrak nur, daß andre wohl gar meine Neigung schon bemerkt hätten, die mir selbst eigentlich noch nicht bewußt war.«

Angesichts dieser Straßenszene – Schnee auf Straßen und Dächern, das Mädchen mit Pelzmütze und Muff, gerötete Wangen, ein Pferdeschlitten – scheint Arnim mit einem Schlag begriffen zu haben, wie sehr er von diesem Gesichtchen abhängig war und zugleich, wie aussichtslos seine Liebe bleiben mußte. Die Gründe waren weniger äußerlicher Art – Arnim konnte ja als durchaus akzeptabler Bewerber gelten, und der »Unterschied der Jahre«, den die Mutter Schwinck ins Feld führen sollte, bezog sich wohl eher auf Augustes Jugend im allgemeinen. (Sie heiratete zwei Jahre später einen Mann, der elf Jahre älter als Arnim und 22 Jahre älter als Auguste war.) Innerlich aber hat Arnim wohl in diesem Augenblick intuitiv erfaßt, daß er und Auguste nicht zueinander paßten. »Es bedurfte ein paar Tage«, schreibt

---

* Laut Meyers Lexikon von 1860: »Ressource ... Name einer geschlossenen Erholungsgesellschaft.« Es handelte sich um eine Art Club, wo etwa Zeitungen gelesen und Nachrichten ausgetauscht wurden.

er später an Frau Schwinck, »ehe der Eindruck in mir ausgetobt hatte, da kam ich zu Ihnen und erwähnte der Geschichte nicht, weil ich sie in mir völlig beschwichtiget hatte.« Es gelang ihm also, die »Ahndung« zu unterdrücken – und er ging zur Mutter der Geliebten (wie früher Goethe zur Mutter La Roche in seiner Trauer um Maximiliane), die der zweifellos reizende Mittelpunkt des Hauses war, in dem Arnim »neun Monate« lang »täglich« erschien.

Die Schwincks waren wieder eine Familie, in die sich Arnim einnistete, wie die des Onkels Schlitz, wie die Reichardts, die Brentanos und wohl schon die Dieterichs in Göttingen. Auguste hatte zwei jüngere Schwestern und einen kleinen Bruder, es wird also allerlei Lebendigkeit im Haus gewesen sein. Frau Schwinck war eine Schwester von Elisabeth Staegemann, der hochgebildeten Frau des preußischen Wirtschaftspolitikers Staegemann, den Stein zum Chef der preußischen Bank ernannt hatte. Es gab viel geselligen Verkehr der höheren Kreise, es wurde gesungen, vorgelesen, geredet. Auch der musische Fürst Radziwill, der mit einer preußischen Prinzessin verheiratet war, war öfter bei Schwincks. Nach Arnims Abreise wohnte eine Zeitlang der Erbprinz von Mecklenburg-Strelitz, Königin Luises Bruder, im Landhaus der Familie, und auch das Königspaar war dort zu Gast. Der Brief an Augustes Mutter läßt erkennen, wie vertraut Arnim mit dem Hause war. Von Mittagessen im Landhaus ist die Rede, vom Stürmen über die Treppen, vom Abgewiesenwerden vor Augustes Zimmertür, die sagen ließ, »es sey niemand drin«, obwohl die Mutter Arnim hinaufgeschickt hatte.

Einmal war Arnim, weil er seine kühle Angebetete ein paar Wochen lang freundlicher gefunden und außerdem »endlich beruhigende Nachrichten über sein Vermögen erhalten« hatte, zum Heiratsantrag entschlossen, doch als er »halbtaumelnd wie ein Baum der unter seinen Frühlingsblüten fast erliegt« vor Augustes Zimmer trat, ein Christusbild unter dem Arm, war sie »entweder ausgegangen oder ließ sich verleugnen«. Die (schwangere) Mutter lag krank im Nebenzimmer. »Die Hand kam leer zurück«, schreibt er später an diese, »mit der ich die Hand Ihrer Tochter zu fassen meinte. Sonderbar, sonderbar! Denselben Abend mußte sie gegen mich zurückschreckend kalt seyn …« Die ganze Illusion einer möglichen Nähe war wieder geschwunden.

Arnim gibt von sich das traurige und lächerliche Bild eines rasend Verliebten, der immer wieder sein Unglück nicht wahrhaben will.

Kein Wunder, daß er dem schönen Kind lästig war und es ihn schnippisch und schlecht behandelte – denn welche selbst große Seele bringt es schon fertig, freundlich zu bleiben, wenn jemand sie leidenschaftlich berennt, mit dem sie allenfalls gesellschaftlich etwas zu tun haben möchte! Grob fand ihn manchmal die liebe Frau Schwinck, mißmutig nennt er sich selbst. Dennoch: »Es giebt Abende, die hervorzubringen, das ganze Jahr sich abarbeitet.« Durch die wirklichkeitsverändernde Hoffnungskraft der Liebe gab es wohl den einen oder andern schönen Augenblick für Arnim. »… denn wie ein Zauber riß sie mich noch immer aus allem Trübsinn zur Fröhlichkeit und allen Vorsätzen zum Trotz konnte ich meinen Armen mit Mühe gebieten, daß sie ihr nicht um den Hals fielen, ich habe viele schönere Mädchen gesehen, aber nie diesen unbegreiflichen thörigten Reitz so gewaltsam empfunden. Ich küßte ihre Hand nicht mehr, die ich nicht mehr besitzen konnte, auch um mich nicht zu vergessen …«

Die sinnliche Anziehung muß in der Tat sehr groß gewesen sein, so groß, daß sich sogar ein Gedicht mit dem Titel »Antrag bei ihr zu schlafen« erhalten hat. Es beginnt mit den denkwürdigen Zeilen:

> Nimm in deinen Schoß o Liebe
> Diese Welten, die im Innern wühlen,
> Denn sie fühlen Schöpfungstriebe,
> Wollen hin zum schönen Dasein zielen.

Allzu direkt konnte Arnim sich natürlich nicht ausdrücken, und so wurde aus diesem »Antrag« etwas verwirrt Kunstprogrammatisches über Wahrheit und Bildung und eine spendende Brust, die in dieser Situation sonderbarerweise einem Kind gegeben werden soll.

Jedenfalls hatte also wirklich die Liebe zugeschlagen, das alte »odi et amo«: »ich sage Ihnen noch mehr«, schreibt Arnim an Frau Schwinck, »daß ich tausend Eigenheiten an ihr hasse und mich doch tagelang abmühete, sie darum weniger liebenswürdig zu finden.« Er verspürte also trotz allem einen starken unbewußten Widerstand gegen Auguste. Vielleicht hatte sein scheinbar erfolgreicher Rivale Zylinicky oder Zylmitzki recht, als ausgerechnet er Arnim im November 1807 schrieb: »… das Glück lächelte Ihnen einmal, und ich glaube, daß es nur bei Ihnen gestanden hätte zuzugreifen. Mit sich selbst aber einig, den Weg des Lebens allein weiter zu wandeln, verließen Sie dies Land, um unter einem wärmern Himmel – Kunst und Liebe zu suchen …« Oft sehen eben fremde Augen genauer als die eigenen.

Weshalb war Arnim innerlich so bereit für diese unangemessene Liebe? Denn ohne eine große unbewußte Offenheit passiert niemandem ein solcher »Zufall«. Der erste Brief an Bettine über Auguste kommt der Sache wohl sehr nah: »sie erfüllt angenehm mein Dasein, löscht in mir den verzehrenden Wunsch zu helfen, wo nicht zu helfen ist durch mich … wie eine dunkle nächtliche Himmelbläue über einem Schlachtfelde ist ihr Anblick meine Ruhe, sie stört keinen Eindruck, vielmehr scheinen die ewigen Sterne ferner Freundschaft heller und glänzender durch sie zu mir her. Sie möchte immer alle die Leute kennen lernen und die edlen Burgen im Weinlaube, von denen ich ihr erzähle, und kann es nicht begreifen, wie ich so vieles gesehen habe und doch so leicht zu übersehen bin.«

Die Beziehung zu Auguste wird hier, vergleicht man den späteren Empörungsausbruch im Brief an ihre Mutter mit diesem Idyll, von ihrer sanftesten Seite gesehen – und vielleicht hat es tatsächlich solche beschaulichen Zeiten gegeben. Wichtig ist Arnims eigenes Verständnis seiner Lage: Wenn die Liebe in ihm tobt, schmerzt ihn das Unglück seines Vaterlandes nicht so sehr. Wenn ihm »die Hände brennen«, vergißt er das brennende Herz, das um Preußen leidet. Oder auch: wenn ihm das Liebesherz brennt, vergißt er den Selbstverlust, den der Untergang des Vaterlandes für ihn bedeutet.

Denn in diesen Monaten ging Preußen endgültig in die Katastrophe. Gelegentliche Hoffnungszeichen wurden mit Begeisterung aufgenommen und überbewertet, so am 26. Dezember die Schlacht bei Pultusk, die am Ende dann doch zugunsten der Franzosen ausging. Die Preußen und die mit ihnen verbündeten Russen waren gezwungen, sich zurückzuziehen, so daß der Weg nach Königsberg nun frei war. Man nahm an, daß Napoleon sofort weitermarschieren würde. Die königliche Familie mußte abermals fliehen, in ihre letzte verbliebene Stadt: Memel. Die dramatische Reise der schwerkranken Königin im Pferdeschlitten durch Eis, Schnee und Sturm über die fast hundert Kilometer lange Kurische Nehrung ist in die preußische Ikonographie eingegangen.

Wider Erwarten zog sich Napoleon mit seinen Soldaten ins schützende Winterquartier zurück. Arnim blieb in Königsberg. Ob er das auch getan hätte, wäre er nicht schon rettungslos in Augustes Netze verwickelt gewesen, ist zweifelhaft. Viele Flüchtlinge und natürlich die Regierung übersiedelten ebenfalls nach Memel. Die Begegnung mit den Franzosen, die er schließlich doch nicht vermeiden konnte, fürchtete er jedenfalls weniger als die Trennung von Auguste.

In seinen Berichtbriefen an Clemens, die er erst im Juni abschickte, sieht man, daß er mitten im allgemeinen Unglück dieser Monate intensiv mit der Literatur beschäftigt war. Er benutzte die große Büchersammlung Wißmanns, in dessen Wohnung er untergekommen war, und las, was er bekommen konnte. Zweifellos ging auch das gesellige Leben bei Schwincks und Staegemanns und anderswo weiter. Doch schreibt Arnim bereits am Heiligen Abend 1806 an seinen Onkel über den verzweifelten Zustand des Umlandes von Königsberg: »besser mit vielen fallen, als einsam in einer Wüste – und rings geht schon die neue Wüste an. Die Dörfer abgebrochen zu Wachtfeuern, die Thiere geschlachtet, die Einwohner haben keinen Gedanken als den lieben Gott! Es war ein Augenblick der Verzweiflung, als ich einen Bauern sachte vor sich rufen hörte: ›Leve Gott, leve Gott!‹ – neben sich trieb er seine magere Kuh. Die Grenzen der geselligen Ordnung lösen sich, die Zäune werden abgebrochen, die Rücken der Felder niedergetreten … Die Furcht heckt so schnell wie ein Kaninchen … die zerlumpten, trübsinnigen Soldaten werden bald gleichgültig.«

Immer mehr Verwundete drängten in die Stadt, besonders nach der grauenvollen Schlacht bei Preußisch-Eylau südlich von Königsberg am 7. und 8. Februar 1807. Wer sollte die Toten – 26 000 Russen, 28 500 Franzosen – in der Kälte unter die Erde bringen? Ein erschütternder Nachklang (der auch auf die Bestattungsgewohnheiten hinweist) erscheint drei Jahre später in Arnims Lesedrama *Halle und Jerusalem,* wo eine junge Frau mit einem kleinen Kind auf dem Arm angesichts der Gefallenen klagt: »Tausende … werden nackend in die weite Grube an der Schlinge wie die Missetäter eingeschleift, noch um Haar und Zähne drin beraubt … Wie ein Holzstoß werdet ihr da unten aufgeschichtet, aber keine Flamme lodert euch zu rächen …« Die Assoziationen, die uns heute dazu kommen, lassen schaudern.

Wie in allen Kriegen des bürgerlichen Zeitalters hatten auch in Königsberg einzelne, besonders Frauen, die Möglichkeit, durch eigenen Einsatz zu helfen und zu trösten. Arnim traf eine Genfer Kunstfreundin, Barbara Juliane von Krüdener, wieder und widmete ihrer frommen Tätigkeit unter den Leidenden, Krüppeln und Sterbenden einen Aufsatz, der in der Königsberger Zeitschrift *Vesta* erschien. Weder von Auguste noch von Frau Schwinck berichtet er ähnliches. Sie scheinen ihr geschütztes Leben weitergeführt zu haben.

Arnims Liebes- und Vaterlandsleid hätte fast dazu geführt, daß er doch noch Soldat geworden wäre, wohl mit der Hoffnung, wie Prinz

Louis Ferdinand zu fallen. Er wollte sich, wahrscheinlich im März, also bald nach der Schlacht bei Eylau, einem Freikorps anschließen, das unter der Führung seines Studienkollegen Nostitz, des ehemaligen Adjutanten Louis Ferdinands, von Königsberg aus über die Ostsee in Pommern landen und dort eine Volkserhebung auslösen sollte. Seinem Bruder gegenüber, zu dem er in der Kriegszeit ein etwas wärmeres Verhältnis entwickelte, behauptete Arnim später, letztlich habe ihn der Geldmangel gerettet. Er konnte sich demnach nicht einmal militärisch ausstatten. Savigny erklärte er 1814 sein Fernbleiben vom Militär anders: Ein Hausfreund der Schwincks habe ihm erzählt, »welche Lücke meine Abwesenheit von zwey Tagen mache, wie man mich vermisse« – und schon scheint er umgestimmt gewesen zu sein.

Sein Versuch, ein Held zu sein, wirkt, weil fremdmotiviert, auch in seinen schriftlichen Niederschlägen nicht sehr überzeugend. Eine hochgemute Aufforderung an die Pommern und Märker, sich dem Freikorps anzuschließen, benutzt Kriegerpathos und Heldenvokabular der Zeit und ist für uns wie alle solche Texte nur mit großer historischer Einfühlung zu ertragen. Zum Einsatz kam das Papier nie, weil aus der ganzen Unternehmung nichts wurde. Persönlicher sind dagegen die Gedichte der Zeit. Besonders ehrlich und unheldisch-realistisch aber äußert sich Arnim nachträglich in seinem Unglücksmemorandum an Frau Schwinck. Auguste hatte ihn nämlich vor dem Untergangsunternehmen des Freikorps nicht etwa liebevoll gewarnt oder gar Angst um ihn gehabt, sondern ihn noch angefeuert zu gehen. Er erinnert sich der »furchtbaren Tage, wo mich ihre Tochter gegen meine Ueberzeugung in den mit Schande und Verderben bezeichneten Soldatenhaufen trieb … Verzweiflung trieb mich, ich bewahre noch den fertigen Brief, worin ich Ihnen ein trauriges Lebewohl sagte. So nutzlos dieses kriegerische Bemühen damals gewesen wäre, so hätte ich doch viel öde gramvolle Nächte mir erspart.«

Die kummervollen Nächte – das Goethezitat fiel in diesen Monaten vielen Menschen ein – waren für Arnim allerdings nicht gerade mit tränenreichem Brotessen bei Tage verbunden. Zwischen Königsberg, Memel und Tilsit hat es nie wieder eine so großstädtische Geselligkeit gegeben wie in diesen drei Jahren, in denen das Zentrum des preußischen Staatswesens in den nördlichsten Osten ausgelagert war. Zwei Frühlingsmonate lang war sogar die Königin Luise noch einmal in Königsberg. Arnim hatte sie in Berlin öfter gesehen und kam nun in engerer Gesellschaft mit ihr zusammen. Auch für ihn wurde sie zu einer Gestalt im himmlischen Strahlenkranz, zum

> Stern, der voller Pracht erst flimmert,
> Wenn er durch finstre Wetterwolken bricht,

wie es in Kleists berühmtem Sonett heißt. Etwas kritisch stand Arnim den höfischen Gewohnheiten dennoch gegenüber. Teils gelangweilt, doch auch »nicht ohne Rührung und Lust« machte Arnim die Veranstaltungen mit. Er durfte sich auch persönlich geehrt fühlen, denn wenn die Königin mit ihrem Gefolge auf dem Schloßteich Bötchen fuhr und dabei Tee trank, sang sie gern das *Wunderhorn*-Volkslied »Es ritten drei Reiter zum Tore hinaus«, eine schöne alte Weise, von der Goethe in seiner Rezension sagte, sie sei »ein ewiges und unzerstörliches Lied des Scheidens und Meidens«.

Bei einer solchen Wasserfahrt sprach Arnim die Königin auch das letztemal. Da war er schon am Tiefpunkt seiner Vaterlands- und Liebeserwartungen angekommen. Wenig später ist die Königin fort, der Teich von der Hitze mit grünem Schlamm überzogen, zugleich mit der Niederlage aber der Weg in den Süden und Westen frei. Arnim bittet Bettine flehentlich um »nur ein Wort in diese verwüstete, ausgehungerte, abgebrannte Welt«. Jetzt kann er damit rechnen, daß sie seinen Brief erhält.

Am 10. Juni wurde die Königin nach Memel zurückgerufen. Drei Tage später wurden Preußen und Russen bei Friedland endgültig geschlagen, ganz in der Nähe von Königsberg, das am 16. eingenommen wurde. Arnim war mit der Familie Schwinck in die Stadt zurückgezogen. Vom Stadtwall aus sah er den Kämpfen zu und genoß den Anblick als ästhetisches Ereignis, da er auf das Mitstreiten wieder einmal endgültig verzichtet hatte. »Es war ein wunderbarer Anblick, aus einem Garten konnte ich jeden Schuß der Tirailleurs sehen, die Kanonenkugeln pfiffen immer über die weite grüne (*sic!*) Wiesen und vor (mir) brannten die grossen Mühlen, Holzlager, Torfscheunen.« Er brachte die Nächte bei Schwincks zu, um diese vor befürchteten Übergriffen zu schützen. Auch da durfte er sich nicht als Held bewähren – es passierte nichts Nennenswertes, außer daß er »die Familie mehrmals durch die von Cavallerie dichtgedrängten Straßen durchführen« durfte.

Wehleidig und sarkastisch schreibt er vier Monate später im Brief an Frau Schwinck: »So unterzog ich mich mitanzusehen, wovor ich anderthalbhundert Meilen geflüchtet, was überlebt der Mensch nicht, wenn er etwas will.« Damit meinte er den Anblick siegreich einmarschierender Franzosen. Er überlebte es nicht nur, sondern ging auch gesellschaftlich mit den Eroberern um. Sein Gärtchen auf dem Schwinckschen Grundstück vor der Stadt durfte wieder nachwachsen und wurde nach seiner Abreise von Frau Schwinck weitergepflegt. Auguste hatte ihren Patriotismus vergessen, übersah weiterhin Arnims Schmerzen »und konnte mit Entzücken an jedem schönen Franzosen hinaufsehen«.

Vielleicht war es für Arnim nötig, ganz auf den Grund des Scheiterns zu kommen, um sich dem Auftrieb überlassen zu können, der zurück ins Leben führte. Sein Vaterland war geschlagen. Im Tilsiter Frieden, von Napoleon am 7. Juli 1807 diktiert, wurde Preußens Territorium halbiert, das Heer auf 42 000 Mann beschränkt, dafür aber eine Besatzung von 150 000 Mann (und 50 000 Pferden) im Land belassen. Obendrein sollte die unvorstellbare Reparationssumme von 150 Millionen Francs bezahlt werden. Die Friedensbedingungen wurden vor dem Volk geheimgehalten, so daß wohl auch Arnim zunächst nicht das ganze Ausmaß des Unglücks kannte. Was er aber gesehen hatte, brauchte keine Erläuterung. »So ist nun alles aus!« schrieb er unmittelbar nach dem Einmarsch der Franzosen an Clemens, und im selben Brief: »Ich muß und will fort, es koste mir, was es wolle!« Denn: »Ich bin es müde, kalten Marmor zu erwärmen, oder vielmehr durch meine anhängliche, zudringliche, fremdartige Nähe ein lebenslustiges Wesen zu erstarren. Was mir lieb an ihr ist, der gute Geist, den ich unter der Flamme ihrer Stirn suchte und beschwor, ist mir nicht erschienen … Ich kann das alles nicht erzählen, ohne daß mich mein frommer Leichtsinn rührt, und ich mag und will nicht gerührt sein, ich will lachen und nicht viel schreiben.«

Die politische und die persönliche Niederlage kommen also zusammen – und da ist es wieder, das romantische »Ich-hab-mein-Sach-auf-nichts-gestellt«, jetzt aber nicht mehr als Entwurf und Ratlosigkeit wie vor dem Krieg, sondern unterlegt mit schwerer Erfahrung. »Lachen und nicht viel schreiben«, ausruhen von den übermäßigen inneren Strapazen – dazu wollte er mit Reichardt, der aus Memel zurückgekehrt war, nach Giebichenstein reisen. Doch wurde Reichardt ernstlich krank. Viele andere Menschen starben, die Sterbeglocken hörten nicht auf zu läuten, und die Kirchhöfe waren »wie frisch gepflügt« mit zehnmal soviel Gräbern wie gewöhnlich. Arnim blieb gesund, aber die Abreise verzögerte sich bis in den September hinein und verlängerte die Höllen und Wonnen der Auguste-Liebe.

Rückkehr in die Welt der Freunde

Nach der Niederlage war der Postweg über die preußischen Grenzen hinaus wieder frei, und Arnim erhielt Nachrichten von Clemens und Bettine. Die Verbindung zur Großmutter nach Berlin war kaum unterbrochen gewesen, so daß Arnim unterrichtet war über Einquartierungen, Geldnöte und den großen Wunsch der alten Dame, ihren Enkel Louis bei sich zu haben, weil sein Bruder Carl ihr allmählich immer ferner rückte. Ungebrochen berichtet sie in ihren Briefen von ihrem guten Befinden »von alter bekandter Art«. Es ist verständlich, daß Arnim seine eigenen Sorgen wichtiger nahm und sich nicht verpflichtet fühlte, der unverwüstlichen Frau zu helfen. Seine Sehnsucht zog ihn nicht nach Berlin, sondern in den Süden zu den Freunden, deren alte Briefe zu lesen ihm nachts »manches stille Fest« bereitet hatte. »Es ist mir dann, als wäret Ihr eingeschlafen und ich dächte nach, was Ihr mir am Tage gesagt.«

Nun waren sie wieder erwacht, das Gespräch konnte weitergehen. Am ersten Tag der Postfreiheit stürzte sich Arnim in lange Briefe an die Freunde, an die Tante, an Reichardt. In ungewöhnlich intensiven Tönen zeigt besonders der erste Brief an Bettine Arnims Sehnsucht, Verzweiflung und Verlassenheit. »... schreiben Sie, ich bitte, ich flehe, und wenn Sie mich auch ganz vergessen hätten, was ich nicht glauben kann und mag, geben Sie einige Worte Almosen einem unbekannten Bettler, wer will fragen, wer er ist, der seine Not sieht. Ich komme oft zu dem schrecklichen Glauben, daß ich mich allein an die Menschen hänge und allein Mensch bin unter seligen Wesen, die meiner sterblichen Zuneigung lächeln ... nur ein Wort daher in diese verwüstete, ausgehungerte, abgebrannte Welt! Ich hatte mir hier thörig einen Garten gebaut und schöne Blumen gepflanzt, auch Ihnen ein Andenken von weißen Lilien und Feuerlilien; aber ich bin mit allen Bewohnern hineingeflüchtet in die Stadt, es wurde [von den Franzosen im Landhaus] nichts gefunden als eine Klucke mit zwölf Küchlein, die schlugen sie tot gegen die Wand, die Klucke verwilderte, und keiner weiß, wo sie geblieben. So sieht es hier aus ...«

Von Bettine erhielt er im Juli in kurzer Folge den in Giebichenstein liegengebliebenen Brief vom November 1806 voller Sorgen und Freundlichkeit *vor* der Katastrophe und einen weiteren, der schon auf die Königsberger Nachrichten von März und Juni über Auguste reagiert. Sonderbar genug, sein Liebesgeständnis für eine andere verändert den Ton Bettines, er wird wärmer, voll Freude über Arnims

Vertrauen. Ihre Antwort zeigt ihre ganze großzügige Herzlichkeit, ist aber auch getragen von einer kühnen und hoffnungsvollen Umdeutung. Auguste liebt ihn nicht, ist auch nicht wie er? »Das schadet nichts«, schreibt Bettine, »war mirs doch auch so mit Ihnen und mit allem, was ich begehrte ...« Selbst die Schöpfung sei dem Schöpfer nicht dankbar für ihr Dasein, wie sollte da unter den Menschen Liebe unbedingt auf Liebe antworten? Für sich und Arnim aber glaubt sie nun offenbar plötzlich mit der Sicherheit einer lebensentscheidenden Intuition an die Möglichkeit eines Ineinandergreifens von Lieben und Geliebtwerden: »Ich wollt, wir könnten uns bald sehen, ich habe mich verändert ... auch äußerlich«, schreibt sie ein wenig kokett und spielerisch, »die Haare trage ich seit dem Kriegssturm all nach einer Seite hin gelockt, da wo ich mir dachte, daß Preußen liegen müßte; das war doch Euch zu Ehren, mein guter, guter Arnim.« Und noch einmal am Briefschluß: »Guter, guter Arnim, wenn Sie nur wüßten, wie um Ihrer selbst willen ich Sie lieb habe. Bettine.« Kein Wunder, daß Arnim antwortet: »Ihr Brief war eine Leuchtkugel ... mit welcher Freude habe ich immer wieder gelesen, daß Sie von meinem Wesen etwas halten, das mir selbst überdrüssig ist.«

Die beginnende Genesung vom schlimmsten Liebeserlebnis seines Lebens muß ein großes Aufatmen gewesen sein. Ganz ohne pädagogische Absicht und in ehrlichster Zuneigung wurde ihm gezeigt, daß die Welt noch etwas anderes für ihn bereit hielt als das konventionelle schöne Kind, das ihn nun einmal nicht wollte. Den eigentlichen und letzten Anstoß zur Abreise gab allerdings Anfang August der erste Brief von Clemens mit der herzzerreißenden Schilderung vom Tod seiner Frau, der schon ein Dreivierteljahr zurücklag, »so schmerzlich, so liebevoll, daß mir die Augen übergingen«. Auch dem heutigen Leser können noch die Tränen kommen angesichts von Sophies fehlgeschlagener Zuversicht, ihrem heillosen Sterben und der Angst und Verzweiflung des unseligen Clemens: »... sie jammerte lang und ich hatte eine eiserne kalte Hand im Gehirne, die zerriß es ... es ist ein Mädchen, und ich sprach, wehe, so muß es gebähren, lebt mein Weib, ich habe keine Freude an Kindern, sie sterben – ihr Weib ist sehr schwach – da hörte ich Sophien schwer schwer Athmen, sie sagte lebt mein Kind, und starb, und die Erde starb, alles starb, und ich schrie Arnim, Arnim ...«

Endlich also fand Arnim dahin zurück, wo er gebraucht und geliebt wurde, wenn auch trotz allem noch unter Schmerzen: »... ich wütete mich los von allen Wurzeln und Ausläufern, die mich hier getrieben.«

Wie unwiderstehlich muß aber für ihn gewesen sein, was Clemens während der langen Erzählung seines Lebens nach Sophiens Tod plötzlich schreibt: »... ich höre im Moment jemand auf der Treppe« – Bettine ist aus Kassel gekommen, früher als erwartet: »ich ergreife deinen Brief, sie tritt herein, wir reichen uns deine Briefe, sie hat auch einen, ich – muste sehr weinen Sie wieder zu sehen, am Finger die schöne Anticke von Göthen ...« Und weiter: »Arnim es liebt dich niemand so wie wir, wir wollen auch noch einmal stets zusammen sein, aber wie, wie, es ist unser fester Entschluß, du mußt mit nach Rom, mit ins Grab, mit in den Himmel ... wenn kann ich dich sehen, wie, wirst du noch lange in Königsberg sein, die arme Auguste will dich nicht lieben, ach sie thut wohl daran, du mußt sie erst lieben, wenn ich sie liebe ...«

Von Bettines Freundschaft mit Goethes Mutter hatte Arnim noch vor dem Abbruch der Verbindungen gehört. Inzwischen aber hatte Bettine im April 1807 durchgesetzt, was sie lange wollte: sie hatte Goethe besucht und bezaubert, und er hatte ihr den erwähnten Ring geschenkt. »Und da strahlt mir zum Schlusse aus Ihnen ein Widerschein von Göthe und aus Göthe ein Widerschein von Ihnen«, schreibt Arnim entzückt zurück, »und Sie beide spiegeln sich in einander so unendlich, daß ich es nicht lassen kann, außerdem wie ich jeden für sich liebe, noch jeden in dem andern zu lieben. O könnte ich Sie beide zusammen sehen!« Dieser Wunsch sollte in kurzer Zeit erfüllt werden.

Doch drängten auch die unangenehmen und gefährlichen Brentanoschen Eigenschaften wieder in Arnims Leben: Während er noch mit Clemens trauerte und über Vorschläge für Sophiens Grabdenkmal nachdachte, mußte er den Brief unterbrechen, denn er erfuhr auf der Straße durch einen Bekannten, daß Clemens »mit seiner Frau« in Kassel sei, merkwürdigerweise am selben Tag, da im fernen Westen die Trauung stattfand. Kaum zu glauben – am 21. August 1807 wurde Clemens Brentano mit der von ihm entführten 17jährigen Auguste Bußmann nach katholischem Ritus im Fritzlarer Dom getraut, und zwar nicht heimlich, sondern mit Bruder Christian und Schwager Karl Jordis als Trauzeugen. Am selben 14. Juli, an dem Clemens seinen erschütternden Brief über Sophie, seine Untröstlichkeit und das schwere Leben ohne sie schrieb, stand er bereits in Kontakt mit der seltsamen jungen Frau, die »äußerlich ganz still« war, »sanft und – sinnig ja tiefsinnig erscheinend, entsetzlich verständig sprechend, entschloßen wie ein Mann, jungfräulich schüchtern wie eine Nonne« – also voller Widersprüche, romantisch wie eine Gestalt aus einer Arnimschen Erzählung. Arnim schrieb einen grimmigen, verwirrten, eifersüchtigen, grotesken Brief an Clemens – »Stehe unter dem Pantoffel, es ist die weichste Krone, ich sehne mich nach solcher Tiranney« – und ließ bis zur Abreise von Königsberg nichts mehr von sich hören.

Mit dieser Eheschließung begann ein jahrelanges Trauerspiel, in das die ganze Familie, bald gänzlich auf der Seite von Clemens, einbezogen war, häßlich, grob, ohne Erbarmen. Diese Ehe ist das traurigste und düsterste Kapitel in Clemens' Leben. Ihn hatte eine Untreue aus Verzweiflung ergriffen, wie sie gerade bei sehr leidenschaftlicher Trauer öfter vorkommt. Nur so war es möglich, daß er sich kurz nach dem Tod seiner geliebten, großmütigen, überlegenen Frau auf dieses egozentrische, heftige und zweifellos hochneurotische Mädchen einließ. Die Ehe wurde 1814 endlich geschieden. Clemens schrieb danach das hemmungsloseste Haßgedicht eines Mannes an eine Frau, das die deutsche Literaturgeschichte kennt. Danach konnte er sich nie wieder fest an eine Frau binden. Auguste war eine Zeitlang wohl einigermaßen glücklich mit einem älteren konventionellen Mann und bekam von ihm vier heißgeliebte Kinder. Ihre Seele aber kam nicht zur Ruhe. 1832 ertränkte sie sich im Neckar.[*]

Gleichviel, welche befremdenden Erscheinungen sich in der Umgebung der Brentanos ereigneten – aus der Entfernung von fast zweihundert Jahren scheint es vollkommen eindeutig, wohin Arnim gehörte. Er wurde von zwei genialen bezaubernden Menschen geliebt und begegnete wieder ihrer Intelligenz, ihrer unglaublichen Ausdrucksbegabung, der Poesie ihrer Existenz. Arnim gegenüber waren weder Bettine noch Clemens eitel, jedenfalls nicht in dieser Zeit, und so wurden alle diese überreichen Gaben trotz ihrer Kompliziertheit mit der größten Natürlichkeit vor Arnim ausgeschüttet. Dennoch fiel

---

[*] Auguste Bußmann ist verwandt mit einer anderen auffallenden Frau der deutschen Kulturgeschichte: mit Cosima Wagner. Augustes Mutter, Moritz Bethmanns Schwester, hatte dessen Kompagnon Bußmann 1790 geheiratet, 1791 Auguste zur Welt gebracht und war im selben Jahr Witwe geworden. Sechs Jahre später verheiratete sie sich mit dem Vicomte Alexandre de Flavigny. Augustes Halbschwester aus dieser zweiten Ehe ihrer Mutter, Marie, heiratete einen Grafen d'Agoult und wurde die Geliebte Franz Liszts. Mit diesem hatte sie drei Kinder. Eins davon war Cosima, die spätere Frau Hans von Bülows und dann Richard Wagners.

es ihm übermenschlich schwer, sich von Königsberg zu lösen. Was ihm dabei half, war Nachdenken, Nachfühlen, Reden. Er tat es in den Briefen an Bettine und Clemens, in Königsberg aber vor allem in Gesprächen mit Augustes Mutter.

Eine sonderbare Beziehung war das, die aus der Liebe zu Auguste entstand, ein merkwürdiger Ausweg: »Ich bin wirklich fröhlich, seitdem ich entschlossen bin, seitdem ich Gelegenheit gehabt, der Mutter von Auguste alles auseinander zu setzen, und die Wärme, die mich überkam, die Freiheit, die Zuversicht, mit der ich redete, selbst der Beifall dieser herrlichen Frau haben mich im Entschlusse der Trennung gestärkt, ungeachtet sie mir versicherte, daß sie und ihr Mann eine Verbindung mit ihrer Tochter gern gesehen.«

Es ist eine häufige Erscheinung und wird in der Regel freundlich belächelt, daß Schwiegerväter in die junge Frau ihres Sohnes »ein bißchen verliebt« sind. Eher verschwiegen und kritisch betrachtet wird die erotische Beziehung der Schwiegermutter zum Schwiegersohn. Im Königsberger Fall wurde aus Arnim zwar kein Schwiegersohn, aber die »herrliche Frau« scheint die klassische Rolle der Freundin, mit der ein Unglücklicher sein Liebesleid ausführlich besprechen kann, gern und liebevoll übernommen zu haben und war sicher am Leid eines Dichters, der noch dazu ein sehr schöner junger Mann war, mehr interessiert, als wenn es sich um irgendeinen Leutnant oder um ihren eher braven und dazu ein wenig verwachsenen späteren Schwiegersohn Wißmann gehandelt hätte. Arnim scheint die Sympathie der Hausfrau zuerst nicht wahrgenommen zu haben – vielleicht wuchs sie auch erst mit seinem drohenden Abschied –, doch »rührte« ihn plötzlich ihre Geburtstagsfeier am 5. August, »und ich fand, daß sie mir eigentlich recht gut gewesen, während ich sie ganz gleichgültig gegen mich glaubte«. Jedenfalls ergriff er dann die Gelegenheit, die sich ihm bot. Das lange Reden, das folgende viele Schreiben wirken wie ein Stück nachgeholter Pubertät.

In Arnims Stammbuch schrieb Frau Schwinck sehr persönliche Zeilen:

... Ich bin Dir gut, gerührt Dich zu verlieren ..., Nun lebe wohl ... Doch mitten unter Deinen mannichfaltigen Freuden vergiß uns nie. Weder Weltteile noch Gräber noch die zweite Welt können Menschen zertrennen oder verbinden, sondern nur Gedanken scheiden und gatten die Seele.

Den Stammbucheintrag unterschrieb als erste Charlotte Schwinck selbst, dann ihr Mann, dann alle vier Kinder. Auguste wollte oder

Eintrag der Familie Schwinck in Arnims Stammbuch.

sollte nur eine unter anderen sein. Zwischen Arnim und Frau Schwinck entstand ein langer Briefwechsel. Von Arnim sind außer dem schon erwähnten Rechtfertigungsbrief eine ganze Reihe von Entwürfen und Exzerpten erhalten, von ihr drei Briefe. Sie schreibt durchaus unbefangen und familiär an Arnim, berichtet von Bekannten und Verwandten, besonders den Töchtern, und zeigt weder eine auffallende Feinheit noch irgendeine Art von Zudringlichkeit gegenüber Arnim. Und also war sie wohl eine Frau nach Arnims Herzen: heiter, warmherzig, wohlerzogen, liebevoll und naturliebend.

Aufgrund von Reichardts Krankheit verzögerte sich die Abreise, und so trat angesichts der vollzogenen Entschlüsse eine Art Windstille ein. Augustes Geburtstag am 24. September, der letzte Tag, wurde mit einem kleinen Tanzfest gefeiert. Zum Abschluß eines Tanzes küßte Arnim ihr die Hand, »es ward mir dunkel, aber ich behielt die Richtung meines Ganges, wie ein Mensch, dem man schnell den Kopf abhaut, sie behalten soll, es ward mir so dunkel«. Am Morgen noch ein Geschenk, »getrocknete Blumen und Haarlocken der ganzen Familie«, das ihm die Tränen in die Augen treibt – und dann endlich, endlich der harte Schnitt der Abreise.

Vierzehn Tage später schrieb er an Clemens: »Es kostete mir fast meine gesunden Glieder um mich loszureißen.« Andererseits konnte er aber auch schon wieder bramarbasieren: »ja ich hasse sie darum gräßlich. Ich werde ein Buch gegen die Liebe schreiben, worin alle meine Liebeslieder stehen sollen, das sollen die Leute wie ein kaltes Bad brauchen um sich nicht zu erkälten, wenn sie nicht am Bade im voraus sterben, es soll werden wie das Chor des Sophokles, von dem alle Weiber abortierten.«

Gedichte von der Wirkung der *Antigone* oder des *Ödipus* hat Arnim nie geschrieben. Doch stehen viele der schönsten Gedichte aus der Königsberger Zeit in seinem Eheroman *Gräfin Dolores*, einem Buch voller Ambivalenz gegen die Frauen, die zu lieben Arnim trotz der schlimmen Erfahrung mit allen Augusten nicht lassen konnte.

Schon am letzten Augusttag, vier Wochen bevor sich der Wagen in Bewegung setzte, hatte sich Arnim in einem Traum endgültig für Bettine geöffnet, noch entschiedener, als er das in der Welt der bewußten Entscheidungen zu tun vermochte. Träume greifen ja oft den realen Ereignissen vor; dieser war sogar leicht zu verstehen, und Arnim wehrte sich nicht dagegen.

Gestern habe ich zum erstenmal Ihre Stimme wiedergehört, aber nur im Traume, es war so ein neues Lied, daß ich mir gestern den ganzen Morgen die Stirn rieb, wie es eigentlich gelautet. Doch war es so schön, wunderbar und mannichfaltig, als wenn ein

Blitzstrahl in ein Feuerwerk geschlagen und alles auf einmal sich erschließt, dreht, färbt, donnert und spielt. Dann war es auch wieder so sanft, als wenn sich Morgens die Halme und Blumen aufrichten und man glaubt, es fällt ein unfühlbarer Regen. Dann sah es wieder so tief in sich hinein, als wenn eine Blumenkrone von ihrer Schwere ganz umgebogen sich nun im Wasser spiegelt. Dann hatte es wieder so viele Schichten vor Äther und Wolken, als in den Blitzen erschienen, und woher alle die Blitze dahinein kommen, das entstand von einem Gewitter, das ich über dem Traum verschlafen hatte.

Im Grunde sagt der Traum nur: »Ich habe Ihre Stimme gehört, die ein Lied sang.« Doch Arnim fährt fort, er habe wie ein nach langem Schlaf erwachtes Kind den ganzen Morgen darüber gestaunt, darüber nachgedacht und damit gelebt. Er kann sich nicht satthören und möchte immer weiter eindringen in die Erscheinung. Die sexuelle Komponente soll nicht vergessen werden. Lichterlebnisse, die hier so auffallend sind, stehen oft für die Erfahrung sexueller Höhepunkte. »Aufrichten« und »Tiefe« sind männliche und weibliche Symbolbereiche. Es gibt Beispiele für die außerordentliche Feinhörigkeit Arnims für sexuelle Nebenbedeutungen.

Bettine antwortete umgehend: »Ich glaub gewiß, daß meine Stimme bei Ihnen war in der Nacht vor dem 1. September, ich hatte in diesen Tagen keine Stimme, konnte kein lautes Wort sprechen, sie war wahrscheinlich zu Ihnen gereist.« Sie sagt allerdings nicht, daß diese Krankheit wahrscheinlich der Ausläufer einer anderen war: merkwürdiger Krämpfe, die sie überfielen, als sie den Leuchtkugelbrief von Arnim erhielt, was ihre Schwester Meline mit einigem Befremden berichtet. Bettine wandte ihre Gefühlserlebnisse häufig schnell und gründlich ins Körperliche; sie berichtet, daß sie nach Erschütterungen oft nicht essen und trinken kann, bei Goethe verfällt sie in somnambule Zustände, und einmal sinkt sie angesichts einer Begegnung mit ihrem eigenen Spiegelbild ohnmächtig zusammen. Im übrigen war sie, vielleicht gerade weil sie solche psychosomatischen Reaktionen zuließ, ihr Leben lang unerschütterlich gesund.

Noch einmal, Arnim reagiert drei Wochen später: »Was ist die Stimme, und wem gehört sie? – doch dem, der sie fühlt ... So besitze ich Ihre Stimme, ich wache über mein Eigentum.« Einstweilen eine sehr unkörperliche Besitzergreifung, jedoch mit Entschiedenheit ausgesprochen.

Die Reise nach Westen und Süden war lang und beschwerlich, mehrere Tage »unter dem Wüten aller Elemente in mir und außer mir«. Arnim hatte sich zwar einen alten Wagen mit Verdeck gekauft, von dem er hoffte, er solle die Herbstregen aushalten. Doch waren die Plagen der Fahrt – die für uns unvorstellbar schlechten Straßen, die behelfsmäßigen Quartiere, die karge Verpflegung – groß genug, um die inneren Schmerzen zurücktreten zu lassen. »Die ersten Tage als ich Königsberg verlassen meinte ich es gar nicht überleben zu können und hätte nicht zuweilen ein recht spöttischer teuflischer Hunger und Durst meine Gedanken durchschnitten, ich glaube ich wäre auf diesem Klebermeere* steckengeblieben.« Dann die erste Wiederbegegnung: in Sandow bei Ziebingen, nicht weit von Frankfurt an der Oder, trafen Reichardt und Arnim Tieck, der dort bei seinem Freund Burgsdorff ein Zuhause gefunden hatte. Tieck erzählte »viel Schönes«, auch von Bettine – kein Wunder bei ihrer Begeisterung für ihn. Für Arnim zeigte sich zum erstenmal, daß er durch seine Loslösung von Königsberg nicht nur verlor, sondern gewann: »daß mir zuerst in diesen altneuen, altvertrauten, neugesicherten Freundschaftsversicherungen wieder mein Anteil Hoffnungen und Wünsche zuwuchs.« In Giebichenstein sah er – eine paradigmatische, oft dargestellte Szene in diesen kriegerischen Zeiten – »den Hausvater in die Arme seiner Frau stumm und still sinken … und (wie) kein Platz an ihm war, alle Händedrücke zu empfangen«. Reichardt war ein Jahr fortgewesen. Das Gut war verwüstet, die Familie völlig verarmt. Doch stellte sich das gewohnte Familienglück wieder ein, es wurde gesungen, gelesen, geredet. »Ich kann ordentlich nicht begreifen, wie mir so wohl ist, es kommt aber blos davon, weil ich hier nicht verliebt bin.«

Freilich war es noch nicht aus mit der Liebe. Unterwegs, also innerhalb sehr kurzer Zeit, hatte Arnim bereits »dreymal« an Frau Schwinck geschrieben, sicher hemmungslos seine Wunden neu aufreißend, wie es verzweifelt Liebende so oft tun. Diese Briefe sind nicht erhalten. Um den 20. Oktober bekam Arnim den offenbar heiß ersehnten Brief von Frau Schwinck, den er sich als »das Wichtigste des Posttages nach allen zuletzt aufbewahrt hatte« – obwohl, wie wir später erfahren, auch ein Brief von Bettine in der Post war! –, und erwartete sich »Trost in ruhiger Betrachtung … womit Sie so oft die

---

* »Klebermeer« ist eine alte Verdeutlichung von Lebermeer, »mare mortuum, sagenhaftes geronnenes meer auf welchem die schiffe steckenbleiben« (Grimmsches Wörterbuch).

Wellen meines bewegten Gemüths wie Oehl geebnet«. Diese Erwartung wurde getäuscht, denn Charlotte Schwinck wollte nicht, wie
Arnim wollte.

Er wurde durch diesen Brief in höchste Empörung versetzt. Sein
Ausbruch, abgeschrieben von ihm selbst und am Ende von Clemens,
ist im Druck 18 Seiten lang. Arnim war vor allem enttäuscht, daß
Frau Schwinck nicht eindeutig für ihn Partei nahm. »Ich bin ein
Wandrer, der den Staub seines Weges niederweint, daß Sie ihn noch
weit sehen können.« Sie *muß* doch einsehen, wie schrecklich ihre
Tochter sich gegen den unschuldigen Achim von Arnim benommen
hat.

Dann fährt Arnim sein ganz großes Geschütz auf, er besinnt und
beruft sich auf seinen Schutzengel, die bessere Freundin, letztlich
auch eine Art bessere Mutter: Bettine. »Keine solche gefallene Magdalena, sondern jung schön und rein steht jene himmlische Güte da,
jene Freundin … liebend ohne Falsch und ohne Fehl, sicher wie eine
Heilige in der Löwengrube, so in der ganzen weiten Welt.« Durch einen sonderbaren Zufall – »aber wie wage ich Zufall eine hohe Fügung
zu nennen« – habe ein Brief von Bettine Arnim gleichzeitig mit dem
von Frau Schwinck erreicht, nebenbei von Schwincks nachgeschickt.
Dem folgt ein langes Zitat aus Bettines Brief von Mitte September:
»Nein wahrlich die Zeit war nicht verloren ihrer Liebe, werden sie es
lächerlich oder übermüthig finden, daß auch um meinetwillen diese
Liebe seyn mußte, ehemals wußte ich nicht recht, was es in mir war,
daß ich ihrem Schicksale nachziehen mußte und doch nie zur Erkenntniß kam, jezt ist nur die letzte Zeit, die letzten Briefe ein wahrer
Hintergrund, von dem mir ihr Gemüth wie das meinige hell zurück-
strahlt, mir wird als hätte ich selbst eine Liebe verloren, es ist mir, als
hätten Sie etwas von ihrer Jugend eingebüßt, von ihrer feinen Fröhlichkeit, die wie der Morgenduft auf Früchten, auf ihrem ganzen Wesen ruhte, so ein zarter Beweis, daß man in Gottes freyer Natur lebt,
daß er uns würdigt, mit seinem Segen ins Leben einzugehen. Ich
bitte, halten sie ihr Versprechen zu kommen, wenn nicht ihr Schicksal
sich noch günstiger wendet.«[*] Es scheint Arnim auf zwei Gesichts-
punkte angekommen zu sein: zum einen, daß er nicht bedauert werden muß, weil ihm nämlich statt der verweigerten Neigung Augustes
eine innigere Gemeinschaft mit dem Wunderwesen in Frankfurt zu-

---

[*] Die Sätze sind aus verschiedenen Stellen des Briefes zusammengesetzt, aber wört-
lich.

gewachsen ist (das auch noch so schön schreibt), und andererseits, daß er doch bedauert werden muß, denn man hat ihm den Morgenduft seiner Jugend geraubt.

Gegen Ende des Briefes wird der Aufgeregte sanfter. Er erinnert sich jetzt, daß auch Frau Schwinck keine leichte Zeit hat: Vielleicht hat sie schon ein neues Kind geboren, für das sie freilich, so meint er, die Schmerzen gern auf sich nimmt; er mag ihr jedoch nicht noch zusätzlich weh tun, indem er ihr sagt, »wie Sie mir wehe gethan und die wenige mühsam erworbene Klarheit von Grund aus getrübt haben«. Den Brief hält er daher noch zurück. Schließlich schickt er ihn doch ab, mit einem Postskriptum, in dem er die zurückgehaltenen Bogen schon als »in der Hauptsache überflüssig« bezeichnet, denn ein zweiter Brief von Frau Schwinck habe ihn ihrer Freundschaft versichert.

Inzwischen war Clemens in Giebichenstein angekommen, *seiner* Auguste entronnen, mit der er nun seit zwei Monaten in Kassel mehr schlecht als recht lebte, oft mehrere Tage ohne ein Wort, dann wieder in Einigkeit und in sicher von Haß durchzogener sexueller Nähe. Die Freunde werden einander ihr Leid geklagt haben. Clemens half den Brief an Frau Schwinck abschreiben, den Arnim als ein wichtiges Lebensdokument aufbewahren wollte. Da Frau Schwinck den Brief nicht geheimhielt, sondern herumzeigte, muß Arnim in Königsberg zu einem kuriosen Beispiel unglücklicher Liebesraserei geworden sein.

Auguste blieb noch eine Zeitlang der Gegenstand männlichen Begehrens, wohl auch männlicher Eitelkeit, denn bekanntlich zieht eine Frau, die von vielen verehrt wird, in der Regel weitere Verehrer an. Auch ein Bruder des Fürsten Radziwill, der ja durch seine Frau mit der königlichen Familie verwandt war, gehörte dazu. Arnim hatte versucht, Auguste aus dem »Wuste schlechter Romane« zu befreien, in den er sie verstrickt fand, hatte sie ermuntert, »ihr hübsches Talent zum Gesange, zum Zeichnen« ernsthafter auszubilden. Ob Musik und Literatur in Augustes weiterem Leben eine mehr als konventionelle Rolle gespielt haben, ist unbekannt und nicht gerade wahrscheinlich. Arnim, der große Volks- und Menschenerziehungs-Idealist, wird auch hier nicht eben viel Erfolg gehabt haben.

Was er von allem davongetragen hatte, war eine bereits in diesem Brief betonte Achtung vor der Ehe, die er nicht herbeizwingen wollte, wo er sich nicht geliebt fühlte. Auch eine literarische Verarbeitung deutet sich an. Er schreibt, er sei schließlich zu der Überzeugung gekommen, »daß alles das, waß ich liebe, doch ewig mein sei in meiner Liebe«. Später wird in Arnims Roman über die *Gräfin Dolores* dieses Gedicht stehen:

> Nur was ich liebe, das ist mein
> Und kann nur immer meiner werden,
> Du magst mich fliehn, du bleibst mit mir allein,
> Was ich in dir geliebt, das bleibt mir rein ...

Es ist im Zusammenhang mit der Auguste-Liebe entstanden und wird in der *Gräfin Dolores* von einer leidenschaftlichen Frau gesungen. Der Trotz, die Heftigkeit und selbst der unmögliche Komparativ »meiner« sind Ausdruck von Arnims Charakter – ebenso wie die Feinheit der Sitten, die zurückhaltende Höflichkeit, die Gemessenheit des Urteils und was sonst der allgemeine Eindruck von ihm war.

»Sollten Sie auch diese vielen Worte mißverstehen, ich kann es mir als möglich denken«, schreibt er am Ende an Frau Schwinck, »sie werden mir doch nicht die Freundschaft entziehen, die wie ein reines Gold übrig bleiben wird, wenn meine unselige Leidenschaftlichkeit endlich alles übrige mit sich selbst verflüchtiget hat.« Diese Hoffnung bestätigte sich. Die Briefexzerpte der nächsten fünf Jahre deuten auf Herzlichkeit und Nähe hin. Im April 1808 in Heidelberg notiert Arnim, daß er an sie geschrieben habe: »Es ist mir als empfinge ich Briefe von meiner Frau.« Liebe geht seltsame Wege – hier hat sie sich nicht von der Mutter zur Tochter bewegt, sondern von der Tochter zur Mutter.

Clemens, aufgewühlt und unglücklich, selbst voller Klagen, zugleich beglückt durch das Wiedertreffen mit dem liebsten Freund, wurde sicher mindestens zunächst nicht müde, sich dessen Jammer anzuhören. Dann wandten sie sich gemeinsam der Zukunft zu. Als Arnim schon mit Bettine verheiratet war und Clemens vergeblich um Aufnahme in den neugegründeten Haushalt bat, erinnerte er Arnim an die Herbsttage in Giebichenstein, »wo ich Dein Rechtfertigungs-Memorial an die Schwinck abgeschrieben und Dir unter Thränen sagte: Du wirst einstens mit Bettinen freudig durch die Welt fliegen, und ich, der Dir gern die Stiefel putzte, werde das Nachsehen haben«. So wurde es in der Tat, und Clemens blieb im Dreieck der Verlierer. Freilich hatte er sein reichlich Teil zur Abkühlung der Freundschaft wie der Schwesternliebe beigetragen. In einem letzten erhaltenen Exzerpt an Frau Schwinck, nicht lange vor der Geburt seines ersten

Sohnes, schrieb Arnim: »Sehe ich auf die jezige Zufriedenheit meiner Tage, auf die Schmerzen, die mich zerrissen haben, wie ich oft mit allen Kräften in andrer Richtung gerungen und immer wieder durch ein gütiges Geschick der liebevollen Seele zugeführt bin, die mich kennt, die mich liebt, die ich kenne und liebe, so steigt mir die Rührung in die Augen und ich ahnde dankbar den höheren Geist, der es nicht zu gering geachtet, das falsche und widerstrebende meines Geistes in harter Erfahrung zu brechen, ehe er sein Licht wollte leuchten lassen über mir.«

Er hat später oft betont, daß die Liebe zu Auguste ihn lange begleitete. Sehnsucht wird gelegentlich noch heiß aufgeflammt sein, Gekränktheit ebenso. Allmählich aber wurden die Wellen der Trauer länger und flacher. Wie selbstquälerisch hätte er auch sein müssen, wenn ihn nicht abgelenkt und erfreut hätte, was ihm nach dem Abschied von Giebichenstein bevorstand: Er reiste mit Clemens und Reichardt nach Weimar, sah dort Bettine wieder und durfte auch Goethe besuchen. Das Unglück der Liebe und des Vaterlandes rückte in den Hintergrund.

BETTINE UND GOETHE

Vorgeschichten

Bettines Beziehung zu Goethe hatte bei ihrer Wiederbegegnung mit Arnim in Weimar schon eine lange Geschichte. Sie fing vor ihrer Geburt an und endete nicht einmal mit Goethes Tod, ja eigentlich auch nicht mit Bettines eigenem. Wir wissen nicht genau, wie Goethe in Bettines Kinderzeit in ihrem Elternhaus wahrgenommen wurde – wahrscheinlich als Nachbarssohn, der im fernen Weimar zum Geheimrat und Minister aufgestiegen war und außerdem erfolgreiche Bücher und Theaterstücke schrieb. Ob gelegentlich daran erinnert, vielleicht darüber gespöttelt wurde, daß er ein Verehrer der schönen Hausfrau Maximiliane gewesen war, die zunehmend andere Dinge im Kopf haben mußte als Literatur? Peter Anton Brentano scheint kein humorvoller oder nachsichtiger Mann gewesen zu sein, und ob Maximiliane überhaupt eine eigene Neigung zu Goethe hatte, wissen wir nicht. Die Rede ist immer nur von ihrer Bedeutung für Goethe und dessen *Werther*, war es aber sicher nicht zu ihren Lebzeiten, und erst recht nicht im Goldenen Kopf. Goethe kam erst 1779, vier Jahre nach seinem Aufbruch nach Weimar, zusammen mit Herzog Karl August wieder nach Frankfurt. Der Besuch war ein aufregendes Ereignis für die Frankfurter Oberschicht, und es gab mehrere gesellschaftliche Zusammenkünfte, bei denen auch Maxe gewesen sein könnte. Zu diesem Zeitpunkt hatte sie schon drei Geburten hinter sich. Erst 1793 kam Goethe wieder, ein Jahr vor Maximilianes Tod. Da allerdings ist sicher, daß er sie traf und nach dem von Bettine aufgezeichneten Bericht seiner Mutter von ihrer schon jenseitigen Schönheit noch einmal berührt war. Bettine war damals acht Jahre alt. Offenbar hatte sie später keine Erinnerung an den Besuch, sonst hätte sie darüber geschrieben.

Denn geschrieben hat sie über alles, was sie mit Goethe erlebte. In vielen Briefen an Arnim, Savigny und Clemens und in vielen Erzählungen arbeitete sie an ihrer eigenen Erlebnistradierung. Nachdem Goethe – ein Jahr nach Arnims Tod – im März 1832 gestorben war, erkämpfte sie sich die Rückgabe ihrer Briefe aus dem Nachlaß. Zusammen mit den heilig aufgehobenen von ihm hat sich so der Originalbriefwechsel fast vollständig erhalten, obwohl Bettine in *Goethes Briefwechsel mit einem Kinde* im Jahr 1835 veränderte und dazuerfand, wie es nun einmal ihre Art war. Ihre Erlebnisse mit Goethe sind also in vielen Spiegelungen und Brechungen überliefert, aber auch fast von Minute zu Minute die realen Begegnungen mit ihm.

Die Kühnheit, einen eigenen persönlichen Zugang zu Goethe zu suchen und nicht nur den Dichter von fern zu verehren, wie es Hunderte von gleichaltrigen Mädchen taten, muß in Bettine sehr langsam gewachsen sein. Der Vorteil der Nachbarschaft, ja fast Verwandtschaft unterschied sie freilich von anderen. Doch wagte sie sich mit dem Recht ihres »Genius« auf Wege, die als unschicklich und unweiblich galten und von denen man außerdem annahm, daß sie dem Geheimrat und seiner Umgebung nicht zuzumuten seien. Gegen Besitzergreifung war er immer empfindlich. Demütige Verehrung ließ er sich dagegen gern gefallen – noch die bis zum Ende seines Lebens mit Zartheit und liebevoller Achtung behandelte Marianne von Willemer betonte immer wieder ihre Bescheidenheit und Demut, so sehr, daß ihre Mitautorschaft am *West-östlichen Divan* erst fast vierzig Jahre nach Goethes Tod bekannt wurde.[*] Bettine fand einen Mittelweg zwischen Anspruch und Unterwerfung, der einmalig war, von Goethe aber im Grunde niemals ganz gebilligt wurde.

Ihr erstes Gefühl für ihn, so beschreibt sie es aus der Erinnerung, war allerdings sehr weiblich und eigentlich vorzeigbar, wäre es nicht mit der Auflehnung gegen die Maßstäbe ihrer Umgebung verbunden gewesen. Es sei eine Art Mitleid gewesen, eine Empörung darüber, daß Großmutter und Tante schlecht über den alten Bekannten redeten: »Goethe ist nicht mehr wie sonst, er ist stolz und hochmütig, er kennt die alten Freunde nicht mehr, seine Schönheit hat gewaltig abgenommen, und er sieht nicht mehr so edel aus wie sonst.« Sophie von La Roche und Louise Möhn hatten von ihrem Standpunkt aus so

---

[*] Der erst 23jährige Herman Grimm, späterer Ehemann von Bettines jüngster Tochter Gisela, sagte dem 66jährigen »Großmütterchen« Marianne im Herbst 1851 auf einem Spaziergang aufgrund einer plötzlichen Intuition auf den Kopf zu, daß das Divan-Gedicht »Ach um deine feuchten Schwingen/West wie sehr ich dich beneide« von ihr sei. Sie gestand es zu, bat ihn aber, es niemandem zu sagen. Erst zehn Jahre nach ihrem Tod, 1869, machte Grimm das Geheimnis in einem Aufsatz »Goethe und Suleika. Zur Erinnerung an Marianne von Willemer« bekannt (vgl. Mey, 24).

unrecht nicht. Goethe war nicht mehr der schlanke junge Mann der Jahre zwischen Frankfurt und Ehrenbreitstein, in denen ihn Jugend und Genie so unwiderstehlich machten. Vielmehr wirkt er auf den zeitgenössischen Bildern dick und unlebendig und war am Jahrhundertende so unattraktiv wie nie in seinem Leben.

Bettine war 14 Jahre alt. Frühling sei es gewesen, sehr still, windstill, so daß man beim Lesen das Summen der Insekten und das Aufplatzen der Knospen zu hören meint und gelegentlich ein Geräusch der kleinen Stadt, ein Räderrollen, ein Werkzeugklopfen. Bettine, halb Kind, halb Frau, erlebt sich selbst mit der ganzen unwiederholbaren Intensität der Jugend, sie fühlt sich einmalig und »außer dieser Welt«, ganz anders als alle anderen, wie es häufig in der Pubertät geschieht. »In solcher Stunde bin ich Deiner zum erstenmal inne geworden«, raunt sie Goethe drei Jahre nach seinem Tode zu. Beim Nachdenken habe sie nichts, »was mein sein könne«, gefunden, also: keine Großmutter, keine Schwester, natürlich keine Eltern, die längst gestorben sind, keine Freundin und auch noch keinen Clemens. »Da trat zufällig, oder war's in den Wolken geschrieben, Deine Gestalt hervor.« Es folgt der obige Bericht, daß sie bis dahin nur Schlechtes über ihn gehört habe; dann ihre Reaktion: »... ich sagte zu mir selbst: Nein! er ist nicht unschön, er ist ganz edel, er ist nicht übermütig gegen mich. Trotzig ist er nur gegen die Welt, die da draußen lärmt, aber mir, die freundlich von ihm denkt ist er gewogen und zugleich fühlte ich als ob Du mir gut seist und ich dachte mich von Deinem Arm umfaßt, und getrennt durch Dich von der ganzen Welt.«

Die Pubertätsphantasie von der ganz großen einmaligen Liebe, von der Sonderwelt eines nicht mehr irdischen Du und Ich, muß sich hier der Ausstrahlung getroffen haben, die Goethe nicht als Dichter, sondern als Person in Bettines Familie hatte – der Größte, der Schönste, der Berühmteste, der Liebenswürdigste, auch oder gerade wenn schlecht von ihm geredet wurde. »Vergesse nicht Goethe, wie ich Dich lieben lernte ... (ich) war ganz Dein und liebte Dich, ohne zu wissen, daß Du der Dichter seist von dem die Welt so Großes spreche und erwarte, das kam alles später.« Auf der Suche nach der Bestätigung ihrer Außerordentlichkeit fand sie nur einen einzigen, der zu ihr paßte: Goethe, größer und mächtiger als der Vater und dennoch ein Vatermann, liebevoller und wärmer als die Mutter und vor allem lebendig, Jupiter und Sonne für alle Welt und dennoch ein Nachbar. Ein anderes Mädchen hätte an dieser Phantasie zugrunde gehen können. Bettine baute darauf ihr Leben. Sie war ihrem Wahn gewachsen.

Von da an, so im *Briefwechsel mit einem Kinde* und auch gegenüber einer Berlin-Besucherin des Jahres 1826, der Schwedin Malla Montgomery-Silfverstolpe, betrachtete sie Goethe als ihr Eigentum und entwickelte etwas, das sie Eifersucht nennt, einen Unwillen, wenn überhaupt jemand anders Goethe erwähnte. »... von diesem Augenblick an wurde er (Goethe) eine fixe Idee, eine Passion bei ihr, und sie konnte es nicht ertragen, ihn rühmen, ja auch nur andere von ihm sprechen zu hören.« Sie wird dann vielleicht mit dem Fuß aufgestampft haben, aus dem Zimmer gelaufen sein oder durch auffälliges Benehmen gestört haben. Es ist allerdings unwahrscheinlich, daß sie den *Werther* wie eine Art Jungmädchenbuch gelesen hat, ohne zu bemerken, daß der Autor ein berühmter Dichter war, aber erzählt hat sie das der freundlichen und ehrlichen Schwedin zweifellos, und geglaubt hat sie es, nach Art hysterischer Phantasten, im Augenblick der Erzählung auch.

Ein viel zitierter Satz aus *Clemens Brentanos Frühlingskranz* soll hier noch einmal wiederholt werden: »Es würde mich freuen, wenn Du etwas Geschichte läsest, und außerdem meistens Goethe und immer Goethe, und vor allem den siebten Band der neuen Schriften, seine Gedichte sind ein Antidotum der Empfindsamkeit.« Auf das Erziehungsprogramm des großen Bruders sind wir schon eingegangen. Clemens fand die Welt der ehemals berühmten Großmutter kränklich, bläßlich, dem Philiströsen verwandt und gänzlich ungeeignet, ein Mädchen zu formen, dem er Natürlichkeit, Sinnlichkeit und Freiheit zur Poesie ins Leben mitgeben wollte. In Goethes siebtem Band, der 1800 bei Unger erschienen war und seine Lieder, Romanzen, Balladen und Elegien enthielt, sah er den Inbegriff geistiger Gesundheit.[*]

Jedoch: »das erste Buch, was ich von Dir in Händen bekam, es war der Meister, mein Bruder Clemens hatte es mir gebracht« – diese Aus-

---

[*] Gunda, fünf Jahre älter als Bettine, gab Clemens 1801 die vorschriftsmäßige Antwort: »Und siehe, ein Mädchen wie ich darf nicht sagen: bei Schlegel und Göthe. Denn das ist gegen die Ehrbarkeit, die sich für unsereins schickt. Wollen wir auch einmal etwas von gelesenen Büchern anbringen, so fragen wir ganz modest: kennen Sie die moralischen Erzählungen von Frau von Laroche, oder dieses oder jenes Buch von dem beliebten Lafontaine?« (10.2.1801, Steig I, 22). Man könnte das bei einer intelligenten 21jährigen für Verstellung oder Ironie halten. Aber sie fährt fort: »Und da ich nun auch keine andern Bücher gelesen, so muß ich Dir gestehen, daß ich die Hälfte Deines Briefes nicht verstanden ... habe.« (Ebenda)

sage Bettines hat die größte Wahrscheinlichkeit für sich. *Wilhelm Meisters Lehrjahre* waren 1795 erschienen, als Bettine zehn Jahre alt und bei den Fritzlarer Nonnen aller weltlichen Kunst entrückt war. Dieses »unendliche Werk«, so schrieb Arnim 1809, habe »einen Winkel mit tausend neuen Bekannten bevölkert, gegen welche alle verehrte Personen des Hauses ganz gemein vorkamen, über die dann Essen und Spiel vergessen wurde und die mit doppelter Festlichkeit der gutwillige Spielkamerad, der Traum, empfing«. Der *Wilhelm Meister* lasse den Leser »seine Zeit, ihre Hoffnungen, Wünsche, ihre Gebrechen und Tugenden kennen lernen«. Er bot eine poetische Welt, die die Realität der wirklichen blaß und banal erscheinen ließ, war neu und spannend bis in den Traum hinein – und dennoch ein »Erziehungsbuch«, eine Schule der Menschlichkeit, des Reifens durch Irrwege und Erfahrungen. In diesem Roman erfand ausgerechnet der klassische Goethe, der schon *Iphigenie, Torquato Tasso* und die *Römischen Elegien* veröffentlicht hatte, zwei Gestalten, die romantischer sind als alle, die bei den Romantikern selbst erscheinen: den Harfner und Mignon. Geheimnisvoll, verrückt, arm, unglücklich, inzestuös, zerlumpt und stolz, uralt weise und kindlich wissend, heimatlos, sehnsuchtsvoll, todesnah und zugleich gerettet in der Kunst, einsam, und doch die Menschen suchend – alle diese romantischen Signalwörter gelten für das seltsame Vater-Tochter-Paar, das den unerschöpflichen, immer wechselnden Zauber der ganz großen Kunstwerke hat.

Bettine las den *Wilhelm Meister* mit 16 Jahren zum erstenmal, laut Clemens neben ihm sitzend und »mit Ruhe und inniger Freude. Sie sagte sehr oft während dießer Lecktüre, der gute Wilhelm, wie er so bescheiden herumgeht, sich an allem freut, dann stehen bleibt, und herrliche Sachen sagt, ach welchen schönen Reichthum trägt der Mensch mit sich herum.« Sie las das Buch demnach mit Entzücken über seine Wahrheit und erlebte es wie eine wirkliche Welt. In dieser Welt nun suchte Bettine einen Platz für sich, und dieser konnte nur dem des Zauberkindes Mignon benachbart sein.

Die Gestalt Mignons ist die romantische Fortsetzung der Ausgesetzten und Wiedergefundenen, der »wilden Kinder«, die die Aufklärung so interessiert haben, weil man an ihnen die angeborene Natur des Menschen zu erkennen hoffte. Ihre Geschichte wird in *Wilhelm Meisters Lehrjahren* erst nach und nach deutlich. Das Geheimnis, das Mignon umgibt, ist Teil der erzählerischen Strategie und auch Teil von Goethes eigenem Erlebnis mit seinem »Geschöpf«. Rufen wir uns

Mignons Schicksal, chronologisch und einigermaßen trocken erzählt, ins Gedächtnis zurück:

Mignon (die Bezeichnung ist männlich, sie war für einen homosexuellen Favoriten gebräuchlich, meistens etwas abschätzig) ist das Kind eines Bruders und einer Schwester, die sich unwissentlich lieben lernten. Mignons Mutter endet als eine Art holde Heilige, an deren Grab Wunder geschehen. Der Bruder – der Harfner –, ein Mönch, geht als halb verrückter Wandermusiker in die Welt hinaus. Mignon, deren richtigen Namen wir nie erfahren, zeichnet sich schon früh durch ein sonderbares, wenn auch liebliches Wesen, große Musikalität und eine ungewöhnliche Beweglichkeit aus. Sie wird eines Tages von einer Schaustellertruppe eingefangen, die sie als Akrobatin mit sich führt.

Mignon ist zwölf oder dreizehn Jahre alt, als ihr Wilhelm begegnet (hier setzt die Romanhandlung ein). Ihr Köpfchen ist dunkelhaarig gelockt, sie ist sehr klein, eigentümlich schön, kann kaum schreiben und nicht einmal richtig sprechen. Wilhelm hält sie zuerst für einen Jungen. Er fühlt sich sofort seltsam zu ihr hingezogen. Sie ist außerordentlich gelenkig, sie singt herzbewegende Lieder, und ihr kennzeichnendes Gefühl ist die Sehnsucht. Als er sieht, wie sie mißhandelt wird, benimmt er sich »wie ein Rasender« und kauft sie schließlich dem Seiltänzerhauptmann ab. Von da an ist sie Wilhelm mit Leib und Seele ergeben. Sie bedient ihn mit zarter Umsicht, weiterhin wie ein Junge gekleidet. Als Wilhelm sie einmal zu wenig beachtet und obendrein fortwill, kommt es zwischen den beiden zu einer Szene, in der unbefangen-leidenschaftliche körperliche Zärtlichkeit und die Angst, einander zu verlieren, bei Mignon zu »Krämpfen« führen, die man auch als (zweifachen) Orgasmus lesen kann. »In der Verirrung des Augenblicks fürchtete Wilhelm, sie werde in seinen Armen zerschmelzen und er nichts von ihr übrig behalten.« »Sie« und »er« klingen dabei wie zwei hingerissen liebende Erwachsene. Wilhelm verspricht Mignon daraufhin, sie nicht zu verlassen, sie nennt ihn »mein Vater«.

Nach der gelungenen Hamlet-Aufführung von Wilhelms Schauspielertruppe wird gefeiert, man trinkt, spielt, wird zärtlich. Mignon, betrunken gemacht, tanzt und trommelt wie nie zuvor, »einer Mänade ähnlich«. Bald darauf wird Wilhelm in seinem Bett »von zarten Armen umschlungen«. Schon der erste Leser, ausgerechnet der moralische Schiller, dachte dabei an Mignon. Wilhelm und sein Autor

Goethe taten es zweifellos ebenfalls. Im Verlauf der Handlung wird allerdings deutlich, daß Mignon zwar zu Wilhelm ins Bett wollte, daß ihr aber die leichtfertige Philine zuvorkam. Am nächsten Morgen erscheint Mignon völlig verändert, größer, edler, ernster – nicht, wie man zuerst glaubt, weil sie physisch zur liebenden Frau geworden wäre, sondern weil sie die Unausweichlichkeit eines Verzichts eingesehen hat. »Behalte mich bei dir, es wird mir wohl tun und weh.« In weibliche Obhut gegeben, wird sie selbst weiblicher, sehr sanft, sehr tiefsinnig und läßt sich zu Frauenkleidern überreden, die schon die eines Engels sind. Ihr Zauber wird immer jenseitiger, und schließlich stirbt sie in dem Augenblick, als Wilhelm seine vermeintliche zukünftige Gattin Therese in die Arme schließt.

Diese Geschichte las Bettine, lasen alle, die sie später als »eine Mignon« bezeichneten. Wer bei Bettine an Mignon dachte, meinte zunächst ihre Klettereien, ihr unerhörtes Benehmen in Gesellschaft und ihren Gesang. Zudem war sie klein, dunkel, »ein Kind« und hatte mit Italien zu tun. Mignon wurde zu einer Schule des Sehens für das Sonderbare an Bettine. Niemand wird dabei aber daran gedacht haben, daß Mignon im Grunde an der abgesprochenen Ordnung der Welt stirbt, an der Unmöglichkeit ihrer Liebe, an der – gewiß im Wortsinne – tragischen Behandlung durch ihre nächsten Menschen (auch durch Wilhelm), und also für Bettine ein ähnliches Schicksal vorausgesehen haben.

Mit dem Eintritt Wilhelms in eine geregelte Ordnung *muß* Mignon sterben. Ihre Liebe zu Wilhelm ist ja auch die bedingungslose Liebe zu einem »Vater« – und darauf steht der Tod. Die innere Unausweichlichkeit von Inzestphantasien, der ganze Zauber und die schreckliche Unmöglichkeit des gelebten Inzests, seine Nähe zum Wahnsinn sind, wie bei so vielen großen Werken, in vielfältigen Schichten in den *Wilhelm Meister* eingegangen. Vielleicht kann kein Schriftsteller wirklich Großes schreiben, kann auch keiner – wie Goethe – im Gegensatz dazu die Anziehung von Normalität und Gesundheit so erfrischend glaubhaft machen, der nicht die Tiefen dieser Versuchung durchlebt hat.

Wenn Bettine, noch in Offenbach, dem Engländer Robinson erzählte, »so liege ich immer zu Bette, um Mignon nachzuahmen«, so meinte sie den Gruß mit vor der Brust gekreuzten Händen, den Mignon sich für Wilhelm ausgedacht hatte. Die Künstlichkeit dieser Mignon zweiter Ordnung kommt hier deutlich zum Vorschein. Wo

Mignon ganz sie selbst ist, ahmt Bettine nach. Dennoch muß die Figur mit all ihren Ausstrahlungen etwas Wesentliches in ihr getroffen haben. Von ihrer extravaganten Beweglichkeit war schon oft die Rede. Singen lernte sowieso jedes Mädchen, Mignons Zither wurde zu Bettines Klavier, und wo Mignon bei Goethe wahrhaft »unwahrscheinlich« schöne Lieder in vollkommener Form singt, konnte Bettine immerhin improvisieren.

Im originalen Briefwechsel Bettines mit Goethe, darauf hat man mit Recht hingewiesen, kommt Mignon nicht vor. Bettine hat erst 25 Jahre später ihre Verwandtschaft mit dem »interessanten Kind«, wie Mignon im *Wilhelm Meister* öfter genannt wird, herausgearbeitet und damit eine Deutung ihrer zwiespältigen Erfahrungen und Hoffnungen als Frau und Künstlerin versucht. Mit der Chiffre »Mignon« läßt sich die zunehmende Selbstgestaltung der zur Literatur erwachenden realen jungen Bettine gut erfassen. Freilich ist Goethes Mignon-Figur, trotz der Vielfalt ihrer Herkünfte und Deutungsmöglichkeiten, abgeschlossen, gestaltet, »in einen gläsernen Sarg gestellt, damit viele sie betrachten können«, um ein Zitat der Frau Rat abzuwandeln. Bettine ist dagegen *kein* Kunstwerk, so sehr sich auch die Romantiker mit dem Thema des Lebens als Kunstwerk beschäftigt haben. Sie wird ihr Leben lang damit zu tun haben, ihre eigene Form von Kindlichkeit zu finden und zu erhalten. Das Klassische an Mignon ist ihre Wahrheit, ihre Natur, ihr edles Herz. Bei der romantischen Bettine läßt sich oft schwer herausfinden, wann wir diese Wörter, auf sie bezogen, in Anführungsstriche setzen müssen und wann nicht.

Die zweite Hälfte des Jahres 1806 brachte für Bettine, wie berichtet, ein ganzes Bündel schicksalhafter Veränderungen. Am einschneidendsten waren Abwendung und Tod der Günderrode. Kurz davor, Anfang Juni, hatte Bettine »43 der schönsten Briefe Göthes abgeschrieben an Frau von La Roche, voll Liebe zu meiner Mutter«. Diese Briefe haben sie in ihrer Verehrung für Goethe und der Sehnsucht nach seiner Nähe noch einmal bestärkt. Zugleich sah sie in Goethes jugendlicher Handschrift gleichsam eine Bescheinigung ihres eigenen Wertes vor sich: sie war die Tochter einer Frau, die Goethe geliebt hatte. Bettine erfuhr das zwar aus Goethes eigenen Briefen; doch waren diese nicht an Maximiliane gerichtet, sondern an deren Mutter – wieder eines der indirekten Erlebnisse zweiter Generation, die für Bettine so charakteristisch sind.

Die »43 Briefe«* beginnen am 20. November 1772 und gehen meist an den Wohnsitz der Großmutter in Ehrenbreitstein bei Koblenz, wo Goethe sie und ihre Familie im September kurz nach der Flucht vor seiner Liebe zu Lotte Buff kennenlernte. Wenn Sophie von La Roche in Frankfurt bei ihrer Tochter, inzwischen Frau Brentano, war, schickte Goethe Billettchen mit Mitteilungen. Der letzte Brief aus Frankfurt an die »liebe Mama«, drei Jahre später (11. Oktober 1775), enthält die Nachricht: »Ich geh nach Weimar!« Von dort erhielt Sophie von La Roche erst nach fünf Jahren einen einzigen Brief.

Die abschreibende Bettine konnte Goethes Briefen viel entnehmen, was sie bis dahin nicht wußte. Auf Maximiliane bezogen, enthalten sie eine gut lesbare Geschichte: die einer Frau, die zärtlich geliebt wird, sich den Normen der Gesellschaft entsprechend verhalten soll, und über deren Leben, Kontakte und Nachkommenschaft nicht sie selbst, sondern die Männer entscheiden. Die Maximiliane-Liebe Goethes ist eine unter vielen – auch das wußte Bettine nicht. Sie kannte nicht die gleichzeitigen, soviel wärmeren Briefe an Lotte und Kestner, nicht die leidenschaftlichen an Gustchen Stolberg (die Goethe nie sah), sie wußte wahrscheinlich nicht einmal, daß Goethe im Jahre 1775 die Verlobung mit der standesgemäßen Lili Schönemann schloß und wieder löste. Daß Maximiliane Einfluß auf die Entstehung des *Werther* hatte, erfuhr Bettine wie alle Welt erst, als 1814 der dritte Teil von *Dichtung und Wahrheit* erschien. Sicher wußte Goethes Mutter genausowenig davon wie Maximiliane. Eindeutig war für die abschreibende Bettine: Goethe hatte ihre Mutter geliebt und für unglücklich gehalten, er hatte mit ihrem Vater rivalisiert und um Maximiliane gelitten.

Auch wenn die Briefe nicht im Zentrum dieses unerschöpflichen Lebens standen, waren sie dennoch herrlich genug und geeignet, den Goethe-Entwurf in Bettine weiter anzureichern. Sie bewegte sich auf Goethe so zielgerichtet zu, wie es eine sich entwickelnde große Liebe bei einer energischen Person mit sich bringt. Einen größeren Unterschied als den zwischen Maximiliane und ihrer Tochter kann man sich nicht vorstellen.

---

* Von den Briefen sind nur vier Originale erhalten. Bettine machte zwei Abschriften davon, eine lieh sie Fritz Schlosser, ihrem in sie verliebten Italienischlehrer, der sie seinerseits zweimal abschrieb. Ich zitiere sie nach WA, IV. Abteilung, Goethes Briefe, Bd. 2, 3 und 4.

Am greifbarsten von Goethe war zunächst seine Mutter. Bettine war mutig genug, ein Gebiet zu erforschen, das noch niemand betreten hatte: Goethes Kindheit. Das war etwas ganz Unerhörtes. Denn Kinder, »das Kind« oder »das Kindliche« waren zwar in Mode, aber der Endfünfziger Goethe interessierte alle Welt doch mehr in seiner augenblicklichen olympischen Form. Bettine aber setzte sich auf die berühmte »Schawell«, einen Fußschemel, zu Füßen der Dichtermutter, und hatte damit einen Platz gefunden, an den sie ihr Leben lang in Gedanken zurückkehren konnte (Elisabeth Goethe starb schon zwei Jahre später). Eine äußerst produktive Situation: eine Uralte erzählt, eine Junge hört zu, ihr Göttersohn erneuert sich in der Erzählung.

Aus dem ersten Besuch Bettines bei der Frau Rat entwickelte sich, so erstaunlich das klingen mag, eine echte Freundschaft. Die Partnerinnen waren sehr ungleich und zugleich ähnlich genug, um sich ohne Schwierigkeiten verständigen zu können. 21 Jahre und 75 – ein gewaltiger Unterschied. Zwei Frankfurterinnen der Oberschicht, zwei Frauen mit großer Begabung für das phantasiegetragen originelle Wort, zwei Goethe-Enthusiastinnen – eine große Ähnlichkeit. »Weil sie nun freylich viele Eigenheiten hat; so beurteilt man sie wie das gantz natürlich ist gantz falsch – sie hat hier im eigentlichen Verstand niemand wie mich«, schreibt die Frau Rat, und kurz vor ihrem Ende noch: »Die Plapper Eltern von Stadtmadamen was verstehen die von unsern goldnen Stunden die wir miteinander verplaudern, die sollen daran kein Theil haben, aber du sollst und must dein Theil genießen sonst könnt mirs Herz bersten.« Keinesfalls war es so, daß die alte Goethe vernünftig und Bettine unvernünftig war.

Zwei gegen die ganze Welt oder genauer: gegen ganz Frankfurt – das war eine Situation nach dem Herzen Bettines. Vierzehn Tage nach ihrem ersten Besuch bei der alten Dame, noch vor dem Tod der Günderrode, schreibt sie bereits an Savigny: »Ich bin täglich bei der Göthe, sie hat mir das ganze junge Leben ihres Sohnes erzählt und soll es mir erzählen, solange sie lebt. Es gibt nichts Schöneres auf Gottes Welt, von dem Moment, als er auf die Welt kam, wie er nachher anfing zu schreiben, wie er in die Schweiz reiste, Berlichingen schrieb, Egmont, Werther, bei jedem Buch besondere Anekdoten, was er sprach, dachte, wie und was er tat, was er für Urteile fällte, über die Urteile von seinen Büchern.«

Jetzt wurden ihre Briefe also aufs schönste in einen größeren Lebenskontext eingepaßt. Eine alte Frau ist gegen die andere ausgetauscht – eine lebensvollere gegen eine verlöschende. (Die Großmutter La Roche starb im Februar 1807, während Bettine mit Zahnweh im Bett lag; diesem Tod ist sie offenbar ausgewichen. Von Betroffenheit ist nirgends die Rede.) Sie wird viel erfahren haben, das vorher kaum jemand wußte, etwa daß Goethe monatelang mit einer lebensgroßen Silhouette Lotte Buffs lebte, während er der »lieben Mama« La Roche über die »holde Max« schrieb. Elisabeth Goethe, die so wunderbar schreiben konnte, muß eine noch wunderbarere Erzählerin gewesen sein. Im September, drei Wochen nach dem Tod der Günderrode, berichtet Clemens Brentano seiner Frau: »Betine ist täglich bestimmt zwei Stunden bei der Göthe, ohne die sie und die ohne sie nicht leben kann, sie hat ein groses Buch dort liegen und schreibt aus dem Mund der Mutter die Geschichte der Mutter und des Sohns in der bekannten kräftigen Manier auf.« Ähnlich meldet er die Neuigkeit auch an Arnim, wonach Bettine »eine geheime Biographie dieses Göttlichen bilden« wolle.

Der »Göttliche« ganz nah, der »Göttliche« als Nachbar, der als Kind über dieselben Pflastersteine gegangen war wie Bettine als Kind und nun als Erwachsene – vielleicht liegt hier die Wurzel für einen gelegentlich auftauchenden Aspekt ihrer Goethebeziehung: die eigentümliche Parallelsetzung, die gemeinsame Jugendlichkeit, ja Geschwisterlichkeit, die Bettine in ihrem Goethebuch zwischen sich und Goethe herbeisehnt und -konstruiert. Im originalen Briefwechsel ist davon wenig zu lesen, aber der Ausbruch von Elisabeth Goethe nach Bettines Besuch bei ihrem Sohn ist sicher durch eine lang entwickelte Haltung vorbereitet gewesen: »Liebe – Liebe Tochter! Nenne mich ins künftige mit dem mir so theuern Nahmen Mutter – und du verdinst ihn so sehr, so gantz und gar – mein Sohn sey dein innigstgeliebter Bruder – dein Freund – der dich gewiß liebt und Stoltz auf deine Freundschaft ist.« Die Tochteranrede ist wieder einmal ein Unikum Bettines: Die Frau Rat nannte zwar öfter Männer »lieber Sohn« (Lavater, Merck, zuletzt noch Fritz von Stein), aber als Tochter bezeichnete sie nur Cornelia und Christiane. Der Ehrenname einer Schwester Goethes, zwanzig Jahre nach dem Tod Cornelias, ist vollends einzigartig. Bettine, Schwester von so vielen Brüdern, wehrte sich zu Lebzeiten Goethes allerdings gegen den Vorschlag der Frau Rat, was aus deren letztem Brief an Bettine hervorgeht. »... ich weiß zwar gar wohl daß du es gar nicht leiden kannst daß ich [ihn] dir als Bruder schenk aber warum? – ist er dir zu alt? – da sey Gott vor, denn ein so kostbarer Stoff wie in diesem seinem Leib und Seele verwirkt ist der bleibt ewig neu.« Dieser Satz mag in Bettine weitergewirkt haben.

Auch gegenüber Arnim bezeichnete sie sich manchmal als Schwester, oft als Kind, dann wieder als Mutter. Warum also sollte Goethe nicht auch ihr Bruder sein?

Der eben erwähnte Brief ist am 28. August 1808 geschrieben, Goethes Geburtstag. Die Anrede lautet: »Liebstes Vermächtnüß meiner Seele.« Vierzehn Tage später, am 13. September, starb Elisabeth Katharina Goethe. In ihr hatte die noch ungefestigte Bettine eine Frau kennengelernt, die sich als Vorbild für ihr ganzes Leben eignete, eine Gestalt zwischen Volkstümlichkeit und Literatur, zwischen akzeptiertem Verzicht in der Realität und feurig aufrechterhaltenem Anspruch in der Phantasie, vor allem aber: zwischen bürgerlichem Familienideal und Selbständigkeit. Die alte Mutter hatte ihren großen Sohn elf Jahre vor ihrem Tod zuletzt gesehen, davor auch immer nur kurz und mit jahrelangen Unterbrechungen. Sie war nie in Weimar. Seine Briefe an sie bezeugen keine sichtbare Wärme. Dennoch war er das tragende Zentrum, um das herum sie ihr eigenes Leben mit größter Vitalität und Selbständigkeit entfaltete. Bettine machte für sich selbst etwas Ähnliches aus Goethe. Allerdings war sie im Reich der natürlichen Bindungen viel entfernter und daher gefährdeter, weniger erdverhaftet – eben romantischer. In Bettines Alterswerken *Dies Buch gehört dem König* (1843), *Ilius Pamphilius und die Ambrosia* (1848) und *Gespräche mit Dämonen* (1852) erscheint die Frau Rat als eine Art Dopplungsgestalt der Autorin, und auch Bettine selbst, wo sie sich »ich« nennt, trägt viele Züge von ihr.

Der Besuch

»So hat denn doch die kleine Brentano ihren Willen gehabt und Goethe gesehen« – mit diesen oft zitierten Worten reagierte die Frau Rat in einem Brief an ihre Schwiegertochter auf die Nachricht, daß Bettine in Weimar gewesen war. Im Winter 1806/07, fährt Elisabeth Goethe fort, habe sie sich öfter Sorgen um das Mädchen gemacht, »denn sowas ist mir noch nicht vorgekommen – sie wollte als Knabe sich verkleiden, zu Fuß nach Weimar laufen«. Allein zu reisen war für eine junge Frau von gutem Ruf gänzlich unmöglich (wobei »allein« immer noch bedeutet hätte: nur mit einer Zofe). Sie wird ihrem Vormund Franz damit weidlich auf die Nerven gegangen sein. An Goethe schrieb sie später, wie sie sich in extreme Zustände hineinträumte, wie sie das Bewußtsein, es gäbe ein Leben mit ihm, oft aus dem Schlaf weckte – »ich verpraßte denn ein paar Stunden mit selbsterschaffnen Träumen und hatte am End was man nennt eine unruhige Nacht zugebracht ich war blaß geworden und mager, ungedultig ja selbst hart«.

Ihre Briefe aus dieser Zeit klingen sehr melancholisch. Die Stadt engte sie ein, »und dabei soll man vergnügt und zufrieden fortleben und so auf den Tod warten und keine Anstalten machen dürfen, so einen farblosen matten Zustand zu verändern«. Sie fühlte keine Kraft, für andere dazusein, und suchte sich ihrer Sorge um den Witwer Clemens zu entledigen, indem sie ihn nach Wien zu Savignys schicken wollte, woraus freilich nichts wurde. »Wenn ich an den Frühling denke und denke dabei, daß ich ihn hier in Frankfurt zubringen werde, wo Baum und Mensch gleich ennuyante Formen haben, so zittere ich vor Bosheit oder Zorn oder weiß der Himmel was.« Savignys Antwort aus Wien läßt noch einmal verstehen, warum er nicht Bettine, sondern Gunda geheiratet hatte: »Deine Melancholie über Frankfurt kann ich begreifen ... Dein Blick ist wie billig nach dem Himmel gerichtet, aber Dir fehlt das Talent, Dir kleine Stuben- und Taschenhimmel zu erbauen. Das größere, allgemeinere Talent, das jenem zu Grunde liegt, ist die stille, ruhige, innig zufriedene Selbstbeschränkung ...« Als Rettungsmittel fällt Savigny nur ein, daß sie diese Fähigkeit wohl mit einem geeigneten Mann entwickeln könnte und daß es ihr auf dem Lande besser gehen würde. Frische Luft, aber noch besser: ein Mann – das blieb noch lange das Heilmittel, das hilflose Mitfühlende melancholischen Mädchen vorschlugen.

Als der Frühling näherkam, hatte Bettine sich wieder aufgerafft und verließ Frankfurt – auf schickliche Weise, versteht sich. Die unverheiratete Schwester ging zu einer verheirateten Schwester, Lulu, deren Mann Johann Karl Jordis, als er in die Familie kam, von Bettine als »gut aber dumm, das heißt gemein« bezeichnet worden war. Es war wohl alles besser, als in Frankfurt zu sein, »wo mich die Luft drückt wie die Menschen, wo ich immer miserabel aussehe und blaß werde«. Selbst die Freundschaft mit der Mutter Goethe konnte Frankfurt nicht mehr erträglich machen und wurde brieflich weitergeführt.

Bettine brachte es fertig, daß Jordis sie und Lulu auf eine Geschäftsreise nach Berlin mitnahm und ihr für den Rückweg einen Abstecher über Weimar versprach. Franz erteilte mürrisch seine Zustimmung: »Du weist wie ich das Herumschwärmen von Mädgen, in der Welt hasse, welches in den Augen aller vernünftigen Menschen für unanständig gehalten wird.« Tatsächlich hielt es Jordis in diesen unruhigen

Zeiten für vernünftig, nicht zwei schöne junge Frauen im Wagen zu haben, sondern zwei halbwüchsige Jungen. Beiden wurden deshalb Knabenanzüge geschneidert. »Mir war alles zu weit und zu lang«, heißt es im Goethebuch, »als ob ich's auf dem Grempelmarkt gekauft hätte.« Klein war Bettine sowieso, und im traurigen Frankfurter Winter war sie obendrein abgemagert. »Es sind Bubenkleider, ein gelbes Westlein, graue Beinkleider und brauner Überrock«, erfährt Arnim von Bettine und auch, daß sie Arm in Arm mit einem alten preußischen Soldaten zum Hufschmied marschierte und sich dabei dachte, »diese Promenade mache ich dem Arnim zu Ehren«. In einem großen »Fichtenwald« vor Brandenburg – es werden Kiefern gewesen sein, und vor Brandenburg war es auch kaum – kletterte sie auf einen Baum und sah sich um. Sie war zum erstenmal in der Gegend und Natur, die ihr später zur Heimat werden sollte.

»In Berlin war ich wie ein Blinder unter vielen Menschen, und auch geistesabwesend war ich ... und ich sehnte mich nur immer nach dem Dunkel ... um an die Zukunft denken zu können, die so nah gerückt war. Ach wie oft schlug es da Allarm! ... Schneller als ich denken konnte, hatte mich ein süßer Schrecken erfaßt.« Es gab aber auch anderes zu erzählen: an Arnims Wohnung sei sie »vorbeigetrippelt«, und in der Oper sah sie aus einer Loge ein unbekannter Mann mit so schönen schwarzen Augen an, daß sie sich noch, als sie Clemens davon schrieb, daran erinnerte. Bettine lebte eben selten oder nie nur in *einer* Welt.

In Weimar angekommen, muß sie sehr aufgeregt gewesen sein.[*] Merkwürdigerweise hatte sie keine Empfehlung von Goethes Mutter dabei. Schwester und Schwager ruhten sich von der anstrengenden Reise aus, Jordis suchte sie noch einmal von ihrem unsinnigen Plan abzubringen und meinte, so weit her würde es mit Goethe auch nicht sein. Inzwischen hatte sie sich umgezogen und war nichts mehr als ein kleines Frauenzimmer in einem Zustand von Überreiztheit, zitternd zwischen Kleinmut wegen ihrer eigenen Bedeutungslosigkeit und Angst vor dem oft genug als unzugänglich beschriebenen Goethe, gleichzeitig aber getrieben von ihrem großen Plan, der keinen Widerspruch duldete. Allein durfte sie auch hier nicht gehen, selbst oder gerade im kleinen Weimar nicht. Ein Lohnbedienter, wie sie für

---

[*] Das Folgende erzähle ich nach Briefen und nach *Goethes Briefwechsel mit einem Kinde*, der sicher bei diesem zentralen Ereignis wenig Phantasiezutaten enthält.

solche Fälle zur Verfügung standen, begleitete sie durch die von Frühlingsnässe aufgeweichten Straßen. Einmal mußte sie sich, um Kleidersaum und Schuhe zu schonen, über ein Morastloch tragen lassen. Sie ging zuerst zu Wieland, dem gegenüber sie sich als alte Bekannte vorstellte, obwohl sie ihn nie gesehen hatte. Er scheint nicht ganz geglaubt zu haben, daß sie diejenige war, für die sie sich ausgab. Dennoch gab er ihr ein Billett mit, das sich Bettine nach dem Besuch von Goethe wiedergeben ließ. Dadurch ist es erhalten, und es ist in der Tat denkwürdig:

> »*Bettine Brentano, Sophiens Schwester, Maximilianens Tochter, Sophie La Rochens Enkelin* wünscht Dich zu sehen, l. Br., und gibt vor, sie fürchte sich vor Dir, und ein Zettelchen, das ich ihr mitgebe, würde ein Talisman sein, der ihr Mut gäbe. Wiewohl ich ziemlich gewiß bin, daß sie nur ihren Spaß mit mir treibt, so muß ich doch tun, was sie haben will, und es soll mich wundern, wenn Dir's nicht eben so wie mir geht.
> Den 23. April 1807. W.«

Vielleicht folgt die Nennung der Namen der Taktik, die Bettine gegenüber Wieland anwandte. Zuerst kommt Wielands letzte Liebe Sophie Brentano, die 1800 auf seinem Gut Oßmannstedt verstorbene und begrabene Schwester, dann die Mutter Maximiliane, von der Bettine allerdings nicht wissen konnte, daß Wieland sie, bezaubert von ihren schwarzen Kinderaugen, für sich als spätere Gattin erziehen lassen wollte. Zum Schluß folgt Sophie La Roche, die einmal Wielands Verlobte gewesen war und seine lebenslange Freundin blieb (und einen Monat zuvor gestorben war). Bettine hätte sich bei Wieland kaum auf einen Mann berufen können – nicht auf Tieck, auf Dalberg, auf Arnim. Überzeugen konnte sie ihn durch die Frauen – und durch sich selbst, der er nicht widerstehen konnte.

Mit dem Billett ging Bettine zum Frauenplan. Wie es sich gehörte, gab sie das Briefchen ab und ließ sich melden. In Goethes Haus wurde sie über die große Treppe hinaufgeführt und mußte warten. Auf dem Platz rauschte der Brunnen, »betäubend« für Bettines überwachen Kopf, in dem sich das Geräusch von draußen gewiß mit dem heftigen Klopfen ihres Herzens vermischte. Das Treppenhaus, von anderen als einschüchternd auch wegen seiner Größe empfunden, erschien ihr, die an große Häuser gewöhnt war, »einfach«, die Wände »bescheiden«. Goethes sorgfältig ausgesuchte Gipskopien von antiken Statuen geboten in diesem »heiligen Hausflur« Stille. »Alles ist freundlich und doch feierlich. In den Zimmern ist die höchste Einfachheit zu Hause, ach so einladend!« Bettine hatte mit einem Blick intuitiven Vertrauens die menschlichen Maße erfaßt, die Goethe als Resultat vieler langsamer Veränderungen seinem Haus gegeben hatte. »Fürchte dich nicht: sagten mir die bescheidnen Wände, er wird kommen und wird sein, und nicht *mehr* sein wollen wie Du.«

Vom nun folgenden Auftritt Goethes hat Bettine im Lauf ihres Lebens so oft erzählt, daß er sich dabei nach und nach veränderte. Unmittelbar nach dem realen Ereignis flossen die Briefe natürlich von dem über, wes das Herz voll war. Die erste Nachricht scheint Meline bekommen zu haben: »Ich bekam gestern einen langen Brief vom Budin, der mir erzählt, wie der Wieland so schmutzig und der Göthe so freundlich war.« Vielleicht war diese erste Erzählung erst einmal genug; an Savigny schrieb Bettine erstaunlich spät, erst im Juni: »Er kam auf mich zu, gleich im ersten Augenblick, küßte mich auf die Stirn und behandelte mich wie eine lang verheißene Freude, die nun endlich erscheint. Auch war er mir gar nicht fremd.« Die Variation für Clemens lautet: »Ey preiße mich glücklich Guter Clemens, nur erst einmal auf der Treppe, die zwei freundliche Marmorbilder die Dir entgegen winken, und so still und würdig ist das Hauß – Ich wartete in einem Zimmer daß voll kleiner Holzschnitte und Zeichnungen hängt … in dem tratt er herein, grüßt mich, führt mich auf sein Zimmer, nach dem ich saß, rückte er sich einen Stuhl herbey. Nun da sind wir ja, jezt wollen schwäzen bis Nacht ist …« Gewaltiger klingt es im *Briefwechsel mit einem Kinde*: »Und da ging die Tür auf und da stand er feierlich ernst, und sah mich unverwandten Blicks an; ich streckte die Hände nach ihm, glaub' ich – bald wußt ich nichts mehr, Goethe fing mich rasch auf an sein Herz. Armes Kind, hab' ich Sie erschreckt, das waren die ersten Worte, mit denen seine Stimme mir in's Herz drang; er führte mich in sein Zimmer und setzte mich auf den Sopha gegen sich über.« Gemeinsam ist den Berichten, daß Goethe, wohl nachdem er einen Augenblick lang streng dreinblickte, denn schließlich überfielen ihn viele lange nicht bedachte Erinnerungen, sehr freundlich und familiär mit ihr umging.

An Savigny schreibt Bettine etwa zwei Monate später: »ich muß bei Dir sein, auf Deinem Schoß sitzen, Du mußt mich herzlich umarmen, wenn ich so weich werden soll, Dir alles zu sagen.« Von der-

Die Treppe in Goethes Haus am Frauenplan

gleichen war bisher zwischen den beiden nicht die Rede, und bei aller Liebe hätte es Gunda kaum gefallen, eine solche Szene zwischen ihrem Mann und ihrer 22jährigen Schwester mitanzusehen. Das Auf-dem-Schoß-Sitzen ist gleichsam der Inbegriff von Bettines unbefangenem Verhalten. Was Mignon als einer 13jährigen gerade noch anstehen mochte – und auch bei ihr in sexuelle Zusammenhänge gehört –, war (und ist) einer erwachsenen jungen Dame gänzlich unangemessen. Bettine erfand aus der Bedrängnis des Augenblicks heraus einen körperlichen Ausdruck für ihre Empfindungen. Sie übersprang dabei alle Konventionen und traf auf einen Goethe, der auch seinerseits dazu immer noch in der Lage war.

Laut ihrem Buch war sie also in seinem Zimmer auf dem Sofa angekommen. Einige eher vorsichtige Worte Goethes über den Tod der Herzoginmutter Anna Amalia vor wenigen Tagen quittiert Bettine mit der schnellen Antwort, sie lese keine Zeitung, und in Weimar interessiere sie nichts als Goethe. Darauf nannte er sie leutselig »ein freundliches Mädchen«, und es entstand eine lange Pause. Welcher Besucher Goethes wäre in dieser Situation nicht unruhig geworden? Bettine, so berichtet sie in ihrem (eher fingierten als echten) Brief an die Frau Rat im Goethebuch, konnte es nicht mehr aushalten, denn ihr sei es überhaupt unmöglich, »so wohlerzogen da zu sitzen. Ich sagte plötzlich: hier auf dem Sopha kann ich nicht bleiben, und sprang auf. – ›Nun! sagte er, so machen Sie sich's bequem.‹« Das war keine Aufforderung, sondern eine gemütliche Beruhigung. Bettine aber tut, was sie sich wahrscheinlich nicht einmal vorgenommen hat: »nun flog ich ihm an den Hals, er zog mich an's Knie und schloß mich an's Herz«.

Beim Blick auf Mignon fällt die ungleich größere Unbescheidenheit Bettines auf. Ihr ist Goethe nicht als Befreier aus realer Not begegnet wie Wilhelm dem »interessanten Kind«, sondern sie *will* etwas mit aller Kraft, sie will ihre eigene Not beheben, sie »muß« zu ihm, so nah wie möglich an ihn heran – und das geht nur als Kind. Daß sie dennoch eine junge Frau war, stellte für Goethe zweifellos einen großen Reiz dar. Für die Umgebung war es ein Ärgernis, für die großzügige Frau Rat wahrscheinlich eine ebenso naheliegende wie lustige wie tiefsinnige Tat. Arnim und Clemens fanden wohl nichts dabei – zu heilig war dem ersten Goethe und dem zweiten Bettine. Was diese beiden taten, mußte richtig sein.

Unter den negativen Stimmen zu Bettines Briefwechselbuch von 1835 – einige wenige in einem überwältigenden Chor der Zustimmung – war auch die Kritik des inzwischen fromm gewordenen Clemens. Er wünschte sich das Ganze – das ihm gefiel – nicht dadurch verunstaltet, daß »du … dich übel erzogen auf eines Mannes Schoos setzest, und daß dieser die Würde eines armen närrischen Mädchen nicht achtend, es duldet«. Die Familie Brentano wollte das Buch zuerst vernichten und versuchte es dann aufzukaufen, Bettines Sohn Siegmund wollte es »kreuzweise« benutzen. Die alte Dorothea Schlegel, Urbild der einst so skandalösen *Lucinde*, die ihre Beinchen in die Höhe hob, schlug vor, das Buch schlichtweg in *Goethens Briefwechsel mit einem ungezogenen Kinde* umzubenennen. Merkwürdigerweise waren sehr viele andere Frauen aber begeistert, wohl insbesondere von dem darin aufleuchtenden Emanzipationsangebot. Niemand bezweifelte, daß die Geschehnisse die reine Wahrheit waren, niemand fand sie etwa komisch. Und so haben auch wir keinen Grund zum Zweifeln.

»Ich wundre mich, daß ich so ruhig war bei ihm, bei ihm allein, daß ich auf seiner Schulter lag und beinah schlief, so still war die Welt um mich her, und er ließ sichs gefallen und war auch still.« Bettine war am Ziel. Mehr als sie bewußt erwartet haben konnte, wurde ihr geschenkt. »Ach lieber Clemens, was mir so wohl gefiehl – ich war so ruhig bei ihm, er war mit mir wie mit einem Jugendgespielen.« Bettine berichtet zwar schon in jungen Jahren davon, daß sie lange stillsaß, manchmal auch unversehens einschlief und lange ruhig zuhören konnte. Doch offenbaren selbst diese Episoden der Ruhe eine gewisse innere Aktivität. Immer mußte sie etwas tun, selten konnte sie, so sehr sie auch davon redete, etwas einfach geschehen lassen. Denn niemand trug sie, immer war sie »ich, ich, ich«.

Goethes große Seele war stärker als all ihre Unruhe, ihre Angst, ihre Gegenwehr. »Da ich nun endlich bei Dir war … da kam mein Kopf auf Deine Schulter zu ruhen da schlief ich ein paar Minuten nach 4 bis 5 schlaflosen Nächten, zum ersten Mal. siehst Du! siehst Du! Da soll ich mich hüten, vor Liebe und hat mir sonst nie Ruhe geglückt.« Es war ein wahrhaft religiöses Erlebnis, jenseits von Literatur und Erotik. »Still, ganz still war's, alles verging. Ich hatte so lange nicht geschlafen; Jahre waren vergangen in Sehnsucht nach ihm, – ich schlief an seiner Brust ein; und da ich aufgewacht war, begann ein neues Leben.« So faßt sie mit fünfzig Jahren diese archetypische Szene wie einen Edelstein in Worte. Alle bisherigen Erlebnisse und alle späteren ordneten sich in einem »Innewerden« auf diese Erfahrung hin, die wirklich war und doch mehr als das. Ihre Goethe-Phantasie traf in einem unglaublichen Glücksmoment auf die Bereitschaft Goethes, sich so auf sie einzulassen, daß der Wahn als Wirklichkeit erschien. Sie hatte von jetzt an eine Kraftquelle in sich, auf die sie sich immer wieder zurückziehen konnte und die zugleich verhinderte, daß sie sich zu sehr hingab.

An Arnim schrieb sie: »Kein Wesen in der ganzen Natur war mir so angemessen, gab so, was ich begehrte, als eben das seinige.« Sie suchte einen Vater – hier hatte sie ihn gefunden. Sie wollte und sollte sein wie ihre Mutter – hier wurde sie mehr geliebt als diese. Literatur und Familie hatte sie als zusammengehörend kennengelernt, doch war der Zusammenklang nicht immer befriedigend. Hier hielt sie der größte Dichter in den Armen, auch weil er ihre ganze Familie kannte. Sie wollte selbständig sein, konnte und wollte aber die Abhängigkeit nicht verlassen. Hier mündete ihre Kühnheit in tiefste Geborgenheit. Und schließlich wollte sie unter außergewöhnlichen Menschen leben. Hier ging eine kleine Sonne im Glanz einer großen unter, konnte aber sicher sein, um so strahlender wieder aufzugehen.

Es muß auch für Goethe ein erfreuliches Ereignis gewesen sein. Er konnte die Geheimratsallüre ablegen und ließ die unerwartete Besucherin nicht nur physisch »an sein Herz«. Er »war ... mir gar nicht fremd; wie zwei Prinzen, die miteinander auf einer einsamen Insel erzogen sind, die an dem Ufer des Meeres ihren künftigen Lebensplan miteinander ersonnen haben, so war ich mit ihm, er selbst würdigte mich mit jedem Worte, was er gegen mich aussprach, und ich durfte die Wahrheit meines Gefühls nur ausdrücken, um ihn zu erfreuen«.

Da ist sie wieder – die Geschwisterlichkeit, hier für zwei einsame Königskinder, die nichts als einander und ihre Phantasie haben. Keine Rede ist mehr von einem bürgerlichen Fräulein Brentano und einem geadelten Herrn von Goethe, die sozialen Bezüge sind weggezaubert, eine entrückte Höhenwelt umgibt die beiden. So ging es jedenfalls Bettine. Goethe hat aber wenigstens mitgespielt und sie tatsächlich einige Stunden in großer natürlicher Nähe mit sich leben lassen. »Er ist doch sehr gerecht und mild, und auch nachsichtig, er hat eigenlich den wahre Respeckt vor der menschlichen Natur, wer vor ihm steht ohne Pretension, mit aufrichtiger Liebe, dem muß es wohl gehen bey ihm ich plauderte alles was mir auf die Zunge kam, und er war damit zufrieden ... Er war so ehrend in allem was er sprach, ich konnte nicht begreifen, wie ihm alles so ernst war, was wir gegenseitig sprachen, ich fragte ihn darum, es ist einmal nichts anders und kann nicht anders sein, sagte er, nicht alle Menschen haben ein Recht auf mein Herz.«

Goethe. Zeichnung von Benjamin Zix, 1806/09.

Sie blieb vier Stunden, schreibt sie an Arnim. Clemens weiß von dreien, in der Erzählung an Malla Silfverstolpe sind es schon sechs geworden, von vier bis zehn Uhr. Jedenfalls währte der Besuch sehr lange. Von Frankfurt war zweifellos die Rede und damit auch auf eine ungewöhnlich intime Weise von der alten Mutter (was den untreuen Sohn gewiß gefreut und entlastet hat), von gemeinsamen Bekannten, von Goethes Werken. Auch Goethe genoß das Außerordentliche an Bettine und nahm sie ernst. Das war ihr in dieser Form, von solcher Höhe aus, noch nicht geschehen. Er »war so ehrend«, schreibt sie auch an Arnim. Er wollte ihre Erziehung in die Hand nehmen, »mich lesen lehren und meine übrige Studien dirigieren«. Bettine sagte ihm, sie wolle (nach den Erzählungen der Mutter) »seine Lebensgeschichte schreiben ... dieß freut ihn, er eiferte mich ordentlich dazu an«. Beim

Abschied erinnerte er sie noch einmal an diese Biographie. Zärtlich und liebevoll ging es auch zu. Es hört sich jedenfalls nicht nach Phantasien an, wenn sie im August an Savigny schreibt: »Ach wie lieb war er; guter Savigny, wie wohl tat mirs, wenn er mich gutes Herz nannte oder meine Seele! mein innig Herz! wenn er mir versicherte, daß ich durch mein mutwillig Geschwätz und auch durch meine Rührung Saiten in ihm berührte, die lange nicht wieder geklungen hätten!«

Zum Abschied schenkte er ihr einen Ring. Der Silfverstolpe erzählte sie, er habe ihn sich vom Finger gezogen. »Ich trag einen Ring von ihm am Mittelfinger der rechten Hand« – für den Ringfinger war er wohl zu groß – »es ist eine kleine Figur die ihre Haare löst oder bindet«, schreibt sie an Arnim, und auch Clemens weiß zu berichten: »Er steckte ihr einen Ring an den Finger und gedachte unserer Mutter … ein Weib das sich verschleiert.« Den Ring würde man gern sehen. Doch ist er verschwunden: Bettine schenkte ihn ihrer späten Liebe, dem Fürsten Pückler-Muskau, ohne den sie kaum *Goethes Briefwechsel mit einem Kinde* geschrieben hätte. Dieser verschenkte ihn seinerseits.

»Mit Goethe sprach ich viel von Ihnen, er hat Sie lieb, er kann es sehr gut begreifen, daß ich Sie auch liebhabe«, meldet Bettine an Arnim, und an Clemens: »er sprach viel von Arnim, den hat er wirklich lieb.« Diese wichtige Nachricht reichert Clemens nach Briefen von Bettine noch an: »er gestand ihr … daß er nie einen Jüngling so schnell geliebt wie dich.« Arnim gehörte also schon zu Bettine – gleichsam höchsten Orts gesegnet. »Guter Arnim, Sie werden bald Göthe sehen; ich bitte, denken Sie meiner, wenn Sie vor ihm stehen, sowie ich Ihrer gedacht habe, fragen Sie nach mir, nur ganz leicht, und wenn er dann freundlich wird, schreiben Sie mir.«

»O Arnim! o Göthe! Ihr seid mir zwei werte Namen«, wird sie später paradigmatisch schreiben. Von jetzt an setzt sie die beiden oft parallel. »Wieviel mal stelle ich mir innerlich vor«, schreibt sie an Arnim, »wie Sie wiederkommen, was ich sagen will etc.; es ist mein Spielwerk, mit dem ich mich ergötze, so oft ich allein bin, es ist mein Lieblingskind, das mir Sorge und Freude macht, es ist der Zwillingsbruder von der Begierde, wieder mit Göthe zu sein.« Der ferne Freund, noch mit all seinem Scheitern beschäftigt, fühlte sich davon mehr als geehrt. »Sie beide [Goethe und Bettine] spiegeln sich ineinander so unendlich, daß ich es nicht lassen kann, außerdem wie ich jeden für sich liebe, noch jeden in dem andern zu lieben.« Arnim hat hier mit seiner großen psychologischen Intuition erfaßt, wie nah, wie ähnlich, wie narzißtisch voneinander begeistert die beiden in ihrer Sternstunde waren. Später verlangte Bettine, wenn er sie heirate, dürfe er nie eifersüchtig auf Goethe sein. Arnim war viel zu großzügig und zu »normal«, um in diesem Fall an Eifersucht zu denken. Schließlich war er kein Clemens Brentano. Und auf eine Faszination, die er selbst begeistert teilte, konnte er nicht eifersüchtig sein.

Bettine bezog ihn denn auch in ihr Zukunftsprojekt ein. »Wer ihn einmal gesehen hat und nicht liebt wie ich, der ist seinen Anblick nicht werth, und wenn die ganze Welt ihn nicht erkennt so will die Bettine Jubel rufen über seine Herrlichkeit. Und Arnim der ihn auch liebt ohne viel zu spindisieren der soll die Fahne schwingen.« Hatte sie doch eine Ahnung davon, daß *sie* »spintisierte«?

Lehren und Folgen

Die einzige klare Lehre, die Bettine sehr bald, verbunden mit Goethes Ring, aus ihrem Erlebnis zog, setzte den Vorsatz fort, den sie schon nach dem Selbstmord der Günderrode gefaßt hatte: sich nicht lieben zu lassen, sondern zu lieben. Sie gehörte Goethe. Im Grunde, das ahnte sie wohl schon jetzt, befand sie sich da an einem sicheren Ort, denn diese Liebe war nicht von dieser Welt. Ihre eigene Liebesfähigkeit aber war, wie bei jeder echten Liebe, nicht eingeschränkt, sondern sehr erweitert. »So [wie bei der kleinen Figur auf dem Ring] ist es mit der Freiheit des Menschen auch, man weiß nicht recht, ob man löst oder bindet. Aber so soll es bei mir sein: gebunden, fest, als ob es nie wäre getrennt gewesen, soll mein Leben sein an allem was ich liebe, und lose, recht lose das, was ich liebe.« Das Programm ist noch etwas unklar formuliert, aber ihre Absicht ist es, Menschen um ihrer selbst willen zu lieben und nicht, weil sie etwas von ihnen erwartet.

Was fing sie weiter mit ihrer Erfahrung an? »Sein leben will ich nicht schreiben das kann ich nicht, aber den Duft seines lebens will ich erschwingen und auffassen, und zum ewigen Andenken seiner bewahren.« Mit sicherer Hand rückte sie die Beziehung weg von praktischer Zusammenarbeit in den Bereich schwebender Gefühle und Gedanken. Sowohl Goethes Vorschlag einer Erziehung und Anleitung zur Lektüre »durfte sie nicht annehmen« wie auch das Angebot, seine Biographie zu schreiben. Beides war zu konkret. Schließlich hatte sie bereits den Kontakt zur Frau Rat, das reichte. Was sie brauchte, war eine Vision fürs Leben – und die konnte nicht in den Niederungen einer wie auch immer ehrenden Realität gedeihen.

Das heilige Erlebnis in eine Lebensrichtschnur zu verwandeln kostete Bettine eine Menge Arbeit. Natürlich konnte sie sich nicht auf der olympischen Höhe halten. Sie fuhr mit Schwester und Schwager am nächsten Morgen nach Kassel zurück. Dort gefiel ihr die aufblühende Natur. Sie trieb »hebräische Kirchenmusik«, wie sie schreibt, sang mit ihrer tiefen Altstimme in Konzerten mit und las Shakespeare. Aus Langeweile malte sie sogar Porträts in Öl. Von Clemens ließ sie sich Goethebände der letzten Ausgabe, die sie noch nicht hatte, besorgen. Dennoch – nach einem Aufflammen »richtigen« Lebens wirkte das alltägliche besonders grau.

Keinesfalls wollte sie nach Frankfurt zurück. »Ich mag nichts mit ihnen zu tun haben, ich bin ihnen auch gut und bin ihnen auch und habe sie alle herzlich lieb«, schreibt sie zerstreut vor Widerwillen an Clemens, »aber die Dächer und Straßen und Langeweile und besonders mein *Dortsein* ist mir unerträglich, wenn ich könnte ging ich nie wieder hin.« Und das, obwohl Elisabeth Goethe dort war. Traurig wünscht sie sich in ein Leben, in dem sie nicht für sich selbst verantwortlich ist. »Du klein Bettinchen«, grüßt sie ihr Patenkind, »ach wär ich so klein wie du und könnte mit dem Papa und der Mama spielen und lachen das ganze Jahr!«

Ihr ganzes Trachten war, wieder zu Goethe zu kommen. »Ich denke in 8 Tagen ungefehr mit einer hiesigen Stiftsdame und noch einer alten Madame auf ungefehr 4 Tage nach Weimar zu gehen«, berichtet sie Clemens – aber Bettine dachte, und Franz lenkte. Bereits vierzehn Tage nach ihrem Besuch schrieb er ihr: »In Deinen Wunsch noch einmahl nach Weimar zu reisen kann ich ohnmöglich einstimmen, begnüge Dich liebe Bettine damit einmahl dagewesen zu sein, es wird ein sonderbaren effect machen Dich nun gleich wieder mit einer fremden Person erscheinen zu sehen, das publicum würde dieses ein abentheuerliches Betragen nennen, Dich u mich u die ganze familie blamiren und es mir besonders übelnehmen, daß ich zugebe daß Du solche Wallfahrten machest …« So blieb es einstweilen bei der Sehnsucht. Auch für ihr praktisches Leben zog sie keine Konsequenzen, etwa so zu werden wie Natalie im *Wilhelm Meister*: besonnen, gleichmäßig, maßvoll, hilfreich und sinnvoll beschäftigt. Schließlich hatte sie Goethe als Bettine Brentano gefallen und nicht als heiratsfähige junge Frau.

Ihre innere Situation war also eigentlich schlimmer geworden nach dem Weimarer Ereignis. Ganz ungeschützt äußerte sie sich darüber nur gegenüber Savigny. »Seit ich nun mit Göthe war und weiß, was der Mensch dem Menschen sein kann, was ich entbehre, habe ich gar keine Ruh mehr, hier ist mir alles zuwider ... Göthe hatte mich gebeten bei ihm zu sein und länger, so lang bis ich müde wäre; lieber Savigny, wie schön und gut wäre das für mich gewesen, wie hätte es mir Gewicht gegeben in meine ganze zukünftige Lebensart.« Die Familie, »Frankfurt«, ihre unerbittliche Situation als Tochter-Schwester ließen das nicht zu. »... verschmerzen soll ich dies in einem Dasein, wo nicht nur gar keine Entschädigung, sondern nur Beweise[*] sich mir darstellen, daß ich so ohne Lust und Freude verkeimen muß.« Man halte sie sinnlos ohne wirkliche Berechtigung fest. »Sag selbst, wäre es nicht schön, wenn ich diesen Winter eine Zeit lang bei Goethe sein könnte? Was hat man denn für Ansprüche hier an mich zu machen? ... Sollen denn Begeisterung und Sehnsucht, die wechselweise ewig aus einem jungen Gemüt fließen wie zwei Quellen, nur unfruchtbaren Boden wässern? Lieber Alter, soll denn mein ganzes Wesen ungenossen wieder vertrocknen, keinem wohltun, unbeachtet wieder schlafen gehen, so wie es aufwachte?«

Wer Bettine nicht sehr gut kannte, wird von dieser starken Depression kaum etwas gemerkt haben. Äußerlich blieb sie lustig, gesellig, unterhaltsam. Im Brief an Arnim war sie zurückhaltender als gegenüber Savigny, doch erzählte sie auch ihm vom Widerwillen gegen Frankfurt, in diesem Fall auch gegen Clemens, dessen neue Heirat ihr Ekel und heftigen Unmut einflößte. Dazwischen faßte sie ihre Sehnsucht positiver und schrieb einen herrlichen poetischen Text: »Warum denn nur mit der Welt Menschen sein, warum nicht auch mit ihren Bergen und Blumen und Wäldern, mit ihren Schatten und Lichtern innig und vertraut leben!, zusehen, wie die Sonne niedersteigt, die Nacht den dünnen Mantel in Falten zusammenzieht und wieder leicht und durchsichtig fliegen läßt, wie die Morgenluft ihn zurückweht ... – mitten im Meer auf einer duftenden Insel stehen, von freien Winden erfrischt, von allen Frühlingszweigen umstrickt ... wie ein Sturmvogel sich niederstürzen, gegen den Strom und den Wind seglen, die aufgewehten Schwingen in den Wellen netzen ... und dann ... ein

---

[*] Mit Beweisen meint Bettine wohl die banalen konventionellen Hinweise, wie es ihr gehen könnte oder anderen gegangen sei, die sich nicht an gesellschaftliche Regeln hielten.

Auge, das mich dankbar erfreuend anblickt, das auch mir wiederum, wenn ich arm bin, reichlich gibt … o du gekrümmtes, dürres Menschenleben! – still! still! –«

Wenn eine junge Frau so »gegen den Strom und gegen den Wind seglen« will, kann sie freilich nicht im bürgerlichen Frankfurt leben, wo die Natur nur zur wohlanständigen Erholung diente. Das Auge, das sich ihrer erfreut, wird Bettine überhaupt schwer finden, nicht in Frankfurt und leider auch nicht im Weimar des Jahres 1807.

Um Goethe herum liefen Nachrichten über den auffallenden Besuch hin und her. Christiane schrieb an ihre Schwiegermutter, Bettine habe »viel vergnügen verbreitet«, nur zu kurz sei sie geblieben. »Man« habe das bedauert. Jedoch: Ein Briefchen Bettines an die Frau Rat wurde Goethe nach Jena nachgeschickt und gefiel ihm überhaupt nicht. Verärgert schrieb er an Christiane: »Diese wenigen Zeilen haben ihr bei mir mehr geschadet, als Deine und Wielands Afterreden. Wie das zusammenhängt, auszulegen, dazu würde ich viele Worte brauchen.« Woraus wir entnehmen können, daß es bereits eine Gegenströmung gab: Wieland war von Bettine offenbar nicht (nur) bezaubert, und Christiane vermutete zweifellos ein neues »Äugelchen« – der hübsche Familienausdruck für Goethes junge Freundinnen – und traf ihre Vorkehrungen.

Widerstände trafen sich indes auch in Goethes Seele und Denken. Wahrscheinlich war es ihm peinlich, daß hier jemand aus einem heiteren Nachmittag, an dem er sein Herz nicht zensierte, Folgerungen ableitete. Außerdem brachte Bettine das sensible Gefüge seiner verarbeiteten Leiden und Freuden durcheinander, indem sie eine äußerst produktive, durch bloße Jugend glückliche Zeit in sein Bewußtsein heraufrief. Doch war es nicht nur Glück, was da wieder auftauchte. Es mag sein, daß die tiefen Wunden der Maximiliane-Zeit wieder zu pochen begannen, nachdem Bettine weg war.

Sie ahnte von alldem nichts. Es hätte sich wohl gehört, ein höfliches Dankesbriefchen an den Geheimrat zu schreiben, der sie so freundlich aufgenommen hatte. Das tat sie nicht. In ihr begann ihr eigener Goethe-Mythos zu keimen, der mit dem realen Goethe nicht allzuviel zu tun hatte. Erst acht Wochen später schrieb sie ihm zum erstenmal. Es war bereits ein Rollensprechen, so fern auch der *Briefwechsel mit einem Kinde* noch war. Der Brief von Goethes Mutter, in dem sie Bettine so begeistert als Schwester Goethes bezeichnete, gab den letzten Anstoß.

Vier Zeilen Mutterzitat stehen wie ein Talisman am Anfang von Bettines erstem Brief an Goethe. »Solge Worte schreibt mir Göthes Mutter; zu was berechtigen mich diese? – Auch brach es loß wie ein Damm in meinem Herzen …« Vorher sei sie ein unsicheres Menschenkind gewesen, das »hin und her schwankt wie die Dorne und Distlen um es her«. Nun aber sei das anders – wie eine Sonnenblume wende sie sich zu ihrem Gott. Sie reizt das Bild des Gottes auf Erden so weit aus, daß sie über seine Mutter sagt: »Seelig ist der Leib der Dich getragen hat.«

Was hier Literatur, gewollte Exaltiertheit und echte Ergriffenheit ist, läßt sich schwer sagen. Kann einem ein so verrücktes Mädchen sympathisch sein? Hätte sie taktisch handeln wollen, hätte sie anders geschrieben. Sie ist vielmehr unfähig, sich sozial angemessen zu verhalten, weil ihre innere Realität, die wunschgetriebene Phantasie einer unwiderruflichen Bindung, so überstark ist. Darin hat ihr Benehmen in der Tat etwas von einem Liebeswahn.

Sie hatte keine Wahl, so empfindet sie es. »Ich war's nicht, die es mir ins Herz pflanzte.« Dadurch fühlt sie sich berechtigt zu immer wiederholten Zärtlichkeitsphantasien vom Umhalsen, Küssen, Auf-dem-Schoß-Sitzen. Koseworte benennt sie hier ganz klar als etwas, das sie *sich selber* sagt: »mein Kind! mein artig gut Mädgen! Liebes Herz! … sag ich zu mir, und wenn ich bedenk daß Sie vielleicht wirklich es sagen könnten wenn ich so vor Ihnen stände, so schaudre ich vor Freude und Sehnsucht zusammen.« Zugleich kommt ihr Selbstbewußtsein zum Vorschein: »Muthwillig und übermüthig bin ich auch zu weilen und preiße den Mann glücklich, den die Bettine so sehr sehr liebt.« Die Liebe zu Goethe ist zum Zentrum ihres Lebens geworden, und sollten ihre Hoffnungen auf die Dauer derselben nicht Wahrheit werden, so bliebe ihr nur ein Trost: der Tod. Zumindest indirekt drückt sie das in zwei Volksliederzeilen aus: »Im Arm der Liebe ruht sichs wohl, / wohl auch im Schoos der Erde« und »Ich wollt ich läg und schlief / Zehntausend Klafter tief«. Wer genau hinhört, bemerkt den Ton der Erpressung: Wenn du mich von dir stößt, nimmst du mir das Leben.

Eine ziemliche Last ließ sie da auf Goethes Herz fallen. Er antwortete spärlich, zugleich aber verbat er sich diese Schwelgerei nicht. Wahrscheinlich war er trotz allem fasziniert. Über seine Mutter schickte er immerhin eine kleine Aufforderung, doch einmal wieder zu schreiben. Bettine reagierte nicht sofort. Frau Rat aber meldete: »Betine Brentano ist über die Erlaubnüß dir zuweilen ein plättgen schicken zu dörfen entzückt – antworten solt du nicht – das begere Sie nicht – dazu wäre Sie zu gering – belästigen wolle Sie dich auch nicht – nur sehr selten – ein Mann wie du hätte größeres zu thun als an Sie zu schreiben – Sie wolte die Augenblicke die der Nachwelt und der Ewigkeit gehörten nicht an sich reißen.« Doch ließ Bettine im nächsten Brief wissen, die Mutter habe nicht recht, sehr wohl begehre sie etwas. »Ich mögte gern alle Zeit alle verfloßne und alle Zukünftige Ihnen rauben, wenn mirs möglich wäre, ohne ein böses Gewissen zu haben.«

Alle Konstanten ihres Goethe-Verhältnisses sind in diesen ersten Briefen schon vorhanden: die Auserwähltheit, die Anbetung, die Mischung zwischen Unterwerfung und Anspruch, die immer wiederholten Zärtlichkeiten. Im Brief vom September 1807, ihrem zweiten an Goethe, beginnt sie das letzte Element einzuführen, das ihre Korrespondenz mit Goethe charakterisieren wird: die anmutige kindlich-weibliche Erzählung oder Meinungsäußerung. »Ich mögte gar zu gern recht vertraulich Kindisch an Sie Schreiben dürfen, wie mirs in den Kopf käme darf ich?« heißt es programmatisch. Diese »vertraulich kindische« Haltung ermöglicht ihr spontanes, ungeordnetes, »romantisches« Schreiben und entlastet sie von Höflichkeit und konventionellem Briefstil. Übrigens ermöglicht sie ihr später auch, unbefangen von Arnim zu reden.

Wie groß und ungewöhnlich Bettines Schöpfung ihrer Goethe-Liebe ist, zeigt der Vergleich mit dem realistischen Eindruck einer anderen Goethe-Besucherin, Madame de Staël. Diese hatte sich drei Jahre vorher, im Winter 1803/04, studienhalber wegen ihres Buchprojektes De l'Allemagne ein Vierteljahr in Weimar aufgehalten. Auch sie vergleicht Goethe mit einem jugendlichen Bild, das sie von ihm hatte. Ihr erster Eindruck war dieser: »Goethe verleidet mir das Ideal Werther. Er ist ein untersetzter Mann ohne Physiognomie, der sich wie ein Mann von Welt benehmen möchte, ohne daß es ihm ganz gelingt, und der nichts Sensibles besitzt, weder im Blick noch in der Geisteshaltung noch im Umgang; aber ansonsten ist er, hinsichtlich der literarischen und metaphysischen Gedanken, die ihn beschäftigen, ein sehr bedeutender Mann.« Platon hat recht: der Gott ist im Liebenden, nicht im Geliebten.

Weshalb die Savignys und Brentanos als Ort ihres Wiedertreffens nach langer Trennung ausgerechnet das heilige Weimar wählten, ist nicht bekannt. Jedenfalls ist es schon ein ungewöhnlicher Anspruch an die Darstellung des eigenen Wertes. Bettine und Meline kamen als erste, aus Kassel. Die Eheleute Jordis, schon im Frühjahr Goethe-verächter, blieben diesmal gleich zu Hause. Am 1. und 2. November waren die beiden Schwestern bei Goethe zum Mittagessen. Goethe aß in dieser Zeit wegen einer strengen Diät nur mittags, da aber »gut und hinlänglich«. Er wird also guter Dinge gewesen sein. Savignys trafen einen Tag später ein. Bettine hatte ihren »Hab-ihn-nie« andert-halb Jahre nicht gesehen. Ein weiteres Mittagessen am Frauenplan versammelte schließlich *drei* Maxe-ähnliche junge Geschöpfe um Goethes Tisch: Gunda, 27, Bettine, 22, und Meline, 19 Jahre alt. Au-ßerdem den 28jährigen angenehm klugen Savigny, adelig, gebildet, als Wissenschaftler bereits bekannt. Mit Besuchen und Gegenbesu-chen – häufige Mittagessen, Konzert, Theater, Abendtreffen bei Frau Schopenhauer – ging es noch weiter bis zum 10. November, dem Ab-reisetag. Zum Staunen ist immer wieder die freundliche Generatio-nen übergreifende Offenheit Goethes und die selbstverständliche ge-sellschaftliche Routine der Zeit.

Bettine fädelte es ein, daß sie öfter mit Goethe allein sein konnte. Sie führte Situationen herbei, in denen er nolens volens, aus Höflich-keit und aus Neigung, auf sie eingehen mußte. Sie ging an seinem Arm durch die Straßen, »da war ich zufrieden; alle meine Wünsche waren schlafen gegangen hatten wie die Berge ihre Gestaldt und Farbe in Nebel gehüllt, ich dachte: so ging es, und weiter ohne große Müdigkeit vom Land in die hohe See …«. In der Bibliothek nahm er sie beiseite, warf sich spaßhaft-theatralisch den Mantel um und stellte sich neben seine zwanzig Jahre alte Büste von Alexander Trippel aus dem Jahre 1787. Sie tat, als kennte sie den Dargestellten nicht, und sagte: »Das ist ein schöner Mann.« – »Ja«, sagte Goethe, Bettine wollte ihm daraufhin um den Hals fallen, was er nicht gestattete. Also küßte sie die Büste. Nun hob er sie zu sich hoch, schaute ihr in die Augen und sagte: »Du Sonnenkind!« Solche Berichte sind zwar mit Vorsicht zu genießen, der Kuß für die Büste hat sich aber dagegen wohl so zu-getragen. »(Ich) konnte nicht umhin mich zu Deiner jungen Büste auf-zuschwingen, und meinen Schnabel gleichsam wie eine junge Nach-tigall daran zu wezen.«

Sie hebt dieses Erlebnis noch weiter in mythologische Höhen, gleich im ersten Brief aus Kassel nach dem Besuch. Darin besteht sie auf ihrer Sonderbeziehung und baut sie aus: »… und wenn Dein Sinn wäre von Stein wie Dein Bildniß, so müßte ich doch rufen umarme mich weißer Cararischer Stein *Bettine*.« Das gesittete Sie ließ sie von nun an fallen. Goethe benutzte das Du zum erstenmal in einem eigenhändigen Brief vom September 1809. Bis dahin hatte er die Briefe an Bettine, wie überhaupt die allermeisten, diktiert, und es ist möglich, daß er die Anrede, die sich gehörte, aus Anstand gegenüber dem Schreiber gebrauchte.

Mitten in diese innere und äußere Goethenähe hinein, in der Bettine der Wiederholung ihres Initiationserlebnisses nachjagte, aber kaum einmal dessen herrliche Selbstverständlichkeit erreichte, kam nun Arnim, der erst am 8. November zusammen mit Clemens und Reichardt in Giebichenstein eintraf. Das Wiedersehen mit Bettine – nach zwei Jahren – fand sozusagen nebenbei statt. Die drei eingetroffenen Männer ließen sich sofort bei Goethe melden, wurden aber erst für den nächsten Tag eingeladen. Da war Goethes gastlicher Tisch ganz und gar der Freundesfamilie gewidmet: den Savignys, Bettine, Meline, Clemens, Arnim und Reichardt, der ja eine Art Ersatzvater für Arnim war. Bettine und Arnim gemeinsam in befreundeter Gesellschaft – das war eine Situation, die sie kannten. Zum erstenmal aber trafen sie sich unter Goethes Augen. Dieser selbst notierte in seinem Tagebuch: »Komische Geschichten aus der Unglücksepoche des preußischen Staates.« Das ging vielleicht auf das Konto des Anekdotenliebhabers Arnim. Gesprochen wurde des weiteren über Tieck, die Nibelungen und zwei junge Leute in Kassel, die Brüder Grimm, die als Experten für altdeutsche Literatur eingeführt wurden. Clemens war für Goethe das einzige neue Gesicht, und er wird seine Attraktion und seine Kenntnisse wie üblich zur Geltung gebracht haben. Die Gespräche ließen also allen Raum für die Gäste – und führten Goethe zugleich vor, womit sich die jungen Leute der Zeit beschäftigten.

Am Abschiedstag morgens, 10. November, wartete Bettine »beinah eine ganze Stunde allein im Zimmer wo das Clavier steht« auf Goethe – am Boden sitzend und entrückt weinend und lachend. Als er kam, fiel das Küssen und Herzen unbefriedigend aus, ebenso beim eigentlichen Abschied, den die Anwesenheit der jungen Schauspielerin Elsermann verhinderte. »Du standest da wie zwischen Wasser und Feuer und mögtest keine Probe aushalten nun Gott verzeih Dirs!« Zum erstenmal erfuhr sie bei diesem Weimarbesuch, daß es Rivalinnen um Goethes Gunst gab.

Ganz zufrieden war sie denn auch mit ihren Erlebnissen nicht. Goethes Adlatus, Mitarbeiter, Hausgenosse (und sogar Trauzeuge)

Riemer (der Bettine nicht leiden konnte) berichtet, sie habe sich zum Abschluß ihm gegenüber beklagt, »daß Goethe so *wunderlich* und *sonderbar* sich gegen sie zeige«. Gemeint war Goethes unwillige Passivität. Zwanzig Jahre später faßte Goethe seine Haltung in das lieblose Wort von der »leidigen Bremse«, die ihm seine Mutter vererbt habe.

In drei Kutschen rollte die Familie zurück nach Kassel. Wahrscheinlich konnten Bettine und Arnim erst jetzt in Ruhe miteinander reden. Sie fuhren in derselben Kutsche, und die brieflich entstandene neue Nähe scheint sich sofort Aug in Aug bewährt zu haben. Vielleicht wurde Arnim zum erstenmal klar, was er später in seinem Werbebrief schreibt: daß er trotz oder gerade wegen seiner Liebe zu Auguste Schwinck unglücklich war, weil er dadurch von Bettine »losgerissen« wurde.

Savignys blieben etwa vierzehn Tage, bevor sie in Richtung Frankfurt und Trages weiterreisten. Kassel war eine Stadt mit schönen Bauten in freundlicher Natur, und der lebensfrohe Napoleon-Bruder Jérôme, der »König Lustik«, hielt dort als neuer »König von Westfalen« hof. Das enge Frankfurt war weit. Die Jordis führten ein großzügiges Haus, man traf sich dort und anderswo zu Gesellschaften und bei den Alltagstätigkeiten. Alltag – das hieß Besuche machen, lesen, spazierengehen, mit Savignys kleinem Bettinchen spielen. Bettine betrieb weiter mit mehr oder weniger Eifer Musik und Malerei. Arnim und Clemens aber hatten eine dringende Arbeit zu erledigen: In den Wochen bis zum Jahresende machten sie den zweiten und dritten Band des *Wunderhorns*, über den sie soviel korrespondiert hatten, druckfertig. Bettine wird viel mit ihnen darüber geredet haben.

Die persönliche Situation von Clemens und seiner neuen Frau, von der er ja zur größten Empörung seiner Familie nach Giebichenstein weggelaufen war, blieb angespannt und wechselhaft. Auguste ging in Gesellschaften, die Clemens nicht kannte, besuchte Franzosenbälle in Häusern, in die er »nie gehen würde«. Wenn Clemens Ausdrücke wie »herumrutschen« oder »die Nacht durch rasen und kokettieren« gebrauchte, so läßt sich daran ablesen, wie verächtlich er schon über Auguste dachte. Der schöne und liebenswürdige Arnim war ein Ziel ihrer ungeordneten Sinnlichkeit: »sie zerschnitt mir die Seele mit frechem Gelächter«, schreibt Clemens empfindlich, sie saß »en grande parade ohne Halstuch, was ich ihr auch verboten am Tische gegenüber … dem armen verlegnen Arnim … und schäkerte und scherzte mit ihm über Hof- und Stadtgeschichten«. Arnim selbst war natürlich

durch die Anwesenheit Bettines gegen eine so banale Versuchung geschützt.

Viele Geschichten über Auguste klingen beim oberflächlichen Hören
gar nicht viel anders als die über Bettine. Auch Auguste war unkonventionell, scheute sich nicht vor auffallenden öffentlichen Szenen,
reiste in Männerkleidern in Berlin an, versuchte durchzusetzen, was
man ihr nicht zugestehen wollte – mit Mitteln, die das Entsetzen der
geordneten Welt hervorriefen. Es wäre denkbar, daß etwa Creuzer,
der Feind aus der Günderrode-Zeit, einen Auftritt Bettines ähnlich
beschrieben hätte wie Clemens den Augustes mit Arnim. Doch hielt
Bettine ein eigentümliches Gleichgewicht zwischen Anstand und
poetischer Provokation und wußte offenbar schlafwandlerisch sicher
die Grenzen weiblicher Dezenz zu respektieren. Eine Szene zeigt den
ganzen Unterschied der beiden jungen Frauen und Schwägerinnen
auf Zeit. In ihr verbindet sich – auf Brentanosche Art – dekorativ und
bedeutungsschwer die individuelle mit der Weltgeschichte.

Die erste Liebeserklärung zwischen Clemens und Auguste ereignete sich nämlich an einem höchst wichtigen Tag der Stadt- und Weltgeschichte: am 24. Juli 1807, als Napoleon in Frankfurt war, um die
Huldigung des Rheinbundes entgegenzunehmen. Im Palais Taxis,
dem Sitz des Fürstprimas Dalberg, hatte sich dazu die Frankfurter
Oberschicht versammelt. Bettine, Auguste und Clemens standen in
einer Nische im Treppenhaus, während »Napoleon und die andern
Fürsten auf der Treppe auf und abliefen«. Auguste geriet in einen sehr
exaltierten Zustand, umschlang Clemens vor aller Augen mit ihren
Armen, und mit Mühe habe Clemens sie zurückgehalten, »daß sie
nicht dem Bonaparte gar zu Füßen fällt und meine arme Person in die
Weltgeschichte hineinflicht, alles rings um flieht mich mit schrecklicher Trauer«. Durch diese Geste wollte sie erreichen, daß die Familie und die ganze Welt ihrer Verbindung mit Clemens zustimmten.

Bettine hatte unterdes ihr eigenes Napoleon-Erlebnis: »Als aber der
Kaiser kam die Treppe herunter, die Fackeln leuchteten ihm ins Gesicht, ich hatte mich übergebogen wie ein brauner Eichenast dicht
über seinem Kopf – er blieb stehen, blickte in die Höhe und sah mich
starr an, es stürzten mir die Tränen aus den Augen, ich zitterte und
konnte mich nicht halten; er fuhr durch die beleuchteten Straßen, die
Trommeln wurden geschlagen, und als er aus den Toren war, wurden
die Kanonen gelöst. Bei jedem Schuß fuhr es mir durch die Seele, ich
hätte die Hände ringen mögen auf offener Straße ...«

Das einzige farbige Porträt Bettines von Ludwig Emil Grimm, Aquarell 1807. Sie trägt ein leuchtend rotes Kleid. Während sie Modell saß, empfing sie den ersten Brief von Goethe.

Die ganze Bettine wieder einmal: Eine ungewöhnliche Körperhaltung verschafft ihr, wenn auch nur kurz, die Aufmerksamkeit eines Mächtigen. Natürlich hätte keine wohlerzogene Patriziertochter es gewagt, sich weit über das Treppengeländer zu hängen, um den Kaiser besser sehen zu können.

Ihr und Auguste Bußmanns Benehmen im absoluten männlichen Weltzentrum der Zeit macht nachdenklich. Zwei Frauen von außergewöhnlicher seelischer Energie wurden offenbar durch die Ausstrahlung von Napoleons immer wieder als übernatürlich beschriebener Macht ein wenig entrückt. Doch machte Bettine die Sache mit sich allein ab, es ging ihr um sie selbst. »Als ich zu Hause war, allein, und der Schlaf mir endlich die Pein, stumm und kalt, gelöst hatte, so fürchtete ich mich vor der Erinnerung. Ich frage Sie, was ist das, so einen plötzlich ergreift ohne Ursache, ohne Vorbereitung, und so wieder verschwindet.«

Auguste dagegen konnte nicht allein sein, sie brauchte einen Mann und geriet vor dem Mann der Männer außer sich – natürlich nicht nur, weil sie hysterisch war, wie Clemens mit aller Kraft und einigem Recht glauben machen wollte, sondern auch, weil *er* sie vollkommen durcheinandergebracht hatte.

Zwei verschiedenere Paare als Clemens und Auguste einerseits und Bettine und Arnim andererseits ließen sich kaum denken. Die Langsamkeit des Aufeinander-Zuwachsens von Bettine und Arnim, ihre wenn auch nur brieflich gemeinsam durchlebten Schwierigkeiten und Verluste, die Liebe zu Goethe – das alles verband sie, aber ohne die sinnliche Dringlichkeit der Beziehung zwischen Clemens und Auguste. Arnims Liebenswürdigkeit und Intelligenz ließen ihn jetzt endgültig die Herzen der Brentano-Schwestern und Savignys gewinnen, mit dem sich Arnim von nun an duzte. Daraus wurde eine der großen Freundschaften des Jahrhunderts.

Eine weitere lebenslange Verbindung begann in diesen Spätherbstwochen in Kassel: die zu den Brüdern Grimm – Jacob, 22, und Wilhelm, 21 Jahre alt – den späteren Märchenbrüdern, demokratischen Göttinger Professoren und Initiatoren des großen Deutschen Wörterbuches. »Ich habe hier zwei sehr liebe, liebe altteutsche vertraute Freunde Grimm genannt«, hatte Clemens schon im Oktober Arnim nach Giebichenstein gemeldet, »… du wirst diese trefflichen Menschen … sehr lieb gewinnen.« Auch ihr jüngerer Bruder begegnete Bettine und Arnim zum erstenmal: der 17jährige Ludwig Emil Grimm, dem wir viele Bilder von Bettine verdanken. Die Güte, der

Anstand, die Wahrheitsliebe und auch die finanzielle Anspruchslosigkeit der Grimms bilden ein Gegengewicht zur glänzenden, verwöhnten Welt der Brentanos.

In den Augen der versammelten Literaturfreunde muß es eine Sensation gewesen sein, als am 21. Dezember eine Sendung von Goethe für Bettine eintraf. Es war die erste Reaktion auf die vier Briefe, die sie ihm seit ihrem Besuch im April geschrieben hatte, und ein Zeichen dafür, daß sie den großen Mann doch beeindruckt hatte. Der blaue Umschlag enthielt keinen Brief, sondern, ohne Datum und Unterschrift, zwei herrliche handgeschriebene Sonette. Erst 1815 wurden sie gedruckt, Bettine besaß also wieder einmal eine Seltenheit von Goethe.[*]

Das erste Sonett, »Mächtiges Überraschen« in der Druckfassung, ist ein wahrhaft gewaltiges Gedicht, auf den ersten Blick schwer zu verstehen, sehr ungewöhnlich in der Wortwahl und vollkommen überraschend als Bild: Ein Strom fließt mächtig bergab, ozeanwärts. Oreas, eine Bergnymphe, stürzt sich plötzlich ins Wasser, reißt Felsen, Bäume und Winde hinter sich her und staut dadurch den Strom auf. Der sprüht und wehrt sich, ist aber gezwungen, einen See zu bilden. Wo früher ein Abwärtsrauschen war, herrscht jetzt ein Schwanken und Ruhen, eine Umkehr in sich selbst. Es bilden sich Strudel und Rückwärtsströmungen und daher ein Wellenschlag am Fels, der vorher so nicht möglich war.

Es wäre zu einfach zu sagen, Bettine *ist* Oreas. Dennoch scheint es einleuchtend, daß dieses Bild eines naturdämonisch erzwungenen Innehaltens durch das Bettine-Erlebnis auch durch ihre Briefe und die darin enthaltene Deutung ihres Besuches und seiner Folgen angeregt wurde. Goethes Nachgeben angesichts ihres Andrängens, ihres Sturzes hinein in sein Leben mußte ihn selbst nachdenklich machen. Zu Riemer sagte er am Tag nach Bettines Abschied auf der Fahrt nach Jena, er sei nicht gerade ein »leidenschaftlicher Liebhaber« Bettines, aber ein »Bewunderer ihres geistreichen, wenn auch barocken Wesens«. Er bewunderte demnach das Unklassische, das eindringend Unwiderstehliche an ihr. Ihr Naturzauber löste einen neuen Umgang

---

[*] Sie haben in Goethes Brief keine Überschrift, sondern tragen nur die Nummern I und III. In Goethes Werken haben sie unter den 17 Sonetten die Nummern I und VII und die Titel »Mächtiges Überraschen« und »Abschied« bekommen (B II, 107 f. und 582; alle Sonette dieser Zeit z. B. HA I, 294 ff.).

Goethes mit der Erinnerung aus.* Er »staunt zurück« und findet dadurch »ein neues Leben«. *Eine* Anregung zu dem Bild stammt obendrein aus einem Brief Bettines. Sie sei ihm »von Gott gegeben«, schreibt sie, »als ein Damm, über welchen Dein Herz nicht mit dem Strohm der Zeit Schwimmen soll, sondern ewig jung in Dir bleibt und ewig geübt in der Liebe«. Im Kommentar zu seiner Sendung schreibt sie bestätigend: »Ich stürzte Dir Felssteine vor, und wie Du Dich wieder auftürmtest, wahrlich es war nicht zu verwundern denn ich hatte mich fest eingewühlt.«

Die Liebe aber, in der sich Goethe tatsächlich übt, ist nicht die zu Bettine. Die Adressatin war nicht sie, sondern Minchen Herzlieb, Pflegetochter des Verlegerehepaares Frommann in Jena. Goethes »Sonettenwut« (Sonett »Nemesis«) erweckt den Eindruck, als ob er den Romantikern, die diese altmodisch-strenge Form wieder kultivierten, zeigen wollte, was er konnte. Als Thema bot sich ihm die ein wenig petrarkisierende Liebe zu Minchen an, aber auch die dunklere Neigung zu Bettine. Von dieser benutzte er nicht etwa nur zwei oder drei, sondern viele Wendungen und Gedanken aus den Briefen. Nicht nur der geküßte Stein kommt vor, der blaue Umschlag, sondern auch, als Gedichtzeile zusammengefaßt, die von Bettine so geliebte Art der Anrede: »Lieb Kind! Mein artig Herz! Mein einzig Wesen!«

Selbst abgeschrieben hat Goethe nur die zwei Sonette für Bettine – aber dieselben, ebenfalls handgeschrieben, fanden sich auch in Minchens Besitz.

Bei Bettine ist auffallend, daß sie die Liebe zu Arnim mit der göttlichen, der seligmachenden zu Goethe verbindet. In einer Folge von Einfällen und Berichten an letzteren erzählt sie, daß sie sich tagsüber mit Musik und Büchern beschäftige, »aber Abends sehe ich den Arnim, und unter unsern Gesprächen rauscht die Fluth meiner Liebe Gewalsam in mein Herz, ich hab ihn gelehrt wie man Dich lieben soll und war am Ende erstaunt wie er geübt war, ja wie er es beinah besser konnte«. Die ganze Unbefangenheit ihres Glücks drückt sich hier aus: sie selbst kann beide lieben – so sollen es auch beide wissen. An Eifersucht, an gegenseitiges Ausspielen denkt sie nicht – und sie hat recht damit.

---

* Und dadurch auch mit seiner Mutter, der er als 17jähriger mit den gleichen Symbolen – Fels, Welle, Strom und Stille – seine Verehrung ausgedrückt hatte (vgl. Prokop I, 290 f.).

In dieser Zeit begann sie mit einer weiteren gewinnenden Gewohnheit: sie schickte Goethe und seinem ganzen Haus Geschenke, und zwar einerseits so teure, wie sie nur eine reiche Erbin kaufen konnte, andererseits schöne eigene Handarbeiten, wie sie sie seit ihrer Klosterzeit ihr Leben lang gern machte. Bettine war zweifellos ein ungewöhnlich großzügiger Mensch und machte gern Geschenke. Außerdem: Wer glücklich ist und liebt, möchte oft auch anderswo Freude hervorrufen. Der Wunsch, sich angenehm zu machen, eine Art Dankopfer-Haltung, mag ebenfalls eine Rolle gespielt haben. Die »Schachteln« wurden in Weimar entzückt aufgenommen und kommen auch in einem der Goethe-Sonette vor (»Christgeschenk«). Ein schönes Glas für August, ein Kleiderstoff für Christiane, Kleinigkeiten für Riemer, und für Goethe ein Besteck mit kostbarer Elfenbeinschnitzerei – der Göttliche, ein großer Sammler und Besitzer, griff selbst zur Feder, um sich zu bedanken, nannte sie im Abspann »mein artig Kind« und setzte gar hinzu: »Schreiben Sie bald daß ich wieder was zu übersetzen habe.« Bettine war vor Freude außer sich: nicht nur die Sonette, sondern danach noch ein eigenhändiger Brief – mehr konnte sie nicht erhoffen. »Weimar ist Ihr Himmel – und die Engel … seyd Ihr!!!« meldete Mutter Goethe mit drei Ausrufungszeichen.

1808 – DAS JAHR ZWISCHEN
FRANKFURT UND HEIDELBERG

Weihnachten kehrte Bettine von Kassel aus zu ihrer Familie zurück. Arnim kam erst Anfang des Jahres nach Frankfurt. Ein Briefchen vom 12. Januar ist überliefert, in dem Arnim mitteilt, daß ihn seine »hiesigen freundschaftlichen Ideen im goldenen Kopfe« nicht zum langen Schreiben kommen ließen.[*] Er blieb länger, als er vorhatte; sein Umgang mit Bettine war eng und familiär, er sprach mit ihr seine Arbeit durch und machte sich Sorgen über ihre möglicherweise »entzündliche Krankheit«, die dann zu einem simplen Schnupfen wurde. Mitte Januar reiste er weiter nach Heidelberg, wo er bleiben wollte. Bettine war traurig und fand Frankfurt »schmuzig kalt naß ungesund verucht und abscheulich«. Sie versuchte sich an Kompositionen zu Texten aus dem *Faust*. Es war eine Periode der Unzufriedenheit, des Abwartens, der inneren Untätigkeit für Bettine. Wahrscheinlich konnte auch Savigny, der mit seiner Familie nach langer Abwesenheit wieder einmal in Frankfurt verweilte, sie wenig erfreuen. So sehr sie ihn liebte und schätzte – auch er war ein Vertreter der geordneten Welt, in deren Koordinatensystem weder ihr Verhältnis zu Goethe noch das zu Arnim paßten.

Doch wußte sie sicherer und genauer als Arnim, wie tief und wichtig war, was sie mit ihm verband. Bereits am 30. Januar, als sie noch gar keinen Brief von Arnim hatte, schrieb sie an Goethe: »Arnim ist in Heidelberg, wo er den Druck des zweiten Theils vom Wunderhorn besorgt, wir schreiben uns oft, Liebesbrieflein, er hat mich sehr lieb um mein und Deinetwillen, ich hab ihn auch lieb, aber um sein selbst willen, denn er hat ein frisch lieb Angesicht, und ein tapfer Gemüth, und ein edel Herz was kann man anders machen, hinten und vorn

---

[*] Der Brief ist abgedruckt bei Härtl Sa, 35. Der Adressat ist unsicher. Es muß aber jemand in Marburg sein, denn Arnim empfiehlt ihm, den Turm zu besteigen, auf den Bettine so oft halsbrecherisch geklettert war und der später in ihrem Günderode-Buch eine große Rolle spielte. »… besteig den Bettinenthurm, senk Dich damit ins tiefe tiefe Theil«, heißt es rätselhaft. Härtl nimmt eine Verschreibung für »Thal« an. So wie der Satz dasteht – das zu sagen sei in dieser Anmerkung erlaubt –, enthält er jedenfalls eine handfeste sexuelle Anspielung, die Arnim entsetzlich peinlich gewesen wäre, hätte er sie bemerkt.

steht der Tod, da muß man freilich das Leben herbei ziehen, um ihm zu trozen, und er ist so friedlich er besänftigt mich wenn ich stumm und traurig bin.«

Sie schildert aber auch bedrohliche Extremzustände, in denen sie sich der Kälte und Einsamkeit in ihrem Frankfurter Zimmer »mehr wie menschlich« ausgeliefert fühlte und sich aus dieser inneren Todesnähe in die Erinnerung an Goethe rettete. In diesen Zusammenhang stellt sie auch Arnim: er tröstet und besänftigt sie, er ist ein Bollwerk gegen den Tod. »Was erzählst Du mir vom Tode, Du kleines lebendiges Wesen«, schreibt er ihr wenig später. Es muß ihr gutgetan haben, so freundlich und beschützend angeredet zu werden. Er, der so viele Tote im Krieg gesehen hatte, behandelte ihre Erlebnisse – die Günderrode, sterbende Kinder, Sophie Mereau – dennoch mit Ehrfurcht.

Arnim war in dieser Zeit nicht melancholisch. Ausgewandert aus seinem »zu Grabe gebrachten Vaterland ... wie aus einem Land des Fluches«, war er nach der langen Unglückszeit aktiv und voller Pläne, jedenfalls, was seine Arbeit anging. Er mußte den Druck der zwei neuen *Wunderhorn*-Bände überwachen und war mit den zeitaufwendigen Vorarbeiten für eine Zeitschrift beschäftigt, die die Gesinnungsgenossen seiner romantischen Generation zusammenbringen sollte. Die erste Nummer der *Zeitung für Einsiedler* kam am 1. April 1808 heraus. Danach erschien das Blättchen zweimal wöchentlich. Eichendorff schreibt in seinen Erinnerungen, es sei »eigentlich ein Programm der Romantik« gewesen: »einerseits die Kriegserklärung gegen das philisterhafte Publikum ... andrerseits eine Probe- und Musterkarte der neuen Bestrebungen; Beleuchtung des vergessenen Mittelalters und seiner poetischen Meisterwerke, sowie die ersten Lieder von Uhland, Justinus Kerner u. a.« Allerdings habe es sich Arnim durch diese Veröffentlichung »mit dem deutschen Michel auf immer verdorben«. Arnim blieb in Heidelberg bis Ende April allein, dann kam Clemens, mit dem er in eine gemeinsame Wohnung zog.

Arnims erster Brief an Bettine von Ende Januar 1808, der erste auch, in dem das Du erscheint, ist in einem noch unbefangeneren Ton als bisher geschrieben, oft einfach assoziativ. Er schlägt sofort ein Thema an, das von jetzt an bis in die Ehe hinein wichtig bleiben wird: sein in vollstem Vertrauen geäußertes Mißtrauen gegenüber Bettine. Nach seinem Auguste-Erlebnis fiel es ihm offenbar schwer, sich Bettine als Frau und nicht bloß als Freundin anzuvertrauen. »Ich habe recht viel an Dich gedacht, wie Du mich einmal angesehen, als Du vor mir standest am letzten Abende in Frankfurt, ich habe fast allein an Dich gedacht.« Vor dieser Nähe, deren Unwiderruflichkeit er bereits spürt, rettet er sich in Distanzierung: »Es möchte mich wohl sehr unglücklich machen, wenn ich Dich immer so lieb hätte wie in diesem Augenblicke, denn Du hast Vergnügen am Abschiednehmen.« Frauen bleiben nicht, sie gehen weg oder schicken einen fort – davor fürchtete er sich seit dem frühen Tod seiner Mutter und wegen der Verständnislosigkeit der Großmutter –, und Auguste Schwinck hatte diese alten Ängste bestätigt. Ob er hinhören konnte, wenn Bettine schreibt: »Du gingest aber immer weg, wenn ich Dich lieb hatte, das ist nun so mein Schicksal«?

Ein längerer Briefabschnitt soll hier als charakteristisch für Arnim stehen: »… wer kann aus seiner Haut heraus, wir müssen erst viel miteinander tanzen, um in Takt zu kommen, bis endlich Mutwille und Ernst sich verstehen … Ich möchte Dir gern noch viel Schönes schreiben, da fürchte ich aber, es kommt irgendein schwärmender Schäfer, dem Du es zum Frühstück vorliesest. Ach du liebes Kind, sag mir, wo kauf ich mir das Vertrauen? Wehe! da kommts mir vor, als drehtest Du Dich eben auf einem Absatz herum und sagtest: ›Es ist doch all nichts!‹ Oder Du hättest zur Erhabenheit einen Trieb und fändest es schöner, einen Brief nicht zu lesen, worin man etwas Liebes erwartet, weil man es sich besser denken könne. Oder zum Mutwillen, und Du machtest daraus eine Papierknalle. Siehe, wie kommt das? – es muß mir doch schon so manches kleine Unnatürliche der Art mit Dir begegnet sein, daß mir das einfällt, was mir noch nie bei Mädchen eingefallen, die viel ungütiger gegen mich gewesen sind als Du, Du reine heilge Güte, Du naiver Tyrann.«

Was sich schon lange andeutete, hatte sich durch das häufige Zusammensein während der Kasseler und Frankfurter Wochen zu großer Deutlichkeit entwickelt: Bettine war völlig anders als alle anderen jungen Frauen, sprunghafter, origineller, selbstbestimmter, unberechenbarer. Sie war aber auch viel großzügiger in ihrer Güte und Zärtlichkeit und unendlich viel interessanter als alle, die er bisher kannte. Doch tat sie nicht, was die meisten Mädchen taten: auf eine Heirat hin leben. Das muß Arnim in seinem preußischen Kopf und Herzen tief verwirrt haben. Er ist deshalb hin- und hergerissen zwischen seiner Verliebtheit, einer entstehenden Lebensbindung und seinen Wünschen nach einer »normalen« jungen Frau. Ein »Verhältnis«, eine sexuelle Daueraffäre, wäre mit Bettine undenkbar gewesen. Zu geprägt war Arnim von den Ordnungen seines Standes, zu abschreckend waren die Erfahrungen anderer – von Clemens, Tieck und Arnims Bruder –, zu eingebunden in die Schranken ihrer Lebensform war aber auch Bettine.

Dieses sonderbare Mädchen blieb für Arnim also eine Herausforderung. Denn da war andererseits der große Reiz ihres Umgangs, das Drauflossprechen- und Auf-Verständnis-rechnen-Können, die gemeinsame geistige und praktische Umwelt. Er konnte mit ihr reden wie bisher nur mit Clemens – und daß sie eine Frau war, machte das Vergnügen noch wesentlich attraktiver. Ohne Absatz und Gedankenstriche geht es in seinen wie in ihren Briefen hin und her zwischen Liebeserklärungen, Klatsch, Berichten, literarischen Meinungen. Es ist bereits jetzt eine Art von Kommunikation, wie sie eigentlich nur ein sehr lebendiges, gebildetes, erotisch gebundenes Ehepaar zustande bringt. Bettine wird immer mehr zu Arnims häufigster Briefadressatin. An keine andere Frau hat er jemals in ähnlicher Haltung geschrieben. Der erste Brief endet mit den Worten: »ich habe Dich lieb, mich hat niemand so lieb wie Du. Achim Arnim.« Aber, aber – so spürt man heraus: du müßtest mich noch anders, noch zuverlässiger liebhaben.

Bettine antwortete postwendend und verwandte mit leichter Hand all seine zweifelnden Phantasien für eine anmutige Szene der Freude über seinen Brief: Auf dem Absatz umgedreht habe sie sich, um schnell mit dem Brief in ihr Zimmer zu kommen, »erhaben« sei ihr zumute gewesen aus Dank an den Himmel wegen Arnims Brief, und was, so fragt sie mutwillig, könnte sie lustiger machen als das Geständnis, wie sehr er sie im Augenblick des Abschieds geliebt habe. Dann wird es ernster: Er solle sie nicht liebhaben »wie *andre*, sondern ganz allein wie *mich*«. Und so definiert sie sich selbst: Ihr Leben wird getragen von der Liebe zur Musik, zur freien Natur, zu Goethe und zu ihm, Arnim. Um es ganz deutlich zu machen: »Keines dieser drei könnte Dich mir ersetzen oder mich trösten, wenn Du mir verloren gingst, Du aber auch nicht über sie … Ihr steht wie Säulen aufrecht in meinem Herzen; wenn eine sinkt, stürzt der ganze Tempel zusammen und zerschmettert mich: was willst Du nun mehr, wenn ich Dir sag, daß an Dich, Pfeiler! mein Altar erbaut ist. Geh! glaubs doch, daß ich Dich lieb habe … Mach mir den Kummer nicht mehr, daran zu zweifeln, weil es doch wahr ist.«

Konnte ein Mann, der als Dach über seinem anarchischen Dichterkopf die Konvention dringend brauchte, sich auf ein so vielgestaltes Mädchen einlassen? Freilich klingen ihre Liebesbeteuerungen betörend und überzeugend: »ich habe den unwillkürlichen Zweck, Dir in meinem Herzen eine sichre Wohnung zu erbauen, wenn ich nur recht reich wäre an allem, was Du bedarfst; aber man gibt ja doppelt, wenn man annimmt von dem, dem man geben will, und so werde ich ja nie arm werden, und einer von uns wird sagen: ›Ich liege und schlafe ganz mit Frieden, denn allein *Du* hilfst mir, daß ich sicher wohne‹ – aber welcher?«

In diesem Psalmenzitat (in dem eigentlich Gott der Adressat ist) wünscht auch Bettine einmal für sich Schutz und Hilfe herbei. Sonst ist es immer wieder Arnim, dem sie helfen und das Leben erleichtern will. Am Ende des Briefes mit dem hochgemuten Vier-Säulen-Zitat fällt ihr ein anderes Bild ein und zeigt ihre Angst: Ein Gärtner, der eine schöne Blüte erzielen will, schneidet alles andere weg und läßt nur eine Knospe stehen. »Soll ich auch mir das überflüssige Leben abschneiden, um daß die eine Blüte … recht einzig schön und herrlich werde? – wenn aber alsdann die einzige Blüte mißglückt, so ist die ganze Pflanze hin.«

Dieser schöne und nachdenkliche zweiteilige Brief war länger als üblich unterwegs, und Arnim schrieb fünf Tage nach seinem ersten ungeduldig und beleidigt an Bettine, um sich zu beklagen – gleichwohl mit Gedankenküssen am Ende. Bettine antwortete sofort, lang und voller Liebe, schrieb aber doch auch: »ich bin ärgerlich, es braucht nur diesem Brief auch so zu gehen wie den beiden andern, um daß Du mich für recht leichtsinnig, für eitel, ja für etwas hältst, was ich gar nicht sagen mag.« Erleichterung bei Arnim, als der Umschlag dann doch kommt, warmherzige, hinreißende Formulierungen – »Du kleines lebendiges Wesen, Bettinchen« –, aber dann doch wieder Krittelei und das grundsätzliche Bekenntnis: daß er die Frauen nicht versteht und Angst vor ihnen hat: »Ich habe es immer den Weibern angesehen, sie haben besondre Geheimnisse, einen geheimen Bund, es ist mir oft unheimlich geworden, wenn ihr euch so über uns weggesetzt habt, daß ihr uns nicht versteht, daß wir euch nicht verstehen. Da rede ich nun im Allgemeinen ganz artig, aber käme ich nun zu Dir und es begegnete mir so etwas, so würde ich ganz trotzig in mir … Du kannst schreiben, und da fürchte ich, daß Du mich verraten möchtest, wenn ich einmal was zu verraten habe.« Und doch: »… es ist Abend, ich will mich zu Bette legen, da wirst Du mir eine ganz dramatische Person. Das sage ich Dir in meiner Person, um diese

Zeit bist Du mir besonders nahe, ich werde gleich eine neue Bücherschanze aufwerfen. Da lese ich eben, wie die Brunhilde ihren Mann lebendig als ein Bildnis in ihrem Zimmer aufhängt. So sind die Weiber!«

Die Angst ist groß, wahrhaftig. Im Nibelungenlied hängt Brünnhild nämlich Gunther an einem Nagel an die Wand, weil er – ihr Ehemann – mit ihr schlafen will! Gerade weil die Sinnlichkeit so überwältigend und sehnsuchtsvoll ist, wird die Angst vor der Hingabe – bei Arnim! – um so größer. Außerdem fühlte er sich auch verantwortlich für Bettine. »Alle Not, die uns allein trifft«, schreibt er wenig später, »ist erträglich, aber unerträglich die gemeinschaftliche, die wir veranlaßt.« Und auch: »Ich fürchte Dir manchen Kummer zu machen, weißt Du auch, wenn Du Vertrauen forderts, ob Du es ertragen kannst?«

Wichtig ist ihm auch, daß er wegen seiner Liebe nicht seine Arbeit vernachlässigt. Der preußische Pflichtbegriff, der seinen »großen Plan«, seine »Lebensaussicht«, bestimmt, wenn er es sich schon leistet, für die Literatur zu leben, holt ihn auch hier wieder ein. In Frankfurt zu bleiben hieße, »meiner Freude Dich zu sehen, Dich kennen zu lernen«, ein »achtbares Geschäft« aufzuopfern. Befriedigt erlebt er, daß in der Druckerei ohne seine Anwesenheit nichts zustande käme, daß also das fertige *Wunderhorn*-Manuskript liegenbliebe (es erschien trotzdem erst im September).

Woran ihm bei seiner Arbeit lag, dazu schreibt er an Bettine: »Daß ich herrlich *mich* mache, daran liegt gar nichts ... daß ich aber möglich (*sic*) gut mache, was länger lebt als ich und in seiner Wirkung unendlich, daran liegt alles, Seel und Seligkeit ... was ich will und kann, das muß ich ...« Andere Menschen dürfen ihn dabei nicht beschränken, »und ich beschränke keinen andern«. Er wird in der Tat sein Leben lang Pflicht über Genuß und Liebe stellen – er, der hinreißende, liebenswerte, schöne und gesellige Mensch, den jedermann mochte. Es ist kein Wunder, daß Bettine nach solchen Äußerungen an eine praktische Lebensverbindung, sprich Heirat, von sich aus niemals dachte. Trotzdem stellte sie sich ihrer beider Liebe als lebenslang vor, und vielleicht gefiel ihr gerade deren Stand außerhalb jeder vernünftigen Realisierbarkeit.

Noch vor etwas anderem warnt Arnim sie: »Wo ich Speise wittre und Hunger fühle, da will ich mich gemütlich satt essen, was mir Leib und Seele zusammenhält, nicht Leib und Seele mit Begierde, Anstand, Sehnsucht, Pflicht entzweien. Sieh, das empfinde ich, wenn Du

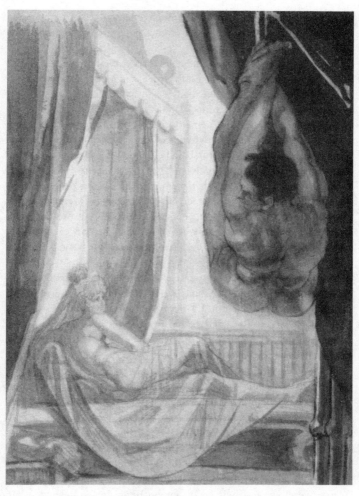

*Brunhilde betrachtet den an den Nagel gehängten Gunther.
Lavierte Zeichnung von Johann Heinrich Füssli, 1807.
Als Arnim 1804 in England war, lehrte Füssli an der Akademie
in London. Kein anderer Nibelungen-Illustrator hat diese beängstigende
und komische Szene dargestellt, die Arnim zwar nicht kannte – sehr wohl
aber die von Füssli ausgedrückten Gefühle.*

mich küssest; erst gefällts mir, daß mich jemand nach seinem Willen lieb hat, dann ergrimme ich, daß ich nicht meinen Willen auch üben soll.«

Bettine wird wohl verstanden haben, was er meinte. Sie war ja eine Schwester von verheirateten Schwestern, eine aufmerksame Beobachterin der Natur und eine neugierige Zuhörerin beim Hausgeschwätz. Für uns klingt Arnims Männlichkeitsdrohung wie ein trotziges Gegenprogramm zu seinen Ohnmachten und Tränen bei Küssen auf die zarte Hand Auguste Schwincks. Er sieht sich nicht einfach als aufgereizten Mann, der mit der Geliebten auch schlafen will, wenn sie schon so großzügig zärtlich ist. Es geht um ihren Willen und um seinen Willen, also im Grunde darum, wer die Art der Beziehung bestimmt. »Überhaupt, so wenig ich herrschen mag, so wenig kann ich dienen, ich hab es oft versucht, aber es ist etwas in mir, was die Leute nennen: der hat wohl einen Knochen im Rücken, daß er sich nicht bücken kann. Ich kann nicht erziehen und kann auch nicht erzogen werden ...«

Und äußerst empfindlich ist er: Bettine hat sich – völlig zu Recht – über sein Mißtrauen und seine Kritteleien beklagt und ihn eine »brummige Natur« genannt. Einsichtig zu sein fällt ihm schwer. »Da werd ich gar als ein Prediger abgefertigt, als eine brummichte Natur, als ein Philosoph, der an Worten knaupelt ... Liebes Kind, Du sagst, Du magst meinen Scherz nicht; magst Du meinen Ernst nicht verstehen, was ist Dir denn noch lieb an mir? ...«

Ein weniger liebendes Mädchen, vor allem eines, das aufs Heiraten aus gewesen wäre, hätte auswachsen können – oder Arnim seine sogenannte Liebe vor die Füße geworfen. Nicht so Bettine. Sie geht geschmeidig auf alles ein, entschuldigt sich, ordnet sich unter und geht doch ihre eigenen Wege: Sie liebt ihn nun einmal, und sie führt dafür sehr rührende Beweise an. Es erschüttert sie auf eine unbegreifliche Weise, wenn sie liest, wie er auf einem Berg, den er bestiegen hat, »ganz allein« war – nur eine Kußhand hatte er ihr in Richtung Frankfurt geschickt. Und schon vor zwei Jahren seien ihr die Tränen gekommen, als sie gelesen habe, er sei so fröhlich gewesen, daß er alte Eichen aus ihrer Wurzel reißen wollte, um mit ihnen zu tanzen. Fast hilflos klingen solche Bekenntnisse – »gelt ich bin dumm daß ich Dir so was sage, aber es ist doch wahr«.

Dann faßt sie wie in einem Medaillon ihre Ergriffenheit zusammen: »Du Bester, Liebster, der immer so liebreich scheint, als wenn ich von jeher Deine Güte verdient hätte, nie fremd und neu und doch nie alt und bekannt scheinst …« Auf solchem Grund kann wohl eine Lebensbindung entstehen. Bettines Bekenntnis – »Nie fremd und neu und doch nie alt und bekannt« – ist der innerste Kern der romantischen Liebesauffassung. Einander von jeher zugeordnet sein und doch eine unbekannte Zukunft ewig jugendlich erwarten, weder Überdruß noch Fremdheit sich ausbreiten lassen – das war das idealistische Eheprogramm. Wie schwer es war, danach auch zu leben, läßt sich an der Ehe der Arnims besser zeigen als an anderen. Ausgeschlossen für immer aber war bürgerliche Langeweile, das, was sie Philisterei nannten.

Doch deutet sich bereits die noch heute so häufige Rollenverteilung an: Die Frau kümmert sich um den Beziehungsaspekt der Verbindung – um eigene und fremde Lieben und Abneigungen, um Trost und Stützung in Depression und Krankheit –, der Mann dagegen hat zu tun, muß gehalten, geschützt und »verstanden« werden. Ist er schlecht gelaunt, vorwurfsvoll, jäh und zornig, so kommt es für sie darauf an zu spüren, was er »eigentlich« sagen wollte. Das war für Bettine nicht leicht. Sie war nicht dafür geschaffen, einem geliebten Mann Leib und Seele, Haus und Bett zu versorgen und ihn intellektuell und in Gesellschaft allein zu lassen wie etwa Christiane Vulpius. Bettine verstand, was Arnim Arbeit für die Welt nannte, half mit, nahm teil, hatte die »Welt« wahrhaftig auch »auf dem Herzen«, gleichzeitig später aber Haushalt und Kinder fast allein in den Händen und am Hals. Den Part des »kleinen Naturwesens« – so unterschrieb Christiane einmal einen Brief an Goethe – mußte und wollte sie, obwohl sie als Intellektuelle lebte und agierte, noch obendrein übernehmen. Im Jahre 1808 aber, in dessen Februar wir mittlerweile angekommen sind, befand sie sich noch im Schonraum nicht festgelegter Lebensumstände. Noch hatte sie mit der praktischen Seite der Belastung nichts zu tun, und wie allen Verliebten schien ihr die Sorge für den Geliebten fast eine Freude.

Jedenfalls darf man bei aller späteren Selbständigkeit der beiden Liebes- und Eheleute nicht vergessen, daß die eigentliche Annäherung begann, als Arnim Bettine seine Liebe zu Auguste Schwinck gestand und sie daran sofort bereitwillig und mitfühlend teilnahm. Die Vertiefung geschah also durch diese Konstellation: Bettine als das Herz, bei dem Arnim seine Last abladen konnte. Als Konkurrenz hatte Bettine Auguste damals nicht empfunden – zu beschäftigt war sie mit dem großen Ereignis der Goetheliebe, zu wechselhaft war die

Beziehung zu Arnim verlaufen, zu viele leichtfüßigere erotische Interessen hatte sie allenthalben.

Allmählich aber waren ihre Ansprüche anders geworden, und so stellt sie schließlich auch die Frage, ob Arnim sich »immer noch … in Norden« träume. Sie hätte es eigentlich wissen können, aber in diesem Fall wollte sie es schriftlich. Arnim antwortete auf seine Weise: »Nach Norden denke ich seltener, es ist mir jetzt beinah etwas Überlebtes, nicht etwas Vergangenes oder Vergessenes, nur etwas, das bis zu seiner Abendblüte ausgeblüht hat wie eine Passionsblume.«

Zugleich spricht sich aber die ganze Bindungsscheu Arnims wieder exemplarisch, ja sogar ein wenig komisch aus. Auf Bettines Wunsch, sie möchte ihn sagen hören: *Ich bin Dir gut, mehr wie alle*«, geht er nämlich mit einer Verdrehung, einem Lesefehler ein: »Ob ich Dir gut bin, mehr wie allen?« Wo Bettine nur hören wollte: Niemand liebt dich so wie ich, da fühlt er die Zumutung heraus, er solle sie allen anderen vorziehen. Er aber denkt sofort an »alle und alles in der Welt … an alle Verstorbene und Nachgeborene … an Helena, an Chrimhilde«. Und an das Bild von der verblühten Passionsblume schließt er die Frage an sich selbst an: »Gibt es schon frische Blüten in meinem Geiste?« Aber natürlich: Bettine! – so erwartet man. Doch Arnim »fragt sich –, aber siehe, ich weiß es nicht!« Wahrscheinlich ist ihm das selber denn doch ein wenig unglaubwürdig vorgekommen, denn der Brief schließt mit dem Bekenntnis: »ich schreib doch zu keiner andern Du als zu Dir«[*] und ist zum erstenmal unterschrieben mit »Dein Achim Arnim«, während sonst der Name allein genügte.

Bettine aber geht über sein Zögern sieghaft hinweg. »Adieu, ihr schönen Frauen all, Adieu Frau Helena, Adieu Frau Chrimhilda, Adieu Nordschein, Adieu all ihr verblühten Passionsblumen … Willkommen ihr jungen Blätter und Knospen!« Und dann doch bedenklich: »Hütet euch vor Frost! Bettine.« Von Arnim kommt endlich einmal ein ambivalenzfreier Brief: »Kaum weiß ich, womit ich in der Welt das gute Geschick verdient habe, daß mir soviel Güte wird, und das rührt mich sehr, daß ich fast weine«, und er unterschreibt: »Dein, Dein, Dein Achim Arnim«, so daß Bettine ihren nächsten Brief mit »adieu, *mein, mein, mein* Arnim« schließen kann. Das »Dein Achim

---

[*] Das Du war in der Tat etwas Besonderes. Das Duzen Bettines gegenüber sehr vielen Menschen, das sie sich allmählich als Eigenheit angewöhnte, fiel deswegen als provozierend auf. Auch verwandte junge Menschen, etwa Vettern und Cousinen, siezten sich in der Regel.

Arnim« steht von da an unter fast allen Briefen der Freundschafts-
und Liebeszeit. Erst in der Ehe macht es wieder dem bloßen Namen
Platz.

Über der Nachzeichnung dieser seelischen Entwicklung darf man
nicht vergessen, daß die Briefe keineswegs nur von Liebe und Zweifeln handelten, sondern daß sich in ihnen spiegelte, was diese zwei
lebhaften, energischen Menschen taten, dachten und erlebten. »Du
willst wissen, wo ich meinen Tag zubringe?« schreibt Bettine. »Ei zu
Haus, hab sehr viel zu tun, hab gar nicht einmal Zeit mich umzu-
sehen, Morgens um 10 fang ich an zu sticken, nachher ist Singstunde;
wenn ich dann nicht gar zuviel zu tun hab, so geh ich zu Savignys zum
Essen, Nachmittags zur Göthe, zuweilen zu einer Bekanntin von mir,
die Du nicht kennst, und die mich auch singen lehrt, sehr schön Clavier spielt und schon mancherlei componiert hat. Wenn ich dann nach
Haus komme, ist es Teezeit. Nachher kömmt noch ein Musikmeister
zu mir, den ich angenommen, dies dauert bis halb 8; dann spielt
Toni mit demselben Meister gewöhnlich auf meinem Clavier und er
accompagniert sie, weil unten im Zimmer um diese Zeit Leute sind.
Während dieser Musik schreib ich öfters an meine Neben-Corre-
spondenten, und so ist der Tag herum, und da hab ich noch nicht mit
Dir geplaudert, noch nicht componiert. Bei Hoffmann spiel ich jetzt
bezifferten *Baß*, welches ich schon lange wissen wollte ...«

Von der Ausbildung zur Hausfrau, die Franz vorgeschwebt hatte,
ist nicht mehr die Rede, vielleicht sah man sie auch – resigniert – als
beendet an. Bettines Tag ist also bestimmt von Besuchen bei Freunden, Handarbeit und Briefeschreiben, vor allem aber von der sorgfäl-
tigen musikalischen Ausbildung einer begabten Dilettantin, die es
sich leisten kann, verschiedene Musiklehrer zu bezahlen. Bettine ist
eingeordnet in den großen Haushalt ihrer Familie, wo zu bestimmten
Zeiten »Leute sind«, und zwar viele. Hinzu kam Geselligkeit in und
außerhalb des Hauses, etwa Savignys Geburtstag am 21. Februar, der
auch später im Kalender des Ehepaares Arnim immer eine Rolle
spielte. Dekorationen und kleine Aufführungen wurden vorbereitet,
Gäste geladen und Musik bestellt, eine Tänzerin trat auf. Das ganze
Haus geriet dabei in Bewegung.

Nicht zu unterschätzen ist die Funktion einer unverheirateten
Schwester als Pflegerin während der vielen Krankenzeiten im Haus.
Immer wieder berichtet Bettine von Nachtwachen, vom Gesellschaft-
Leisten und von Hilfsdiensten an Kindern und Erwachsenen. Sie

bezeichnet es Arnim gegenüber geradezu als »wunderbare Liebhaberei (...) daß ich ungemein gern mit Kranken bin und daß ich selbst recht angenehm bedienen kann«. Diese Selbstbeschreibung wird sich in ihrem ganzen Leben bestätigen. Ihre hartnäckige Kunst, Kranke gesund zu pflegen, hat sich bei Arnim mehrmals bewährt, so bei seiner lebensgefährlichen Krankheit 1816, über die sie an Savignys erschütternd berichtet, oft auch bei den Kindern, die mehrmals alle zugleich schwer krank waren und von denen ihr keines starb, und ganz besonders beim Typhus ihrer Tochter Maximiliane in Frankfurt 1830, den sie durch konsequent homöopathische Behandlung besiegte. Kurz vorher war der älteste Sohn ihres Bruders Georg unter schulmedizinischer Betreuung an derselben Krankheit gestorben.

Bettines Tage hatten außerdem seit 1806 durch die Zähigkeit ihres Goethe-Engagements einen zusätzlichen Sinn bekommen. »Zur alten Goethe gehen« gehörte ebenso zu ihren selbstgestellten Aufgaben und Freuden, wie für Goethe und seine Hausgenossen Dinge zu besorgen oder herzustellen.

Im ganzen zeigt sich am Alltag der Frauen der Unterschied zu unserer Zeit viel deutlicher als an dem der Männer. Arnim lebte wie ein freier Schriftsteller heute, der zusätzlich publizistisch arbeitet. Nur hätte er heute keinen Diener. Seiner hörte auf den schönen Namen Frohreich, konnte auch Schreib- und Lesearbeiten erledigen, was in einer Zeit vieler Analphabeten nicht selbstverständlich war. Als Pommer aus Cammin mag er in Heidelberg etwas fremdartig gewirkt haben. Mittags aß Arnim bei seinem Verleger Zimmer, der zahlende Tischgäste aufnahm. Arnim fühlte sich dort wohl »in recht bunter Gesellschaft von jungen Docenten, Studenten, Buchdruckern, Ladendienern«, alles Männer also, die keinen eigenen Haushalt hatten. Abends ging er oft zu Joseph Görres, einem Freund von Clemens seit Schulzeiten, der in wechselnden Positionen als politischer Publizist in das Zeitgeschehen eingegriffen hatte und einer der feurigsten und herzlichsten Köpfe der Zeit war. Er verdiente in diesen Jahren sein Geld als Schullehrer für naturwissenschaftliche Fächer und hielt in Heidelberg Privatvorlesungen über Naturphilosophie. Bei ihm fühlte sich Arnim »froh und frei ohne Scham und Gram, wie ich seit lange nicht gewesen bin«. 25 Jahre später erinnert Görres im Nachruf auf seinen plötzlich verstorbenen Freund an den Heidelberger Arnim »in der grünenden Kraft der Jugend, nur die erste Frische abgestreift durch eine Krankheit, die er in England auf seinen Reisen überstanden, sonst aber jugendmütig und lebendig, wacker in jeder Gesinnung, rasch und leicht und behend in allem, was er unternahm«. Görres war mit Arnim und Clemens verbunden in der Liebe und Sammelleidenschaft für die alte deutsche Literatur.

Die beneidenswert leichten Kontaktformen jener Zeit – sich in einer überschaubaren kleinen Stadt im Vorübergehen treffen, kurze Besuche machen, Billettchen austauschen, sich schnell Neuigkeiten und Klatsch mitteilen, ohne daß man sich verabreden oder gar zusammen essen mußte – ermöglichten Arnim viele Bekanntschaften und Informationen auch von der Universität. So konnte er Savigny, der sich gern nach Heidelberg berufen lassen wollte, von den Entwicklungen und Querelen dort erzählen, die schließlich dazu führten, daß dieser sich Heidelberg aus dem Kopf schlagen mußte. Wenn Arnim schreibt, »man« kenne ihn nicht viel, bekannt sei er »nur in der Druckerei und am Wirtstisch«, so meint er damit die Heidelberger Gesellschaft und ihre Veranstaltungen, die ihn nicht viel kümmerten. So entging er der Kehrseite kleinstädtischen Zusammenlebens, der allzu engen Überwachung.

Die *Zeitung für Einsiedler* hatte Arnim durchaus mit einem großen Anspruch ins Leben gerufen: sie sollte anders sein als alle bisherigen Zeitschriften. Er riskierte von vornherein Opposition und benahm sich gegenüber dem »deutschen Michel«, von dem Eichendorff redet, nicht gerade werbend. Die Ankündigung, mit der das Projekt im März 1808 in verschiedenen Zeitschriften bekanntgemacht wurde, hat einen versponnenen, heiter-ironischen Ton, nennt die Zeitung »wunderlich«, kündigt eine unbegrenzte Vielfalt von Themen und Formen an, die darin vorkommen sollen, und enthält wahrhaft merkwürdige Sätze: »… wer ist einsamer als Liebende, ihr seid die wahren Einsiedler, nehmt alles ernsthafter, als wir es euch sagen und ihr werdet den guten Sinn fassen … wendet euch nur an die nächste gute Buchhandlung, sie wird euch sagen, daß es mit dieser Zeitung wirklich Ernst sei …« oder: »Was hättet ihr davon, wenn wir sie anpriesen als ein großes Mittel zur Beförderung der Humanität, Aufklärung, Übersetzung, Religion und Begeisterung …« Die Ankündigung schließt: »Alles ist uns eins, und eins wird aus allem.«

Wen sollte so etwas ansprechen? Die Gesinnungsgenossen der jungen Generation natürlich; und Arnim, unverdrossen in seiner Absicht, Volk und Publikum zu bilden, hoffte neue Leser für seine Interessen dazuzugewinnen. Arnim wollte nicht *über* Literatur informieren, keine Theorie und Philosophie bieten wie die frühromantischen Zeit-

schriften, etwa das *Athenäum*, nicht für Humanität und Weltliteratur
werben wie die *Horen* Goethes und Schillers, sondern das darbieten,
was in seiner Zeit neu entdeckt wurde: ältere deutsche Literatur,
Volksliteratur, eigene Gedichte und die Arbeiten seiner Freunde –
Brentano, Görres, die Brüder Grimm –, dazu literarische Satiren.
Goethe konnte er nicht gewinnen. Dessen Distanz zur Romantik
nahm zu, obwohl er Arnim wohlgesonnen blieb. Aus Karlsbad schrieb
er an Bettine, die seine Worte getreulich an Arnim weitergab:

> Ob ich gleich den Nifelheimischen Himmel[*] nicht liebe, unter
> welchem sich der Einsiedler gefällt; so weiß ich doch recht gut,
> daß gewisse Climaten und Atmosphärn nöthig sind, damit diese
> und jene Pflanze, die wir doch auch nicht entbehren mögen, zum
> Vorschein komme. So heilen wir uns durch Rennthiermoos, das
> an Orten wächst, wo wir nicht wohnen möchten; und um ein
> ehrsameres Gleichnis zu brauchen: so sind die Nebel von Eng-
> land nöthig um den schönen grünen Rasen hervorzubringen.
> So haben auch mir gewisse Aufschößlinge dieser Flora recht
> wohl behagt. Wäre es dem Redacteur jederzeit möglich der-
> gestalt auszuwählen, daß die Tiefe niemals hohl und die Fläche
> niemals platt würde, so wäre gegen ein Unternehmen nichts zu
> sagen, dem man in mehr als einem Sinne Gückzuwünschen hat …

Im Klartext, den aber Bettine nicht verstehen wollte und Arnim beiseite schob: In seiner mühsam erkämpften hellen Welt konnte Goethe gebrochene Gefühle, mittelalterliche Düsternis und Herrlichkeit
nicht gebrauchen, ja nicht einmal mehr die Frontstellung gegen die
»Philister«, die vor langer Zeit doch seine eigene gewesen war.

Goethe also schickte nichts. Von den Schlegels, von Tieck und Jean
Paul sowie von den noch ganz jungen Vertretern der nächsten Generation, Justinus Kerner und Ludwig Uhland, konnte Arnim dagegen
Beiträge veröffentlichen, schließlich auch – der stille Beginn einer erst
sehr viel später fortgeführten Weltkarriere – einen Beitrag von Bettine. Er erschien anonym eingefügt in einen Aufsatz Arnims, der den
charakteristischen Titel *Scherzendes Gemisch von der Nachahmung des
Heiligen* trug. Arnim, der sehr um Bettines Mitarbeit geworben hatte,
brachte auch fertig, was Clemens mit all seinen brüderlichen Förder-
maßnahmen nicht erreicht hatte: ein Gedicht von ihr, »Seelied«, zu

280   *   Nifelheim ist das Reich der Nibelungen.

veröffentlichen. Es ist eine Mischung aus Ballade und melancholischem Liebeslied und zeigt, daß Bettine begriffen hat, wie Volkslieder klingen. Ihr Gedicht kann sich neben den Volkston-Dichtungen von Clemens und Arnim sehen lassen. Doch um zu beurteilen, ob sie wirklich fürs lyrische Schreiben so begabt war, wie es ihr Bruder erhoffte, hätte man viele Lieder von ihr sehen müssen. Die aber blieben aus – für immer.

Sie blieb einstweilen dabei, ihre schöpferische Energie auf das Komponieren anzuwenden, und das, obwohl Arnim wie in einer großen »Ahndung« Bettines Möglichkeit des Schreibens genauso definierte, wie sie nach seinem Tode zutage treten sollte und wie wir sie noch heute schätzen und verstehen. »Briefe einer Einsiedlerin« sollte sie beisteuern, und darunter, so Arnim, verstehe er »alles das, was Du gern von Deinen Anschauungen, wenn Du in bewegter Stimmung hie und da, in Marburg auf Deinem Turme, in Cassel bei der Gräfin Bohlen, im goldenen Kopfe bei Tische gewesen, andern erzählst, was Dir merkwürdig ist, daß Du es gefühlt hast, und wie Du es gefühlt, dazu gehören auch Deine Fabeln. Das schreib auf, wie es Dir einfällt, Du brauchst auch kein besondres begeisterndes Feuer dafür, denn das ist es, daß es einfällt und daß Du es erlebt hast. Hast Du nicht selbst Lust es anzuordnen, so tu ich es recht gern … fändest Du ein fremdes geschichtliches Band, woran sich dies wie bunte Winde ringelte, so wäre es recht schön, aber notwendig keineswegs; im Gegenteil würde Dir vielleicht manches Reizende verlorengehen …« Er fügt noch hinzu, sie solle sich etwas anonymisieren. Auch er selbst veröffentlichte die *Einsiedler*-Zeitung ja nicht unter seinem Namen, obwohl alle wußten, wer der Herausgeber war. Dreißig Jahre später erschienen Bettines Briefbücher, die nach diesem Prinzip geschrieben sind, unter ihrem eigenen Namen. Hätte Arnim ihr geholfen, wenn er noch gelebt hätte? Wohl kaum.

1808 war das winzige Blättchen, das Arnim »meine Zeitung« nannte, für die Zeitgenossen keineswegs harmlos, ebensowenig wie später Bettines Werke. Ein Zensor korrigierte in Arnims Ankündigung hinein, der Verleger Zimmer wurde verhört und mußte 30 Creuzer Strafe zahlen, weil die Korrektur nicht berücksichtigt worden war.[*]

---

[*] Arnim hatte scherzhaft geschrieben, er würde Leserbeiträge veröffentlichen, Gegenbemerkungen aber möglichst nicht, denn: »wir können auch grob sein, wenn wir wollen«. Der Zensor erlaubte statt dessen nur: »wir können auch ausstreichen, wenn wir wollen«, weil Grobheit nicht zur Humanität der Leser beitragen könne. Im *Morgenblatt* hat dann doch »grob« gestanden.

Verständlich, daß sich Arnim darüber amüsierte. Wesentlich ernster war, daß ein bereits entbrannter Streit zwischen Romantikern und Spätaufklärern anläßlich der *Zeitung für Einsiedler* hoch aufflammte und letztlich das Ende für das Unternehmen bedeutete.

In Heidelberg lebte seit 1805 mit einer ehrenvollen Sinekure-Professur Johann Heinrich Voß (1751–1826), Übersetzer von *Homers Odüßee*, Vergil und vielen andern antiken Dichtern, Verfasser des ländlichen Gedichtes *Luise* in Hexametern, Goethefreund und gleichzeitig unermüdlicher Polemiker auf vielen Gebieten. Sein lebenslanges Engagement für die Antike und für die emanzipatorischen Werte der Aufklärung ließ ihm die Romantik mit ihren offenen Formen, ihrer idealisierenden Haltung zu Mittelalter, Adel, Königtum und Katholizismus verdächtig und feindlich erscheinen. Das *Wunderhorn* empfand er als lächerlich und ungeordnet und sah darin einen Rückfall in finstere Zeiten. Anfang des Jahres 1808 verhöhnte er die beiden Herausgeber in einer *Wunderhorn*-Parodie als zwei herumziehende Butzemänner. Über die *Einsiedler*-Zeitung wurde wütend gestritten; besonders im vielgelesenen *Morgenblatt für gebildete Stände* kamen Voß und seine Freunde zu Wort. Der Versuch, sich bei der badischen Regierung über den *Einsiedler* zu beschweren und gerichtlich dagegen vorzugehen, erübrigte sich, denn die beiden Augustnummern 1808 waren die letzten der Zeitschrift. Arnim ließ den übriggebliebenen Exemplaren im September eine satirische Abschiedsrede »An das geehrte Publikum« beibinden und gab das Ganze als Buch unter dem Titel *Trösteinsamkeit* heraus. Damit war die Zeitschrift gestorben.

Im Sommer 1808 rettete sich Arnim in eine künstlerische Arbeit, die seine ganze Energie, indirekt aber auch seinen verbissenen Zorn zeigt. Er schrieb sage und schreibe *90 und 3 Sonete*, einen ganzen Roman in der Form, die Voß so sehr verachtete. Es handelt sich um die *Geschichte des Herrn Sonet und des Fräuleins Sonete, des Herrn Ottav und des Fräuleins Terzine*, also personifizierter literarischer Begriffe, worin sich die Fehde mit seinen Gegnern, die eigene Freude am Dichten und seine Liebeserfahrungen und -phantasien zu einem schwer überschaubaren Ganzen verbinden. Die Geschichte erschien ebenfalls als *Beylage* zu den zwei letzten Nummern der Zeitschrift. Bei der Herausgabe von Arnims Gedichten im Jahre 1855 hielt Bettine sie gemeinsam mit Varnhagen für so schlecht, daß sie nicht in die Sammlung aufgenommen werden sollte – und das, obwohl sie »sonst jede Zeile ihres Mannes als Gold ansehen« wollte. Es gehört zu Arnims

Schicksal, daß er äußerst ungeschickt veröffentlichte, weil er sich dem Publikumsgeschmack gegenüber ganz und gar unbiegsam verhielt. *Ein* Sonett zu lesen, ist schon schwierig, 93 eigentlich unmöglich.

Wo blieb Bettine neben all der Arbeit? Zu Herzen gehend ist ihre Reaktion auf einen kurzen hastigen Besuch Arnims in Frankfurt, der allerdings nicht ihr galt, sondern einer von Savigny dringend erbetenen Intervention Arnims in der Ehekatastrophe von Clemens und Auguste. Es war ein Durcheinander von einmaliger Scheußlichkeit. Für Bettine hatte Arnim keine Zeit, und es wirkt wie ein Vorklang späterer Klagen über seine Abwendung von ihr zugunsten der Arbeit als Herr eines zunächst verwahrlosten Gutes, wenn sie schreibt, es erschrecke sie noch in der Erinnerung bis zum Weinen: »wie im Traum gingst Du vor mir her, ich wollte Dich ergreifen, konnte Dich aber nicht erreichen, wollte mit Dir sprechen, Du hörtest nicht, warst mit tausend Dingen beschäftigt, nur ein paar Augenblicke, wo ich Dich küßte, und doch schienst Du dabei wie abgehalten, wie abgewendet und nur zur Not in Eil. So hab ich grad zuweilen von Dir geträumt, warst Dus denn auch? hab ich Deine eigne Augen gesehen? hast Du mir die Hand gegeben?« Bettines Unbewußtes, das so von Arnim träumte, war offenbar skeptischer und hellhöriger als ihre liebreichen, zuversichtlichen Briefe.

Nach dem Wiedersehen kam aber ein Brief, der Arnims Freude an Bettines Liebe wieder klar ausdrückte, allerdings auch ein Wechselgespräch begann, in dem seine Bedenken gegen sie und ihre ganze Familie ebenso klar benannt wurden. Davon soll später die Rede sein.

Bettine tat gut daran, sich nicht vollkommen auf ihre Liebe zu konzentrieren, etwa an eine Verlobung zu denken, stickend vom Geliebten zu träumen und angesichts der Geschwisterkinder an spätere eigene zu denken. Auch sie hatte zu tun. Sie schrieb an Goethe, was ihre Seele mehr aufrührte als die Undefiniertheit ihrer Rolle im Leben. Natürlich war sie begeistert, als er sie bat, Informationen über die Juden in Frankfurt zu besorgen, deren Situation der Fürstprimas Dalberg, auch ein alter Freund Goethes, durch die *Neue Städtigkeits- und Schutzordnung,* die am 1. April 1808 in Kraft trat, sehr verbessert hatte.* Zugleich bat Goethe Bettine um die »christlichen Erziehungsplane«, wo-

---

* Das Thema der Juden und anderer Außenseiter der Gesellschaft beschäftigte sowohl Arnim wie Bettine ihr ganzes Leben lang immer wieder mit verschiedener Tendenz (keineswegs war Arnim immer judenfeindlich und Bettine immer judenfreundlich, wie es gern behauptet wird).

mit die Schriften Franz Joseph Molitors gemeint sind, des katholischen Leiters des Philantropins, einer außerhalb des Gettos gelegenen Schule für jüdische Kinder. Der Briefwechsel belebte sich von Goethes Seite durch diese Wünsche, Bettine befolgte sie eifrig und schnell. Wer Goethe nützlich war, den hat er noch immer mit Briefen und etwas steifen Danksagungen geehrt.

Gleichzeitig konnte er Bettine brauchen, weil sein inzwischen 18jähriger Sohn über Frankfurt nach Heidelberg reiste, wo er ein Jurastudium beginnen sollte. Er empfahl den »schwarzaugigen und braunlockigen Jüngling«, von dem er sich mit schwerem Herzen trennte, Bettines »eigenem philantropischen Erziehungswesen«, was sie sich nicht zweimal sagen ließ. Am 8. April kam er an, von seiner Großmutter und Bettine gleichermaßen begeistert erwartet, und brachte einen Brief von Goethe mit. Sogleich meldete Bettine das Ereignis an Arnim und stellte August, wie vom Vater erbeten, ihren »lieben Geschwistern und Verwandten vor«.

Bettine entwickelte zu dem damals noch sehr schönen jungen Mann die für sie typische erotische Grenzbeziehung. Sie schlenderte mit ihm über die Straßen – »[wir] sind recht einig zusammen (er küßt mir zuweilen die Hand)« – und leitete aus ihrer Beziehung zum Vater das Recht ab, dem Sohn einen Kuß zu geben. Dem mag solches Benehmen des zierlichen Frauenzimmers heiß in die jugendlichen Sinne gefahren sein – und noch mehr, als Bettine ihn zum Abschied »3 Mal auf seinen lieben Mund« küßte. Sie ließ sich's wohlsein in der schönen Gegenwart und dachte zugleich in die Ferne, wo sie Goethe, »den mit den schönern Augen«, geküßt hatte. Arnims ruhigere Betrachtungsweise lag ihr fern. Er nämlich traf August in Heidelberg und stellte mit Zustimmung fest, daß der junge Mann sich von seinem Vater distanzierte und »lebendiger« war als in Weimar, nur sei ihm im Vaterhaus alles »fertig zugetragen« worden, und er werde es also schwer haben, selbständig »erwerben« zu lernen. August lernte es nie. Noch auf seinem Grabstein in Rom steht nicht sein eigener Name, sondern nur *Goethe filius.*

Bettine jedenfalls gab der Besuch die Gelegenheit, etwas öfter an Goethe zu schreiben, und sie erhielt auch einen artigen Dankbrief, in dem er ihr gleich weitere Aufträge erteilte: dem Fürstprimas zu danken »für das einzige Fest«, mit dem er Großmutter und Enkel geehrt hatte, und an Arnim sollte sie Glückwünsche für die *Einsiedler*-Zeitung weitergeben. So sparte sich Goethe zwei Briefe, und Bettine war ehrend beschäftigt.

*Gesprächskreis der Madame de Staël in Coppet, um 1800.
Gouache von Louis Philibert Debucourt.*

Ein anderes gesellschaftliches Ereignis in Frankfurt war der Besuch der Madame de Staël. Die Staël war die bedeutendste Schriftstellerin, der Bettine in ihrem Leben begegnet ist, wenn man von ihrer Großmutter absieht. Ihre weitgehend autobiographischen Romane *Del-*

phine (1802) und *Corinne ou l'Italie* (1807), letzterer von Dorothea Schlegel sofort übersetzt, sind eindrucksvolle und geistreich konzipierte Dokumente früher Frauenemanzipation. Ihr berühmtestes und einflußreichstes Werk, *De l'Allemagne*, in dem die zeitgenössische deutsche Literatur der eingetrockneten französischen als Vorbild angeboten wird, war im Entstehen. 1803/04 war sie deswegen informationshalber in Weimar und Berlin gewesen, jetzt, 1807/08, bereiste sie Süddeutschland und besuchte nach München und Wien auch Frankfurt. Sie war 42 Jahre alt, rundlich und nicht sehr hübsch, außerordentlich redselig, intelligent, belesen und trotz aller Einschränkungen sehr anziehend. Da sie ebenso reich wie anregungssüchtig war, konnte sie es sich leisten, in Coppet am Genfer See, wo Arnim sie 1802 während der Arbeit an *Delphine* kennengelernt hatte, eine Art Hofstaat zu unterhalten, für den sie berühmte Männer zu gewinnen suchte. Als sie durch Frankfurt kam, war Bettine einen Abend bei Moritz Bethmann mit ihr zusammen. Die Staël wurde von August Wilhelm Schlegel begleitet, der etliche Jahre als Erzieher ihrer Kinder, Sekretär und Besorger vieler Aufträge in Coppet lebte. Mit von der Partie waren außerdem ihr problematischer Liebhaber Benjamin Constant und der Schweizer Historiker Sismondi. Offenbar sprach sie sowohl über Arnim wie über Goethe mit einer besitzergreifenden Intimität, die Bettine aufbrachte. Ihre *beiden* Liebsten wurden von einer Frau beansprucht, die Bettine in ihrem Innern als ernsthafte Rivalin empfinden mußte. »Es ist doch wohl keine Eifersucht?« schrieb sie an Arnim. »Ich wollte nur, ich wär bei Dir, wenn sie mit Dir spricht; ich würde mich vor Dich stellen, damit ihr Atem Dich nicht berührt; sie ist zu garstig, und dann geht sie immer so nah.«

Frau von Staël sah Arnim in Heidelberg wieder, fand ihn unter dem unmittelbaren Eindruck der Begegnung »wahrhaft geistreich und von bemerkenswerter Schönheit« und berichtet, er habe ihr alle seine Werke geschenkt. Bettine, die sich wie ein Rettungsengel vor Arnim werfen wollte, mußte lesen, wie Arnim mit der Staël, sogar bei Regen, vergnügt durch Heidelberg gewandert sei, und obwohl er sie so lange nicht gesehen hatte, sei es gewesen, als hätten sie sich nicht getrennt. »Sie wollte, daß ich nach Coppet zöge, sprach von aller Lebensweise dort, ich solle dort mein Journal schreiben, sprach mit vieler Achtung von meinem Vaterlande, vom Prinzen Louis, ob ich viel verloren hätte, alles gar ernst und würdig ...« Der Brief endete allerdings begütigend für Bettine: Obwohl er viel von der Staël geschrieben habe, sei er »von Stahl ... also von Verliebtheit ist nicht die Rede zwischen uns«.

Dennoch entstand wegen der aufdringlichen Besucherin Streit zwischen Arnim und Bettine. Beim Frankfurter Treffen der beiden Frauen hatte Frau von Staël listig gemeint, Bettines bisherige Abneigung gegen sie sei »Eifersucht über – *Dich* gewesen, welches sie aus allerlei dummen Späßen von Moriz [Bethmann] schloß, der ihr unter anderm weismachte, ich werde immer rot, so oft sie Deinen Namen aussprüche ... sie bat ... mich dringend Dich zu heurathen«. Der Klatsch über ihn selbst brachte Arnim in höchstem Maße auf, ganz besonders der Heiratsvorschlag, vor allem aber die »Vertraulichkeit« mit »Leuten ... wie die Staël und Sismondi, die Du eigentlich nicht leiden kannst«. Was Arnim am meisten empörte: Die Staël wußte von Auguste Schwinck, und das konnte nur über Bettine geschehen sein. »Und dann forderst Du Treue von meinem Vertrauen, was kann es Dir wert sein, wenn Du es nicht bewahren magst! Danke mir nicht für diese Bemerkungen, liebe Bettine; für etwas, das jeder selbst fühlen kann, braucht man keinem andern zu danken.« Obendrein hätte er Bettine gegen den Vorwurf der »Bisarrerie«, der Gewolltheit und Exzentrik also, verteidigen müssen, »was ich ihnen [der Staël und ihren Begleitern] nacheinander aus dem frühen Tod Deiner Mutter erklärte, und wie Du früh zwischen Brüdern, die nach allerlei gestrebt, Dir selbst überlassen gewesen«. Was Arnim aber nicht erfuhr: Sismondi schrieb Bettine nach der Abreise einen hingerissenen Verehrungsbrief, in dem er berichtet, wie wenig ihm Arnim gefallen habe, weil der sich ihm gegenüber höchst unliebenswürdig benommen habe. Hatte Arnim einen Rivalen erspürt? War also nicht Bettine, sondern auch er selbst eifersüchtig?

Die Empfindlichkeit Bettines wäre jedenfalls noch einmal aufgeflammt, hätte sie den Brief gelesen, den Arnim im November von der Staël erhielt. Zum letzten Mal versuchte diese ihn zu überreden, wenigstens sechs Monate in Coppet zu verbringen, um ihr bei ihrem Buch über Deutschland zu helfen. Schlegel, der Bildhauer Tieck, Zacharias Werner und der Däne Oehlenschläger werden lockend als weitere Winterbewohner des Schlosses am Genfer See genannt, und sie schmeichelt: »Das ist vielleicht ein Traum, aber warum sollten Sie mir nicht sechs Monate schenken, da ich sie doch zu schätzen weiß und sie nie im Leben vergessen werde?« Arnim folgte der Einladung nicht, und in *De l'Allemagne* wurde er trotz der geschenkten Werke nicht einmal erwähnt.

Die Korrespondenz um den Besuch der Schweizer Dame war deshalb so besonders gereizt, weil sie in eine brieflich ausgetragene Krise zwischen Bettine und Arnim traf, die von heute aus gesehen schwer verständlich sein mag. Sie waren vor dem Besuch der Staël drei oder vier Wochen zusammen auf dem Brentanoschen Gut in Winkel im Rheingau gewesen, das heute noch im Familienbesitz ist. Am 18. Mai waren auf einem Schiff Betten, Möbel – auch Bettines Klavier – und Hausrat dorthin transportiert worden, und sie selbst kam endlich wieder in die Natur, in ein zunächst noch recht spärlich eingerichtetes Haus – »die Zimmer haben etwas Zellenartiges, ein jedes hat immer nur ein Bett, ein Fenster, einen Tisch und einen Stuhl«. Dazwischen war – und ist – ein großer Durchgangssaal, in dem sich alle immer wieder trafen. Arnim, bei dem in Heidelberg endlich Clemens angekommen war, wohnte inzwischen selbst so schön am Schloßberg über der Wirtschaft Zum Faulen Pelz, »mitten im Grünen, über uns Apfelblüte, unter uns die lustige Bürgerschaft beim Biere«, daß Bettine Angst hatte, er würde mit Arbeit, Clemens und einem neuen eigenen Gärtchen so ausgefüllt sein, daß er gar nicht nach Winkel käme. »Es ist niemand hier als Meline, Marie, ihre Mutter ... dann die zwei Kinder [Clödchen und Sophie, zwei Töchter von George und Marie], drei weibliche Dienerschaften, eine Geiß mit zwei Jungen und ein Goldrabe«, hatte Bettine geschrieben und später für Goethe hinreißend geschildert, wie die vielen Frauen in einer Art lasziver Unbefangenheit in der frühen Hitze dieses Jahres mit offenen Türen und wechselnden Schlafplätzen lebten, »alle nur mit zwei Hemden angekleidet, wovon das oberste auf eine griechische Art mit einem Band aufgebunden wird«. Die Hemden muß man sich ziemlich lang vorstellen, aber dabei doch fuß- oder gar wadenfrei, was schon als kurz und besonders aufreizend empfunden wurde. Die Frankfurter Männer kamen zwar gelegentlich zu Besuch, doch waren die Frauen allein die ständigen Bewohnerinnen des Hauses.

Man kann sich denken, wie der schöne Arnim in dieser Umgebung wahrgenommen und wie Bettine beobachtet und liebevoll beneidet wurde, als er Ende Mai wirklich kam. Bettine hatte ihn sehnsüchtig erwartet und erlebte die typische Enttäuschung Liebender, die in ihren Träumen den Geliebten zu sehr vergoldet haben: »... nun war er da, und es war um nichts besser [als vorher, wo es ohnehin schön war]«, schreibt sie an Savigny. Doch dann trat die gegenseitige Anziehung von neuem in ihr Recht. Bettine war unermüdlich im Spazierengehen, Klettern und Wandern. Arnim hielt es nicht lange beim

Plaudern, Musizieren und Herumsitzen aus und machte mit ihr »kleine Reißen von 5 bis 6 Stunden, die ich zu den lieblichsten Vergnügungen rechne«. Einer von Bettines Rheingau-Berichten an Goethe soll hier wenigstens zitiert werden, nicht der schönste, aber der abenteuerlichste.

… einmal gingen wir durch ein Thal einen Fluß entlang den man die Wisper nent, wahrscheinlich wegen seinem Rauschen, da er sich (*sic!*) über lauter platte Felßsteine sich windet auf beiden Seiten gehen hohe Felsen her, auf denen alte Burgen stehen, die mit alten Eichen umwachsen sind, das Thal wird oft so enge, daß man genötigt ist im Fluße zu gehen, es wird immer enger und enger die Berge umklammern sich endlich, die Sonne kann nur noch die Hälfte der Berge beleuchten die durch schwarze Schlagschatten der über gebognen Felßstücke abgeschnitten wird aus der Wisper stehen etliche Steine wie harte kalte Heiligenbetten hervor, Arnim fragte mich auf diese Bemerkung ob ich nicht auf eins mich ein wenig legen und ausruhen wollte, ich thats, eine Welle schlug über mich, und ich muste im nassen Gewand weiter wandern, die Berge drängten sich endlich nesterweis aneinander die nur von Zeit zu Zeit durch schroffe Felsen geschieden wurde, und so kühl wie es auf unserm engen Pfad war (denn ein Thal kann man es nicht nennen) so kühl war es mir auch innerlich, ich trippelte immer vorne her und dachte wenig, sprach noch weniger, das Ziel unserer Reiße war ein Sauerbronnen, der in einer wüsten Wildniß liegt, als wir dort ankamen, schlug Kuckucks Uhr im Hauße das dabei ist und mahnte mich an den Rückweg, ich marschierte also gleich wieder zurück ohne auszuruhen und kam Nachts um 1 Uhr zu Hauß an, in allem war ich 12 Stunden unterwegs gewesen und durchaus nicht ermüdet, auf dem Rückweg schrieen eine Menge Eulen und Käuzlein im Wald, das machte mir bang ich hatte es noch nie gehört.[*]

Das ganze romantische Bildvokabular ist hier versammelt – Bach, Felsen, Wald, Burgen, Einsamkeit, unheimliche Käuze und Eulen. Goethe selbst hätte dergleichen nie geschrieben. Die Zeichensetzung

---

[*] Es hört sich hier so an, als sei Bettine allein zurückgewandert. Das ist sehr unwahrscheinlich und erklärt sich vielleicht daraus, daß Bettine gegenüber Goethe unbewußt nicht allzuviel mit Arnim zusammen gesehen werden wollte.

ist besonders nachlässig, so als hätte Bettine schnell und vielleicht wie in einer Art Trance geschrieben. »Leg dich doch ein wenig und ruh dich aus«, hatte Arnim also gesagt und dann das zierliche Mädchen, durchnäßt, mit hier und da anliegender Kleidung, vor sich hergehen sehen. Wie mag ihm da zumute gewesen sein? Naß bekam Arnim noch genauer zu sehen, was er sonst nur »ahnden« konnte. Nahm Arnim auf dem Rückweg Bettine in den Arm, wenn sie Angst vor den Käuzchen hatte?

Solche Erlebnisse gemeinsam überstandener, wenn auch nur mäßiger Gefährdung verbinden. Man hat lange darüber zu reden, man freut sich seiner Gesundheit und jugendlichen Kraft. Offenkundig war es kein geistiges, sondern ein durch und durch körperliches Abenteuer mit einer anderen Bettine als der, die Arnim gelegentlich in Gesellschaft auf die Nerven ging. Sie waren frei und kaum unter Aufsicht – heutzutage ist es kaum denkbar, daß ein junges Paar in dieser Situation nicht seiner Liebe auch den endgültigen körperlichen Ausdruck gestattet hätte. Haben sie also zusammen geschlafen?

Der erste Brief, nachdem Arnim abgereist war, ist von Bettine, voll Liebe, teils auch wieder in literarisch gefärbter Rollenprosa über Verzicht und Abschied, aber er enthält ein paar Sätze, die aufmerken lassen: »Leb wohl jetzt, mein guter, lieber, bester! den ich gewiß nicht mehr so oft küssen will und ihn doch in jedem Moment innerlich ans Herz drück; aber das soll auch nicht mehr sein … Du sollst dabei sein, wenn ich Dich küsse.« Sie spricht von Gedanken, die sie ausrotten will – »will fromm und ernsthaft auf Dich warten, Du!« Arnim antwortet in der uns schon bekannten Ambivalenz: »(… ich dachte) viel an Dich und konnte es darum nicht sagen. Du hattest mich durch Deine Betrachtungen übers Betrachten in eine solche Öde von Betrachtung geführt, durch die ich mich erst mühsam durchsuchte, ehe ich den Ausweg sah, und bin noch nicht ganz heraus.« Bettines gelegentlich ermüdendes Gerede kann sich jeder vorstellen, der sie aufmerksam liest – aber Betrachtungen worüber? »Ich lag einmal im Bette«, schreibt Arnim, »und wollte, daß ich da Gewalt angetan, wo ich geneckt wurde – der böse Geist in mir lacht mich tausendmal aus wegen meiner Tugend, und der gute weiß nichts darauf zu antworten, denn heimlich meint er jetzt: wer weiß, was guts daraus entstanden wäre.« Klarer ausgedrückt: Der ganze Mensch mit seinen guten und bösen Trieben bedauert, daß eine Begegnung im Bett nicht anders verlaufen ist.

Dergleichen so direkt zu formulieren, wie ich es hier tue, wäre Arnim nie eingefallen, und ebensowenig Bettine. Zwar gab es auch in ihren gesellschaftlichen Kreisen nicht allzu selten sexuelle Verbindungen. Doch redete man, wenigstens schriftlich, eher verhüllt davon. Da Arnim sich gegenüber Bettine aber doch ausdrücken wollte, führte er ein ganzes Seelentheater auf: es tritt ein »Genius« auf, den man als die Verkörperung einer innersten idealen Vorstellung seiner selbst verstehen muß. Dieser Genius tadelt Arnim dafür, daß er »bei einer halben Schlechtigkeit stehen bleiben will und bei einer halben Tugend, mit halber Überzeugung, halber Lust, mehr zagend vor sich selber als vor der Welt«. Der komplizierte Gedankengang endet, weil Arnims Blatt zu Ende war; zum Glück, wie er selbst meint. Auf einem neuen Blatt schreibt er den Brief weiter, als sei nichts gewesen; er sei fast eifersüchtig auf ein Cello, dessen Ton Bettine zu Herzen gegangen sei, er redet über Clemens und Auguste, dankt allen Hausbewohnern von Winkel und unterschreibt merkwürdig: »Herzlich Dir Dein Achim Arnim«.

Zwei Sätze dieses Briefes sind noch zu erwähnen: »ein Weib hat einen Körper wie die andre« und gegen Schluß: »wäre über uns ein heller Himmel gewesen und kein böser Geist von einem Hunde um uns, es wäre zu dem Guten vielleicht auch das Beste gekommen.« Ob er mit dem Besten das Miteinanderschlafen gemeint hat, sei dahingestellt. Ich halte es für wahrscheinlicher, daß er an das volle Einverständnis mit Bettine *in jeder Hinsicht* dachte – etwas, das er kaum je erreichen sollte. Er, der seine Freundin so gerne belehrte, mußte selbst erst lernen, daß er Bettine nur mit allen ihren »Fehlern« haben konnte – oder gar nicht.

Was war nun wirklich geschehen? Die kühne und zutrauliche, wohl auch etwas ahnungslose Bettine muß in Arnims Zimmer gewesen sein, was vielleicht öfter vorkam – sie spielt in einem Brief so eine Situation durch: »… alle Leut schlafen oder schnarchen sogar; soll ich Dir denn schon gute Nacht sagen? oder soll ich noch bei Dir bleiben? soll ich noch schmeichlen? – warum sagst Du denn heut nicht: es ist genug; warum schickst Du mich nicht fort, es ist schon so spät; wenns jemand merkte, daß ich noch bei Dir bin …« In der bewußten Nacht ist sie vielleicht in sein Bett gekommen, wird »zu seinen Füßen haben liegen wollen«, wie sie es ja auch öfter von Goethe phantasierte, wird ihn jedenfalls »geneckt« haben, geküßt, umschmeichelt, gestreichelt – was diesmal eskalierte. Die Erregung, in die Arnim durch die unbefangene Bettine natürlich oft versetzt wurde, schien ihm wohl in diesem Fall unerträglich, so daß er endlich Schluß mit seiner Rücksicht machen wollte, über die Bettine bisher sicher kaum nachgedacht hatte. Nun begriff sie, was Sexualität wirklich sein konnte, und bekam Angst. Arnim spürte zugleich seine inneren Hemmungen, »zagte vor sich selbst« und zog sich zurück. Es scheint aber kein Einverständnis, keine liebende Schonung gewesen zu sein, nicht einmal eigentlich Achtung vor der sexuell zurückschreckenden unerfahrenen jungen Frau, sondern Traurigkeit, Peinlichkeit, gemeinsame Unerfülltheit.

Unglaublich und beim »milden« Arnim völlig unerwartet ist die unerhörte Subjektivität, mit der er die Verantwortung für Bettine ignoriert und statt dessen ganz ohne Idealisierung wegen der entgangenen Befriedigung gegen sich selbst wütet. Es ist andererseits ein einmaliges Zeugnis für das Vertrauen zwischen diesen beiden wahrhaft aneinander Gebundenen, daß er Bettine solche Äußerungen zumutet. Ein derartiges Benehmen entsprach keinesfalls Arnims Männlichkeitsideal. Er ist hier rüpelhaft, egozentrisch und unendlich hochfahrend, wenn auch teilweise in Jamben.

Ebenso erstaunlich ist Bettines Reaktion, die wahrhaftig ihre von ihr öfter benannte »Gutmütigkeit« aufs Schönste zeigt. »Was sprichst Du mir von gutem und bösem Geist, was von Neckerei? – Lasse das unruhige Mädchen doch laufen und sei gütig zufrieden, daß Deiner Großmut der Essig in die Wunde zuteil ward und mir die Heilung. Wenn Du wüßtest, wie es mich an Dich bindet, daß Du so nachgebend warst, und wenn es anders gewesen wäre, ich glaub – ich weiß nicht was ich glauben soll.« Nicht *ein* Vorwurf an ihn, sondern das volle Übernehmen der eigenen Verantwortung. Die »Mutter«rolle, die der Beschützerin, die Bettine sich immer wieder zuschreibt, erfüllt sie hier in großzügigster Weise.

Verschlungen in diesen Streit war, wie gesagt, die Gereiztheit beider durch den Besuch Frau von Staëls. Arnims sexuell-narzißtischer Ausbruch hatte Bettine unbegreiflich wenig gekränkt. Dafür ging ihr sehr nahe, daß Arnim sie für eitel in bezug auf den Umgang mit berühmten Leuten hielt. Ihr seien die Tränen gekommen, schreibt sie, sie weiß nicht mehr, was sie von Arnim erwarten soll, und fühlt sich vollkommen ungerecht behandelt und mißverstanden. Die »Eitelkeit, mich mit berühmten Leuten vertraulich zu machen«, erscheint ihr »als ganz fremd meinem Charakter, ... indem man meinen könnte, daß ich nur mit den Menschen spielte, die mein Herz und Sinn in Schwung bringen«.

Zunächst glaubt man ihr nicht, ein wenig amüsiert – denn berühmte

Leute hatte sie mit ihren 23 Jahren schon genug kennengelernt und verehrt. Doch ist es in dieser Lebenszeit durchaus denkbar, daß sie tatsächlich etwas anderes wollte, als berühmte Leute wegen ihrer Berühmtheit kennenzulernen. Ihr ging es um den ganzen Menschen, um ein Treffen innerer Ähnlichkeiten und Zuneigungen. Auf das Sammeln von schnellen schmückenden Reisekontakten, wie die Staël sie suchte, war sie wirklich nicht aus. Ihre Auffassung von Geselligkeit war anders, ungewöhnlich genug, aber viel individueller, viel jugendlicher, hatte viel weniger mit Etabliertheit und Macht zu tun. Die Staël fand sonderbar, daß Bettine zum Thema Heirat und Eifersucht sagte, Arnim sei »ein lieber Vogel in der Luft, dem man die Schwingen nicht rauben dürfe, um ihn in der basse-cour einzusperren«, und »daß die Ungebundenheit Deines Herzens mich eigentlich fester an Dich bänd, daß ich Anteil nähme an Deinem Schicksal wie an dem meinigen und daß es wahrscheinlich immer so bleiben würde: dies fand sie bisarr in mir, denn sie wunderte sich darüber sehr und wollte es nicht glauben«. Bettines ernster Grundsatz seit dem Tod der Günderrode: dazusein für Menschen, von denen sie nicht verlangen wollte, daß sie sich an sie bänden, mußte der Weltdame gänzlich fremd sein. Arnim hätte sich eigentlich darüber freuen können, doch verlor dieses scheue Gefühlsungeheuer nicht ein einziges Wort über die wunderbare Großherzigkeit, und Bettine fühlte sich uneins mit ihrem Leben: »Ach Arnim, ich kann so nicht schlafen gehen, es ist mir grad, als gingst Du in Winkel aus dem Zimmer schlafen, ohne mich vorher angesehen zu haben oder die Hand zu reichen. Bettine.«

Arnim wurde krank. Wer krank ist, muß sich nicht auseinandersetzen. Bettine griff zu *ihrem* Rettungsmittel: sie schrieb an Goethe, und ihm gegenüber benennt sie auch einmal ihre in der Regel tief verdrängte Lebensangst: »... mein Gemüth wehrt sich gegen sonst nichts, als nur gegen Nichts. – Gegen dies Nichts das einen beinah überall erstickt.« Sie war inzwischen auf dem Trages bei Gundel, hatte nachts Angst vor knarrendem Gebälk und Spitzbuben und konnte kaum begreifen, daß Gunda so freundlich zu ihr war. Dann reiste sie unruhig nach Frankfurt und schrieb von dort aus, noch immer versponnen in ihr Unglück über Arnims ungerechte Vorwürfe, er solle sie nur ja nicht »›liebe Bettine‹« nennen oder gar schreiben »›ich küß Dich herzlich‹, das tut mir jetzt immer mehr leid als daß es mich freuen sollte«.

Was Arnim mit Bettine verband, wurde ihm wieder klarer, als er krank und trübsinnig herumlag und sich seinerseits sehnte. Er sah in

Bettines nun dringend erwarteten Briefen manches, »was uns nahe angeht«. »Uns« – immerhin. Dennoch kann er es nicht lassen, noch einmal pädagogisch zu werden: »... ich wünsche Deinem Leben ... außer dem Herrlichen das Weibliche, was das Leere ordnet und frommt.« Freundlich, ja geradezu schmeichelnd fährt er fort: »ich wünsche das, nicht weil ich es bei Dir vermisse, sondern weil des Besten nie zuviel gewünscht werden kann.« Schluß der Diskussion also, und schon wieder rührt sich auf einem Genesungsspaziergang im sommerlichen Heidelberg der unvermeidliche alte Adam. »Ich streckte mich auf die Bank, und wärst Du dagewesen, ich hätte Dich nicht fortgelassen. Weine nur nicht.«

Schon seit dem Frühjahr hatte Arnim eigentlich andere Sorgen als die Liebesquerelen mit Bettine. Seine Großmutter, 78 Jahre alt, Zentrum seiner Familienwelt, letzte Repräsentantin einer schützenden ältesten Generation, erlitt im April 1808 einen Schlaganfall. Für Arnim muß sie unbewußt zu dieser Zeit immer noch sein Schutz vor dem endgültigen Erwachsenwerden gewesen sein.

Er erhielt inzwischen so wenig Geld von der Großmutter, daß man sich fragt, wovon er überhaupt lebte. Seine Versuche, durch eigene Tätigkeit Geld zu verdienen – mit dem *Wunderhorn* und dem *Einsiedler* –, wirken wenig überzeugend. Irgendwie kam er durch. Von Schulden und gestundetem Geld ist öfter die Rede, doch nur unter Freunden. Bei den üblichen Geldleihern war Arnim nicht kreditwürdig, nicht in Kassel und nicht in Heidelberg. Er gestand, vom Verkauf des großmütterlichen Silberservices zu träumen, der alle Nöte, auch die ihrigen, »mit einem Wunderschlage ... aufheben könnte«. Doch lag es dem Charakter der Großmutter völlig fern, diese letzte und konkreteste Reserve anzugreifen. Die Westpreußischen Pfandbriefe, in denen die Großmutter den bedeutendsten Teil ihres Vermögens angelegt hatte, brachten keine Zinsen mehr. Sein Bruder hatte gegen Ende des Jahres 1807 bei verschiedenen Gläubigern Geld geliehen und die Großmutter dazu gebracht, »mit zu unterschreiben«, auch bei Juden, was die Großmutter haßte. Es handelte sich im ganzen um 15 400 Reichstaler, eine enorme Summe. Demgegenüber mutet es mitleiderregend bescheiden an, wenn Arnim zum Jahreswechsel 1807/08 seinen Bruder um »drey hundert Thaler« bittet und hinzufügt, er »würde auf ziemlich lange Zeit damit befriedigt seyn«. Der Versuch der Brüder, ihr Ländchen Bärwalde zu verkaufen – es ist die Rede von einem Kaufpreis von 240 000 Talern –, scheiterte verständlicherweise; wer wollte schon verwahrloste Güter übernehmen, für die er ja wie jedermann die Lasten der französischen Kontributionsforderungen zu tragen hätte!

Zwei Vergleiche: Schiller mit seiner vielköpfigen Familie kam Anfang des Jahrhunderts mit 2000 Talern pro Jahr aus, und Bettine, das reiche verwöhnte Kind, wurde von seinem Bruder Franz zur Ordnung gerufen, weil es im Jahre 1808 2470 Gulden* verbraucht hatte: »1000 Gulden jährlich sein genug u mehr, als gewöhnlich die reichsten Mädgen ausgeben dürfen.« Wofür sie das Geld ausgab, ist unklar. Die teuren Geschenke, mit denen sie in ebendiesem Jahr Goethe und seine Familie überschüttete, können es nicht allein gewesen sein. Sie war überhaupt großzügig, unbedenklich, verschwenderisch. Es ist erstaunlich, daß Arnim niemals auch nur mit einem Satz auf die verschiedenen Lebensumstände der beiden Familien einging oder daß sein vertraulicher Unmut gegenüber Bettine sich nie auf ihren leichtfertigen Umgang mit Geld erstreckte. Hier lag für ihn offenbar eine Grenze, die zu überschreiten er sich nicht berechtigt sah.

Trotz der vielfältigen Verminderungen konnte Arnims Großmutter noch als reich gelten – es waren eben schlechte Zeiten, aber das Grundvermögen war groß. Ganz nüchtern gesehen, hätte Arnim nicht allzu entsetzt sein müssen, als er von dem Schlaganfall hörte – sein Bruder war es sicher nicht und nicht einmal der nächste Verwandte der Frau von Labes, ihr Sohn Hans von Labes-Schlitz. Eine alte Frau von 78 Jahren muß schließlich einmal sterben, und die drei Erben – der Sohn bekam eine Hälfte, die beiden Enkel die andere – konnten, zynisch gesagt, mit durchaus erfreulichen Folgen ihres Todes rechnen. Eigentlich hatte keiner von ihnen eine enge Gefühlsbindung an sie. Um so erstaunlicher ist Arnims Schreckensausbruch im Brief an den Bruder: »… ich flehe Dich an … suche alle Vorsorge auf für die Erhaltung dieses theuren um uns so hochverdienten Lebens unserer Großmutter … Ich habe einen Brief an die Großmutter geschrieben, so verwirrt er ist mag er ihr doch als ein Liebeszeichen gelten, gieb ihn ihr, lies ihr daraus vor und gieb mir *bald* Nachricht … Bleib gesund in aller Noth, der Himmel stärke Dich«, und er schließt mit einem ganz ungewöhnlichen »Dein Dich herzlich liebender Bruder Achim Arnim«. Plötzlich entsteht etwas wie die Erinnerung an

---

* Die Wertbeziehung zwischen Gulden und Taler konnte ich nicht genau ermitteln. Es gab »Gulden«- und »Talerländer«. Ein Gulden scheint in dieser Zeit ⅔ Taler entsprochen zu haben.

eine Familiengemeinschaft, die allerdings vom Bruder nicht empfunden wurde. Arnims Brief gab er mit nachlässiger Verzögerung ab.

Ganz ungewarnt schlägt ein der Schmerz

heißt es im Berichtbrief an Bettine. Arnim hatte über dem Schrecken sogar Bettines Geburtstag am 4. April vergessen und schickte ihr deshalb ein Gedicht – aber nicht nur wegen des Festes, sondern weil ihm in der Erregung durch die schlimme Nachricht die gewohnte halb leidenschaftliche, halb zögernde Briefsprache zwischen Gefühlsausdruck und -unterdrückung nicht mehr möglich war und er deshalb schnell und direkt Verse schrieb. »... es ging ... nicht in fließender Rede, ich schrieb es in Versen und bin dabei ruhiger geworden.« Ihn beschäftigte die Existenz »unsichtbarer Reiche« in der Nacht- und Todeswelt, die in unheimlichen Feuererscheinungen aufbrechen können:

> Leer scharfes Licht erfüllt den Raum
> Und will mein Haus in Flammen spalten.

Und er endete ganz naiv und fast kindlich:

> Ich fürchte mich, wenn ich allein,
> Daß Schreckensstimmen mich anhauchen.

Direkt und in Prosa hätte er nicht zugeben können, daß er Angst hatte und Hilfe brauchte. Die möglichen positiven Veränderungen waren ganz aus seinem Bewußtsein geschwunden. Er spürte nur, daß das schützende Dach über seinem Poetenkopf vom Tod abgerissen werden sollte.

Und wirklich tröstete Bettine – sie sagte aber nicht, daß alles nicht so schlimm sei, sondern daß in aller Angst und Sorge am Ende eines geliebten Lebens der glücklich sein könne, der dadurch noch einmal begreift, wie »wert und teuer, wie reich ihm das Leben« durch den sich entfernenden nahen Menschen geworden sei. Ihr, Bettine, aber sei es viel wert, daß er ihr seine Trauer mitteile. An solchen Briefstellen läßt sich ablesen, was Arnim niemals sagen konnte: daß er Bettine manchmal brauchte wie das liebe Brot.

Die Nachrichten aus Berlin waren aber bald wieder beruhigend. Die Großmutter, noch unsicher in Sprache und Gedächtnis (wovon aber im Brief nichts zu merken ist!) und gerührt durch Arnims Brief, schrieb eigenhändig und durchaus im Ton eines Vermächtnisses: »wie lange ich für ein Dacapo gesichert bin, ist nur Gott bekandt ... ich dancke Dir indes lieber Louis für deine liebevolle Theilnahme für deine kindliche Liebe – für deinen danckbaren Äußerungen über das waß ich, Gott weiß, so gewis so gerne aus wahrer Liebe für die Kinder Eurer gutten so gutten Mutter tat ... ich kann nichts thun – nichts mehr abwenden – jetzt muß es bloß Euer Werck sein ...« Das Herz geht einem auf, wenn man sieht, wie dankbar die alte Frau für eine Freundlichkeit ist, die ihr bis dahin wohl nie zuteil geworden war. Auffallend ist außerdem in diesem Brief und den noch folgenden, daß Frau von Labes Arnim deutlich seinem mondäneren Bruder vorzog.

Schon sehr bald nach dem konfliktreichen Briefwechsel über Sexualität, berühmte Leute und Zuverlässigkeit trafen sich Bettine und Arnim wieder. Die 14 Tage in Schlangenbad, für die er sich mit Mühe freigemacht hatte, brachten das nun schon öfter erlebte gemeinsame Zusammensein der beiden schwierigen Verliebten in einer großen Gesellschaft. Es war nicht weit von Heidelberg nach Schlangenbad – zwölf Stunden von Mannheim nach Mainz, von dort vier Stunden nach Schlangenbad. Savignys kamen Ende Juli, wie immer mit der ganzen Familie – zwei kleinen Kindern und den Dienstboten –, zudem mehrere und wechselnde andere Brentano-Geschwister. Bettine kannte Schlangenbad, wo sie 1803 in der Endphase ihrer Clemens-Liebe schon einmal gewesen war. Die »Promenaden ins Wilde«, von denen sie damals gesprochen hatte, machte sie sicher wieder, aber es ist auch die Rede vom Sitzen auf der Terrasse über dem kühlen Tal, von gemeinsamem Singen, von nachdenklichen Gesprächen, von den Heilbädern, die von der jugendlichen Gesellschaft kaum aus Not besucht wurden. Sie »tanzten und lachten darin, spielten Comödie – die Bäder sind wie Cabinete – warfen das helle Wasser mit den Füßen in die Luft, daß mans vor Vergnügen lachen hörte«.

Arnim brachte sogar für zwei Tage den scheuen Creuzer mit – und ließ die Arbeit Arbeit sein. »Baden, Lust und Bewegung«, schrieb er an Clemens, von dem wieder einmal niemand genau wußte, wo er war, trieben ihn »gar abwechselnd vom Morgen zum Abend herum«. Die ganze Geschwister- und Freundeshorde unternahm gemeinsam eine Rheinreise bis nach Köln. Erst dann kehrte man, natürlich wieder per Schiff, nach Frankfurt zurück. Es scheint, als sei Arnim allmählich so in die große Familie hineingewachsen, daß man sich gar nicht vorstellen kann, wie er jemals wieder herauskommen sollte.

Das ganze Zusammensein stand unter dem Zeichen eines Abschieds. Savigny hatte, wenn auch nicht sehr überzeugt, schon im Mai einen Ruf an die Universität von Landshut angenommen, weil aus seinen Heidelberger Hoffnungen nichts wurde. Bettine, der Frankfurt besonders im letzten Winter so verhaßt gewesen war, wollte wohl alles lieber, als weiter im Goldenen Kopf zu leben. Wenn etwas sie hätte halten können, dann allenfalls die Rätin Goethe. Die verfiel aber in den Sommermonaten zusehends, und am 13. September, unmittelbar vor Bettines Abreise, starb sie. »Ich war den Tag vor ihrem Tod bei ihr«, schrieb Bettine an Goethe, »küßte Ihre Hand, empfing ihr freundliches Lebewohl … Sie allein war mir vertraulich, wenn andre Menschen Klug seyn wollten, so ließ sie mich gewähren und gab dem Wesen keinen Namen.« Eine solche mütterliche Aufgehobenheit hat Bettine nur bei ihr erfahren.

Allein durfte Bettine nicht wohnen – das tat keine unverheiratete Schwester, gleichgültig wie alt sie war. Also erwähnte sie schon im Juli gegenüber Arnim, daß sie den Plan habe, mit nach Landshut zu ziehen. Auch Clemens schmeichelte und bat, mitgehen zu dürfen – »würde es Ihnen wohl sehr unangenehm sein, wenn auch ich in Landshut privatisirte, und mich manchmal Ihrer Mittheilung und Ihres Umgangs erfreute …«. Savignys werden nicht sehr begeistert gewesen sein, denn es war damit zu rechnen, daß sich die Ehedramen dann in ihrer unmittelbaren Nähe abspielten – aber Clemens abzuweisen gab es keinen rechten Grund. So bildete sich allmählich eine neue Familiengruppe: Savignys, Bettine und – mit einem großen Fragezeichen – das Ehepaar Clemens und Auguste.

Die *Zeitung für Einsiedler* war eingestellt, ihre Reste als *Trösteinsamkeit* verwertet, der dritte Band des *Wunderhorns* mit dem Anhang der von Clemens gesammelten Kinderlieder im September endlich erschienen. Arnim hatte in Heidelberg nicht nur nichts mehr zu tun, sondern er wurde auch einsam: Clemens ging weg, und Görres, den er sehr liebgewonnen hatte, zog zurück nach Koblenz. Creuzer war mehr ein geschätzter Gesinnungskollege und Wissenschaftler als ein Freund im eigentlichen Sinne. Arnim überlegte, auch nach Landshut zu gehen, doch hatte er dort keine Aufgabe, und im übrigen fehlte ihm das nötige Reisegeld.

Seine Beziehung zu Bettine war wieder eingerenkt – eigentlich war sie, wie das Überstehen der Krise zeigt, schon unauflöslich. Das »Predigen« Arnims wird jetzt zärtlich-ironisch betrachtet, von ihm und von Bettine. Seine Eigenheit, Liebe schriftlich viel zurückhaltender auszudrücken als sie, hat sie von vornherein akzeptiert. Sie versteht seine leiseren Töne und mag darin jetzt noch sicherer geworden sein. Bei beiden ist die Sehnsucht groß, einander sofort nach der Trennung wiederzusehen.

Arnim fuhr nach kurzem Aufenthalt zu Bettine nach Frankfurt und dann gemeinsam mit ihr nach Trages. »Auf dem letzten Spaziergang in Trages, im Wald bei der Einsiedlerhütte, da warst Du mir so gut, die Bäume schüttelten noch Tropfen auf uns, und ich auch, ich hing an Deinem Hals und schüttelte einen warmen Herzensregen aus meinen Augen. Jetzt ist er mir so weit, der liebe Hals, ich kann ihn nicht wieder in jeder Minute umfassen«, schreibt Bettine im Dezember aus München. »Das Stück Bart von Dir, das die Reise mit nach Cöllen gemacht hat, habe ich noch, die blauen Federn von dem Markolfen [Eichelhäher], den Du in Trages geschossen, dann noch das Rohr mit dem Hopfen, das Du gezeichnet, und endlich die letzten Blumen aus dem Aschaffenburger Garten, Lafendel und Rosmarin, die hab ich auch noch, lauter magische Dinge ...«

Der Aschaffenburger Garten: Arnim konnte sich nicht trennen und begleitete die Reisegesellschaft noch von Frankfurt nach Aschaffenburg, wo er am 17. September Abschied nahm – von allen, Kindern und Erwachsenen, umarmend und küssend. Bettine vermerkt eifersüchtig und etwas abschätzig, daß er Auguste Brentano einen Kuß auf den Mund gab, »der schon so oft ist geküßt worden«. Arnim mußte drei Menschen ziehen lassen, die ihm sehr nahestanden: Bettine, Savigny und Clemens. Der Schmerz um die Trennung von Bettine war überwältigend; Arnim ging dem Wagen »noch eine Zeitlang nach mit sehr beklemmtem Atem, Dein Wagen hielt, ich glaube, Du stiegst aus und gingst nebenher«, schreibt er im ersten Brief. Als der Wagen um eine Wegbiegung verschwand, kehrte er um und ging in einen Orangengarten, der an der Straße lag. Der »Orangengarten« wirkt so befremdlich wie poetisch, doch Orangerien gab es an vielen Plätzen, unter Arnims Enkeln auch in Wiepersdorf – hier erscheint er wie ein Symbol der südlich warmen Lebenswelt, in die Arnim nie mehr dauerhaft zurückkehren sollte. Die neun Oktaven, die er ein Jahr später als Zueignung an Bettine seinem Novellenwerk *Der Wintergarten* voranstellte, geben dem Abschiedserlebnis und den daraus entstehenden Hoffnungen eine dichterische Form:

> Es war an des Orangengartens Pforte,
> Wo Dich der Wagen donnernd von mir riß
> …
> Der Wagen schwand, der Schmerz kam nun zu Worte,
> Es drückte mich der Tränen Finsternis;
> All was mir lieb, es sind nun bloß Gedanken,
> Und was mir nah, es sind der Aussicht Schranken.

Für Bettine wichtig waren sicher Zeilen wie

> Als wir beisammen, waren *eins* wir zwei

oder:

> Es ist so schön im Andern sich verlieren,
> Denn alles klinget dann erhöht zurück

oder auch:

> Die Sehnsucht strahlt manch Bild in meine Seele;
> Wem teil' ich's mit, was mich erfreu und quäle?

Dergleichen sagte Arnim kaum je in seiner Briefprosa – und wohl auch nicht mündlich. Er wird sich, wie viele zurückhaltende Männer, eher auf Blicke, Berührungen und seine glaubwürdige Ausstrahlung verlassen haben. Auf Bettines Empfänglichkeit konnte er vertrauen.

Nichts hielt Arnim mehr in Süddeutschland – außer seiner Geldnot. Jetzt konnte er nicht einmal mehr das Porto bezahlen und mußte seine Briefe, soweit es sich irgend mit der Höflichkeit vereinbaren ließ, unfrei schicken (die an Bettine schickte er natürlich »frey«). Von der Großmutter erhielt er zwei lange Briefe, in denen sie ihre finanzielle Lage detailliert darstellte. »Ich wolte Euch meine Kinder gerne mit Geld unterstützen, den Gott weiß es wie mich Euer Mangel kümmert, aber ich lebe selbst von schon geliehenen 9/m rth [9000 Reichstaler].« Sie, die niemals weinerlich gewesen war, sprach von »eine(r) merckliche(n) Abnahme an Seelen und leibes Kräffte, auch der bisheer noch verbliebene frohe Mut ist dahin, vielleicht bin ich selbst bald dahin«.

Eine grundsätzliche Übersicht verfaßte sie im Oktober, aus der hervorging, daß »die total Summe des von Euch schon vorweghabenden Suma 106 100 rth« war. Die Erziehungsgelder gehörten nicht dazu, wohl aber Pfandbriefe über 20 000 Taler, die sie als letztes herausgab, damit Carl Otto seine und ihre gemeinsamen Schulden bezahlen konnte. Der Rest war den Brüdern für »andere Zinszahlungen oder zu eigener Nothdurft« bestimmt.

Dies war der letzte Brief der Großmutter, den Arnim erhielt. Am Rand steht ein Vermerk: »NB Du hast eine besondere Arth von Siegeln deiner Briefe, daß es in der Schrift geschiehet, die beim Öffnen mit weggerißen werden muß, dieses stünde wohl zu ändern. Windbeuttel.« Es ist, als würde er noch einmal liebevoll von der welken Hand am Ohr gezupft, als sähe man noch einmal das schmale preußische Lächeln der alten Frau.

Bettine schrieb auf der Reise sofort, fast jeden Tag. Arnim raffte sich erst auf, als er bereits einen Brief aus Würzburg und einen aus Nürnberg erhalten hatte. Sein Schreibtag war der Jahrestag seiner Abreise aus Königsberg – der Schmerz um Auguste vermischte sich mit dem um Bettine, der ihm obendrein eine kleine Verzweiflungsverliebtheit in ein Mädchen einbrachte, das Auguste ähnlich sah. Dann geht der Brief über in Verse: »Kein Arm will mich erwärmen, kein Mund sagt guten Morgen, und ich, ich steh in Sorgen ... Meinen Herbst will ich nun machen, und der lieblichen Gedanken lachen, und sie brechen wie die Trauben, recht mit Glauben, und sie keltern, daß sie gähren und durch lange Winter währen.« Das, so betont er, sei ihm eben im Gedenken an Bettine eingefallen. Wieder einmal, wie öfter, wenn es ihm seelisch nicht gut ging, erkältete er sich heftig. Dieses Mal war der Husten so stark, daß Arnim an Schwindsucht dachte – die Hypochondrie eines Einsamen, dem niemand diese Gedanken freundlich ausredete.[*] Die Wohnung am Schloßberg war jetzt, da es herbstlich wurde, wahrscheinlich fast so kalt wie die Außenwelt. »Es weht an allen Wänden feucht in mein Zimmer hinein, morgens lieg ich wie im Nebel.« Bettine sorgte sich von fern um den Husten und schrieb in ihrer rührend ernsthaften Güte zum Thema Auguste: »Über Deine Liebschaft sage ich nichts; es ist Schickung Gottes,

---

[*] Es sei aber nicht die Schwindsucht gewesen, schreibt Arnim weiter an Clemens, sondern »ich glaube endlich es ist der Sperma gewesen, der s[ich] auf die Lunge geworfen, oh Sappermen[t], das war jetzt doch einmal eine ordentliche Schweinigeley!« (ebenda) – ein Beispiel für die gelegentlich sehr derbe Direktheit, mit der die Freunde sich ab und zu belustigten.

wenn er ein dunkles Andenken wieder einmal so klar aus dem Bronnen der Erinnerung schöpft und ihn dem Erdenpilger als Trunk darreicht.«

Wer aber denkt, Arnim sei nun, bis seine Abreise möglich wurde, völlig in Einsamkeit und Melancholie versunken, irrt sich. Gelebt hat er zweifellos von Schulden.* Bettine und Clemens berichtete er von allerlei Unternehmungen, Schauspielbesuchen, einer Reise nach Mannheim, Teilnahme an der Weinernte, auch von Arbeit an älterer deutscher Literatur. Noch immer war er nicht entschlossen, wirklich nach Berlin zu gehen. Auf jeden Fall wollte er noch Straßburg sehen – aber daraus wurde nichts. Es hätte ihn jemand mitnehmen müssen, Postkutsche und Unterkunft wären zu teuer gewesen.

Die Einladung Frau von Staëls hatte er auch nicht vergessen, und so schrieb er ihr nach seiner Rückkehr von Aschaffenburg, daß es ihm »reizend« wäre, »zur Weinlese in Coppet zu sein. Aber«, spricht ihm sein strenges Gewissen dazwischen, »ich meine, man soll nicht recht vergnügt seyn in dieser Zeit.« Daß Frau von Staël trotzdem schmeichelnd um seine Hausgenossenschaft bat, haben wir schon gehört. Da er sich aber nicht einmal den Umweg über Landshut leisten konnte, sondern aus Geldmangel auf dem kürzesten Wege nach Berlin fahren mußte, war an eine Reise in die Schweiz nicht zu denken, auch wenn er dort natürlich versorgt worden wäre. Seine Absage benennt aber auch die tieferen seelischen Gründe: »Ich bin eine Treue Seele und das ist das Einzige an mir was taugt und was hätten Sie damit in den steten Abwechslungen Ihres Hauses anfangen wollen.« Und noch eines: »Ich kann nicht dienen, ich würde bald neidisch werden auf alle Überlegenheiten, die Ihnen so reichlich verliehen.«

Allerdings machte sich Arnim auch wieder Gedanken über seine preußischen Pflichten und Chancen. »Er hat einen schönen klaren Patriotismus«, schrieb Friedrich Creuzer über ihn. Die große Geschichte war ihm erneut ganz greifbar geworden, weil französische Truppen Anfang September auf dem Weg zurück nach Frankreich durch Heidelberg zogen, vielleicht, weil Napoleon sie in Spanien brauchte, das sich als erstes besetztes Land erfolgreich erhoben hatte. Der Friedensvertrag, den Frankreich Preußen diktiert hatte, preßte

---

* So erinnert er sich und Savigny im Oktober daran, daß er ihm 78 Gulden schulde (Härtl Sa, 40, 20.10.1808). Auch von Clemens hatte er »hundert Taler Preussisch« geliehen (an Clemens, 1.10.1808, Schultz II, 542), die er auch im Frühjahr 1809 nicht zurückzahlen konnte (an Clemens, etwa 18.4.1809, Schultz II, 581).

zwar alles Geld aus dem Land, das irgend zu mobilisieren war, verhinderte aber nicht die grundlegenden Reformen, die später den Sieg über Napoleon ermöglichten. 1807 war unter dem Minister von Stein das Edikt zur (einstweilen noch begrenzten) Bauernbefreiung verabschiedet worden, 1808 die Städteordnung, die den (Besitz)Bürgern die Selbstverwaltung durch gewählte Magistrate sicherte. Arnim war kein Konservativer, wie etwa 150 Jahre lang behauptet wurde, sondern er begrüßte alles, was das Volk seiner Wunschvorstellungen entwickeln half: es sollte aus seiner Unmündigkeit befreit werden, selbsttätig sein, belehrt und vielleicht sogar gebildet werden. In dieser Richtung konnte er sich eine Staatstätigkeit, gegen die er sich früher gewehrt hatte, vorstellen. »Es scheint allerlei zu entstehen in meinem Lande, meine Angelegenheiten fordern meine Gegenwart bald«, schreibt er kurz vor der endgültigen Abreise aus Heidelberg an Bettine, fügt aber noch grimmig hinzu, das Schicksal setze ihm »unsanft die Klaue in den Nacken« und zwinge ihn, sich »nicht auf dem Olymp, sondern im Sande niederzulassen«. Anfang November erhielt er endlich Geld aus Berlin, allerdings war es so wenig, daß er Clemens die geliehenen hundert Taler nicht zurückzahlen konnte.

Mit Arnims Abreise am 16. November ging die vielgerühmte zentrale Zeit der Heidelberger Romantik endgültig zu Ende. Sie währte nur kurz. Arnim und Brentano bewohnten die schöne große Wohnung am Schloßberg gemeinsam weniger als ein halbes Jahr. Vielfältige Reisen unterbrachen die Wohngemeinschaft, was, romantisch oder nicht, eher aus Liebesgründen als dichtungshalber geschah. Grundsätzliche Ambivalenzspannungen wie zwischen Arnim und Bettine gab es zwischen ihnen in dieser Zeit nicht, da Arnim die Clementinische Ehegeschichte zwar begleitete, aber nicht persönlich nahm. Eichendorff, 1808 ein 20jähriger Student in Heidelberg, schrieb fünfzig Jahre später seine Erinnerungen an diese Jahre nieder: »Heidelberg ist selbst eine prächtige Romantik, da umschlingt der Frühling Haus und Hof und alles Gewöhnliche mit Reben und Blumen, und erzählen Burgen und Wälder ein wunderbares Märchen der Vorzeit, als gäbe es nichts Gemeines auf der Welt.«

In dieser Umgebung wirkten die Freunde Arnim und Brentano auf ihn

wie ein seltsames Ehepaar, wovon der ruhige mild-ernste Arnim den Mann, der ewig bewegliche Brentano den weiblichen Part machte ... Arnim war von hohem Wuchs und so auffallender männlicher Schönheit, daß eine geistreiche Dame einst bei seinem Anblick und Namen in das begeisterte Wortspiel: ›Ach im Arm ihm‹ ausbrach …Während Arnims Wesen etwas wohltuend Beschwichtigendes hatte, war Brentano durchaus aufregend; jener erschien im vollsten Sinne des Wortes wie ein Dichter, Brentano dagegen selber wie ein Gedicht … Klein, gewandt und südlichen Ausdrucks, mit wunderbar schönen, fast geisterhaften Augen, war er wahrhaft zauberisch, wenn er selbstkomponierte Lieder oft aus dem Stegreif zur Gitarre sang. Dies tat er am liebsten in Görres einsamer Klause, wo die Freunde allabendlich einzusprechen pflegten; und man könnte sich schwerlich einen ergötzlicheren Gegensatz zu den damals florierenden ästhetischen Tees ersinnen, als diese Abendunterhaltungen, häufig ohne Licht und brauchbare Stühle, bis tief in die Nacht hinein: wie da die Dreie alles Große und Bedeutende, das je die Welt bewegt, in ihre belebenden Kreise zogen, und mitten in dem Wetterleuchten tiefsinniger Gespräche Brentano mit seinem witzsprühenden Feuerwerk dazwischen fuhr, das dann gewöhnlich in ein schallendes Gelächter zerplatzte.

Der Frühling, die Jugend, die Dichtung – in dieser Schilderung sieht es aus, als seien sie in diesem halben Jahr eine leichte und selbstverständliche Verbindung eingegangen. Die Querelen, die Melancholie, die Schwierigkeiten des Alltags und der Liebe sind vergangen – geblieben ist die Geschichte, wie Eichendorff sie ein halbes Jahrhundert später sieht und uns erzählt.

Arnim dagegen schreibt in seinem letzten Brief an Bettine aus Heidelberg, Vossens »Calcul« sei, daß »nach der Abreise des Görres, Clemens, Isidorus* und meiner die Romantik hier aussterben müsse«. Damit hatte er zwar nicht völlig recht, aber lebendiger als in Heidelberg war sie in Zukunft in Berlin und später in München.

---

* »Isidorus« wurde Otto Heinrich Graf von Loeben genannt, ein enger Freund Eichendorffs.

BETTINE IN MÜNCHEN – DAS JAHR
IN DER ROSENSTRASSE

Bettines Reise ging über Regensburg, bis 1806 die Stadt des »Immerwährenden Reichstages«. Dort lebte die Schwieger- und Adoptivfamilie von Arnims Onkel Hans von Labes-Schlitz. Dessen Schwiegervater, Graf Görtz zu Schlitz (1737–1821), hatte als preußischer Diplomat am Reichstag den Untergang Preußens erlebt.[*] Arnims geliebte Tante kam oft zur Pflege ihrer kränkelnden Mutter (1749–1809) nach Regensburg, so auch jetzt, wodurch Bettine sie in den drei Tagen ihres Aufenthalts, wohl mit der Selbstverständlichkeit einer engen freundschaftlichen oder fast schon familiären Verbindung, kennenlernte. Entzückt hört Bettine und schreibt es an Arnim, »daß Du meine Stimme sehr bei ihr gelobt, daß ein Lied, das Du schon von mir gehört, Dir nie gut genug von andern sei gesungen worden; das unverdiente Lob machte mich rot, aber wahrlich auch die Freude«. So direkt sagte Arnim ihr sicher selten, wie sehr er ihre Fähigkeiten schätzte. Sie hatte bis dahin kaum Gelegenheit gehabt, mit Verwandten über ihn zu reden, und horchte nun die Tante aus, die offenbar gern in ein Frauengespräch mit ihr versank. Keine Dame habe Arnim widerstehen können, erzählte die Gräfin Schlitz – »und gerade gegen mich damals, wo ich es am meisten verdient hätte, warst Du so sparsam, ich muß es Dir noch verdenken«, kommentiert Bettine.

Die sensible Tante wünschte sich sehr, Arnim wiederzusehen. Wahrscheinlich wollte sie ihn »ausspähen«, wie sie es in Mecklenburg bei seinen frühen Liebeleien getan hatte. Denn irgendeine Konsequenz mußte doch die enge Beziehung zwischen Bettine und ihm irgendwann einmal haben.

Bettine zog auch in München nicht zu Fremden, sondern zu Freunden. Eine Freundin ihrer verstorbenen Schwester Sophie, Elisabeth von Pestel (1770–1833), hatte 1798 in Offenbach den aus Frankreich emigrierten Chevalier Charles Antoine de Moy de Sons geheiratet. Er hatte sich zunächst als fliegender Händler für englische und franzö-

---

[*] Bevor Friedrich der Große ihn 1778 in seine Dienste berief, war er der Erzieher der weimarischen Prinzen gewesen, also ein Vorgänger Goethes, den er haßte.

sische Wäsche in der Provinz durchgeschlagen und in München mit einem Magazin für »Seiden und andere lange Waaren, Parfümerie, Gallantrie und Bijouterie« niedergelassen. Er war viel auf Geschäftsreisen. Seine Frau war Putzmacherin, eine rundliche Dame. Das Leben in der Rosenstraße scheint gemütlich gewesen zu sein. Im übrigen war Bettine, natürlich mit einer Jungfer, unabhängig. Sie hatte zwei Zimmer bei den Moys, in denen sie auch Besuche empfing.

Ihre gesellige Anziehungskraft und neugierige Unbefangenheit müssen erstaunlich gewesen sein. Es fällt auf, daß alle ihre Freunde und Verehrer viel älter waren als sie. Gleich an einem der ersten Abende lernte sie Friedrich Heinrich Jacobi (1743–1819) kennen, den »Fritz« der Jugendzeit Goethes und ihrer Mutter, der seit 1807 Präsident der Akademie der Wissenschaften in München war. Zwei Wochen nach der Ankunft meldet Clemens an Arnim, daß Bettine täglich zu Jacobi gehe und der alte feine Philosoph und die 23jährige junge Frau, die er vierzehn Tage vorher noch nicht kannte, oft Hand in Hand säßen. Wieder einmal erinnerte sie einen ehemals verliebten alten Herrn an ihre Mutter. Arnim in Heidelberg gefiel das gar nicht, aber mehr noch beschäftigte ihn Clemens' Klatscherei, daß Bettine Jacobi von der Besuchertribüne der Akademie aus auf den Kopf spucken wollte. Er wußte zwar, daß nur »ein bischen Geniefabrick« dahintersteckte, aber der Ruf Bettines war ihm schon ebenso wichtig wie sein eigener.

Wie Schelling und Savigny gehörte auch Jacobi zu den »ausländischen« Gelehrten, die der aufklärerische Minister Montgelas an bayerische Bildungsinstitutionen berufen hatte, um frischen Wind in die katholische Gegend zu bringen. In seiner Antrittsrede 1807 äußerte sich Jacobi gegen das, was er in Bayern vorfand, mit einer Polemik, die ihm die Landeskinder übelnahmen. Er vertrat eine allgemein humanistische, sozusagen internationale Position, während Jacobis junge Kritiker sich auf die bayerische Geschichte, die Volkstradition und den Katholizismus beriefen. Arnim, der die besagte Rede und die Reaktionen darauf ebenfalls kommentierte, nannte sie blaß und »durchaus trostlos«, und seine Haltung war deutlich: *für* die Jungen, *gegen* Jacobi, und das mit teilweise scharfen Formulierungen.

Jacobi geriet darüber mit Bettine aneinander und war beeindruckt von Bettines selbstbewußtem Auftreten zu Arnims Gunsten. Das Ganze war ein Generationenkonflikt wie mit Voß. Bettine mit ihren 23 Jahren hatte vor, »ihn [Jacobi] zu bessern«, was heißt, ihn für Arnims Position zu gewinnen. Begreiflicherweise hatte sie damit keinen

Erfolg. Im April schreibt sie: »Der alte Jacobi kann mich nicht ausstehen.«

Merkwürdigerweise wurde Bettines Prominentensucht kaum von den Zeitgenossen benannt und betratscht. Es gab Eifersüchteleien, besonders mit anderen Frauen, aber keine grundsätzlichen Einwände. Empfindlich reagierte bloß Arnim, doch auch der lediglich aus Eifersucht und erzieherischen Absichten. Das kann nur mit der Geschlossenheit einer Gesellschaftsgruppe zusammenhängen, in der sich alle Türen leicht öffneten und zudem niemand demokratische Bedenken hatte, eine Hierarchie der Geister anzuerkennen. Wer berühmt und »groß« war, galt am meisten, und daß, wer konnte, den Kontakt mit den Großen suchte und pflegte, hielt man für vollkommen natürlich. Kritik betraf nur Bettines »unweibliches« Benehmen, das Klettern, Hinlegen, Schabernacktreiben. Damit war ja auch Arnim keineswegs einverstanden. Doch hielt er es inzwischen für selbstverständlich, daß seine Feinde auch ihre Feinde waren.

Sie war ihrer selbst so sicher geworden, daß sie mit ihrer Zuneigung und Abneigung schalten und walten konnte, wie es ihr innerlich paßte. Ihr kam zustatten, daß München ungleich provinzieller war als Frankfurt. Jede gesellschaftliche Neuerscheinung fiel sofort auf. Die stets leicht ironische Meline berichtet im November aus Frankfurt an Savigny: »Wir hören Wunderdinge von Bettine, wie sie in München Epochen macht, die Gesandten empfängt pp.«

Der Gesandte war Graf Stadion (1761–1811), ein entfernter Verwandter Bettines, von Wien nach München geschickt, um den Kriegseintritt Bayerns an der Seite Napoleons zu verhindern, denn die Erhebung Österreichs stand kurz bevor. Auch Stadion, ein Priester, war ein Freund von Bettines Mutter gewesen. Über ihn sprach Bettine nur in Worten der aufrichtigsten Verehrung. Als er unverrichteterdinge München verließ, hatte sie mit ihm eine »feste Freundschaft« geschlossen. Er war gegen sie »recht ... wie ein Vater gegen sein Kind ist«. Ihm zuliebe, schreibt sie an Arnim, habe sie »manches getan und unterlassen, wie er es besser fand«. Wenn ihre Sehnsucht nach einem Führer und Vater auf einen passenden, guten und imponierenden Menschen traf, war sie bereit, sich zu fügen, sich anzupassen und zu lernen. Alles Exaltierte war dann verschwunden.

Dagegen zeigte sie sich einem anderen Gesandten wohl hauptsächlich in ihrer provozierend ungewöhnlichen Haltung. Wilhelm von Humboldt (1767–1835), bis dahin preußischer Resident beim Heiligen Stuhl, kam auf der Rückreise von Rom nach München und lernte

Bettine bei seinem alten Freund Jacobi kennen. Sie versetzte den zwanzig Jahre älteren Humboldt in »größtes Erstaunen. Solche Lebhaftigkeit, solche Gedanken- und Körpersprünge (denn sie sitzt bald auf der Erde, bald auf dem Ofen), soviel Geist und Narrheit ist unerhört«, man sei »wie in einer andern Welt«. Immerhin muß er von ihr sehr beeindruckt gewesen sein. Goethe schrieb amüsiert an Bettine, Humboldt habe viel von ihr erzählt – »viel, das heißt oft. Er fing immer wieder von deiner kleinen Person zu reden an, ohne daß er so was recht eigentliches hätte zu sagen gehabt, woraus wir denn auf ein eignes Interesse schließen konnten.« Noch als sie längst »die Arnim« geworden ist, wird er an seine Frau schreiben: »Ich habe sie sehr gern, ob ich gleich nicht glaube, daß es gegenseitig bei ihr ist.« Und auch: »In ihren bizarrsten Zeiten lag das Hübscheste, was sie sagte und tat, gar nicht so in dem wahrhaft Sonderbaren.«

Überhaupt trat Bettines unterschiedliche Wirkung in München, also in einer neuen Umgebung, in der sie sich selbst definieren mußte, besonders deutlich hervor. Wer frei genug war, sich von ihr nicht provoziert zu fühlen, sondern einfach an diesem ungewöhnlichen Menschenkind Freude zu haben, kam mit ihr zurecht, wer sich und seine Werte innerlich und äußerlich in Frage gestellt sah, eben nicht.

Eine Rivalität entwickelte sich sofort zwischen Bettine und Caroline (1763–1809), der geistreichen, vom Leben hart geschlagenen Frau des elf Jahre jüngeren Schelling (1775–1854). Zu groß war der Gegensatz zwischen der von Caroline verkörperten gesellschaftlichen Kultur des 18. Jahrhunderts (und damit deren Begriff von Natur und Natürlichkeit) und Bettines romantischer Unbeherrschtheit. Caroline war 45, aber ihre Anziehung, ja ihr Liebreiz wurde bis in diese Jahre gerühmt. Bettine nannte sie dagegen »häßlich wie eine abgetragene Wildschur«*. Caroline fand Bettine schlichtweg überspannt wie ihre ganze Familie. Clemens gab sie das Beiwort Demens. Bettine sähe aus »wie eine kleine Berlinerjüdin«**, berichtet Caroline, und stelle sich auf den Kopf, »um witzig zu seyn, nicht ohne Geist, tout au con-

---

* Eine Wildschur ist ein rauher dicker Pelz. Das Wort leitet sich von dem polnischen Wort für »Wolfspelz« ab.

** Die Jüdinnen der Berliner Salons stellten eine Konkurrenz für Caroline dar, die der weibliche Mittelpunkt des frühromantischen Jenaer Kreises war. Besonders ihre Fast-Schwägerin Dorothea Veit-Mendelssohn, die in Jena als Geliebte mit Friedrich Schlegel zusammenlebte, wurde von ihr nach anfänglicher Freundschaft glühend gehaßt – was auf Gegenseitigkeit beruhte.

traire, aber es ist ein Jammer, daß sie sich so verkehrt und verreckt und verspannt hat«.

Caroline ärgerte Bettine ganz gezielt mit ihrer jungen Freundin Pauline Gotter, die später Schellings zweite Frau werden sollte und auch eines von Goethes »Äugelchen« war, eine Konkurrentin Bettines also. Bettine bekam zu hören, »wie lieb« Goethe Pauline »habe, wie liebe Briefe« er ihr schreibe. Pauline wiederum wurde von Caroline mit der Schilderung von Bettines Skurrilität bedacht: »Es ist ein wunderliches kleines Wesen, eine wahre Bettine [aus den Venezianischen Epigrammen] an körperlicher Schmieg- und Biegsamkeit, innerlich verständig, aber äußerlich ganz thöricht, anständig und doch über allen Anstand hinaus, alles aber, was sie ist und thut, ist nicht rein natürlich, und doch ist es ihr unmöglich, anders zu seyn.« Genauer hatte wohl noch niemand über Bettine geschrieben. Allerdings enthält der Verweis auf die Venezianischen Epigramme[*] auch eine weibliche Bosheit. Denn die ebenso bezaubernd wie frivol bewegliche Bettine Goethes ist eine »Lacerte« [Eidechse], ein zierliches leichtes Mädchen aus Venedig. Dennoch hatte Caroline die Überlegenheit und Klarheit, Bettine den anderen Brentanos vorzuziehen. Ihr Benehmen freilich sieht sie mit kühler Befremdung: »… nicht immer geräth ihr der Witz, und kann sie wohl auch grob seyn oder lästig. Unter dem Tisch ist sie öfterer zu finden wie drauf, auf einem Stuhl niemals. Du wirst neugierig seyn zu wissen, ob sie dabei hübsch und jung ist, und da ist wieder drollicht, daß sie weder jung noch alt, weder hübsch noch häßlich, weder wie ein Männlein noch wie ein Fräulein aussieht.« Die Schilderung des Aussehens erstaunt uns heute und ist von Caroline zweifellos subjektiv verfärbt. Doch kann man sich vorstellen, was sie gemeint haben mag, wenn man die Skizzen Ludwig Emil Grimms aus den Münchner Monaten betrachtet. Bettine wirkt darauf fast etwas verwahrlost, jedenfalls keineswegs in klassisch weiblicher Weise auf ein angenehmes Äußeres bedacht.

In München traf Bettine auch einen alten Bekannten wieder. Sehr häufig, später für beide lästig häufig war Bettine mit Ludwig Tieck zusammen. Er siedelte sich vierzehn Tage nach der Ankunft der Savignyschen Reisegruppe mit seiner Schwester und deren zwei Söhnen in München an. Zunächst suchte Bettine ihre Verliebtheit von vor

---

[*] Sie erschienen 1795 in Schillers Musenalmanach und dann 1800 im 7. Band der Neuen Schriften, den Clemens als »Antidotum gegen die Empfindsamkeit« seiner Schwester so warm ans Herz gelegt hatte.

zwei Jahren wiederzubeleben. In der ersten Zeit waren sie sehr oft zusammen, in der Rosenstraße, in der Bildergalerie, bei Jacobi. Dann wurde Tieck, der unter Gicht litt, für Monate bettlägerig und hatte quälende Schmerzen auszuhalten. Freunde und Bekannte besuchten ihn oft, Bettine über eine lange Zeit täglich. Sie gab sich ihrer erstaunlichen Leidenschaft für die Krankenpflege hin. Die gemäßigte Caroline Schelling meldet mit Scharfsicht und Befremdung: »Den Leuten, die ihn besuchten, hat sie viel Spektakel und Skandal gegeben, sie tändelt mit ihm in Worten und Werken, nennt ihn Du, küßt ihn und sagt ihm dabei die ärgsten Wahrheiten, ist auch ganz im klaren über ihn, also keineswegs etwa verliebt.« Daß Bettine sich allmählich auch von Tieck wieder entfernte, hing wohl weniger mit seiner Krankheit zusammen als mit seinen Meinungen über Literatur überhaupt, vor allem aber über Goethe und Arnim, den er nicht für einen Dichter hielt. Vor Bettine durfte weder der eine noch der andere angegriffen werden. Tieck wagte es, *Werther*, *Götz* und *Wilhelm Meister* »zu critisiren«. Das ging nun Bettine (und auch Arnim) zu weit. Als er dann gar vom Kügelgen-Relief von Goethe, dessen Abdruck ihr Arnim als besonders ähnlich geschickt hatte, behauptete, es gleiche einem Metzger, den der Ochs schlachte*, hielt sie Tieck noch eine Strafpredigt und entfernte sich dann »für immer« von ihm.

Es ist auffallend, mit wie wenig Gleichaltrigen Bettine Umgang hatte. Sie werden ihr zu langweilig, zu normal, zu »philisterhaft« gewesen sein. Außerdem war von ihnen, die nicht berühmt waren, wenig zu berichten und zu bewahren. Einzig der ihr schon von Frankfurt und der gemeinsamen Rheinreise im Sommer bekannte Karl Friedrich Rumohr (1785–1843) wurde ab Neujahr 1809 ihr Begleiter auf vielen Ausflügen in die Münchner Umgebung.

Mit einem prominenten Beispiel kündigt sich dagegen Bettines zugleich verehrende und fördernde Lebensrolle gegenüber jüngeren Männern an. Kronprinz Ludwig von Bayern, ein Jahr jünger als Bettine, war, wie sie ihn schildert, noch sehr jung und unfertig. Sie lernte ihn im November auf einem Ball der Museumsgesellschaft kennen. Bettine trug ein rotes Kleid mit goldenen Kordeln und einer goldenen Borte als Gürtel, dazu einen Schwanenpelz. »Er kam gleich sehr tief

---

* Ein Bild aus der *Verkehrten Welt*, einem barocken Schauspiel von Christian Weise, das Tieck als Vorlage für ein eigenes Theaterstück gleichen Titels diente. Goethe hielt Kügelgens Gipsmedaillon im Jahre 1810 für sein ähnlichstes Porträt.

ins Gespräch«, schrieb sie Arnim über Prinz Ludwig, »erzählte mir manches von Rom mit einer Sehnsucht, die rührend war.« Über eine halbe Stunde habe sie mit ihm geredet, berichtet sie an Savigny, »er sagte in höchster Unschuld unendlich viel Geistreiches und versicherte mich immer dabei, daß es ihm in diesem Augenblick erst einfalle und er vorher nie diese kluge Gedanken gehabt hatte«. Bettine als Anregerin, als Gedankenhebamme – das wurde später eine oft geübte Haltung, die sie zum erstenmal in Landshut zu ihrem Glück und dem ihrer Schützlinge praktizierte. Bei Ludwig kam sie nicht weit damit.

In ihrer Beziehung zu ihm verbindet sich die Faszination, die Fürsten und Prinzen auf fast alle Mädchen ausüben, mit der Besonderheit ihres Gefühls von sich selbst. Sie nahm sich das Recht, von gleich zu gleich mit jedermann zu sprechen, und hatte dazu ein eigentümlich »mütterliches« Bewußtsein. Sie fühlte sich innerlich beauftragt, zu schützen und zu halten, aber auch zu leiten und zu lehren. Ihre psychologische Einfühlung in Ludwig ist erstaunlich: »Sein ganzes Wesen scheint … mehr mit Gewalt die Freiheit erringen zu wollen als mit ihr geboren zu sein: seine Stimme, seine Sprache, seine Gebärden haben etwas Angestrengtes, wie ein Mensch, der sich mit großem Aufwand von Kräften an glatten Felswänden anklammert, um ihre Spitze zu erreichen oder nicht zu stürzen, in allen Gliedern eine zitternde ängstliche Bewegung hat.« Er hatte mehr zu bieten als seine königliche Abkunft, das spürte sie. Sie wußte von seinem Interesse für Kunst, das ihn später zum Baumeister des italienisch orientierten »modernen« München machte. Und vor allem war er politisch auf ihrer, der progressiven Seite: das hieß damals, patriotisch und gegen die Allianz zwischen Napoleon und Bayern zu sein.

Außerdem gab es eine Verbindung zu Arnim: Ausgerechnet Jacobi hatte dem König die Nummer 33 der *Zeitung für Einsiedler* gebracht, in der junge Bayern vaterländisch gesinnte, aber durchaus nicht königstreue Gedichte veröffentlichen durften. Der König meinte abgeklärt, »auf diese Seite würde sich wohl sein Sohn … schlagen«. Arnim hielt er wahrscheinlich für so unbedeutend, daß er dessen publizistische Einmischung in die Angelegenheiten seines Landes nicht allzu ernst nahm, und den eigenen Sohn in seinen politischen Ansichten für so ungefestigt, daß er ihm ein wenig Poesie gestatten konnte. Über den Kronprinzen und dessen letztlich halbherziges Engagement kam es im Jahr darauf zu einem langen brieflichen Streit zwischen Bettine und Arnim.

Savignys brauchten fast ein Vierteljahr, bis sie sich in Landshut eingerichtet hatten. Ihre Ansprüche waren wesentlich höher als später die der Arnims, und daher war an ein improvisiertes Leben bei ihnen nicht zu denken. Gunda und die Kinder blieben zunächst im bequemeren München. Aber Gundel reiste gleich in der zweiten Oktoberhälfte zu ihrem Mann, um den Haushalt vorbereiten zu helfen. Die beiden Kinder, Bettina, genannt Poulette – Hühnchen –, drei Jahre alt, und der erst sechs Monate alte Franz blieben, natürlich mit dem entsprechenden Personal, unter der Obhut von Bettine. Es war das erstemal, daß sie eine solche Verantwortung übernahm, allerdings nur für vierzehn Tage. Gundel blieb ihr Leben lang eine eher ängstliche Person, und auch Savigny war sehr bedacht und sorgsam. Es ist amüsant zu lesen, wie Bettine mit ihrer fröhlichen Lebendigkeit die zitternden Eltern beruhigt. Sie schreibt jeden Tag und berichtet: »Die Poulette hat sich gleich nach Eurer Abreise zu mir gesetzt und hat den ganzen Morgen gemalt, Männer und Kinder ohne Köpf und Leiber, nur aus Armen und Beinen zusammengesetzt … Poulette hat heute Nacht nicht gelutscht, sie hat mich gleich gebeten, es dem Vater zu schreiben … Der Bub hat sich heut an meinem Halsband in die Höh gehoben und aufgestellt.« Dazwischen erzählt sie von Tieck, von einer unerwarteten Einquartierung von vier Soldaten, von Jacobi und seinen Schwestern, von Schelling und Humboldt. »Der Bub … kommt mir alle Morgen beinah einen Zoll dicker und stärker vor; die Pulett nennt ihn einen Bierkrug, ich fragte sie, warum: Ei, weil er den ganzen Tag Bier bei der Amme zapft. – Drrrn buh – zths dh.dh.dh.thrz, – So hat Euer Sohn gesprochen, als ich ihn heute Morgen fragte, was ich dem Vater und Mutter von ihm schreiben soll … Ich wollte, sie machten doch einmal etwas Sonderbares, daß ich doch etwas zu melden hätte. Zum Beispiel, wenn Pouletter flöge und der Bub Dukaten sch-. Poulette … küßt Vater und Mutter, der Bub leckt beide ebenfalls.« Weil sie so oft schreiben muß – »O Ihr brieffressende Tiere!« –, behauptet sie, auf Savignys Kosten eine Menge Siegelwachs gekauft zu haben, denn sie verbrauche so viel. »Wohl sind die Kinder, die Kinder sind wohl, und seid nur überzeugt, daß sie wohl bleiben.« Und sie blieben gesund, sicher auch, weil ihre Sehnsucht nach den Eltern und sogar ihre Träume von Bettine geachtet wurden: »Puletter hat heute nacht geträumt, es seien zwei große Hirsche zum Fenster hereingesprungen, und das sei Vatter und Mutter gewesen. – Pulett hat heute nacht geträumt, der Vater sei zurückgekommen mit einem ledernen Rock.« Am nächsten Tag kam er tatsächlich – Savigny war vielleicht der liebevollste Vater der ganzen Großfamilie, er hielt es kaum ohne seine Kinder aus.

Am wichtigsten war die Münchner Zeit für Bettine aber im Hinblick auf die Musik. Nach der gesellschaftlichen Unruhe der ersten beiden Monate fand sie zu einer konzentrierteren Lebensweise, in der die Ausbildung ihrer Stimme die Hauptsache war. Zeichnen und Malen traten demgegenüber zurück, an Schreiben, »Dichten«, dachte nur Clemens, und auch der zu dieser Zeit kaum noch. Ende November lernte sie ihren besten und berühmtesten Musiklehrer kennen, Peter von Winter (1755–1825), mit dem Arnim in England um die Grassini rivalisiert hatte. Winter war inzwischen Hofkapellmeister in München. Von Bettines Stimme war er so angetan, daß er versprach, ihr umsonst Gesangsstunden zu geben; sie »habe eine Ähnlichkeit in der Stimme mit der Grassini«, und er werde sie, falls sie länger in München bleibe, alle Rollen, die er für die berühmte Koloraturaltistin geschrieben hatte, lehren. Bettine schauderte es – ob nur, weil er ihre Stimme so hoch einschätzte, oder auch weil sie von Arnims Affäre mit der Italienerin in London wußte, sei dahingestellt. Jedenfalls blieb Winter bei seiner Zusage und erteilte ihr Unterricht. Das war wahrhaftig eine Ehre, denn nach dem Tod Mozarts, mit dem er verfeindet war, galt Winter einigen als der größte deutsche Opernkomponist.

Bettine nahm nicht wie unsereins einmal in der Woche Gesangsunterricht, sondern täglich zwei Stunden, zwischen elf und eins. Außerdem spielte sie nachmittags zwischen vier und fünf Uhr eine Stunde Klavier mit dem Klaviermeister Bopp, der auch den bayerischen Kronprinzen unterrichtete. Winter arbeitete bei diesen Zeitdimensionen begreiflicherweise doch nicht kostenlos. Bettine vereinbarte mit ihm »zwölf Billets für 11 fl«*, also zwölf Stunden zum Preis von elf, kam aber damit im Monat auf 44 Gulden. Das Singen war Bettine aber mehr wert als lediglich Geld, es führte sie sogar zu einer ungewöhnlichen Lebensveränderung. Winter hatte ihr gesagt, sie könne es weit bringen, wenn sie ein halbes Jahr regelmäßig mit ihm arbeite. Daher kehrte sie, nachdem sie über Weihnachten bei den jetzt in Landshut eingerichteten Savignys gewesen war, »wegen dem Singen, welches ich mit Capellmeister Winter studiere«, nach München

---

* fl ist die Abkürzung für Gulden, entstanden aus dem holländischen »Florin«, was wieder eine Ableitung von der italienischen Bezeichnung für die Gold-(Gulden)-Münzen ist, »fiorentini«, Florentiner.

zurück, denn »in Landshut hört man nicht einmal die Mäuse pfeifen, so unmusikalisch ist es da«. Sie wohnte also »allein«, womit gemeint ist: nicht bei Familienangehörigen. Zwar war dem Anstand Genüge getan, weil Frau von Moy als eine Art Beschützerin angesehen werden konnte. Doch ihr stand keinerlei Autorität zu, und Bettine konnte tun und lassen, was sie wollte.

Sie nutzte diese Freiheit, um – in Grenzen – eine Art von Bohemeleben zu führen. Besonders ungewöhnlich ist ihre Freundschaft mit dem noch nicht 20jährigen Ludwig Emil Grimm, dem jüngsten Grimm-Bruder (1790–1863), der nach dem frühen Tod seiner Mutter zu einer Art Pflegekind des ganzen Freundeskreises wurde, zunächst noch unglücklich und heimwehkrank bei Arnim und Clemens in Heidelberg, wo er *Wunderhorn* und *Einsiedler*-Zeitung bebildern half, dann bei Savignys in Landshut. Alle trugen das wenige Geld zusammen, das er brauchte. Schließlich empfahl Savigny den begabten Jungen an Professor Heß von der Akademie in München, der sein Lehrer und väterlicher Freund wurde.

Bettine, die Ludwig Grimm noch von Kassel her kannte und dort auch schon von ihm gemalt worden war, machte ihn auf ihre Weise zum Schützling. In Madame Moys Haus gab es eine unbenutzte Küche, und dort führten die beiden ein poetisches Außenseiterleben: sie kochten sich ihr Abendessen – »Sagosuppe und Eyer« oder auch Schokolade – wie Kinder in einer geheimen Höhle, was für Bettine sicher ebenso abenteuerlich war wie für Ludwig Grimm. Während das Essen brutzelte, saß Bettine bei einer Kerze auf einem Schemel und las. »Wie es der Zufall wollte, war ich bekleidet, gelaagert, und drappiert, er in einer andern Ecke machte die Skize davon, meistens in höchstem Enthusiasmuß über die Natur, und litt nicht, daß ich auch nur eine Falte änderte.« Tatsächlich hat sich eine Reihe von Skizzen erhalten, »eine kleine Sammlung von lauter Bettinen, wie sie geht und steht«. Von keiner Dame der Gesellschaft aus dieser Zeit gibt es etwas Ähnliches. Bettine liegt in sehr legerer Haltung auf einem Rasenstück, sie hockt krumm neben ihrer einzigen Kerze, sie schaut ernst und versunken zwischen den etwas unordentlichen Locken auf ein Buch nieder, in den großen wollenen Schal gewickelt, von dem sie Goethe und Arnim berichtet, daß Grimm sie öfter darin gezeichnet und sie ihm damit »Juden, Türken, Heiden und Christen vorgestellt habe«. Grimm war zweifellos voller Ehrfurcht gegenüber dem sonderbaren Fräulein, von dem ihn fünf wichtige Jahre trennten. Er war

Bettine im Freien. Zeichnung von Ludwig Emil Grimm, 1809.

noch ganz kindlich; Bettine schreibt an Goethe, sie habe ihn an sich gewöhnt wie ein junges Tier, indem sie selbst sich ganz »kindisch« gab und alle vorgeschriebenen Haltungen einer jungen Dame fahren ließ.

In der Stadt fiel sie auf, weil sie sich nicht angemessen kleidete, sondern »im einfachen Hauskleid, ohne Mantel, den damals üblichen ridicule* am Arm« schon morgens früh unangemeldet bei Bekannten erschien. Ihre Herumtreibereien in den Straßen oder im morgenfeuchten Hofgarten hatten viel mit dem bekannten Gefühl der Fremdheit unter den Normalen, den »Philistern«, zu tun. Sie beschäftigte sich in den Monaten ihres Alleinlebens eindringlich mit Philosophie, viel intensiver, als die befremdeten Schilderer ihres Benehmens ahnen konnten. Wie immer in ihrem Leben wandelte sie aber alles Gelernte und Aufgenommene sogleich ins Subjektive um. Sie wollte nicht *alles* wissen, sondern das, was sie brauchen konnte, was zu ihr paßte. Hätte Schelling ihr persönlich besser gefallen, so wäre sie mit seiner Philosophie sicher anders umgegangen. Goethe gegenüber betonte sie – wie gegenüber allen Gedankengebäuden der Männer – Jacobi, Schelling, Baader –, daß ihr eigentliches Interesse auf unmittelbare Erfahrung gerichtet sei: auf die »wahre Seeligkeit« eines »süßen Schlummers« in »warmen Schatten«, auf einen Becher Wein, »daß ich die Seeligkeit in mich trinke und nichts nach anderer Weisheit frage«, oder auch nach der Nähe von Freunden und Gefährten, mit denen sie

---

* Ein gestrickter oder gehäkelter Beutel, auch aus Stoff, Vorläufer der Handtasche.

Bettine im Wollschal. Zeichnung von L. E. Grimm.

»gewohnt ist zu lächeln« und in vertraulichen Gesprächen »den eigenen Geist in der Seele« zu fühlen.

In den letzten Monaten in München war sie oft mit Franz Baader (1765–1841) zusammen. Er war einer der Vielfachbegabten der Zeit: Mediziner, Bergwissenschaftler, Geologe, Reisender, hatte auch eine eigene Glashütte, in der er experimentierte. Vor allem war er Philosoph, befreundet mit Schelling und beeinflußt von Jacob Böhme.

»Er ist«, so Bettine, »der einzige den ich unter allen leiden mag, der nicht hundertmal etwas mit der bekannten Begeisterung vorträgt, wie Schelling und andere, die mit unbegreiflicher Unverschämtheit immer die Welt durch ihr System treiben wollen; dieser Mann hat auch noch eine harmonische Bildung ... man kann vergnüglich mit ihm seyn weil er Dehmuth und Bescheidenheit genug hat und zugleich Stolz genug, um in seiner Gegenwart keinen Hochmuth zu dulten.« Sein Grundprinzip »Cogitor ergo sum« mußte ihr gefallen: der Mensch als Gedanke Gottes oder der Natur, als Ausdruck allgegenwärtigen Geistes, den er in sich selbst entwickeln sollte, paßte zu Bettines pantheistisch gefärbter Religion, zu ihrem nimmermüden Enthusiasmus im Glauben an das Gute, Edle, Heldische.

Was immer bei ihrem Denken und Schweifen herausgekommen ist – sie war oft tief in sich versunken, oft auch ratlos, auf der Suche nach einem Platz für ihre Gedanken. Erst in ihren noch weit entfernten Werken, 25 Jahre später, fand sie zu entschieden und einigermaßen klar vorgetragenen Haltungen, die sich aber in ihrer frühen Zeit und besonders in München und Landshut vorformten.

ARNIM: ZURÜCK UND VORWÄRTS NACH PREUSSEN

Als Arnim sich endlich von Heidelberg auf die Reise in die Heimat begeben konnte, machte er mit sehnsüchtigen Gedanken an Bettine im Goldenen Kopf Station. Er blieb zwei Tage, ausreichend Zeit, um »unter den Herzen der jungen Frauenzimmerlein groß Unheil anzurichten«. Zwischen Frankfurt und Gießen hatte er einen der häufigen Reiseunfälle und verletzte sich ziemlich schwer am Knie. Auf einer abschüssigen Wegstrecke gingen die Pferde durch: »… im Wagen war durchaus nichts zu machen, ein Zügel war gerissen, aber hinauszuspringen war auch nicht möglich, bis ein Hinterrad ablief und die Schnelligkeit des Wagens sich dadurch ein wenig minderte, nun wollte ich … die Pferde durch schnelles Vorspringen halten, aber theils mein Fallen beym Herausspringen, theils die erneuerte Bewegung des Wagens machte es unnütz, ich erreichte erst den Wagen, als die Pferde schon von selbst still standen, die Achse war eingeknickt und ich empfand bedeutende Schmerzen.« Arnims Kraft und körperliche Schulung als Reiter und Jäger ließ ihn hier handeln, wie man es sich bei Savigny oder Brentano nicht hätte vorstellen können. Offenbar entstand daraus kein Knochenbruch, sondern eine große Schürfwunde, deren Umgebung sich entzündete, und jedenfalls mußte er das Knie stillhalten, damit es heilen konnte.

Glück im Unglück: Dieser Unfall begründete endgültig die lebenslange Freundschaft zwischen Arnim und den Brüdern Grimm, die nach seinem Tode von Bettine fortgeführt wurde. Er blieb etwa vier Wochen in Kassel, lebte im Haushalt der gastfreundlichen Grimms und ging auch, sobald er wieder etwas gehen konnte, zu Reichardts, die ebenfalls noch in Kassel wohnten. So hatte er wieder »zwei lebenserhaltende Familien«, eine Schonzeit vor dem düsteren Berlin. Ein stilles Trauerspiel ereignete sich aber, von wenigen bemerkt, zwischen Arnim und Louise Reichardt. Er war so von Bettine erfüllt, daß es sicher jedermann auffiel. So ging er eigens zu Bettines Kasseler Hauswirt, um ihr Zimmer wiederzusehen, und ärgerte sich, daß es nicht mehr so eingerichtet war wie vor einem Jahr. Von Louise hat sich ein Billett erhalten, eine Verabredung zum Mittagessen bei Reichardts mit dem Zusatz: »Ich bin ganz trostlos über Ihren Fuß und habe gestern Abend als ich Sie die Treppe wieder hinunter hinken sahe recht gefühlt daß es mit unserm Glück vorbey ist.« Die ganze Machtlosigkeit einer Frau, die sich mehr erhoffte als Freundschaft und nun von einer fraglos mehr geliebten anderen verdrängt wird, drückt sich in diesem kurzen Briefchen aus.

Arnims Konflikte holten ihn in dieser friedlichen Zeit der Genesung dennoch ein: er mußte wieder »auf Fuchsjagd« (Voß = nordd. Fuchs) gehen, denn Voß hatte im *Morgenblatt für gebildete Stände* eine aggressive Kritik über die im September erschienenen Bände zwei und drei des *Wunderhorns* veröffentlicht. Arnim wurde darin »des Betrugs, der Forgery*, der Schmuggelei und der mutwilligen Verfälschung« beschuldigt. Daraufhin hielt er es in Kassel nicht mehr aus, »ich hätte nicht eine Stunde mit dem Ärger hier leben können«. Es kümmerte ihn nicht, daß er dabei sein Knie wieder aufrieb. Eigens, um in der Göttinger Bibliothek seinen eigenen Ankündigungstext nachzulesen und korrekt daraus zu zitieren, reiste er nach Göttingen, wo er einen offenen Brief an Voß verfaßte – und danach seine alten Verbindungen wiederbelebte und es sich wohlsein ließ. Es ist durchaus falsch, wenn man sich Arnim als einsamen und ungeselligen Menschen vorstellt, nur weil er öfter melancholisch oder mürrisch war.

Seine gesellige Begabung bewährte sich auch in Weimar, der nächsten Reisestation. Die »fünf klaren Tage« dort erschienen ihm als eine Wiedergutmachung aller Widrigkeiten des vergangenen Jahres. »Ich wäre ein Jahrhundert geblieben, hätte ich Geld gehabt«, schreibt er an Bettine. Goethe war außerordentlich liebenswürdig. Er begrüßte Arnim mit zwei Küssen, um die ihn Bettine beneidete. Wie ein Liebhaber schreibt Arnim über Goethes Mund: »seine Lippen wie die Finger großer Musiker haben eine eigentümliche Rundung, Bildung und Beweglichkeit, so daß man schon darin sehen und fühlen kann, wie er die Sprache wunderbar erregen und verbinden kann.« Nicht jeden störten offenbar Goethes schlechte Zähne, die ein Freund Rahel Varnhagens schon 1793 als gelb und »äußerst krumm« bezeichnete. Goethes Meinung über die *Einsiedler*-Zeitung war entgegen seiner eigenen ursprünglichen Skepsis sehr positiv, er zeigte Arnim das zerlesene Exemplar der *Trösteinsamkeit*, das er oft verliehen hatte, er entdecke noch immer täglich etwas Neues, das ihn erfreue.

Arnim versank in einem Wirbel anspruchsvoller Geselligkeit, sah die Jagemann und die Schopenhauer wieder, las vor bei Karoline

320 * Engl. Verfälschung, auch Falschmünzerei.

von Wolzogen, Schillers geistreicher Schwägerin, sah Schatten- und Schauspiele und wurde ins Schloß eingeladen. Der Höhepunkt war eine Tee-Einladung Christiane von Goethes am Abend des 20. Dezember. Die Anwesenheit Arnims ehrte diesen ebenso, wie sie Goethe entgegenkam. Denn dessen Situation als Ehemann »der Vulpius« war zwei Jahre nach der Heirat für die klatschsüchtig-feindseligen Damen der Gesellschaft noch immer nicht unproblematisch, und ein schöner junger Herr von Arnim machte sich zwischen den fast ausschließlich adeligen Gästen, 16 ausgewählten Personen, recht gut. Es war die erste Einladung dieser Art, die Christiane gab. Charlotte von Schiller war anwesend und auch Frau von Stein, letztere vielleicht zum erstenmal in einem Raum mit Christiane. Arnim hatte Kupferstiche mitgebracht, die Goethe herumzeigte. So war die Stimmung schon ein wenig aufgelockert. Vor allem aber las Arnim etwas Unveröffentlichtes vor, nämlich seine Bearbeitung einer lateinischen Novelle des Papstes Aeneas Sylvius für den im Entstehen begriffenen *Wintergarten: Eurial und Lukrezia.* »Oh Apoll, laß Deine Sonnenrosse noch ein paar Handvoll Gras fressen, ehe ihr Lauf die Liebhabenden trennt«, kam darin nach Müllers Aufzeichnung vor, und der Ausdruck »die Liebhabenden« gefiel sehr, ebenso wie die ganze Novelle und der Vorlesende selbst.

Ein kurzer Aufenthalt in einer Welt der Guten also – und dann reiste Arnim weiter nach Berlin, wo er am 28. Dezember eintraf.

Die Großmutter war wieder einigermaßen gesund, nur sprach sie seit dem Schlaganfall ein wenig verlangsamt. Sie empfing Arnim freundlich, schob ihm eine kleine Pastete in den Mund – und fing dann gleich an, ihn mit ihren Sorgen zu überschütten. Leidensgeschichten, Einquartierung, vielleicht Klagen über Carl Otto, der sich nicht viel um sie kümmerte – Arnim war in der Welt, in die zurückzukehren er sich so lange gewehrt hatte. »Mein Bruder ist wohl, die Geldnot groß, die Hoffnung klein, der Himmel trüb und Du sehr lieb«, schrieb er an Bettine. Sein dringendstes Anliegen mußte sein, sein Leben, das einmal ebenso beschützt gewesen war wie das Bettines, materiell neu einzurichten. Er war nun 28 Jahre alt und hätte normalerweise seinen Platz in der Welt längst gehabt. Jetzt aber schrieb er ironisch an seinen Onkel: »Himmel laß mich einen Schatz finden, ich will viel Gutes tun. Ich denke auf eine Hofmeisterstelle bey Prinzen, ich kann Federn schneiden.«

Er traf viele alte Freunde wieder und lernte neue kennen. Doch fällt bei ihm im Vergleich zu Bettine auf, wie wenig er, der Anziehende und Kluge, der wohlerzogene (wenn auch nachlässig gekleidete) Angehörige der besten Gesellschaft, in den gut zwei Jahren, die er noch ohne Bettine in seiner Heimatstadt lebte, über neue Freundschaften und Beziehungen schreibt. Was ihn bewegte, war im weitesten Sinne sein Land, Preußen. Man kann geradezu sagen, daß die Grundlage all seiner Handlungen und Absichten eine politische war; er war nur dann mit sich im Einklang, wenn er das tat, was in seinen Augen seine Vaterlandswelt am Leben erhielt oder besser: sie aus ihrem halben Tod herausholte. Damit mußte er ein Progressiver, ein Reformer sein, denn der Zusammenbruch der alten Ordnung – nicht der alten Werte – war ja besiegelt. Kritik an seinem eigenen Stand hatte er schon in Königsberg geübt, und er war Stein dort aufgefallen als einer der wenigen Adeligen, die nicht junkerlich gesinnt waren.

Arnim wußte sich mit Stein, den er verehrte, einig in der Auffassung, daß das Volk durch Information, Bildung und Gemeingeist vom unwissenden Gehorsam erlöst und zur selbstbestimmten Teilnahme am politischen Geschehen gebracht werden müßte. Anders waren die nötigen Veränderungen nicht zu erreichen. Seine gesamte künstlerische und publizistische Arbeit wollte er letztlich, in Fortführung seines frühen Entwurfes über *Die große Arbeit, eine Lebensaussicht*, der Volksbildung widmen. Ohne die Berücksichtigung politischer Zustände konnte er sich keine Liebesgeschichte, keine Anekdote, kein Theaterstück, ja fast kein Gedicht denken. »Die Kunst ist überhaupt immer nur Zeichen der Zeit.«

Als Arnim nach Berlin zurückkehrte, war Stein auf Betreiben Napoleons seit knapp zwei Monaten entlassen. An Stein hatten die Menschen geglaubt; nun herrsche Resignation, schreibt Arnim an Bettine: »die gedrängten Seelen, nachdem sie alles übrige verloren, möchten endlich einmal sehen, ob es denn wirklich einen Gott gibt.« Dennoch war unter den Intellektuellen viel in Bewegung. Die Berliner Universität wurde gegründet, berühmte Gelehrte wie Humboldt und später auch Savigny sollten berufen werden. Arnim traf Humboldt gleich auf der ersten Abendgesellschaft bei dem berühmten klassischen Philologen Friedrich August Wolf (1759–1824), der einer der Initiatoren des Unversitätsplanes war. Stein hatte viel Geld dafür bestimmt, 100 000 Taler, so daß die Übersiedlung nach Berlin für Gelehrte finanziell attraktiv war. Arnim selbst dachte daran, Professor zu werden; er fühlte sich allerdings inzwischen weit von seiner ursprünglich hohen Qualifikation als Naturwissenschaftler entfernt und wäre auch in die Geisteswissenschaften gegangen. Eine Zeitlang wollte er deshalb in Heidelberg promovieren. An Goethe schrieb er, er wolle »kuriose Geschichte« lesen – da war sein Plan also schon ironisch gebrochen.

Konkreter dachte er daran, in den Staatsdienst zu gehen – nicht nur aus Geldnot, sondern auch, weil ihn, wie immer, wenn er »in diese unseligen Mauern« kam, »eine Lust zum Einrichten des Staats« ergriff. Allerdings klingt seine Motivation auch hier nicht gerade zielgerichtet. »Schwalbenartig« hänge er sich an jede Möglichkeit, »so hing ich auch mein Nest wieder an Humboldt, machte mich zu seinem geheimen Sekretär, endlich fand ich, daß mit dem allen noch nichts wär, und da sank ich in die Leere, wie ein Seiltänzer, der von einem Turm zum andern sein Seil gespannt zu haben glaubt und findet, es ist nur ein Sonnenstrahl gewesen durch ein Turmfenster.« Humboldt sprach mit ihm über das »wunderbarste Frauenzimmer« Bettine, noch beeindruckt von der Münchner Begegnung mit ihr, über Geschäfte und Politik – doch noch war es nichts mit einer Anstellung.

Es sollte auch nichts werden. Humboldt fand ihn zu ungehobelt. »Denk Dir«, schrieb Arnim empört an Bettine, »daß Humboldt mir zur ersten Bedingung machte … daß ich die verfluchten Gesellschaften besuchen sollte, um den Leuten einen andern Begriff von mir zu geben, die mich für einen Wilden halten, der mit Gott und der Welt trotzt, da ich doch eigentlich den Fehler habe, daß ich zu weich bin.« Es ging dabei um seine Streitigkeiten mit Voß und Jacobi (und allerdings auch um eine falsche Selbsteinschätzung Arnims, denn zu weich war er nicht). Seiner Frau gegenüber äußerte sich Humboldt klarer. Der »Wunderhornmann« gehe »in solcher Pelzmütze und mit solchem Backenbart herum« und sei »so verrufen«, daß er als Stellvertreter Humboldts in Rom, der sich vom geliebten Italien wegen der unsicheren Aussichten in Berlin noch nicht endgültig, sondern nur vorübergehend trennen wollte, nicht in Frage käme. Möglicherweise spielte bei dieser Einordnung auch Bettine eine Rolle, deren Verbindung mit Arnim inzwischen allgemein bekannt war. Das »wunderbarste Frauenzimmer« mochte sie sein, aber als Diplomatengattin paßte sie kaum in die Welt, in der sich Humboldts als kultivierte Gastgeber und Kunstfreunde in Rom bewährt hatten. Arnim dachte seinerseits nicht darüber nach, ob er »eine Familie ernähren« könnte. Er wollte keine Schulden machen müssen und ungehindert das tun können, was er als seinen Auftrag in der Welt ansah. Mochte er auch wieder wie in Königsberg daran zweifeln, ob er mit seiner Entscheidung für das schreibende Leben die richtige Wahl getroffen hatte – »Millionen unsichtbarer Fäden« hielten ihn unwiderruflich in dieser Existenz fest. An Bettine geht die erstaunliche Feststellung: »mitten in einer Schlacht würde ich bedauern, daß sie nicht vorbei und daß ich sie nicht dargestellt sehen oder lesen könnte.«

Bettine war in dieser Situation unersetzlich für ihn. Mit ihrem ganzen Idealismus, aber auch mit der Sorglosigkeit einer reichen Erbin antwortete sie: »Warum solltest Du wohl gegen Deine Neigung eine Anstellung annehmen? Ja wohl würde es nutzlos sein! … Wird [man] Dich vernehmen, wenn Du in dem *Sinn der* Welt, die jetzt so elend *durch ihren Sinn* geworden, sprichst? Vielleicht ja! Allein Du, was für eine Schuld wird Dich ängstigen …? Ach und lieber lieber Arnim, die Poesie ist wahrlich das sicherste Gegengift gegen alle Krankheit jetziger Zeit.«

Und also war Arnim gerettet vor einer Festlegung, aus der er sich wahrscheinlich doch bald wieder herausgestritten hätte. Immerhin wurde er für Humboldt Vermittler in Sachen Savigny, den man für die neue Universität als »Vorsteher der zu errichtenden Juristenfakultät« gewinnen wollte. Nach vielen Verhandlungen erhielt Savigny das Berufungsschreiben im Frühjahr 1810. Arnim freute sich, daß die Savignys in seine Stadt kamen. Ob er von vornherein auch daran gedacht hat, daß Bettine mit ihnen kommen könnte, läßt sich nicht sagen. Sie war nach Weihnachten 1808 von Landshut allein nach München zurückgekehrt, um mit Winter zu singen. Niemand wußte genau, was aus ihr werden würde.

Arnim wurde in diesem Jahr ganz allmählich offener und in sich selbst überzeugter, was seine Liebe zu Bettine anging. Seine Novellensammlung *Der Wintergarten* mit dem schönen Widmungsgedicht an Bettine erschien im April 1809. In der Rahmenhandlung findet sich eine Freundes- oder Notgemeinschaft eingeschneit in einer Villa vor dem Brandenburger Tor zusammen und erzählt sich nach dem Vorbild Chaucers, Boccaccios und Goethes zum Zeitvertreib Geschichten. Der poetisch vernebelte Schauplatz ist eine überdeutliche Anspielung auf die erstarrte politische Wirklichkeit. Doch hatte Arnim sie so geschickt verfremdet, daß die Zensur keinen Anlaß fand einzugreifen. Als aufrüttelndes Zeitdokument allerdings konnte sein Buch deshalb auch kaum empfunden werden. Außer der Rahmenerzählung und einer einzigen Geschichte, *Mistris Lee*, enthält sie keine eigenen Werke Arnims, sondern nur Bearbeitungen alter Novellen,

Memoiren und anderer Vorlagen aus Italien, Frankreich und Deutschland. *Der Wintergarten* hat Arnim verhältnismäßig kurze Zeit intensiv beschäftigt, hauptsächlich seit der erzwungenen Ruhezeit bei den Grimms. Solche Arbeiten sind in Umbruchszeiten nützlich.

Das Buch war, wie schon erwähnt, Bettine zugeeignet. Am Ende läßt Arnim die Anrede »mein Clemens« in die wehmütige Erinnerung an eine wärmere Welt am Rhein einfließen. So hatte er sich öffentlich zu seinen beiden liebsten Menschen bekannt. Dennoch habe er den Namen Bettines nicht genannt, »um nicht falsch gedeutet zu werden«, schrieb er an Clemens. Leuten gegenüber, die bloß auf Klatsch aus seien, solle deshalb Clemens behaupten, er selbst sei in der Widmung gemeint. Bettine, die den *Wintergarten* durch Umwege der Post erst im Juli erhielt, wurde das Buch von ihrem Bruder in geradezu mephistophelischem Ton angekündigt: »er ist einer Person zugeeignet, deren Wagen am Pommeranzengarten ihn traurig verlies, und mit der er in einer Kapelle am Rhein die Schöne Welt theilte, ich müste mich sehr irren mein Schatz, wenn der Garten nicht zu Aschaffenburg wäre, fürchtete Anfangs, er meine meine liebe süße Auguste ... aber der Rhein, die Kapelle beruhigen mich, du, du bist es mein Schatz, in schönen Reimrosen, nur hie und da zerdrückt, und verwelkt.«

Arnims Freunde lasen die Rahmenhandlung als Ausdruck seiner Persönlichkeit und seines Charakters und schätzten sie deshalb besonders. Sie enthält viele autobiographische Anklänge und vermag auch heute noch durch ihre Wärme, ihre Grazie und Intelligenz zu bezaubern. Mit dem Werk als Ganzem war aber niemand völlig einverstanden, nicht die Grimms, nicht Savigny, nicht Goethe. Doch oft wurde ihm für das »liebe« Buch gedankt, so auch von Görres, der sehr schön die Anmut Arnims beschreibt: »Ihr leichter Schlittschuhschritt, der bisweilen so tief einschneidet, daß das Grundwasser durchbricht und den Leuten in die Augen spritzt, der zierliche Wurf, das scherzhafte Tanzen, das gefällige Cantabile, das freundliche Lachen, das wie Tageslicht durchs Ganze durchscheint, alles hat mich an Sie und das Heidelberger Leben erinnert. Das sind wahre Geistererscheinungen am hellen Tag, so lebendig kann mirs werden, als ob Sie vor mir stünden.«

Die ärgerlichste, wenn auch Arnim vielleicht unbekannt gebliebene Kritik stammt ausgerechnet von Clemens, dessen oben zitierter neidischer Brief an Bettine so weitergeht: »... wenn er es genannt hätte mein Reise Koffer, so hätte es einen Titel. Ach er hat so schöne alte feine Familienwäsche, so manches liebe Hemd von interessanten

Freundinnen gemacht, so manchen schönen welken Strauß von lieben Händen, so manche Theatermouche*, so manches Strumpfband« – und nachdem Clemens Bettine bis hier mit Andeutungen von Arnims Liebesabenteuern genügend geärgert hat, fährt er fort: »so manche Kugel aus dem Beine verstorbener Krieger geschnitten, alte Einladungsbillets zu schönen Zirkeln, und fleisig gearbeitete SchulProgramme seiner Jugend in seinem Koffer warum hat er diese nicht aus arbeitend, in Beete gereiht, und klar dem Leser gegeben. Aber da sind, die Verfluchten kuriosen Bücher, alte und neue, die ich ihm gegeben, und seine alte Landschaften und einige alte Himmellange Gedichte von ihm dazwischen geknittert, und ich ärgerte mich …« Zwar sei die Rahmenhandlung sehr fein ersonnen und ausgeführt, aber »unbegreiflich ist es, wie ein Mensch, der so einzig gehalten und fein erschaffen kann, ein so verfluchtes Zussammenknittelungs wesen treibt …«.

Arnim selbst gegenüber äußerte sich Clemens natürlich anders – vor allem dankbar und gerührt wegen der Widmung. Loben mochte er kaum etwas. Einschränkungslos begeistert war er aber über die Erzählung *Mistris Lee*, die ihm als einzige neu war – alle anderen kannte er vom gemeinsamen Sammeln und Bearbeiten. »Wenn die Geschichte ganz von dir ist, ist sie das Trefflichste, waß du je geschrieben, ich bin erstaunt über die Haltung.« Mit der »Haltung« ist wohl die genaue psychologische Wahrnehmung Arnims bei der Schilderung der Titelfigur gemeint, einer durchaus im klinischen Sinne hysterischen Frau, die durch ungewöhnlich freizügig-erotisches Benehmen zwei Brüder anzieht, ja geradezu verführt, dann wieder Angst vor der eigenen Courage hat, gewährt, zurückzieht, gewährt, einer Entführung halbherzig zustimmt – und sich schließlich von ihrem verlassenen Ehemann retten läßt und zu einer philiströsen Ruhe findet, nachdem sie ein Kind geboren hat. Mister Lee hält es für seines; eher ist es in der einzigen Nacht mit einem der Brüder, dem verliebten Laudon Gordon, entstanden.

Viele aus Arnims Umgebung wollten in diesem auffallenden Zusammentreffen einer launischen, sittlich etwas anrüchigen, aber sehr anziehenden jungen Frau mit zwei Brüdern, von denen sie sich entführen läßt, eine literarische Verarbeitung der Auguste-Bußmann-Geschichte erkennen. Christian Brentano hatte Clemens ja bei der

326 * Schönheitspflästerchen, das hier als Liebessouvenir verstanden wird.

spektakulären heimlichen Abreise aus Frankfurt geholfen. Arnim sagte nicht ja und nicht nein, aber es ist in der Tat sehr wahrscheinlich, daß Auguste, die immer deutlicher die für ihn bedrohlichste Form von Weiblichkeit verkörperte, eine wichtige Vorlage für die *Mistris Lee* dargestellt hat. Ein Frauentyp wie dieser war in seinen Werken bisher nicht vorgekommen: der »unbestimmte vollblütige halbkindische Charakter« zog ihn zweifellos ebenso an, wie er ihm verdächtig war. Für Verführung und sexuelle Anspielungen war er durchaus empfänglich. Die Lee gehört »zu den Mädchen, die man immer schon erwachsen gesehen zu haben glaubt«, strahlt aber als Erwachsene die betörende kindliche Hilflosigkeit aus, mit der Hysterikerinnen oft Männer verwirren und bestricken. Ihre »unschuldig« vorgetragene Sexualität fordert dabei unbewußt fast zur Vergewaltigung auf. Das Ganze hat einen quasi inzestuösen Hintergrund, denn als Kinder sind Lee und die Brüder zu dritt aufgewachsen. Vor dem gefährlichen Reiz einer solchen Beziehung rettet sich Arnim in Ironie und Ambivalenz. Vorgeführt wird ein Gewirr von falschen und lächerlichen Verhaltensweisen, in das alle Beteiligten geraten.

Die Zweideutigkeit der Lee – sie wirkt unschuldig und böse zugleich – zeigt sich enigmatisch in einem Traum. Aus dem Mond erhebt sich allmählich eine Feuersäule mit zwei sonnenartigen Kugeln an der Seite, »das köstlichste Gebäude, was menschliche Kunst nie nachbilden kann ... aber alles durchdrungen von einer übermenschlichen Größe, Schönheit und Macht«. Lockhart, der eine Bruder, macht »eine zotenhafte Auslegung davon«, Laudon jedoch, der seit jeher Liebende, ist darüber empört und deutet den Traum in akribischer Parallelsetzung christlich-allegorisch. Da der Leser nicht aufgeklärt wird, welche Interpretation die richtige ist, bleiben ihm das Nachdenken, die Irritation, das Staunen. Eine »unerhörte Begebenheit« wird erzählt, das Gattungsgesetz der Novelle also erfüllt. Arnim aber hatte seine Angst vor den Frauen in eine Form gebannt, über die sich reden ließ.

Die öffentliche Rezeption des *Wintergartens* war mäßig. Goethe schrieb keine Rezension, äußerte sich aber gegenüber Clemens, der ihn im August in Jena besuchte, mild und freundlich, allerdings auch er mehr über die Person Arnims als über das Werk. Außer der *Mistris Lee*, die er »eine der besten Erzählungen« nannte, »die je geschrieben wurden«, hob er nichts hervor. Es sei »eine seltsame originelle englische Geschichte, die im Meister stehen könnte«, urteilte denn auch Wilhelm Grimm. Goethes grundsätzlicher Einwand richtete sich gegen das, was uns gerade als Arnims Eigenstes erscheint: seine Neigung zum »plötzlich abstrusen Wahn, und Traum, der ihn uns oft boshaft aus der angenehmen Gegenwart entzieht«. Ähnliches gelte auch für die *Zeitung für Einsiedler*. Das romantisch Interessante war dem klassischen Meister zuwider. Noch stand man freundlich an der Weggabelung beieinander, aber die Zeit der unwiderruflichen Generationentrennung würde kommen.

Clemens wiederholte seinen Bericht über Goethes Reaktion auf das Buch noch dreimal – an Savigny, an den *Einsiedler*-Verleger Zimmer und an Görres, immer etwas variiert, in der Sache aber unverändert: Der sympathische Arnim! – aber leider: »unklar, ungesellig und zum Traum geneigt«. Clemens Brentano half auf diese Weise mit, den entstehenden Ruf Arnims als eines dem Obskuren und Umständlichen zugeneigten Autors zu festigen.

Arnim fand es angesichts der allmählich bei ihm eintreffenden Meinungen der Freunde und Feinde »sehr merkwürdig, daß von euch allen allein Bettine mit Sinn herausgehoben, was sich herausheben sollte«. Im *Wintergarten* kommt sie unter der Bezeichnung »die Geniale« vor: »Unbemerkt wischte ein Frauenzimmer zur Tür herein, das *genial* genannt wurde, sie gab mir beim ersten Händedruck einige Schneebälle in die Hände der Freundschaft« – eine kleine kokette Provokation. Aber wie las nun »die Geniale« selbst das ihr gewidmete Buch? Gab sie auch hier Arnim Schneebälle in die Hände der Freundschaft, sie, »die geschickteste unter allen Mädchen in aller Kunstbeurteilung und die strengste«, wie Arnim schreibt?

Sie verschlang die 350 (heutigen) Seiten in zwei Tagen und las sie, jedenfalls soweit sie sich dazu äußert, ganz und gar unkritisch, nur mit den Augen der Liebe. Sie urteilt nicht, sie fühlt sich in den »Zwischenakten« von ihm besucht, es interessiert sie nur, was sie von seiner inneren Welt wiedererkennt und was in ihre paßt. An Goethe meldet sie allgemein, Arnim schreibe »viel ungereimtes gereimt und viel gereimtes ungereimt, er ist der beste«, eine eigentlich ambivalente Äußerung. Doch will sie sich keinesfalls in ihrer Verehrung dessen, was sie Arnims Herrlichkeit nennt, stören lassen. So kommen von der strengen Kritikerin nur warme begeisterte Zurufe: »Die liebe, liebe Romanze!« oder: »das ganze Ebenteuer (*sic!*) so zart, wies nur … im feinsten Hauch der Farben die spielende Liebe sich ausmalt« oder: »Dein Wintergarten ist mein Freund, er liegt unter meinem Kopfkissen und beim Erwachen drück ich ihn an mein Herz.«

Bettine. Farbige Miniatur von einem unbekannten Maler.

Das also war es, was Arnim als die eigentlich wünschenswerte Rezeption empfand. Er ertrug zwar hochherzig, was ihm die anderen kritisch sagten – aber eigentlich war er unersättlich nach Anerkennung und Wärme, und er, der hochintelligente Beurteiler fremder Werke, hielt Lob, ja Anhimmelung für die gerechte Behandlung dessen, was er hervorbrachte.

Überhaupt wurde ihm immer klarer, was er an Bettine besaß. Die Skepsis der Zeit nach der Trennung in Aschaffenburg scheint abgelegt. Seine gelegentlich auffahrende Rechthaberei und Strenge, die er sich ebenso selbstverständlich anmaßte, wie sie sie demütig hinnahm (und dann überging), hatte ihrer unverdrossenen Zuneigung, ihrem natürlichen Festhalten an ihm und vor allem ihrem Zauber nichts an Macht nehmen können. Glücklich und aufgeregt dankt er ihr für eine Miniatur, die sie für ihn malen ließ: »Liebes, liebes Kind! so rufe ich oft vor mir, wenn ich vor Deinem Bilde sitze, die Knie über einander geschlagen, die Hände drauf gefalten; da liegst Du vor mir, und ich wundre mich, wie die Stunden so schnell umgehen ... Es muß ein guter Mann gewesen sein, Dein Maler, er hat wirklich manches von Dir recht gut aufgefaßt, den Kopf so frei hingestellt, selbst die Bernsteinperlen sind recht ähnlich. Du weißt nicht, wieviel Freude Du mir mit dem Bilde gemacht hast; ich lief selbst nach der Post, wo ich mit Angst zusah, wie der Kerl, der es visitirte, künstlich aufmachte, sich die Brille aufsetzte und sagte: Ist gut gemacht. Ich riß es ihm weg ... Er ist die einzige Seele, die es gesehen hat, das tut mir gar leid, ich möchte es meinen Bekannten zeigen dürfen, doch das geht nun einmal nicht!« Die weltliche Ungeklärtheit ihrer Beziehung verbot also ihre Veröffentlichung. Der Besitz eines Bildes wäre ihm kompromittierend erschienen. Daß Bettine sein Ströhling-Porträt in ihrem Zimmer hängen hatte, monierte er allerdings nicht.

Wahrscheinlich ist das erwähnte kleine Medaillon das ähnlichste Bild, das sich von Bettine erhalten hat. Die großen Augen unter der breiten Stirn blicken nachdenklich und eindringlich den Betrachter an. Das Gesicht ist in seinem Ausdruck sehr stark von Mund und Nase bestimmt, die eigenwillig zueinanderstehen und sich nicht eigentlich als »schön« einordnen lassen. Die Wangen sind noch jugendlich voll – wie Arnims in fast gleichem Alter auf dem Ströhling-Bild. An den Veränderungen, die der Malerenkel Achim von Arnim bei seinem nach der Miniatur gemalten großen Ölbild, das heute in Wiepersdorf hängt, nicht vermeiden konnte, zeigt sich das eigentlich Individuelle der damals fast 24jährigen. Die »Bettine« aus der zweiten Hälfte des 19. Jahrhunderts ist schöner, schmaler, älter, italienischer und – uninteressanter. Arnims »liebes liebes Kind« ist sie nicht.

Mitten in seinen vielen Berichten über Erlebnisse und Menschen tauchen jetzt Bekenntnisse auf, mit denen er früher sehr viel sparsamer umging. »In Deinen Augen flammt ein Wunderlicht, das Dich immer jung erhält«, heißt es anläßlich ihres 24. Geburtstages, von dem sie schreibt: »da bin ich alt geworden, ich sag dirs nicht, wie alt.« Wer immer jung ist, mit dem kann man alt werden. Ganz allmählich bilden sich in Arnim tatsächlich konkretere Vorstellungen vom Zu-

sammenleben aus. Das »liebe Feuer« von Bettines Augen entbehre
er »in diesem Notstalle von Stadt« mit »Ungeduld, Mißbehagen und
Überdruß« – hätte er doch nicht so »nachlässig verträumt«, was er
früher eigentlich schon besaß! »Einmal nur die Jahre zurückgedreht,
wieviel ließe sich bessern!« Er erinnert sich sogar eines kleinen Gutes
am Rhein, das er zur Zeit ihres ersten Treffens, als das Leben ihm
noch leichter von der Hand ging, hätte kaufen können – nun aber
sei er sonderbar geworden, unduldsam, und könne »wenig Glück verdienen, empfangen und bewahren«. Er habe ihr nicht einmal glauben
wollen, als sie ihm versicherte, sie sei ihm »mit ganzer Seele zugewandt«. Und er warnt sie, einsichtig, wie er früher nicht war, vor der
»Teufelei« in sich, vor der Neigung, seinen »schönsten und liebsten
Überzeugungen« nicht recht zu glauben. Er hat Angst um sie – nicht
unbedingt das sicherste Zeichen von Liebe –, aber die Wärme, mit
der er diese Angst äußert, gilt mehr und mehr seinem nächsten Menschen. Allein die Mitteilung, sie habe Husten, macht ihm Sorgen.

Angst vor dem Verlust Bettines war in einem anderen Sinne viel
plausibler: der Krieg zwischen Österreich und Frankreich stand kurz
bevor. Daß in Süddeutschland gekämpft werden würde, war sicher. In
München wurden »Gallerie und Bibliothek eingepackt«, um sie vor
möglichen Schäden durch Kanonen und Feuer zu schützen. Arnim
lud halb spielerisch, halb ernst die ganze in Bayern versammelte
Familie nach Bärwalde ein; es sei mit dem Gut zwar nicht weit her,
aber »das Notdürftige können wir uns immer noch erjagen, erfischen,
von den Bäumen schütteln, aus dem Backofen stehlen«. Vom 23. bis
26. März kam es in Landshut tatsächlich zu schweren Kämpfen, über
die Arnim zunächst sehr lückenhaft informiert war. Der Bericht von
Bettine, die in München lebte wie »mitten im Frieden«, und die genaue Schilderung von Clemens, der alles miterlebte, erreichten ihn
erst Anfang Mai. Bis dahin ängstigte ihn das Gerücht, München sei
geplündert und verwüstet worden. Nun aber: »Du lebst, Dir ist nichts
geschehen, und ich sehe nach oben, mir ist doch noch viel Gutes geblieben und ich kann noch viel verlieren!«

Bettine wurde mehr und mehr zu dem, was einzig sicher war in seiner Welt. Seine finanzielle Situation war so bedrängt, daß er manchmal kein Geld für den Mittagstisch hatte. Frohreich, der ihm viele
Jahre gedient hatte, verließ ihn, weil er lieber einen kleinen Grund-
besitz bearbeiten als weiter bei Arnim bleiben wollte. Bettine verstand das sehr richtig auch als einen Verlust an Fürsorge und Nähe.
Arnim konnte sich keinen neuen Diener mehr leisten, ein Zeichen

sehr weitgehender Armut. Die Situation Preußens war außerdem zum Verzweifeln, die auf Stein folgende Regierung Dohna-Altenstein unfähig, das Königspaar noch immer in Königsberg.

Einem ebenfalls verzweifelt romantischen Hoffnungsträger, dem Major Ferdinand von Schill (1776–1809), Kommandeur eines Berliner Husarenregiments, begegnete Arnim häufig. Er schätzte ihn sehr und verfolgte enthusiastisch dessen Aufbruch nach der Nachricht von der Niederlage der Napoleonfeinde im Süden. Schill, ein tapferer und vom Kampf um die Festung Kolberg bekannter Mann, brachte seine 500 schwarzgekleideten Leibhusaren dazu, mit ihm entgegen allen Befehlen aus Berlin auszubrechen in der Hoffnung, einen Volksaufstand zu entfachen – ein »heldisches«, wenn auch zweifelhaftes Unternehmen. Denn der Untergang war ihm gewiß. Friedrich Wilhelm III. verurteilte die Eigenmächtigkeit scharf und dachte nicht daran, sich davon aufrütteln zu lassen. Begeisterung und Zulauf waren gleichwohl groß, doch hängten sich auch viele Asoziale und Verzweifelte an Schill. Wie Arnim an Clemens in einem langen Bericht schreibt, folgten dem Major schließlich etwa 12 000 Mann, die wahrscheinlich eher eine Bedrohung für die Bevölkerung waren als ein überzeugender Anreiz zur Erhebung. Schill fiel am 31. Mai 1809 in der französisch besetzten Festung Stralsund im Straßenkampf gegen die mit Napoleon verbündeten Dänen und Holländer. Zwölf seiner Offiziere wurden ebenfalls zu Märtyrern, weil Napoleon ein Exempel statuieren wollte und sie in Wesel erschießen ließ. In den Briefen an Bettine spielen Arnims Hoffnungen und die Verzweiflung nach dem Tode Schills eine wichtige Rolle: »Da besoff ich mich in dem Schmerzenswein, ließ mir auch von Prinz Ludwigs Tode und Colberg singen, mitten unter Waschweibern, die ihre Wasserzuber verließen und die Hände in die Seite stellten … Es ist alles vorüber und es kommt eine andre Zeit, hoffnungslos, trostlos, und die Menschen werden darin scherzen und keine Ahnung haben vom Besseren, wie sie waren!«

Die Gefährlichkeit der Märtyrer zeigte sich auch bei einem anderen Helden, der Bettine beschäftigte: Andreas Hofer, der tollkühne Anführer des Tiroler Aufstandes, der sich an die Niederlage Österreichs anschloß. Bettines Interesse für Politik, das nach Arnims Tod so wichtig für sie werden sollte, begann sich in dieser Zeit zu entwickeln. Den »Tyrolern«, die als Volksgruppe, nicht als zum Dienst gezwungenes Heer, im Kampf gegen die Franzosen und ihre Verbündeten erfolgreich waren und dennoch im Frieden von Schönbrunn (Oktober 1809) von Kaiser Franz entgegen seinen vorherigen Zusagen aufgegeben wurden, war sie leidenschaftlich zugetan. Andreas Hofer, der trotz des kaiserlichen Verrats weiterkämpfte, war ein Held nach ihrem Herzen.

Scheiternde Helden beschäftigen die Phantasie. Auf Schill machte nicht nur Arnim Gedichte, sondern er lebte auch in Liedern von Ernst Moritz Arndt, Staegemann und Schenkendorff fort. Wie nah Arnim Schills Schicksal ging, ja wie sehr er sich mit ihm identifizierte, zeigt ein Traum. »Neulich träumte ich von Schill, er gehe durch eine große Parade unserer Offiziere, die alle hochmütig steif auf ihn blicken, läßt sein Pferd bringen, aber wie er aufsteigen will, reißt der Bügel, die Leute lachen, er voltigirt jetzt von hinten auf das Pferd, aber das Pferd wird zu einem hölzernen trojanischen Rosse. Er kommt doch hinauf, aber nun rückt der Sattel immer weiter vom Zügel, daß er den Zügel trotz aller Mühe nicht erreichen kann.« Bewußt hätte Arnim kaum über Schill gelacht. So mag der Traum-Schill eine unbewußte Gestaltung des lächerlichen »preußischen Helden« sein, als den sich Arnim selbst verstehen muß.

Denn die allgemeine verzweifelte Situation hatte ihre handgreifliche Entsprechung in der persönlichen. Im Mai besuchte Arnim seine angestammten väterlichen Güter in der Uckermark, durch die er auch einen Sitz im Kreistag hatte. Er hoffte, dort für seine politischen Ansichten Freunde oder Gleichgesinnte zu finden, und sprach bei diesem ersten Mal nicht öffentlich, sondern versuchte sich »den Leuten einzeln deutlich zu machen«. Das Resultat konnte er nur mit Sarkasmus beschreiben: »Da fand ich aber alles so verschwägert, vervettert und verbast, daß es wie in allen Familien herging, der langweiligste Schwätzer behielt recht … Nachdem nun einen Vormittag lang so blutwenig zum Besten des Vaterlandes getan, wurde den Mittag ungeheuer gefressen und gesoffen, was sein Gutes hatte; denn alle erklärten, sie wären mit diesem Landtage besonders zufrieden.« Das heruntergekommene Schloß von Arnims Eltern war »so miserabel vornehm wie eine abgetragene Samthose«. Es befand sich durch die Franzosen und spätere Einbrüche in einem »unsäglichen« Zustand, der Gartenzaun verfeuert, die Fenster zerbrochen. Clemens Brentano, der Arnim im Winter 1809 einmal begleitete, als dieser seiner Gutsherrenpflicht als örtlicher Richter nachkommen mußte, schreibt von seinem »verfallenen lächerlichdurchlöcherten Schloß«. In Arnims Zimmer fand sich ein zwar romantisches, aber trauriges Durcheinander: »Landkartenhaufen, Silhouetten, Spazierstöcke, Gemälde von französischen Aktrizen.« Er rettete sich vor Melancholie und Untätigkeit auf das benachbarte Gut eines gräflichen Vetters, dem die Ruine Boitzenburg gehörte – der Name Arnim-Boitzenburg war für Arnims Töchter später der Inbegriff reicher Verwandtschaft, für Bettine aber mit staatlichen Repressalien bis hin zur Androhung einer Gefängnisstrafe verbunden (ein Graf Arnim-Boitzenburg war in den vierziger Jahren Innenminister). Dort sah Arnim einen »artigen Garten, einen Weinberg« und »mancherlei Hübsches«. Der Vergleich mit seiner eigenen »Wüstenei« brachte ihn denn doch auf den Gedanken: »Hätte ich mich wie ein andrer früher beschränken gelernt, wäre vielleicht manches ähnliche bei mir entstanden.«

Gerade seine gänzlich unklare Stellung in der Welt ließ in Arnim die Sehnsucht nach Bettine wachsen. Doch konnte er es vor sich selbst verantworten, sie endgültig in sein Leben zu ziehen? Wo hätten sie leben sollen? Da die Güter verwahrlost waren und keiner von beiden auf dem Lande wohnen wollte, hätte nur das Haus der Großmutter Platz geboten, »das ewig voll Qual, Streit und Unruhe« war. Frau von Labes, immer noch eine Autorität, hätte, wie Arnim später schreibt, Bettine nie akzeptiert: »hättest Du Dich nur einmal in der Art, wie Du es häufig tust, über den Tisch ausgestreckt, sie hätte es Dir nie vergessen oder verziehen.«

Dennoch – auf sehr indirekte Weise führt er den Gedanken an eine Heirat ein, und zwar anläßlich der Verlobung seiner spröden Auguste Schwinck mit seinem Logierfreund Wißmann, inzwischen Regierungspräsident in Königsberg. Arnim gratulierte ihrer Mutter, mit der er immer noch seine vertrauliche Korrespondenz über den ganzen Fall führte. Die Frau Kommerzienrätin Schwinck antwortete, sie sei nach dem Empfang von Arnims Brief »mit einiger Traurigkeit eingeschlafen, da hätte ihr geträumt, wie ich [Arnim] in Verzweiflung in ihr Zimmer gestürzt, mich bei ihrem Stuhle niedergeworfen, und wie sie mir die Locken gestreichelt, um mich zu trösten; aber da wäre ihre Tochter Auguste lustig hereingetreten, habe mir einen Spiegel vorgehalten, worin ein Mädchen abgebildet, das mit kleinen Rosen auf dem Kopfe, mit einer *Bernsteinkette* um den Hals geschmückt gewesen, das mich freundlich gewinkt, und sie hätte mich bald gesehen, wie ich der die Hand gedrückt und sie alle drüber vergessen. Als sie aufgewacht, habe ihr kleinstes Kind an der Stelle gelegen, wo ich gesessen, und Auguste vor ihr gestanden.«

Ein solcher Traum erschiene als ein sensationelles Beispiel von Telepathie – wenn er echt wäre. Arnim schloß das Bettine gegenüber sofort verärgert aus: »Ich kann solche Fabrikträume im wirklichen Leben nicht leiden.« Dennoch: Es tröstete ihn, daß Bettines Miniatur nur zwei Tage nach der Verlobungsnachricht, die seinen Stolz wohl immer noch kränkte, eingetroffen war. Auf diesem Bild trug sie die Bernsteinkette, von der Frau Schwinck, so meint er, nichts wissen konnte. Ein bißchen mysteriös war die Sache also doch – und die mütterliche Absicht, eine Verlobung neben die andere zu setzen, war ihm so klar wie Bettine.

Diese überhörte das indirekte Anklopfen. Der Briefwechsel ging weiter wie bisher: lebendig, vertraut, voller Meinungsverschiedenheit, voller Liebe und Sehnsucht, voller Poesie, auch voller Treueversicherungen – aber ohne das Wort Verlobung oder gar Hochzeit. Arnim las Bettine heftig die Leviten wegen ihrer verstiegenen Anbetung des bayerischen Kronprinzen, den er für politisch unzuverlässig und aufgeblasen heldisch hielt, wegen ihrer unrealistischen Kunsttheorien, wegen ihrer Reisepläne zu ihm und zu Goethe, von denen sie doch wissen konnte, daß sie sich nicht verwirklichen ließen. »Was sollten wir nun, wenn wir beisammen wären? Die Sterne zählen und Abschied nehmen? Oder sollen wir versuchen, wie lange wir mit einander uns vertragen, wie viel oder wie wenig wir einander sein können in Rast und Ruhe?« Verbittert denkt er gelegentlich wieder an Kriegsdienst. Das alles aber ginge nur, »ohne Dich da hineinzureißen, wie Du es einmal wünschtest, daß ich Dich zu allem, was ich unternehme, mitziehen möchte. Sei froh, daß Du ein Mädchen bist, und sei es ganz!« Womit er wieder einmal meint: Paß dich an, bleib, wo es sich gehört. Und doch endet auch dieser Brief mit einem Bekenntnis: Andere Mädchen hätten ihn wohl ein paarmal gereizt, »ich habe mit ihnen ein paar Abende rasend getanzt, weiter reichte es doch nicht, ich blieb Dir doch allein vertraulich gut«. Das anschließende Gedicht, später in die *Dolores* aufgenommen, endet mit den Zeilen: »Halt mich fest und lieb mich wieder / Sieh, ich stürze sonst hernieder.«

Bettine antwortete zum Thema »ein Mädchen sein« mit der Kraft, die sie plötzlich und entschieden an den Tag legen konnte: »Ich bins gern, weil es Dir so gefällt; aber sonst würde ich immer lieber ein Knabe sein, um ungehindert und unbekümmert Dir zur Seite stehen zu können, wenn ichs begehre. Geh nur immer allein und einsam Deinen Weg, wenn Du mit der Zeit es bereuen willst. Die Zeit komme nie, die Dich von Deinem Weg abwende …« Aber sofort fällt sie wieder zurück in den Ton, der sie immer rettet – nicht etwa »mädchen«-

hafte demütige Anpassung, sondern Bewunderung seiner »Herrlichkeit«, der sie sich unterordnet: »… denn er ist schön und herrlich, dieser Weg. Selbst im *Winter* sprossen südliche Pflanzen unter Deinen Tritten, der Ölbaum grünt, der Lorbeer treibt.« Also: Lorbeer ja, Zusammenleben nein. Zu sehr sprachen ihre eigensten innersten Wünsche gegen eine feste standesgemäße Verbindung. Der Traum der Frau Schwinck war nicht der ihre.

Die Kriegsereignisse und wohl auch ihr Leben ohne Familie in München hatten ihr allerdings deutlicher als bisher gezeigt, wer wirklich zu ihr gehörte. An Savigny schrieb sie: »Arnim ist doch der Mensch, der alles Recht auf mich hat, und wenn ich auch nicht mit ihm geheurathet bin, so gehören wir doch nicht minder zusammen als Ihr beide. Denkt, wenn Ihr in einer so trostlosen Zeit voneinander geschieden sein müßtet, denkt!« Und an Arnim: »Ich sage Dir fest und bestimmt, daß ich nie mehr Abschied von Dir nehmen will; wenn ich wieder zu Dir komme, so gehe ich nie mehr weg, also richte Dich danach …«

Nun antwortet Arnim direkt, gleich im nächsten Brief, wohl beglückt, daß endlich einmal die Dinge zur Sprache kommen: »Es ist mir zuweilen, als sollten wir beide zusammen in alle Welt gehen, aber wo liegt alle Welt? und fast ermüde ich. Paßte ich in irgendeine bürgerliche Ordnung und könnte eine Frau ernähren, so könnten wir uns wie andere ehrliche Leute dreimal aufbieten lassen, Gäste einladen, kochen und backen und heiraten. Ungeachtet wir einander nie vom Heiraten vorerzählt, womit andere sonst anfangen, so meine ich doch, daß Dir so wenig wie mir der Gedanke sehr fremdartig ist, wenn ich es gleich mit großer Verwunderung vor mir geschrieben sehe.« Man müßte über dieses eigenartige Augenaufschlagen eines 28jährigen Mannes, der endlich nach jahrelanger Korrespondenz in seinem 86. Brief als Reaktion auf den 106. seiner Freundin mannhaft das Wort »Heirat« ausspricht, einigermaßen erstaunt sein, handelte es sich nicht um Arnim, dessen Mißtrauen und Zögern uns mittlerweile ebenso bekannt sind wie Bettines nach den Kriterien der Zeit nicht eben große Ehetauglichkeit.

Er habe, schreibt er weiter, in der Bibel und im Gesetzbuch seines Vaterlandes, im Allgemeinen Preußischen Landrecht, nachgeschlagen und in beiden Büchern die »wunderlichsten Widersprüche« in »den wunderlichsten Definitionen« gefunden. Und der ernsthafte Arnim kommt nun wie der frivole Baron in Goethes *Wahlverwandtschaften* (die erst zur September-Buchmesse desselben Jahres erschienen) auf den Gedanken einer Probeehe als einer »durchaus zweckmäßigen Einrichtung, z. B. auf vier, acht, achtzehn Wochen; weise den Vorschlag nicht so von der Hand, in bessern Zeiten könnten wir einmal daran denken ...«. Der Brief schließt mit der Bitte um Bettines »Betrachtungen« zum Thema. Dergleichen Absicherungen und Einwände rücken freilich wieder alles ins Weite. Unrealistischer als der Vorschlag, eine Probeehe einzugehen, konnte für Arnim im tiefsten Grunde nichts sein.

Auch Bettine wich aus. Der Bitte um ihre »Betrachtungen« zum Thema kam sie, die doch nichts lieber tat, als über Liebe zu reden, nicht nach. Offenbar hatte auch sie Angst vor dem Allzurealen, dem Allzupraktischen, das Arnim da plötzlich in ihre eingespielte Freundschafts- und Liebessprache hineinbrachte. Die Briefe vor der Ehe bewegen sich ja trotz der vielen konkreten Themen in einem Zauberreich, dessen wichtigstes Gesetz bei aller innigen Nähe und Zusammengehörigkeit der beiden Schreibenden ein unverbindliches Schweben verlangt, ein Nicht-von-dieser-Welt der Liebe mitten in der Welt – und diesen Grundton hatte Arnim, wenn auch zögernd, gestört. Erst nach Monaten, nach mehreren langen Briefen und dem Umzug von München nach Landshut kommt eine verschwommene Antwort von Bettine: »Arnim, ich habe heute in der Bibel gelesen: ›Du hast mir kundgetan die Wege des Lebens, du wirst mich erfüllen mit Freuden vor deinem Angesicht‹ und dabei habe ich an Dich gedacht; nehmlich, ich will mit Dir gehen die Wege des Lebens, und es wird mich erfüllen mit Freuden Dein Angesicht ...« Das Bibelzitat bezieht sich allerdings auf Gott; aber mit solchen Gleichsetzungen nahm Bettine, nahm überhaupt die Romantik es nicht so genau. Der Brief bleibt in dem etwas schwärmerischen ungenauen Ton, den Bettine oft benutzt, wenn sie sich nicht festlegen und im Grunde vor allem sich selbst genießen will. Keine Rede von einer Verlobung.

Doch enthält der Brief mit dem Psalmenzitat auch etwas Neues, das Arnim wohl mehr hätte beängstigen können als Bettines wohlbekannte Phantasien über unrealisierbare Zukunftsperspektiven. Zwar war sie unermüdlich, wenn es galt, die Savignys zu trösten und zu ermuntern, besonders Gundel, die schwanger gewesen war und durch die Aufregungen des Krieges ihr Kind verloren hatte. Aber es bedrückten sie Gedanken an den Tod – an den Arnims, an den Goethes, an ihren eigenen, was sie freilich mit Verzweiflungskomik verbrämt. Sie denkt sich eine ironische Grabinschrift für sich aus:

Hier liegt sie, die hat sparen sollen
und nicht hat sparen wollen ...
denn hätt' sie getan, wie sie gewollt,
hätt nicht angesehen zeitlichen Sold,
um den sie hätt' himmlische Künste erworben,
dann wär sie gewiß nicht gestorben.

Sie hatte in diesem Sommer keine große Freude an sich, berichtet sogar von einem vielleicht psychosomatischen Symptom, »*Herzklopfen*«, im Brief unterstrichen. Die Enge des damals noch ganz mittelalterlichen Münchens mag sie bedrückt haben wie früher Frankfurt. »Seit langer Zeit, wo ich wie eine Schnecke in meiner Wohnung verkrochen war, ist mirs wieder einmal geschehen, daß ich einen späten Abend im Freien zubrachte ... [Ich hab] eine Viertelstunde im Nachttau gelegen, hab den Sand durch meine Hände laufen lassen, aber der [Nymphenburger] Canal ist kein Rhein. Da begleitet einen kein Arnim ...« Erkältungen, die sie am Singen hinderten, hatte sie öfter, in diesem Jahr besonders lange. Immer wieder spricht sie von ihrer Melancholie.

Aber es gab auch andere Sorgen. Ungewöhnlich und neu ist, daß sie mit den Savignys über größere und auch sehr kleine Geldsummen korrespondiert, offenbar von ihnen zur Sparsamkeit angehalten, was sie in ihrem Epitaph verspottet. Anlaß war der Vormundsbruder Franz. Bettine besaß zu dieser Zeit an angelegtem Geld 34 700 Gulden, die in Frankfurt verwaltet wurden. Im Juni hatte sie für das Jahr 1809 bereits 1310 Gulden ausgegeben. Franz, der wegen ihrer großen Ausgaben im Vorjahr (s. S. 295) gerade auf dem Kuratelamt der Stadt Frankfurt »herunter gemacht« worden war »wie ein Schulknabe«, schrieb ihr daraufhin einen besorgten Brief mit der Bitte, sich »nach ihrer Dekke zu strekken«. Der Brief war trotz der Ermahnungen so liebevoll, daß Bettine beeindruckt war und »voll Freundlichkeit« zurückschrieb. Sie bekam, da sie noch nicht volljährig war (nach damaligem Recht wurde man das mit 25), aus Frankfurt kein Geld zur eigenen Verfügung, sondern nur über Savigny und legte diesem nun eine Zeitlang reuig Rechenschaft ab. »Für Winter den Monat April 44 fl. Für mich ungefähr für den Monat Mai 33 fl. Der Moy bin ich schuldig zum Teil für Steuren der armen Abgebrannten pp. und für mich 38 f 30 x [Kreuzer] und so weiter.« Sie blieb auch jetzt freigebig wie ihr ganzes Leben lang. Ihre Hilfe galt etwa den »armen Gefangenen« aus Tirol. War das Geld ausgegeben, dann war eben keines mehr da. Sie überlegte sogar – wohl kaum ernsthaft –, ob sie ihr Mädchen Friederike entlassen solle, mit der sie ohnehin allerlei Schwierigkeiten hatte, aber »irgendjemand muß ich doch haben, der mich begleitet und meine Sachen in Ordnung hält«. Sie trennt sich von ihrem teuren und berühmten Musiklehrer Winter, allerdings auch deshalb, weil sie ihn »stinkfaul« findet, und nimmt einen anderen, der sie kurzfristig begeistert und nur einen Carolin* im Monat kostet – was wohl alles gar nicht stimmt, denn im August singt sie schon wieder mit Winter und hat nur einen Monat ausgesetzt, weil sie eine Kur für ihren Hals nötig hatte. Aber dann kommt der sarkastische Seufzer: »Ei, wenn ich nix mehr hab, so komme ich zu Euch; hab ich meinen Marder gefüttert, der sehr artig und klug war, so werdet Ihr doch einen Papegei, einen Komm Hans, wie ich bin, füttern.« Kein gutes Selbstgefühl äußert sich hier, eher die Lust, sich selbst herabzusetzen.

Es versteht sich, daß Bettine ebenso intensiv wie an den Reisen zu Arnim an denen zu Goethe herumphantasierte. Clemens versuchte sie zu überreden, mit ihm nach Weimar zu reisen – die Vorbereitungen solle sie aber vor Savigny geheimhalten: »Du liebst unsern alten Göthe so, er liebt dich so herzlich, und er, der am Rande des Lebens steht, stirbt vielleicht plözlich hin, während du in München singst.« Clemens stellt dabei sogar ein mit der Reise kombiniertes Wiedersehen mit Arnim in Aussicht, eventuell einen Umzug nach Berlin, wo Bettine im Schutz des Onkels Carl von La Roche leben könnte. Die sehr ernste Antwort Bettines zeigt, daß sie sich weit vom jugendlichen Ungestüm von vor drei Jahren entfernt hat. »Du magst es nun Schwachheit nennen oder was Du willst, so bin ich durchaus unfähig etwas, was dem Savigny Anstößig ist, zu unternehmen, er hat mich auf meine Ehrlichkeit trauend mit genommen, ist zum Theil Schuldig, dem Franz und Consorten dem dies allerdings nicht als etwas honetes einleuchten würde, Rechenschaft über mich abzulegen.« »Anstößig« und »Schuldig« sind mit großen Anfangsbuchstaben geschrieben – Wörter also, auf die Bettine besonderen Nachdruck legen wollte. Sie wolle warten, bis sie in zehn Monaten, am 4. April 1810, volljährig werde und dann ihre Freiheit nutzen könne, »ich mag seyn wo ich will«.

Doch klingen ihre Pläne anders als früher: »lang, viel weniger im-

---

* Ein Carolin entspricht etwa 11 Gulden, vgl. Clemens an Zimmer (12.12.1809, FBA 32, 191): Arnim forderte für *Halle und Jerusalem* summa summarum 12 Carolin, also 142 Gulden.

mer mögte ich bei Goethe nicht seyn, ich habe meine Ursachen dazu, auch nicht bei Arnim.« Zusammenleben würde sie mit diesem nur, »wenn … ein wichtiges (nicht nur für mich sondern auch für die Welt) Geschäft [mich] mit ihm bände«. Zum erstenmal deutet sie in dem Brief an Clemens einen Plan an, eine Hoffnung, einen Entwurf. Im August äußert sie sich Savigny gegenüber deutlicher: »ich müßte ja der größte Narr sein, wenn ich einmal aufhören wollte, nachdem ich mir soviel Mühe gegeben habe; ich will nicht singen lernen, um singen zu können, sondern um ewig im gesang zu leben, äußerlich (im Ruhm) und innerlich (in meinem Gefühl). Dazu gehört aber ein ewiges Studium …« Die Musik also als Lebensaufgabe? Sehr ernst können Savignys dergleichen Ankündigungen nicht genommen haben. Es gab kein Beispiel dafür, daß ein Mädchen aus guter Familie eine berühmte Sängerin geworden wäre, und bei der sozial zweideutigen Stellung der Bühnenberufe wäre das auch keinesfalls wünschenswert gewesen.

Ein zwischen Bewunderung und Gekränktheit über die Absage für Weimar schwankender Brief von Clemens versucht, ihre Haltung als Selbstgenuß zu stilisieren: »Ich habe dir, als du dir vor dem Spiegel einen Kreuzschnitt in die Brust gemacht und mich eingeladen, dir über die Achsel zu sehen, tausend Engel … in das grausame barmherzige tanzende liebe Herz gewünscht.« Doch enthält der fragliche Brief Bettines bemerkenswert wenig narzißtische Züge. Bettine nimmt sich darin sogar in ungewohnter Schlichtheit Anna Jacobi (1777–1856) zum Vorbild, die Frau von Jacobis Sohn Max, Mutter von vier Kindern, die trotz allem »eben so viel wenn nicht mehr freie Beweglichkeit hat als ich, daß sie auf keinen Plan den man in der feurigsten Jugendlichkeit schmiedet, verzicht thut, daß sie selbst mich aneiferte mir eine angenehmere analogere Existenz zu verschaffen«. Das bedeutet freilich keinesfalls, daß die Analogie in Heirat und Kindern bestehen soll. Anna Jacobi, die 32 Jahre alte Tochter von Matthias Claudius, ist eine der seltenen Frauen, die Bettine freundlich und mit Achtung erwähnt.

Doch hätte Bettine sich allenfalls gegenüber der Günderrode so aussprechen können wie gegenüber Clemens: »Ganz lange Perioden meines Lebens gehen so einseitig durch, daß ich an allen Gaben eines guten Genius' zweifeln müßte. Diesen entgegen setzen sich momentane Berührungen einer ungeheuren Welt in meiner Brust. Es ist dann, wo auch die nachsichtigsten Menschen mich für ungezogen, für bizarr *scheinen wollend*, für verwirrt, ja zuweilen für sittenlos erklären. Der Verstand ... wirft mir in einzelnen Augenblicken vor: daß ich an den Wahnsinn grenze, daß ich gegen den Strom schwimme und noch dazu alle Schleusen aufreiße. Die Einbildung gründet ins tiefe Meer und türmt mir Felsen aufeinander, und auf diese hohe Leuchttürme einzelner prächtiger Bruchstücke kühner Lebensgedanken. Diese leuchten und wollen die ganze Ladung meiner Pläne ... in der Nacht des Sturmes retten. Mit ungeheurer Gewalt, Geschwindigkeit steigen die Wellen ... an den Felsen und Mauern hinauf ... immer höher, als ob sie den Himmel erstürmen wollen ..., und reißen alles zusammen, was dem Trost, der Hoffnung, der Stärkung, der Rettung erbaut war.« Es ist wieder die Schilderung einer Überwältigung durch heftig bedrohliche Vorgänge im eigenen Innern, die in der Welt nicht unterzubringen sind.

Clemens wußte darauf nichts zu antworten, zumindest hat sich nichts erhalten. Schon jetzt aber zeichnet sich ab, wer mit solchen Ausbrüchen am wirkungsvollsten umgehen kann: Arnim. Bereits ein Dreivierteljahr vorher hatte er auf zwei wahnsinnsnah hingeworfene Seiten Bettines unwillig geantwortet: »warum zeigst Du mir lauter Dornen und Dich selbst gar nicht! Du frägst, ob es zu verstehen ist? gewiß ja, aber ob ich nicht etwas ganz anderes darin verstehe als Du meinst, das wäre die Frage; denn Du hast entweder aus Angewohnheit, zum Spiel oder aus Bosheit alle Fußstapfen umgekehrt oder vielleicht wie die wilden Stämme Amerikas weggeblasen und weggekehrt, damit ich Dir nicht nachsetzen kann, oder gar wie die Schlitten in Preußen ein langes Strick angebunden, damit der nachfolgende Wolf sich fürchtet vor dem unbekannten Tiere, das so wunderbare Spuren im Schnee hat.« Arnim fürchtete sich nicht. Er fügte preußisch hinzu: »Was ich an andern schätze und in mir zu erreichen strebe, ist die Auszeichnung im Gewöhnlichen, in der selbst das Höchste nicht ungewöhnlich und außerordentlich scheint ...« Also im Grunde: ein Leben wie das von Anna Jacobi.

Bis zum Herbst waren beide jeweils so »allein«, wie man es eben damals war: in einer standesgemäßen Form der bis in unser Jahrhundert gebräuchlichen Untermiete. Arnim war aus dem Haus seiner Großmutter umgezogen in die Mauerstraße 34 zu seinem Freund Pistor (1778–1847), der mit einer Stieftochter Reichardts verheiratet war. Dort zog ihn besonders der Garten an, »der recht artig verwildert« war, eine »schöne schattige Lindenlaube in der Mitte und einen kühlen Gartensaal« hatte und ihm zur Bearbeitung freistand. Viele Häuser im großzügig geplanten Berlin hatten große Gärten, auch das der Großmutter am Pariser Platz. Arnim lebte einigermaßen familiär mit den Pistors zusammen, litt ein wenig unter dem Geschrei eines neugeborenen Kindes, dessen Taufpate er wurde, und ließ sich die astronomischen Instrumente des Hausherrn erklären, mit dem er gemeinsam die Sterne beobachtete. Das Wohnen dort hatte außerdem den Vorteil, daß er, der nun ohne Diener war, sich an ein funktionierendes Haus mit seinen Dienstboten anklinken konnte. Eine alte Frau öffnete ihm morgens die Fensterläden, machte Feuer und brachte ihm Tee und Zeitung.

Als Autor war er in diesen Monaten eher wenig beschäftigt, wie er Bettine schreibt, dafür laufe er abends gern in die nahegelegenen Dörfer, so nach Stralau, wo er das große Volksfest des »Stralauer Fischzuges« mitmachte, das er Bettine lebhaft schildert. Ein geselliger Fixpunkt war der Salon der jungen Gräfin Voß (1780–1865), wo man sich im Sommer auch im Garten traf, Unter den Linden 2, also in unmittelbarer Nähe des großmütterlichen Hauses. Luise von Voß war eine Tochter von Königin Luises bester Freundin, Caroline von Berg. Bei ihr trafen sich vor allem Anhänger der preußischen Reformpolitik in einer sehr familiären Atmosphäre – sie war einfach »jeden Abend zu Hause«, und ihre Bekannten kamen ab neun Uhr vorbei. Dort lernte Arnim Schill näher kennen, traf aber auch Schleiermacher, Fichte, Stein, Gneisenau, Clausewitz und gelegentlich wohl die legendäre alte Oberhofmeisterin der Königin, Sophie Gräfin Voß, die Großmutter des Hausherrn. Arnim sei »im gesellschaftlichen Umgange so einfach und angenehm ..., daß man ihn gar nicht für den Autor so toller Schriften halten sollte«, schrieb die Gräfin Sophie Brühl an ihren Verlobten Carl von Clausewitz. Alle Habitués des Hauses waren verbunden durch ihren Patriotismus.

Wirkliche persönliche Nähe fand Arnim bei der Gräfin Voß aber nicht. Es ist verständlich, daß er in seinen Briefen oft Sehnsucht äußert, nach Landshut zu reisen, wo sich geradezu ein Nest von lieben Menschen gebildet hatte – von München redet er gar nicht, denn Bettine allein zu besuchen, wäre unmöglich gewesen. Doch muß er auf alle dringenderen Einladungen negative Antworten geben – kein Geld, die »Geschäfte«, die kriegsträchtige Lage, die alterskranke Großmutter.

Doch inzwischen war Clemens schon Arnims Hausgenosse geworden und machte ihm das Leben leichter. In Clemens' Ehedrama war Unglaubliches vorgegangen: Selbstmordversuche Augustes, wochenlanges Versteck Brentanos tief im Wald bei einem Exbenediktiner, Sich-Verfolgen, Davonlaufen – der klassische Fall einer Geschichte, die als weit übertrieben kritisiert worden wäre, hätte sie ein Autor erfunden. Von beiden Familien und auch von Auguste war schließlich beschlossen worden, die Scheidung einzuleiten. Clemens reiste erlöst in Richtung Norden, traf sich in Halle mit Wilhelm Grimm, der dort wegen eines Herzleidens in Behandlung war, und beide trafen am 11. September bei Arnim ein und bezogen die zwei Zimmer, die er zuviel hatte. Es gab natürlich unendlich viel zu erzählen: Clemens berichtet von seinen *Romanzen vom Rosenkranz*, an denen er schon so lange arbeitet, Grimm von seinen dänischen Heldensagen, beide reden mit Arnim über den *Wintergarten.* »Staublawinen stürzen vom Sprechen herunter, sie hatten sich in der Ruhe gesammelt und die Luft bebt, daß die Spinnen meinen, es wäre eine Fliege in ihrem Netze, und laufen herum sie zu suchen. Wir sind recht froh ...« Clemens war wie immer voll von Projekten, aus denen nichts wurde. Er wollte eine Art dreifache Autobiographie verfassen – Bettine, Clemens, Arnim –, womit Bettine schon angefangen habe. Arnim war von Anfang an dagegen, »da ich mich nach meiner ganzen Natur weder entwickelt noch beruhigt genug fühle, um mich so anhaltend mit dem zu beschäftigen, was sich mir ereignet«. Das besondere Interesse der beiden galt eine Zeitlang überhaupt dem biographischen Schreiben. Arnim notierte auf großen Bögen biographische Erinnerungen aus seiner Familie, denen wir das meiste verdanken, was über die Großmutter bekannt ist.

Clemens brachte soviel Leben und Bewegung mit, daß es Arnim fast zuviel wurde. »Ich habe ein vierzehn Tage mit Clemens sehr froh beim Nachblättern in alten Büchern und Geschichten zugebracht; doch ists mir eigen, ich sterbe mir selbst in solchem Müßiggang, so lieb er mir ist, fast aus, die kleinste eigene Beschäftigung erheitert mich wieder, daß ich nicht ganz an mir verzweifle.« Besonders das briefliche Zusammensein mit Bettine fühlte er gestört. Auch die Geselligkeit, in die Clemens sogleich versank, überschwemmte Arnim mehr als bisher. Doch konnte er schlichtweg gut mit Clemens leben – was nicht jedermanns Sache war. So hinreißend dieser in Gesellschaft war, so unerträglich konnte er in der Nähe sein.

BETTINE IN LANDSHUT
1809/10

Bettines Unzufriedenheit in den Münchner Sommermonaten war so groß, daß weder Ludwig Grimm noch ihre sich festigende Bekanntschaft mit Franz Baader noch der Gesangsunterricht bei Winter sie mehr in München halten konnte. Vom Alleinleben hatte sie genug, sie wollte zu ihrer Familie nach Landshut. Das war aber nicht so einfach, vor allem, weil sie keine anständige Reisebegleitung hatte. Eine Kammerjungfer genügte nicht. Anna Jacobi, die gerne mit ihr gefahren wäre, mußte eine Kur machen, Rumohr, der gleichaltrige Freund, der sie auf ihren Ausflügen begleitet hatte, »die Quelle aller Labsale in meiner hiesigen Einsamkeit«, fuhr zum »Singen, Pfeifen, Kochen pp.« an den Ammersee. Der alte Winter, den sie beschwatzt hatte, ein paar Tage mitzukommen, hatte noch eine Opern-Uraufführung hinter sich zu bringen. Er muß für einen Mittsechziger recht unternehmend gewesen sein, denn da Anna Jacobi nicht mitkonnte, wollte er »durchaus als Frauenzimmer gekleidet« bei Savignys erscheinen. Bettine kündigte ihn deshalb geheimnisvoll als »die große Anna« an, hatte aber offenbar einen Riesenrespekt vor ihm, denn sie sorgte penibel dafür, daß seine Bedürfnisse in bezug auf Zeiteinteilung und Essen befriedigt würden: um acht Uhr frühstücken, oft Zwetschgenkuchen, immer Suppe. Unbedingt mußte Bettines Klavier, das schon in die Landshuter Stadtwohnung gebracht worden war, auf den Schloßberg in die Sommerwohnung der Savignys transportiert werden. Mit Winter kam sein »Leibhusar«, der 18jährige hochbegabte Musiker Peter Lindpaintner, mit dem sich Bettine in München angefreundet hatte. Er und Ludwig Emil Grimm waren die ersten sehr jungen Schützlinge, Bewunderer und Bewunderte zugleich, mit denen sich Bettine umgab.

Ihre letzten Briefe aus München klingen sehr aufgedreht, die Aktivität tat ihr offenbar gut. Die Wohnung auflösen, eine Jungfer einstellen und wieder abbestellen, weil Gundel schon eine für sie hat, »2 Würste, 3 Pfund Nudlen, eine 4tel Zentner Lichter« für den Landshuter Haushalt besorgen – alles ging ihr leicht von der Hand. Sie vergaß sogar, an Arnim zu schreiben, der sich deshalb Sorgen machte. Zu allem Überfluß bekam sie, Gipfel der Seligkeit, kurz hintereinander zwei Briefe von Goethe. Seit Februar, also seit einem halben Jahr, hatte er auf all ihre hingegebenen Berichte und Liebesbezeugungen nicht geantwortet. Wieder war der Anlaß praktischer Art. Goethe bedankte sich höflich für eine wertvolle Kopie von Dürers christusähnlichem Selbstbildnis, die Bettine für ihn hatte anfertigen lassen, schrieb einiges Freundliche und ermunterte sie, ihm weiter zu schreiben und von ihrem »wunderlichen Leben« zu berichten. »Es ist mir unbegreiflich, ein Gewitter voll segnender Blitze schlägt in mein Haus«, schrieb die begeisterte Bettine. Mit den zwei neuen Briefen, Schätzen für die Welt und für ihr eigenes Inneres, reiste sie nach Landshut, wo ihr eine der schönsten Zeiten ihres Lebens bevorstand, allerdings unterschwellig begleitet von einer sich ankündigenden Krise.

Der erste Brief aus Landshut ist voller Enttäuschung und Schwermut über Arnims endgültige Absage, sie dort zu besuchen. Ihr Zimmer paßt ihr nicht, Winter ist wieder abgereist, so daß sie allein mit ihrer Musik zurechtkommen muß, und die findet sie zu schwer. Sie hatte vor, sich für Arnim ein rotes Kleid machen zu lassen, jetzt wird es ein schwarzes sein, »und meine Locken will ich zusammendrehen, und Schlappschuhe will ich am Fuß tragen« – ein Aufstampfen wie von einem enttäuschten Kind. Aber es war ernst mit ihrer Schwermut.

Ein Traum im zweiten Landshuter Brief an Arnim scheint all ihre dunklen Gefühle und Gedanken zusammenzufassen. Jahrelang habe sie kein Kopfweh gehabt, schreibt sie an Arnim »an einem trüben melancholischen Tag«, jetzt hämmere und klopfe es in ihrem Kopf, »als ob er ganz neu tapeziert werden sollte, und aus den Augen schaut ein verwirrlicher Geist«. Sie erzählt Arnim, als wollte sie ihm ihre düsteren, untüchtigen Seiten vor Augen führen, einen sehr dunklen, »bösen« Traum.

Ich ging an einem dunklen Strom, der der Rhein war, viele Stunden lang abwärts; es war ein schwarzer Tag, so daß sich kaum Luft von den finstern Felsen absonderte. Viele Inseln schwammen an mir vorüber mit hohem Schilf und verwirrtem Kraut und Pflanzen. Ich ging in einen Garten, der voll blühender Bäume stand, die ihre Zweige bis auf die Erde senkten; der Boden war aber ganz weich und kotig, und die Zweige besudelt, ich mußte mich bücken, um drunter her zu gehen. Am Himmel hing ein Gewitter so tief herab, daß man es hätte mit der Hand berühren können, und es gingen grelle Sonnenstrahlen durch die Bäume; am Ende kam mir meine Großmutter in einem schwarzen Kleid entgegen.

Bettine entschuldigt sich geradezu dafür, daß sie den Traum erzählt, aber es scheint ihr dringend gewesen zu sein, weil »ich ihn beinah alle Jahr träume, das heißt immer in ähnlicher Art«, weil er also als fremdartiger Lebensgrundton zu ihr zu gehören scheint. So hatte sie sich Arnim noch nie gezeigt.

Das ist nun die Rückseite ihrer unverdrossen stützenden Lebendigkeit, und sie mutet sie Arnim zu: ein Wiederholungstraum mit einer bedrängenden, ja ausweglosen Botschaft. Die Zerstörung, die Unzuverlässigkeit der Natur wirken sehr modern und äußerst unromantisch – immer wieder betonen ja Arnim und Bettine in ihrem Briefwechsel die Heilwirkung der Natur, darin einig mit allen ihren Generationsgenossen. Hier jedoch ist keine Rettung, alles ist schwarz, erstickend, wirr, die Blüten besudelt, der Boden morastig – und die sonst so hilfreiche Bettine macht nicht einmal den Versuch, die Zweige hochzuziehen und zu befreien, sondern schleicht gebückt drunter her. In den stechenden Sonnenstrahlen spürt man geradezu körperlich die Lichtschmerzen während eines Migräneanfalls. Am Ende kommt noch die Großmutter La Roche in Schwarz. Von der vergötterten Schriftstellerin der Empfindsamkeit, der Freundin Goethes und Wielands, der liebevollen Ersatzmutter ihrer Enkelinnen bleibt nur das Bild einer einsamen trauernden Frau. Wen wundert da, daß Bettine ihre Niedergeschlagenheit so zusammenfassen muß: »Als ich aufwachte, war mir, als ob die Welt zu mir sagte: Gast! wer hat Dich gebeten?« Denn es ist, als wolle die Großmutter Bettine durch diesen Traum sagen: Weh dir, daß du ein Mädchen bist – du wirst trotz aller Anziehungskraft wie ich erleben, daß du stromabwärts gehen mußt, daß dir der Geliebte genommen wird, daß du kleine Kinder nach kurzer Zeit verlierst, daß die erwachsen gewordenen vor dir sterben, daß dein Mann vor dir dahingeht und du wie ich von da an nur noch dunkle Kleidung trägst, daß die Geselligkeit um dich schließlich erstirbt und am Ende auch die Enkel eigene Wege gehen.

Die schreibende Bettine rettet sich in »vermischte Nachrichten«, schon voller Einzelheiten aus Landshut, wo sie sich einzuleben beginnt, und dann in eine physiognomische Deutung von Arnims Porträt, das Clemens ihr nach München gebracht hatte und das nun in ihrem Landshuter Zimmer hing. »Ein schöner, beredsamer, lieblicher Mund: deutet auf einen Dichter, und werden Deine Lieder diesem Munde ähnlich sein. Zweitens nicht zu große, aber scharf blickende Augen: deuten auf einen scharfsinnigen Geist. Hervorstechende Augenbrauen wie schützendes Bollwerk über den Augen: deuten auf große Treue, schützende Liebe dem, der Deines Herzens Festung einmal errungen hat. Gebogne und erhabne Nase: deuten auf edle Herkunft und Stolz, aber ihre Spitze deutet auf Eigensinn. Scharfer Backenknochen: deutet auf Kraft und Mut. Etwas aufgedrücktes Kinn: deutet sichtbar auf Streben nach Kunst, nach Liebe, nach allem Schönen. Das ganze Gesicht ist etwas melancholisch, noch schwebt auf der Stirn eine ewige Flamme von Phantasie und von reiner Jugend; mir ist das ganze unendlich wert, lieb, heilig, einzig teuer.« Dieser Jugend und Schönheit muß das Gespenst der Großmutter weichen.

Lange Unglückszeiten mußte Bettine in ihrem ganzen Leben nicht erdulden. Aus ihr selbst oder von außen kam immer eine Rettung, die sie mit Zuversicht zu ergreifen wußte. In Landshut war sie entzückt von der Nähe der Berge; sie war gut zu Fuß. Sie ging nicht mehr allein mit Rumohr, sondern in Gesellschaft mit Savignys und neuen Freunden, etwa auf die Burg Wolfstein bei Freyung. Der frische Herbst belebte sie, »es war herrlich in der Luft und auf der Erde«. Beim Abstieg verletzte sie sich durch leichtsinniges Springen mit einem Stock, der viel länger war als sie und oben eine Astgabel hatte: »den setzte ich immer tief herab und sprang nach, weil der Berg sehr jäh war.« Dabei fuhr ihr die Gabelung ziemlich heftig ins Kinn – ihr wurde schlecht, sie konnte nichts essen. Und jetzt hatte sie Arnim eine Narbe zu zeigen. Arnim kannte den Stock schon vom Trages – »ich bitte Dich, wirf den hohen Stock ins Feuer … ich glaub es ihm damals schon angesehen zu haben, daß er Dich am Kinn verletzen müßte«. Die gegenseitige Sorge ums körperliche Wohlergehen taucht in beider Briefen immer wieder auf – es ist, als ob dem anderen weh tue, was den einen schmerzt. Auf der Hochalpe ist Bettine erschüttert vom Anblick der »Tyroler Tale und Schneealpen. Ich sah und sah in die reine fleckenlose Einsamkeit, und hier glaubte ich mich Gott nah genug, um von ihm gehört zu werden; und weil ich Brod und Wein genug hatte, so goß ich *unserer Liebe* die Neige auf das besonnte Gestein.«

Arnim erfuhr in Berlin von Clemens, der inzwischen bei ihm eingetroffen war, alles, was der von Bettine wußte. »Es vergeht kein Tag, daß ich nicht einigemahl mit Arnim recht herzlich über Dich spreche, wir haben dich beide sehr lieb und es ist mir eine rechte Lust zu sehen, daß es ihn still freut, wenn mein Theil der Unterhaltung stets mit der Versicherung schließt, daß du ihn doch mehr, als alle andre Menschen liebst«, schrieb Clemens an seine Schwester. Ganz ohne Sticheleien und kleine Denunziationen ging es dabei nicht ab, denn er berichtete haarklein auch das, was befremdlich oder pittoresk war. Arnim ärgerte sich darüber, daß sie Tieck oft den Kopf in den Schoß gelegt und Jacobi gleich geduzt habe, obwohl das schon einige Monate zurücklag. Natürlich erzählte Clemens auch alles über Landshut, über Stadt und Landschaft, über Professoren und Studenten. Arnim wurde dabei wohl recht deutlich, mit welch anziehenden Männern seine attraktive Liebste zusammenkam. Sein Ton wird daher dringender. Bettine bekommt einmal wieder einen ganz innigen Liebesbrief: »Es ist Dir doch nichts Böses geschehen oder mir in Dir ... nur einen Augenblick möchte ich Dich anlachen und von der Welt weiter nichts wissen ... Die Augen fallen mir zu, es wird dunkel rings, als säßen wir noch auf dem kleinen Canapee in Trages, Savigny und Gundel um uns, und wenn ich es je ableugnen könnte, daß ich Dich nicht recht lieb gehabt, so zeig mir dieses Blatt, nicht daß die Blätter rauschen, wehet der Wind, aber wenn er wehet, so rauschen sie: gute Nacht, gute Nacht! Arnim.«

Besonders beschäftigte ihn als Folge von Clemens' Erzählungen der junge Italiener, »der mit Savigny Ballon schlägt«. Er stellte sich vor, Bettine könnte sich in ihn verlieben – »ich fluchte in mir, ich erhitzte mich«. Der »junge Italiener« war Antonio Salvotti (1789–1866), ein Trentiner aus dem Ort Mori mit dem schönen Adelsnamen Freiherr von Eichenkraft und Bindeburg, »aus dem italienischen Tyrol« also, zwanzig Jahre alt wie die meisten Schüler Savignys, »ungemein Schön«, wie Bettine mit großem S an Goethe schreibt.

In bemerkenswerter Selbsterkenntnis benennt Arnim als Ursache seiner Eifersucht eine vorübergehende Vergucktheit in eine junge Italienerin: was ihm passiert war, könnte auch Bettine geschehen. Mariannina heißt sie, und sie ist mit zwei englischen Damen aus Humboldts Bekanntschaft von Rom gekommen, eine »Gesellschaftsjungfer«, wie Clemens schreibt, 18 Jahre alt und »hat so schöne Augen und macht sie so schön, so reine feste Umrisse, so viel Lebensfrische, Augenbrauen wie Cirkelschnitte, Zähne um alle Lehren der Proportion zu erläutern«. Arnim beruhigt Bettine aber gleich wieder – Mariannina sei eben doch nur ein Kammermädchen, »die von nichts weiß als was hübsch und häßlich ist«. Den naheliegenden Gedanken, man könne nach Kammermädchen-Art eine kleine Affäre mit ihr riskieren, spricht er zwar nicht aus, bricht ihm aber gleich die Spitze ab: »Übrigens ist sie durchaus tugendhaft wie die meisten italienischen Unverheirateten ...«

Bettine reagiert dennoch empfindlich: »Das ist meine Liebe, ich dichte Dich mir ins Herz hinein. Denn recht von selbst bist Du nicht drin, Du wandelst da und dorthin, wo Dirs gefällt, und wer möchte Dich zurückhalten?« Wieder also ihre Grundhaltung des Nichtbindens – »Dein Gehen und Weilen ist gleich edel und frei, warum solltest Du immer zu Hause sein ...«. Gegen Ende kommen aber doch ein paar zurückgegebene Nadelstiche: »Er [Salvotti] ist schön, sehr schön, hat Zähne, die alle Lehren von der Proportion erläutern, hat so schöne Augen.« Und dazu rede er anmutig, oft tief gelehrt, sei rührend durch sein Heimweh und obendrein noch ein »Tyroler«. »Doch hats mich noch keinen Abend durchbebt wie Dich ...; will aber sehen wies mit der Zeit wird.«

Mariannina ist in die Literatur eingegangen. Sie gilt als das Urbild der jungen Marianina, von deren Liebe zum Seiltänzer Cosmus Arnims Novelle *Angelika die Genueserin und Cosmus der Seilspringer* von 1812 handelt. Sie endet mit einem der schönsten Gedichte Arnims über das Glück seiner Ehe mit Bettine. Salvotti, der Angstgegner Arnims, wurde im übrigen später als österreichischer Untersuchungsrichter einer der unerbittlichsten Verfolger der italienischen Freiheitsbewegung.

Bettine mußte bald keine Unglücksbriefe mehr schreiben. Ihre Energie richtete sich vor allem auf die Musik. Sie stellte eine »Kapelle« von sechs oder acht Sängern zusammen und sang weiter ihre Psalmen von Marcello aus dem frühen 18. Jahrhundert, die sie schon in München geliebt hatte. Der Kanonikus Eixdorfer, sechzig Jahre alt, »vielleicht einer der schönsten Männer in ganz Baiern«, leitete das kleine Ensemble und gab Bettine Kompositionsunterricht, wobei sie sich allerdings auch mit ihm herumzankte. Ein 21jähriger, der Allgäuer Alois Bihler (1788–1852), auch er ein Savigny-Schüler, durfte ihr Unterricht in Harmonielehre erteilen und half ihr schließlich sogar bei dem Projekt einer Faust-Ouvertüre, aus dem allerdings nichts wurde.

Schon in München hatte Bettine sich »um junge Aufschößlinge der Kunst« gekümmert – von Grimm und Lindpaintner war schon die Rede. In Landshut waren ihre jungen Freunde Juristen. Sie wußte, daß es ein Geben und Nehmen war. Es »ist mir eine angenehme Würde, als ihr kleines Orakel von ihnen berathen zu werden«. Stadt und Universität waren eng und voller Intrigen. Um so mehr hielten die zusammen, die andere Interessen hatten als bürgerliche Wohlanständigkeit und provinziellen Katholizismus. »Ich lehre sie nun, ihre 5 Sinne verstehen; wie das Wesen aller Wesen in ihnen fliegt und kriegt, wie Duft der Lüfte, wie Kraft der Erde, und Farben des Feuers, in ihnen leben und arbeiten; wie die wahre Aestetick im hellen Spiegel der Schöpfung liege …« Die jungen Männer hatten ein Wesen wie sie noch nie erlebt und lagen ihr zu Füßen.

Auch Goethe schien endgültig von ihr überzeugt: »Deine Briefe sind mir sehr erfreulich sie erinnern mich an eine Zeit wo ich vielleicht so närrisch war wie du, aber gewiß glücklicher und besser als jetzt.« Von Arnim kamen Beteuerungen seiner Sehnsucht, wie sie sie vorher nie gehört hatte: »Zwei so liebreiche Briefe von Dir brechen mir das Herz, es ist mir jammervoll, daß wir so schöne Jahre weit getrennt von einander bald durch Wohnort bald durch Mißverständnisse versäumten …« Wer sich geliebt weiß, zieht Liebe an. Die beiden wichtigsten Männer ihres Lebens hatte Bettine gewonnen, ohne ihre Eigenart dafür opfern zu müssen. So strahlte sie in diesen Monaten in all ihrer immer noch quirligen Lebendigkeit die beschützte Ruhe des Glücks aus, das sich einstellt, wenn eine wichtige seelische Lebensgrundlage erreicht ist.

Ungewöhnliche Kleider, die ein wenig an gotische Figuren erinnerten, ermöglichten Bettine einerseits die freie Beweglichkeit, die sie brauchte, um etwa »von oben herab wie ein Cherub aus den Wolken« zu singen, andererseits machten sie sie fast zu einer kleinen Weltnonne, die überzeugender denn je ihr Kunststück der völlig unzweideutigen und dennoch erotischen Attraktion vollbrachte. »Ihre ganze Erscheinung hatte etwas Besonderes. Von kleiner, zarter und höchst symmetrischer Gestalt mit blassem klaren Teint, weniger blendend schönen als interessanten Zügen, mit unergründlich dunklen Augen und einem Reichtum schwarzer Locken schien sie wirklich die ins Leben getretene Mignon oder das Original dazu zu sein. Abgeneigt modischem Wandel und Flitter, trug sie fast immer ein schwarzseidenes, malerisch in offenen Falten herabfließendes Gewand, wobei nichts die Schlankheit ihrer feinen Taille bezeichnete als eine dicke weiße oder schwarze Kordel, deren Ende wie an Pilgerkleidern lang herabhing.« Johann Nepomuk Ringseis (1785–1880), ein Mediziner im Juristenkreis, schreibt in seinen Erinnerungen bewundernd über ihre

»sprudelnde unvergleichliche Genialität, ihren tiefsinnigen Witz«,
aber zugleich über »den sicheren Anstand, womit sie die geniale Freiheit ihrer Bewegung zu begleiten wußte, so daß ohne Zweifel ihr niemand unehrerbietig zu begegnen wagte«.

Von all den jungen Männern, die Bettine in Landshut verehrten,
stand einer ihr besonders nah: Max Prokop Freiherr von Freyberg. Er
erregte bei ihr mehr als die ein wenig schwärmerische, ein wenig
mütterliche, doch immer beherrschte Freundschaft, die den anderen
zuteil wurde. Die Beziehung zu ihm war immerhin so eng, daß Clemens daraus eine Heiratsphantasie ableiten konnte. Davon war zwischen den beiden zwar nie die Rede, aber Freyberg sollte für kurze
Zeit – im Sommer 1810, als Bettine Landshut schon wieder verlassen
hatte – zu einem geradezu lebenswichtigen Briefpartner für sie werden. Davon wird bald zu erzählen sein.

Im Oktober 1809, bald nach der Ankunft in Landshut, entstand eines
der bekanntesten Bilder von Bettine, eine Zeichnung Ludwig Emil
Grimms, von der nur die nach ihr angefertigte Radierung erhalten ist.
Bettine wollte Arnim damit für die Zueignung des *Wintergartens* danken.

Bettine hielt es aus, daß sie quälend lange stillsitzen mußte – Ludwig Grimm arbeitete sechs Wochen an dem Bildchen. Auf dem Kup-
ferstich hält sie, im schwierigen Halbprofil erfaßt, den *Wintergarten*
wie eine riesige Familienbibel im Arm, trägt eine kleine leierförmige
Nadel von Arnim und wieder die Bernsteinkette, die ihn schon auf
der Miniatur als Zeichen des Gedenkens gerührt hatte. Goethe lobte
das Porträt als »natürlich und kunstreich dabei, ernst und lieblich«
und erklärte, jeder habe die Dargestellte sofort erkannt, sie säße »so
traulich und herzlich da, daß man dem etwas korpulenten Wintergarten … seine Stelle beneiden muß«. Die erotischen Zwischentöne, die
Goethe sich hier gegenüber Bettine gestattet, bilden eine Ausnahme
in seiner gesamten Korrespondenz mit jungen Frauen und sind wohl
die unausweichliche Reaktion eines noch nicht sehr alten Mannes auf
die bedenkenlose Großzügigkeit und Schwärmerei des »interessanten Bettinchens«.

Eine völlig andere Reaktion löste das Bild in Berlin bei Arnim und
Clemens aus. Es war zwar von Bettine als nicht besonders ähnlich, als
»zu alt« und »nicht schön genug« angekündigt, aber Arnim erwartete
es dennoch sehnsüchtig. Doch fanden beide Freunde es ganz miß-
lungen und schaukelten sich gegenseitig in ihrer Ablehnung auf. Cle-

Bettine mit Wintergarten. Radierung von L. E. Grimm, 1809.

mens nennt es in einem seiner genußvoll hochgedrehten Ausbrüche eine »Schweinerei«, es sei fatal und widerlich, »eine geistreiche, lebendige, gute und magere Person, kann man nicht stupider, todter, armensündermäsiger und wassersüchtiger vorstellen«, und – geradezu prophetisch – meint er, Bettine habe sich »als die Frau mahlen lassen, die in einem Mährchen von Ihr 7 Kinder 7 Jahr lang unterm Herzen trägt«. Auch Arnim, der zusätzlich genauer auf technische Mängel eingeht, beklagt, daß Grimm ihr eine »neunmonatliche Schwangerschaft« andichte, und ist unzufrieden damit, daß Grimm Bettines weiche Haare, die natürlich für das feierliche Porträt glatt und ordentlich gekämmt waren, »wie Draht« dargestellt habe, daß das Eigene ihrer »Mund- und Nasenverbindung durchaus nicht getroffen« sei und daß das Gesicht den »Eindruck von rauher Unebenheit« mache. Nur das »eine ganz sichtbare Auge, der Teil der Stirn und Backe ist das einzige Gute am Bilde«.

Wie anders aber als Goethes etwas oberflächliche Galanterie und Kunstbeurteilung klingt Arnims Dank: »Ich schließe mit tausend, tausend Dank für die Freude, die Du mir hast schenken wollen, für die lieben Angedenken, die Deinen Hals umschließen, das Halstuch schließen und an Deinem Herzen ruhen; sie sind es mir vielleicht mehr als Dir, denn ich fühle dabei, wie wenig ich Dir gegeben und wie hoch Du es aufgenommen, wie wert Du es geachtet und wie gern ich an ihrer Stelle wäre.« Auch er wünscht sich an Haut und Haar Bettinens, an die Stelle der Angebinde, die er so gut kennt; aber er hat es nicht nötig, zwischen altväterlichem Geschmeicheltsein und geheimrätlicher Zurückhaltung ironisch zu spielen. Nur äußere Gründe hinderten ihn noch, Bettine leibhaftig in die Arme zu schließen. Etwas anderes – wie bei Goethe – war es nicht mehr. »Gott ist kein Sausewind, der uns vergißt, und kein Knicker, der unsre guten Gesinnungen an einander und an ihn so hinnehmen würde, ohne uns alles reichlich wieder zu geben«, schreibt er zuversichtlich, naiv und kindlich.

Bettines Zuversichtlichkeit über die ewige Liebe dagegen veränderte sich in diesen Monaten ein wenig. »Der Mensch ist nicht ganz, es sei denn, er habe sein Liebstes und sehne sich dennoch danach«, schreibt sie nachdenklich, nachdem sie sich vorher so oft ohne alle Bedenken gesehnt hatte und nichts wünschte, als ihren Liebsten zu »haben«.

In den Briefen hin und her über das Porträt berichtet Bettine, sie habe eigentlich lächeln sollen, weil die Leute sie meistens heiter sähen und sie so wiedererkennen würden. Es sei ihr aber nicht möglich gewesen, in der Konzentration und Stille mit dem jungen Künstler anders zu sein, als ihr zumute war. Wenn man mit ihr allein sei, sähe sie ganz anders aus als in Gesellschaft. Grimm habe gesagt: »Das ist ein lustiger bunter Vorhang, den Sie übers Gesicht ziehen, sobald jemand da ist; wie wir aber wieder allein sind, so zieht er sich nach und nach vor einem ernsten, tiefbetrübten Gesicht in die Höhe, und Ihre Augen sind zuweilen gar nicht anzusehen, viel weniger nachzumalen.« Er hatte vor der Intensität von Bettines Augen geradezu Angst: »ihm gerade in die Augen schauend, kann er nichts aufnehmen, er sagt, der Blick überfülle das ganze Antliz, da man den Blick aber nicht sähe, sondern fühle, so könne er es auch nicht mahlen.« Ein Gesicht, so betrübt, daß man kaum hinzuschauen wagte – was ist das für eine Bettine?

Was einmal eine Freundschaft und Liebe zu dritt war – Arnim, Clemens und Bettine –, begann ganz leise, ganz unmerklich feine Risse zu zeigen. Arnim las dem Freund nur Ausgewähltes vor, Clemens war eifersüchtig: »da ihre Briefe an Arnim wahrscheinlich starck auf du und du gehen erfahre ich nur draus, daß Sie lebt.« Er fing an, ein wenig zu intrigieren und umzudeuten: so ernst, geistreich und liebenswert wie in ihren Briefen sei Bettine in Wirklichkeit nicht. Wo Clemens Verstellung voraussetzt, weiß Arnim, daß Bettine viele verschiedene Seiten hat, im Grunde traurig sein kann, wenn sie »durch die Zimmer zu Savigny lacht«, und daß sie umgekehrt tatsächlich aus einer gewissen Schreib- und Denkgewohnheit heraus die Rolle der Tiefsinnigen spielt, auch wenn es ihr gar nicht so ernst zumute ist.

Bettine ergreift mit großem Ernst die Gelegenheit, in ihrer Antwort mit Arnim über sich selbst zu sprechen. »Diese Gedanken sind mir über alles lieb … Es tut gar wohl, an dem Ort, wo man gerne wohnen möchte, nehmlich im Herzen des Freundes, sich nach und nach entstehen zu sehen. Wenn es auch am Anfange nur leise Umrisse sind: wenn sie nur edel aufgefaßt sind, dann ist man geborgen …« Diese Betonung des noch Anfänglichen nach der schon so langen Vertrautheit mit Arnim läßt aufhorchen. Sie muß sehr daran gewöhnt gewesen sein, der Welt eine fröhliche Seite zu zeigen, wohl weil sie nicht glauben konnte, daß sie traurig und melancholisch als genauso liebenswert empfunden würde wie lustig und lachend. Bewährt hatte sich ihre immer wieder berichtete Skurrilität, das Auffallende, das provozierend Ungewöhnliche. In Landshut nun und vorher schon in München, in der Selbständigkeit und Einsamkeit, ließ sie sich immer mehr auch vor anderen auf ihren Ernst, auf Nachdenklichkeit, auf Tiefe ein.

Nur im Traum ist sie über die Ambivalenz hinaus. »Heute träumte ich, daß wir beide einander gegenüber an einem offnen Fenster saßen, auf dem Sims standen wohlriechende Blumen, ich hatte meine Füße auf Deinen gestellt, und uns war so wohl, so ruhig wie nie in Schlangenbad und am Rhein …« Doch war das ein Traum – nicht mehr.

Großen Einfluß auf sie hatte zu dieser Zeit ein Priester, einer der »herrlichsten, edelsten, kräftigsten Menschen«, den auch Savigny »ehren und lieben mußte wie Wenige«. Johann Michael Sailer (1751 bis 1832), fast genauso alt wie Goethe, war Universitätstheologe in Landshut, ein Kirchenmann, der die Unruhe der Zeit am eigenen Leib exemplarisch erfahren hatte. Zweimal war er aus dem Universitäts-

dienst entlassen worden, einmal in Ingolstadt 1781 als Ex-Jesuit und
dann nach langer erfolgreicher Tätigkeit an der kleinen Universität
Dillingen noch einmal im Jahre 1794. Vorgeworfen wurde ihm einerseits Illuminatentum* und Freimaurerei und andererseits die zu starke
Betonung des Glaubens, den er für wichtiger hielt als die Furcht vor
Höllenstrafen. Seine Nähe zum Protestantismus, besonders zum pie-
tistischen Gefühlschristentum, war offensichtlich und wurde arg-
wöhnisch beobachtet. Sailer nutzte die »Brachjahre« für religiöse
Schriftstellerei und eine riesige Korrespondenz. Daß er mit Lavater
und Matthias Claudius Briefe wechselte und mit der protestantischen
Adelsfamilie Stolberg im Harz eng befreundet war, machte ihn, wie
Carl Amery im Nachwort zu Sailers Sprichwort-Sammlung schreibt,
»wahrhaftig zu einem raren Vogel – gerade deshalb wohl auch zu
einer raren Taube des Heiligen Geistes«. Noch in der zweiten Hälfte
des 19. Jahrhunderts gab es intensive Bemühungen (die allerdings
mißlangen), seine Werke auf den Index zu setzen. Weil ihm die Herz-
zu-Herz-Beziehung zu Gott das wichtigste blieb, war er aber auch der
antiklerikalen aufgeklärten bayerischen Regierung verdächtig. Wo
sich Montgelas Vernunft, Kirchenverwaltung und ökonomische Fürsorge der Pfarrer für ihre Gemeinde wünschte, bestand der Pastoral-
theologe Sailer auf der Erziehung »geistlich-Geistlicher«. Kleinliche
Intrigen der »Neidkragen« in Landshut und die weltlichen Verflech-
tungen der Kirchengranden machten ihm auch weiterhin das Leben
schwer, aber sein Erfolg als Lehrer und Erzieher und auch seine gläubige Heiterkeit waren ungebrochen. Mehrere Generationen süddeut-
scher Priester wurden von ihm beeinflußt. Er verkörperte, laut Amery
»die vielleicht originellste und positivste Seite bayerischen Wesens:
das durchaus lustvolle Verhältnis zu Gottes Schöpfungsmaterie ...
als Schutzschild gegen das satanische Nichts«.

Es leuchtet ein, daß ein solcher Mann, dessen Herzlichkeit und
Toleranz eine große Freiheit und Weite im persönlichen Umgang
erlaubten, Bettine gefallen mußte. Schon in München hatte sie Sailer
unter bezeichnenden Umständen kennengelernt. Sie saß in ihrer
Kleinheit irgendwo unsichtbar hinter großen Möbeln, und Jacobis
altjüngferliche Schwestern Lotte und Lene zogen über sie her, ohne
zu merken, daß sie anwesend war. Bettine sprang auf, rief »Ich will

---

* Der Illuminatenbund wurde 1776 von A. Weishaupt in Ingolstadt gegründet. Es
war ein geheimer Orden, der Kirche und Gesellschaft nach den Grundsätzen der
Aufklärung umgestalten wollte.

mich bessern«, ergriff Lenes Kopf und drückte »auf ihr boshaftes Maul einen herzhaften Schmatz … um es zu stopfen«. Ein unbekannter älterer Herr hatte die Szene mit angesehen. Als er fort war, sagte Jacobi: »nun die Bettine hat dem Sailer das Herz gewonnen«. Bettine wußte nicht, wer das war. »Wie! sie kennen Sailer nicht, haben ihn nie nennen hören, den Philosophen Gottes, so gut wie Plato der göttliche Philosoph ist?«

Sie sah ihn dann oft in Landshut und empfand ihn als »ihren Guten Sailer«, mit dem sie schwätzte, wanderte und dessen Predigten sie in der Landshuter Universitätskirche hörte. Seit ihrer Klosterzeit hatte sie der Kirche nicht mehr so nahe gestanden. Nach ihrer Abreise schrieb sie wahrscheinlich oft an Sailer – in einem Brief an Freyberg ließ sie ihn vor dem vielen Porto warnen, das er für ihre Briefe bezahlen würde.[*] Da Sailer Briefe, die er bekam, nicht aufbewahrte, sind sie leider nicht erhalten. Noch im Jahre 1821, als Bettine ihn in Frankfurt wiedertraf, schrieb sie beglückt an Arnim: »ach der liebe liebe Mann, das herrliche Gesicht, man kann sich nicht satt an diesen Runzeln sehen und an den geistigen Blicken und an dem herzlichen Mund.« Bei den abendlichen Treffen im Hause Savigny »fehlte Sailer nie«, so daß er Bettine in ihrer neuen Rolle als gebildete Seelen- und Geistesführerin junger Männer genau kennenlernte. Er erfand für sie einen Wahlspruch, eine Definition Bettines, die er auf ein Petschaft[**] stechen ließ, mit dem sie lange ihre Briefe siegelte: »Beans beor«, abgeleitet vom doppelten B ihres Namens – »beglückend werde ich beglückt«. Als Bettines Pseudonym setzte Arnim es zu ihren Kompositionen, die seinem Roman von der Gräfin Dolores beigegeben waren.

Zur Michaelismesse 1809 erschien in Leipzig Goethes neuestes Werk, *Die Wahlverwandtschaften*. Es war eine Sensation für das literarische Deutschland, und auch in Landshut wurde der vieldeutige Eheroman vorgelesen, wobei der junge Grimm »die größte Langeweile« empfand und fast einschlief. Die anderen aber hörten aufmerksam zu, und nachdem Savigny das Buch zugeschlagen hatte, sagte er sehr ernst: »›Es ist doch erstaunlich, wie der alte Mann noch so lebendig schreibt!‹, die andern aber schwiegen alle still.« »Längen« und »Lange-

[*] In der Regel wurde das Porto vom Empfänger bezahlt.

[**] Ein Petschaft ist eine Art Stempel, der in den heißen Siegellack zur Sicherung von Briefen, Urkunden oder Paketen gedrückt wurde. Oft wurde auch mit Ringen gesiegelt.

weile« der *Wahlverwandtschaften* sind ein Kapitel für sich – uns interessieren hier nur die Reaktionen der zukünftigen Eheleute Bettine
und Arnim.

Im stillen, ohne daß Studenten und Verwandte etwas davon ahn-
ten, entwickelte sich gerade in Landshut Bettines Lebensrolle des liebenden Goethekindes weiter. Ihre eigenen Briefe zeigte sie zweifellos
nicht herum, Goethes aber um so mehr. Ludwig Grimm war der Meinung, sie bekäme »jede Woche wenigstens ein paar«. Die Unerhört-
heit ihres Umgangs mit Goethe kannte niemand, etwa daß sie schreiben konnte: »O Du! – wärst Du gleich da müst ich Dich beißen vor
kindischer Fröhlichkeit« oder »es soll sich niemand unterstehen Dich
so liebzuhaben wie ich« oder »Verbrenn meine Briefe nicht, zerreiß
sie nicht, es mögte Dir sonst selber wehtun«. Goethes *Werke* waren
jedoch so mit ihr verbunden, daß es sich in Bihlers Erinnerungen
sechzig Jahre später so anhört, als hätte sie *nur* diese gelesen: »Fast
immer traf sie der Eintretende auf niedrigen Fenstertritten oder Fuß-
bänken sitzend, bequem zusammengekauert, einen Band von Goethes Werken auf dem Schoß haltend.« *Die Wahlverwandtschaften* las
Bettine in einer Mondnacht auf ihre Weise: als Kommunikation mit
Goethe, nicht als literarisches Werk, das es zu beurteilen galt. Sie
fühlte sich von einer »Sturmwolke niedergeschmettert«. Damit meint
sie den miterlebten Schmerz besonders Eduards und Ottiliens, sie
sieht sich wie eine Rose mit den Hingestreckten sterben und erblas-
sen und ersteht dann wie »neugebohren in schönerer Jugend« wieder
auf – eine schwärmerische Beschreibung kathartischen Erlebens also.
Sie fühlte zugleich, wie nah Goethe selbst das Leid seiner Geschöpfe
gehen mußte.

Ähnlich, nämlich »ganz tückisch verstört«, fühlte sich Clemens, der
nicht begriff, »wie Goethe sich hinsetzen könne, den Leuten soviel
Kummer zu bereiten«. So dachten auch noch andere Leser. »Viele finden es zerreißend und sind über das schmerzliche Gefühl erbost auf
den Dichter«, schrieb Savigny nach Heidelberg an Friedrich Creuzer.
Dennoch: »Es ist der großartigste Blick auf diese verwirrte Zeit.«

Arnims Reaktion auf das Buch ist sonderbar. Die Größe der Figuren, die unerschöpfliche Vieldeutigkeit der Geschichte, den Zauber
Ottiliens, die Macht der Kunst, die Leid in Schönheit verwandelt – all
das erwähnt er nirgends. Er liest die *Wahlverwandtschaften* als Zeitroman, als Exemplum für den Zustand einer ihm wohlbekannten Gesellschaftsgruppe: der gebildeten Landedelleute. Die »Langeweile des
unbeschäftigten, unbetätigten Glücks, die Göthe in der ersten Hälfte

*Friedrich Carl von Savigny in Landshut, 1809.
Zeichnung von L. E. Grimm.*

des Romans so trefflich dargestellt«, muß nach Arnims Ansicht fast zwangsläufig zu Ehescheidungen führen. Goethe sei also nicht etwa dafür zu danken, daß er die ehelichen Versuchungen aller Zeiten mit den Mitteln seiner Zeit unvergleichlich dargestellt hat, sondern daß »wieder ein Teil untergehender Zeit für die Zukunft in treuer, ausführlicher Darstellung aufgespeichert ist«.

Hier zeigt sich wieder der unauflösliche Widerspruch, in den Arnim seine preußische Pflichtgesinnung bringt. Die Auffassung von der »großen Lebensarbeit«, der Dichtung im Dienst der Volksbildung engt bei ihm nicht nur den Zugang zum Gefühl und zur Hingabe an den dichterischen Prozeß ein, sondern auch, wie man am Beispiel der *Wahlverwandtschaften* sieht, den zur unideologischen Bewunderung. Eine schlichte Äußerung wie die von Savigny, er finde das Werk »groß, rein und durchaus befriedigend, ... ruhige Weisheit ... mit der höchsten tragischen Kraft«, war Arnim nicht möglich.

Bettine reagierte viel direkter. Im Zusammenhang mit Mariannina »zittert« sie »vor der Idee«, wie leicht es möglich ist, daß jemand in Untreue hineingleitet, ja sie versteht sogar, daß in manchen Fällen alle

Lebendigkeit verlorengeht, wenn dergleichen *nicht* geschieht. »Denn wenn ihnen das Unglück nicht eine schlüpfrige Bahn gönnt, worauf sie ein gefährliches Schlittschuhrennen halten, so werden sie meist so trocken wie die Holzäpfel; ich sag Dir, das weiß ich aus Erfahrung.« Wenn nun aber Arnim sich von dem Gefühl für eine andere Frau »durchbeben« ließe? »Du … sollst mir wahrlich gehütet sein, irgend ein Verhältnis zu beginnen … Ich werde auch meinen Schutzengel noch zu Deiner Wache bestellen; denn wenn Du behütet bist, so bin ich geborgen.«

Sie selbst aber fühlte sich trotz all der schönen männlichen Jugend, die sie umgab, vor einer neuen Liebe sicher. Ganz sollte sie damit nicht recht behalten. Arnim jedoch schrieb einen eigenen Eheroman, in dem er seine Ansicht von der Ehe in moderner, also romantischer Form zu fassen suchte.

Als Clemens in Berlin ankam, schrieb er Savigny sogleich von einem »Grosen Zeitroman«, den Arnim »schier fertig« habe. Was das war, ist nicht genau zu ermitteln. Arnim äußerte gegenüber Jacob Grimm, er habe das Buch »seit Jahren als einen Liebling in sich gehegt«. Er schrieb mit einer unglaublichen Geschwindigkeit. »Das einzige, waß mich entsetzt ist der ungeheure Fluß seiner Feder«, schreibt Clemens im Dezember an Savigny, er habe »seit etwa 14 Tagen einen Roman von 16 Druckbogen[*], der Gräfin Dolores Armuth, Schuld und Buße angefertigt, und das bloß in 4 Morgenstunden«. Wie das Trauerspiel *Halle und Jerusalem*, an dem er gleichzeitig arbeitete, sei der Roman sehr schön, »aber mir wird offt Angst, wenn ich bedencke, wie viel ich noch zu lesen habe, da keine Hoffnung ist, daß er nicht so fort fährt«. Sehr wahrscheinlich ist, daß Arnim das Ehethema erst zum Zentrum machte, nachdem er die *Wahlverwandtschaften* kannte. Im Berliner Männerhaushalt mit Clemens war noch Wilhelm Grimm zu Besuch; die Gespräche über Goethes neues Werk und die eigenen Positionen dürften äußerst lebhaft gewesen sein und Arnim bestärkt haben, alles ganz anders zu machen und doch ähnlich wie »Deutschlands Meister«. Auch bei ihm gibt es einen Viererkonflikt wie in den *Wahlverwandtschaften*, auch bei ihm wird die Ehe gebrochen, freilich in Wirklichkeit und nicht »nur« in der Phantasie wie bei Goethe. Der Titel lautet: *Armut Reichtum Schuld und Buße der Gräfin Dolores*.

---

[*] Ein Druckbogen hat 8 Buchseiten. Arnims Buch wurde aber viel länger. Es erschien in zwei Bänden.

Die Grundhandlung läßt sich ganz einfach erzählen: Eine junge Ehefrau, Dolores*, fällt einem raffinierten Verführer zum Opfer, ihr Mann, Karl, verzeiht ihr, sie bekommen zwölf Kinder und sind glücklich, doch durch ein Eifersuchts-Mißverständnis stirbt sie zuletzt an gebrochenem Herzen. Diese scheinbar schlichte Geschichte ist unterbrochen durch etwa hundert Abschweifungen in andere Geschichten, die Arnim liegen hatte, durch Lieder, Nebenhandlungen, Beispiele anderer Ehen, Dialoggedichte, kleine Szenen, Entwürfe wie den sehr interessanten von der Päpstin Johanna, aus dem Arnim später ein überquellendes unaufführbares Theaterstück machte. Es sind auch Melodien zu einigen Texten beigegeben, die meisten von Reichardt, dazu je eine von Louise Reichardt, von Bettine und dem Fürsten Radziwill. Allein der Aufbau zeigt also den ganzen Unterschied zu Goethes klassisch einfacher *Wahlverwandtschaften*-Konstruktion.

Ganz am Anfang definiert Arnim »das wunderliche Gefühl, das die Leute romantisch zu nennen pflegen, es versetzt uns aus der sonnenklaren Deutlichkeit des guten täglichen Lebens in eine dämmernde Frühzeit, die auch uns erweckt hat und der wir heimlich noch immer in erster Liebe anhangen und gedenken, ungeachtet es schon lange Mittag geworden und vielleicht bald wieder Nacht werden kann«. Das Regressive seines Schreibens, das Programm der Hingabe an das Unbewußte, Spontane, Unerklärbare, Ungeordnete ist hier sehr schön benannt.

Nun trägt aber der Roman den Untertitel: *Eine wahre Geschichte zur lehrreichen Unterhaltung armer Fräulein.*** Man fühlt sich damit staunend zurückversetzt in die Welt der Großmutter La Roche, die ja auch junge Frauenzimmer belehren und erziehen wollte. Zutiefst davon überzeugt, daß Gott das menschliche Herz verändern kann und zum guten Ende führen will, konnte Arnim die Geschichte zwar traurig, aber nicht hoffnungslos ausgehen lassen. Dem Brodeln der Phantasie, dem er ständig ausgesetzt war, steht die utopische Absicht gegenüber, dem Adel ein gutes, tätiges Leben vorzuführen, damit dieser wieder ein mild patriarchalisches Vorbild sein konnte. Der Auftrag der Volkserziehung, den der Preuße Arnim sich selbst gegeben hatte,

---

* Der Name ist symbolisch: er ist die geläufige Alltagsform des spanischen Vornamens María de los Dolores, Maria von den Schmerzen.

** Das Wort »Fräulein« verweist auf Arnims eigene Klasse der Adeligen, über deren Verfall und moralische Gefährdung ihm vielleicht erst Goethes Roman endgültig die Augen geöffnet hatte. Es war ihm unmöglich, diesen Zustand nur darzustellen und dem Leser zu überlassen, was für Konsequenzen er daraus ziehen wolle.

tritt in keinem Werk Arnims so deutlich zutage wie in der *Dolores*. Wie entfernt Goethe von dergleichen pädagogischen Absichten war, braucht nicht betont zu werden.

Obendrein war es Arnims bewußte Absicht, die offene romantische Form zu praktizieren. Der Einfluß Shakespeares oder der mittelalterlichen Ritterromane, an deren wuchernde Handlungsverläufe und »schöne Stellen« man sich oft erinnert fühlt, traf zusammen mit einer melodramatischen Tränenseligkeit. Wer so schnell schreibt wie Arnim und dann sofort sein Werk veröffentlicht, drückt damit auch eine Kunst- und Arbeitsauffassung aus, die sich auf Intuition und Inspiration verläßt und das Werk wuchern lassen will wie die wilde Natur. Ruhiges Geschichtenerzählen erscheint als ein Ding der Unmöglichkeit. »Das Ganze ist ungemein originell und reich«, schrieb Clemens, »hie und da aber über die maßen leichtsinnig hingeschrieben.«

Die Figur, die am deutlichsten die romantische Regression personifiziert, ist Dolores selbst, eine hinreißend schöne, genußsüchtige, egozentrische, augenblicksgebundene, auch faule, aber immer anmutige junge Frau. Obwohl sie in vielfacher Weise spielerisch aktiv ist, räkelt sie sich gleichsam durchs Leben. Sie ist der personifizierte Unernst, ein verzogenes Kind, dem die Liebe seiner Umgebung das Erwachsenwerden erspart.[*] Dolores repräsentiert zweifellos die suspekten Seiten der Weiblichkeit, die Arnim auch an Bettine fürchtete. Wen wundert es also, daß er seine Heldin »zuweilen wohl etwas verliebt, vielleicht sogar, ich bekenne alles, etwas geil angesehen« hat? Die Leidenschaft, die er in seinem Grafen Karl toben läßt, hat Arnim selber kennen und fürchten gelernt. Denn ganz offensichtlich steht Karl, dunkel und beweglich wie Clemens Brentano, charakterlich Arnim nahe. Der gesteht Jacob Grimm, daß er selbst oft gewünscht habe, »so bestimmt und beendigt« wie Karl zu werden: »was sein Trübsinn zuweilen stört, das vergütet doch manche gute Kraft und ein herrlicher Wille; wenn er auch nicht ausgezeichnet ist, so übernimmt er doch nie seine Kräfte, kurz es ist eine Art Mensch, so wie ich ihn mir gedacht habe, mit dem ich ganz zutraulich umgehen könnte, der wohl manches an mir mißdeuten, mich aber nie ganz verkennen, vor allem mich nie verrathen, nie zurücksetzen würde, auch nie etwas Thörichtes an mir dulden könnte.« Ein Freund also, ein besseres Ich.

---

[*] Einen ähnlichen Charakter hat bei Goethe Luciane, Charlottes Tochter, das Gegenbild Ottiliens, deretwegen man sich in Frankfurt die *Wahlverwandtschaften* aus der Hand riß, denn in ihr meinte man Bettine abgebildet zu sehen (Meline, 192).

Die verführten Frauen der abendländischen (christlichen) Tradition, von den Geliebten Don Juans über die *Liaisons dangereuses* bis zu Kierkegaards *Verführer*, gehen ins Kloster oder in den Tod, jedenfalls ins Unglück. In Hebbels *Maria Magdalena* sagt der betrogene Mann: »Darüber kommt kein Mann hinweg.« Dieses Schicksal konnte Arnim einer geliebten Frau, vielleicht einer phantasierten untreuen Ehefrau Bettine, nicht zumuten. Eine glückliche Weiterführung der Ehe nach der Untreue der Frau war bis dahin in der Literatur unbekannt und allenfalls möglich für lächerliche und sozial niedrig stehende Figuren. Arnims persönliche Sehnsucht, ein guter Mensch zu sein, ließ ihn an der Ehe ein Exempel der christlichen Grundhaltung des Verzeihens und des freundlichen Umgangs der Kinder Gottes statuieren – damals wie heute ziemlich außerhalb aller Gepflogenheiten. »Die Wahrheit des Ganzen kann ich nicht aufgeben, Gottes Hand in dem Zufälligen und die Rettung eines Menschenlebens aus der Sünde in der Dolores zu zeigen«, schreibt er an Jacob Grimm.

Es ist merkwürdig, daß der ganze letzte Teil des Romans als »Buße« bezeichnet ist. Dolores wird gleichsam auf gut lutherisch selig durch Kindertragen – doch ist das nicht als mühsam dargestellt. Psychologisch wird sie nach ihrem konsequent dramatischen Zusammenbruch einfach ein anderer Mensch. Arnim stellt das wenig glaubwürdig oder jedenfalls nachlässig dar: »Was Kindisches in ihr uns thörigt gewesen, das wurde in ihren Kindern ausgeboren, deren Sinnesart sie aus der Tiefe ihrer eigenen Brust verstand … *Es war eine schöne Buße diese Mutterliebe*«, setzt er unterstrichen ans Ende eines Kapitels, und damit hat sich's. Es ist die alte Geschichte: Glück, Güte und Alltag sind eigentlich künstlerisch uninteressant. Die Handlung wendet sich einer klimakterisch in Karl verliebten Fürstin zu und läßt Dolores erst wieder zu eigenem Leben kommen, als sie sterben muß.

Dolores bleibt eine patriarchalisch gebundene Frau. Bettine war hingegen dabei, sich selber zu befreien, und würde es, teilweise gegen Karl-Arnims Wünsche, in den zwanzig Jahren als Frau von Arnim weiter tun. Da Arnim ein Mädchen von der Art seiner ehemaligen Auguste nicht genügte, mußte er die Konsequenzen tragen. Nicht mit einem wie auch immer reizenden Mädchen-Frau-Mutter-Konstrukt à la Dolores würde er sein Leben teilen, sondern mit einer viel reicheren, aber auch viel problematischeren Person aus Fleisch und Blut. Der Roman bedeutet insofern für ihn ein Frei-Schreiben von grundsätzlicher Angst vor der Ehe. Das Füllhorn der Natur, die er formal so unübersehbar nachahmt, hatte für ihn unendlich Schöneres, doch

363

auch viel Schlimmeres bereit – allerdings keine verführte Ehefrau. Er mußte Bettine anderes »verzeihen« – nämlich, daß sie so war, wie sie war; und das war viel schwerer.

Arnims Roman erschien im Mai 1810 in Freund Reimers Realschulbuchhandlung und war alles andere als ein Erfolg. Es gab fast keine öffentlichen Besprechungen. Auch die von Wilhelm Grimm in den *Heidelbergischen Jahrbüchern der Literatur* ist nicht uneingeschränkt positiv. Wer sich aber nicht gleich verärgert abwendet wie Goethe, wovon noch die Rede sein wird, findet in der *Dolores* viel Schönes, Kluges und Erstaunliches. Lesungen *daraus* könnten hinreißend sein. Mit Lesungen hatte auch Arnim Erfolg in Berlin.

Bettine, bei der das Vorlesen nie so richtig gelungen war – weil sie, wie sie schreibt, immer bei jedem Umblättern darauf wartete, ob er auch zu ihr hinschauen würde –, wäre jetzt, da sie fern in Landshut war, seine liebste Zuhörerin gewesen; aber daraus konnte einstweilen nichts werden. Er erzählte ihr brieflich überhaupt nichts von der komplizierten Handlung und Struktur – wie wäre das auch möglich gewesen. Allerdings schickte er ihr in einem dicken Brief nicht weniger als acht teilweise lange Gedichte aus seinem Buch, von denen er wünschte, sie möge eines oder mehrere davon vertonen. »Du liebes Engelskind, wie dank ich Dir genug für Deine Melodieen!« schrieb er entzückt, als sie zwei Kompositionen zurückschickte, von denen er eine in sein Buch aufnahm (»Der Kaiser flieht vertrieben«). Eine rührende Anrede, wieder eine Art Zueignung, die zeigt, wie innig er sich mittlerweile an Bettine gebunden fühlte, stellte er an den Anfang der dritten Abteilung seines Werkes: »Als ich einmal an einem grauen Tage einsam und gleichgültig meinen Weg wanderte, um mein verhageltes Feld zu besehen, und von einem Hügel zum andern blickte, und so bedachte, wie bald ich auf dem andern, und dann auf dem dritten, und dann – und dann vor dir stehen könnte, Du treue Seele, zu der ich am liebsten spreche unter allen in der ganzen Welt, und der ich am wenigsten zu sagen habe, weil Du mich gleich verstehst und alle meine Worte in Liebe mehrest und deutest, da wurde mir allmählig so freudig ...«[*]

Da das Buch erst erschien, als Bettine schon unterwegs von Lands-

---

[*] Die zwei Seiten an (die ungenannte) Bettine, aus denen ich hier zitiere, eingeschoben in den Gang der Handlung, sind ein schönes Beispiel für eine aus dem Unbewußten heraus komponierte gelungene Stelle aus der *Dolores*.

hut nach Bukowan war, erhielt sie es in einer Situation, in der sie nicht viel an Arnim schrieb. Über ihr Urteil wissen wir nichts. Sie bekam die *Dolores* in Wien oder in Bukowan, doch ist anzunehmen, daß sie immerhin das ganze Buch gelesen hat und daher diese Stelle fand.

Goethe las Arnims *Gräfin Dolores* erst im Herbst 1810 in Weimar nach seiner Rückkehr aus Teplitz, wo er Bettine wiedergesehen hatte. Seine Reaktion, von der Arnim wohl nie etwas erfuhr, konnte nicht heftiger sein. Er war tolerant gegenüber der Mittelalter-Begeisterung der Jungen, schließlich hatte er in seiner Jugend Ähnliches erlebt. »Aber manchmal machen sie mir's doch zu toll«, schrieb er an den lutherischen Hofprediger in Dresden, Franz Volkmar Reinhard. »So muß ich mich z. B. zurückhalten, gegen Achim von Arnim, der mir seine Gräfin Dolores zuschickte und den ich recht liebhabe, nicht grob zu werden. Wenn ich einen verlorenen Sohn hätte, so wollte ich lieber, er hätte sich von den Bordellen bis zum Schweinekoben verirrt, als daß er im Narrenwust dieser letzten Tage sich verfinge: denn ich fürchte, aus dieser Hölle ist kein Entkommen.« Er konnte bekanntlich *sehr* grob sein, aber er schwieg gegenüber Arnim. Bei seiner Ablehnung mag viel mitgespielt haben: die »Unverhältnismäßigkeit der Replik« auf seine *Wahlverwandtschaften*, aber auch Grundsätzliches, worin Arnim bei aller Verehrung niemals nachgegeben hätte: »Gesetzmäßigkeiten, die Goethe als der Natur immanent erkennt, vermag Arnim nur als ihr transzendent zu erkennen.« Die für Goethe lebensnotwendige Antike blieb Arnim sein Leben lang fremd. »Das antike Magische und Zauberische hat Stil, das moderne nicht«, sagte Goethe. »Das Antike ist nüchtern, modest, gemäßigt, das Moderne ganz zügellos, betrunken …«

Im Winter zeichnete sich immer deutlicher ab, daß Landshut nur eine Zwischenstation für Savigny war. Wilhelm von Humboldt erhielt von ihm endlich die Zusage für die noch nicht ganz gegründete Universität. »Unser tägliches Gespräch ist jetzt Berlin«, schrieb Bettine schon Ende Januar an Arnim. Clemens hatte der Familie über Preise, Wohnmöglichkeiten und vor allem das gesellschaftliche Leben dermaßen begeistert geschrieben, daß Berlin den Landshuter Provinzlern wie ein städtisches Schlaraffenland vorkommen mußte. Er hatte wohl recht; ob es allerdings stimmte, daß hier »die sogenannten genialen Menschen nicht für Narren gehalten wurden«, sei dahingestellt. Auch mit Naturgenüssen lockte Clemens: »Kaum 30 Schritte vor dem Thor ist der Stundenlange dichte Wald der Thiergarten, von einer Menge der zierlichsten Landhäuser, die immer zu vermiethen sind durch saet.« In Berlin konzentrierte sich damals ein beträchtlicher Teil der deutschen Elite. Savigny, dessen einziger wirklich prominenter Umgang in Landshut der Theologe Sailer war, konnte auf Fichte, Schleiermacher, Kleist, Humboldt, Zelter und eine Unzahl anderer interessanter Zeitgenossen gespannt sein. In Landshut waren sein eigenes Haus und wohl gelegentlich noch die einfache Männerwohnung Sailers und seiner zwei Freunde die einzigen Plätze, wo es für ihn und die Schwestern Gundel und Bettine reizvoll war, die Abende zu verbringen. Dagegen war »die Geselligkeit vielleicht nirgends größer, und leichter« als in Berlin, auch wegen der norddeutschen Gewohnheit, unkompliziert zu Abend zu essen. »Nur Thee, Butterbrod, etwas kalter Braten, einige ganz delikate Erdtoffeln, die beinahe wie Castanien schmecken, und ein Gläschen Liqueur …, so ist überall offne Tafel und man ist unter einer Menge kluger, gebildeter und feiner Leute lustig«, jubilierte Clemens. Der süddeutsche Teigwaresser lernte hier offenbar die Folgen des vom großen Friedrich geförderten Kartoffelanbaus schätzen.

Die Einfachheit und Leichtigkeit des Umgangs war auch eine Folge der Armut und des gemeinschaftsfördernden nationalen Unglücks. »Nirgends findet man so eine feine Vermischung aller Stände«, schrieb Clemens. Dies wurde auch schon an der älteren Salonkultur gerühmt, besonders an der Rahel Levins in den neunziger Jahren bis zum Krieg 1806. *Alle* Stände waren es natürlich nicht; Bauern und Arbeiter erwartete niemand bei der Gräfin Voß oder beim Fürsten Radziwill. Doch Gelehrte, Militärs, Kaufleute, Fabrikanten, Schauspieler, Geistliche, Journalisten, Adelige, Bürger und gelegentlich Angehörige der königlichen Familie, in diesen Jahren auch noch Juden und Christen, trafen sich ungezwungener als anderswo. »Neulich fiel es dem Clemens so ungemein auf, als Fürst Radziwill einer Jüdin die Gitarre stimmte, eine Schauspielerin dazu sang und eine Geheime Staatsrätin dazu Kuchen präsentierte«, berichtet Arnim Bettine im Februar 1810.

Bettine galt der Familie als Expertin, weil sie schon einmal in Berlin gewesen war und den intensivsten Briefkontakt hatte. Arnim schrieb ihr in diesen Monaten besonders lebhaft und oft, und er hatte viel zu erzählen. Den Einzug des Königspaares, das endlich von Ostpreußen zurückkehrte – bei Schnee einen Tag vor dem heiligen Abend 1809 –, erlebte er voller Enthusiasmus, aber auch in seiner charakteristischen Selbstironie. »Ich sprang drauflos über einen Chausseegraben, da stand ich dicht neben dem Könige, der im langsamen Trabe neben mir vorbei ritt, und den ich mit dreimaligem Hoch und geschwenktem Hut so vernehmlich grüßte, daß er mir besonders dankte. Nachdem ich nun diesen königlichen Gruß empfangen, wurde mir ganz besonders, und ich lief und schrie mit der ganzen Masse …«

Bettine wäre kaum mitgelaufen – das schickte sich denn doch nicht für eine junge Frau. Sie schreibt liebevoll und sittsam davon, daß sie sich darauf freue, in Arnims Vaterstadt zu wohnen, mit ihm spazierenzugehen, und von Arnims Garten, den sie mit ihm besuchen möchte – »da darf ich wohl auch etwas hineinpflanzen und begießen und Unkraut ausreuten«. Einmal heißt es bei ihr sogar: »Wenn das Deine all mein sein soll, so werd ich auch meinen Teil an Deinem Garten haben.« Von Heirat aber ist keine Rede, dagegen »von Krankheiten, Heuraten usw ähnlichen Unglücksfällen« in der übrigen Familie. Meline heiratete im Januar 1810 standesgemäß den Senator Georg Friedrich von Guaita (1772–1851), der später mehrfach Erster Bürgermeister von Frankfurt wurde. Einstweilen erinnerte Clemens nur daran, daß sie ihn in der Schule »den Wonneschisser« genannt hatten, und Bettine schrieb: »Es ist mir immer etwas bekümmert, wenn eine Verbindung im Hause ist, noch wenige sind so ausgefallen, daß es der Mühe wert war zu heuraten.« Sie war immerhin nachdenklicher als bei Lulu fünf Jahre zuvor, deren Bräutigam sie einfach zu dumm fand (womit sie recht hatte, denn Lulu ließ sich nach vielen Jahren scheiden und heiratete mit vierzig den Pariser Sozius ihres Mannes). Das Thema der Dauer, der Weltlichkeit ihrer Verbindung mit Arnim drängte immer stärker ins Bewußtsein, doch sprach keiner von beiden das Wort Ehe aus. Ein halbes Jahr war es schon her, daß Arnim sich an die Vorstellung herangetraut hatte, sie könnten sich wie »andre ehrliche Leute dreimal aufbieten lassen, Gäste laden, kochen und backen und heiraten«. Was er sich zu Bettines antwortendem Schweigen gedacht hat, wissen wir nicht.

KEINE RETTUNG ALS DIE EHE?

Arnim: »Die Toden Finger deiner Ahnen«

Die *Dolores* war in Berlin nicht Arnims einzige Sorge. Seine Großmutter war seit mindestens einem halben Jahr krank und pflegeabhängig und konnte doch nicht sterben. »Arnims Grosmutter, eine Riesennatur«, schreibt Clemens im Dezember, »hat seit 3 Monaten die ihrigen und die Aerzte und die Ganze Stadt zum besten, denn alle Nacht will sie sterben und alle Tage ist sie munter, doch wird Sie wahrscheinlich bald sterben.« Arnim drückte sich niemals so lieblos aus, sondern immer voller Mitleid: »sie litt unglaublich durch beständiges Wachen, nächtliche Beängstigung und Eßscheu«, notiert er am selben Tag wie Clemens. Die Nähe zu »Louis«, wie die Großmutter Achim natürlich immer noch nannte, hatte sich weiter verstärkt. Zum letzten Geburtstag, den sie miterlebte – am 26. Januar 1810 –, machte sie Arnim ein Geschenk, von dem sogar Clemens beeindruckt war: »Arnims Mutter nämlich fand den Tag vor ihrer Niederkunft mit ihm unter groser Freude in einer selbstgeöffneten Auster einen Seestern ... dann starb sie bei der Niederkunft. Die gute alte Frau, hob den Stern auf und schrieb auf den Zettel ungemein rührende Worte dazu, wie vielleicht ihre Geliebte Tochter durch diesen Stern zu den himmlischen Gestirnen sei Gerufen worden; Ich fühle daß unser Herr Bruder der Stern selbst war, und daß die, die ihn verschloß, wie die Muschel durch ihn starb. Diesen Stern hat sie ihm geschenkt und ein Uhrband von den Haaren seiner Mutter.« Arnim erfuhr damit zum Ende noch einmal sinnfällig die Güte der Großmutter, die ihm so oft hinter ihrem harschen Wesen verborgen geblieben war.

Endlich, am 10. März 1810, starb die alte Frau. »Es ist eine schreckliche Sache um die Arzneikunde, die solche Schmerzen um Monate verlängert, aber der Himmel, der sie zuläßt, weiß vielleicht nur in solcher Abtötung den Geist, der am irdischen Leben mit Kraft und Gewöhnung hängt, davon zu entwöhnen«, schreibt Arnim vier Tage später an Bettine. Die alte Frau hatte am Ende noch einen Schlaganfall erlitten, der ihren bis dahin klaren Kopf verwirrte, und, wie Arnim meint, noch drei glückliche Tage gelebt, in denen sie zu alten Erinnerungen und Wünschen zurückkehrte. »Ihr Gesicht hatte alles entstellende verloren, sie blickte edel und fest einher.« Es war der erste Tod, den der jetzt 29jährige Arnim in dieser todesreichen Zeit ganz aus der Nähe miterlebte. Die Fürsorge der Großmutter nahm ihm sogar die Sorge um das Leichenbegängnis ab. Sie hatte alles genau bestimmt, »die Verzierung ihrer Leiche, ihres Sarges, welche Pferde sie nach dem Gute abfahren sollten«. Denn in Zernikow wollte sie begraben sein. An der Seite ihres Herzens sollte der Sarg ihres geliebten ersten Mannes Fredersdorff stehen, auf der anderen der von Hans Labes, dem Vater ihrer Kinder. Dort standen die Särge bis 1945. Das Erbbegräbnis, ein kleines zerfallenes, kapellenartiges Haus am Rande des Friedhofs, ist erhalten.

Clemens fand sofort seine ironische Munterkeit wieder: »der Herr Bruder laßen sich soeben die Pleureusen* an die Ermel heften«, schreibt er zwei Tage nach dem Tod an Savigny. »Sie war eine art Göthe an Kraft und Äußerung, eine der grösten Aufbewahrerinnen, und Vorraterinnen der Welt.« In »ihrer unzähligen Schräncke Inhalt« kramen zu dürfen, sollte Arnim und Clemens allerdings nicht erlaubt sein, »da Hauß und Güter dem Arnims Onkel ihrem Sohne Grafen von Schlitz zu fallen, im übrigen erbt Arnim, sein Bruder, und Schliz gleich. Gott sei Danck wird die dir so spashafte uns so betrübte Arnims Armuth dadurch wenigstens fürs erste in Credit wenigstens etwas gemildert, aber Geld, Geld ist hier dennoch unter 20 p% keins zu haben.«

Daß der Tod der Großmutter Arnims Leben verändern, freier und selbständiger machen mußte, ja daß er im Grunde erst jetzt, im Alter von fast dreißig Jahren, wirklich erwachsen würde, war zu erwarten. Obwohl Arnim allen Grund hatte, die Befreiung von den ewigen Geldsorgen herbeizusehnen, hatte er vor dem endgültigen Aufhören seiner Jugend zweifellos auch Angst. Zwar hatte er recht, wenn er im Juli an Bettine über die Großmutter schrieb: »Unsere Gesinnungen hatten in dieser Welt keine eigentliche Berührung.« In seiner inneren Welt jedoch hatte sie als Übermittlerin tradierter Werte, als mächtiges Bild einer lebensbestimmenden weiblichen Gestalt einen ungewöhnlich wichtigen Platz. Was Arnim bei ihrem Tod erwarten durfte, war materielle Sorglosigkeit. Was er verlieren würde, war der letzte Schutz vor der vollen Verantwortung für sein eigenes Leben.

Er glaubte sich »durch den ererbten Anteil von dem Vermögen …

370   * Von frz. *pleure*, weinen. Trauerbesatz an der Kleidung.

der ewigen Not entnommen«, die ihn »aufzehrte«, stand aber unerwartet einem Wust von Sorgen und Erbauseinandersetzungen gegenüber, die besonders die bis dahin herzliche Beziehung zu seinem
Onkel empfindlich beeinträchtigten. Tode verändern Familien; wie
wahr dieser banale und dennoch nicht selbstverständliche Satz ist,
zeigte sich bei Arnim in eklatanter Weise. Die Großmutter hatte
nämlich ihre dynastische Energie konsequent über den Tod hinaus
eingesetzt. Sie befürchtete, sicher nicht zu Unrecht, die beiden Enkel-
söhne und auch ihr einziger Sohn Hans von Labes-Schlitz würden ihr
Lebenswerk, das sorgsam gehütete und vergrößerte Familienvermö-
gen und besonders die mühsam erhaltenen Güter, nicht achten und
lediglich als eine Geldquelle betrachten, also alles verschleudern. Die
Zeiten waren schlecht, das Geld teuer, und die Landsitze, durch Besatzung, Plünderung und vernachlässigte Wirtschaft heruntergekom-
men, waren im Wert sehr gesunken. Daher hinterließ Caroline von
Labes ihren Erben die Güter nicht zu freiem Gebrauch, sondern richtete ein Fideikommiß ein, und zwar sowohl für ihr Lieblingsgut Zernikow, das ihr Sohn bekam, wie für das Ländchen Bärwalde, das für
die Brüder Arnim bestimmt war.

Das Wort Fideikommiß, ein Terminus, der aus dem römischen
Recht übernommen ist, bezeichnet einen Besitz, der jemandem im
Vertrauen auf dessen Rechtlichkeit übergeben ist, und zwar zur Ver-
waltung für den eigentlichen Erben oder Besitzer. Zu rechtmäßigen
Erben erklärte Caroline von Labes die ehelichen Kinder ihrer »Tochtersöhne«, also ihre Urenkel, für die das Erbteil »aufs möglichste con-
servirt werden« sollte. Es war, als wolle diese im Wortsinne Große
Mutter erst in ihren Urenkeln das Zeitliche segnen – und tatsächlich
geschah es so: Arnims ältester Sohn Johannes Freimund sowie seine
Brüder und Schwestern konnten schon einigermaßen sorgenfrei leben, und als Freimunds Sohn, der Ururenkel Carolines und wieder
ein Achim von Arnim, 1897 testamentarisch die Weiterführung des
Fideikommisses bestimmte, hatte der Besitz, einst ein fast wertloses
Gebilde von Gütern mit schlechtem bis mäßigem Boden, den un-
geheuren Wert von 1 686 255 (Gold-)Mark. Dafür hatten Bettine und
Arnim aber Zeiten wirklich drückender Armut durchleben müssen.

Vor der Testamentseröffnung erhielten die beiden Brüder ein Geschenk der Verstorbenen in Höhe von 2000 Talern, so daß die »Ar-
nimsarmut« tatsächlich zunächst auf einen Schlag gelindert wurde.
Arnim mißachtete in seiner zutraulichen Aufrichtigkeit die Weisung
der Toten, dem Onkel nichts davon zu erzählen. »Ich glaubte es der

Liebe zwischen uns schuldig«, schreibt er an Schlitz und erzählt von seiner Rührung angesichts dieser ungewöhnlichen Großzügigkeit: »alle Schmerzen, die ich je durch die Verstorbene erfahren, welche meine Natur in früherer Zeit immer mißkannte, und kränkte, sind durch diese Wohlthat weggewischt.« Die Großmutter aber hatte recht gehabt. Der Onkel, seinerseits enttäuscht über die harten Erbbedingungen, reagierte empfindlich und fand die Brüder ungerecht bevorteilt. Der Briefentwurf Arnims zeigt, wie arm er selbst tatsächlich war: »... ich habe auf Erden niemand gefunden, der sich meiner Noth erbarmt hätte, als es um Ehre und Leben ging und ich im Gedränge mannigfacher Anforderungen und täglicher Bedürfnisse verzagte, doch ja, ich fand einen, es war Brentano, der hatte aber selbst nicht viel ...«[*]

Alles in allem aber war die Erbbeschränkung für Arnim ein harter Schlag. Die tote Hand der Großmutter griff, wie ihm klar sein mußte, in sein Leben ein mit der Absicht, alle Umstände völlig zu verändern. Er, der gewöhnt war, in Familienangelegenheiten diskret und loyal zu sein, ließ auch jetzt selbst in die Briefe an Bettine wenig über sein inneres Befinden einfließen. Was in ihm jedoch an Widerstand, Enttäuschung, Empörung wirklich vor sich ging, läßt sich in einem überaus heftigen Briefentwurf vom August 1810 an den Onkel spüren. Es hatte eine mündliche Auseinandersetzung über das Testament gegeben, mit dem im Grunde alle drei Erben unzufrieden waren, vor allem mit der fideikommissarischen Zwangsmaßnahme, aber auch der Bewertung der Güter und bereits geleisteter Zahlungen aus dem Vermögen. Jede der beiden Parteien warf der anderen vor, die Großmutter zu ihren Gunsten beeinflußt zu haben, was aus der heutigen Perspektive eher auf den Onkel zutraf. Allerdings wäre das Fideikommiß, das gerechterweise auch den Onkel traf, ohne die unbefriedigende Güterwirtschaft der Brüder nicht verfügt worden. »Heftigkeit reizt den Kältesten zum verstärkten Widerspruch«, schreibt Arnim an den Onkel, den er später nie mehr duzen sollte, »und so ruhig ich hineinging [in die Verhandlung], muß ich doch eingestehn, nachdem du mir gleichsam das Messer an die Kehle gesetzt um mich an Ehre und Billigkeit zu erinnern, indem du vor fremden Leuten von unserer Güterverwaltung von Vater, Bruder, selbst von der Art, wie das Testament entstanden, eben nicht rühmlich gesprochen, daß ich die ganze

---

[*] Clemens schreibt im September 1810 an Savigny, er habe »kaum eine [jährliche] Einnahme von 400 rtl« (FBA 32, 280).

Sache dem Sachverwalter zu übergeben Lust hatte ... Du hast von ... der Verfassung [des Testamentes] gewust, ... mit ihr über dessen Inhalt verhandelt ... Der Fideikommiß: du wustest es, wir nicht.« Bitter bemerkt er am Ende, daß des Onkels Worte sich »wie eine Wolke Staub vor alte Gewohnheit, frühe Zuneigung und lange bewahrte Anhänglichkeit aufgethürmt« hätten, daß ihm das schwierige Erbe die Ruhe raube, »während mir ein sicherer Besitz wie die Freundschaft deines Hauses als ganz zweifelhaft, ja fast als verloschen angezeigt wird«. Und »ich entsagte gern der Erbschaft, wenn mich nicht nähere Verpflichtungen zwängen ...«.

»Nähere Verpflichtungen« – als Arnim diesen Satz schrieb, hatte er, so wütend er auch auf des Onkels Strategien reagierte, seine Entscheidung bereits getroffen. Er wollte, er mußte Bettine heiraten. Daß er das Erbe hätte ausschlagen können, war sowieso eine momentane Übertreibung aus Verbitterung, ausgesprochen mit der selbstschädigenden Heftigkeit, die für Arnims depressiv-cholerische Schattenseite charakteristisch ist. Er hätte ohne den Anspruch auf das Vermögen der Großmutter nämlich weiterleben müssen wie bisher; das unergiebige Erbe des Vaters hatten die Brüder ja bereits vor fünf Jahren übernommen, und von keiner anderen Seite war Geld zu erwarten.

Im Testament der Großmutter ist der Ausdruck »eheleibliche Kinder« der wichtigste Schlüsselbegriff. Caroline von Labes hatte nicht nur die erklärte Absicht, »das Kapital zu konservieren«, sondern ebenso die Arnimsche Familie. Die ins Altadelige aufgerückte Stellung ihrer Nachkommen war eines ihrer Lebensziele gewesen. Freilich hatte sie an Arnims Vater vieles auszusetzen, ebenso wie an den anderen Männern der Verwandtschaft. Ein altpreußischer Name garantierte eben noch keine alt- oder neupreußischen Werte. »Liebe Kinder«, schrieb sie bereits 1802 an die Brüder, »folget doch ja nie diesem Beispiehle; werdet beßere Arnimme, beßere Väter.«

Bessere *Väter* sind zu Lebzeiten der Großmutter weder der eine noch der andere geworden. Bessere *Arnims* hatte sie mit allem, was ihr zu Gebote stand, aus ihnen machen wollen und mußte sich am Ende ihres Lebens angesichts dieses Zieles als gescheitert ansehen. Achim war in ihren Augen sogar ein noch hoffnungsloserer Fall als Carl Otto, der wenigstens vorgab, sich um die Güter zu kümmern, und eine Karriere im diplomatischen Dienst zumindest anstrebte. Ihr letzter Versuch aber gelang, indem sie ihren größten Trumpf posthum ausspielte. Jetzt *mußte* Achim ein besserer Arnim werden, indem er Vater wurde – und ein besserer Vater ist er auch geworden.

Auf ihn muß die Bestimmung der Großmutter nach einer Zeit der Verstörung wie das Zerreißen eines dunklen Vorhangs gewirkt haben, wie das Geraderücken seines Lebensplanes, der seit einiger Zeit schwankend geworden war. Arnim wurde zwar nicht irre an seinem Grundentschluß, sein Leben der Literatur zu widmen, doch erlebte er handgreiflich, daß er mehr als Luftwurzeln brauchte. Der weite Schutzmantel des Familienvermögens war löcherig geworden, die Großmutter war verschwunden – und damit ein Gegengewicht gegen allzu heftige, allzu verrückte Aufschwünge der Phantasie. Er brauchte eine Unterkunft, eine Erdung.

Er hat nicht einen Augenblick an eine andere gedacht als an Bettine. Eine Geldheirat wäre zwar, etwa nach dem Beispiel des eigenen Vaters, eine standesgemäße Möglichkeit gewesen. So hatte er als 23jähriger, als ihm nach dem Tod des Vaters die Verschuldung der Erbgüter klar wurde, aus England an den Onkel geschrieben, er werde jetzt Lord, denn er wolle eine reiche Erbin mit 50 000 Pfund Sterling im Jahr heiraten, da er seinen Namen lieber »in Niarm als in Armimmer« verwandeln möchte; doch war das ein Junge-Leute-Scherz ohne jede Verbindlichkeit gewesen. Arnims umständlicher Ernst, seine alters- wie generationsgemäße Hochachtung vor der Heiligkeit der Ehe machten eine solche Lösung unmöglich.

Nüchtern, bürgerlich und materiell gesehen, konnte er sich durch das Erbe der Großmutter erst jetzt wirklich als Heiratskandidat blicken lassen. Trotz der Fragwürdigkeit seiner Aussichten war er kein Habenichts mehr. Arnims Bruder, obwohl der Ältere, kam für die Lasten dieser Erbschaft nach Neigung und Umständen nicht in Frage und dachte offensichtlich auch nicht an eine Heirat. Er hatte bereits einige uneheliche Kinder und lebte ein bohemenahes Diplomatenleben, in das die Mühsal einer Existenz mit und von der Landwirtschaft nicht paßte. Natürlich hatte er Anspruch auf Erträge, seine illegitimen Kinder dagegen nicht.

Die Testamentseröffnung fand am 22. März nur vor den beiden Brüdern und zwei Amtspersonen statt. Der Onkel war in Paris und wußte sowieso genauer, was ihn erwartete. Nach dem ersten Schock hatte Arnim sich bald gefangen. Der Zwang zur Heirat befreite ihn dazu, zu erbitten, was ihm im Grunde schon zugewachsen war: die Ehe mit Bettine. Seit dem Tod der Großmutter gibt es keine zweifelnden Töne mehr, keine Kritteleien, keine düsteren Äußerungen Arnims über sich selbst, sondern nur noch eine energische Fröhlichkeit und die ganze ungeteilte selbstverständliche Sehnsucht und Liebe: »Wann seh ich Dich wieder? Wann? In Bukowan? Achim Arnim.«

Bettine: Ein Kampf ums richtige Leben

Bukowan war ein großes Gut in Böhmen, das die Geschwister Brentano im September 1808 auf Savignys Rat zusammen mit der Familie von Motz erworben hatten.[*] Nachdem feststand, daß Savigny nach Berlin gehen würde, beschloß man, sich vor dem endgültigen Umzug nach Norddeutschland einige Sommerwochen lang dort aufzuhalten, um mit dem unbekannten Besitz vertraut zu werden. Vorher aber war ein Besuch in Wien geplant.

Der Abschied am 2. Mai in Landshut war herzlich und schmerzlich. Einige Studenten begleiteten den verehrten Lehrer und die angebetete Bettine noch ein paar Tage auf der Reise. »Das war nun eine so prächtige, lustige Reise nach Salzburg!« schreibt Ludwig Grimm, der auch mit von der Partie war. Bettine war weniger fröhlich. In Altötting war sie von der düsteren katholischen Volksfrömmigkeit tief bewegt und legte alle ihre Freunde der Muttergottes ans Herz. Nach nächtlicher Einfahrt in Salzburg blieb man noch ein wenig in der schönen Stadt. Die jungen Leute bestiegen den nahen Gaisberg – nicht allzu unbequem, mit Kutschen und schließlich Pferden für die Damen – und Bettine zerbrach oben einen Granatschmuck, verteilte die Steine und machte damit ihre Verehrer zu Rittern eines »Granatordens« – eine romantische Nachahmung der mittelalterlichen Bindung an eine heilig verehrte Frau. Die nicht eben genau definierten großen patriotischen und welterlösenden Aufträge, die die Ritter übernehmen sollten, wurden noch eine Zeitlang brieflich beschworen, dann verlief sich die Sache.

Von Salzburg aus fuhr die Kutschenkarawane weiter nach Wien, wohin Franz und Toni für etwa drei Jahre ihren Wohnsitz verlegt hatten. Franz betrieb seine Geschäfte von der Kaiserhauptstadt aus, aber außerdem waren die beiden damit beschäftigt, den ungeheuren

---

[*] Der Grund für den Kauf dieser weit entfernten Immobilie war der drohende Wertverfall der österreichischen Obligationen, die die Geschwister geerbt hatten. Der Preis betrug 540 000 Gulden (Härtl Bukowan, 142). Bettine war daran mit 19 000 Gulden beteiligt.

Nachlaß von Tonis Vater Melchior von Birkenstock, einem großen Kunstsammler, zu ordnen. Die Reisenden blieben länger als erwartet, weil ein Savigny-Kind an Scharlach erkrankte. Bettine war mit Krankenpflege beschäftigt und durfte wegen der Ansteckungsgefahr auch wenig in Gesellschaft gehen.

Der Aufschub kam ihr im Grunde nicht ungelegen. Denn erst in den letzten Tagen ihres Wiener Aufenthaltes gelang es ihr, sich Beethoven zu nähern, der mit Toni seit deren Kinderzeit befreundet war (ihr sind die Diabelli-Variationen gewidmet). Allen Warnungen vor seinem unwirschen Temperament zum Trotz besuchte sie ihn zu Hause und nahm ihn derart für sich ein, daß er sie beim Abschied gleich am ersten Abend »wie jemand den man lange lieb hat ans Herz drückte«. Beethoven ist der einzige Mensch, für den sie ähnlich verehrende Worte findet wie für Goethe selbst. Bei ihm »habe ich der Welt und Deiner vergessen«, schreibt sie an ihren Weimarer Gott und Vater, und »ich bin zwar unmündig, aber ich irre darum nicht ... wenn ich ausspreche, er schreite weit der Bildung der ganzen Menschheit voran, und ob wir ihn je einholen?«.* Das Beethoven-Erlebnis zeigt ihr erneut ihre Macht über Menschen: »Ich hab eine Gewallt in mir, die mir einen unendlichen Reichthum zusagt ... ich bin herrlich in mir selber, wo etwas gutes ist, da entwickelt sichs schnell an mir, so auch dieser Beethoven.«

Über Prag reiste die Familie nach Bukowan, wo sie am 9. oder 10. Juni fast gleichzeitig mit Arnim und Clemens eintraf. Seit seinem Brief mit der Nachricht vom Tod der Großmutter im März hatte Arnim nichts mehr von Bettine erhalten, keinen Trost, keine »Betrachtung« außer einem hastigen Zettelchen mit Reiseplänen und den erstaunlichen Worten: »Vielleicht schreib ich Dir nicht mehr; seitdem ich weiß, daß es so nah ist, daß wir uns sehen, sind mir alle Worte zu gering.« Das klingt nach Ausweichen, nach schönredendem Wegschieben einer geforderten Entscheidung. Sein Brief hatte zwar keinen formellen Heiratsantrag enthalten, wohl aber den ausführlichsten und liebevollsten Traum, den wir von Arnim besitzen. Er handelt von einer Reise Arnims zu einem Schloß, »vielleicht Bukowan«, wo

---

* Im Originalbriefwechsel bricht ein Blatt mitten in der angefangenen Beethoven-stelle ab. Aber in *Goethes Briefwechsel mit einem Kinde* sind mehrere Seiten über Beethoven enthalten, die vielleicht auf das Verlorene zurückgehen und jedenfalls Bettines Ehrfurcht und Bezauberung unverfälscht wiedergeben. Außerdem sind zwei echte Briefe (und ein von Bettine erfundener) von Beethoven an sie erhalten sowie ihre Berichte an Bihler und Freyberg.

er nach verschiedenen Hindernissen in ebendiesem Schloß einen Sprung nach oben wagt. »Plötzlich aber war ich fort und oben und trug Dich in meinen Armen und küßte, ich weiß nicht wie, küßte Dich und weinte.« Diese geträumten Tränen gehen zu Herzen und vermitteln die Erschütterung angesichts einer großen Lebenswende. Bettine trägt im Traum ein weißes Kleid – die Farbe der Reinheit und Güte (kaum ein Brautkleid, denn dafür war Weiß damals noch nicht allgemein üblich). Arnim kommt mit Bettine in einer Burg an, die man auch als »feste Burg« verstehen kann, »fort und oben« über allen Kämpfen, durchaus mit religiösem Klang. Denn für Arnim bestand kein Zweifel mehr an der gottgesegneten Schicksalhaftigkeit dieser Ehe und damit an ihrem Anspruch auf Dauer und Treue, aber auch auf himmlischen Schutz. Dieser Traum ist eine energische Gestaltung der Zuversicht und des Willens zum guten Ende. Der Sprung fort und nach oben ist Arnims Entscheidung für dieses sonderbare Mädchen, dem er anhing, und das im folgenden Jahr entschlossen und glücklich als »Dein Weib Bettine« unterschreiben sollte.

Auch Arnim konnte wegen seiner Erbauseinandersetzungen erst später als gedacht mit Clemens nach Böhmen aufbrechen. Er wunderte und beklagte sich über Bettines Schweigen, schrieb aber dennoch hochgemut an die Grimms:

> Lange Tage, schwere Stunden
> sind nun alle überwunden
> und mein alter Reisewagen
> soll mich zu den Freunden tragen

Er ahnte nicht, wie lange Tage und schwere Stunden ihm Bettine noch bereiten sollte.

Wie mag es gewesen sein, als die beiden sich nach bald zwei Jahren im Juni 1810 endlich wiedersahen? Sprang Bettine in Arnims Arme, wie sie in die Goethes gesprungen war? Empfanden beide zuerst voller Schrecken ein heftiges »Nein«, wie es nicht eben selten ist, wenn sich Liebende wiedersehen – gerade wegen der unwiderruflichen Bindung? Keinesfalls war Bettine so weltfremd, daß sie nicht gewußt hätte, was Arnim mit ihr vorhatte. Ihre Verlegenheit oder andere verwirrende Gefühle konnten beide einstweilen verbergen, denn wie so oft war eine Menge wichtiger und unwichtiger Menschen um das halbversprochene Paar herum: Clemens, Savignys, die Kinder und auch der Brentano-Bruder Christian, der Bukowan mehr schlecht als recht verwaltete, werden die Ankommenden fröhlich umarmt haben, Bediente waren dabei und gewiß schaulustiges Bauernvolk, das zum böhmischen Gut gehörte.

Was aber Bettine – und durch sie Arnim – in den folgenden acht Wochen erlebte, ist wieder eine »unerhörte Geschichte«. Sie zögerte die endgültige Verbindung der beiden um Monate hinaus. Bettine führte nicht etwa mit Arnim, sondern mit dem jungen Freyberg einen intensiven Briefwechsel. Das leidenschaftlich-verstiegene briefliche Gespräch nahm beide Schreiber aufs heftigste in Anspruch und half Bettine, ihre Schwierigkeiten und Zweifel über die endgültige Verbindung mit Arnim auszudrücken.

Ein paar Zahlen, die zeigen, mit wem Bettine in dieser Zeit reden wollte und konnte – Arnim war es nicht: Von Wien aus schrieb sie drei Briefe an Freyberg, an Arnim nicht einen einzigen. Im Frühjahr komponierte sie einen sehr kunstvollen, die eigene Fähigkeit zur Bezauberung und Selbsterkenntnis genießenden Brief an Goethe und begleitete mit einem weiteren tagebuchartigen – vom 9. Juni bis zum 6. August – all ihre Erlebnisse auf der Reise und mit den jungen Freunden, weil es ihr wichtig war, daß Goethe davon wußte.

Freyberg erhielt seit der Trennung im Mai bis in den Sommer hinein 13 sehr lange Briefe (er schrieb ihr elf), davon sechs in den 18 Tagen, die Arnim in Bukowan verbrachte. Zwei dieser Briefe ziehen sich über mehrere Tage hin, so daß sie fast jeden Tag während Arnims Aufenthalt an Freyberg geschrieben hat. Der Briefwechsel mit ihm ist daher die einzige und zu unserm Glück sehr ausführliche Quelle zu Bettines ganz und gar nicht eindeutigen Gefühlen gegenüber der in diesen Wochen zu treffenden Lebensentscheidung.

Freyberg war 21 Jahre alt, dunkelhaarig und schön. Goethe gegenüber schildert Bettine ihn voller Enthusiasmus als den bedeutendsten unter allen Savigny-Schülern. Tatsächlich schätzte Savigny ihn so sehr, daß er ihn im April auf eine Erkundungsreise nach Prag und Bukowan mitnahm. Er habe eine »Gestaldt, als ob er 30 Jahr hätte« (Arnims wirkliches Alter), sei schweigsam, heldisch bedürfnislos, zugleich ungebildet und von edler natürlicher Autorität: »geht doch mit Fürsten um, ändert nie sein Wesen in Gesellschaft, ist von den andern als der Erste angesehen obschon er weder Verstand noch Wiz äußert … Bei ihm ist aber ein Wort wie der Anschlag in einem Bergwerk, eine Schichte führt zur andern, und ist nimmer des Schazes ein

End.« Er verkörperte für Bettine geradezu archetypisch den jugendlichen Helden und das Kind, das in aller Unschuld immer das Richtige tut, und belebte bei ihr selbst die großen Pläne und Heldenphantasien aus der Günderrode-Zeit wieder. Im Frühjahr 1810, kurz vor
Bettines und Savignys Abschied von Landshut, verdichtete sich die
Beziehung, die sich bis dahin kaum von der zu den anderen jungen
Verehrern unterschieden hatte, zu einer einzigartigen Sonderwelt,
weitgehend geheimgehalten vor Familie und Freunden.

Es ist offensichtlich, daß Bettine ihre Faszination für Freyberg in
ihrer gefühlvoll-leichtsinnigen Weise so zeigte, daß viele andere Männer »zugegriffen« hätten, womit sich dann allerdings Bettine mißverstanden gefühlt hätte. »Bettina gab mir ihre Hand. Ich drückte sie, sie
die meine und Seligkeit war in meinem Herz«, schwärmt Max in
seinem Tagebuch. »Wir setzten uns ins Grüne und tranken von der
Quelle. Mir wurde wehe ums Herz, und als alle gegangen waren, blieben Bettina und ich; und ich weinte, und sie weinte.« Freyberg begleitete die Reisenden als einziger noch von Salzburg bis Neumarkt.
Beim Abschied zog Bettine ihren Handschuh aus, ungewöhnlich bei
einer Dame, so daß sie sich Hand in Hand und Haut an Haut Lebewohl sagten. Freyberg kehrte nach mehrfachen Tränenausbrüchen,
Kniefällen und Gebeten am Wegrand über München nach Landshut
zurück.

Mit Freyberg verband Bettine die Begabung für Liebe in der Phantasie. In seinem Tagebuch redet er oft einen »Engel« oder »sein Mädchen« an, vor dem er bestehen möchte, von dem er sich beschützt
fühlt und dem er alles anvertraut. Dieses Mädchen gab es nicht. Sie ist
eine fiktive »Braut über den Bergen«. Das war nun freilich noch weitgehender als Bettines Goetheliebe; aber auch Freybergs innerstes Bedürfnis war, von einer in der Phantasie überhöhten Person gesehen zu
werden, auf sie zu, für sie zu leben. In Bettine schien ihm ein solches
Wesen real gegenüberzutreten, und allmählich ging so auch die »Geliebte seiner Seele« in Bettine über. Sie »hat etwas ganz eignes Al-
terthümliches heiliges in ihrem Äußern«, fand Freyberg gleich bei einer der ersten Erwähnungen im Tagebuch.

Arnim erfuhr davon nichts, wie überhaupt niemand; das war wegen
aller äußeren Zwänge sinnvoll, ersparte Komplikationen (und steigerte natürlich die Intensität des schreibenden Paares). Dafür erfuhr
Freyberg um so mehr über Arnim. »Heute ist Arnim hier angekommen. ich habe mich erfreut an seiner gestaldt an seinem Angesicht es

strahlt was lichtes freies aus ihm hervor … aber in meiner Natur entwickelt sich immer mehr das was den Menschen nicht angehört und
trennt mich schneident, selbst von diesem besten Freund oft weiß ich
nicht wohin ich gehöre … die Musick begeistert mich vielleicht nur
so, weil sie im Augenblick ihrer Entstehung sich loßwindet und da-
vonfliegt mit den Lüften; ich wünsche mir, es mögte eine Wolke mich
umfassen und mich weiter Treiben im Wind und Sturm; ich habe
keine bestimmte Sehnsucht nach Gott, aber ich mögte vergehen wie
ein Ton vergeht.«

So schreibt Bettine am 10. Juni 1810, Arnims Ankunftstag, aus Bukowan an Max Freyberg in Landshut – und deutlicher kann man kaum
ausdrücken, um was es für sie geht: Arnims Anziehung, zweifellos
auch die sinnliche, macht ihn zum ihr nächsten Menschen. Aber ein
Teil ihrer Natur, der ihr gespiegelt in Freybergs »Unschuldig Leben«
noch einmal, wie abschiednehmend an dieser Lebenswende, vor Augen tritt, verweigert sich »den Menschen«, den Verpflichtungen, der
Verantwortung, dem Alltag. In Luft möchte sie sich auflösen und sich
nicht an die Erde, ans Irdische binden, an Leid und Blut und Körper-
lichkeit. »Einmal hab ich im Abendroth … lang gebethet … auch die
Erde geküßt, heiß und weinend ich wollte der herrlichste Mensch
werden, dann hab ichs wieder vergessen … jetzt liegt mirs wieder so
nah – durch Dich – meinen Freund …« Der herrlichste Mensch – wie
sollte das eine junge Frau im Jahre 1810 werden? Mit Mann, Kindern
und Haushalt?

Nicht sein wie alle, sich ganz den eigensten inneren Wirklichkeiten
widmen, damit diese nach außen zu leuchten beginnen und die Umwelt bezaubern – das hatte Bettine zunehmend zu einer Lebenskunst
entwickelt, die ihr für ihr Selbstgefühl viel wert, vielleicht unentbehr-
lich war. »Siehst du, das hat mir wieder wohl gethan, daß auch dieser
von allen andern mich unterschied«, schrieb sie nach ihrer Begegnung
mit Beethoven an Freyberg. Aus den Briefen an Arnim vor der Freyberg-Episode sprach, wie wir gesehen haben, eine durchaus erwachsene junge Frau, deren Beurteilung von Geschehnissen und Menschen durch Erfahrung, eigene Standpunkte und sich festigende
Vorlieben geprägt war. Dennoch hatte sie keinen Ort in der Welt.
Wer zu ihr ging, begab sich in wunderbare oder wunderliche Außen-
bezirke – aber beim Heiraten hielt man sich bewußt oder unbewußt
an das biedere Sprichwort: »Kaufe Nachbars Rind, freie Nachbars
Kind.«

Freyberg interessierte das nicht. Er wollte Bettine nicht heiraten, sondern sich schwärmend für eine (irgendeine) heldische Aufgabe aufopfern, um dem Gemeinen zu entgehen – und brachte daneben alle Stationen seiner Laufbahn mit Auszeichnung hinter sich, heiratete später eine viel standesgemäßere Person als Bettine, nämlich die Tochter des allerdings zu diesem Zeitpunkt schon abgesetzten Ministers Montgelas, und erfüllte mustergültig viele ansehnliche Funktionen in Bayern, unter anderem als Vorstand des Reichsarchivs. Bettine verstand ihn, Bettine, so fühlte er, war seine Heldenschwester. Ihr dagegen kam er zum Abarbeiten ihres jetzt wirklich dringend gewordenen Konfliktes gerade recht. Ihr Unbewußtes war rücksichtsloser als ihr zweifellos ernstes und ehrliches bewußtes Erleben mit Freyberg. Die Jugend und Kindlichkeit, die ihr in Freyberg gegenübertraten, hatte sie selbst in ihrer naiven Form längst abgelegt. »Kindsein« war zu einer Haltung, einem Programm geworden, teilweise zu einer Rolle, die zugleich Schutz und Selbstdarstellung war – und es noch mehr werden würde. Freyberg rührte sie. Sie begann den aussichtslosen Versuch, wenigstens ihn zu einem Heldenkind zu machen, das nie alterte. Wie weltfern diese Beziehung war, zeigt sich nicht nur daran, daß die beiden überwiegend nachts schrieben: wenn »ein glänzender Himmel … gelasen den verwornen Erdball in seiner betäubung beleuchtet … dann denck an mich, dann drück mich fest an dein entschloßnes Herz …« Sie hielt sich auch alle soziale Realität vom Leibe. Denn damit sah es schlimm aus. »Die Böhmen, welche kein Wort Deutsch können sind ein ganz *unbeschreiblich* häßliches, boshaftes, dummes, und diebisches Volck«, schrieb Clemens im September nach der Rückkehr an die Grimms, »wir können kaum die Räder am Wagen behalten und die Pflüge werden oft gestohlen, auf dem Schloße ist täglich Execution, und Knechte und Mägde gehen in Eisen auf den Acker …« Bettine aber sah nur die herrliche Natur – und ihre Seele.

Die Ungleichheit der Briefpartner Bettine und Freyberg springt dem heutigen Leser überdeutlich ins Auge. Zwar schreibt sie noch ein halbes Jahr nach ihrer Hochzeit: »ach wahrlich, du hast was in den Augen wie ich, und die Farbe deines gesichts gleicht der meinigen«, und die geheimnisvolle Geschwisterlichkeit der beiden ist ein (erotisch hochbesetztes) Thema der Briefe. Doch ist Bettine die Erwählende und Freyberg der Erwählte. »O! bleib wie du bist, *ein Kind*«, schreibt sie. Wäre er anders – weltläufiger, weniger naiv, »feiner, gebildeter«, auch männlich-fordernder, dann wäre es für sie unmöglich,

»die Unschuldige fromme Zeit ... die ich schon mit den frühen Jahren entschwunden glaubte«, wieder heraufziehen zu lassen und allein zu bestimmen, was sich zwischen ihr und Max abspielen durfte.

An Arnim schrieb Bettine nach dessen Abreise: »Gott segne meinen Blonden! Dein lieber Kopf ... sei an dies Herz fest angedrückt, damit es sein Dasein doch auch einmal spüre.« Das Dasein des Kopfes? Des Herzens? Das Brieflein wirkt flüchtig geschrieben, unaufmerksam, enthält keine der sonst so häufigen herzlichen Äußerungen ihrer eigenen Liebe, sondern nur: »Dein liebes Leben bleib mir immer teuer!« und bei der Bezeichnung »mein Blonder« kann man nicht anders, als an ihren »Schwarzen« zu denken, den vielleicht nicht Gott, aber sie selber reichlich gepriesen und gesegnet hatte. Zur selben Stunde, als sie für Arnim »am 4. Juli 1810 Abends, 1/2 12 Uhr, im Türmlein« diese paar Worte auf ein Zettelchen warf, schrieb sie an Freyberg in Fortsetzung ihres am Vortage begonnenen Briefes wortreich und exaltiert über ihre Nähe zu ihm, über Sinnlichkeit, »Thatenschöpfung«, Freiheit und Notwendigkeit. »O Freund mir wird so schwehr zu sprechen, ich fühl, daß ich undeutlich werde«, schreibt sie auch, »die Worte stürzen wie gesprengte Felsen vor mir nieder.« Und weiter: »O Gott, warum bin ich da?« Die Verwirrung war überwältigend.

Der durch seine Heldenträume rauschende Freyberg begriff natürlich nicht, was Bettine ja selbst nicht genau wußte: wofür er ihr diente (und vielleicht deshalb blieb sie für sein Leben unendlich wichtiger als er für ihrs). Er wirkt wie eine riesengroße goldgepanzerte Marionette, die sich starren Blicks bewegt wie sie muß. Familiäre und kirchliche Traditionen stellte er nicht in Frage.* Unter einem starken, aber bekämpften Triebdruck verschnitt er die heiligen Werte seiner Herkunft mit enthusiastisch aufgenommener, aber oft nicht recht verstandener zeitgenössischer Philosophie, Dichtung und Theologie. So entstand ein alltagverachtender Weltlosigkeitsjargon, dessen Voka-

---

* Er konnte sich wohl gar nichts anderes als eine Freundin vorstellen, die adelig war wie er: seine Briefe an die bürgerliche Bettine sind alle adressiert an »Mademoiselle Mademoiselle Bettine de Brentano de la Roche«. Bettine ließ die altmodische Verdoppelung vor dem Namen sowieso weg und schrieb einfach an »Freiherrn Max v. Freiberg, Landshut in Baiern« oder auch »Baron v. Freiberg«, manchmal mit dem vom genauen Freyberg verlangten und für uns amüsanten Zusatz »bei Materialist« oder »Materialistin Huber«. Seine Wirtsleute handelten mit »Materialien«, Gewürzen oder Grundstoffen für Arzneien. Wahrscheinlich waren sie auch einfach »Krämer« – Gemischtwarenhändler.

bular durch häufige Wiederholung leider nicht interessanter wird. Genau an dieser Stelle aber traf er sich mit der taumelnden und kämpfenden Bettine, merkte jedoch nicht, wie sehr sie ihn auch als Frau anzog. Ihr war das zweifellos deutlicher bewußt, denn auch dazu diente ihr der schöne dunkle Junge: sich zu beweisen, daß der unausweichliche Arnim so unausweichlich denn doch nicht war – es gab noch einen Mann, der ihr ebenso hingegeben angehörte wie er. Sie setzte nachlässig und träumerisch ein wenig Verführung ein – nur ein wenig, aber immerhin. Eine kleine Reiseszene aus Maxens Tagebuch: Er durfte eine Zeitlang in Gundels Wagen sitzen, »so daß ich Bettina voll im Angesicht hatte … In Altötting trat ich ans Fenster, da öffnete Bettina das zweite Fenster und fragte, ob ich traurig sei. Sie neigte ihr Haupt ganz zu dem meinen herüber, aber meine Seele ist stark geblieben …«

»Ich habe dich so lieb« – dieser im Deutschen innigste Ausdruck von Liebe unterläuft Max nur ein einziges Mal, und doch sind seine Briefe zunehmend Ausdruck der verzweifelten Bitte, vom geliebtesten Menschen nicht verlassen zu werden. Bettine dagegen hatte schon bald geschrieben: »Sag nicht das Du mich lieb hast, lieb mich nicht, das ist kein Geschäft für Dich« und fährt paradoxerweise fort: »sey eins mit mir«. Lieben nicht, aber trotzdem Einssein – oder auch: Nimm mich nicht wahr als getrennt von dir, als Gegenüber, sondern antworte mir, was ich selbst mir sagen möchte, sage mir nur, was ich hören will.

Schließlich fand sie auch die Rettung nur in sich selbst. Sie habe »Göttlich Leben« nicht nur in Freyberg und in der Wendung zu Gott gefunden, bekennt sie, sondern auch bei der Betrachtung ihres Spiegelbildes. In einer unerträglichen Depression, auf den Knien liegend mit der Bitte um Erlösung, habe sie sich den Tod gewünscht. »Dann«, so schreibt sie an Freyberg,

trieb es mich, daß ich mich anschauen Muste im Spiegel, wenn ich mir denn mit der Kerze ins Gesicht leuchtete, daß mein Dunkles Haar wie Flammen schien, daß meine Wangen brannten, daß in meinen Augen Gewallt leuchtete, daß mein Mund herb, aber *fest* geschloßen war, daß meine Thränen langsam niederrollten, daß bei dem Ringen dieses tiefen innern Lebens auch nicht die mindeste Bewegung war, sondern so wie im Schmerz erstarrt mein Gesicht sich nicht veränderte, wenn ich dieß alles so anstaunte in diesem Zustand, da schlug es plötzlich wie Feuer in meiner Brust und eine innere gewallt brach aus mir hervor, die plötzlich alles in Todesstille verkehrte und ich schlief ein, zuweilen auch must ich mich küßen und mir Trost zusprechen,: ›es ist doch niemand wie Du, sagte ich mir dann,: Du bist ganz allein so; aber ich bin mit Dir, ich bin auch allein, es ist ein Göttlich Leben in deiner Brust, aber wie soll ichs erheben, wie soll ich dich groß machen? in Himmel muß ich dich Tragen!‹ – siehst Du, und wenn ich mir so zuhörte, klangs wie ein Echo in meiner Seele, ich fühlte dann doppelt und 3fach – und so ist es daß bei dem einen Durch Anstrengung hervor gebracht werde, was bei dem andern wie eine Frühlingssaat leicht und feurig aufgeht … ich habe noch niemand davon gesprochen als nur Dir, ich glaub andre hätten mich für wahnwizig gehalten.

Das Spiegelbild, in der Romantik häufig Ausdruck innerer Zerrissenheit und Fremdheit gegenüber dem eigenen Wesen, ist bei Bettine immer wieder, so auch hier, eine Gelegenheit, sich selbst zu finden und zu bejahen. Daß sie sich allerdings gelegentlich am äußersten Rand psychischer Normalität bewegte – mit der Spaltung in zwei oder mehr Personen, mit dem eigentümlichen Einschlafen, mit den Küssen auf die kalte Scheibe –, das läßt sich kaum bestreiten. Sie ist ein Beispiel dafür, auch in ihrer Beziehung zu Goethe, daß »Wahn« durchaus selbstheilende Funktionen haben kann. Leicht zu haben ist das nicht.

Bettines Heldenphantasien, ihre Träume vom Leben aus dem Geistigen, ihre Überzeugung vom naturhaften Ernst ihres Schülers Max sind Ausdruck von Bettines Grundthema des Glaubens an den Großen Menschen, einer unauslöschlichen Überzeugung, die alle Verluste und Enttäuschungen ihres Lebens überstand. Dieser Glaube war zweifellos die Grundlage ihrer unvergleichlichen Anziehung und mitmenschlichen Energie. Sie projiziert in Max hinein, was in ihr selbst brodelt und glüht und was sie wenigstens anbeten und bewundern möchte, wenn sie es schon nicht selbst verwirklichen kann – die Situation vieler Frauen.

»In meinem Gemüth ist es jetzt wie in einer Dunklen engen Gegend, wo die Felsen ihre Häupter aneinander legen, ein einziger greller Lichtstrahl trifft meine Augen … was wird draus werden?« schreibt sie am 18. Juni, mitten in Arnims Bukowaner Zeit, an Freyberg, und einen Tag später: »Meine Umgebung stört mich … die wenigen Menschen hier, die in manchem so ganz verschieden von mir

Eine Interpretation aus unserem Jahrhundert: Bettine, gezeichnet von Horst Janssen, 1979.

sind und grade durch die Einsamkeit mir umso näher, zerstreuen mich«, was heißt: sie gehen mir auf die Nerven, lassen mich nicht zum Wesentlichen kommen, auch und vielleicht besonders Arnim. Sie war tatsächlich in diesen Wochen unendlich bedürftig, tief traurig und verloren – und nicht Arnim, nicht der ferne Sailer, an den sie oft schrieb, schon gar nicht die anwesenden Verwandten erschienen ihr als Retter, sondern Freyberg, der Gläubige, der Engel, das Kind. Sie suchte dunkle Orte auf, weil das helle Sonnenlicht ihr Schmerzen verursachte. »Im Fruchthause das keine Fenster hat ging ich auf und ab, im Dunkel ward mirs leichter, ich dachte immer: ›Nur weit von Der Welt, nur kein Sonnenstrahl, der mir das Leben beleuchtet.‹«

Was sich zwischen Arnim und Bettine trotz dieser geheimgehaltenen seelischen Dunkelheit in Bukowan abspielte, läßt sich nur erschließen. Sie wich ihm aus, erzählte von unklaren Absichten in bezug auf eine musikalische Karriere, ging allerdings mit ihm spazieren; es gab auch Zärtlichkeiten. Arnim kamen einmal die Tränen, was Bettine denn doch rührte: sie wurden laut Arnim »halb von der Sonne aufgesaugt, halb von Deinen Lippen aufgeküßt« und erleichterten ein wenig sein Herz. Zum Reden ließ sie es kaum kommen. Dennoch begleitete sie ihn, Clemens und Savigny bis ins nahe Prag, als diese Ende Juni nach Berlin aufbrachen. Die klärenden Worte waren nicht gesprochen worden, und sie wird froh gewesen sein, sich wieder ganz ihrer Himmelsliebe hingeben zu können.

Sie hatte vier Wochen vor sich, in denen sie mit Gunda und den Kindern in Bukowan darauf wartete, daß Savigny aus Berlin wiederkam und die Familie abholte. Von Prag geht ein dringendes, drängendes »Komm-komm-komm« an Freyberg in das Haus der Frau Materialistin Huber in Landshut: »ich sag dir daß die Zeit nie wiederkommen wird, wenn Du sie verscherzest … ich will dich noch verstehen lernen und mein tiefstes Herz vor Dir ausschütten … ich kann mich dir nicht mehr entziehen. es ist wie ein Zauberring um meine Seele geschloßen …« Was geschehen wäre, wenn Freyberg wirklich in Bukowan erschienen wäre, ist nicht abzusehen. Es wäre ja nicht das erste Mal, daß gemeinsame religiöse Hochgefühle und Ekstasen ihren irdischen Ausdruck in körperlicher Verschmelzung gefunden hätten. Aber Freyberg, der schon viele Male seinen Besuch angekündigt hatte – und sie nie mehr besuchen wird –, er hatte wohl selbst das Bedürfnis, diese Liebe in den Wolken und auf dem Papier zu lassen. Er ist ein wenig krank, seine Mutter allerdings zum Glück wieder gesund, ein Wagen in Richtung Böhmen geht zu früh ab, er soll nach Italien reisen, wird aber ganz sicher nach Berlin gehen, um weiter bei Savigny zu studieren … Bettine blieb also allein in Bukowan und mußte weiter schreibend und nicht redend ihr Leben innerlich in Ordnung bringen.

So kommt nun gegenüber Freyberg auch die Goetheliebe zur Sprache, so klar wie nirgends sonst, und die Folgerung, die Bettine in ihrer jetzigen Situation daraus zieht: »ich sage dir ich bin in den Mann verliebt bei dem gedancken an ihn, sprüht der Funcke aus mir hervor, wie beim Hammerschlag der Stahl, Feuer sprühet, und ich kann ihm nur sagen: Ich hab dich unendlich Lieb, und über alle Maase lieb, und will dich lieb behalten in alle Ewigkeit, und soll mir keiner so nah kommen wie Du mein Herr und Meister; – ja so ist es wahr lieber Fr: keiner konnt noch so mich trösten, denn diese schmerzliche Stunden, hat er auch gehabt und hat des Trostes bedurft wie ich, das hab ich aus seinen Büchern gesehen … er will, daß man alles Glückes theilhaftig werde, sich aber nicht vom Glück binden lasse; und so will ich auch seyn … und doch, was einer an mich begehrt das will ich gewähren, und sey es mein Leben, ich will nicht kleinlich handlen … Aber frey will ich seyn und ganz mein, und was ich gebe, soll mich nicht binden …«

Es sind die Tage, in denen sie kaum noch anders kann, als Arnim gegenüber endlich eine Entscheidung zu treffen. Auch darüber schreibt sie an Freyberg. Arnims Herz sei »voll Liebe ganz überströhmend« gewesen »wie sonst nie«, berichtet sie, »es quälte mich anfänglich, zu sehen wie er jede kleine Gunst an sich riß, und doch ohne zu begehren; einmal sagte er mir: ›Gott wie unglücklich wär ich, wenn Du jemand anders mehr liebtest als mich‹ lieber Freund das That mir weh.« Schließlich spricht sie aus, was Freyberg in seiner ganzen Tragweite nie verstehen wird und Arnim kaum je erfuhr: »Viele Jahre war er mir der edelste, der herrlichste, und nun kömmst Du in deinen Stahl gerüstet, und vor Dir muß alles weichen; /: ich beschwöhre Dich ehre mein Geständniß, werde Groß daran:/er aber soll nicht weichen und zwar weil ich ihn selber schüze, die Tage wo ich ihn den liebsten nante sollen nicht vergangen seyn, das wäre nicht trefflich, nicht meinem Herzen nach, wenn ich ihn nicht bergen könnte /: und doch hab ich gerungen hab schwehre Stunden gehabt: /du erfüllest mich oft so ganz das ich die Augen nicht von Dir wenden mögte aber geb dem Kaiser was des Kaisers ist, und Gott was Gott ist – so will ich auch meinen Groschen dahingeben, ich will der Erde ihren Tribut zahlen.«

So klingt nun also die Entscheidung für die Ehe: Die irdische Liebe wird der himmlischen zu Freyberg nicht schaden können, da »*wir beide* der Erde nicht angehören«. Und der zynische spätere Beobachter, der sich sagt: Welch eine Illusion!, wird natürlich recht behalten.

»Adieu«, schreibt Bettine nach langer Seelenarbeit an Freyberg etwa am selben Tag, an dem sie Arnim ihre wenn auch zögernde Zusage erteilt, »ich bin durch deine Briefe gesund geworden, ich sehne mich nicht mehr so nach dir, es ist alles gut, weil ich dir alles gesagt hab.«

Freyberg dagegen sehnte sich weiter und lebte noch jahrelang in der verklärten Welt, die er an der Geisterhand seiner fernen Seelenführerin kennengelernt hatte. Das jahrelang immer wieder geplante Wiedersehen verwirklichte der Held allerdings weiterhin nicht, sondern er ließ sich durch Examen, Zollschranken und Familienräson daran hindern. Als sie sich 1843 in München wiedertrafen, war Bettine 58, Freyberg 54 Jahre alt. Das Leben hatte beide so verändert, daß sie kaum noch etwas miteinander anfangen konnten. Gelitten hat darunter nur Freyberg.

Doch auch Bettine trug von der Freyberg-Episode lebenslängliche Spuren davon: sie übte in ihren Briefen eine erweiterte, eine neue Sprache. Es war eine Sprache großer heiliger Worte, schwärmend von Heldentum und religiöser Erhebung, beeinflußt von Sailers Herzenschristentum und von den patriotischen Enthusiasmen aller Lager. Es sollte noch Jahrzehnte dauern, bis sie das alles in ihren Werken auf ganz eigene Weise mit der kindlich-weiblich-poetischen Haltung der Goethebriefe verband; aber ohne die Landshuter Erfahrungen hätte die Autorin Bettine von Arnim in den letzten 25 Jahren ihres Lebens zweifellos anders geschrieben.

Arnim war die Sache mittlerweile schlichtweg zu bunt geworden. Am 5. Juli war er wieder in Berlin eingetroffen, ratlos. Er mußte sich fragen – und tat es in seinem Brief vom 10. Juli 1810 –, woran er wirklich mit Bettine sei, ob sich etwas Grundsätzliches zwischen ihnen geändert habe. Clemens spielte dabei eine zweideutige Rolle.

Er hatte Bettine und Freyberg in Landshut beobachtet, die intensive Beziehung bemerkt und auf seine Weise gedeutet. Wahrscheinlich wünschte er sich, reichlich lieb- und gedankenlos angesichts dieses unfertigen jungen Mannes, die Schwester solle sich mit dem verbinden, damit sein Arnim ihm selbst erhalten bliebe. So gab er dem Freund, vielleicht auf der Heimfahrt und jedenfalls angesichts von Arnims Ratlosigkeit über Bettines unerwartetes Benehmen, »eine ganz falsche Erzählung von ihr und Freyberg« und hätte damit am »bedeutensten Wendepunkt [s]einer inneren Geschichte und [s]eines Verhältnisses zu Bettinen«, wie Arnim später schreibt, das Glück, das ihm die Ehe bringen sollte, »fast gänzlich zerstört«. Die Spannung, die sich daraus ergab, blieb bis in die Zeit nach der Hochzeit bestehen und mußte – innerhalb Berlins! – brieflich besprochen und gelöst werden. Die Verteidigung von Clemens' Seite ist mit Vorsicht zu lesen – so harmlos und sorgenvoll, wie er sich stilisierte, war er sicher nicht.

»Daß ich dir von Freiberg und ihr sprach, habe ich damals von ganzer Seele gethan, wenn es mich gleich viele Mühe gekostet, ich wuste damals nicht, das du sie heurathen wolltest, du hattest dich nie darüber erklärt, sie selbst hatte mir ein mahl auf ihre Art erklärt, dich zu heurathen habe sie nie gedacht, … und ich glaubte Gott weiß warum, sie liebe dich etwa wie den Göthe, und war fest versichert, sie werden den Freiberg heurathen – … so sagte ich dir meine Meinung, weil ich dich mehr liebe als Bettinen …«

Mit derlei Informationen mußte sich Arnim herumschlagen. Schließlich griff er zur Feder. »Wohl drei Stunden« steht er an seinem Stehpult und findet keinen Anfang. Am nächsten Tag, an einem Reiseschreibpult, in dem noch der Abschiedsstrauß von Bettine duftet, gelingt es ihm zu schreiben. Er reiht Widersprüche auf – einmal sei sie kühl, einmal wieder nah und warm gewesen; und die Erinnerung an manche Erlebnisse, manche frühere Worte und Briefe lasse ihn zuversichtlich sein. Doch hält er es auch für möglich, daß er nur der »poetische Haubenstock« gewesen sei, ein lebloses uninteressantes Holzgestell, das man hervorholen und wieder wegstellen kann, um daran »allerlei überflüssige Worte des Gefühls anzuheften« (also: wie probeweise Bänder und Hüte an den Hutständer). Dann allerdings würde er »fluchen allen Worten, allen Tränen, allen Herzen«. Dennoch würde er ihr gut bleiben, denn im Grunde könne ihn nichts von ihr trennen. Selbst seine große Liebe zu Auguste Schwinck in Königsberg vor drei Jahren, als er Bettine noch kaum kannte, war begleitet vom Unglück darüber, daß er, sollte er Auguste gewinnen, Bettine verlieren müsse. »Ich habe es Dir noch nie gesagt, und doch ist es wahr.« Der Leser der früheren Briefe, so genau er weiß, wieviel Arnim und Bettine über »Königsberg« geschrieben und sicher noch mehr geredet haben, glaubt Arnim aufs Wort. Denn der ganze Brief strahlt von Ernst und schlichter Wahrhaftigkeit.

Arnim faßt die Lage noch einmal zusammen, und da er über die Fideikommiß-Stiftung seiner Großmutter so spricht, als sei es zum erstenmal, erscheint es durchaus möglich, daß die verwirrte, widerständige und verstiegene Bettine jedes konkrete Gespräch darüber bislang verhindert hat. »So war mein Entschluß nach der Eröffnung des Testamentes bald gefaßt, das Meinige zu tun, um rechtmäßige Kinder zu haben. Da brauchte es nicht langer Zweifel, ich wußte niemand auf der Welt, von der ich so gern ein Ebenbild besessen hätte … auch keine, mit der ich so gern mich erfreut, gestritten, gewacht und geschlafen hätte, und das wollte ich Dir alles in Bukowan vortragen.«

Das war aber nicht gelungen, »es wurde mir zu verstehen gegeben, es hätte sich vieles verändert, es wären Erfahrungen gemacht, ich könne nichts verlangen, was ich mir einbilde, von einem Hingeben zu großen Zwecken der Zeit, an Musik war die Rede«. Hier ist demnach die verschwommene Heldenthematik des Freyberg-Briefwechsels zur Sprache gekommen – greifbar wurde davon für Arnim als »höherer Zweck« nur die Musik. Diese, sagt er verständnislos, sei »durch ein gut Leben immer gefördert worden«, anders ausgedrückt: warum nicht singen in der Ehe? Und was die Einwirkung auf das Zeitgeschehen beträfe, so sei keiner von allen, die er kenne, »weder Du noch ich, dazu geschickt«. Der ganze bescheidene, demütige und doch hochgeborene Arnim spricht dann aus den folgenden Worten: »Will uns aber ein höheres Geschick irgend etwas in die Hände legen so wissen wir es sicher nicht voraus, denn auch des Mächtigsten Hände würden zittern. Wir würden es vollbringen und wenig davon zu sagen wissen, wie es geschehen.« Auch er habe dergleichen hochfliegende Gedanken öfter gehabt, sei aber inzwischen weit entfernt davon. Dagegen achte er »das echte Gemeine [Gemeinsame], das allen Menschen, allen Völkern eigen, denn darin ist Güte, Treue und Wahrheit«. Er schließt: »Sei Gott befohlen und der Maria vom guten Rate* schreib bald, hüte Dich vor allen angewöhnten schönen Redensarten, sprich wie Du bist.« Und er unterschreibt wie schon viele Male ohne weitere Floskeln: »Achim Arnim«. Es ist sein 104. Brief an Bettine.

Konnte gegen diese natürliche Nähe, gegen dieses gewachsene Vertrauen, gegen dieses klare liebevolle Begehren ein Freyberg aufkommen, der in alle innere Schwäche und Unruhe Bettines hinein einen Satz wie diesen sprechen kann: »… so kenn ich dich, so will ich dich. Stark wie der teutsche Eichbaum; muthig wie ein strafender Engel, treu wie mein Herz!«? Und doch schreibt sie weiter und weiter an ihn, fast jeden Tag, über sich, über Gott, allerdings nicht über die Welt. Wohlweislich teilt sie, die sonst über alle Postaus- und -eingänge berichtet, weder den Empfang von Arnims Werbebrief mit noch, daß sie auf diesen sofort geantwortet hat. Die späteren Briefe erwähnt sie wieder pünktlich.

---

* »Da er (Arnim) wegging mit Savigny gab er mir ein heilgenbild, die Muttergottes vom Guthen Rath, es ist Maria mit dem Jesuskindlein, er bat mich es fleisig anzusehen, vielleicht würd es mir guten Rath geben, ich seh es aber nicht an, es macht mir Schmerz.« (Bettine an Freyberg, etwa 16.7.1810, Stei, 119)

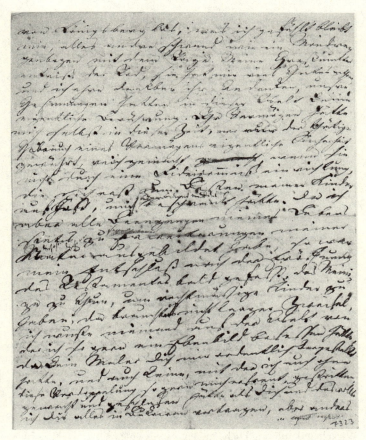

Arnims Werbebrief

Bettines Antwort, etwa um den 20. Juli geschrieben, ist sicher der merkwürdigste Jawortbrief der deutschen Literatur. Sie beginnt mit einem Traum, aus dem Arnims Brief sie geweckt habe – ein grausames Bild von Luthers Weib, dem eine böse Königin das Herz ausreißen ließ. Luthers Weib, das »die Liebe« ist, stürzt sich ins Meer, dann auch Luther selbst. Bettine, ganz jung noch, sieht sich mit allem Volk betrübt nach Hause gehen. Sie kann nicht essen und trinken, »weil es so fürchterlich traurig in der Welt ist«. Kein schönes Bild für jemanden, der sich die Ehe wünscht! Die mächtige böse Königin im Traum kann eheliche Liebe nicht ertragen und zerstört sie. Als Luther im Wasser liegt, gleicht »er ganz seinem Bilde, nur ganz schwarze Augenbrauen und Haar« – wie Freyberg, der für Bettine untergehen muß. In dem Traum äußert sich eine tiefe Angst vor der Ehe, die ihre Vollendung im gemeinsamen Tod findet. Bettines Ängste vor Hingabe, vor den höheren Ansprüchen der Pflicht, vor der Defloration, vor Geburten, vor dem Überschreiten einer Schwelle, über die es keinen Rückweg gibt, treffen hier in einer großartigen und unheimlichen Bildgeschichte zusammen.

Zum Glück gab Arnim, in dessen Werken Träume eine große Rolle spielen, im Leben wenig auf ihre Bedeutung – und Freud trat erst neun Jahrzehnte später auf. Sonst hätte der Werbende wohl einige Bedenken über Gesinnung und Tauglichkeit seiner Braut bekommen. Auch Bettine erinnert sich nun – in einigen Bildern – der gemeinsamen langen Geschichte, spricht ehrlich, wenn auch poetischer als Arnim, über ihre Zweifel und ihr Schwanken, freilich ohne Freyberg zu erwähnen: »Mich bewegt der Schwermut und die Lust, wenn ich Dich ansehe.« Auch sie erwähnt »Königsberg« als Chiffre des Vertrauens, »daß ich auf der rechten, mir liebsten Stelle stände in Deinem Herzen«. Doch nicht immer fühlt sie so: »Dann wieder aber war's, als ob Du mir ganz fremd seiest, endlich, als müßte ich mich für Dich aufopfern.« Sie schreibt, für Arnim sicher nicht recht begreiflich, wie merkwürdig es ihr ging, »wenn das äußere Leben von mir abfiel wie das dürre Blatt vom Baum« und »obs wohl Eingang zum Wahnsinn sei« – so einsam habe sie sich gefühlt, »Du warst entfernt, keinen Menschen hatte ich, der mein gewesen wäre, keinem konnte ich vertrauen *und wollte es auch nicht*«. Dazwischen aber »kehrte die Liebe« zu Arnim »zurück«, »ich band Dich fest wie in ein Wickelband und trag Dich am Herzen wie eine Mutter, wahrhaftig!« Nach langen Seiten des Zögerns folgt der entscheidende Satz: »Liebes Kind meines Herzens, warum soll ich nicht Dein sein?« Der *Traum* zeigt Bettine als bedürftiges Kind. Der Brief dagegen stilisiert sie zu einer mütterlichen Gestalt. Nicht zugänglich, tief verschüttet ist ihr in dieser ehrlichsten, nachdenklichsten Stunde das, worauf es eigentlich ankommt: das Gegenüber von Mann und Frau.

Dieser Liebe nun will sie sich anvertrauen, allerdings: »… was weiß ich selber von mir und von der Liebe? als nur, daß ich eines festen Willens bin, gut zu sein und Gutes zu tun, und Dir vor allen andern!« Der Freyberg-Ton klingt nach, doch letztlich geerdeter und weniger in mystischen Wolken. »Nehm Du nichts verkehrt, was ich Dir dahin schreibe, es ist alles einfältig wahr und soll nichts anderes bedeuten,

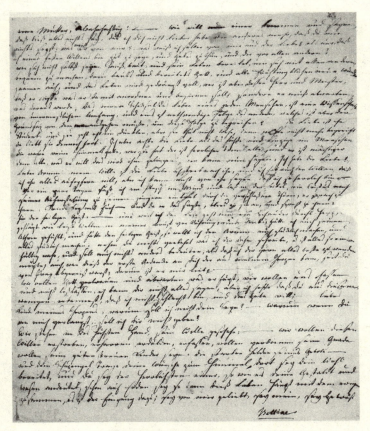

Bettines Jawortbrief

als daß ich Dir gern alles beste zuwenden möchte.« Ihr Briefschluß kommt diesmal ohne die vielen Küsse und erfindungsreichen Liebesäußerungen aus, an die Arnim aus 126 Briefen gewöhnt war. Er lautet einfach und feierlich: »Sei von mir geliebt, sei mein, sei getrost. Bettine.«

Was sie Arnim nie geschrieben hat noch schreiben wird, schreibt sie dem ungeeignetsten, dem zum Trost letztlich unfähigsten Briefpartner von allen – Freyberg. »Ich mögte mich gern vor Dir ausbreiten mit all meinen launen, Gewohnheiten Erfahrungen pp.« Denn nur bei ihm scheint das wirklich ungefährlich zu sein. Besonders auffallend ist in ihrem Brief an Arnim die gänzliche Abwesenheit eines Anspruches, eines Wunsches, geliebt zu *werden*. Dies Bedürfnis erscheint nur im Traum – in Gestalt einer alten Kindermagd, die Bettine folgt, um sie zu hüten, und »der ich ehmals versprochen, daß wenn ich heurathe, so solle sie zu mir kommen«. In der Wirklichkeit, das spürte Bettine voraus, würde niemand sie »hüten«, niemand ihr die Verantwortung abnehmen.

Von alldem bemerkt Arnim nichts. Er hatte ihrem Brief entgegengefiebert, zwei Briefe noch geschrieben, bevor ihn die Antwort erreichte – eine weitergeführte Korrespondenz zwischen zwei sehr vertrauten Menschen. Er berichtet ausführlich über den Tod der Königin Luise, er schildert seine Sorgen um die richtigen Worte an Bettine, erwähnt nun auch, daß Clemens ihm »von Freyberg gesprochen« und ihn, Arnim, gezeichnet habe, wobei er sich selbst so zuwider war, daß er sich am liebsten angespien hätte. In dieser Stimmung würde er es sogar verstehen, wenn Bettine sich ganz von ihm abwenden sollte, »und träume mir irgendeine Art, Dich nie wiederzusehen, entweder nach Spanien oder auf mein Gut zu ziehen«. Und: »Wenn Du mich nicht heiraten willst, so glaube ich nicht, daß ich je eine Frau nehme.« Immer deutlicher glaubt er zu erkennen, besonders seit die Familie des Onkels in Berlin angekommen ist und die »Testamentssakermentswirtschaft« weitergeht, »daß meine gute alte Großmutter ... mich meinen Kindern, die ich noch nicht habe, aufgeopfert hat«.

Depression und Unruhe verschwinden aber mit einem Schlag, als er am 28. Juli Bettines Brief erhält. Arnim der Schwierige, Arnim der Nörgler, Arnim der Bedenkliche reagiert mit einer glücklichen Direktheit, als sei er ein ganz unkomplizierter Mensch: »Dein Brief ist mein Amulett, das mich gegen alles Böse in mir und außer mir bewahren muß.« Und wieder die unbefangene Intimität: Er hatte in der Nacht beim Löschen eines Feuers geholfen, den Brief als Amulett in der Tasche, und am nächsten Morgen gebadet, »um mich vom Schweiß der Mühe zu säubern, und da legte ich ihn neben die Wanne, und das Wasser umdrängte mich mit so weichen Liebesarmen, daß ich nicht wußte, wie schnell mir so anders geworden«. Dazwischen aber steht ein Satz, der die archaische Absolutheit und Wildheit, zu der Arnim fähig war, gespenstisch aufblitzen läßt: »Wärst Du bei mir gewesen, ich hätte nicht löschen mögen, sondern mich der schönen Flammen gefreut, in Deine Augen geblickt; und da hätten sie fortschreiten mögen und uns ergreifen, ich hätte doch gelebt, einen Augenblick mit Dir ganz und innig.«

Der Bräutigam ist glücklich, die Braut ist es nicht – noch nicht. Deutlich ist aber die Chance, die Arnim der traurigen, zaghaften, verwirrten Bettine, die sich ihm anvertraut hatte, bot: sich tragen zu lassen – wie in seinem Traum von der Reise in die Ehe – von seiner zuversichtlichen, fröhlichen, sicheren Männlichkeit.

Er erspürte mit größter Sicherheit Bettines Zögern. »Wir wollen Gott vertrauen und abwarten, was er fügt«, hatte sie geschrieben, »wir wollen seinen Willen erstreben, erharren, erdulden, erfassen … wollen seine guten treuen Kinder sein …« Jeder andere hätte daraus eine demütig-christliche Haltung abgelesen. Doch Arnim hörte etwas anderes heraus: »Ich soll harren und warten, sage mir, was? … Hätte ich nicht geradeaus geschrieben, ich tappte noch im Zweifel umher, ob mir etwas oder nichts beschieden … Ich meine, wir heiraten uns, wann und wo es sei, nur bald.« Ein Ton des Übermuts, des Glücks, der Siegesgewißheit klingt auf – sein Exlibris-Wahlspruch »Tempora tempore tempera«* erscheint ihm plötzlich falsch, da »in den Zeiten die Zeit das einzig Böse ist, ich meine, die Zeit, die sich verliert, harrend, hoffend«. Diesen Brief erhielt Bettine am 7. August in Prag, schon auf der Reise nach Berlin.

Wie recht Arnim mit seinem Gefühl hatte, zeigt ein Blick auf die gleichzeitige Freyberg-Korrespondenz: Bettine kehrt sogleich nach ihrem Jawortbrief zu ihrem Himmelswesen zurück, zu Gebeten und Geständnissen, Seiten um Seiten, Tage um Tage bis zu ihrer Abreise in Richtung Berlin. Zwar vollzieht sie am 5. August in der letzten ihrer Bukowaner Schreibnächte wohl endgültig, jedenfalls in Gedanken, den Schritt vom himmlischen zum irdischen Heldentum, indem sie fragt, »obs nicht heldenmäßiger Gott wohlgefälliger ist, daß ich Verzicht thue auf all dieß Aufbraußen der Jugend und in Demuth und Liebe denen Lebe, die mein begehren«. Wie fern sie aber noch immer vom wirklichen Ja-Sagen ist, zeigen die folgenden erstaunlichen Sätze an Max, geschrieben in Prag, drei Tage vor dem Wiedersehen mit Goethe, den die reisende Familie an seinem Badeort Teplitz besuchen wollte:

Arnim ist eine Säule der Schwehrmut, die in mein Herz gegründet ist, und Du bist ein Kelch der Religion aus dem ich Trost trinke; – ›Sey ganz mein‹ das sagst Du; O lieber lieber Freund! wie froh bin ich daß dieß Leben ein Ende nimmt. –

---

* Mildere die Zeiten durch die Zeit.

Schreib mir recht schnell und Deutlich, mit lauteren Worten, wie
Du mit mir zufrieden bist, sag mir, daß es Dich nicht stört, wenn
ich sein Weib werde … ich werde so lange wie möglich mich frei
erhalten.

Sie schiebt Freyberg, ihrem hilflosen Alter ego, die Entscheidung
zu; erst durch sein Heldenvorbild sei sie groß geworden, »und seitdem
ich entschloßen bin mich nicht mehr zu wehren, durchdringt mich
Kühnheit und Begeisterung. ich hätte eine schwehre Sünde auf mir,
wenn ich anders wäre …« Dennoch: das letzte Wort hat er.

Postwendend, schon eine Woche später, kommt die zu erwartende
Antwort von Max dem Helden: »Thue was dein Herz verlangt; Gott
gab das edelste Begehren in deine Seele; Sein Segen ruhe auf deiner
Wahl … was du ihm geben wirst, kannst du mir nicht entziehen.« Pa-
thetisch und wie einstudiert fügt der ahnungslose Engel hinzu: »Kind!
so leicht pfleg ich nicht zu scheitern.« Dazwischen wieder: »Daß Du
seyn Weib werdest wird mein Verlangen nicht stören.« Wie wahr!
Noch jahrelang wird er verzweifelt versuchen, die Nähe und den Enthusiasmus dieser Zeit zu erhalten.

Bettine erhielt diesen Brief erst in Berlin, doch kam es im Grunde
darauf gar nicht mehr an. Aus der sinnverwirrenden Einsamkeit Bu-
kowans in die Welt zurückgekehrt, als Heldin abgesegnet, hat sie die
Seite Freyberg in ihrem Lebensbuch schon umgeschlagen. Nachdem
es ihr gelungen ist, die Entscheidung fürs Irdische in eine Heldentat
fürs Himmlische umzuformulieren, kann sie sich dem Irdischen wieder mit der ihr eigenen Unbefangenheit zuwenden. Erst sieben Wochen später schreibt sie wieder an Max. Der Briefwechsel versickert
allmählich und endet nach der Geburt des ersten Sohnes ganz. Eine
groß angelegte und in Lust und Leiden sinnvoll genutzte Tagtraum-
erfindung zwischen zwei Menschen, die sonst wenig miteinander zu
tun hatten, hat ihr Ende gefunden.

Am 7. August gehen Bettines letzte Seiten an Freyberg von Prag ab.
Sie selbst ist bereits auf der Reise nach Berlin. Am 9. August erreichen Savignys und Bettine den Badeort Teplitz, wohin Goethe gerade
aus Karlsbad umgezogen war. »Deine Briefe wandern mit mir«, hatte
er vor seiner Abreise geschrieben, »sie sollen mir … dein freundliches
liebevolles Bild vergegenwärtigen. Mehr sage ich nicht, denn eigentlich kann man dir nichts geben, weil du dir alles entweder schaffst
oder nimmst.« Sofort scheint sie sich genommen zu haben, was sie

brauchte. Sie wohnten im selben Hotel, dem Goldenen Schiff. Sie besuchte ihn, und zwar allein, so hört es sich wenigstens in Goethes Brief an seine Frau an: »Ich saß ganz ruhig auf meinem Zimmer. Da geht die Thüre auf und ein Frauenzimmer kommt herein. Ich dencke, es hat sich jemand von unsern Mitbewohnern verirrt; aber siehe, es ist Bettine, die auf mich zugesprungen kommt und noch völlig so ist, wie wir sie gekannt haben. Sie geht mit Savignis nach Berlin und geht mit diesen auf dem Wege von Prag her hier durch. Sie hat mir unendliches erzählt von alten und neuen Abendtheuern. Am Ende geht es denn doch wohl auf eine Heyrath mit Arnim aus.«

Fast drei Jahre hatte Bettine Goethe nicht gesehen. Jetzt blieb die Familie drei Tage, bis zum 12. August, in Teplitz; Goethes Briefe, sein Tagebuch und die Aufzeichnungen seines Sekretärs Riemer verzeichnen täglich mehrfache Kontakte. »Mit Bettinen im Park spatzieren. Umständliche Erzählung von ihrem Verhältniß zu Fräulein Günderode …«

Kurzum: Sie scheint ganz die alte Bettine, redselig, unkonventionell, zutraulich bis zudringlich und Goethe nicht ganz gelegen. Außerdem warnte ihn wohl ein kleiner Widerhaken aus einem Brief seiner Frau, die sich bereits im Mai liebevoll-eifersüchtig nach verschiedenen »Äugelchen« erkundigt und auch Bettine dazugerechnet hatte. Seine jungen Verehrerinnen entzückten ihn um so mehr, je älter er wurde. Im August 1810 war Goethe fast 62, Christiane 45 und Bettine 25.

Für mich besteht kein Zweifel, daß die folgende erotische Szene so oder mindestens ganz ähnlich stattgefunden hat, obwohl Bettine sie erst Jahrzehnte später in mehreren Fassungen aufschrieb. Im Goethebuch erwähnt sie sie verständlicherweise nur höchst fragmentarisch und ohne erotische Details. Man kann aus ihren Andeutungen kaum erraten, was wirklich vorgegangen ist. Immerhin steht dort: »Mann!, dessen Fleisch und Bein so von der Schönheit der Seele durchdrungen ist, wie darf ich Leib und Seele so beisammen lieb haben!« »Dieses Fleisch ist Geist geworden« war später die Inschrift von Bettines Goethedenkmal. In diesem einzigen Moment nun trafen in Teplitz Bettines irdisch-unirdische Wünsche auf Goethes sehr direktes Begehren. Als Bettine die Szene später für ihren Förderer, den Fürsten Pückler, bei den Vorarbeiten zu *Goethes Briefwechsel mit einem Kinde* niederschrieb, war sie eine Frau von Ende Vierzig, und ihre Verliebtheit in den fürstlichen Frauenroutinier mag die Erinnerung an ihre jugendliche Erregung belebt haben. Sie behauptet, sie habe das Erlebnis tausendmal abends vor dem Einschlafen wiederholt.

In trockenen, unpoetischen Worten (Bettines Text selbst ist einer der schönsten und poetischsten erotischen Texte der deutschen Literatur): Die beiden waren im noch heißen Spätlicht eines Augustabends allein in Goethes Zimmer. Bettine, wie sie es auch von anderen Begegnungen mit ihm berichtet, hing an seinem Hals. Unter dem Vorwand, es sei zu heiß, knöpfte er ihr das Mieder auf, küßte heftig ihre Brust, und ihre Haare lösten sich. Es wurde etwas geredet über Möglichkeit oder besser Unmöglichkeit noch näheren Zusammenseins. Goethe war von Bettines freizügiger Unschuld offenbar hocherregt und nannte sie »süßes süßes Weib«, was sie in orgasmusnahe Zustände brachte (»es schrie in meiner Brust vor Wehthum der Wonne und meine Seufzer wurden Laute, ich umklammerte ihn fest«). Er zog das kleine schwarzgelockte »Äugelchen« auf seine Knie, legte Stirn an Stirn, wobei er gewaltig schwitzte. Das begeisterte sie erst recht. »Er seufzte tief, er ächzte«, sie beißt ihm zart in Zunge und Lippen, leckt ihm die Schweißtropfen ab – und daß sie auseinandergekommen sind, lag dann wohl doch an Goethe, der den konventionellen Anstand eben schätzte und dem, wer weiß, Christiane oder Arnim einfielen oder beide zugleich.

Literaturwissenschaftlich wird diese Szene in allerlei Traditionen eingeordnet: die klassizistische Epiphanie des antiken Göttervaters verschmelze hier mit christlichen Vorstellungen, mit der Brautmystik des Hohen Liedes und mit pantheistischen Gedanken, es handele sich um die Begegnung der Seele mit ihrem Gott. Der Pietismus mit seiner oft körpernahen Mystik habe sein Teil dazu beigetragen. Darüber wird ein gewöhnlicher Leser, gelinde gesagt, erstaunt sein. Was er als einen sehr intensiven, Literatur gewordenen Erlebnisbericht liest, soll plötzlich *nichts* als Literatur sein. Bettines Umgang mit religiösen Metaphern, die unbefangen auf Menschliches bezogen werden, ist uns schon begegnet. Sie war darin nicht anders als andere Romantiker. Ihre »Vergötterung« Goethes bestimmte schon den originalen Briefwechsel und wurde im Goethebuch ausgearbeitet. Doch welcher Gott hat jemals einer Seele das Mieder aufgeknöpft, welche Seele hat ihrem schwitzenden Gott über zehn Zeilen den Schweiß abgeleckt, welcher Gott mit Ohr und Haaren der Seele gespielt? Es versteht sich von selbst, daß eine Frau, die ihr Leben mit der Literatur verbracht hat, die Ausdrucksformen gebraucht, die ihrer Zeit zur Verfügung standen. Aber dem typisch Bettinischen, der unbefangenen Verbindung von leidenschaftlicher Sinnlichkeit und ihrer Deutung als göttlich, wird eine so vorsichtige Eingrenzung nicht gerecht.

Bettine veröffentlichte, wie gesagt, die Texte über diese körperliche Erfahrung mit Goethe nicht. Ihr Buch wurde 1835 ohnehin von vielen wegen ihrer großen Offenheit über sich selbst als skandalös empfunden, »gar nicht davon zu reden, daß Goethe ein verehelichter Mann war«. Die Frage der Echtheit des Berichts muß man sich stellen. Denn wo gibt es, bei Goethe wie bei Bettine, sonst autobiographische Berichte in diesem Ton? Sowohl Goethes Erotika wie Bettines gelegentliche Anspielungen im Liebes- und besonders im Ehebriefwechsel gehören auf ein ganz anderes Blatt. Der Originalbriefwechsel zwischen den beiden kann uns als lebensgeschichtliches Dokument natürlich weiterführen als die spätere Bearbeitung in Bettines Briefbuch. In diesem gibt es für den hellhörig gewordenen Leser eine leichte, aber deutliche Veränderung: Goethe, bis dahin ein sehr säumiger und bisweilen maulfauler Briefpartner, schreibt erstaunlich schnell nach Bettines Abreise ein Briefchen an sie, das er auch in seinem Tagebuch vermerkt (17. August), bedankt sich für den viele Seiten langen Brief vom 6.–28. Juli, den sie mitgebracht und in dem sie die ganze Zeit seit ihrer Abreise aus Landshut aufs Anmutigste beschrieben hatte. Den habe er am Morgen nach ihrer Abreise »fleisig« gelesen und wiedergelesen. Allerdings sei jetzt ein Brief gekommen, der »alle die andern übertrifft«. Dann erbittet er ihre nächsten Briefe nach Dresden an die Adresse des dortigen weimarischen Geschäftsführers Hauptmann von Verlohren und setzt in Anspielung auf dessen Namen hinzu: »Wie ominos! O weh! was wird er [der Brief] enthalten?« Zweifellos bezieht sich dieser kleine Herrenwitz auf die bevorstehende Ehe Bettines mit Arnim.

Wo aber ist Bettines Brief geblieben, den Goethe so lobt? Und wo die »lieben Blätter«, die »nach und nach« an Goethe gingen und »besonders … (das) Andencken vom 27. August«, das in seinem Brief von Ende Oktober erwähnt wird? In Bettines Briefbuch sind betont einige Sternchen eingefügt: »Hier ist eine Lücke in der Korrespondenz« oder »Blätter und Briefe fehlen«. Daran kann man philologisch herumrätseln, doch ist noch niemand auf den Gedanken gekommen, sich zu fragen, warum ausgerechnet *an dieser Stelle* und allein dort die weißen Flecken sind. Die Erklärung, Goethes Nachlaßverwalter hätten Bettine-Briefe über Goethes Jugendjahre wegen ihres hohen literarhistorischen Wertes zurückgehalten, kann in diesem Fall nicht zutreffen, da Goethe Bettine erst einige Wochen später um ihre »Beyhülfe« für das, was später *Dichtung und Wahrheit* wurde, gebeten hat. Hat er Briefe vernichtet, da Bettine zu direkt wurde? Das ist nicht allzu wahrscheinlich, einmal wegen Goethes zwanghafter Sammlernatur und zum zweiten, weil er viele andere Direktheiten – Küssen, Umhalsen und Auf-dem-Knie-Sitzen – seiner unbefangenen Verehrerin *nicht* verschwinden ließ. Allerdings hat er auch andere Briefe gelegentlich nicht aufbewahrt, so alle von seiner Mutter aus den Jahren vor 1793 (bis auf zwei wohl zufällige Ausnahmen). Hat Bettine aus Rücksicht auf Kinder, Geschwister und Umwelt diese sicher leidenschaftlichen Dokumente weggelassen, als sie 1835 als 50jährige sich als Kind stilisierte, sie, die doch ein »süßes süßes Weib« gewesen war? Denn mit großer Diskretion behandelt sie Details ihrer Liebe zu Arnim, wie die schöne Schilderung ihrer Verlobung, die im Briefbuch mit Pünktchen bedacht, im Original aber erhalten ist. Jedenfalls – das Dunkel, in dem wir hier tappen, soll wenigstens benannt werden.

Erhalten aber ist von Bettine ein Satz, der gleichsam ihr Recht auf Nähe zu Goethe trocken und sicher behauptet: »seitdem wir in Töplitz zusammen gesessen haben, kann ich keine Complimente mehr mit Dir machen. Buchstabier Dich durch wie damals durch mein Geschwätz.« Eine nüchterne Äußerung, zu der ein gemeinsames Liebeserlebnis wohl berechtigen kann – aber lange kann sie dabei nicht bleiben, verfällt eine Seite weiter wieder in entrückte Anbetung, in Stammeln fast, zwischen schlampig und genialisch. Dazwischen: »und doch darf ich nicht nachdenken, ich könnte mir den Tod dran holen«.

Sie haben hoch gespielt, beide; aber die Gefahr für Bettine war größer.

Es sieht so aus, als habe Goethe, ebenso großer Menschenausbeuter wie -beglücker, einen rettenden Einfall gehabt (der allerdings kaum aus Mitleid oder Verantwortungsbewußtsein herrührte, sondern ihm eben zupaß kam), als er Bettines unerwünschte Hingabe in einen produktiven Kanal umlenkte: »Da Du doch nicht aufhören wirst mir gern zu schreiben und ich nicht aufhören werde dich gern zu lesen; so könntest du mir noch nebenher einen großen Gefallen thun …« Sie solle aufschreiben, was sie über Goethe »und die Seinigen« wisse, »da ich im Begriff bin meine Bekenntnisse zu schreiben«. Sie habe ja von der »theuren Mutter« so viel gehört und hege noch »alles im frischen belebenden Gedächtniß«. Diesen Brief beschließt Goethe, der seine Gunstbezeugungen instinktsicher zu setzen wußte, mit der gegenüber Bettine bisher nie gebrauchten Formel »Liebe mich bis zum Wie-

Selbstbildnis Bettines

dersehen«.* Bettine jedenfalls war geschmeichelt und ehrenvoll beschäftigt, »Dein Brief hat mir frische Luft ins Zimmer gebracht«. Die Zeit der Schwüle war also vorbei.

Wer über die Rolle von Dreiecksbeziehungen für das Gelingen von Ehen, ja überhaupt von Lebensläufen nachgedacht hat, den kann es im Grunde nicht wundern, daß Bettine zwei Tage nach ihrer Abreise aus Bukowan fast in Goethes Bett gesunken wäre. Es gibt keine gute Ehe ohne Integration des Dreiecks, es gibt aber auch keine, die nicht

---

* Die »Art zu schließen«, auf die Charlotte von Stein, an die er häufig so schrieb, »Picks hatte« (Brief an ihren Sohn Fritz, vor dem 6.7.1789), nachdem er wegen seiner Liebe zu Christiane mit ihr brach.

immer wieder einmal davon gefährdet würde. Bettine hatte sich in einem krisenhaften, vielleicht manchmal psychosenahen Prozeß gegen die Möglichkeit eines Lebens zu höheren Zwecken entschieden. Nach den langen überspannten Monaten der Himmelssinnlichkeit mit Freyberg war der schwierige Entschluß für die Ehe mit Arnim immer noch eher ein Entwurf, als daß er bereits in Lebensbild und Selbstgefühl Bettines integriert gewesen wäre.

Eine Begegnung wie die in Teplitz ist nicht denkbar ohne beiderseitige Bereitschaft. Bettine war nach all ihren Erlebnissen »wirklich hübscher und liebenswürdiger als sonst«, Goethe fand sie begehrenswerter als bisher. Vor allem aber schuf die endgültige Bindung an Arnim – sie wird in Goethes wenigen Äußerungen gleich zweimal erwähnt – die erotische Bedingung eines Dreiecks, die für ihn bei gesellschaftlich ebenbürtigen Frauen immer entscheidend gewesen ist, etwa bei Charlotte Buff, Frau von Stein und Marianne von Willemer (die übrigens nur ein Jahr älter war als Bettine und mit der Goethe, noch einmal fünf Jahre später, eine wirklich große Liebe erlebte).

Aber auch bei Bettine war die Sehnsucht nach erregender Berührung durch den krampfhaften Triebaufschub vorher sicher ins kaum Erträgliche gewachsen. So gesehen hatte die Liebesszene eine tiefe innere Notwendigkeit. Natürlich war sie für Bettine unendlich wichtiger und epochemachender als für Goethe. Jedenfalls machen die Abwehr, die Kühle, ja die leichte Verachtung, dann auch wieder die Art der amüsierten und erstaunten Bewunderung, die Goethes Briefe an Bettine von denen an andere junge Frauen, etwa Sylvie von Ziegesar, unterscheidet, die Kühnheit Goethes plausibler. Es ist kaum vorstellbar, daß Goethe den anderen jungen Freundinnen, etwa Minchen Herzlieb oder der »kleinen Levetzow« (worunter 1810 noch die *Mutter* Ulrike von Levetzows zu verstehen ist, der Goethe mit 74 Jahren den einzigen Heiratsantrag seines Lebens machte) – daß also Goethe diesen jungen Damen das Mieder aufgeknöpft hätte. Ein sich gegen alle Widerstände unverdrossen anbietendes Mädchen kommt dafür eher in Frage.

Aber vergessen wir über allem gefährlichen Durchbrechen von Moral und Konvention nicht, wie Goethe zur gleichen Zeit von Savigny gesehen wurde: »Wie kräftig, groß, mild, überall ganz er selbst, in allem, was er tut, denkt und spricht sein ganzes Gemüt gegenwärtig. Er hat mich recht von neuem mit Liebe und Ehrfurcht erfüllt.«

KEIN GLÜCK ALS DIE EHE!

Am 12. August reiste Bettine von Teplitz ab, wenige Tage später war sie in Berlin, wo sie fünfzig Jahre, bis zu ihrem Tod 1859, wohnen blieb. Das Einleben dauerte eine Weile. An Freyberg ging im September ein kurzes Briefchen: »Ein einzig Wort: – Daß ich Deiner oft gedenke, so wie Sonst; aber schreiben kann ich jezt nicht, es ist zu kalt zu Tod um mich her, einst wenn du mich noch besser kennst wirst Dus begreifen daß ich zu Zeiten schweigen muß …« Die böhmischen Berge fehlen ihr, ihr Zimmer liegt so, daß die Sonne nie hineinscheint, und sie hofft auf den nächsten Sommer, in dem Freyberg in Berlin studieren soll, die Universität sei »so Grandios und Liberal in Bezug auf geistige Einrichtungen« wie nirgends sonst. Das weiß sie immerhin schon, und sie schreibt auch, daß sie sich einen einsamen Tag geradezu »mit Gewalt (sogenanter Grobheit)« habe erkämpfen müssen.

Denn einsam war sie nicht, viel weniger als in Bukowan. Arnim hatte sie erwartet, liebend, entschlossen und dennoch zurückhaltend. Sie ging mit ihm und Clemens in Gesellschaften und half Savignys beim Einrichten ihrer neuen Wohnung am Monbijouplatz 1. Arnim hatte ihr versprochen, sie würden im Schloßgarten von Monbijou »Ball schlagen und Erdbeeren pflücken«. Sein Weg von der Mauerstr. 34 bis dorthin dauerte zu Fuß ungefähr eine halbe Stunde, aber »ich lauf doch zu Dir, und wärs ans Ende der Welt«.

Ziemlich bald verändern sich Bettines Briefe gegenüber Freyberg, der nicht von ihr und den gemeinsamen Träumen lassen kann. Der alte Hochton verklingt bei ihr immer mehr. Ihre überspannte Schlaflosigkeit ist vergangen. Im Oktober wird Max, wird der Leser plötzlich angesprungen von einem »Ob Du mir über den Weg traust?«. Ihr selbst wird offenbar klar, daß sie das Versprechen ewiger Seelennähe nicht wird halten können. »Gut Kind«, schließt sie den Brief begütigend, wohl nachdenklich, gerührt und wehmütig. »Da geht ein jeder seine eigenen Wege« – und immer schwieriger wird die Erhaltung der mystischen Sonderwelt, auch und besonders für Max, der schrecklich unter ihrem zunehmenden Schweigen leidet.

Im Oktober kommt außerdem der erwähnte Brief von Goethe, der sie zur Mitarbeiterin macht. Arbeit und Liebe, durchaus im normalen irdischen Sinn zu verstehen, diese Zeichen der Gesundung nach einer seelischen Krise oder Störung, steigen am Horizont wieder auf. Nicht mehr das tändelnde Bauen von »idealen Gebäuden in kleinen Modellen« – wie in Bukowan – ist nun ihre Beschäftigung, sondern was sie zu tun hat ist eine konkrete Hilfe für den angebeteten Göttervater und priesterähnlichen Initiator, der sie mit der ehrenden Bitte um das Material zu *Dichtung und Wahrheit* selbst wegführte von ihrer verstiegenen Liebe zu ihm, die ebenso unmöglich war wie die zu Freyberg.

Arnim führte unter den neuen Sternen sein bisheriges Leben weiter, klar auf die Zukunft ausgerichtet und energischer als vorher. Berlin war seine Stadt, und er lebte, anders als später in seinen Wiepersdorfer Jahren, intensiv mit ihr. Zur gleichen Zeit, als er noch um Bettines Jawort zitterte, trat er aus traurigem Anlaß als Dichter hervor: Königin Luise war zum ungeteilten Schmerz ganz Preußens am 19. Juli dieses Jahres gestorben. Arnim berichtete Bettine noch nach Bukowan ausführlich und gerührt darüber, mit allen Vorzeichen und Geistererscheinungen, die in der Stadt herumerzählt wurden. Ein gewisser Georg Abraham Schneider, »Königl-Preuß. Kammermusikus«, sollte eine Kantate schreiben und bestellte sich den Text dafür bei Arnim. Der schrieb in der öfter bestaunten Geschwindigkeit 25 Seiten. Dem anspruchsvollen Clemens gefiel die schnelle Arbeit, und tatsächlich hat sie einiges von der spontanen Herzlichkeit, die Arnims Gelegenheitsgedichte auszeichnet. Einen Monat später wurde das Werk zweimal im herrlichen Konzertsaal der Knobelsdorff-Oper (heute Apollo-Saal) aufgeführt. Es dürfte eine der ersten großen öffentlichen Gelegenheiten gewesen sein, bei der Arnim und Bettine gemeinsam zu sehen waren. Allerdings: »Die Musick war für jeden vernünftigen zum Todlachen«, kommentierte Clemens. Wie die Kantate dem untröstlichen König gefiel, wissen wir nicht. Der Erbprinz von Mecklenburg-Strelitz, Luises Bruder, aber bedankte sich bei Arnim mit ehrlich bewegten Worten. Jedenfalls war Arnim auch wegen seiner Beziehung zum Fürsten Radziwill in der königlichen Familie kein Unbekannter, und Bettine, seine Braut, war wohl auch aus diesem Grunde in Berlin »sehr gesucht«, wie sie Freyberg berichtet, »selbst der König fragt nach mir«.

Arnims Braut – das interessierte viele. Arnim war ja auch mit der »ganzen gelehrten Menagerie von Berlin« bekannt oder befreundet. Er hatte im April, kaum daß er die 2000 Taler von der Großmutter

Arnim im grünen Rock. Aquarell von Clemens Brentano.

erhalten hatte, mit Clemens in der Junggesellenwohnung bei Pistors zu Ehren von Reichardt »einen Schmaus gegeben«. Die beiden Freunde hatten Stühle aus dem ganzen Haus zusammengeschleppt, Gemälde beim Trödler gekauft, viele Kerzen besorgt, Arnims beste Holzschnitte mit Nadeln an die Wände geheftet – und dann eingekauft, wie es zwei junge Leute auch heute für eine improvisierte Gesellschaft machen würden, »aus einem Italienerladen nach dem andern«, allerdings mit einem früheren Bedienten der Großmutter, der die Einkäufe tragen mußte. Beim Herstellen von »Bischof« und »Kardinal«, Bowlen aus Weißwein und Rotwein, tranken sich die beiden Gastgeber schon reichlich lustig, so daß Arnim, als der erste Gast,

»unser Musikheiliger Zelter«, eintraf, noch nicht umgezogen war und seinen »Kaperrock« – wohl den grünen auf Clemens' Aquarell – in aller Eile mit dem Staatsrock tauschen mußte. Clemens lernte an diesem Abend Humboldt kennen, der gleich fragte, ob Bettine mit Savignys nach Berlin kommen würde.

Zelter (1758–1832), Goethes letztgewonnener naher Freund*, gehörte zur Berliner Musikszene wie der Italiener Righini und immer wieder Reichardt. Bettine war mit den Goethe-Vertonungen aller drei und überhaupt mit ihrer Musikrichtung nicht zufrieden. Sie mochte Zelter, den sie schon lange kannte, eigentlich nicht, sang aber im Chor seiner Singakademie mit.** Schließlich gewöhnte sie sich an ihn, er kam oft zu Savignys, und Goethe lobte sie wegen ihrer Einsicht. »Du bist vielseitig genug, aber auch manchmal ein recht beschränkter Eigensinn«, schrieb er, »und besonders was die Musik betrifft hast du wunderliche Grillen in deinem Köpfchen erstarren lassen« – denn die Musik, Bettines Eigenstes, blieb ein Streitpunkt zwischen ihnen. Er liebte die handwerklich sauberen einfachen Liedchen und die verständlichen, brauchbaren Chöre, sie verstand und verehrte dagegen die Genialität Beethovens, was Goethe nie ganz gelang.

Arnim arbeitete journalistisch mit an Heinrich von Kleists kurzlebiger Tageszeitung, den *Berliner Abendblättern*, »blos um hin und wider meine Meinung über allerlei Minister sagen zu können«. Mit Kleist war Arnim persönlich und literarisch bekannt, aber nicht befreundet. Es verband sie ihre politische Haltung; beide waren gegen die Regierung Hardenberg und natürlich gegen die Franzosen, beide für mehr Öffentlichkeit. Arnim wünschte sein Leben lang mehr Beteiligung der unteren Stände am politischen Leben, und dazu brauchte es eine geeignete Presse. Informationen über die großen Weltereignisse, in diesen Monaten vor allem der Krieg gegen die Franzosen in Spanien (und die Erwartung des einzigen Napoleonsohnes, der am 20. März 1811 geboren wurde), Nachrichten über Verbrechen und Unfälle, Anekdoten und einige sehr anspruchsvolle literarische Texte sollten das Blatt für ein breites Publikum attraktiv machen. Arnim schrieb eine *Warnung gegen weibliche Jägerei* (5./6. Nov. 1810), eine kleine satirische Darstellung der Arroganz und Rücksichtslosigkeit

---

* Sie kannten sich seit den neunziger Jahren, waren seit 1802 befreundet, doch erst 1812, als Goethe 63 war und Zelter 71, gingen sie zum Du über.

** Die Singakademie war 1791 gegründet und 1800 von Zelter übernommen worden. Sie führte 1829 gegen Zelters ursprünglichen Widerstand unter der Leitung des 20jährigen Felix Mendelssohn Bartholdy die Matthäuspassion auf.

des Adels, die dem Volk sicher gefiel.* Daß ausgerechnet dieses Stück die Zensur passierte, hing wohl mit dem Titel zusammen, der einem konservativen Blick grundsätzlich gefallen konnte. Die Zeitung, die nur von Oktober 1810 bis März 1811 erschien, war zuerst ein großer Erfolg, besonders weil sie Polizeiberichte enthielt, die sonst nirgends veröffentlicht wurden. »Der arme Kerl« Kleist, wie Arnim den Grimms berichtet, kam aber bald in »bittere Noth mit der Censur«, weil einige der Veröffentlichungen Anstoß erregten und Kleist daraufhin kaum mehr etwas drucken durfte. Auch Arnim wurde für »beinahe zehn« Arbeiten das Imprimatur verweigert, darunter einem längeren Aufsatz über das Prostituiertenproblem rund um die neugegründete Universität, die Ende Oktober offiziell eröffnet wurde. Mit mehreren Arbeiten zur bildenden Kunst, darunter einem großen Übersichtsaufsatz über die jährliche große Kunstausstellung, begann in den *Berliner Abendblättern* Arnims kunstkritische Tätigkeit.

Am 14. Dezember, übrigens in der Nummer, die die dritte Fortsetzung von Kleists später so berühmten Aufsatz über das Marionettentheater enthielt, wurde dem Publikum avisiert, beim Buchhändler Hitzig hinter der katholischen Kirche Nr. 3 sei eben angekommen: *Halle und Jerusalem. Studentenspiel und Pilgerabentheuer, von Ludwig Achim von Arnim. Mit einer schönen Titel-Vignette. 8.*** *Heidelberg, bei Mohr und Zimmer 1 thl 16 gr.* Das war Arnims »Schauspiel«, von dem öfter in den Briefen der Freunde die Rede gewesen war. War es Arnim in der *Dolores* noch einigermaßen gelungen, die beabsichtigte Struktur auch tatsächlich zum beabsichtigten Ende zu bringen, so scheiterte er diesmal – es wurden zwei Stücke statt eines. Aus einem steifen Drama des schlesischen Barockdichters Andreas Gryphius – übrigens wieder eine Vierergeschichte wie die *Wahlverwandtschaften* – machte Arnim ein figurenreiches »romantisches« Stück. Es war ein alter Plan, doch wurde der erste Akt in drei Tagen um den 20. Oktober 1809 geschrieben, und es ging so schnell weiter damit, daß Clemens Brentano schon am 12. Dezember desselben Jahres dem Verleger Zimmer beide Stücke ausführlich beschreiben und auch Arnims

---

* Eine kurzsichtige Gräfin trifft statt eines Rehbocks gleich zwei Menschen, ihren Sohn und einen gelehrten bürgerlichen Abbé. Sie interessiert sich nur für die Rettung des Sohnes, dessen Wunde unbedeutend ist, und fertigt den gefährlich verletzten Geistlichen höchst nachlässig ab. Die Geschichte ist in einem satirischen Anekdotenstil geschrieben (A III, 538 f.).
** Bezeichnung des Buchformats Oktav.

Honorarforderung, nämlich 142 Gulden, mitteilen konnte. Clemens winkte mit der Nähe zu Goethes *Götz*, zu Shakespeare und zu dem enorm erfolgreichen Räuberroman *Rinaldo Rinaldini* von Goethes Schwager Vulpius. Das »ganze Studentenleben in Halle« käme drin vor, das Stück bewege sich »in ganz einziger Lebendigkeit zwischen der rührendsten Leidenschaft, Duellen, Ordensgeschichten, Hallorenhochzeiten*, Schifferstechen, Maskeraden, Commerschen**, ganz herrlichen Judenszenen, durch dies Getümmel geht eine den Helden zerstörende Liebe, so schön als die Romeos, auch erscheint hier und da der ewige Jude äußerst herrlich bedeutungsvoll« und so weiter.

Clemens hatte mit seinen Hoffnungen leider nicht recht, und auch die Freunde, besonders die Grimms, hatten viele Einwände. Der erste Teil, *Halle*, liest sich für einen geneigten Leser auch heute noch unterhaltsam, der zweite, *Jerusalem*, ist langatmig, wirr und in seinen religiösen Absichten und Entzückungen schwer verdaulich. Aus zwei Gründen soll hier kurz von diesem Trauerspiel die Rede sein.

Es war zuerst den »edlen Juden«, also den gebildeten, zugedacht, wollte sich aber dann an alle Juden wenden. Der Text der Zueignung enthält einige der gerechtesten Sätze über die Situation der Juden, die von einem Romantiker geschrieben wurden. Offener oder unterschwelliger Antisemitismus war ja allgegenwärtig. »Vorurtheil und Bosheit suchen eure allgemeine Bildung zu hindern, im bürgerlichen Leben durch Spott, im öffentlichen durch Gesetz, wozu euch die Christen verführt haben durch jene Mittel, diese Begeiferung und Unredlichkeit wird euch von ihnen als eingeboren vorgerückt, selbst die heilige Taufe wird euch abgeleugnet, ihr bliebet getaufte Juden, sagen die Leute, ich habe euch unter allen Verhältnissen kennengelernt, ihr Seyd zu allem fähig, zum Besten zur Tugend und Tapferkeit wie zum Schlechtesten und Gaunerey und Schande, aber der Uebergang aus dieser zu jenem, aus Sklaverey zur Freyheit ist nicht eines Tages Werk …«

Die männliche Hauptfigur des Stückes, Cardenio, ist der Sohn des Ewigen Juden Ahasver und einer von ihm – aus Liebe! – vergewaltigten und später geheirateten Pilgerin. »Unter Christen aufgewachsen, erscheint er in allen Verhältnissen über sie erhöht« (er ist schön, mutig, wissenschaftlich begabter als alle andern, aber sehr auffahrend und jähzornig), »seine Fehler sind die Fehler eines grossen tapferen Willens … seine Buße dafür macht ihn selig … der alte Stamm Juda,

---

*   Halloren sind die Einwohner von Halle.
** Die ritualisierten Trinkgelage der Studenten.

den er bezeichnet treibt aus ihm einen herrlichen frischen Schößling, der nichts von dem Fluche des Alten an sich trägt.«

Ebenso wie die Erzählung *Die Versöhnung in der Sommerfrische*, in der ein sehr differenziert dargestellter Jude namens Raphael Rabuni, ein Jugendfreund des Arnim-nahen Ich-Erzählers, die Hauptfigur ist, veröffentlichte Arnim diese Zueignung nicht. Seine Beziehung zu Juden war vom Zwiespalt zwischen Faszination und Abstoßung geprägt, und es scheint, daß er sich im Zweifel in die für seine Gesellschaftsklasse übliche Haltung rettete, die konservativer war als Arnim sonst. Ein bedingungsloser Antisemit war er keineswegs.

Ahasver*, der hier zum erstenmal in der deutschen Literatur in einem Drama erscheint, ist eine edle, weise, hochmoralische und eigentlich schon christlich-heilige Figur. Anders als durch die Taufe konnte sich Arnim die Lösung nicht vorstellen. Ahasver darf in der Nähe des heiligen Grabes sterben. Auch sein Sohn Cardenio, der Mann mit dem Makel einer gemischten Geburt, findet im heiligen Land einen entsühnenden Tod.

Außer dem Judenthema interessiert in *Halle und Jerusalem* aber auch wieder die Bedeutung und Wertung der Ehe. Die verwirrende Handlung ist nicht nachzuerzählen. Großes Gewicht legt Arnim auf das Zusammenkommen und die Hochzeit von Olympie und Lysander, beide Figuren, die aus Liebe und Stolz verwerflich gehandelt haben und durch die Ehe gebessert und geheiligt werden. Besonders Olympie, die eigentlich von ihrem Mann vorher nichts wissen wollte, wird in der Ehe eine vollkommen verliebte und liebende Frau. Der Prediger aber, der die beiden traut, spricht dabei Worte, die in keiner Agende stehen und nur teilweise biblisch sind: »Gott schuf den Mann sich selber als ein Bild. Der Mann erschuf die Frau sich selber als ein Bild, und wie sich Gott verhält zum Mann, so verhält sich auch der Mann zur Frau, der Mann ist untertan dem Gotte, die Frau dem Manne, dann werden sie mit ihres Leibes Fruchtbarkeit die Erde füllen und mit des Geistes Empfindsamkeit auf Erden herrschen ...« Wir enthalten uns eines Kommentars und fügen nur an, was Bettine im Juli an Freyberg, vier Tage vor ihrem lebensentscheidenden Zu-

---

* Ahasver ist nach einer alten Sage ein Jude aus Jerusalem, der Jesus auf seinem Weg zur Kreuzigung eine kurze Rast versagte. Er darf deswegen nicht sterben und muß ewig unruhig in der Welt herumziehen. Eine Weiterverarbeitung des Themas ist die Kundry Richard Wagners, die Christus ausgelacht hat. Auch sie wird durch Taufe und Tod selig.

sagebrief, schrieb: »... bei den Worten ›zu Hauß und in dem Kriege herrscht der Mann‹ – da ward mirs oft klar, daß ich ein Opfer werden sollte, und daß ich die Schwingen meines Geistes nimmer entfalten würde, in diesem Leben, daß auch über mich das Rad der Zeit hingehen würde und mich zermalmen, und nimmer, nimmer wollt ich dulten.« Zwei auf die Spitze getriebene Positionen, zwei Ängste.

Am 4. Dezember 1810 hielt Arnim sein *Halle und Jerusalem* zum erstenmal gedruckt in der Hand. Am Abend desselben Tages verlobte er sich mit Bettine.

Sie waren zwar versprochen, aber noch immer nicht verlobt. Bettine zögerte mit dem letzten Schritt. Wieder kann es sein, daß Clemens sie verschreckt hatte, indem sie sich nun, da es ernst wurde, an geschwisterlich-intime Gespräche über Arnims angeblich ausschweifendes Leben erinnerte. Arnim erfuhr später davon und beschwerte sich bei Clemens, der daraufhin seiner Verteidigung, über die oben schon berichtet wurde, noch einige Windungen hinzufügte: Wenn Bettine Arnim nicht heiraten wolle, habe er ihr gesagt, dann dürfe sie auch nicht »so handgreiflich zärtlich« mit diesem sein, weil sie ihn in »unbefriedigte Erregtheit« versetze. Die beiden Geschwister überboten sich in Falschspielerei: Clemens tat, als wisse er nicht, daß Arnim Bettine heiraten wollte, und Bettine behauptete, sie glaube, Arnim sei überhaupt nicht sinnlich – um dann den Bruder »auszuholen«, wie es denn eigentlich um Arnims Sexualität stünde. »Ich sagte«, schreibt Clemens, »daß ich das nicht wüste, daß ich aber glaube, wie ein gesunder und lebendiger und schöner Mann, der sich in edelmännischen Verhältnissen reisend in der Welt herumbewegt hätte, nicht eben eine Jungfer geblieben seyn könne ... Vielleicht ist es unvernünftig geweßen, daß ich dies zu ihr sagte, aber sie hat mich auch dazu verführt, mit ihrer oft zu besonnenen Naivität.« Die angebetete Schwester, die er in die Rolle des heiligen Kindes eingeführt hatte – jetzt nannte er ihre Naivität, wohl mit Recht, »zu besonnen«!

Im Dezember, einen Tag vor ihrer stillen, doch feierlichen Verlobung, scheint sie endgültig zurückgekehrt zu der eigentlich Bettinischen Weltsicht, die das Göttliche im Alltäglichen findet. Dem armen Max, der sie bisher so anders sah, rät sie nun: »Lebe nach Gefallen, nach Behaagen, das ist sicher das edelste was Du Thun kannst«, und sie fragt: »was bedarfs grade der Begeisterung, wenn Du schreibst?« Dann folgt noch einmal ein Bericht über Arnim, den sie nur ihrem Beichtiger-Freund anvertraut: »Gestern kam Arnim kurz nachdem ich deinen Brief empfangen hatte, ich sagte ihm daß er von Dir Sey; er ward roth, faßte mich in die Arme, und fragte mit niedergeschlagnen Augen: ob ich denn mit ihm verlobt sey? ich fragte ihn, ob er mir versprechen wolle nie eifersüchtig auf Goethe zu seyn, dann wolle ich am nächsten schönen Tag mit ihm ins freie Feld gehen, und ihm alles geloben, was er begehre. ich muß Dir aufrichtig bekennen: Goethe dringt in alle Verhältniße meines Lebens ein, Die Schönheit seines Leibes wie seiner Seele stehen wie zwei mächtige Grundpfeiler, die meines Lebens Gränzen bezeignen …«

Wie es Freyberg empfand, daß er selbst in Bettines Augen so wenig für eine Eifersucht in Frage kam, wird er sich nicht einmal selbst eingestanden haben. Arnim aber hat sich mit der Sicherheit des Siegers nicht viel aus der Gefahr gemacht, die Goethe für seine Ehe bedeutete. Bettines Bedenken waren wohl auch nur aus dem Bedürfnis heraus geäußert worden, Goethe in den Lebensbund miteinzubeziehen – und vielleicht zur Beruhigung eines schattenhaft schlechten Gewissens. Arnim war weder vorher noch später bei all ihrer Hingerissenheit jemals gekränkt wegen ihrer Verehrung für den großen Meister, den er selbst ja auch gut kannte und nicht weniger verehrte als sie. Im ganzen war er, wie sich später zeigen sollte, überhaupt kein besonders eifersüchtiger Mensch.

Das »freie Feld« mußte sein für die Verlobung, selbst in der Stadt. Und so berichtet Arnim seiner Tante Schlitz: »Bey stürmischem grauen Himmel, als kein Stern zu sehen, auf freyer Straße, vor einem Haus, wohin ich sie zu einer langweiligen Gesellschaft führte, [haben wir uns] feierlich verlobt. Es hätte dessen zwischen uns nicht bedurft, aber die Welt, die um uns lag, als wollte sie uns beide vergessen, mahnte uns, daß wir umso treuer an einander denken möchten.«

Und so schreibt Bettine an Goethe: »am 4ten December war kalt und schauerlich Wetter, es wechselte ab im Schneien, regnen und Eisen; da hielt ich Verlobung mit Arnim unter Freiem Himmel um 9 Uhr Abends in einem Hof wo hohe Bäume stunden, von denen der Wind den Regen auf uns herabschüttelte, es kam von ungefehr.«

Eine schöne Szene, auf die sich Arnim auch in einem wenig später entstandenen Sonett bezieht, das er für die offizielle Verlobung am Weihnachtsabend bei Savignys schrieb. Wieder glaubte Arnim einen Tag verstreichen zu sehen, ohne daß endgültig ein klares Wort gesprochen wäre. Lang erwartet und dennoch »von ungefehr«, also plötzlich: der rechte Augenblick war da, nicht in einer romantischen Situation, sondern einige Schritte vor dem Haus, in das sie eingeladen waren. »Da drückt sich Hand in Hand«, ein paar Worte, ein paar Küsse, Regentropfen auf Arnims blonden und Bettines schwarzen Haaren. So war es nun unwiderruflich: »Uns eint auf freier Straß eine freies Band.«

Die »langweilige Gesellschaft« fand bei Sara Levy statt, einer der großen Jüdinnen von Berlin*, in deren Haus Hinter dem Packhof 3 Arnim einmal kurze Zeit gewohnt hatte – und trotz oder vielleicht wegen der Rührung des Augenblicks ging Arnim nicht mit hinein. Frau Levys kultivierte Gesellschaft war ihm zu konservativ. Merkwürdigerweise wurde die Dame des Hauses gerade frisiert – sie war sehr traditionsbewußt und trug daher wahrscheinlich noch die Perücke, die Vorschrift für die verheirateten Jüdinnen war, damit kein anderer Mann ihre Haare sah. Kam Bettine also zu früh – oder war es der legere Stil der Berliner Salons? »Hör Er, Friseur! bau er der Madame Levy nur heute was Ordentliches auf, denn ich hab' unten eben mit dem Arnim Verspruch gehalten!« rief Bettine und löste damit die Feierlichkeit ihrer Stimmung und vielleicht die Peinlichkeit des zu frühen Erscheinens auf. Und da stehen wir ein wenig befremdet daneben, und auch Arnim wäre sicher selbst in diesem Moment seine eben zur Braut gewordene Freundin nicht ganz geheuer gewesen.

Im Brief an Goethe fuhr Bettine unmittelbar nach der Verlobungsnachricht fort: »Was bleibt mir nun bessers zu tun, als Dein Herz warm zu halten!« Der Brief war einem Weihnachtspaket beigefügt, das für Goethe eine »warme Glanzweste« enthielt. »Die Unterweste hab ich so schmeichlend warm gemacht als mir nur möglich. Denk an mich.« Er gratulierte freundlich. »Möge dir es recht wohl ergehen und alles was du gelobest und dir gelobt wird Glück und Segen bringen.« Auf die Nachricht von Heirat und Eheglück im April 1811 reagierte er nicht mehr, allerdings enthielt derselbe Brief auch schon die Ankündigung, daß die Arnims nach Weimar kommen würden – und wieder Schwärmereien über den etwas unwillkommenen Beethoven.

Ihr Brief mit der Verlobungsnachricht setzt im Grunde die selbstverständliche Fortsetzung ihrer Goetheliebe voraus, schließt jedoch mit trauernd beschwörenden Abschiedsformeln:

---

* Sie war eine Schwester von Fanny von Arnstein, sehr musikalisch, nicht zum Christentum übergetreten, hochgebildet und politisch geschickt: sie ließ die vornehmeren Besatzungsfranzosen bei sich verkehren und erreichte dadurch deren humaneren Umgang mit der Bevölkerung (Wilhelmy, 97). Die patriotischen Kreise, Zelter, Schleiermacher, Stägemanns und auch Arnim, verkehrten trotzdem weiter bei ihr.

Du Einziger der mir den Tod bitter macht! ...
Adieu Magnetberg – wollt ich auch da und dort hin die Fahrt
lenken an Dir würden alle Schiffe scheitern.
Adieu einzig Erbtheil meiner Mutter.
Adieu Bronnen aus dem ich Trincke.

Bettines Herz war hellhöriger, als ihr Kopf ahnte.

Arnim selbst schrieb voller Zutrauen an Goethe: »meiner Liebe
Gnadenbild ist auch Ihnen eine liebe Tochter, und was in ihr mir eigen ist und wird, es ist Ihnen nicht entwendet, und wird künftig auch
aus mir zu Ihnen blicken. Bettine sagte mir, daß sie Ihnen unsere Verlobung erzählt habe, ich war es ihr in meinem Gedanken seit lange,
aber so wenig ich mich selbst, noch weniger mochte ich sie den Zufäl-
ligkeiten der zeit opfern, die mein sonst bedeutendes Vermögen auf
mannigfaltige Art gekränkt und eingeklemmt hat, jetzt kann ich bald
übersehen, was mir bleibt und was ich verdienen kann und somit gebe
uns der Himmel als Segen einen festen und beständigen Sinn und
gutes Wetter, Sie aber werden uns einiges Wohlwollen aus der Fülle
Ihres gütigen Herzens nicht versagen.«

Auf beide Briefe hat Goethe nicht geantwortet.

Als offizielles Paar traten Arnim und Bettine zum erstenmal am Heiligen Abend bei Savignys auf, wo Gunda als Hausfrau ein schönes
Fest im größeren Freundeskreis ausrichtete. Auf einem langen Tisch
mit einer Weihnachtspyramide in der Mitte waren die Geschenke
»aufgeschmückt«, an den Seiten »Stapel« für die Kinder. Arnim berichtet an die Brüder Grimm, er habe »außer dem Zuckerwerke eine
Weste, sechs Schnupftücher, einen Stiefelknecht, eine Papierscheere
und ein Federmesser« bekommen, und nach der Bescherung sei an
vielen kleinen Tischen in einem »Zimmer, das als Laube verziert war«,
gegessen worden. Ein gemütvolles Weihnachtsfest der intellektuellen
Oberschicht also, mit Dekorationen, schönen Kindern und freundlichen Gaben hin und her. Das wichtigste aber war ein Ring von Bettine, er »prangt an meiner Hand ein golden Fingerlein mit goldenen
Lilien auf schwarzemailliertem Grund, der mir einwachsen soll,
wenn mir die erhoffte gute Zeit einen Bauch und bequeme fette Finger gewährt und kein ungeschicktes Geschick ihn mir raubt«. Er selbst
schenkte Bettine »einen Ring in antiker Form mit einem Chrysopras,
worin zwei Hände zu sehen, die einander drücken«. »Daß ich die
Hand nun nimmer lasse los, / Das macht des Steines Sinnbild dir be-

kannt«, heißt es im Verlobungssonett und: »Der Ring sei nicht zu
klein und nicht zu groß.«

»Arnim und Bettine haben sich endlich auf der Straße miteinander
versprochen, und Weihnachten sich Ringe beschert«, läßt Clemens
die Brüder Grimm wissen. »Es freut mich im Stillen, daß ich diese
Leute doch gewißermaßen zußammengeführt.« Toni gegenüber
äußert er sich sarkastischer: »mein Herr Bruder Arnim hat sich den
4 December 1810 versprochen mit Bettine Brentano. Ein ehrenwer-
thes Paar, welches viel Gutes auf der Welt thun wird.«

Andere Glückwünsche, von den Grimms, von Beethoven, sicher
auch die der Familie, zeigen uneingeschränkte Mitfreude. »Sie heiraten, liebe Bettine«, schrieb Beethoven, »oder ist es schon geschehen,
und ich habe Sie nicht einmal noch vorher sehen können; so ströme
denn alles Glück Ihnen und Ihrem Gatten zu, womit die Ehe die Ehelichen segnet!« Und selbst die so tief enttäuschte Louise Reichardt
schrieb: »Ich bethe zu Gott um Ihrer beider Wohlergehen was mir
mehr als mein eignes am Herz liegt.« Zuvor hatte sie allerdings Arnim
gestanden: »Ich kann Ihnen nicht ausdrücken wie mich die Nachricht
von Ihrer Verbindung mit Bettine erschüttert hat, ich habe gefühlt,
wie lieb Sie mir sind und wie ich Ihnen vor vielen Menschen auf
Erden, schon hier einen Himmel von Glückseeligkeit möchte bereiten können. Gott segne Sie und Bettine, die mir durch Liebe verwandt ist ...«

Der Ring und die neue Lebensform waren tatsächlich nicht mehr
zu klein oder zu groß, sondern schlichtweg passend. »Laße alles gut
seyn, laß es gewähren; ich hab groß Vertrauen in die Zukunft. und
keine Furcht«, kann Bettine jetzt an Freyberg schreiben. Mit Arnim
werde sie »glücklich und frey und unschuldig«, ihr sei »mancherlei
Reichthum zugewachsen«, und sie hoffe ein Leben zu führen, »das da
wahrhaft lebendig sey«. Dem sich verzweifelt nach ihren Briefen seh-
nenden Max rät sie: »Sey vergnügt froh Lustig – ja Muthwillig im
Muthwill schlägt auch ein Engel die Flügel.« Die Quintessenz des
ganzen Prozesses, den sie durchgemacht hat, faßt sie Mitte Februar
1811 in einer harten, geradezu imperatorischen Sentenz zusammen:
»Der Mensch soll sich dem andern nicht hingeben, er soll aber mit ihm zu-
sammen wirken begreif das. – er soll sich der Sache nicht aufopfern, er soll
sie beherrschen und lencken begreif das. – wer jammert? Wer weint? du?«
Und wenige Zeilen später: »Ich bin glücklich, in manchen Momenten
so unaussprechlich glücklich daß ichs laut ausrufen mögte.«

Die ersten Monate des neuen Jahres scheinen für Bettine eine stille

Zeit gewesen zu sein, denn der umtriebige Clemens hatte derartig Auffälliges von seiner Schwester erzählt, daß Bettine sich in ihrer neuen Lebensrolle geradezu gezwungen sah, das »fatale Aufsehen« zu meiden und »vor den meisten Gesellschaften zurückzuschrecken«. »Noch eh ich hier her kam war die Stadt voll wunderlicher Geschichten über mich ... es giebt keine größere Baasenstadt als Berlin.« *Wie* sie sich benahm – das war in den Clementinischen Geschichten wahrscheinlich kaum übertrieben: poetisch, auffällig, nach Art eines »Kobolds«, wie man in Berlin bald sagen sollte, dann wieder still, klug und liebevoll. *Wann* und *wo* sie sich so benahm, das wollte sie gleichwohl selbst bestimmen. Zum Bestaunenlassen war sie sich zu gut. »So hab ich manchen einsamen Abend, wo Savignys aus sind, Abends kommt der einzige Freund den ich habe Wir sizzen zuweilen still bei einander, oft erzählen wir, was uns begegnet in früher Jugend; und wie verschieden unsere Wege waren pp und so ist alles gut ...« Sie aßen gemeinsam zu Abend, aber Arnim kam oft nicht um neun, sondern erst um elf, und Clemens legte in der Mauerstraße den Schlüssel ins Fenster, weil Arnim nun häufig später kam als er selbst, nachdem er die halbe Stunde vom Monbijouplatz durch die kalte Nacht gelaufen war. Natürlich besuchte Arnim Bettine auch tagsüber, und er brachte sogar »den Anton« mit, Fürst Anton Radziwill, mit dem sie wohl gleich musikalische Kollegenfreundschaft geschlossen hatte.

> Schaffen zeigt sich im Verwandeln,
> Ernst verwandelt sich in Spiel,
> Dieses ist der Worte Ziel,
> Doch des Lebens Ziel ist Handeln.

So lauten die letzten Zeilen von *Halle und Jerusalem*. Das eigentliche Handeln der Zeit, Politik und Krieg, hatte Arnim lange umkreist und doch war er ein Zuschauer geblieben. Ist Spiel denn kein Handeln? Arnim jedenfalls versuchte eine Aktivität zwischen Spiel und Ernst.

Zu diesem Zweck war er gesellschaftlich außerordentlich geschäftig und hatte für Bettine wohl nur deshalb Zeit, weil eben jeder Verliebte immer irgendwie Zeit aufbringt. Am 18. Januar 1811, dem Krönungstag der preußischen Monarchie, gründete er die »Christlich-deutsche Tischgesellschaft«, eine Institution, die mit falscher Konnotation vielen Leuten zu Arnim einfällt wie das *Wunderhorn*. Man sieht an dieser Gründung zweierlei: Zum einen, wie sehr Arnim zum Zentrum der »gelehrten Menagerie« und der patriotisch gesinnten Politiker und Intellektuellen in Berlin gehörte und wie sehr es ihn immer noch drängte, in seinem Sinne politisch tätig zu sein, so gut er es konnte. Es war eine glanzvolle, aber sehr heterogene Versammlung, die da alle vierzehn Tage dienstags um drei Uhr im Casino um einen hufeisenförmigen Tisch zusammenkam. Nicht nur Schriftsteller ohne offizielle Funktion wie Arnim selbst, Brentano, Kleist, nicht nur der Staats- und Gesellschaftstheoretiker Adam Müller, sondern Spitzenfunktionäre der Regierung Hardenberg wie Stägemann und Raumer gehörten dazu, außerdem die Universitätsprofessoren Savigny, Fichte und Wolf, Militärs wie Clausewitz und von Hedemann, Fürst Radziwill und Fürst Lichnowski, die Anführer der Kriegspartei am zögerlichen Hof, der Hofprediger Schleiermacher, der Schauspieler Iffland, der Buchhändler Reimer – eine genaue Liste würde 82 Namen ergeben, denen gemeinsam ist, daß sie alle in ihrer Zeit eine kulturelle und politische Bedeutung hatten. Keineswegs einte sie, wie es fast hundert Jahre lang behauptet wurde, die Erneuerung der feudal-aristokratischen Hierarchie und des ritterschaftlichen Landadels. Wohl aber war ihnen allen die Außenpolitik Friedrich Wilhelms III. und Hardenbergs zu vorsichtig, und sie waren, in verschiedenen Abstufungen, nicht einverstanden mit Hardenbergs Maßnahmen zur Judenemanzipation.

Arnims Absicht war ausdrücklich nicht der Zusammenschluß von Gesinnungsgenossen, auch nicht seinen eigenen, sondern »eine gemischte Gesellschaft aus vielen trefflichen, aber einander wenig bekannten Menschen zur gemeinsamen Beratung über Gesetze und zur gemeinsamen Lust«, wie er am vierten Gründungstag, dem 18. Januar 1815, formulierte. Unter Hardenberg gab es weiterhin statt eines echten Parlamentes eine »sogenannte National-repräsentation ... von deren Arbeit dem Volke nichts kund wird als die Unterhaltungskosten«. Sie mußte sich nicht der geringsten öffentlichen Kritik stellen, da die Pressefreiheit, wie Arnim am eigenen Leibe erfahren hatte, immer mehr eingeschränkt wurde (obwohl sie gesetzlich festgeschrieben war). So kam Arnim auf die Idee, in »erster spielender Bewegung« einen Versuch zu unternehmen, ob eine so heterogene Gruppe sich über Politisches besprechen, auseinandersetzen und möglicherweise einigen könnte. Das Gemeinsame war eigentlich nur die »Trefflichkeit«, also die Bedeutung der Mitglieder im kulturellen und politischen Leben. Natürlich waren Franzosen ausgeschlossen. Die Männer mußten »von Ehre und guten Sitten, in christlicher Religion geboren« und »kein Philister« sein. Wer aber war ein »Philister«? Allein dieser Satzungspunkt verweist die ganze Unternehmung in das Reich der Literatur und nicht der strengen Politik.

Daß auch getaufte Juden nicht zugelassen waren, war nicht in Arnims Sinne. Sein Entwurf lautete anders. Er sah es »als Pflicht aller guten Christen« an, »diese Täuflinge unter sich aufzunehmen mit Milde und Nachsicht und sie durch Freundlichkeit ganz aus den Schlinge des alten Bundes zu befreien«. Daß er gleich in der Gründungssitzung überstimmt wurde, betrachtete Arnim als ein Zeichen für die »innere Freiheit« der Tischgesellschaft, die er hier als »unsern kleinen Freistaat« bezeichnet. Diese Ausschluß-Klausel und Arnims Verhältnis zu Juden überhaupt, besonders eine später gehaltene, scherzhaft gemeinte, aber gefährlich entgleisende Rede *Über die Kennzeichen des Judentums,* waren und sind Anlaß für viele Diskussionen.[*]

Was Bettine von diesen Aktivitäten hielt, ist unbekannt. Zweifellos bedeutete ihr das preußische Vaterland noch nicht viel. Das progressive, freiheitsliebende und Napoleon-feindliche Engagement Arnims entsprach ihrer eigenen Haltung, die sie in Bayern und gegenüber den Tirolern entwickelt hatte. In Frankfurt hatte ihr die Welt der Juden – das Getto, das Mädchen Veilchen und der alte weise Händler Ephraim (wie immer deren Urbilder ausgesehen haben mögen) – dazu gedient, ihr Aufbegehren gegen die bürgerliche Beschränktheit zu Wort kommen zu lassen. Von ihrer eigenen prosemitischen Haltung als politische Schriftstellerin war sie noch weit entfernt.

In Berlin schrieben sich Arnim und Bettine naturgemäß keine langen Briefe mehr, aber der endgültige Entschluß zur Ehe hatte das Bedürfnis nach dauerndem Miteinanderreden so verstärkt, daß die Bediensteten Zettelchen zwischen der Mauerstraße und dem Monbijouplatz hin- und hertragen mußten – wie zwischen Goethe und Frau von Stein in ihrer innigsten Zeit, als sie nur zehn Minuten voneinander entfernt wohnten. Es geht dabei um das liebe Alltägliche, das jeweils mit Grüßen und Küssen daherkommt, um Bekannte und Verwandte, um kleine Krankheiten, um die Brille der kurzsichtigen Bettine, um Konzertkarten, um die Übersendung von Pfirsichen, um Träume. Eine Botschaft Bettines lautet: »Da Du doch wissen mußt, wie gern ich für Dich sterben würde, da Du doch überzeugt sein mußt, daß alle Arme meiner Liebe Dich umfangen.« Hier klingt noch der Frey-

---

[*] Über diese Rede, die nicht in die Zeit fällt, von der dieses Buch handelt, soll an anderer Stelle die Rede sein.

berg-Ton nach – aber die Arme der Liebe lassen das Leben leuchtender erscheinen als alle Heldenträume. »Hab Dir nicht gute Nacht gesagt, wie ich gerne wollte. Jetzt beunruhigt es mich, ich muß es Dir nun noch schriftlich zu wissen tun, daß ich Dich heute wie alle Tage recht innig, recht herzlich recht recht – o wie! – küsse. Daß ich mich in Deinen Arm lege, die ganze Nacht, wenn ich ruhig schlafe … Schlaf wohl, aber nicht ununterbrochen. Denk an mich, ich bitte. Bettine.«

Die Umgangsformen sind freier geworden, Bettine darf Arnim besuchen, sie verspricht, Pfirsiche mitzubringen, Arnim schreibt noch schnell: »Dreifacher Dank für die Pfirsiche, hundertfacher für den versprochenen Besuch, denn Du bringst wenigstens hundert am Stamme mit, die ich mir selbst pflücke … ich … hole Dich vielleicht ab.« Aus den beiden Schwierigen ist ein ganz normales schnäbelndes Liebespaar geworden.

Eine Wohnung zu suchen scheint nicht allzu schwierig gewesen zu sein. Sie fanden mitten in der Stadt in der Wilhelmstraße, die später eine politisch so aufgeladene Chiffre werden sollte, ein Gartenhaus. Damals gab es in dieser Gegend noch viele große Gärten, und das Häuschen, das zum Palais der Gräfin Voß gehörte und die Hausnummer 78 trug, lag so zurückgezogen hinter dem Straßenzug, daß Arnim als erstes von allen zu besorgenden Möbeln ein »Bette für Diener oder Magd« nennt, das besonders nötig sei, »denn irgendjemand muß in dem einsamen Hause immer bleiben«. Die Bedürfnisse der beiden waren einfach: Man brauche eine »Bettstell für mich«*, schreibt Arnim, »drei Stühle ordinärer gebeizter Art, wie sie zu meinem Schreibpult passen, mehr als drei sind lästig; wenn es Platz hat, ein Kanape … Ein Stuhl für die Magd, Waschbecken, Topf … Ein neuer Leuchter für mich, den meinen bekommt die Magd … Eine Kommode gleichgebeizt wie mein Schreibpult für Wäsche und Kleider, sie muß möglichst groß sein. – Da Du Stühle und Schrank und Tisch von einer Art hast, so würde Dir etwa noch ein Kanape, ein solcher Kleiderschrank, Wäscheschrank fehlen …« Dann einen Küchenschrank, Vorhänge für Bettines Fenster (»für meine bin ich versorgt, ich lasse sie waschen«), etwas Geschirr, »zwei Paar Messer und Gabel, bis Deine silberne ankommen«. An eine eigene Wirtschaft dachten sie beide offenbar

---

* Aus der Bettstelle war im Brief an Grimms kurz nach der Hochzeit »ein gewaltiger Schlafsopha« geworden, »worauf Abends mein Bette gemacht wird« (April 1810, Steig II, 113). Man meint den Stolz des jungen Ehemanns zu spüren: Platz für zwei!

Gunda von Savigny, Landshut 1809. Zeichnung von L. E. Grimm.

nicht, denn Arnim, erfahren als Alleinversorger, hielt nur »fünf verzinnte Kastrollen in einem Korbe« für nötig, »um Essen zu holen«. In diesen Vorbereitungen, die erst wenige Tage vor der Hochzeit besprochen wurden, ist Bettines Tafelsilber das einzige, was an die Aussteuer einer reichen Patriziertochter erinnert. Das Klavier für sie war so selbstverständlich, daß davon gar nicht geredet wurde.

Wenn man an die Umständlichkeit denkt, mit der Savignys sich in Landshut eingerichtet hatten, so lebten Arnim und Bettine ein vollständig anderes Leben. Gundel war damit nicht einverstanden. Gar zu gern hätte sie alles gehabt, wie es sich gehörte. »Mein Brautstand ist ein wahrer Hex und Zanckapfel zwischen Savignys und mir«, schreibt Bettine Anfang Februar an ihre Schwester Meline, »sie wollen immer daß wir bald heurathen, und wir haben nichts dagegen allein das Dolce far niente hat sich unserer so sehr bemächtigt, daß wir die Sonne ein ums andremal sorgloß auf und untergehen lassen, ohne etwas dafür zu thun; befinde mich so wohl so wohl in meiner Haut in meiner Ruh in meiner Nachlässigkeit ...« Genußvoll beschreibt sie die Kleider, die sie sich als letzte schwesterliche Fürsorge aus Frankfurt erbittet, »besonders da Arnim die Zierlichkeit der Kleidung an mir mehr liebt als an sich«. Wahrscheinlich kennt sie sich mit den Berliner Schneiderinnen noch nicht aus. Sechs bis acht Kleider sollen es sein, »nicht zum Staadt aber doch fein und zierlich«, weiße und seidene, alle mit langen Ärmeln und die weißen mit viel Garnierung und Manschettenwerk, »dessen kann nach hiesiger Mode nicht genug sein«. Stehkragen gefallen Arnim ganz besonders. »Von Seidenzeug findet ihr vieleicht etwas ganz besonders schön, doch Prunklos. Grau roth gelb oder tausendfarb …« Auch Arnim scheint sich etwas konventioneller hergerichtet zu haben, er »trägt nicht mehr den Bart und auch nicht mehr den Rock« – wohl den, der Clemens so gefallen hat, daß er Arnim darin malte und den Rock für sich gleich nachmachen ließ (vgl. S. 405).

Es stimmte nicht so ganz mit der von Bettine beschriebenen Nachlässigkeit. Arnim hatte sich um das Aufgebot gekümmert. An den Sonntagen Septuagesima, Sexagesima und Estomihi, die in diesem Jahr auf den 10., 17. und 24. Februar fielen, wurde in der Waisenhauskirche von der Kanzel herab verkündet, daß sie heiraten wollten. Bettine wurde dabei als des »sel. Herrn Franz Brentano ehel. Tochter« bezeichnet – Arnim kannte wahrscheinlich den Vornamen ihres Vaters nicht. In der katholischen Hedwigskirche wurde das letzte Aufgebot erst einen Tag vor der Trauung verlesen. Den Brentanos gegenüber hatte Arnim »sich anheischig gemacht, nie einen Pfennig (ihres) Eigenthums zu benüzzen«, wie Bettine später erst erfuhr. Die »selbständige« Bettine ließ die Männer alles untereinander ausmachen.

Was sich die Verlobten aber gemeinsam ausgedacht hatten, war eine Trauung ohne äußere Feierlichkeit, ohne gerührte Verwandte, ohne gutes Essen und gutgemeinte Gedichte – eine Trauung ganz für sie allein. Für deren genaue Planung spricht, daß sie einen Tag nach dem Ablauf des Trauerjahres für die Großmutter stattfand: am 11. März 1811.* Es war die Erfüllung von Arnims Wunsch: »Ich meine, wir heiraten uns, wann und wo es sei, nur bald.« Schneller wäre es nicht gegangen. Seine Liebe hatte alles Zögernde verloren. »So oft ich Deiner denke, gehn mir tausend Herzen auf und tausend Stimmen

---

* Allerdings ist merkwürdig, daß Bettine im Brief an Meline nichts davon sagt. Aber vielleicht war es Gundel mit ihrem Drängen sowieso klar, daß vor dem Jahrestag nichts stattfinden konnte. Die Hochzeit, die sie sich für ihre Schwester wünschte, hätte ja ohnehin eine längere Vorbereitung gebraucht.

reden aus mir, und wo ich etwas Liebes höre denke ich Dein, so sei
Dir denn in Deinem Namen B. B., liebe Bettine Brentano, liebe Beans
Beor, tausendfach Glück gewünscht von Deinem Amans Amor* ...
vielleicht kann ich Dir viel Glück wünschen und wenig geben, aber
was ich habe ist Dein.« – »Arnim ist zärtlicher als sie«, ist dagegen die
Meinung des eifersüchtigen Clemens, »vielleicht, weil er wahrhaftiger, gesunder, und freudiger ist ...«

»Indem wir unsere Arme um einander schlagen, heben wir sie betend zum Herrn und fangen seine Gaben auf. – Ich bin vor 11 Uhr mit
dem Wagen vor Deiner Türe«, schrieb Arnim im letzten Billett. Dort,
vor Savignys Haus am Monbijouplatz, begann zwischen Ernst und
Mutwillen ein anmutiges Spiel um das feierliche Überschreiten der
Schwelle zur Ehe, vor der beide soviel Angst gehabt hatten. Wir finden uns als Zuschauer bei einer Hochzeit ein, bei der sonst niemand
zusah:

Es war die Aufgabe zu lösen, wie zwei Verlobte, von denen der
eine mit dem Bruder der Braut, die Braut aber mit ihrer Schwester zusammenwohnt, so daß Braut und Bräutigam durch eine
halbe Stunde Weges von einander geschieden sind, unbemerkt
miteinander verheiratet werden können. Mittel dazu – die Kammerjungfer Lisette ... Bettine hat ihr oft müssen Unterricht in
Liebesbriefen geben, und dafür bezeugte sie ihre Dankbarkeit
durch Verschwiegenheit. Den 11. März hatten wir dazu bestimmt,
nachdem das letzte Aufgebot in lutherischer und katholischer
Kirche den 10. vollendet war, uns zu verheiraten. Die Unterschrift von Ehepakten gab mir die Veranlassung, Bettinen allein
abzuholen, und ihr die Gelegenheit, sich sorgfältiger als gewöhnlich anzukleiden. Aber ein unseliger Umstand hätte beinah alle
gestört. Der katholische Küster, statt mir den Aufgebotsschein
zu schicken, war damit zu Bettinen gelaufen, dort von Savigny an
mich zurückgeschickt worden, und so schwebte ich ihm nach,
ohne ihn zu treffen, ungeachtet ich in dem Ärger die meisten
Leute, die etwas Küsterhaftes in ihrem Ansehen hatten, auf der
Straße anrief, ob sie katholische Küster wären, worauf mir einer
mit ›Gott bewahre mich davor!‹ antwortete. Ganz in Schweiß gebadet, beschloß ich endlich mit Bettinen ohne Aufgebotsschein

---

* Arnim bildet hier aus seinen Initialen A. A. ein Pendant zu Sailers Erfindung
  (s. oben S. 357): »Liebend werde ich geliebt«.

zum alten Prediger Schmid zu fahren, dessen goldne Amtsfeier[*] Bettine einen Monat vorher besingen half.

Im Wagen kam Arnim wohl ein wenig zu Ruhe und Feierlichkeit.

Der würdige Alte machte auch keine Umstände wegen des mangelnden Scheines, auf seiner Bibliothek ruhten wir erst in einem grünseidnen Sofa aus und ließen die ersten ungestümen Bewegungen des Herzens vorübergehen. Seine Frau, die mich seit drei Generationen gekannt hatte, ich meine in meinen Großeltern, erzählte von meiner Jugend, und wie ich oft so ernst damals gewesen; sie war die einzige Zeugin unsrer Trauung und ersetzte den mangelnden Myrthenkranz Bettines die unsre hiesige Gewohnheit nicht kannte, nach der er ein bedeutendes Zeichen ist, mit dem ihren, welchen sie vor funfzig jahren getragen, es war ein zierlich Krönchen, grüne Seide kraus über Draht gesponnen zur Nachahmung der Myrthe, wie es in jener Zeit Mode. Bettine glich darin mit dem schwarzgescheitelten Haare einer Fürstin älterer Zeit. Der alte Prediger sprach mit sicheren, prunklosen Worten sehr eindringlich, wie Gott alles vollende, was mit Gott angefangen und unternommen; wir tauschten die früher einander geschenkten Verlobungsringe aus ... die Inschriften beider behalten wir für uns.

Was mögen die beiden während dieser stillen Trauung gedacht haben? Was in den Ringen steht, wissen wir auch heute noch nicht. Doch berichtet Arnim, er habe am Abend bei Savignys, als er mit Clemens der Gesellschaft ein Studentenlied vortrug, »halb aus Versehen«, aber doch wohl mehr mit Absicht ein Glas zerbrochen, das zur Erinnerung an den Tag der Hochzeit, schön zurechtgeschliffen, aufbewahrt werden sollte. Wir erinnern uns an Ottiliens Geburtstag in den *Wahlverwandtschaften*, wo das Glas, das in die Luft geworfen wurde, heil herunterkommt, was vom verblendeten Liebespaar als gutes Omen mißverstanden wird. Ein solches Glas muß aber zerbrechen, nur so ist es ein Zeichen des Segens für die Unwiederholbarkeit

---

[*] Über dieses Jubiläum hatte Arnim in den »Berliner Abendblättern« berichtet. Zelters Singakademie hatte in der kleinen Waisenhauskirche gesungen, und Arnim wünschte sich mehr Kirchenkonzerte dieser Art (A VI, 359 f., Berliner Abendblätter, 27.12.1810). Er sprach sehr ehrfürchtig über den 84jährigen Jubilar, der auch ein »großer Literatus« sei.

Eintrag über die Heirat von Achim von Arnim und Bettine Brentano,
Waisenhauskirche.

des Festes. Das Zerbrechen zeigt, daß die Götter ein Opfer angenommen haben. Im Falle der Hochzeit mag dabei eine ähnliche Anspielung mitgehört werden, wie sie das Myrtenkränzchen enthält, das geschlossen sein mußte (und nicht etwa Diademform haben durfte). Bezeichnend für Arnims durch Skepsis gebrochenen Glauben, aber auch für sein Zutrauen zur eigenen Kraft in diesem Lebensaugenblick ist die Inschrift, die er auf die Scherben gravieren lassen wollte: »Mensch, hilf dir selbst, so hilft dir Gott.« Ziel des Lebens sei es, zu handeln – so lautete sein Bekenntnis in *Halle und Jerusalem*. Er hatte gehandelt, hatte sich selbst geholfen und sah sich nun von Gott gehalten und gesegnet.

Und Bettine? Sie schreibt an Goethe, ihr Glück sei, »daß ich nicht glücklicher werden konnte als ich gebohren war« – ein merkwürdiger

Satz, womit sie wohl Glück als das Vorherbestimmte, Zugeordnete
meint, als das, was dem »Dämon« oder »Genius« des eigenen Lebens
entspricht. Die strengere Fassung desselben Satzes an Freyberg läßt
auch die Deutung zu, der Mensch solle nicht mehr Glück verlangen,
als ihm von Natur aus zugedacht sei. Lange genug hatte sie sich ja
dagegen gewehrt, daß die Verbindung mit Arnim nicht nur ein zu ak-
zeptierendes, sondern ebendieses ihr zutiefst entsprechendes Schicksal sei. Jetzt aber, heißt es, »hab ich ohne Furcht ohne Zagen ohne
Urtheil ohne Nachdenken Die Hand eines Mannes ergriffen der Herrlich ist und weit über mir steht: meine Seele bleibe Rein und Gott ergeben und bessre sich in seinem Schutz.« Wäre es nicht Bettine, die
hier spricht, man könnte sich bedenklich in der Nähe banaler Idealisierungen des »Herrlichsten von Allen« fühlen, dem die Braut ihr Jawort entgegenhaucht. Doch sie fährt frisch und fröhlich fort: »und
meinen Freunden bleibe ich treu, das war mein Gebet während der
Einsegnung«. Hier scheint sich ein kräftiger Anspruch auf eigene Le-
bensbereiche in der Ehe anzukündigen; von Aufopferung jedenfalls
ist bei aller Liebe nicht mehr die Rede. Man spürt heraus, daß auch
Bettine an einem Ort angekommen ist, wo sie, ohne sich etwas zu ver-
geben, sich sagen lassen kann: »Sei von mir geliebt, sei mein, sei getrost«.

Nach der Trauung brachte Arnim Bettine zurück zum Monbijouplatz
und aß allein, aber glücklich in einem Restaurant. Erst abends ging er
wieder zu Savignys, und sie fuhren alle zu einer Ausstellung. Unterwegs sahen sie einen langen Zug über eine Brücke zur Kirche ziehen,
»den wir für unsern Hochzeitszug nehmen konnten«. Dann blieben
sie wie gewöhnlich noch bei Savignys zusammen, auch Clemens war
dabei. Die schon gewohnte Verabredung wegen des Schlüssels wurde
getroffen, und als Clemens fort war, »gingen Savignys auch zu Bette,
ich that als wenn ich Abschied nähme, trabte die Treppen in Be-
gleitung der kleinen Kammerjungfer hinunter, als ob ich schwer be-
schlagne Hufeisen trüge, unten aber schlug ich die Thüre scheinbar
zu, zog dann die Stiefel aus und war in drei Sprüngen in Bettinens
Zimmer, das mit großen Rosenstöcken und Jasminen, zwischen welchen die Nachtlampe stand, sowohl durch den grünen Schein der
Blätter wie durch die zierlichen Schatten an der Decke und Wand verziert war. Die Natur ist reich und milde, was aber von Gott kommt
und zu Gott kehrt, ist das Vertrauen. Früh schlich ich mich unbemerkt fort.«

*Achim von Arnim etwa zur Zeit seiner Hochzeit.
Zeichnung von Clemens Brentano.*

Was sie beide dabei fühlten, »können wir weder ermessen noch beschreiben; sie waren beide sorgenlos und jung und hatten lange des Tages und der Nacht geharret«. So schreibt Arnim über die Hochzeitsnacht des Grafen Karl und der Gräfin Dolores.

Daß Arnim erst morgens nach Hause kam, begründete er vor Clemens mit der Ausrede, er habe nachts eine heftige Kolik bekommen und deshalb in einem Hotel übernachten müssen. Um glaubwürdig zu sein, nahm er ein leichtes Brechmittel, »und das überzeugte alle«.

Warum aber die Eile – *einen* Tag nach Ablauf des Trauerjahres, warum die Heimlichkeit? Man könnte auf den Gedanken kommen, der erste »eheleibliche Nachkomme« sei bereits vorehelich entstanden. Doch wurde Freimund von Arnim erst im Mai 1812 geboren. Bettine war gewiß unbefangen in ihren Zärtlichkeiten, und wir erinnern uns auch an die düstere Diskussion über die Fast-Situation in Winkel. Aber der Ton in den Ehebriefen ist so viel sinnlicher als der vor der Ehe, Arnims Ergriffenheit und Glück über das heilige erste Mal so glaubwürdig, daß eine Übertragung heutiger Verhältnisse auf dieses Hochzeitspaar unangemessen wäre. Um so mehr wird also der Leser fragen, wie es Arnim auch von seinem Freund Görres annahm: »Wozu alle diese Umstände?« Die Antwort ist ebenso einfach wie ungewöhnlich: »Weil alle lauteren Hochzeiten, wie unsre unvermeidlich geworden wäre, zu dem widrigsten Spotte alles Sakraments, zu den heillosesten Zoten gehören, wobei sich die Leute gar noch verpflichtet fühlen, einige Tränen zu vergießen.«

Arnims genaues Gefühl drückt hier etwas aus, das bei Hochzeiten unter Lärm und Rührung regelmäßig verleugnet wird: daß Sexualität wie Geburt und Tod zu den im Grunde nicht sozialisierbaren Ereignissen des menschlichen Lebens gehört. Persönliche sexuelle Innigkeit muß von jedem Paar, das es ernst meint, neu erobert und verteidigt werden – gegen die Geringschätzung dieser im Wortsinne zweideutigsten Erscheinung durch die Umgebung, gegen Lüsternheit und schlechte Witze, gegen eigene beängstigende und ernüchternde Erfahrungen. Besonders in strengeren (oder auch: prüderen) Zeiten als der unseren bleibt es eine immer wieder erstaunliche Zumutung, daß etwas, das – vor allem für die Frauen – als gefährlich, schmutzig und sündig galt, nun plötzlich beglückend, heilig und für die Gesellschaft auch noch äußerst wünschenswert sein soll.

Nebenbei war Arnim keineswegs zimperlich; in seinem Briefwechsel mit Clemens sind sexuelle Anzüglichkeiten und Anspielungen gar nicht selten, und zwischen Arnim und Bettine zeigt später ein gelegentlich recht freier Ton, wie natürlich und vertraut sie mit diesen Dingen umzugehen gelernt hatten. Aber bereits in der *Gräfin Dolores* zeigt sich Graf Karl bei einer Trauung in seinem Dorf, wo selbst der katholische Geistliche von Herzen über unanständige Lieder und eine lange Rede voll Zoten lacht, unwillig über diese Bräuche. Wie recht Arnim in seinem eigenen Umfeld damit hatte, zeigt der Verlobungsglückwunsch des lieben und harmlosen Wilhelm Grimm, der ankündigte, zur Hochzeit werde er »mit rothen Strümpfen, weißem Papier-Leibrock und einer Stange Siegellack im Mund« erscheinen, »welches für einen jungen Gelehrten ausgegeben wird ... die Verständigen aber merken, daß es einen Klapperstorch präsentiert nach einem alten Volkswitz«.

Die eigene Ehe behielten sie fünf Tage lang ganz für sich. Dann erzählte Bettine Savignys die ganze Geschichte und stieß natürlich zuerst auf Unglauben, da sie daran gewöhnt waren, von der quirligen Schwester solche »Erdichtungen« erzählt zu bekommen. Diesmal aber »wurden sie etwas böse, daß sie ihnen so leichtsinnig etwas vorschwatze, das ihr heilig sei«. Schließlich mußten sie sich doch überzeugen lassen. Arnim schreibt an die Grimms, daß Schwager und Schwägerin erst am nächsten Morgen an die vollzogenen Tatsachen glaubten. Von übler Laune ist da die Rede, sicher besonders bei Gundel, die sich zu einer sehr konventionellen Teilnehmerin und Veranstalterin von Festen innerhalb der passenden Kreise entwickelt hatte. Sie sah sich »um einige Beobachtungen betrogen«, wie Arnim leicht schadenfroh hinzusetzt. Schließlich blieb freilich nichts anderes übrig, als einzusehen, daß »beide in mancherlei Art bekannt mit vielerlei Leuten« waren, »beide nicht so jugendlich unbesonnen um alles um uns umher zu übersehen, beide abgesagte Feinde aller Gratulationen und Hochzeitsspäße« und daher einfach keine Lust zu einem großen öffentlichen Auftritt hatten.

Sie blieben zehn Tage bei Savignys wohnen, dann zogen sie in die eigene Wohnung. Einen kleinen öffentlichen Auftritt gab es aber doch noch. »Ich erinnere Dich nochmals heute Abend die Einladung bey Savignys nicht zu vergessen«, schrieb Arnim an seinen Bruder, »weil ich Dir meine Frau vorstellen wollte; wir hatten unsere Hochzeit vorigen Montag ganz heimlich selbst ohne Wissen von Savignys und Brentano gefeiert, diese kleine Nachfeier wollen wir der Welt zum Besten geben, die verschwignes Glück und stilles Vertrauen nur scherzend zu begrüßen weiß.« Daß Carl Otto Bettine nicht kannte, ist sehr unwahrscheinlich. Arnim wollte sie ihm in diesem Fall als die zukünftige Mutter »eheleiblicher Kinder« zeigen.

Würde das Leben so weitergehen, wie es Frau Reichardt gerührt erhoffte? – »daß unseres Arnims loses, unstätes Leben nun auch einen schönen Ruhepunkt gefunden hat, freut Sie gewiß auch sehr. Er ist mir durch seine Dolores unendlich lieb geworden … Er wird sicher häusliches Glück zu verdienen und zu genießen wissen, möge ihn Bettine so glücklich machen, als sie, wie ich hoffe, durch ihn werden wird! Sie liebt ihn so sehr, und schon so lange …«

Nach der Hochzeit, die zwischen Spiel und Ernst romantischer nicht hätte sein können, standen sie nun mitten in der realen Welt als Baron und Baronin von Arnim, die Kinder zeugen wollten. Zwei schwierige Menschen, zwei energische Herzen, zwei unruhige Köpfe – keine Sonderwesen mehr, sondern jetzt »teilten sie Freud und Leid mit der ganzen Erde«. Ein allgemeines Schicksal für zwei einmalige Menschen – wie würde das aussehen?

STATT EINES NACHWORTES
EINIGES ZUR TEXTSITUATION

In den fünf Jahren, die ich mit diesem Buch verbracht habe, sind mehrere bedeutende Veröffentlichungen zum Thema erschienen. Im Klassiker Verlag wurde die Arnim-Ausgabe abgeschlossen und die Bettine-Ausgabe bis zum dritten Band vorangetrieben. Die Briefbände der historisch-kritischen Frankfurter Brentano-Ausgabe dekken den untersuchten Zeitraum völlig ab, und zuletzt, 1998, erschien zu meinem und anderer Leser Glück im Eichborn Verlag die erste originalgetreue Ausgabe der Arnim-Brentanoschen Freundschaftsbriefe von Hartwig Schulz. Dennoch ist die Editionslage nach wie vor verwirrend und schwierig. Die Briefe des Liebespaares Bettine und Arnim, die in einer bequemen, wenn auch nicht ganz zuverlässigen Ausgabe des Verlages Josef Knecht (nach der ich zitiere) im Buchhandel zu haben waren, sind leider seit kurzem vergriffen und werden auch (einstweilen?) nicht wieder aufgelegt. An der großen historisch-kritischen Weimarer Ausgabe Achim von Arnims, des unbekanntesten deutschen Romantikers, wird zwar, was bei einer solchen Unternehmung nicht verwundert, seit zehn Jahren gearbeitet, aber erscheinen konnte bisher noch nichts. Ich war also auf Vorausveröffentlichungen angewiesen, die in teils abgelegenen Zeitschriften und Aufsatzsammlungen herausgekommen sind.

Der folgende Anhang enthält Literaturverweise und vor allem die Belege für meine wörtlichen Zitate. Dennoch wird der »normale Leser« mir eher glauben müssen als mich überprüfen können – zu umständlich sind selbst in Bibliotheken die zitierten älteren Werke und Zeitschriftenaufsätze zu erreichen. Die Unterschiede der Orthographie und der Zeichensetzung – modernisiert oder original – erklären sich daraus, daß ich jeweils die älteste mir verfügbare Form zitiert habe. Kursiv gesetzte Stellen sind, soweit nicht anders vermerkt, im Original unterstrichen.

Meine Literaturliste enthält eine Reihe unveröffentlichter Arbeiten. Sie sind der sichtbare Beweis dafür, mit welcher Großzügigkeit mir die Arnim- und Bettine-Forscher geholfen haben. Ich nenne hier nur Heinz Härtl in Weimar und Hartwig Schultz in Frankfurt – stellvertretend für alle anderen, denen ich ebenso von Herzen danke.

Besonderen Dank schulde ich meinem Lektor im Berlin Verlag, Ludger Ikas, der trotz aller unerbittlichen Genauigkeit und beim Kürzen des Allzuvielen niemals unfreundlich oder ungeduldig mit mir umgegangen ist, sowie Konstanze Berner, der Betreuerin der komplizierten Herstellung meines Buches – und nicht zuletzt meinem Mann, der Lust und Leid dieser nicht endenwollenden Arbeit mit Rat, Ironie und Zärtlichkeit begleitet hat.

Berlin, im Januar 1999

ANHANG

SIGLEN UND ABKÜRZUNGEN

A I–VI	Arnim, Achim von, Werke
AM	Die Andacht zum Menschenbild
Arnim Rowohlt	Kastinger Riley 1979
Athenäum 1–3	Athenäum 1924
B I–III	Arnim, Bettine von, Werke und Briefe 1–3
Bäumer	Bäumer 1986
Bäumer/Schultz	Bäumer/Schultz 1995
Baumgart Eifersucht	Baumgart 1985
Baumgart Träume	Baumgart 1997
Becker-Cantarino	Becker-Cantarino 1989
Beethoven	Beethoven Reclam 1961
Bettine-Katalog	Bettine von Arnim 1785–1859
Bettine Rowohlt	Hirsch 1995
Betz I u. II	Bettine und Arnim 1986/87
Beutler	Briefe aus dem Brentanokreis
BmK	Goethes Briefwechsel mit einem Kinde
Brief	Knaack Briefentwurf
Burwick Exz.	Burwick Exzerpte 1978
Corona	Arnim, Bettina von, Briefe an Clemens Brentano
Dietz	Dietz 1925
DuW	Dichtung und Wahrheit
Edelmannsleben	Freyberg 1928
Ehe I u. II	Achim und Bettina 1961
Eichendorff	Eichendorff Werke
Enzensberger	Enzensberger 1988
FBA	Frankfurter Brentano Ausgabe
FDH	Freies Deutsches Hochstift, Frankfurt a. M.
Feilchenfeldt	Brentano-Chronik
Fk	Clemens Brentanos Frühlingskranz
Gajek	Gajek 1993
Godwi	Brentano Hanser
Goethe HA	Goethe Hamburger Ausgabe
Goethe KV	Goethe Sämtl. Werke Klassiker Verlag
Görres	Görres, Ausgewählte Werke
Gräf	Goethes Briefwechsel mit seiner Frau
Grimm	Grimm Erinnerungen
GSA	Goethe-Schiller-Archiv, Weimar
Gü	Die Günderode
Günzel	Günzel 1993
Härtl BmK	Arnim, Bettina von, Werke 1986

Härtl Briefe	Arnim, Bettine von, Werke 4
Härtl Bruderbriefe	Härtl 1983
Härtl Bukowan	Härtl 1980
Härtl Chronik	Bettina von Arnim 1785–1859
Härtl Fk	Arnim, Bettina von, Werke II
Härtl Goethe	Härtl 1971
Härtl Sa	Arnims Briefe an Savigny
Herzensroman	Steig 1912
Humboldt	Humboldt, Wilhelm und Caroline, Briefwechsel
Jacobs	Arnims Werke, hg. von Monty Jacobs
Kluckhohn	Kluckhohn 1922
Knaack	Knaack 1976
Köster I u. II	Die Briefe der Frau Rath 1923
Labes	Labes 1777
Maxe	Maxe von Arnim
Meline	Steinsdorff 1992
Milch	Milch 1935
Moering Lieder	Moering 1996
Moering Reichardt	Moering 1990
Morgenthaler	Günderrode Sämtliche Werke
Müller	Müller 1982
Nagel	Nagel 1964
Nenon	Nenon 1988
Nienhaus	Nienhaus 1994
Novalis I u. II	Novalis 1978
Oehlke	Arnim Bettina von, Sämtliche Werke
Or	Originalbriefwechsel Goethe/Bettine in B II
Preitz I–III	Preitz 1962
Prokop	Prokop 1991
Püschel	Püschel 1993
Rahel	Rahel Varnhagen
Raumer	Raumer 1861
Ricklefs	Ricklefs 1997
Riley	Kastinger Riley 1978
Sailer	Schwaiger und Mai 1982
Sailer/Amery	Sailer Sprichwörter
Schattenzug	Brentano 1940
Schlitz	Memoiren eines deutschen Staatsmannes
Schnack	Der Briefwechsel Savigny-Winkelmann
Schü/Wa	Goethe und die Romantik
Schultz I u. II	Arnim und Clemens Brentano, Freundschaftsbriefe
Silfverstolpe	Montgomery-Silfverstolpe
Sinn und Form	Arnim, Bettina v. 1963
Stei	Briefwechsel Bettine/Freyberg, hg. von Steinsdorff
Steig I–III	Achim von Arnim und die ihm nahestanden
Stoll	Stoll Savigny

SW 22	Arnim Sämtl. Werke 1856
TzT	Goethes Leben von Tag zu Tag
UL	Das unsterbliche Leben
WA	Weimarer Ausgabe (Goethes Werke 1887/1987)
Waitz/Schmidt	Caroline
Weiblichkeit	Schlegel 1983
Weiss I–III	Weiss 1980–1986
Wh	Des Knaben Wunderhorn
Wieland	Wielands Briefwechsel
Wilhelmy	Wilhelmy 1989
Wingertszahn Ambiguität	Wingertszahn 1990
Wingertszahn Chronik	Wingertszahn Arnim-Chronik
Wingertzahn England	Wingertszahn 1994
Wolf	Wolf 1979

BELEGE UND ANMERKUNGEN

EINLEITUNG

11 »Gegenwärtige beyde Personen ...« – Preußische Kirchen-Agenda, die liturgische Formulare der lutherischen Gemeinden in Preußen enthaltend, Königsberg 1789. Nach ihr richtete sich der Pastor.

12 ... als außerehelich verstanden wurde – vgl. Baumgart Eifersucht, bes. Teil 2: Zur Tradition des Gefühls Eifersucht

13 »Die Ehe ist ihr eigener Zweck« – in: Erster Anfang des Naturrechts, zit. nach Kluckhohn, 326 f.

... in einem Briefessay – Vertraute Briefe, über Schlegels *Lucinde*

»den Gipfel moderner ...« – Schiller an Goethe, 19.7.1799, Briefwechsel II, 241

»Wenn irgend jemand zum Apostel ...« – Novalis II, 729

»Die Liebe ist der Endzweck ...« – ebenda, 480

14 »Liebe und Ehe sind verschieden ...« – F. Schlegel, Lit. Not. 1564 und 1698

»Du sollst keine Ehe ...« – Athenäum I/2, 110, 1798

15 »Wo Kinder sind ...« – Novalis II, 273

16 ... Natalie im Wilhelm Meister – am Schluß von *Glauben und Liebe*, ebenda, 304

URSPRÜNGE

Ein adliger Junge in Preußen

21 »Ein vollkommener Mensch ist ...« – Athenäum I/1, 84

»in der Noth ...« – Kirchenbuch der Marienkirche in Berlin

... wohnhaft Am Quarré 5 – Riley, 3

... Beichtvater der Königin war – Nagel, 95

22 »Ich bin übrigens ...« – Labes, 5

»Ich habe meine Braut ...« – ebenda

... üppig ausgestattet war – Zum Inventar s. Nagel

23 »vier Mädchen ...« – Arnim an Clemens, Entwurf für Brief vom 2.3.1804, Weiss I, 122

»mit Heftigkeit ...« – Arnim an Schlitz, Anfang Aug. 1810, ebenda, 159

»die Amme, welche ...« – Taschenbuch FDH B-44, 204 ff., Wingertszahn Ambiguität, 473 f.

»in der trüben gepreßten ...« – Arnim an Goethe, Feb. 1806, Schü/Wa, 84

»wie eine Mauer« – ebenda

»es waren meist lachende ...« – Steig I, 3

24 »Zwey Groschen« – Wingertszahn Ambiguität, 473 f.

»und mich armen Sünder ...« – Arnim an Clemens, 19.8.1803, Schultz I, 150

»Ich war 7 Jahre ...« – Text Riley, 19, Abbildung Arnim Rowohlt, 14

24 »Ich ruhte als Kind ...« – Arnim an Goethe, Mai 1806, Schü/Wa, 101
»Wir hatten in unserem ...« – Arnim an Clemens, 19.8.1803, Schultz I, 149 f.
25 »Ich hing an ihm ...« – Arnim an Bettine, 29.4.1808, Betz I, 236
»Guten Morgen meine ...« – von Labes an die Brüder Arnim, 17.7.1797, Weiss III, 99
»zärtesten Jugend« – vgl. Bettine an Arnim, Mai 1808, Betz I, 238
26 »von Jugend auf ...« – Schlitz, 104
... sehr liebevollen Familie – vgl. Schlitz, 99 ff.
»wie ich als Kind ...« – Arnim an Bettine, 22.7.1810, Betz II, 360
»von meiner Wärterin ...« – FBA 6, 407, »Von Volksliedern«
»Ich denke ... an ...« – Arnim an Bettine, 4.11.1808, Betz II, 66
27 »Riesennatur« – Clemens an Savigny, 13.3.1810, FBA 32, 234
»Gewehr-, Messer-, Spiegel- ...« – Steig I, 3
... den Fuggern verglichen wurde – Zur Firma Schickler vgl. Festschrift Berlin 1912 und Berliner Kaufleute und Kapitalisten, Bd. II, Die Zeit des Merkantilismus, hg. von Hugo Rachel u. Paul Wallich, Berlin 1938, 209–233
»Da besuchte ihn ...« – Lewy, 733
28 »anständig und zierlich« – Steig I, 3
»Sie war« – ebenda
... Apothekerstochter aus Magdeburg – Labes, 2
... wenn auch nicht homosexuell – vgl. Lewy, 786 f.
»selige Freiheit ...« – Steig I, 4 f.
29 »schlechter Begegnung« – Labes, 3
... des Ehegatten hören – vgl. A VI, 656
»dankte sich selbst alles« – Steig I, 1
»durch eigenthümliche Unbeugsamkeit ...« – ebenda
30 ... als dreimal zahlen – Riley, 10
»in den eigentümlichsten ...« – A VI, 656
»Seine Trinkgelage wurden ...« – Steig I, 2
31 »Meine Großmutter hatte ...« – ebenda, 4
... berichtet Arnim anerkennend – ebenda, 5
32 »eine halb männliche ...« – alles ebenda
»Dir lieber Karl ...« – von Labes an Carl von Arnim, 2.9.1800, Riley, 55
»Nie aber beantwortest ...« – von Labes an die Enkel, 2.2.1802, Riley, 59
»es ist doch schade ...« – von Labes an Arnim, 12.9.1806, ebenda, 135
33 »Alle Übrige, Priester ...« – von Labes an die Enkel, 30.8.1802, ebenda, 72
»mit klingendem Spiel ...« – von Labes an Arnim, 12.9.1806, ebenda, 134
»man gab den travestirten ...« – von Labes an Arnim, 16.10.1802, ebenda, 75
... arme Abiturienten machte – Steig I, 7
34 »die Glocken fröhlig ...« – Arnim an Clemens, 19.8.1803, Schultz I, 149
»wahren Schulmonarchen ...« – Raumer, 16
... als sein Lieblingsfach – vgl. Fragment vom Herbst 1793, Riley, 29
»Anleitung zur Wohlredenheit« – Raumer, 19
»Lies die Alten ...« – ebenda, 14
... bevorstehenden Auktion – vgl. Brief Arnim an seinen Vater, 31.12.1795, Riley, 28
»Der einzige Vorwurf ...« – Steig I, 7

35 »ein Schulfreund ...« – Arnim an Bettine, 27.8.1806, Betz I, 77
»alle, weil übertriebene ...« – Raumer, 30

Eine bürgerliche Kaufmannstochter in Frankfurt

35 »die legitime Tochter« – Bettine-Katalog, 19
36 »Ich kann Dir sagen ...« – Bettine an Arnim, Anfang Mai (?) 1808, Betz I, 238
»Es war einmal ...« – B I, 86 ff.
»gebrochnes Deutsch« – ebenda, 89
... komplizierter deutscher Sprache – vgl. Schattenzug, 89
»Mutter von einigen ...« – DuW III, 13, Goethe HA 9, 587
37 »ohne sichtbare Krankheit ...« – Schattenzug, 91
»sie legt den Kopf ...« – B I, Fk 89
»Werde doch auch ...« – ebenda
»Zerstörung im Haus« – ebenda
38 »Die Brentanos haben ...« – Friederich, 47
39 »Mit seinen Kindern ...« – Schattenzug, 88 f.
»der Peter« – Elisabeth Goethe an Crespel, 17.3.1777, Köster I; hier auch die folgenden Stellen.
»Pomeranzengänger« – Dietz, 241
40 ... und auch Steinkohlen – vgl. ebenda, 250
42 »fürsorglichen Gewalt« – vgl. Prokop sowie Koch, 29
»Großen Paars« – vgl. Prokop
»Bei Kleidung und Küche ...« – Maximiliane von La Roche, Briefe an Lina, 1795–1797
»eher klein als groß ...« – DuW III, 13, Goethe HA 9, 587
44 »Ob sie sich aber ...« – nach Becker-Cantarino, Mündigkeit, 40
45 »er stand mir schön ...« – B II, Fk 186 f.
»daß es nicht umsonst ...« – Püschel, 11
46 »Seht, dies ist das Kind ...« – Silfverstolpe, 245
»Nach dem Tode ...« – ebenda, 246
47 »6 frankfurter Grenadiers ...« – Clemens an Gunda, 27.8.1796, FBA 29, 49 f.
»diese einfachen Ereignisse ...« – B I, 455
»dies Amt wurde ...« – ebenda, 454
»in ihren häuslichen ...« – Oehlke VII, 19
48 »Lieber Papa! ...« – B II, Gü 423 (Klammern gehören zum Text)
»ganzen Anmut Keim« – ebenda
... in Kauf nehmen mußte – vgl. Müller, 174
49 ... Zinsen leben konnte – vgl. Günzel, Erbübersicht
»bei einer vernünftigen ...« – Clemens an Sophie Mereau, 24.10.1803, FBA 31, 260
»um in Offenbach ...« – AM, 11
50 »Gelehrsamkeit« – vgl. Nenon, 19
»Niemand (soll) mehr ...« – ebenda, 31
51 »Kein so durchtrieben Mädle ...« – Wieland 2, 201
»Sie thut was Sie will ...« – ebenda, 203
52 »Sie war die wunderbarste Frau ...« – DuW III, 13, HA 9, 561

52 »Ohne die *Sternheim* …« – Milch, 110

54 »Menschenseele« – ebenda, 111

55 »Sie gehört zu den …« – Goethe an Schiller, 24.7.1799, Briefwechsel II, 243
»mit ihren großen weißen …« – B I, Gü 461

56 »Könnte ich denn …« – B I, Fk 116
»Mädele was starrst …« – B I, Gü 409 (Anführungszeichen im Text)
»von ihrer Anmut …« – B I, Gü 460
»Meinungen von geistreichen …« – ebenda, 514
»Daß einen die Geplagten …« – Originalbrief Bettine an Günderrode, Mai
1804, B I, 841

57 »sanften Männlichkeit« – F. Schlegel, Über die Philosophie. An Dorothea. 1799.
Weiblichkeit, 92

58 … Meline unter die Konvention – vgl. Meline

ERSTES BEGEGNEN

Studentenleben

59 »poetischer Gewalttätigkeit« – Clemens an Arnim, 4.5.1802, Schultz I, 13
»ihm gleich ein Vivat …« – Clemens an Gunda, 7.6.1801, ebenda, 324
»bei der Krone …« – Tag- und Jahres-Hefte, WA 35, 95
»Göthe ist schon …« – Clemens an Savigny, 12.6.1801, FBA 29, 328

60 »Ein so freundlicher Empfang …« – ebenda
»Göthe war hier …« – Arnim an Friedrich von Raumer, etwa Mitte Juni 1801,
Weiss III, 28
»tranken sich lustig« – Clemens an Gunda, 7.6.1801, FBA 29, 324

61 »Wenn die Landsmannschaften …« – Martin Lichtenstein, Eine poetische Neu-
jahrsnacht von Studenten zu Jena 1799/1800, in Schnack, 496
»sollst du alles …« – Clemens an Gunda, 10.6.1801, FBA 29, 327
»…etwas ganz Besonderes« – Tagebucheintrag vom 8.6.1801, WA 80, 19
… *Anmerkungen zur Licht-Theorie* – vgl. A VI, 51 ff.

62 »Ich kenne noch die Stelle …« – Arnim an Bettine, 30.8.1806, Betz I, 79
… hinschauende Zeitgenossen genannt – Ernst Moritz Arndt, nach Völker, 9
… in Jena für Medizin ein – vgl. Clemens an Franz, 20.12.1798, FBA 29, 147 ff.
»wogenden Bohnen …« – Guido Görres, Erinnerungen, nach Levin-Derwein, 10

63 … Trages die Wirtschaft lernen – vgl. Clemens an Savigny, Mitte Juli 1801,
FBA 29, 357
»Du siehst im Spiegel …« – B I, Fk, 163
»groß und braun …« – Bettine an Savigny, Frühjahr 1801, AM, 13
»schlank wie eine Pappel …« – Charlotte von Ahlefeld, nach Gersdorff 1984,
163
»wenn ich das Ziel …« – Clemens an Arnim, 23.8.1803, FBA 31, 141, Schultz I,
162

64 »worauf sie einen Eichbaum …« – Clemens an Savigny, Jan. 1801, FBA 29, 297
»Er ist ein höchst …« – Julie Reichenbach an Sophie Mereau, 31.5.1799, nach
Gersdorff 1984, 172 f.
»Das Allgemeine würde …« – Godwi, 42 f.

64 »Wie geht es denn?« – Sophie Mereau an Clemens, Nov. 1798, Gersdorff 1981,
75 (Unterstreichung von Sophie Mereau)
»ungestalte Kreaturen aufsteigen ...« – Béguin, 326
65 »Die letzten hellen Tage ...« – Godwi, 453
66 ... im Jahre des Kennenlernens 1801 – vgl. Brief Clemens an Savigny, 5.8.1801,
FBA 29, 368
... Zeichnung von 1820 gibt – von Ludwig Sigismund Ruhl, Staatl. Kunstsamm-
lungen Kassel, abgebildet bei Burwick 1989
... aus dem Jahr 1800 – vgl. Bettine Rowohlt, 19
... Gemälde von Franz Anton Zeller – vgl. Arnim Rowohlt, 75
»königlich« – B I, Fk, 172
»Die kurzen wolligen Haare« – Bettine an Arnim, 25.3.1809, Betz II, 153
... als »Dichter« verstand – vgl. A VI, 122, 1802
68 »nie Freundschaft von ihm ...« – Clemens an Arnim, 2.5.1802, FBA 29, 437 f.,
Schultz I, 15
»in unserm Studierzimmer ...« – Arnim an Clemens, 8.12.1801, Schultz I, 1.
»Bettine, die jüngste ...« – A I, 61
69 »in andern Umständen ...« – Arnim an Winkelmann, Ende Sept. 1802, Brief bei
Beutler ganz abgedruckt, 376 f.; bei Steig I, 24 nur auszugsweise, unter Um-
gehung der Verständnisschwierigkeiten; hier auch die folgenden Stellen.
»gutmütiger Landfräuleins« – Arnim an Clemens, 18.11.1802, Beutler, 400,
Schultz I, 69
»über Kunst« – Clemens an Savigny, 12.6.1801, FBA 29, 328
... seine wichtigste Aufgabe ansah – vgl. ebenda
»So eben habe ich ...« – Clemens an Tieck, 11.1.1802, FBA 31, 412
»Gott, Gott, wie entzükt ...« – Clemens an Arnim, 11.1.1802, Schultz I, 3
»Deine Briefe, lieber Arnim ...« – Clemens an Arnim, Feb. 1802, FBA 29, 418 f.,
Schultz I, 6
71 »waß dir nicht entgehen soll ...« – ebenda, 419 f., Schultz I, 8

Frühling am Rhein

71 ... als Kavalierstour bezeichnete – vgl. Oesterle
... Fechten, Reiten, Tanzen – Oesterle, 40
72 »schwärmerischen Sinn eingeathmet« – Schlitz, 3
... Bildungsreise verband – vgl. Oesterle
... Brief vom 31. Januar 1801 – Schlitz an Arnim, 31.1.1801, Weiss I, 110 ff. Die
folgenden Zitate finden sich ebenda.
»mit der Poesie Buhlschaft ...« – Arnim an Winkelmann, Ende Sept. 1802, Beutler, 376 f.
73 »Ich habe hier viel gedichtet ...« – Arnim an Clemens, 17.4.1802, Schultz I, 10
»rühmlichen und reichen Geschlechts« – A III, 323
»Laß mich nur hintoben ...« – Clemens an Arnim, 4.5.1802, Schultz I, 14
»Ich kann dich lieben ...« – ebenda, 15
74 »Ihr seid die Dualität ...« – ebenda, 13
»das ist Gott, der so spricht« – ebenda, 14
»es bleibt ihr eine Liebe ...« – Clemens an Arnim, 30.4.1803, Schultz I, 118

74 »die Gesellschaft sehr ehrenwerte …« – Sophie von La Roche an Elsy de L'Espi-
nasse, 4.3.1797, Maurer

76 »zusammen … acht Tage …« – B I, Fk 161
… Friedrich Schlegels Lebensgefährtin – vgl. Clemens an Savigny, 9.6. und
22.6.1802, FBA 29, 446 und 448
… ans Mainzer Schiff – B I, Fk 164
»Der Frühling war so schön …« – ebenda, 162
»Eine Minute meines Lebens …« – Clemens an Arnim, 8.9.1802, Schultz I, 40

77 »Deine Bettine habe ich …« – Arnim an Clemens, 9.7.1802, Schultz I, 23
»Bist du glücklich …« – dies und die folgenden Stellen: B I, Fk 163

78 »so schlampig …« – ebenda, 164
»zu uns ins Stift« – dies und die folgenden Stellen: ebenda, 172 ff.

79 … nicht echt ist – vgl. Härtl Fk, Anm. zu S. 649

80 »Der Handschuh duftete …« – B I, Fk 174
»wenn sie aus der Ferne …« – ebenda, 175
»ich hab Dich doch ganz allein …« – ebenda
»wie mit einem Fremden …« – ebenda

81 »Sie begleitete mich …« – Arnim an Clemens, Mitte August 1802, Steig II, 4,
Schultz I, 29
»Weine oder lache ich …« – Bettine an Savigny, Juli 1802, UL, 14
»ich fürchte sehr …« – ebenda, 16

82 »Ist denn das Leben …« – ebenda, 14
»Verbindung aus Feuer und Magnetismus« – Arnim an Clemens, 9.7.1802,
Schultz I, 16 ff.

84 … konziserer Form erhalten ist – vgl. Arnim an Clemens, Juli 1802, Schultz I,
16 f., sowie für den Aufsatz A VI, 122 f., auch folgende Stellen

85 … unmittelbar im nächsten Brief – Clemens an Arnim, Aug. 1802, Schultz I, 23
… noch einmal im folgenden – Clemens an Arnim, 6.9.1802, Schultz I, 32 f.

86 »Wird dich nicht der Staat …« – ebenda, 496, Schultz I, 34
»statt dessen aber …« – von Labes an Arnim, 5.2.1802, Riley, 60f.

87 »ein Narr« – Clemens an Arnim, 6.9.1802, Schultz I, 34
»Unthätig sein« – Riley, 117

VERSUCHE, VORKLÄNGE, NACHKLÄNGE

Zwiespalt zwischen Liebe und Ordnung: Hollin's Liebeleben

89 »Warum sollte es …« – Schleiermacher an seine Braut, 1803
»mit dem Feuer der Haushaltung …« – A I, 23

90 »Ergeben bin ich Dir …« – Schnack, 47
»Er erneute seine Garderobe …« – Raumer, 43
… einige Briefe von ihr – s. Weiss II
… patriarchalischen Gesellschaft dar – Vielleicht ist ein Brieffragment Arnims
aus London an eine »Geehrte Frau« vom 9. Februar 1804 (Weiss I, 121) an Jeanette gerichtet. Sein Brief hat die großzügige seelische Offenheit und Direktheit, die gelegentlich unter dem Eindruck von erschütternden Erlebnissen bei
ihm zu beobachten ist: der Brief enthält seine erste bekannte Reaktion auf den
Tod seines Vaters, der am 17. Januar 1804 in Berlin gestorben war. Durch die To-

desnachricht scheint Arnim noch einmal schmerzlich die große Distanz zum Vater vor Augen getreten zu sein. »Ich habe meinen Vater verloren und was das härteste ihn verloren ehe ich ihn kannte, ehe die Erinnerung an ihn mir Begleiterin geworden, ich habe ihn ganz verloren als ich hoffte ihm bald nahe zu seyn …« Ein echter Plan oder nur ein flüchtiger Gedanke, der angesichts der endgültigen Unmöglichkeit einer Annäherung ein besonders starkes Gewicht bekommt? Jedenfalls beglückt ihn gerade in der Erfahrung der Vergeblichkeit die Aussicht, daß er die Adressatin wiedersehen wird: »… ich werde Sie wiedersehen und Sie werden sich meiner gütig erinnern und meinen Vater werde ich nicht wiedersehen und ich werde (mich) mühsam seiner erinnern, schwer mir in die Seele rufen, wo ich ihn sah.« (ebenda) Daß ein in diesem Sinne Vaterloser Sehnsucht nach Trost in der Nähe einer liebevollen, dem Tod durch ihre reale Jugend fernen Muttergestalt hat, ist nur zu verstehen. Der Zusammenhang von Arnims Londoner Brief mit dem der Dietrich vom 23. Januar (Weiss III, 150 f.) hat eine gewisse Wahrscheinlichkeit für sich: Sie berichtet nämlich aus Göttingen, der bayerische Kronprinz sei mit »Sauß u Brauß« eigentlich wegen »seiner höheren Geistesbildung« in die beschränkte Universitätsstadt gekommen, in der sich »der Geist der Freyheit« nun ungewohnt »tanzend … und lärmend« äußere. Der zweite und letzte Absatz des Arnimschen Fragmentes lautet: »Sie sind froh, das freut mich, ich wollte daß es die Leute hier auch wären, die lassen aber alles sachte angehen. Dem Erbprinzen von Bayern bin ich in München vorgestellt, von unserer Unterhaltung kann ich nicht viel sagen, er hatte das Unglück schwer zu hören …« Wer zu »Ehren-Bälle(n) und Feten« geht (Weiss I, 151), kann wohl als froh gedacht werden, und Erlebnisinformationen wie die von Arnim, die sich zum Weitererzählen eignen, gehörten zu den Schreibgewohnheiten der Zeit. Es sind schon aus weniger stringenten Bezügen Schlüsse gezogen worden. Ein weiterer Beweis mag auch in der Tatsache liegen, daß der Brief als Fragment erhalten geblieben ist. Frau Dieterich hat, sicher aus Diskretion, keinen von Arnims Briefen aufbewahrt. Also ist dieser Briefanfang schließlich vielleicht nicht fertiggeschrieben worden, weil Arnim der Ton übermäßig intim vorkam und bei ihm selbst unter den Briefen, die er aus London nach Deutschland mitnahm, liegengeblieben.

91 »unerträglich einförmige« – A I, 18

»Die ganze Verbildung …« – ebenda, 23

»daß die Liebe freudig …« – ebenda

… Maria ihm »alles« – ebenda, 47

… an der Kirchhofsmauer begraben – ebenda, 89

»Der verdammte Werther …« – Arnim an Winkelmann, 8.11.1802, ebenda, 708

… Rezensent bissig vorschlug – ebenda, 710

»(Beurtheile) meine Anlage …« – Arnim an Schlitz, 21.2.1803 aus Paris, Steig I, 64

92 »der Kunst ein sicheres Schloß …« – ebenda

… war gerade erschienen – Senebier, Mémoire historique sur la vie et les écrits de Horace Bénédict de Saussure, Genf 1801

»bethörender, heimathloser …« – Gedicht an Wilhelm Grimm vom 25.11.1815, Steig III, 336

»Mühle der Geschäfte« – ebenda

Nachklänge der ersten Begegnung

92 »daß sie dich liebe …« – Clemens an Arnim, Anfang bis Mitte August 1802, Schultz I, 25

93 »Ich lese Bettinens Brief …« – Arnim an Clemens, Mitte Aug. 1802, Schultz I, 27 f., hier auch die folgenden Stellen.

95 »Wenn ich Deinen Brief …« – Clemens an Arnim, 8. 9. 1802, Schultz I, 39, hier auch die folgenden Stellen.

96 »Auf Wolken hoch ich wohne …« – Arnim an Clemens, 22. 9. 1802, Schultz I, 58, hier auch die folgenden Stellen.

… »Ariels Offenbarungen« bestimmt – vgl. Arnim an Bettine und Gunda, 18. 11. 1802, Steig II, 7 ff., auch die folgenden Stellen.

97 »jezt ganz hier …« – Clemens an Arnim, 30. 4. 1803, Schultz I, 116 ff., hier auch die folgenden Stellen.

98 »Reise Wirwar« – Riley, 75

»Böse Kinder seid ihr …« – ebenda, 80

… »Aloys und Rose« – A III

»unendlich lebhafte« – Arnim an Clemens, 18. 11. 1802, Schultz I, 75

99 »sie interessirt mich« – ebenda

ERSTE LIEBE, ERSTE FREIHEIT

101 »Für Deine Briefe …« – Arnim an Clemens, 26. 10. 1811, Schultz II, 614

»und ich sah Dich an …« – B I, Fk 40

103 … Befreiung und Normalisierung – vgl. besonders das Nachwort zum Insel-Fk von Hartwig Schultz 1985

»Sei versichert« – Clemens an Gunda, Mitte Jan. 1801, FBA 29, 299

104 »Du sollst dies Buch …« – Godwi, 217

»mit Kummer« – B I, 803

»Gleichgültigkeit gegen Ordnung …« – ebenda, 804

»alte Mutter La Roche« – ebenda, 766

»Verwunderung über alles …« – ebenda, 19

105 »Sallat hineinsäet« – B I, Fk 17

… die Treppe kehren hilft – vgl. ebenda, 20

… Hühnermarkt in Frankfurt geht – vgl. ebenda, 68

»Ich hab am Feiertag …« – ebenda, 26

»Mit meinem Mund …« – ebenda, 30

»Bettine wird mir so heftig …« – Clemens an Savigny, 10. 3. 1801, FBA 29, 313

»Grüße und küße …« – Clemens an Gunda, 22. 7. 1801, ebenda, 366

106 »so heftig wie vorher« – Clemens an Savigny, 8. 9. 1801, ebenda, 372

»meine Schwester Bettine …« – Clemens an Winkelmann, März 1802, ebenda, 427

»Clemens! Weißt du …« – Clemens an Arnim, Anfang Mai 1802, ebenda, 437, Schultz I, 14

»der Kopf vor Begeisterung …« – B I, Fk 60

ein großer Charakter war – ebenda, 66

106 »Diese Frau hat mich ...« – ebenda, 68

107 ... Gachet redete und schrieb – UL, 240

»Was denken Sie ...« – B I, Fk 84

»großen Register ...« – ebenda, 85

»Bruder Franz der mich ...« – ebenda, 84

»noch drei Schwestern ...« – ebenda, 85

»Ach was kann ich ...« – ebenda, 86

108 »Meine Seele ist ...« – ebenda, 61, hier auch die folgenden Stellen.

»Leg Dirs zurecht« – ebenda, 62

»die äußre Welt ...« – Clemens an Bettine, vermutlich Sept. 1803, FBA 30, 332 ff.

109 »Gefühl unsrer Personalität« – ebenda, 335

»*ICH BIN ICH* ...« – ebenda, Unterstreichung und Großbuchstaben v. Clemens

»ich bin kein solcher ...« – B I, Fk 84

»himmlischen leichtsinnigen Stubenkameraden« – ebenda, 146 f.

»bester Geselle« – ebenda

»Antidotum der Empfindsamkeit« – ebenda, 150

110 »wie zwei Mädchen ...« – ebenda

»Er brauchts nicht ...« – B I, Gü 410

»Ich wollt Du wärst ...« – B I, Fk 175

111 »schöne Schwester« – Clemens an Sophie Mereau, 18. 3. 1803, FBA 30, 62

»Ich weiß auch nicht ...« – dies und die folgenden Stellen: B I, Fk 239

112 »O welche schwere ...« – ebenda, 240, hier auch die folgenden Stellen.

»Es weissagt etwas ...« – ebenda, 241

... bald an Gundel – vgl. Bettine an Gunda, Ende Juni/Anfang Juli 1803, AM, 19, hier auch die folgenden Stellen.

113 »aus dem Dunkel ...« – B I, Fk 279

»Du siehst im Zauberspiegel« – ebenda, 275

»Du bittest mich« – ebenda

»Lieber Sophus! ...« – Clemens an Sophie Mereau, 13. od. 14. 9. 1803, FBA 30, 188 f.

»Sie hat mir eingeleuchtet ...« – B I, Fk 284

»die Heiraten der Geschwister ...« – ebenda, 290

114 »Herr Clemens Brentano ...« – Feilchenfeldt, 41

»wie ein Rohrspatz ...« – Bäumer/Schultz, 21

115 »Keim ihrer Anmut« – vgl. B I, 423

»Du hast ja in der Welt ...« – B I, Fk 294

LIEBE IM AUSLAND. ARNIM UND GIUSEPPA GRASSINI

117 ... bis Ende Juni 1803 – vgl. A VI, 1124

»Paris liegt auf meiner ...« – Arnim an Clemens, 17. 2. 1803, Schultz I, 107

118 »O mein heiliges Vaterland ...« – Arnim an Clemens, 4. 4. 1803, ebenda, 115

... von der Forschung geschätzten – s. die Aufsätze zum Thema in »Die Erfahrungen anderer Länder«

... *Erzählungen von Schauspielen* – vgl. A VI, 129–167

... die Kunstwerke untergehen – vgl. ebenda, 162

118 »In England ist ...« – Arnim an Clemens, 5.7.1803, Schultz I, 145

... Reisebeschäftigungen fort – vgl. Wingertszahn England

119 ... seiner Abiturrede – von 1798, vgl. A VI, 20 ff.

... Gesellschaft und Kultur – vgl. Wingertszahn England, 90

... im November 1803 – zum Weihnachtsbrief zur Hochzeit vgl. A V, 109 f., Schultz I, 181 ff.

»Der Geist von der Miß ...« – Taschenbuch, nach 1808, jedoch nach englischen Eindrücken, Riley, 97

120 ... für Paris zu gewinnen – vgl. Steig I, 107

»ich weiß nicht warum ...« – Clemens an Arnim, kurz vor dem 20.5.1806, Schultz I, 385

»Ihre Bekanntschaft ...« – Arnim an Clemens, 2.3.1804, ebenda, 218

121 ... über dieses Ereignis – vgl. Brief Arnim an Bettine vom Aug. 1807, Betz I, 110

»Von grimmem Haß« – Arnim an Bettine, 7.10.1807, ebenda, 121

122 »Wenn sie ihn doch ...« – Arnim an Clemens, 2.3.1804, Schultz I, 218 f.

»Walzerlied« – ebenda

124 ... gutmachen will. – Als ein Abschiedslied, wie Ulfert Ricklefs, der Herausgeber der Gedichte Arnims meint (A V, 1120), kann ich weder diesen meiner Ansicht nach ersten Entwurf noch die in Band V der Arnim-Ausgabe des Klassiker Verlages abgedruckte, um noch einige Direktheiten vermehrte neunstrophige Fassung ansehen. Kennzeichnend ist die sinnliche Faszination durch eine Frau, die den moralischen und ästhetischen Ansprüchen ihres Liebhabers nicht entspricht. Ein verbissener Sarkasmus, in dem sich Zorn über die Unfähigkeit ausdrückt, sich von dieser Person zu lösen, führt meiner Ansicht nach zu den späteren gemäßigten Formen des Gedichtes. Im Ganzen erscheint der kennzeichnende Refrain in der Ricklefs-Ausgabe der Gedichte in drei Arbeiten Arnims: »Walzerlied« (S. 146), »Winter-Unruhe« (S. 168) und »Winterunruhe« (S. 169). Das »schwarze Strahlenhaar« als Leitbegriff für eine Frau, die zugleich fasziniert und abstößt, erscheint in einem weiteren, thematisch ähnlichen Gedicht (S. 144).

... daher nicht keusch war – vgl. Freud, 67

... und ihn verehrte – vgl. Betz I, 121

... Aufsatz von 1806 – vgl. A VI, 190

125 ... Bettine ähnlich gewesen – Arnim an Clemens, 17.6.1807, Schultz II, 441

»ich sah sie lange an« – Clemens an Arnim, 14.7.1807, ebenda, 449

... sehnt sich weg von ihr – vgl. A I, *Dolores*, 295, A V, 168 f.

... mehr geleimte als gereimte – Clemens an Bettine, vor dem 30.6.1809, FBA 32, 161, vgl. A III, 1062

126 ... danach Blumen schickte – Arnim an Bettine, 16.9.1809, Betz II, 249

... Arnimscher Kunstauffassung erkennen – vgl. Ricklefs, 98–101

... Schulden zu erwarten – vgl. Arnim an Onkel Schlitz, 6.3.1804, Riley, 99 f.

... am Essen sparen mußten – ebenda

»von andern vorweggenommen ...« – Arnim an Clemens, Weihn. 1803, Steig I, 104

127 »eine innere Hand ...« – A III, 62

»er lief das Lied ...« – Clemens an Savignys, Anfang März 1805, FBA 31, 403

»im voraus fühlte ...« – zit. nach A V, 1255

127 »Es weissagt etwas ...« – B I, Fk 241
»Mir kam das so toll vor ...« – A III, 62
»sooft er den Fieberparoxismus ...« – Clemens an Savignys, Anfang März 1805,
FBA 31, 403
»Keiner will mich hören ...« – A III, 61
128 ... Ariels Offenbarungen zu lesen – vgl. Clemens an Arnim, 23. 5. 1804, Schultz I,
232 ff.
»ich verstehe dich ...« – ebenda

IM VATERLAND, IN DER VATERSTADT.
ARNIM IN BERLIN, BETTINE IN FRANKFURT

129 ... um sich zu erholen – vgl. Wingertszahn Chronik, 1804
»denn bey völliger Munterkeit ...« – Arnim an Clemens, 20. 9. 1804, Schultz I,
238
»Er ist immer noch ...« – Clemens an Sophie Mereau, 14. 11. 1805, FBA 31, 357
... geschrieben zu haben – vgl. Clemens an Arnim, 3. 10. 1804, Schultz I, 239
»Arnim hat zu meiner Ankunft ...« – Clemens an Sophie Mereau, 14. 11. 1804,
FBA 31, 357
»so zu sagen schön« – Clemens an Sophie Mereau, 14.–17. 11. 1804, ebenda, 358
... war es langweilig – vgl. Clemens an Sophie Mereau, 26. 11. 1804, ebenda, 369
»sein ganzes Berlin« – ebenda, 359
130 »mit Arnim zugleich ...« – ebenda, 373
»Schon fürchteten wir ...« – Arnim an Clemens, 14. 1. 1805, Schultz I, 252
»Lieber Arnim, es ist ...« – Clemens an Arnim, 5. 1. 1805, ebenda, 250
»Gott weiß, Dein zweiter ...« – Arnim an Clemens, 19. 1. 1805, ebenda, 255
131 »habe Lust ... Zeitungsschreiber« – Arnim an Clemens, Mitte April 1804,
ebenda, 231
»Ich bin nicht müssig ...« – Arnim an Clemens, 27. 2. 1805, ebenda, 267
»Alles mahnt mich ...« – Arnim an Clemens, Anfang April 1805, ebenda, 287
»Besorgung des Hauswesens ...« – Franz an Clemens, 10. 2. 1802, AM, 17
»ein herzensgutes Mädchen ...« – Franz an Clemens, 4. 6. 1803, ebenda
»die Andacht und Poesie« – Clemens an Gundel, 2. 9. 1803, FBA 31, 163
»unter diesen Menschen ...« – Clemens an Arnim, Sept. 1803, ebenda, 165
132 »zwei Haushaltungen ...« – Clemens an Sophie Mereau, 20. 9. 1803, FBA 31, 190
»Nichts ist mir wunderbarer ...« – ebenda, 190 f.
»Mottenfraß der Häuslichkeit« – B I, 684
»lieb gut Engels-Franz« – ebenda
»nie in ein Verhältnis ...« – Bettine an Savigny, Okt. 1804, AM, 23
»Erstens: ich soll mir ...« – B I, 684
133 ... seit 1803 lernte – vgl. AM, 19
»Mariage ganz prächtig ...« – Bettine an Savigny, 15. 7. 1805, ebenda, 37

447

FRAUENLEBEN, FRAUENTOD.
BETTINE UND KAROLINE VON GÜNDERRODE

Fremde Freundinnen

135 »auf lauter funkelnagelneues Papier …« – vgl. B I, 1094

»Sie müsse mir nicht …« – ebenda, 879

… mit dem Ordenskreuz – vgl. B II, BmK 65

… oft und lange verreisen – vgl. Preitz III, 224

»häuslichen Verhältnissen …« – vgl. B I, 826

138 »Es ist ein häßlicher Fehler …« – Günderrode an Gunda, 29.8.1801, Preitz II, 171

»Sie war so sanft …« – B II, BmK 64 f.

»Fräulein Günderode ist …« – Tagebuch von Karl Philipp Kayser, Preitz II, 230

139 »Augenbrauen mit berustem Kork« – FBA 31, 472

»wo sie so hübsch …« – Arnim an Bettine, 27.8.1806, Betz I, 76

… die erste überhaupt – vgl. Preitz II, 217, zu Brief 5

140 … und Stieftochter kennenlernte – vgl. Tagebuch Kayser vom 5.8.1804, ebenda, 230

»Nur ein Wunder …« – von Heyden an Günderrode, 11.10.1805, Preitz I, 274

141 »die erste Epoche« – B II, BmK 64

»Die Günderode war mein Spiegel …« – Ilius Pamphilius II, 358, Oehlke 5

… ab Oktober 1804 täglich – vgl. Briefe an Savigny, Okt./Nov. 1804, AM, 25 f.

»Mit dem Günderödchen …« – Bettine an Savigny, nach dem 15.4.1805, ebenda, 32

»Ich war in ihr zu Hause …« – Ilius Pamphilius II, 358, Oehlke 5

… Freundin ihr gab – für das Folgende vgl. echter Brief an Philipp Nathusius, 23./24.8.1840, Hs. GSA, nach Härtl Fk, 789 f.

142 … in den Mund legt – B I, 726 ff.

143 »ich ungefähr drei Wochen …« – Bettine an Savigny, Jan. 1805, AM, 29

»zwergleidenschaftlich und dummkindisch« – Bettine an Savigny, Nov. 1804, ebenda, 27

144 … den beiden jungen Frauen – vgl. Härtl Briefe, Komm. zu Nr. 7

… und auch mit Savigny – zur Eifersucht von Clemens vgl. Clemens an Arnim, Anfang Okt. 1805, Schultz I, 306

»Daß ich traurig bin …« – Bettine an Savigny, Okt. 1804, AM, 23; hier auch die folgenden Stellen.

»kein Mädchen und kein Bub …« – Bettine an Savignys, Sept. 1804, ebenda, 22

… »Gundelus« für Gunda – vgl. AM, an mehreren Stellen

… nennt sie »Günther« – im frühesten erhaltenen Originalbrief vom Juni 1804, Oehlke VII, 330

»Durch Dein Begreifen …« – B I, Gü 576

145 »Ich lasse meistenteils …« – Bettine an Savigny, Nov. 1804, AM, 27

»Mein Gott! …« – Bettine an Günderrode, Nov. 1805 aus Marburg, B I, 859

Der Dolch und der Rhein. Karolines Tod

146 »mit silbernem Griff …« – B II, BmK 74

»wo sie so lachend kämpfte …« – Arnim an Bettine, 27.8.1806, Betz I, 75

146 »Gestern hab ich einen Chirurgen …« – B II, BmK 73; hier auch die folgenden
Stellen.
»egoistisch, kokett, faul …« – Creuzer an Günderrode, 23.6.1806, zit. nach B I,
866
»ein Weib interessieren könne« – B II, BmK 80

147 »Ich ging gleich hin …« – Bettine an Savigny, 3.7.1806, AM, 43; hier auch die folgenden Stellen.
»Ich hätte gern, daß Du …« – Bettine an Günderrode, nach dem 3.7.1806, B I,
866 f.

149 »voll Einfalt und …« – Bettine an Savigny, nach dem 8.7.1806, AM, 45
»Ich schrieb ihr …« – ebenda
»es habe der Stiftsdame …« – B II, 82

150 »eigentlich lebensmüde …« – Günderrode an Lisette, 3.7.1806, Preitz I, 281
»wie sträflich sein Verhältnis« – Meline an Savigny, 23.10.1806, AM, 47
»riß ihm die Briefe weg« – ebenda
… bedeutet zu haben – das Folgende nach AM, 46 f.
»den Fleck unter der schönen Brust« – B II, BmK 73
… Stelle aufgetupft hatte – vgl. Wolf, 303 f.
»Siehe, so konnte ich …« – ebenda

Was Bettine daraus machte

151 … dort gewesen – vgl. Betz I, 73 f.
… noch niedergerückt gewesen – vgl. B II, BmK 84

152 »nicht auf rechts …« – Bettine an Savigny, Mitte Aug. 1806, AM, 48
»ich werde den Schmerz …« – Bettine an Arnim, Ende Aug. 1806, Betz I, 73
»Bettine ist ganz gefaßt …« – Meline an Savigny, 1.8.1806, AM, 46
»große und seltne Begebenheiten …« – B II, BmK 50
»seine Mutter könne er …« – bei Johanna Frommann am 28.8.1806, TzT IV, 739
»um den Verlust …« – Bettine an Savigny, Mitte Aug. 1806, AM, 49

153 »voll Liebe zu meiner Mutter« – Bettine an Arnim, 10.6.1806, Betz I, 62
»O weh, Arnim, o weh! …« – Bettine an Arnim, Ende Aug. 1806, AM, 51
»Ich will dir einen Jungen …« – Clemens an Arnim, 14.7.1807, FBA 31, 601,
Schultz II, 445

154 »Betine trauerte mit mir …« – ebenda, 605
… die »Kälte« Bettines – vgl. Bettine an Savigny, Mitte Aug. 1806, AM, 49
»ans Herz« – Härtl Briefe, 28
»mit großer Begierde …« – Bettine an Clemens, Aug. 1803, AM, 53
»Die traurige Geschichte …« – Bettine an Savigny, Okt. 1803, ebenda, 55
»des alten Thalbergs« – vgl. ebenda, 58 und 60

155 »In Betrachtung seiner Runzeln« – Bettine an Savigny, Jan. 1807, ebenda, 60
»aber am End …« – Meline an Savigny, 2.1.1807, ebenda, 58
»Er ist ein guter Mann …« – Bettine an Savigny, Jan. 1807, ebenda, 60
»Ich hab mich nach und nach …« – Bettine an Savigny, Ende Nov. 1806, ebenda,
58
»An Melete …« – Morgenthaler I, 317

449

»EIN WOHLFEILES VOLKSLIEDERBUCH«:
Des Knaben Wunderhorn

157 »Eins meiner liebsten Herzblätter« – FBA 6, 409 f.

»im Eingang schreiben wir ...« – Clemens an Arnim, 30.4.1803, FBA 29, 82, Schultz I, 128

... *Lieder der Liederbrüder* – vgl. Härtl 1990, 123

»Die Zahl seiner ...« – Clemens an Sophie Mereau, 14.–17.11.1804, FBA 31, 357

... wenig beitragen könne – vgl. ebenda, 497 f., 523, 537

158 »Ich habe dir und Reichard ...« – Clemens an Arnim, 15.2.1805, ebenda, 393, Schultz I, 263

»Über das Volksliederbuch ...« – Arnim an Clemens, 27.2.1805, Schultz I, 268

159 ... was sie erreichen konnten – Die Arnimsche Sammlung fand später ihren Platz in Wiepersdorf, wurde von der Stiftung Weimarer Klassik übernommen und ist heute in Weimar jedermann zugänglich. Die Bibliothek Clemens Brentanos wurde teilweise 1819 von ihm selbst, als er sich von der Literatur abwandte und in ein geistliches Leben überzutreten hoffte, durch Versteigerung aufgelöst, der Rest 1853 von seinen Erben versteigert (?).

Durch die hervorragende Arbeit von Heinz Rölleke – drei Bände »Wunderhorn« und drei Kommentarbände in der historisch-kritischen Frankfurter Brentano Ausgabe – haben wir heute einen annähernden Überblick darüber.

... Gemeinschaften gebunden – vgl. dtv-Lexikon von 1990

... auf ein Blatt geschrieben – vgl. Arnim an Clemens, 12.3.1806, Schultz I, 349 f.

160 »feenhaft, kindlich, gefällig« – Goethe HA 12, 271

... nannten ihn Sophie und Clemens – vgl. Clemens an Arnim, 1.1.1806, FBA 31, 480, Gersdorff 1984, 64

161 »iezt das liebste Buch ...« – FBA 6, 443

»über die eigenthümlige ...« – Clemens an Arnim, 1.1.1806, Schultz I, 329f.

»überkömmt uns das alte ...« – FBA 6, 430

»Als wenn ein schweres Fieber ...« – ebenda, 437

BETTINE UND ARNIM:
WIEDERSEHEN NACH DREI JAHREN

163 ... an Arnim bei – vgl. Clemens an Arnim, 15.2.1805, Schultz I, 263

»viel eigenen Sinn ...« – Arnim an Clemens, 27.2.1805, ebenda, 267

»daß sie an Tod und Leben ...« – ebenda

»Früher, lieber Savigny ...« – Clemens an Savigny, Ende Juni/Anf. Juli 1805, FBA 31, 439

164 »Es steht mir etwas bevor ...« – Bettine an Savigny, 15.7.1805, AM, 36

»und der Budin wird ...« – ebenda, 37

... die Großmutter La Roche – vgl. Arnim an Sophie Mereau, 1.9.1805, Steig I, 144

165 »bis jezt mit unsäglich ...« – Clemens an Sophie Mereau, 16.8.1805, FBA 31, 447

166 »unendliches Vertrauen in mich …« – Bettine an Savigny, nach dem 15.4.1805, AM, 33

»seine reine freie Unbefangenheit« – Hölderlin an Neuffer, 15.5.1796, Hanser-Hölderlin II, 684

»Glaube aber nicht …« – Bettine an Savigny, 15.4.1805, AM, 33

… eines Balles bei Bethmann – vgl. B I, Gü 491 ff.

»blechernen lackierten Kerl« – ebenda, 426

167 … hinter ihr herlief – vgl. ebenda, 329 ff.

»Dieser Junge hat« – Meline an Savigny, 30.6.1805, AM, 50

»Ach was brauchst Du …« – B I, Fk 91

168 »Arnim redet sehr wenig …« – Creuzer an Günderrode, Steig II, 12

169 »Bettine Brentano macht gar …« – Arnim an Sophie Mereau, 1.9.1805, Steig I, 144

»als Bettine ihr gewöhnliches …« – Arnim an Clemens, Anfang Sept. 1805, Steig II, 11, Schultz I, 295

»in der Nacht sehr traurig …« – Clemens an Arnim, 14.7.1807, Schultz II, 446

170 »Ich lebe hier sehr …« – Arnim an Clemens, Anfang (?) Okt. 1805, Schultz I, 311

»mit zwei schönen Kränzen …« – Bettine-Zitat in Brief von Clemens an Arnim, 1.1.1806, Schultz I, 329

»mein klein braunes Kindchen« – Arnim an Bettine, 18.3.1806, Betz I, 41

»von dem blau schwarz …« – Arnim an Savigny, 23.7.1806, Härtl Sa, 34

… Bockenheimer Tor in Frankfurt – vgl. die hübsche Beschreibung Bettines bei Betz I, 61

»rauschenden einfachen Fröhlichkeit« – Clemens an Sophie Mereau, 18.10.1805, FBA 31, 470

»Wir thun hier nichts …« – Clemens an Sophie, Mitte Okt. 1805, ebenda, 469

171 … am ganzen Körper wäscht – vgl. Arnim an Savigny, 9.4.1806, Härtl Sa, 34, Arnim an Clemens, 22.4.1806, Steig I, 170

… auch die Günderrode – vgl. AM, 37, und Brief Clemens an Günderrode, Nov./Dez. 1805, FBA 31, 472

»Also im Mai …« – Arnim an Bettine, 19.4.1806, Betz I, 47

… sich gleichsam aufdecken – vgl. Arnim an Clemens, 26.1.1806, Schultz I, 334

»Wie ist es Euch allen …« – ebenda, 335 f.

172 »schreib ihr von Deinen Büchern …« – ebenda, 336

173 »Bettine ist mir freundlich …« – ebenda

PREUSSEN – VERGEBLICHE LIEBE

175 »wünschete …, daß …« – Großmutter an Arnim, 1.7.1805, Riley, 119

176 »Lieber Louis …« – Großmutter an Arnim, 29.6.1805, ebenda, 117

… Oktober täglich erwartete – Großmuter an Arnim, 9.11.1805, ebenda, 120

177 … Arnim mit der Revolution – vgl. Knaack, 11

»so leer ist alles …« – Arnim an Clemens, 12.1.–26.1.1803, Schultz I, 90, vgl. Knaack, 12

178 »Hier ist heute …« – Clemens an Arnim, Ende Sept. 1805, FBA 31, 461, Schultz I, 299

451

178 »mitgefangen, mitgehangen ...« – Clemens an Arnim, Feb. 1806, FBA 31, 499, Schultz I

... ganz gut zurechtkam – Frau Rat an Goethe, 15.2.1806, Köster II, 140

... Coburg die ersten Preußen – Arnim an Clemens, Anfang Dez. 1805, Schultz I, 313

... *Wunderhorn*, dessen Widmung – vgl. oben, 161

»Fast über jedes Lied« – Arnim an Clemens, 16.12.1805, Schultz I, 316

»herzlich, herrlich, Jung« – Clemens an Arnim, ca. 15.2.1806, ebenda, 339

... Glücksgeschenk für die Freunde – hier zitiert nach Goethe HA 12, 270 ff.

179 »Er sagte mir ...« – Arnim an Clemens, 16.12.1805, Schultz I, 316

»Ich sollte etwas von mir ...« – Arnim an Goethe, Feb. 1806, Schü/Wa, 83

»lieben Brief« – Goethe an Arnim, 9.3.1806, ebenda, 95

»nur Krieg und Politik« – Charlotte von Stein an ihren Sohn Fritz, 19.12.1805, zit. nach Härtl Goethe I, 131

180 »trägen Lebens« – Arnim an Clemens, 17.12.1805, Schultz I, 317

»Nachher bot ich ihm ...« – ebenda

»ich sah mich schon ...« – Clemens an Arnim, 1.1.1806, FBA 31, 480, Schultz I, 325

»lieber Arnim, der Kerl ...« – FBA 31, 481

»ob es vorübergehen wird ...« – Arnim an Clemens, 17.12.1805, Schultz I, 317

»Waffenstillstand – Winterschlaf ...« – Arnim an Clemens, 20.12.1806, ebenda

181 »alles übrige ertragen ...« – ebenda, 317 f.

»wunderherrlichen Ausspruch ...« – Arnim an Clemens, 18.4.1806, Schultz I, 363

»wenn das Schwanken ...« – Clemens an Arnim, 1.1.1806, Schultz I, 326

182 »einen wunderlichen Confect ...« – vgl. Steig I, 154 und Schü/Wa, 84

183 »um sich nicht einheimisch ...« – Arnim an Goethe, Feb. 1806, Schü/Wa, 84

»alten beweglichen Unbeweglichkeit« – ebenda, 91

»das alte schwache ...« – ebenda, 92

»aus der großen Gesellschaft ...« – ebenda, 93

»Ich wäre glücklich ...« – Clemens an Arnim, 15.2.1806, Schultz I, 339

»lebhafte und dauernde Freude ...« – Goethe an Arnim, 9.3.1806, Schü/Wa, 96

184 »diamantne Strahlen um den Kopf ...« – Arnim an Clemens, 25.1.1806, Schultz I, 338

»es sind viele davongelaufen ...« – Arnim an Goethe, Feb. 1806, Schü/Wa, 85

»Freundliche, Werte ...« – Arnim an Bettine, 26.1.1806, Betz I, 37

»ich küsse Dich...« – Bettine an Arnim, 18.1.1831, Ehe II, 929

185 »so ganz allein ...« – Bettine an Arnim, Anfang Juni 1806, Betz I, 56 f.

»Morgens sehe ich ...« – Arnim an Clemens, 12.3.1806, Schultz I, 350

»ein sehr angenehmes Hoffräulein« – ebenda

»auf seinen ökonomischen Kreuzgängen – ebenda, 171

186 zu Dutzenden – Arnim an Bettine, 21.4.1806, Betz I, 51

»der Lebensseulen Mark ...« – Arnim an Goethe, Mai 1806, Schü/Wa, 98

»Ich lag wie ein Titane ...« – Arnim an Bettine, 14.6.1806, Betz I, 64

»heimlich ... daß ihm ...« – Arnim an Goethe, Mai 1806, Schü/Wa, 98

... der Güter kümmerte – vgl. Härtl Bruderbriefe, 255

452 ... die politische Lage – Arnim an Clemens, 14.6.1806, Schultz I, 397

186 »großen Lust nach Wiesbaden …« – ebenda
187 »von einem Varnhagen …« – Arnim an Clemens, 1.7.1806, Schultz I, 407
»Hier wohne ich …« – Arnim an Seckendorf, 18.7.1806, Weiss I, 127
… beruhigt und gemildert hatte – nach Moering Reichardt, 209
»Louise sang mir …« – Arnim an Bettine, 12.7.1806, Betz I, 67
188 … den *Wallenstein* gesehen – vgl. Härtl Sa, 227
»Es ist doch eins …« – Arnim an Bettine, 12.7.1806, Betz I, 68
»Ich lebte bei Reichardt …« – Briefentwurf zum Brief an Bettine vom 16.8.1806,
Steig II, 37 (Fußnote)
»Ich möchte wohl …« – Arnim an Savigny, 23.7.1806, Härtl Sa, 35
… waren allgegenwärtig – vgl. Arnim an Clemens, 16.8.1806, Steig I, 188,
Schultz I, 415
»In Hannover fiel es …« – Arnim an Bettine, 16.8.1806, Betz I, 71
»Sie glauben sich so beschimpft …« – Arnim an Clemens, 16.8.1806, Steig I,
189, Schultz I, 417
»Wahrscheinlich sind wir von Frankreich …« – Arnim an Bettine, 16.8.1806,
Betz I, 71
»Sie kennen nichts als …« – Arnim an Goethe, Mai 1806, Schü/Wa, 97
»Was sollte bestehen …« – Arnim an Bettine, 16.8.1806, Betz I, 71
189 »Jetzt stehen wir allein …« – Arnim an Clemens, 30.7.1806, Schultz I, 417
»oder er gibt uns …« – ebenda
»Fest beiß ich mich …« – A V, 360
190 »den Hügel Sand …« – ebenda, 884
191 »Nur jetzt in diesem Augenblick …« – Bettine an Arnim, Aug. 1806, Betz I, 72
»Mit breiten Flügeln« – alles ebenda
… Troja ist nicht mehr – ebenda, 73
»Ist denn das Leben …« – Bettine an Savigny, Juli 1802, AM, 14
192 »ich werd mich nicht so leicht …« – Bettine an Arnim, Aug. 1806, nach Savignys
Antwortbrief auf ihren von Mitte Aug., Betz I, 73
»werdendem Freund« – ebenda, 74
… Nähe auch auszufüllen – vgl. Arnim an Bettine, 27.8.1806, ebenda, 75 ff.
»Sie tragen mir auf …« – Arnim an Bettine, 27.8.1806, ebenda, 78
»wo keiner auf der Wacht …« – Arnim an Bettine, 7.9.1806, ebenda, 82
»vielen Dank für jeden Gedanken …« – Arnim an Bettine, 10.9.1806, ebenda, 82
193 »Unkenntniß und Ungewohntheit …« – Arnim an Clemens, 8.9.1806, Schultz I,
423
»Meine Absicht ist …« – Arnim an Goethe, 1.9.1806, Schü/Wa, 124
194 »vorläufige Anzeige« – Steig I, 191
»Der Tod des Buchhändler …« – Arnim an Rudolf Zacharias Becker, 19.9.1806,
Weiss III, 38
… an Reichardt weitergab – laut Steig I, 358, Konzept eines Briefes vom
3.–5.10.1806, im Text S. 196
… in Alexandrinerstrophen setzte – vgl. A III, 171 f.
195 »Keiner wußte woher …« – Arnim an Bettine, 28.9.1806, Betz I, 85 f.
»ein Mann, ganz Rüstung, ganz Metall …« – Arnim an Bettine, 28.9.1806,
ebenda, 85
196 »ganz unaussprechlich schön …« – Meline an Savigny, 15.9.1806, AM, 52

196 »er ist von Stube …« – Clemens an Arnim, Mitte bis Ende Okt. 1806, Schultz I, 432

»war mir schnell recht …« – Bettine an Arnim, 26.9.1806, Betz I, 84

»Mein Herz war eine Zeitlang …« – Okt. 1806, AM, 54 ff.

»Betine hat sich …« – Clemens an Sophie Mereau, 17.9.1806, FBA 31, 582

»mit Betinen ist er …« – Clemens an Arnim, Mitte bis Ende Okt. 1806, Schultz I, 432

197 »Bettine war sehr fidel …« – Meline an Savigny, 15.9.1806, AM, 53

»Ich mögte nicht …« – Bettine an Tieck, ca. 16.–20.9.1806, Härtl Briefe, 28

198 »Das macht mich von Zeit …« – Bettine an Savigny, Okt. 1806, AM, 55

»Glück uns zum Kriege« – Arnim an Bettine, 13.10.1806, Betz I, 89 f.

»mit verstörtem, mir unkenntlichen Gesicht …« – Arnim an Bettine, 22.7.1810, Betz II, 360

… die er immer wieder las – vgl. Steig I, 215

»l[asse] uns gegenseitig …« – Clemens an Arnim, Okt. 1806, Schultz I, 435

»Adieu, Arnim …« – Bettine an Arnim, Okt. 1806, Betz I, 88

»schreiben Sie bald …« – Bettine an Arnim, Nov. 1806, ebenda, 92

199 … für den Untergang Preußens – Bericht von Nostitz und der Herzogin von Sachsen-Coburg nach Ohff, 305 f.

»Sein guter Geist …« – Arnim an einen Verwandten, 17.11.1806, Steig I, 208

»Nichts ohne Beruf« – Arnim an die Tante Schlitz, ebenda

»hinreissenden Gram…« – Arnim an die Tante Schlitz, 18.11.1806, Weiss III, 39

»ebenso viehl Pferde« – Riley, 149

200 »Was ich von meinen Gütern …« – Arnim an einen Verwandten, 17.11.1806, Steig I, 208

»außerordentliche Maßregeln …« – A VI, 196 f.

… gekämpft wurde – ebenda, 197

»Hingegebner in Kummer …« – Arnim an die Tante Schlitz, 18.11.1806, Weiss III, 39

… in den Totenlisten – Steig I, 208

»Hier leb ich …« – Arnim an die Tante Schlitz, 17.11.1806, Weiss III, 39 f.

»Glauben Sie mich nicht …« – ebenda, 40

201 … in der Kehrwiedergasse – vgl. Steig II, 52

… Arnims Leben bekommen sollte – vgl. Steig I, 211

202 … aus den Flammen – vgl. A V, 369 f.

»Eremiten auf dem Schlachtfelde« – ebenda, 389 f.

»Einsamkeit« – ebenda, 387 f.

203 … in den »Kriegsregeln« – vgl. ebenda, 368

»Herr, wie lange …« – Arnim an Bettine, 2.12.1806, Betz I, 93

204 »ich bin froh, daß er lebt …« – AM, 61

… folgenden vier Monaten – vom 19.12.1806 bis 29.4.1807, vgl. FBA 31

… Kindes zu übermitteln – vgl. Clemens an Arnim, Mitte Juli 1806, Schultz II, 445

… eigenen Stand zeigt, beschäftigte ihn – A VI, 195 ff.

… wehrfähigen Männer Soldaten – ebenda, 199

»aber mit Achselzucken …« – Arnim an den Onkel Schlitz, ca. Jan. 1823, nach Knaack, 16

204 ... Neugestaltung des Heeres – A VI, 191 ff.
... Reform mitbeeinflußt haben – vgl. Knaack, 20
»dummen Stolz ...« – A VI, 192
205 »häufig Soldaten zu Offizieren ...« – ebenda, 194

AUGUSTE SCHWINCK. ARNIMS »GROSSE LIEBE«

207 ...»unter Tränen« abschreiben half – Clemens an Arnim, 10.12.1811, Schultz II, 619
»ihr Ganzes« – Brief, 207
»und das war wie ein ...« – Arnim an Bettine, 27.3.1806, Betz I, 95
»daß Seligkeit von Sehen kommt« – Arnim an Clemens, Mai 1807, Schultz II, 441
208 »im Schlitten gefahren ...« – Brief, 214
»Unterschied der Jahre« – ebenda, 218
»Es bedurfte ein paar Tage ...« – ebenda, 214
209 »neun Monate (...) täglich« – ebenda, 205
... im Landhaus der Familie – Dorow an Arnim, 17.7.1809, Weiss III, 192
... dort zu Gast – Dorow an Arnim, 20.9.1809, ebenda, 193
»es sey niemand drin« – Brief, 215
»endlich beruhigende Nachrichten ...« – ebenda, 209
»halbtaumelnd wie ein Baum ...« – ebenda
»entweder ausgegangen ...« – ebenda, 210
»Die Hand kam leer ...« – ebenda
210 ... liebe Frau Schwinck – ebenda
... er sich selbst – ebenda, 211
»Es giebt Abende ...« – ebenda, 212 f.
»denn wie ein Zauber ...« – ebenda, 214
»Antrag bei ihr zu schlafen« – A V, 455
»ich sage Ihnen noch mehr ...« – Brief, 207
»das Glück lächelte ...« – Zylinicky an Arnim, 28.11.1807, Weiss III, 163
211 »sie erfüllt angenehm ...« – Arnim an Bettine, 27.3.1807, Betz I, 95
212 »besser mit vielen fallen ...« – Arnim an den Onkel Schlitz, 24.12.1806, Steig I, 210
»Tausende ... werden nackend ...« – Jacobs, 192
... Königsberger Zeitschrift *Vesta* erschien – A VI, 216 ff.
213 ...der Geldmangel gerettet – Arnim an seinen Bruder, 7.6.1807, Härtl Bruderbriefe, 260
»welche Lücke meine Abwesenheit ...« – Arnim an Savigny, 20.6.1814, Härtl Sa, 86
...Unternehmung nichts wurde – A VI, 211 ff.
»furchtbaren Tage, wo ...« – Brief, 209
214 »nicht ohne Rührung ...« – Arnim an Carl, 8.6.1807, vgl. Härtl Bruderbriefe, 260 f.
... »Wunderhorn«-Volkslied »Es ritten drei Reiter zum Tore hinaus« – Wh I, 253
»nur ein Wort in diese verwüstete ...« – Arnim an Bettine, 17.6.1807, Betz I, 97

214 … sah er den Kämpfen zu – Arnim an Clemens, 17. 6. 1807, Schultz II, 439
»Es war ein wunderbarer Anblick …« – Arnim an Carl Otto (Pitt), 17. 6. 1807, Härtl Bruderbriefe, 262
»die Familie mehrmals …« – ebenda
»So unterzog ich mich …« – Brief, 213

215 »und konnte mit Entzücken …« – ebenda, 217
»So ist nun alles aus« – Arnim an Clemens, 17. 6. 1807, Schultz II, 442
»Ich muß und will …« – Arnim an Clemens, 5. 7. 1807, Schultz II, 443
»Ich bin es müde …« – ebenda
»wie frisch gepflügt« – Arnim an Carl, 10. 9. 1807, Härtl Bruderbriefe, 263 f.

Rückkehr in die Welt der Freunde

216 »von alter bekandter Art« – Großmutter an Arnim, 7. 4. 1807, Riley, 150; ähnlich
8. 12. 1807, ebenda, 153
»manches stille Fest …« – Arnim an Clemens, 5. 7. 1807, Steig I, 215, Schultz II, 443
»schreiben Sie, ich bitte …« – Arnim an Bettine, 17. 6. 1807, Betz I, 97

217 »Das schadet nichts …« – Bettine an Arnim, 13. 7. 1807, ebenda, 100
»Ich wollt, wir könnten …« – ebenda
»Guter, guter Arnim …« – ebenda, 101
»Ihr Brief war eine Leuchtkugel …« – Arnim an Bettine, Juli 1807, Betz I, 101
… erste Brief von Clemens – 14. 7. 1807, Schultz II, 445 ff.
»so schmerzlich, so liebevoll …« – Arnim an Bettine, 6. 8. 1807, Betz I, 104
»sie jammerte lang …« – Clemens an Arnim, 14. 7. 1807, Schultz I, 447 f.
»ich wütete mich los …« – Arnim an Bettine, 6. 8. 1807, Betz I, 104

218 »ich höre im Moment …« – Clemens an Arnim, 14. 7. 1807, Schultz I, 606
»Arnim es liebt …« – ebenda, 607
»Und da strahlt mir …« – Arnim an Bettine, 6. 8. 1807, Betz I, 105
»mit seiner Frau« – Arnim an Clemens, 21. 8. 1807, Schultz II, 458
… Jordis als Trauzeugen – nach Kirchenbucheintrag, s. Enzensberger, 26
»äußerlich ganz still …« – Clemens an Arnim, 22. 10. 1807, Schultz II, 463

219 … grotesken Brief an Clemens – Arnim an Clemens, 21. 8. 1807, ebenda, 458 ff.
»Stehe unter dem Pantoffel …« – ebenda, 460

220 »Ich bin wirklich fröhlich …« – Arnim an Bettine, Ende Aug. 1807, Betz I, 112
»und ich fand, daß sie mir …« – Arnim an Bettine, 6. 8. 1807, ebenda, 104
»Ich bin Dir gut …« – Herzensroman, 29

221 … von ihr drei Briefe – Transskriptionen vom GSA, Briefe vom 3. 10. 1808,
5. 2. 1810, 14. 10. 1810

222 »es ward mir dunkel …« – Arnim an Bettine, 7. 10. 1807, Betz I, 119
»getrocknete Blumen und Haarlocken …« – ebenda, 120
»Es kostete mir fast …« – Arnim an Clemens, 8. 10. 1807, Schultz II, 461
»Gestern habe ich zum erstenmal …« – Arnim an Bettine, 1. 9. 1807, Betz I, 114

223 »Ich glaub gewiß …« – Bettine an Arnim, Mitte Sept. 1807, ebenda, 117
… ihrem eigenen Spiegelbild – Bettine an Freyberg, 16. 7. 1810, Stei, 114
»Was ist die Stimme …« – Arnim an Bettine, 7. 10. 1807, Betz I, 121

224 »unter dem Wüten …« – ebenda

224 ... die Herbstregen aushalten – 10.9.1807, Härtl Bruderbriefe, 263 f.
»Die ersten Tage als ich ...« – Arnim an Clemens, 8.10.1807, Schultz II, 460
»viel Schönes« – Arnim an Bettine, 7.10.1807, Betz I, 119
»daß mir zuerst ...« – ebenda
»den Hausvater in die Arme ...« – Brief, 217
... die Familie völlig verarmt – nach TzT V, 138
»Ich kann ordentlich ...« – Arnim an Clemens, 8.10.1807, Schultz II, 461
»dreymal« – Brief, 206
»das Wichtigste des Posttages ...« – ebenda
»Trost in ruhiger Betrachtung ...« – ebenda
225 »Ich bin ein Wandrer ...« – Brief, 205
»Keine solche gefallene Magdalena ...« – alles Brief, 208
... Bettines Brief von Mitte Sept. – vgl. Betz I, 116
226 »wie Sie mir wehe gethan ...« – ebenda, 216
»in der Hauptsache überflüssig« – ebenda, 221
... nicht geheimhielt, sondern herumzeigte – ebenda, 203
... verwandt war, gehörte dazu – Herzensroman, 29
»Wuste schlechter Romane ...« – Arnim an Bettine, Ende Aug. 1807, Betz I, 113
227 »daß alles das, waß ich liebe ...« – Brief, 220
»Nur was ich liebe ...« – A V, 710
»Sollten Sie auch diese ...« – Brief, 221
»Es ist mir als empfinge ...« – Burwick Exz., 358
»wo ich Dein Rechtfertigungs-Memorial ...« – Clemens an Arnim, 10.12.1811, Schultz II, 619
228 »Sehe ich auf die jezige ...« – 14.4.1812, Burwick Exz., 377 f.

BETTINE UND GOETHE

Vorgeschichten

230 »Goethe ist nicht mehr ...« – B II, BmK 517 f.
231 »Vergesse nicht Goethe ...« – ebenda
232 »von diesem Augenblick an wurde ...« – Silfverstolpe, 253
»Es würde mich freuen ...« – B I, Fk 150
»das erste Buch ...« – B II BmK, 518
233 »unendliche Werk« – in einer Rezension – A VI, 267, Rezension über drei Romane von Ernst Wagner in den *Heidelbergischen Jahrbüchern der Litteratur 1809*
»einen Winkel mit tausend ...« – ebenda
»Erziehungsbuch« – ebenda, 266
»mit Ruhe und inniger ...« – Clemens an Savigny, 8.9.1801, FBA 29, 374
... mit seinem »Geschöpf« – vgl. dazu Eissler und Wolff
235 »so liege ich immer ...« – AM, 14
236 ... Mignon nicht vor – vgl. Bäumer, 130
»in einen gläsernen Sarg ...« – vgl. B II, BmK, 50
»43 der schönsten ...« – Bettine an Arnim, 10.6.1806, Betz I, 62
238 »Weil sie nun freylich ...« – Frau Rat an Christiane, 19.5.1807, Köster II, 157
»Die Plapper Eltern ...« – Frau Rat an Bettine, 28.8.1808, ebenda, 187

238 »Ich bin täglich …« – Bettine an Savigny, 2. Julihälfte 1806, AM, 45
239 … nirgends die Rede – vgl. ebenda, 62
      »Betine ist täglich …« – Clemens an Sophie Mereau, 17.9.1806, FBA 31, 583
      »eine geheime Biographie …« – Clemens an Arnim, Mitte bis Ende Okt. 1806,
      Schultz II, 433
      »Liebe – Liebe Tochter! …« – Frau Rat an Bettine, 13.6.1807, Köster II, 158
      »… ich weiß zwar gar wohl …« – Frau Rat an Bettine, 28.8.1808, ebenda, 186

Der Besuch

240 »So hat denn doch …« – Frau Rat an Christiane, 16.5.1807, ebenda, 155
241 »ich verpraßte denn …« – Bettine an Goethe, 30.7.1808, B II, Or 620
      »und dabei soll man vergnügt« – Bettine an Savigny, Ende Nov. 1806, AM, 57 f.
      »Wenn ich an den Frühling …« – ebenda, 60
      »Deine Melancholie über Frankfurt …« – Savigny an Bettine, 31.1.1807, Härtl
      Briefe, 117
      »gut aber dumm …« – Bettine an Savigny, 15.7.1805, AM, 37
      »wo mich die Luft …« – Bettine an Savigny, Juni 1807, ebenda, 64
      »Du weist wie ich das Herumschwärmen …« – Franz Brentano an Bettine,
      1.4.1807, nach B II, 830
242 »Mir war alles zu weit …« – B II, BmK, 21
      »Es sind Bubenkleider …« – Bettine an Arnim, Aug. 1807, Betz I, 107
      »diese Promenade …« – ebenda, 107 f.
      »Fichtenwald« – ebenda, 107
      »In Berlin war ich …« – B II, BmK, 23
      »vorbeigetrippelt« – Bettine an Arnim, 13.7.1807, Betz I, 99
      … in der Oper sah sie – Sie sah eine Oper von Gluck, vgl. Bettine an Goethe,
      B II, Or 620
      … daran erinnerte – Bettine an Clemens, ca. Anfang Mai 1807, Härtl Briefe, 33
      … mit Goethe auch nicht sein – B II, BmK, 24
243 … Morastloch tragen lassen – ebenda
      »Bettine Brentano, Sophiens Schwester …« – ebenda
      »betäubend … sein wollen wie Du« – bis hierher ebenda, 25
244 »Ich bekam gestern …« – Bettine an Meline, 2. Mai oder Juni 1807, AM, 63
      »Er kam auf mich zu …« – Bettine an Savigny, Juni 1807, ebenda, 64
      »Ey preiße mich …« – Bettine an Clemens, etwa Anfang Mai, Härtl Briefe, 34
      »Und da ging die Tür auf …« – B II, BmK, 25
      »Ich muß bei Dir sein …« – Bettine an Savigny, Juni 1807, AM, 64
246 »so wohlerzogen da zu sitzen …« – alles B II, BmK, 25
      »du … dich übel erzogen …« – Clemens an Bettine, 1834, also vor Erscheinen,
      vgl. B II, 917
247 … »kreuzweise« benutzen – ebenda, 916
      … *ungezogenen Kinde* umzubenennen – ebenda, 921
      »Ich wundre mich …« – Bettine an Arnim, 13.7.1807, Betz I, 99
      »Ach lieber Clemens …« – Bettine an Clemens, etwa Anfang Mai 1807, Härtl
      Briefe, 34
      »Da ich nun endlich bei Dir …« – Bettine an Goethe, 20.7.1808, B II, Or 620 f.

247 »Still, ganz still war's ...« – B II, BmK, 25
248 »Kein Wesen in der ganzen Natur ...« – Bettine an Arnim, 13.7.1807, Betz I, 99
»war... mir gar nicht fremd ...« – Bettine an Savigny, Juni 1807, AM, 64
»Er ist doch sehr gerecht ...« – Bettine an Clemens, Anfang Mai 1807, Härtl Briefe, 34
249 ... sie an Arnim – Bettine an Arnim, 13.7.1807, Betz I, 99
... weiß von dreien – Clemens an Arnim, 14.7.1807, Schultz II, 449
... vier bis zehn Uhr – Silfverstolpe, 256
»war so ehrend« – Bettine an Arnim, 13.7.1807, Betz I, 100
»mich lesen lehren ...« – Bettine an Savigny, Juni 1807, AM, 64
250 ... an diese Biographie – Bettine an Clemens, Anfang Mai 1807, Härtl Briefe, 34
»Ach wie lieb ...« – Bettine an Savigny, 4.8.1807, AM, 67
... vom Finger gezogen – Silfverstolpe, 257
»Ich trag einen Ring ...« – Bettine an Arnim, 13.7.1807, Betz I, 100
»Er steckte ihr ...« – Clemens an Arnim, 14.7.1807, Schultz II, 449
»Mit Goethe sprach ...« – Bettine an Clemens, Anfang Mai 1807, Härtl Briefe, 34
»er gestand ihr ...daß ...« – Clemens an Arnim, 14.7.1807, FBA 31, 607, Schultz II, 450
»Guter Arnim, Sie werden ...« – Bettine an Arnim, 13.7.1807, Betz I, 109
»O Arnim! o Göthe! ...« – Bettine an Arnim, Anfang Juli 1809, Betz II, 204
»Wieviel mal stelle ...« – Bettine an Arnim, Aug. 1807, ebenda, 106
»Sie beide [Goethe und Bettine] ...« – Arnim an Bettine, 6.8.1807, ebenda, 105
251 »Wer ihn einmal gesehen ...« – Bettine an Clemens, Anfang Mai 1807, Härtl Briefe, 34

Lehren und Folgen

251 »So [wie bei der kleinen ...« – Bettine an Arnim, 13.7.1807, Betz I, 100
»Sein leben will ich nicht ...« – Bettine an Clemens, etwa Anfang Mai 1807, Härtl Briefe, 34
»durfte sie nicht annehmen« – Bettine an Savigny, Juni 1807, AM, 64
252 ... sogar Porträts in Öl – Bettine an Savigny, ebenda, 64 f.
... nicht hatte, besorgen – vgl. Härtl Briefe, 36
»Ich mag nichts ...« – Bettine an Clemens, Anfang Mai 1807, ebenda, 35
»Du klein Bettinchen ...« – Bettine an Savigny, Juni 1807, AM, 65
»Ich denke in 8 Tagen ...« – Bettine an Clemens, Anfang Mai 1807, Härtl Briefe, 35
»In Deinen Wunsch ...« – Franz an Bettine, 8.5.1807, nach B II, 830
253 »Seit ich nun mit Göthe ...« – Bettine an Savigny, 4.8.1807, AM, 67
»Sag selbst, wäre es ...« – ebenda, 68
»Warum denn nur ...« – Bettine an Arnim, Aug. 1807, Betz I, 108 f.
254 »viel vergnügen verbreitet« – Frau Rat an Bettine, 19.5.1807, Köster II, 158
»Diese wenigen Zeilen« – Goethe an Christiane, 24.5.1807, Gräf, 515
... sie zum erstenmal – Bettine an Goethe, 15.6.1807, B II, Or 575 ff.
255 »Solge Worte ...« – Bettine an Goethe, 21.12.1807, ebenda, 585
»Betine Brentano« – Frau Rat an Goethe, 8.9.1807, Köster II, 166

459

256 »Ich mögte gern alle Zeit …« – Bettine an Goethe, nach dem 8.9.1807, B II, Or 578

»Goethe verleidet mir …« – Madame de Staël an ihren Vater Necker, 25.12.1803, zit. nach *Bei Goethe zu Gast*

257 »gut und hinlänglich« – nach Riemer, TzT V, 134

»da war ich zufrieden …« – Bettine an Goethe, nach Mitte Jan. 1808, B II, Or 586 f.

»Du Sonnenkind!« – nach TzT V, 136, zit. nach einer späten Erzählung Bettines

»konnte nicht umhin …« – Bettine an Goethe, 21.12.1807, B II, Or 584

»und wenn Dein Sinn …« – Bettine an Goethe, Ende Nov. od. Anfang Dez. 1807, B II, Or 581

258 »beinah eine ganze Stunde …« – Bettine an Goethe, 21.12.1807, B II, Or 585

»Du standest da …« – Bettine an Goethe, nach dem 7.5.1808, ebenda, 607

259 »daß Goethe so *wunderlich* …« – Goethe KV II/6, 250 f.

… Mutter vererbt habe – Goethe an Karl August, 13.9.1826, Konzept, Goethe KV II/10, 405

… in derselben Kutsche – Bettine an Arnim, 10.2.1809, Betz II, 127

»losgerissen« – Arnim an Bettine, 10.7.1810, ebenda, 358

… Giebichenstein weggelaufen war – Georg Brentano an Clemens, 30.10.1807, vgl. Enzensberger, 35

»nie gehen würde …« – vgl. zum Vorhergehenden Clemens an Savigny, 18.12.1807, Zitatmontage FBA 31, 628 f.

260 … Männerkleidern in Berlin an – Arnim an Savigny, 14.10.1809, Härtl Sa, 47

»Napoleon und die andern …« – Clemens an Arnim, 22.10.1807, Schultz II, 464, Bettine an Arnim, Aug. 1807, Betz I, 110

»daß sie nicht dem Bonaparte …« – Schultz, ebenda

»Als aber der Kaiser …« – Bettine an Arnim, Aug. 1807, Betz I, 110

262 »Als ich zu Hause …« – ebenda

»Ich habe hier zwei …« – Clemens an Arnim, 22.10.1807, Schultz II, 467

263 »leidenschaftlicher Liebhaber …« – Goethe an Riemer zum 11.11.1807, Goethe KV II/6, 251

»von Gott gegeben …« – Bettine an Goethe, Ende Nov. oder Anfang Dez. 1807, B II, Or 581

264 »Ich stürzte Dir Felssteine …« – Bettine an Goethe, 21.12.1807, Or 584

…Frommann in Jena – vgl. B II, 994

»aber Abends sehe ich …« – Bettine an Goethe, 21.12.1807, B II, Or 585

265 »mein artig Kind …« – Goethe an Bettine, 9.1.1808, B II, Or 586

»Weimar ist ihr Himmel …« – Frau Rat an Goethe, 15.1.1808, Köster II, 176

1808: DAS JAHR ZWISCHEN FRANKFURT UND HEIDELBERG

267 »hiesigen freundschaftlichen Ideen …« – Arnim an Clemens, 12.1.1808, Schultz II, 473 f.

»schmuzig kalt naß …« – Bettine an Goethe, nach Mitte Jan. 1808, B II, Or 587

»Arnim ist in Heidelberg …« – Bettine an Goethe, 30.1.1808, ebenda, 589

268 »mehr wie menschlich ...« – Arnim an Bettine, 6.2.1808, Betz I, 134

»zu Grabe gebrachten Vaterland ...« – Arnim an F. Schlegel, 4.3.1808, Knaack, 90

»eigentlich ein Programm ...« – »Erlebtes«, Eichendorff V, 435

»mit dem deutschen Michel ...« – Zur Geschichte der neueren romantischen Poesie in Deutschland, Eichendorff VI, 42

269 »Du gingest aber immer ...« – Bettine an Arnim, 31.1.1808, Betz I, 129

»wer kann aus seiner Haut ...« – Arnim an Bettine, 28.1.1808, ebenda, 124

270 »ich habe Dich lieb ...« – Arnim an Bettine, alle Zitate vom 28.1.1808, ebenda, 122 ff.

»wie andre, sondern ...« – Bettine an Arnim, Ende Jan. 1808, ebenda, 127

»Keines dieser drei ...« – ebenda

271 »ich habe den unwillkürlichen ...« – ebenda, 128

»Soll ich auch mir ...« – Bettine an Arnim, 31.1.1808, ebenda, 130

»ich bin ärgerlich ...« – Bettine an Arnim, Anfang Feb. 1808, ebenda, 132

»Ich habe es immer ...« – Arnim an Bettine, 6.2.1808, ebenda, 135

272 »Alle Not ...« – Arnim an Bettine, 12.2.1808, ebenda, 139

»Ich fürchte Dir manchen ...« – Arnim an Bettine, ebenda, 140

... Literatur zu leben – vgl. A VI, 122

»Daß ich herrlich ...« – Arnim an Bettine, alle Briefzitate vom 12.2.1808, Betz I, 137 ff.

274 »brummige Natur« – Bettine an Arnim, Anfang Feb. 1808, ebenda, 143

»Da werd ich gar ...« – ebenda, 140

»ganz allein« – ebenda, 146

... Richtung Frankfurt geschickt – ebenda, 141

... ihnen zu tanzen – ebenda, 146, bezieht sich auf 7.9.1806, ebenda, 82

»gelt ich bin dumm ...« – ebenda, 147

275 »auf dem Herzen« – ebenda, 145

276 »immer noch ... in Norden« – ebenda, 143

»Nach Norden denke ...« – Arnim an Bettine, Feb. 1808, ebenda, 154

»Ich bin Dir gut ...« – Arnim an Bettine, Anfang Feb. 1808, ebenda, 147

»Ob ich Dir gut ...« – Arnim an Bettine, Feb. 1808, ebenda, 154 f., auch die folgenden Zitate

»Adieu, ihr schönen Frauen ...« – Arnim an Bettine, 22.2.1808, ebenda, 157

»Kaum weiß ich ...« – Arnim an Bettine, 27.2.1808, ebenda, 162

»adieu, mein, mein ...« – Bettine an Arnim, Feb. 1808, ebenda, 164

277 »Du willst wissen ...« – Bettine an Arnim, Feb. 1808, ebenda, 159

... Arnim gegenüber – Arnim an Bettine, 24.2.1808, ebenda, 152

278 »wunderbare Liebhaberei ...« – Bettine an Arnim, Feb. 1808, ebenda, 159

... Savignys erschütternd berichtet – Bettine an Savigny, 1806, AM, 216 ff.

... in Frankfurt 1830 – Ehe II, 879 ff.

... Pommer aus Cammin – Steig I, 256

»in recht bunter Gesellschaft ...« – Arnim an Bettine, 28.1.1808, Betz I, 124

»froh und frei ...« – Arnim an Bettine, Feb. 1808, ebenda, 149

»in der grünenden Kraft ...« – Görres I, 420

279 »nur in der Druckerei ...« – Arnim an Bettine, 27.7.1808, Betz I, 291

»wer ist einsamer ...« – A VI, 229

279 »Was hättet ihr davon …« – ebenda
»Alles ist uns eins …« – ebenda, 230
280 »Ob ich gleich …« – Arnim an Bettine, 22.6.1808 aus Karlsbad, vgl. Betz I, 272 f.
281 »Briefe einer Einsiedlerin …« – Arnim an Bettine, 2.3.1808, Betz I, 166 f.
… berücksichtigt worden war – Arnim an Clemens, 22.3.1808, Steig I, 250,
Schultz II, 526
282 … Arnim darüber amüsierte – Arnim an Bettine, 18.2.1808, Betz I, 148
… *Trösteinsamkeit* heraus – vgl. A VI, 1176
… 90 und 3 Sonete – Arnim V, 606–659
»sonst jede Zeile …« – Varnhagen V, 727
»… Gold ansehen« wollte – Wer sich heute, da die Sonette zum erstenmal seit
fast 200 Jahren in der Klassiker Verlag-Ausgabe von Ulfert Ricklefs vorliegen,
auf sie einläßt, wird oft anderer Meinung sein.
283 … von einmaliger Scheußlichkeit – vgl. Enzensberger
»wie im Traum gingst …« – Bettine an Arnim, 20.3.1808, Betz I, 185
… sehr verbessert hatte – vgl. B II, 195
284 »schwarzaugigen und braunlockigen …« – Goethe an Bettine, 3.4.1808, B II,
598
»lieben Geschwistern und Verwandten« – ebenda
»wir sind recht einig …« – Bettine an Goethe, 15.4.1808, B II, 600
»3 Mal auf seinen lieben Mund« – Bettine an Goethe, 22.4.1808, ebenda, 605
»den mit den schönern Augen« – ebenda
»lebendiger …« – Arnim an Bettine, 26.4.1808, Betz I, 231
»für das einzige Fest« – Goethe an Bettine, 4.5.1808, B II, 606
286 »Es ist doch wohl …« – Bettine an Arnim, 25.6.1808, Betz I, 255
»wahrhaft geistreich …« – Mme. de Staël an Maurice O'Donnell, Orig. frz.,
30.6.1808, Götze, 223
»Sie wollte, daß ich nach …« – Arnim an Bettine, 30.6.1808, selbes Datum wie
der zit. Brief der Staël, Betz I, 263
287 »von Stahl, …. also …« – ebenda
»Eifersucht über – *Dich* …« – Bettine an Arnim, 28.6.1808, ebenda, 259
… höchstem Maße auf – Arnim an Bettine, 30.6.1808, ebenda, 261 ff.
»Vertraulichkeit (…) Leuten …« – ebenda
»was ich ihnen …« – ebenda
… einen hingerissenen Verehrungsbrief – 1.7.1808, AM, 72 ff.
»Das ist vielleicht ein Traum …« – Mme. de Staël an Arnim, 8.11.1808, Götze,
223 f., Orig. frz.
288 »die Zimmer haben etwas …« – Bettine an Arnim, 21.5.1808, Betz I, 248
»mitten im Grünen …« – Arnim an Bettine, 10.5.1808, ebenda, 242
… neuen eigenen Gärtchen – Arnim an Bettine, 26.5.1808, ebenda, 251 f.
»Es ist niemand hier …« – Bettine an Arnim, 21.5.1808, ebenda, 248
»alle nur mit zwei …« – Bettine an Goethe, 13.7.1808, B II, Or 618
»nun war er da …« – Bettine an Savigny, Anfang Juni 1808, AM, 71
289 »kleine Reißen …« – Bettine an Goethe, 13.7.1808, B II, Or 618
»einmal gingen wir durch …« – ebenda, 618 f.
290 »Leb wohl jetzt …« – Bettine an Arnim, 23.6.1808, Betz I, 254
»(… ich dachte) viel an dich …« – Arnim an Bettine, 26.6.1808, ebenda, 255 ff.

291 »bei einer halben Schlechtigkeit …« – ebenda, 256
… zu Herzen gegangen sei – Bettine an Arnim, 23.6.1808, ebenda, 254
»herzlich Dir Dein Achim Arnim« – Arnim an Bettine, 26.6.1808, ebenda, 258
»ein Weib hat … – ebenda, 256
»wäre über uns …« – ebenda, 258
»alle Leut schlafen …« – Bettine an Arnim, 16.7.1808, Betz I, 281
»zu seinen Füßen …« – vgl. etwa 2.7.1808, ebenda, 266

292 »Was sprichst Du mir …« – Bettine an Arnim, 28.6.1808, ebenda, 260
… gekommen, schreibt sie – Bettine an Arnim, 4.7.1808, ebenda, 267 f.
»Eitelkeit, mich mit berühmten …« – ebenda, 268

293 »ein lieber Vogel …« – Bettine an Arnim, 28.6.1808, ebenda, 259
»daß die Ungebundenheit …« – Bettine an Arnim, 4.7.1808, ebenda, 268
»Ach Arnim, ich kann …« – ebenda, 269
»mein Gemüth wehrt sich …« – Bettine an Goethe, 30.7.1808, B II, Or 621
… freundlich zu ihr war – Bettine an Arnim, 4.7.1808, Betz I, 269
»ich küß Dich herzlich‹ …« – Bettine an Arnim, 5.7.1808, ebenda, 270

294 »was uns nahe angeht …« – Arnim an Bettine, 12.7.1808, ebenda, 275
»Ich streckte mich …« – Bettine an Arnim, Juli 1808, ebenda, 284
… nicht in Kassel – Arnim an Carl, 23.12.1807, Härtl Bruderbriefe, 272
»mit einem Wunderschlage …« – ebenda
»mit zu unterschreiben« – Großmutter an Arnim, 18.10.1808, Riley, 183
»drey hundert Thaler …« – Arnim an Carl, 12.1.1808, Härtl Bruderbriefe, 273

295 … 2000 Talern pro Jahr aus – Schiller an Goethe, 1803
»1000 Gulden jährlich …« – Härtl Chronik, 13
»ich flehe Dich an …« – Arnim an Carl, 10.4.1808, Härtl Bruderbriefe, 276

296 … nachlässiger Verzögerung ab – Brief Großmutter an Arnim, 21.4.1808, Riley,
177
… direkt Verse schrieb – Arnim an Bettine, 12.4.1808, Betz I, 208 ff.
»es ging … nicht in fließender …« – ebenda, 210
»wert und teuer …« – Bettine an Arnim, April 1808, ebenda, 211

297 »wie lange ich …« – Großmutter an Arnim, 21.4.1808, Riley, 176 f.
… Stunden nach Schlangenbad – Bettine an Arnim, Juli 1808, Betz I, 285
»Promenaden ins Wilde« – B I, Fk 288
»tanzten und lachten …« – Bettine an Arnim, 1.8.1808, Betz I, 193
»Baden, Lust und Bewegung …« – Arnim an Clemens, 15.8.1808, Steig I, 255

298 »Ich war den Tag …« – Bettine an Goethe, 18.12.1808, B II, 625
»würde es Ihnen wohl …« – Clemens an Savigny, 22.5.1808, FBA 32, 68
… nach Landshut zu gehen – Arnim an Carl, 9.9.1808, Härtl Bruderbriefe, 279
»Predigen« – Arnim an Bettine, 28.8.1808, Betz I, 294 f.

299 … und von Bettine – Bettine an Arnim, Ende Aug. 1808, ebenda, 296 ff.
»Auf dem letzten Spaziergang …« – Bettine an Arnim, 8.12.1808, Betz II, 105
»Das Stück Bart …« – ebenda
»der schon so oft …« – Bettine an Arnim, 21.9.1808, ebenda, 29
»noch eine Zeitlang …« – Arnim an Bettine, 25.9.1808, ebenda, 34

300 »Es war an des Orangengartens …« – A III, 71 f.
»ich wolte Euch meine Kinder …« – Großmutter an Arnim, 21.8.1808, Riley,
181 f.

463

301 »die total Summe …« – Großmutter an Arnim, 18.10.1808, ebenda, 183 ff.

»kein Arm will mich erwärmen …« – Arnim an Bettine, 25.9.1808, Betz II, 36

… an Schwindsucht dachte – Arnim an Clemens, 22.10.1808, Schultz II, 548

»Es weht an allen Wänden …« – ebenda

… um den Husten – Bettine an Arnim, 21.10.1808, Betz II, 55 f.

»Über Deine Liebschaft …« – ebenda

302 »reizend (…) zur Weinlese …« – Arnim an Mme. de Staël, 26.9.1808, Burwick Exz., 359

… Berlin fahren mußte – Arnim an Bettine, 15.11.1808, Betz II, 82

»Ich bin eine Treue …« – Arnim an Mme. de Stael, 8.12.1808, Burwick Exz., 362

»Er hat einen schönen …« – Creuzer an seinen Freund Bang, 1.12.1808, nach Wingertszahn Chronik

303 … kein Konservativer – vgl. besonders Knaack

»Es scheint allerlei …« – Arnim an Bettine, 15.11.1808, Betz II, 82

… Geld aus Berlin – Arnim an Clemens, 4.11.1808, Schultz II, 554

… nicht zurückzahlen konnte – Arnim an Clemens, 14.11.1808, ebenda, 554

»Heidelberg ist selbst …« – Eichendorff V, 435, »Erlebtes«

304 »Calcul (…) nach der Abreise …« – Arnim an Bettine, 9.11.1808, Betz II, 77

BETTINE IN MÜNCHEN –
DAS JAHR IN DER ROSENSTRASSE

305 »daß Du meine Stimme …« – Bettine an Arnim, 21.9.1808, Betz II, 28

»und gerade gegen mich …« – Bettine an Arnim, 24.9.1808, ebenda, 31

»ausspähen« – ebenda

306 … Parfümerie, Gallantrie und Bijouterie – AM, 75

… gemütlich gewesen zu sein – Bettine an Arnim, Nov. 1808, Betz II, 79

… Hand in Hand säßen – Clemens an Arnim, ca. 13.10.1808, Schultz II, 544

… an ihre Mutter – Bettine an Arnim, 5.10.1808, Betz II, 46

… Kopf spucken wollte – Arnim an Clemens, 22.10.1808, Schultz II, 547

… Rede und die Reaktionen – A VI, 235 ff.

»durchaus trostlos« – ebenda, 237

»ihn [Jacobi] zu bessern« – Bettine an Savigny, 17.10.1808, AM, 80

307 »Der alte Jacobi …« – Bettine an Arnim, 5.4.1809, Betz II, 161

»Wir hören Wunderdinge …« – Meline an Savigny, 14.11.1809, AM, 90

… von Bettines Mutter gewesen – Bettine an Arnim, 29.1.1809, Betz II, 120, und März 1809, ebenda, 134

»feste Freundschaft« – unveröff. Brief Melines im FDH, zit. nach Stei, 8

»recht … wie ein Vater …« – Bettine an Arnim, 19.3.1809, Betz II, 148

308 »größtes Erstaunen …« – Wilhelm an Caroline Humboldt, 4.11.1808, Humboldt III, 9

»viel, das heißt oft …« – Goethe an Bettine, 22.2.1809, B II, Or 635

»Ich habe sie sehr gern …« – Wilhelm an Caroline Humboldt, 14.2.1815, Humboldt IV, 475

»häßlich wie eine abgetragene Wildschur« – Bettine an Savigny, 6.11.1808, AM, 89

308 ... wie ihre ganze Familie – Caroline Schelling an Luise Wiedemann, Febr. 1809, Waitz/Schmidt II, 540 ff.

... das Beiwort Demens – ebenda, 541

»wie eine kleine Berlinerjüdin ...« – ebenda, 541 f.

309 »wie lieb (...) habe ...« – Caroline Schelling an Bettine, 8.3.1809, B II, Or 637

»Es ist ein wunderliches ...« – Caroline Schelling an Pauline Gotter, 1.3.1809, Waitz/Schmidt, 544

»nicht immer geräth ...« – ebenda, 545

310 »Den Leuten, die ihn besuchten ...« – ebenda

... über Literatur überhaupt – Bettine an Arnim, 29.1.1809, Betz II, 120

»zu critisiren« – Bettine an Arnim, 25.3.1809, ebenda, 152

... der Ochs schlachte – Bettine an Arnim, 5.9.1809, ebenda, 240

»für immer« – ebenda

... dazu einen Schwanenpelz – Bestellung des Kleides aus Landshut, ca. 17.11.1808, AM, 91

»Er kam gleich ...« – Bettine an Arnim, 2.12.1808, Betz II, 90

311 »er sagte in höchster ...« – Bettine an Savigny, 27.11.1808, AM, 94 f.

»Sein ganzes Wesen scheint ...« – Bettine an Goethe, 1.2.1809, B II, 629

»auf diese Seite ...« – Bettine an Arnim, 2.12.1808, Betz II, 90

312 »Die Poulette ...« – Zitate aus verschiedenen Briefen an Savignys, 25.10. bis 7.11.1808, AM, 80–89

313 ... die Hauptsache war – vgl. Moering Lieder

... Grassini rivalisiert hatte – Bettine an Arnim, 2.12.1808, Betz II, 91

... Gesangsstunden zu geben – Bettine an Savigny, 25.11.1808, AM, 94

»habe eine Ähnlichkeit ...« – Bettine an Arnim, 2.12.1808, Betz II, 91

... Bettine schauderte es – ebenda

... mit ihm arbeite – Bettine an Arnim, 8.12.1808, Betz II, 104

»wegen dem Singen ...« – Bettine an Goethe, 18.12.1808, B II, 625

314 »in Landshut hört ...« – ebenda

»Sagosuppe und Eyer« – Bettine an Goethe, 21.10.1809, B II, Or 665

... oder auch Schokolade – Grimm, 108

»Wie es der Zufall wollte ...« – Bettine an Goethe, 21.10.1809, B II, Or 665

»eine kleine Sammlung ...« – ebenda, 666

»Juden, Türken, Heiden ...« – Bettine an Arnim, Ende Aug. 1809, Betz II, 237

315 »kindisch« – Bettine an Goethe, 21.10.1809, B II, Or 665

»im einfachen Hauskleid ...« – nach Erinnerungen eines Neffen von Tieck, AM, 79

... im morgenfeuchten Hofgarten – Bettine an Goethe, 1.9.1809, B II, Or 650

»wahre Seeligkeit ...« – ebenda

317 »Er ist ... der einzige ...« – Bettine an Goethe, 6.8.1809, B II, Or 649

ARNIM: ZURÜCK UND VORWÄRTS NACH PREUSSEN

319 »unter den Herzen ...« – Meline an Savigny, 29.11.1808, zit. nach Wingertszahn Chronik Nr. 1289

»im Wagen war durchaus ...« – Arnim an Savigny, 24.11.1808, Härtl Sa, 40

319 … Umgebung sich entzündete – Arnim an Clemens, 8.12.1808, Schultz II, 562
»zwei lebenserhaltende Familien« – Arnim an Bettine, 15.12.1808, Betz II, 100
… wie vor einem Jahr – ebenda, 98
»Ich bin ganz trostlos …« – Louise an Arnim, Ende Nov./Anfang Dez. 1808,
Moering Reichardt, 255

320 »auf Fuchsjagd« – Arnim an Bettine, 8.12.1808, Betz II, 96
»des Betrugs, der Forgery …« – A VI, 258
»ich hätte nicht eine Stunde …« – Arnim an Bettine, 8.12.1808, Betz II, 95
… an Voß verfaßte – A VI, 258 ff.
… sich wohlsein ließ – Arnim an Bettine, 8.12.1808, Betz II, 95
»fünf klaren Tage« – Arnim an Goethe, 18.4.1809, Schü/Wa, 136
»Ich wäre ein Jahrhundert …« – Arnim an Bettine, 15.1.1809, Betz II, 114
»seine Lippen wie …« – ebenda
»äußerst krumm« – David Veit an Rahel Levin, 20.3.1793, Rahel, 12
… oft verliehen hatte – Arnim an Savigny, 15.1.1809, Härtl Sa, 41
… das ihn erfreue – Arnim an Bettine, Weihnachtsmorgen 1808, Betz II, 102

321 »Oh Apoll …« – A III, 84
… der Vorlesende selbst – vgl. zum Aufenthalt in Weimar Arnims Brief an Clemens, 15.1.1809, Schultz II, 565 f.
… lange gewehrt hatte – vgl. Arnim an Bettine, 30.12.1808, Betz II, 107 f.
»Mein Bruder ist wohl …« – ebenda
»Himmel laß mich …« – Arnim an den Onkel Schlitz, 23.1.1809, Burwick Exz., 362

322 … *Die große Arbeit, eine Lebensaussicht* – A VI, 122
»Die Kunst ist überhaupt …« – nach FDH, Knaack, 3
»die gedrängten Seelen …« – Arnim an Bettine, 15.1.1809, Betz II, 111 f.
… 100 000 Taler – Arnim an Savigny, 2.3.1809, Härtl Sa, 42

323 … in Heidelberg promovieren – zum Thema einer möglichen Universitätskarriere vgl. Härtl Sa, 237; vgl. auch Wingertszahn Chronik, 11.9.1809
»kuriose Geschichte« – Arnim an Goethe, 18.4.1809, Schü/Wa, 141
»in diese unseligen Mauern« – Arnim an Bettine, 15.1.1809, Betz II, 112
»Schwalbenartig (…) so hing …« – ebenda
»Denk Dir, (…) daß Humboldt …« – Arnim an Bettine, 10.3.1809, ebenda, 144
»Wunderhornmann (…) in solcher Pelzmütze …« – Wilhelm an Caroline Humboldt, 28.2.1809, Humboldt III, 101 f.
»wunderbarste Frauenzimmer« – Betz II, 111

324 »Millionen unsichtbarer Fäden …« – Arnim an Bettine, 10.3.1809, ebenda, 144
»Warum solltest Du wohl…« – Bettine an Arnim, 25.3.1809, ebenda, 152
»Vorsteher der zu errichtenden Juristenfakultät« – Arnim an Savigny, 1.4.1809, Härtl Sa, 43
… erschien im April 1809 – A I, 69 ff.

325 »um nicht falsch …« – Arnim an Clemens, Juni 1809, Steig I, 281
»er ist einer Person …« – Clemens an Bettine, vor dem 30.6.1809, FBA 32, 161
… autobiographische Anklänge – vgl. A I, 1075 ff.
»Ihr leichter Schlittschuhschritt …« – Görres an Arnim, 1.9.1809, B I, 1102
»wenn er es genannt …« – Clemens an Bettine, vor dem 30.6.1809, FBA 32, 162

326 ... wegen der Widmung – Clemens an Arnim, 12.7.1809, ebenda, 164, Schultz II, 588

... kaum etwas – Arnim an Bettine, 16.9.1809, vgl. Betz II, 249

... Erzählung *Mistris Lee* – A III, 217 ff.

»Wenn die Geschichte ganz ...« – Clemens an Arnim, spätestens 28.7.1809, FBA 32, 169, Schultz II, 592 f.

... Auguste-Bußmann-Geschichte erkennen – ebenda

327 »unbestimmte vollblütige ...« – A III, 596

»zu den Mädchen ...« – ebenda, 220

... in einem Traum – ebenda, 223

»das köstlichste Gebäude ...« – ebenda

... Parallelsetzung christlich-allegorisch – ebenda, 225

»eine der besten Erzählungen ...« – Clemens an Arnim, 15.8.1809, Schultz II, 594

»eine seltsame originelle ...« – Wilhelm Grimm an Jacob Grimm, 13.5.1809, nach Wingertszahn Chronik Nr. 1404

328 »plötzlich abstrusen Wahn ...« – Clemens an Arnim, 15.8.1809, Schultz II, 171

... an Savigny – 20.8.1809, FBA 32, 176

... *Einsiedler*-Verleger Zimmer – Clemens an Zimmer, 12.12.1809, FBA 32, 189

... und an Görres – Clemens an Görres, 15.3.1810, FBA 32, 242

»unklar, ungesellig ...« – ebenda

»sehr merkwürdig, daß ...« – Arnim an Clemens, 19.8.1809, Schultz II, 595

»Unbemerkt wischte ein Frauenzimmer ...« – A III, 80

»die geschickteste unter allen ...« – Arnim an Bettine, 18.4.1809, Betz II, 167

»Zwischenakten« – Bettine an Arnim, 17.7.1809, Betz II, 216

»viel ungereimtes gereimt ...« – Bettine an Goethe, 16.6.1809, B II, Or 645

»Die liebe, liebe Romanze ...« – Bettine an Arnim, 17.7.1808, Betz II, 219

»Dein Wintergarten ...« – Bettine an Arnim, 4.8.1809, ebenda, 231

330 »Liebes, liebes Kind! so rufe ...« – Arnim an Bettine, 10.3.1809, ebenda, 143

»In Deinen Augen ...« – Arnim an Bettine, 18.4.1809, ebenda, 165

»da bin ich alt ...« – Bettine an Arnim, 5.4.1809, ebenda, 160

331 »liebe Feuer (...) in diesem Notstalle ...« – Arnim an Bettine, 1.4.1809, Betz II, 157

»Gallerie und Bibliothek eingepackt« – Bettine an Arnim, März 1809, Betz II, 142

»das Notdürftige können ...« – Arnim an Bettine, 10.3.1809, ebenda, 144

»mitten im Frieden« – Bettine an Arnim, 25.4.1809, ebenda, 168

... der alles miterlebte – Clemens an Arnim, März bis Mai 1809, Schultz II, 574 ff.

»Du lebst, Dir ...« – Arnim an Bettine, 4.5.1809, Betz II, 174

... den Mittagstisch hatte – Arnim an Clemens, 4.2.1809, Schultz II, 568, und um den 18.4.1809, ebenda, 581

... bei Arnim bleiben – Arnim an Bettine, 1.4.1809, Betz II, 158

... Fürsorge und Nähe – Bettine an Arnim, 11.6.1809, ebenda, 189

332 ... begegnete Arnim häufig – Arnim an Bettine, 25.3.1809, ebenda, 156

... langen Bericht schreibt – Arnim an Clemens, 25.5.1809, Schultz II, 583 ff.

»Da besoff ich ...« – Arnim an Bettine, 4.6.1809, Betz II, 187

333 ... Stägemann und Schenkendorff fort – Arnim V, 681, vgl. Kommentar 1424 ff.
»Neulich träumte ich...« – Arnim an Bettine, 14.2.1810, Betz II, 327 f.
»den Leuten einzeln ...« – Arnim an Bettine, 25.5.1809, ebenda, 182
»so miserabel vornehm ...« – Arnim an Clemens, 14.7.1809, Schultz II, 589
»verfallenen lächerlichdurchlöcherten Schloß« – Clemens an Savigny, 22.12.1809, FBA 32, 194
»Landkartenhaufen, Silhouetten ...« – vgl. auch Arnim an Clemens, Juli und 14.7.1809, Schultz II, 589 ff.

334 ... Inbegriff reicher Verwandtschaft – vgl. Maxe
»artigen Garten, einen Weinberg ...« – Arnim an Bettine, 25.5.1809, Betz II, 182
»das ewig voll Qual ...« – Arnim an Bettine, 10.7.1810, ebenda, 358
»mit einiger Traurigkeit ...« – Arnim an Bettine, 25.3.1809, ebenda, 155

335 »Ich kann solche Fabrikträume ...« – ebenda; vgl. Baumgart Träume, 158 f.
... nicht verwirklichen ließen – Arnim an Bettine, 12.7.1809, Betz II, 208 ff.
»Was sollten wir nun ...« – ebenda, 210
»ohne Dich da hineinzureißen ...« – ebenda, 211
»ich habe mit ihnen ...« – ebenda, 213
»Ich bins gern ...« – Bettine an Arnim, 3.8.1809, ebenda, 227

336 »Arnim ist doch ...« – Bettine an Savigny, ca. 6.8.1809, AM, 149
»Ich sage Dir fest ...« – Bettine an Arnim, 3.8.1809, Betz II, 227
»Es ist mir zuweilen ...« – Arnim an Bettine, Ende Aug. 1809, ebenda, 233 f.

337 »Arnim, ich habe heute ...« – Bettine an Arnim, 16.10.1809, ebenda, 261
... Kind verloren hatte – AM, 126
... an den Arnims – Bettine an Savignys, 29.7.1809 und 6.8.1809, ebenda, 144 und 149
... an den Goethes – Bettine an Arnim, 30.6.1809, Betz II, 203; Bettine an Clemens, etwa 24.6.1809, Härtl Briefe, 63

338 »Hier liegt sie ...« – Bettine an Savignys, 6.7.1809, AM, 139
»Herzklopfen« – ebenda
»Seit langer Zeit ...« – Bettine an Arnim, Ende Aug. 1809, Betz II, 235
... Frankfurt verwaltet wurden – Härtl Chronik, 13
»herunter gemacht ... wie ein Schulknabe ...« – Härtl Briefe, Kommentar 45
»voll Freundlichkeit« – Bettine an Savignys, 6.7.1809, AM, 139
»Für Winter den Monat ...« – nach dem 10.5.1809, ebenda, 131
»armen Gefangenen« – ebenda

339 »irgendjemand muß ich ...« – ebenda
»stinkfaul« – 6.7.1809, ebenda, 138
... Hals nötig hatte – Bettine an Savigny, 10.8.1809, ebenda, 150
»Ei wenn ich nix ...« – ebenda
»Du liebst unsern alten ...« – Clemens an Bettine, gegen Mitte Juni 1809, FBA 32, 158
»Du magst es nun Schwachheit ...« – Bettine an Clemens, etwa 24.6.1809, Härtl Briefe, 64
»ich mag seyn wo ich will« – ebenda
»lang, viel weniger ...« – ebenda

340 »ich müßte ja der größte Narr ...« – Bettine an Savigny, 14.8.1809, AM, 152
»Ich habe Dir, als du ...« – Clemens an Bettine, vor dem 30.6.1809, FBA 32, 160

340 »eben so viel wenn nicht …« – Härtl Briefe, 64
»Ganze lange Perioden …« – Bettine an Clemens, 30.6.1809, Beutler, 449 f.

341 … hingeworfene Seiten Bettines – Bettine an Arnim, Nov. 1808, Betz II, 73 f.
»warum zeigst du mir …« – Arnim an Bettine, 15.12.1808, ebenda, 98 f.
»Was ich an andern …« – ebenda, 99
»der recht artig verwildert« – Arnim an Bettine, 6.4.1809, ebenda, 163
»schöne schattige Lindenlaube …« – Arnim an Clemens, ca. 18.4.1809, Schultz II, 581

342 … Taufpate er wurde – Arnim an Bettine, 5.9.1809, Betz II, 244, und 21.10.1809, ebenda, 265
… die Sterne beobachtete – Arnim an Bettine, 5.9.1809, Betz II, 242
… Tee und Zeitung – Arnim an Bettine, 6.4.1809, ebenda, 162
… die nahegelegenen Dörfer – ebenda, 242 ff.
… im Garten traf – 25.5.1809, ebenda, 183
»im gesellschaftlichen Umgange …« – Sophie Brühl an Carl v. Clausewitz, 17.3.1809, Wilhelmy, 102
… durch ihren Patriotismus – vgl. Wilhelmy, 100 ff. und 877 ff.

343 … bei einem Exbenediktiner – FBA 32, 148
… ein Autor erfunden – vgl. etwa Clemens an Arnim, Ende März bis Ende Mai 1809, Schultz II, 571 ff.; s. auch Enzensberger
… er zuviel hatte – Arnim an Bettine, 6.4.1809, Betz II, 162
»Staublawinen stürzen …« – Arnim an Bettine, 16.9.1809, ebenda, 248
»da ich mich nach meiner …« – ebenda, 250
… aus seiner Familie auf – Steig I, Anm. zu S. 2
»Ich habe ein vierzehn …« – Arnim an Bettine, 29.9.1809, Betz II, 252
… fühlte er gestört – 7.10.1809, ebenda, 254

BETTINE IN LANDSHUT 1809/10

345 »die Quelle aller Labsale …« – Bettine an Savignys, 23.9.1809, AM, 161
»durchaus als Frauenzimmer gekleidet« – 20.9.1809, ebenda, 159
»die große Anna« – 9.9.1809, ebenda, 158
… Zwetschgenkuchen, Suppe – ebenda, 159
… Savignys transportiert werden – ebenda, 161
… München angefreundet hatte – ebenda, 157 ff.
»2 Würste, 3 Pfund …« – ebenda, 160

346 »wunderlichen Leben zu berichten …« – Goethe an Bettine, 11. und 15.9.1809, B II, Or 614 f.
… dort zu besuchen – Bettine an Arnim, 9.10.1809, Betz II, 257
»meine Locken will …« – ebenda
… im zweiten Landshuter Brief – Bettine an Arnim, 16.10.1809, Betz II, 260 ff., auch die folgenden Stellen.

347 … eigene Wege gehen – vgl. Maurer und Nenon
»vermischte Nachrichten (…)« – Bettine an Arnim, 16.10.1809, Betz II, 262

348 »es war herrlich …« – Bettine an Arnim, 22.10.1809, ebenda, 267
»den setzte ich …« – ebenda, 268

348 »ich bitte Dich, wirf …« – Arnim an Bettine, 5. 11. 1809, ebenda, 278
»Tyroler Tale und Schneealpen« – Bettine an Arnim, Anfang Nov. 1809, ebenda, 272
»Ich sah und sah …« – ebenda, 273
»Es vergeht kein Tag …« – Clemens an Bettine, ca. Ende Okt. 1809, FBA 32, 181

349 … einige Monate zurücklag – Arnim an Bettine, 16. 9. 1809, Betz II, 248
»Es ist Dir doch nichts Böses …« – Arnim an Bettine, 11. 10. 1809, ebenda, 259
»der mit Savigny Ballon …« – Arnim an Bettine, 21. 10. 1809, ebenda, 263
»ungemein Schön« – Bettine an Goethe, 10. 7. 1810, B II, Or 681
… auch Bettine geschehen – Arnim an Bettine, 21. 10. 1809, Betz II, 263
»Gesellschaftsjungfer« – Clemens an Arnim, gegen Ende Okt. 1809, FBA 32, 184
»hat so schöne Augen …« – Bettine an Arnim, Anfang Nov. 1809, Betz II, 275
»die von nichts weiß …« – ebenda

350 »Das ist meine Liebe …« – ebenda, 274
»Er [Salvotti] ist schön …« – ebenda, 275
… Ehe mit Bettine – A III, 834 ff.
… der italienischen Freiheitsbewegung – Grimm, Anm. S. 114, und B II, 1061
»vielleicht einer der schönsten …« – Bettine an Meline, Herbst 1809, B II, 1062
… mit ihm herumzankte – Grimm, 108
… allerdings nichts wurde – vgl. Moering Lieder, 56 f., Bettine an Arnim, März 1810, Betz II, 339 f.
»um junge Aufschößlinge der Kunst« – Bettine an Goethe, 18. 10. 1809, B II, Or 660

351 »ist mir eine angenehme …« – ebenda
»Ich lehre sie …« – ebenda
»Deine Briefe sind mir …« – Goethe an Bettine, 3. 11. 1809, B II, Or 662
»Zwei so liebreiche …« – Arnim an Bettine, 5. 11. 1809, Betz II, 276
»von oben herab …« – Bihler in seinen Erinnerungen, AM, 162
»Ihre ganze Erscheinung …« – ebenda

352 »sprudelnde unvergleichliche Genialität …« – Ringseis Erinnerungen, AM, 162
… Heiratsphantasie ableiten konnte – Clemens an Arnim, vermutl. 20. 4. 1811, Schultz II, 603
… an dem Bildchen – Bettine an Arnim, 8. 12. 1809, Betz II, 288
»natürlich und kunstreich …« – Goethe an Bettine, 3. 11. 1809, B II, Or 662
»zu alt (…) nicht schön genug« – Bettine an Arnim, 8. 12. 1809, Betz II, 288

353 »Schweinerei (…) eine geistreiche …« – Clemens an Savigny, 22. 12. 1809, FBA 32, 196; zum Märchen vgl. Bettine an Arnim, 25. 4. 1808, Betz I, 224 ff.
»neunmonatliche Schwangerschaft« – Arnim an Bettine, 22. 12. 1809, Betz II, 294 ff., auch die folgenden Stellen.

354 »Der Mensch ist nicht ganz …« – Bettine an Arnim, Dez. 1809, ebenda, 292
»Das ist ein lustiger …« – Bettine an Arnim, 8. 12. 1809, ebenda, 288
»ihm gerade in die Augen …« – Bettine an Goethe, 21. 11. 1809, B II, 666

355 »da ihre Briefe …« – Clemens an Savigny, 22. 12. 1809, FBA 32, 195
»Diese Gedanken sind …« – Bettine an Arnim, 8. 12. 1809, Betz II, 288
»Heute träumte ich …« – Bettine an Arnim, 30. 1. 1810, ebenda, 314
»herrlichsten, edelsten, kräftigsten …« – Savigny an Leonhard Creuzer, 3. 8. 1809, Stoll, 382

356 »wahrhaftig zu einem raren …« – Sailer/Amery, 344
»geistlich-Geistlicher« – Gajek, 255
»Neidkragen« – Sailer, 103
»die vielleicht originellste …« – Sailer/Amery, 350
»Ich will mich bessern …« – B II, 236, Goethebuch, erschlossen: 8. Nov. 1809
357 … Briefe bezahlen würde – 8.6.1810, Stei, 68
»ach der liebe …« – Bettine an Arnim, 21.9.1821, Ehe I, 319
»fehlte Sailer nie« – Grimm, 107
»die größte Langeweile …« – ebenda
358 »jede Woche wenigstens ein paar« – ebenda
»O Du! – wärst Du …« – Bettine an Goethe, 16.6.1809, B II, Or 644
»es soll sich niemand …« – 8.3.1809, ebenda, 637
»Verbrenn meine Briefe …« – nach dem 8.1.1810, ebenda, 672
»Fast immer traf …« – AM, 162
»Sturmwolke niedergeschmettert …« – Bettine an Goethe, um den 21.11.1809,
B II, Or 664
»ganz tückisch verstört …« – Arnim an Bettine, 5.11.1809, Betz II, 276
»Viele finden es zerreißend …« – Savigny an Creuzer, 25.12.1809, Stoll I, 396
»Es ist der großartigste Blick …« – ebenda
»Langeweile des unbeschäftigten …« – Arnim an Bettine, 5.11.1809, Betz II, 276
359 »wieder ein Teil …« – ebenda, 277
»groß, rein und durchaus …« – Savigny an Jacob Grimm, 26.12.1809, Stoll, 400
»Ich will das durchaus …« – Arnim an Bettine, 5.11.1809, Betz II, 277
»zittert (…) vor der Idee …« – Bettine an Arnim, Nov. 1809, ebenda, 281
360 »Grosen Zeitroman …« – Clemens an Savigny, 26.9.1809, FBA 32, 180
»seit Jahren als …« – Arnim an J. Grimm, Okt. 1810, Steig III, 75
»Das einzige, waß …« – Clemens an Savigny, 2.12.1809, FBA 32, 192 f.
… die Wahlverwandtschaften kannte – vgl. Härtl Goethe, 201 ff.
361 … der Päpstin Johanna – A I, 491–503
»das wunderliche Gefühl …« – A I, 104
362 »Das Ganze ist ungemein …« – Clemens an W. Grimm, 8.5.1810, FBA 32, 272
»zuweilen wohl etwas verliebt …« – Arnim an J. Grimm, Okt. 1810, Steig III, 75
»so bestimmt und beendigt …« – ebenda
363 »Die Wahrheit des Ganzen …« – ebenda
»Was Kindisches in ihr …« – A I, 465
364 … Erfolg in Berlin – vgl. Briefzeugnisse zur Entstehung A I, 735 ff.
… ihr hinschauen würde – Bettine an Arnim, Ende Jan. 1810, Betz II, 311
… liebste Zuhörerin gewesen – Arnim an Bettine, 14.2.1810, ebenda, 327
… mehrere davon vertonen – ebenda, 316
»Du liebes Engelskind …« – Arnim an Bettine, 8.4.1810, ebenda, 344
»Als ich einmal …« – A I, 361
365 »Aber manchmal machen …« – 7.10.1810, Goethe KV II/6, 607
»Unverhältnismäßigkeit der Replik« – Härtl Goethe, 241
»Gesetzmäßigkeiten, die Goethe …« – ebenda
»Das antike Magische …« – zit. nach ebenda, 242
»Unser tägliches Gespräch …« – Bettine an Arnim, Ende Jan. 1810, Betz II, 309
… dermaßen begeistert geschrieben – 22.12.1809, FBA 32, 192 ff.

471

365 »die sogenannten genialen …« – ebenda, 193
366 »die Geselligkeit vielleicht …« – ebenda, 194
»Neulich fiel es dem Clemens …« – Arnim an Bettine, 26. 2. 1810, Betz II, 336
»Ich sprang drauflos …« – Arnim an Bettine, 26. 1. 1810, ebenda, 305
367 »da darf ich …« – Bettine an Arnim, Ende Dez. 1809, ebenda, 301
»Wenn das Deine …« – Bettine an Arnim, Mitte Feb. 1810, ebenda, 331
»von Krankheiten, Heuraten …« – Bettine an Arnim, Jan. 1810, ebenda, 302
»den Wonneschisser« – Clemens an W. Grimm, Feb./März 1810, FBA 32, 233
»Es ist mir immer etwas bekümmert…« – Bettine an Arnim, Anfang Jan. 1810,
Betz II, 303
… zu dumm fand – AM, 37
»andre ehrliche Leute …« – Arnim an Bettine, Ende Aug. 1809, Betz II, 233

KEINE RETTUNG ALS DIE EHE?

Arnim: »Die Toden Finger deiner Ahnen«

369 *»Toden Finger deiner Ahnen«* – Clemens an Arnim, 6. 9. 1802, Schultz I, 34
»Arnims Grosmutter, eine Riesennatur …« – Clemens an Savigny, 22. 12. 1809,
FBA 32, 194
»sie litt unglaublich …« – Arnim an Bettine, 22. 12. 1809, Betz II, 296
»Arnims Mutter nämlich …« – Clemens an Savigny, 28.–30. 1. 1810, FBA 32, 219
»Es ist eine schreckliche Sache …« – Arnim an Bettine, 15. 3. 1810, Betz II, 341 f.
370 »Ihr Gesicht hatte …« – Entwurf an den Onkel Schlitz, 11. 3. 1810, Burwick Exz.,
370
»die Verzierung ihrer …« – Arnim an Bettine, 15. 3. 1810, Betz II, 342
»der Herr Bruder …« – Clemens an Savigny, 13. 3. 1810, FBA 32, 235
»Unsere Gesinnungen hatten …« – Arnim an Bettine, 10. 7. 1810, Betz II, 358
»durch den ererbten ….« – Arnim an Bettine, 15. 3. 1810, ebenda, 343
371 »Tochtersöhne (…) aufs möglichste …« – Härtl Sa, 199
…1 686 255 (Gold-)Mark – ebenda, 392
»Ich glaubte es der Liebe …« – Arnim an den Onkel Schlitz, Burwick Exz., 370
372 »…ich habe auf Erden« – ebenda
… überaus heftigen Briefentwurf – Weiss I, 159 f.
»Heftigkeit reizt …« – ebenda, 160
373 »das Kapital zu konservieren« – Härtl Sa, 200
»Liebe Kinder, (…) folget …« – Riley, 76
374 »in Niarm als in Armimmer« – ebenda, 100
… am 22. März … statt – Weiss I, 161
375 »Wann seh ich Dich …« – Arnim an Bettine, 8. 4. 1810, Betz II, 350

Bettine: Ein Kampf ums richtige Leben

375 »Das war nun eine so prächtige …« – Grimm, 114
… Einfahrt in Salzburg – B II, 685
… für die Damen – Freyberg an Bettine, 23. 5. 1810, Stei, 60
376 … Grunde nicht ungelegen – Härtl Sa, 246, B II, 336

376 »wie jemand den …« – Bettine an Freyberg, 8.6.1810, Stei, 69
»habe ich der Welt …« – Bettine an Goethe, laut BmK, ebenda, 345
»Ich hab eine Gewallt …« – Bettine an Goethe, 28.7.1810, ebenda, 688
»Vielleicht schreib ich …« – Bettine an Arnim, 22.4.1810, Betz II, 353
»vielleicht Bukowan (…) Plötzlich …« – Arnim an Bettine, 8.4.1810, ebenda,
347, genauere Interpretation s. Baumgart Träume, 169 f.

377 »Dein Weib Bettine« – Bettine an Arnim, 1.11.1811, Ehe I, 4
… wunderte und beklagte sich – Arnim an Bettine, 30.5.1810, Betz II, 354
»Lange Tage, schwere Stunden …« – Arnim an die Grimms, 28.5.1810, Steig III,
62

378 … genießenden Brief an Goethe – B II, 676 ff.
… Goethe davon wußte – ebenda, 679 ff.
»Gestaldt, als ob …« – Bettine an Goethe, 10.7.1810, B II, Or 682

379 »Bettina gab mir ihre Hand …« – Edelmannsleben, 27
»hat etwas ganz eignes …« – Tagebuch vom 7.12.1809, Stei, 27
»Heute ist Arnim …« – ca. 10.6.1810, ebenda, 71

380 »Unschuldig Leben« – 8.6.1810 aus Prag, ebenda
»Einmal hab ich im Abendroth …« – 11.6.1810, ebenda, 74
»Siehst du, das hat …« – Bettine an Freyberg, 8.6.1810, ebenda, 69

381 »ein glänzender Himmel …« – Bettine an Freyberg, 11.6.1810, ebenda, 73
»Die Böhmen, welche …« – Clemens an die Grimms, 3.9.1810, FBA 32, 280
»ach wahrlich, du …« – Bettine an Freyberg, 18.8.1811, Stei, 219
»O! bleib wie du bist …« – Bettine an Freyberg, 16.6.1810, ebenda, 81
»feiner, gebildeter« – Bettine an Freyberg, 11.6.1810, ebenda, 73

382 »die Unschuldige, fromme …« – Bettine an Freyberg, 6.7.1810, ebenda, 106
»Gott segne meinen Blonden …« – Bettine an Arnim, 4.7.1810, Betz II, 356
»am 4. Juli 1810 …« – ebenda
»Thatenschöpfung (…) O Freund …« – Bettine an Freyberg, 3.–5.7.1810, Stei,
100 ff.

383 »so daß ich Bettina …« – Tagebuch 2.5.1810, Edelmannsleben, 26
… ein einziges Mal – Freyberg an Bettine, Stei, 144
»Sag nicht das Du …« – Bettine an Freyberg, 13.6.1810, ebenda, 75
»Göttlich Leben (…) Dann trieb …« – Bettine an Freyberg, 16.7.1810, ebenda,
113 f.

384 … so auch hier – vgl. ebenda, 284
»In meinem Gemüth …« – ebenda, 81
»Meine Umgebung stört …« – ebenda, 82

386 »Im Fruchthause …« – 16.7.1810, ebenda, 113
… sich nur erschließen – Briefe an Bettine, 10.7.1810, Betz II, 357 ff.; 22.7.1810,
ebenda, 360 ff.; Juli 1810, ebenda, 365
»halb von der Sonne …« – Arnim an Bettine, 10.7.1810, ebenda, 357
»ich sag dir daß die Zeit …« – Bettine an Freyberg, 29.6.1810, Stei, 95
»Ich sage dir ich bin …« – 16.7.1810, ebenda, 117

387 »voll Liebe ganz überströhmend …« – ebenda, 118 f.
»Viele Jahre war …« – ebenda, 119
»wir beide der Erde …« – ebenda
»Adieu (…) ich bin …« – vermutlich 20.7.1810, ebenda, 122

388 ... Brief vom 10. Juli – vgl. Betz II, 357 ff.
»eine ganz falsche ...« – Arnim an Clemens, 20. 4. 1811, Schultz II, 600
389 »Daß ich dir von Freiberg ...« – Clemens an Arnim, vermutlich auch 20. 4. 1811, ebenda, 602 f.
»Wohl drei Stunden ...« – Arnim an Bettine, 10. 7. 1810, Betz II, 357
390 »so kenn ich dich ...« – Freyberg an Bettine, 23. 7. 1810, Stei, 145
391 »weil es so fürchterlich traurig ...« – Arnim an Bettine, ca. 20. 7. 1810, Betz II, 367, genaue Analyse in Baumgart Träume, 177 ff.
393 »Ich mögte mich gern ...« – Bettine an Freyberg, 24. 7. 1810, Stei, 134
394 »der ich ehmals versprochen ...« – Bettine an Arnim, um den 10. 7. 1810, Betz II, 367
... Tod der Königin Luise – Arnim an Bettine, 22. 7. 1810, ebenda, 360 ff.
»von Freyberg gesprochen ...« – ebenda, 363
»Dein Brief ist ...« – Arnim an Bettine, 29. 7. 1810, ebenda, 372
»um mich vom Schweiß ...« – ebenda, 371
»Wärst Du bei mir ...« – ebenda
395 »Wir wollen Gott ...« – ebenda, 370
»Ich soll harren ...« – ebenda, 371
»in den Zeiten ...« – ebenda, 373
»obs nicht heldenmäßiger ...« – Bettine an Freyberg, 5. 8. 1810, Stei 161 f.
»Arnim ist eine Säule ...« – Bettine an Freyberg, 7. 8. 1810, ebenda, 163
396 »und seitdem ich ...« – ebenda, 164
»Thue was dein ...« – Freyberg an Bettine, 14. 8. 1810, ebenda, 169
»Deine Briefe wandern ...« – Goethe an Bettine, 10. 5. 1810, B II, 679
397 ... dem Goldenen Schiff – Tagebuch 9. 8. 1810, Goethe KV, 590
»Ich saß ganz ruhig ...« – Goethe an Christiane, 11. 8. 1810, Goethe KV II/6, 591
»Mit Bettinen im Park ...« – TzT V, 436
... mehreren Fassungen aufschrieb – vgl. Vordtriede FDH und B II, 800 ff.
... ohne erotische Details – B II, 369 f.
»Mann!, dessen Fleisch ...« – ebenda, 371
... dem Einschlafen wiederholt – ebenda, 802
398 ... mit ihrem Gott – Bettine-Katalog, 52 f.
399 »gar nicht davon ...« – Clemens an Bettine, 17. 6. 1834, Seebaß II, 332
»fleisig (...) alle die andern ...« – Goethe an Bettine, 17. 8. 1810, B II, 688
»Hier ist eine Lücke ...« – B II, 368 und 371
... philologisch herumrätseln – vgl. Kommentar in B II, 1107 ff.
400 »seitdem wir in Töplitz ...« – Bettine an Goethe, 18. 10. 1810, B II, Or 689 f.
»und doch darf ich ...« – ebenda, 691
»Da Du doch nicht ...« – Goethe an Bettine, 25. 10. 1810, ebenda, 689
401 »Dein Brief hat mir frische ...« – Bettine an Goethe, 4. 11. 1810, B II, Or 692
... Lebensläufen nachgedacht hat – vgl. Baumgart Eifersucht
402 »wirklich hübscher ...« – TzT V, 436
»Wie kräftig, groß ...« – Savigny an Grimm, nach TzT V, 437

474

KEIN GLÜCK ALS DIE EHE!

403 »Ein einzig Wort ...« – Bettine an Freyberg, 13.9.1810, Stei, 184 f.
... Berlin studieren soll – Bettine an Freyberg, 5.10.1810, ebenda, 185
»so Grandios und Liberal ...« – Bettine an Freyberg, 17.10.1810, ebenda, 187
»Ball schlagen und Erdbeeren ...« – Arnim an Bettine, 29.7.1810, Betz II, 372
»Ob Du mir über...« – Bettine an Freyberg, 17.10.1810, Stei, 187
»Da geht ein jeder ...« – Bettine an Freyberg, 9.11.1810, ebenda, 192

404 »idealen Gebäuden ...« – B II, 356 f.
... Stadt herumerzählt wurden – Arnim an Bettine, 22.7.1810, Betz II, 360 ff.
... Text dafür bei Arnim – SW 22, 322 ff.
... wurde aufgeführt – 18. und 25.8.1810, vgl. A V, 1467
»Die Musick war ...« – Clemens an die Grimms, 3.9.1810, FBA 32, 282
... ehrlich bewegten Worten – 3.10.1810, Weiss III, 215
»sehr gesucht ...« – Bettine an Freyberg, 27.1.1811, Stei, 205
»ganzen gelehrten Menagerie ...« – Arnim an Bettine, 8.4.1810, alles nach
Betz II, 348

406 ... Musikrichtung nicht zufrieden – Bettine an Goethe, 4.11.1810, B II, 696
»Du bist vielseitig ...« – Goethe an Bettine, 11.1.1811, B II, Or 715
»blos um hin und wider ...« – Arnim an die Grimms, 2.11.1810, Steig III, 84

407 ... etwas drucken durfte – zwischen Weihn. u. Neujahr 1811, ebenda, 96
... Imprimatur verweigert – ebenda
... offiziell eröffnet wurde – »Betrachtungen über ein allgemeines Stadt-
gespräch«, A VI, 327 ff.
»Halle und Jerusalem ...« – Kleist I, 328

408 »ganze Studentenleben in Halle ...« – Clemens an Arnim, 12.12.1809, FBA 32,
189 f.
... »edlen Juden«, zugeeignet – Ricklefs, 7 f.
»Vorurtheil und Bosheit ...« – nach Ricklefs, ebenda
»Unter Christen aufgewachsen ...« – ebenda, 8

409 *»Die Versöhnung in der Sommerfrische«* – A I
»Gott schuf den Mann ...« – Jacobs II/11, 83

410 »... bei den Worten ...« – Bettine an Freyberg, 16.7.1810, Stei, 114
»so handgreiflich zärtlich ...« – Clemens an Arnim, vermutl. 20.4.1811,
Schultz II, 603 f.
»Lebe nach Gefallen ...« – Bettine an Freyberg, 3.12.1810, Stei, 197
»Gestern kam Arnim ...« – ebenda, 198

411 »Bey stürmischem grauen ...« – Arnim an die Tante Schlitz, 29.12.1810, Burwick
Exz., 373
»am 4ten December ...« – Bettine an Goethe, um Weihn. 1810, B II, Or 712

412 »Da drückt sich ...« – Arnim an Bettine, Weihn. 1810, Betz II, 373
»Hör Er, Friseur ...« – nach den Erinnerungen von Fanny Lewald, zit. bei Wil-
helmy, 498
»Was bleibt mir ...« – Bettine an Goethe, um Weihn. 1810, B II, Or 712
»warme Glanzweste« – Goethe an Bettine, 11.1.1811, B II, Or 716
»Die Unterweste hab ...« – Bettine an Goethe, um Weihn. 1810, B II, Or 712
»Möge dir es recht ...« – ebenda, 715

413 »Du Einziger der …« – ebenda

»meiner Liebe Gnadenbild …« – Arnim an Goethe, 6. 1. 1811, Härtl Goethe, 258

»außer dem Zuckerwerke …« – Arnim an die Grimms, zw. Weihn. u. Neujahr 1810, Steig III, 95

»prangt an meiner Hand …« – ebenda

»einen Ring in antiker …« – Arnim an die Grimms, im April 1810, ebenda, 112

»Daß ich die Hand …« – Arnim an Bettine, Weihn. 1810, Betz II, 374

414 »Arnim und Bettine …« – Clemens an die Grimms, 8. 1. 1811, FBA 32, 306

»mein Herr Bruder Arnim …« – Clemens an Antonie Brentano, 10. 1. 1811, ebenda, 310

»Sie heiraten, liebe Bettine …« – Beethoven an Bettine, 10. 2. 1811, Beethoven, 178

»Ich bethe zu Gott …« – Louise Reichardt an Arnim, April 1811, Moering Reichardt, 262

»Laße alles gut seyn …« – Bettine an Freyberg, Mitte Feb. 1811, Stei, 206

»glücklich und frey …« – Bettine an Freyberg, 27. 1. 1811, ebenda, 204

»Sey vergnügt froh …« – Bettine an Freyberg, Mitte Dez. 1810, ebenda, 200

»Der Mensch soll …« – Bettine an Freyberg, Mitte Feb. 1811, ebenda, 206

»Ich bin glücklich …« – ebenda, 207

415 … seiner Schwester erzählt – Bettine an Freyberg, 27. 1. 1811, ebenda, 205

»fatale Aufsehen …« – Arnim an Clemens, 20. 4. 1811, Burwick Exz., 375, Schultz II, 600

»Noch eh ich hier …« – Bettine an Freyberg, 27. 1. 1811, Stei, 205

»So hab ich manchen …« – ebenda

… erst um elf – Bettine an Meline, Feb. 1811, Härtl Briefe, 40

… als er selbst – Arnim an die Grimms, 12. 4. 1811, Steig III, 112

… Kollegenfreundschaft geschlossen hatte – Bettine an Arnim, Betz II, 377, 379

416 … 82 Namen ergeben – Nienhaus, 128

»eine gemischte Gesellschaft …« – A VI, 481

»sogenannte National-repräsentation…« – ebenda, 479

»erster spielender Bewegung« – ebenda, 480

»von Ehre und guten Sitten …« – ebenda, 361, Satzung

417 »als Pflicht aller …« – ebenda, 481 f.

…»Über die Kennzeichen des Judentums« – ebenda, 362 ff.

… die Bediensteten Zettelchen – Betz II, 375–387, alle ohne Datum

»Da Du doch wissen …« – Bettine an Arnim, ebenda, 376

418 »Hab Dir nicht gute …« – ebenda, 378

»Dreifacher Dank für …« – Arnim an Bettine, ebenda, 382

»Bette für Diener …« – Arnim an Bettine, März 1810, ebenda, 386 f.

419 »Mein Brautstand ist …« – Bettine an Meline, Anfang Feb. 1811, Härtl Briefe, 44

420 »trägt nicht mehr den Bart …« – ebenda, 45

… ihres Vaters nicht – Kirchenbuch der Großen-Friedrichs-Waisenhauskirche von 1811

»sich anheischig gemacht …« – Briefentwurf nach 1816, Sinn und Form, 30

»Ich meine, wir heiraten …« – Arnim an Bettine, 29. 7. 1810, Betz II, 372

»So oft ich Deiner denke …« – Arnim an Bettine, ohne Datum, Ehe I, 3

421 »vielleicht weil er wahrhaftiger …« – Clemens an die Grimms, 8. 1. 1811, FBA 32, 306

421 »Indem wir unsere Arme …« – Arnim an Bettine, Hochzeitsmorgen?, Ehe I, 3
»Es war die Aufgabe …« – Steig III, 111 ff.
423 »daß ich nicht glücklicher …« – Bettine an Goethe, 11. 5. 1811, B II, 716; ähnlich an
Freyberg, vor dem 14. 4. 1811, Stei, 211
424 »hab ich ohne Furcht …« – Stei, ebenda
425 »können wir weder ermessen …« – A I, 165
»und das überzeugte alle« – Arnim an Görres, nach Ehe II, 936
426 »Wozu alle diese Umstände …« – ebenda
… über diese Bräuche – Dolores II/14, A I, 243
»mit rothen Strümpfen …« – W. Grimm an Arnim, 22. 1. 1811, Steig III, 101
427 »Erdichtungen (…) wurden sie …« – Arnim an die Grimms, April 1811, Steig III,
112 f.
»um einige Beobachtungen betrogen …« – ebenda
»Ich erinnere Dich nochmals …« – Arnim an Carl, ca. 20. 3. 1811, Härtl Bruderbriefe, 280
»unseres Arnims loses …« – Frau Reichardt an W. Grimm, 15. 3. 1811, nach Moering Reichardt, 216
428 »teilten sie Freud …« – Arnim an J. Grimm, April 1811, Steig III, 113

LITERATURVERZEICHNIS

Achim und Bettina in ihren Briefen. Briefwechsel Achim von Arnim und Bettina Brentano, hg. von Werner Vordtriede, Einleitung von Rudolf Alexander Schröder, Frankfurt a. M. 1961

Arnim, Achim von: Sämtliche Werke, Bd. 22: Gedichte, Erster Band, Weimar 1856

Arnim, Achim von: Werke, 6 Bde., Frankfurt a. M. 1989–1994

Achim von Arnim und Clemens Brentano: Freundschaftsbriefe. Vollständige kritische Edition von Hartwig Schultz, Mitarbeit Holger Schwinn, 2 Bde., Frankfurt a. M. 1998

Achim von Arnim und die ihm nahestanden, hg. von Arnold Steig und Herman Grimm, Bd. I: Achim von Arnim und Clemens Brentano, Stuttgart 1894; Bd. II: Achim von Arnim und Bettina Brentano, Stuttgart 1913; Bd. III: Achim von Arnim und Jakob und Wilhelm Grimm, Stuttgart 1904

Arnim, Bettina von: Briefe an Clemens Brentano, Corona 7/1, 36–59, München-Berlin 1937

Arnim, Bettina von: Werke I: Goethes Briefwechsel mit einem Kinde, hg. von Heinz Härtl, Berlin/Weimar 1986; Werke II: Die Günderode. Clemens Brentanos Frühlingskranz, Berlin/Weimar 1989

Arnim, Bettina von: Sämtliche Werke, hg. von Waldemar Oehlke, 7 Bde., Berlin 1920–1922

Arnim, Bettine von: Werke und Briefe 1–3, Frankfurt a. M. ab 1986, Bd. 4 (in Planung): Briefe, hg. von Heinz Härtl und Sybille von Steinsdorff, Erster Teil: 1803–1838, bearbeitet von Heinz und Ursula Härtl, unveröffentlicht

Arnim, Bettina von: »Briefe und Konzepte aus den Jahren 1809–1846.« In: Sinn und Form 5, 3 und 4, 27–59, 1963

Arnim, Bettine von: Clemens Brentanos Frühlingskranz, Nachwort von Hartwig Schultz, Frankfurt a. M. 1985

Arnim, Bettine von: Lieder und Duette für Singstimme und Klavier. Handschriften, Drucke, Bearbeitungen, hg. von Renate Moering, Kassel 1996

Arnim, Clara von: Der grüne Baum des Lebens, Bern u. a., 7. Aufl., 1991

Arnims Briefe an Savigny 1803–1831. Mit weiteren Quellen als Anhang, hg. und kommentiert von Heinz Härtl, Weimar 1982

Arnims Werke. Auswahl in vier Teilen, hg. von Monty Jacobs, Dritter Teil. Berlin u. a., o. D.

Athenäum. Eine Zeitschrift von August Wilhelm Schlegel und Friedrich Schlegel, Berlin 1798–1800, 3 Bde., originalgetreuer Nachdruck, München 1924

Bäumer, Constanze und Hartwig Schultz: Bettina von Arnim, Stuttgart/Weimar 1995

Bäumer, Constanze: »Bettine, Psyche, Mignon.« Bettina von Arnim und Goethe, Stuttgart 1986

Baumgart, Hildegard: »Bettine Brentano und Achim von Arnim: Eine Liebesgeschichte in Träumen. Über die allmähliche Verfertigung einer Ehe nach Mitteilungen aus dem Unbewußten.« In: Jahrbuch FDH 1997, 114–186

Baumgart, Hildegard: Eifersucht. Erfahrungen und Lösungsversuche im Beziehungsdreieck, Reinbek 1985

Baumgart, Hildegard: »Die Große Mutter Caroline von Labes. Das Leben der Großmutter Achim von Arnims 1731–1810.« In Vorbereitung zur Veröffentlichung 1999 im Band über Achim von Arnims Jugend – und Reisejahre, Tagung in Zernikow, Juli 1998

Becker-Cantarino, Barbara: Der lange Weg zur Mündigkeit. Frauen und Literatur in Deutschland von 1500 bis 1800, München 1989

Beethoven in Briefen und Lebensdokumenten, Stuttgart 1961 (Reclam)

Béguin, Albert: Traumwelt und Romantik. Versuch über die romantische Seele in Deutschland und in der Dichtung Frankreichs. Frz.: L' âme romantique et le rêve. Essai sur le romantisme allemand et la poésie française, Marseille 1937, übers. von Jürg Peter Walser, Bern 1972

Bei Goethe zu Gast. Besucher in Weimar, hg. von Werner Völker, Frankfurt a. M. 1996

Bettina von Arnim 1785–1859. Eine Chronik. Daten und Zitate zu Leben und Werk, zusammengestellt von Heinz Härtl, Wiepersdorf o. J.

Bettine und Arnim. Briefe der Freundschaft und Liebe, hg., eingeführt und kommentiert von Otto Betz und Veronika Straub, 2 Bde., Frankfurt a. M. 1986/87

Bettine von Arnim 1785–1859, Ausstellungskatalog, hg. von Christoph Perels, Freies Deutsches Hochstift, Frankfurt a. M. 1985

Bräuning, Hermann: »Über die Heirat der Maximiliane von La Roche.« In: Archiv f. d. Studium der neueren Sprachen und Literaturen, Bd. 24 n. S., Braunschweig 1910, 125–128

Brender, Irmela: Christoph Martin Wieland, Reinbek 1990

Brentano Clemens: Briefe, hg. von Friedrich Seebaß, Bd. II: 1810–1842, Nürnberg 1951

Brentano, Clemens: Werke, hg. von Wolfgang Frühwald und Friedhelm Kemp (Hanser), Bd. 2: Godwi oder das steinern Bild der Mutter. Ein verwilderter Roman von Maria, 3. Aufl., München 1980

Brentano, Peter Anton von: Schattenzug der Ahnen der Dichtergeschwister Clemens und Bettina von Arnim, Regensburg 1940

Brentano-Chronik. Daten zu Leben und Werk, zusammengestellt von Konrad Feilchenfeldt, München 1978

Briefe aus dem Brentanokreis, mitgeteilt von Ernst Beutler, Jahrbuch FDH 1934/35, 367–455

Bunzel, Wolfgang: »Patriotismus und Geselligkeit. Bettine Brentanos Umgang und Briefwechsel mit Studenten der Universität Landshut.« In: »Der Geist muß Freiheit genießen …!«, s. unten, Berlin 1992, 26–48

Burwick, Roswitha: Dichtung und Malerei bei Achim von Arnim, Berlin/New York 1989

Burwick, Roswitha: »Exzerpte Achim von Arnims zu unveröffentlichten Briefen.« In: Jahrbuch FDH 1978, 298–395

Caroline. Briefe aus der Frühromantik. Nach Georg Waitz vermehrt hg. von Erich Schmidt, 2 Bde., Leipzig 1913

Charlotte von Schiller und ihre Freunde, hg. von Ludwig Urlichs, 2 Bde., Stuttgart 1860

Das unsterbliche Leben. Unbekannte Briefe von Clemens Brentano, hg. von Wilhlem Schellberg und Friedrich Fuchs, Jena 1939

Der Briefwechsel zwischen Bettine Brentano und Max Prokop von Freyberg, hg. und kommentiert von Sybille von Steinsdorff, Berlin/New York 1972

Der Briefwechsel zwischen Friedrich Carl von Savigny und Stephan August Winkelmann (1800–1804) mit Dokumenten und Briefen aus dem Freundeskreis, hg. von Ingeborg Schnack, Marburg 1984

Der Briefwechsel zwischen Schiller und Goethe, hg. von Siegfried Seidel, 3 Bde., München 1984

»Der Geist muß Freiheit genießen …!«, Studien zu Werk und Bildungsprogramm Bettine von Arnims. Bettine-Kolloquium 6.–9.7.1989 in München, hg. von Walter Schmitz und Sybille von Steinsdorff, Berlin 1992

Die Andacht zum Menschenbild. Unbekannte Briefe von Bettine Brentano, hg. von Wilhelm Schellberg und Friedrich Fuchs, Jena 1942

Die Briefe der Frau Rath Goethe, gesammelt und hg. von Albert Köster, 2 Bde., Leipzig 1923

Die Erfahrung anderer Länder, Beiträge eines Wiepersdorfer Kolloquiums zu Achim und Bettina von Arnim, hg. von Heinz Härtl und Hartwig Schultz, Berlin/New York 1994

Dietz, Alexander: Frankfurter Handelsgeschichte, Bd. IV/1, Frankfurt 1925

Drewitz, Ingeborg: Bettine von Arnim. Romantik, Revolution, Utopie. Neuauflage, Düsseldorf 1984

Eichendorff, Joseph von: Werke in sechs Bänden, Bd. V und VI, Frankfurt a. M. 1990 und 1993

Eissler, K. R.: Goethe. Eine psychoanalytische Studie. 1775–1786, 2 Bde., Frankfurt a. M. 1983. Zit. nach Taschenbuch dtv, München 1987

Enzensberger, Hans Magnus (Hg.): Requiem für eine romantische Frau. Die Geschichte von Auguste Bußmann und Clemens Brentano, Berlin 1988

Fischer-Fabian, S.: Preußens Krieg und Frieden, München 1981

Frauenbriefe von und an Hermann Fürsten Pückler-Muskau. Aus dem Nachlaß neu hg. von Heinrich Conrad, München/Leipzig 1912

Freud, Sigmund: »Über einen besonderen Typus der Objektwahl beim Manne«, zuerst 1910. In: Gesammelte Werke VIII, Frankfurt a. M., 7. Aufl., 1978

Freyberg, Karl von: 100 Jahre Edelmannsleben, Regensburg 1928

Friederich, Johann Konrad: Vierzig Jahre aus dem Leben eines Toten, 3 Bde., Bd. 1, Berlin 1915

Friedrich Schleiermachers Briefwechsel mit seiner Braut Henriette von Willich, Gotha 1920

Gajek, Bernhard: »Bettine von Arnim und die bayerische Erweckungsbewegung.« In: Die Erfahrung anderer Länder, 247–271

Gersdorff, Dagmar von: Dich zu lieben kann ich nicht verlernen. Das Leben der Sophie Brentano-Mereau, Frankfurt a. M. 1984

Gersdorff, Dagmar von (Hg.): Lebe der Liebe und liebe das Leben. Der Briefwechsel von Clemens Brentano und Sophie Mereau, mit einer Einleitung hg. von D. v. G., Frankfurt a. M. 1981

Goethe und die Romantik. Briefe mit Erläuterungen. 1. Theil, hg. von Carl Schückekopf und Oskar Walzel, Weimar 1898

Goethe, Johann Wolfgang von: Hamburger Ausgabe, Hamburg 1948–1960

Goethe, Johann Wolfgang von: Sämtliche Werke, Deutscher Klassiker Verlag, II. Abteilung: Briefe, Tagebücher und Gespräche. Bd. 1 (28 der Gesamtausgabe): »Von Frankfurt nach Weimar«, hg. von Wilhelm Große; Bd. 6: Napoleonische Zeit I, hg. von Rose Unterberger

Goethe, Johann Wolfgang von: Tag- und Jahres-Hefte als Ergänzung meiner sonstigen Bekenntnisse, von 1749 bis 1806, 1830, WA 35

Goethes Briefwechsel mit seiner Frau, hg. von Hans Gerhard Gräf, 2 Bde., Frankfurt a. M. 1989

Goethes Leben von Tag zu Tag. Eine dokumentarische Chronik von Robert Steiger, Bd. I, Zürich/München 1982 ff.

Goethes Weimar. Das Lexikon der Personen und Schauplätze von Effi Briedrzynski, Weimar 1993

Goethes Werke. Hg. im Auftrage der Großherzogin Sophie von Sachsen, Weimar 1887-1919 (Weimarer Ausgabe oder Sophien-Ausgabe), fotomechanischer Nachdruck, München 1987

Görres, Joseph von: Ausgewählte Werke und Briefe, hg. von Wilhelm Schellberg, 2 Bde., Kempten/München 1911

Götze, Alfred: »Unveröffentlichtes aus dem Briefwechsel der Frau von Staël.« In: Zeitschr. f. frz. Sprache u. Lit., LXXVIII/3, 1968, 193 f., und LXXIX/3, 1969, 285 f.

Grimm, Ludwig Emil: Erinnerungen aus meinem Leben, hg. von Adolf Stoll, Leipzig 1911

Günderrode, Karoline von: Sämtliche Werke und ausgewählte Studien. Historischkritische Ausgabe von Walter Morgenthaler, Band I–III, Frankfurt a. M. 1990/91

Günzel, Klaus: Die Brentanos. Eine deutsche Familiengeschichte, Zürich 1993

Härtl, Heinz: Arnim und Goethe. Zum Goetheverhältnis der Romantik im ersten Jahrzehnt des 19. Jahrhunderts, Diss., Halle/Wittenberg 1971

Härtl, Heinz: »Briefe Arnims an Brentano aus dem Arnim-Nachlaß des Goethe-und-Schiller-Archivs. Mit zwei Gegenbriefen Brentanos an Arnim und einem Brief Arnims an Niebuhr im Anhang.« In: Neue Tendenzen der Arnimforschung, hg. von Roswitha Burwick und Bernd Fischer, Bern u. a. 1990, 120–197

Härtl, Heinz: »Briefe Friedrich Carl von Savignys an Bettina Brentano.« In: Wissensch. Zeitschrift der Martin-Luther-Universität Halle-Wittenberg, Gesellschafts- und staatswissenschaftl. Reihe 28, 2 (1979), 105–128

Härtl, Heinz: »Deutsche Romantiker und ein böhmisches Gut. Briefe Christian Brentanos, Friedrich Carl von Savignys, Achim von Arnims und Clemens Brentanos von und nach Bukowan 1811.« In: Brünner Beiträge zur Germanistik und Nordistik, Band II, 139–165, Univerzita J. E. Purkine 1980

Härtl, Heinz: »Zur geistigen Entwicklung des jungen Arnim.« Unveröff. Vortrag, gehalten beim Kolloquium »Arnims Jugend- und Reisejahre« der Arnim-Gesellschaft in Zernikow, Juli 1998

Härtl, Heinz, »Zwischen Tilsit und Tauroggen. Briefe Achim von Arnims an seinen Bruder Carl Otto von Arnim 1807–1812. Mit einem Briefwechsel Achim von Arnims und Wilhelm von Humboldts als Anhang.« In: Impulse 6, Berlin/Weimar 1983, 252–343

Hirsch, Helmut: Bettine von Arnim, 4. Aufl., Reinbek 1995

Humboldt, Wilhelm und Caroline von: Wilhelm und Caroline von Humboldt in ihren Briefen, hg. von Anna von Sydow, 7 Bde., Berlin 1906–1916

Kastinger Riley, Helene M.: Achim von Arnim in Selbstzeugnissen und Bilddokumenten, Reinbek 1979

Kastinger Riley, Helene M.: Achim von Arnims Jugend- und Reisejahre. Ein Beitrag zur Biographie mit unbekannten Briefzeugnissen, Bonn 1978

Kleist, Heinrich von: Sämtliche Werke, Brandenburger Ausgabe, hg. von Roland Reuß und Peter Staengle, Bd. II/7 und 8: Berliner Abendblätter I und II, Frankfurt a. M. 1997

Kleßmann Eckart: Die Mendelssohns. Bilder aus einer deutschen Familie, Zürich/München 1990

Kleßmann, Eckardt: Caroline. Das Leben der Caroline Michaelis-Böhmer-Schlegel-Schelling 1763–1809, München 1975

Kluckhohn, Paul: Die Auffassung der Liebe in der Literatur des 18. Jahrhunderts und in der deutschen Romantik, 2. Aufl., Halle 1922

Knaack Jürgen: Achim von Arnim – nicht nur Poet. Die politischen Anschauungen Arnims in ihrer Entwicklung, Darmstadt 1976

Knaack, Jürgen: »Ein unbekannter Briefentwurf Achim von Arnims.« In: Jahrbuch FDH 1972, 203–222

Koch, Rainer: »Lebens- und Rechtsgemeinschaften in der traditionalen bürgerlichen Gesellschaft: Die freie Reichsstadt Frankfurt am Main um 1800.« In: Frankfurt aber ist der Nabel dieser Erde. Das Schicksal einer Generation der Goethezeit, hg. von Christoph Jamme und Otto Pöggeler, Stuttgart 1983, 21–41

Labes, Caroline von: Lebensbeschreibung vom 13. 9. 1777, nach Typoskript-Abschrift im GSA

Levin-Derwein, Herbert: Die Geschwister Brentano. In Dokumenten ihres Lebens, o. O. 1927

Lewy, Ernst: »Die Verwandlung Friedrichs des Großen. Eine psychoanalytische Untersuchung.« In: Psyche Jg. 49, 8 (1995), 727–804

Maurer, Michael: Ich bin mehr Herz als Kopf. Sophie von La Roche. Ein Lebensbild in Briefen, München, 2. Aufl., 1985

Maxe von Arnim, Tochter Bettinas/Gräfin von Oriola 1818-1894. Ein Lebens- und Zeitbild aus alten Quellen geschöpft von Prof. Dr. Johannes Werner, Leipzig 1937

Memoiren eines deutschen Staatsmannes aus den Jahren 1788–1816, Leipzig 1833, Verf. von Hans Graf Schlitz, eigentlich von Labes

Mey, Hans-Joachim (Hg.): Im Namen Goethes. Der Briefwechsel Marianne von Willemer und Herman Grimm, Frankfurt a. M. 1988

Milch, Werner: Sophie La Roche. Die Großmutter der Brentanos, Frankfurt a. M. 1935

Moering, Renate: »Arnims künstlerische Zusammenarbeit mit Johann Friedrich Reichardt und Louise Reichardt. Mit unbekannten Vertonungen und Briefen.« In: Neue Tendenzen der Arnimforschung, hg. von Roswitha Burwick und Bernd Fischer, 198–279, Bern u. a. 1990

Moering, Renate: »Bettines Liedvertonungen.« In: Bettine v. Arnim – Studien 2 : »Der Geist muß Freiheit genießen …«, Bettine-Kolloquium Juli 1989, 67–75, Berlin 1992

Moering, Renate: »Bettines Musizieren im romantischen Kontext«, Nachwort zu: Bettine von Arnim, Lieder und Duette, Kassel 1996

Moering, Renate: Die offene Romanform von Arnims »Gräfin Dolores«. Mit einem Kapitel über Vertonungen Reichardts u. a., Heidelberg 1978

Montgomery-Silfverstolpe, Malla: Das romantische Deutschland. Reisejournal einer Schwedin (1825–1826), mit einer Einleitung von Ellen Key, Leipzig 1912

Müller, Friedrich von: Unterhaltungen mit Goethe, hg. von Renate Grumach, München 1982

Nagel, Carl: »Die Eltern des Dichters Achim von Arnim. Ein Beitrag zur Biographie.« In: Der Bär von Berlin 13, 1964, 89–99

Nenon, Monika: Autorschaft und Frauenbildung. Das Beispiel der Sophie von La Roche, Würzburg 1988

Nienhaus, Stefan: »Vaterland und engeres Vaterland. Deutscher und preußischer Nationalismus in der Tischgesellschaft.« In: Die Erfahrung anderer Länder, hg. von Heinz Härtl und Hartwig Schultz, 127–151

Novalis: Schriften, hg. von Paul Kluckhohn und Richard Samuel, 6 Bde. Darin: Das philosophische Werk I, hg. von Richard Samuel, Stuttgart u. a. 1981

Novalis: Werke, Tagebücher und Briefe Friedrich von Hardenbergs, hg. von Hans Joachim Mähl und Richard Samuel. 2 Bde., München/Wien 1978

Nyssen, Helge (später Pross): Zur Soziologie der Romantik und des vormarxistischen Sozialismus in Deutschland. Bettine von Arnims soziale Ideen. Diss., Düsseldorf 1950

Oesterle, Ingrid: »Achim von Arnim und Paris. Zum Typus seiner Reise, Briefe und Theaterberichterstattung.« In: Die Erfahrung anderer Länder, hg. von Heinz Härtl und Hartwig Schultz, 39–62

Ohff, Heinz: Ein Stern in Wetterwolken. Königin Luise von Preußen. Eine Biographie, München 1989

Preitz, Max: »Karoline von Günderrode in ihrer Umwelt.« I: Jahrbuch FDH 1962, 208–306. II: Jahrbuch FDH 1964, 158–236. III: Doris Hopp/ Max Preitz, Jahrbuch FDH 1975, 223–323

Prokop, Ulrike: Die Illusion vom Großen Paar, Bd. 1: Weibliche Lebensentwürfe im deutschen Bildungsbürgertum 1750–1770; Bd. 2: Das Tagebuch der Cornelia Goethe. Frankfurt a. M. 1991

Pückler-Muskau, Hermann Fürst von: Frauenbriefe von und an Hermann Fürsten Pückler-Muskau, hg. von Heinrich Conrad 1912

Püschel, Ursula: »Gewaltiges hat sich ereignet. Ein unveröffentlichter Brief Bettina von Arnims an ihre Schwester Meline vom 11. Februar 1831.« In: Internat. Jahrbuch der Bettina-von-Arnim-Gesellschaft, Bd. 5, 1993

Rahel Varnhagen im Umgang mit ihren Freunden (Briefe 1793–1833), hg. von Friedhelm Kemp, München 1967

Raumer, Friedrich von: Lebenserinnerungen und Briefwechsel, Erster Theil, Leipzig 1861

Ricklefs, Ulf: Kunstthematik und Diskurskritik. Das poetische Werk des jungen Arnim und die eschatologische Wirklichkeit der »Kronenwächter«, Tübingen 1990

Ricklefs, Ulf: »Ahasvers Sohn.« Unveröffentlichter Vortrag, gehalten in Wiepersdorf beim Kolloquium »Universelle Entwürfe – Integration – Rückzug: Arnims Berliner Zeit 1809–1814«, Juli 1997

Sailer, Johann Michael: Die Weisheit auf der Gasse oder Sinn und Geist deutscher Sprichwörter. Nachwort von Carl Amery, Frankfurt a. M. 1996

Schlegel Friedrich: Literarische Notizen 1797-1801. Literary Notebooks, hg. von Hans Eichner, Frankfurt a. M. u. a. 1980

Schlegel, Friedrich: Lucinde, zusammen mit Friedrich Schleiermacher, Vertraute Briefe über Schlegels »Lucinde«, Nachwort von Henriette Beese, Frankfurt a. M. u. a. 1980

Schlegel, Friedrich: Theorie der Weiblichkeit, hg. von Winfried Menninghaus, Frankfurt a. M. 1983

Schwaiger, Georg und Mai, Paul (Hg.): Johann Michael Sailer und seine Zeit, Regensburg 1982

Steig, Reinhold: »Der Herzensroman eines märkischen Romantikers.« In: Vossische Zeitung, Sonntagsbeilagen für das Jahr 1912, Nr. 80, Sonntagsbeilage 4, 27–30

Steinsdorff, Sybille von: »›... durch Convenienz sehr eingeschraubt ...‹ Versuch über Meline Brentano – von Guaita.« In: Die Brentanos. Eine europäische Familie, hg. von Konrad Feilchenfeldt und Luciano Zagari, Tübingen 1992

Stoll, Adolf: Friedrich Carl von Savigny. Ein Bild seines Lebens mit einer Sammlung seiner Briefe, Bd. 1, Berlin 1927

Varnhagen von Ense, Karl August: Werke in fünf Bänden, hg. von Konrad Feilchenfeldt. Bd. 3: Denkwürdigkeiten des eigenen Lebens, Frankfurt a. M. 1987; Bd. 4: Biographien, Aufsätze, Skizzen, hg. von Feilchenfeldt und Ursula Wiedenmann, Frankfurt a. M. 1990; Bd. 5: Tageblätter, hg. von Feilchenfeldt, Frankfurt a. M. 1994

Völker, Werner: Der Sohn August von Goethe, Frankfurt a. M. 1992

Vordtriede, Werner: »Bettine und Goethe in Teplitz.« In: Jahrbuch FDH 1963, 343–365

Weiss, Hermann F. (Hg.): Unbekannte Briefe von und an Achim von Arnim aus der Sammlung Varnhagen und anderen Beständen, Berlin 1986

Weiss, Hermann F.: »Unveröffentlichte Briefe Achim von Anims nebst andern Lebenszeugnissen. I: 1793-1810.« In: Lit.wiss. Jahrbuch der Görresgesellschaft, N. F. 28 (1980), 69–169

Weiss, Hermann F.: »Unveröffentlichte Briefe Achim von Anims nebst andern Lebenszeugnissen. II: 1811–1830.« In: Lit.wiss. Jahrbuch der Görresgesellschaft, N. F. 29, (1981), 71–154

Wielands Briefwechsel, hg. von der Deutschen Akademie der Wissenschaften zu Berlin, 5 Bde., Berlin 1963–1983

Wilhelmy, Petra: Der Berliner Salon im 19. Jahrhundert (1780–1914), Berlin/New York 1989

Wingertszahn, Christof: Ambiguität und Ambivalenz im erzählerischen Werk Achim von Arnims. Mit einem Anhang unbekannter Texte aus Arnims Nachlaß, St. Ingbert 1990 (Saarbrücker Beiträge zur Lit.wiss., Bd. 23)

Wingertszahn, Christof: »Arnim in England.« In: Die Erfahrung anderer Länder, hg. von Heinz Härtl und Hartwig Schultz, 81–103

Wingertszahn, Christof: Chronik zu Arnims Leben bis 1809, unveröff.

Wolf, Christa: Karoline von Günderrode. Der Schatten eines Traumes, Berlin 1979

Wolff, Eugen: Mignon. Ein Beitrag zur Geschichte des Wilhelm Meister, München 1909

BILDNACHWEIS

Archiv für Kunst und Geschichte, Berlin: S. 67, 137, 425
Archiv Hildegard Baumgart: S. 43, 261, 273, 285, 329, 405, 419, 423
Freies Deutsches Hochstift, Frankfurter Goethe-Museum: S. 41, 53, 65, 75, 121, 249, 315, 316, 353, 391, 393
Horst Janssen: 385
Museum Hanau, Schloß Philippsruhe: 359
Schiller-Nationalmuseum, Deutsches Literaturarchiv, Marbach: S. 181, 221
Stiftung Weimarer Klassik: S. 245 (Foto: Toma Babovic), 401 (GSA 03/UF4)
Ursula Edelmann: S. 31

REGISTER

Aeneas Sylvius (Papst) 321

Agoult, Graf de' 219 (Fn.)

Aloys und Rose (Arnim) 98

Amery, Carl 356

Angelika die Genueserin und Cosmus der Seilspringer (Arnim) 350

Ansbach, Wilhelmine von 21

Aremberg, Herzog von 167

Ariels Offenbarungen (Arnim) 96, 118, 128, 169, 182

Ariost 167

Armut Reichtum Schuld und Buße der Gräfin Dolores (Arnim) 201, 222, 227, 335, 360, 362, 364 f., 407, 426

Arndt, Ernst Moritz 333

Arnim, Achim von (Ururenkel) 371

Arnim, Amalie Caroline von s. Labes, Amalie Caroline von

Arnim, Carl Otto von 23, 25, 29 (Fn.), 32, 57, 72, 126, 186, 193 (Fn.), 216, 301, 321, 373, 427

Arnim, Gisela von 230 (Fn.)

Arnim, Joachim Erdmann von 22 (Fn.), 23, 24, 30 (Fn.), 32, 48, 126, 175 (Fn.), 186

Arnim, Siegmund von 247

Arnim, Johannes Freimund von 371, 426

Arnim-Boitzenburg, Graf 334

Arnstein, Fanny von 412 (Fn.)

Athenäum (Zeitschrift) 15 f., 280

Baader, Franz 315 f., 345

Bassewitz-Schlitz, Adele von 29 (Fn.)

Beethoven, Ludwig van 376, 380, 406, 412, 414

Bennigsen, Levin August Gottlieb 202

Berg, Caroline von 342

Bernadotte (General Napoleons) 177

Bethmann, Catharina Elisabetha 36, 49, 78

Bethmann, Simon Moritz von 110 (Fn.), 112, 114, 166, 196, 219 (Fn.), 286 f.

Bianconi (Verlobter von Sophie von La Roche) 51

Bihler, Alois 350, 376 (Fn.)

Birkenstock, Melchior von 376

Blücher, Gebhard Leberecht 194

Boccaccio, Giovanni 324

Bodmer 51 (Fn.)

Bohlen, Gräfin 281

Böhme, Jakob 316

Bopp (Klaviermeister) 313

Bostel, Hans von 171

Brentano, Achim Ariel 129

Brentano, Anna 37

Brentano, Anton 37 f., 83 (Fn.), 107

Brentano, Caroline 37

Brentano, Christian 37, 45, 67, 107, 144, 171, 173, 218, 326, 378

Brentano, Clemens 14 f., 27, 32, 37, 45–48, 55 f., 59–64, 66–87, 89, 92–98, 101–110, 112–117, 119 f., 122, 124 f., 127–135 (Fn.), 138 ff., 144, 146 f., 152–155, 157–161, 163 ff., 167, 169–173, 177–184, 186–189, 191 ff., 196, 198, 204, 209, 212, 215–220, 222, 225–229, 231 ff., 239, 241 f., 244, 246, 249–253, 256, 258, 262, 268, 270, 279 ff., 283, 288, 291, 297 ff., 302 ff., 306, 308, 313 f., 316, 325–328, 331 ff., 339–343, 348 f., 352, 354 f., 358, 360, 362, 365 ff., 369 f., 376 f., 381, 386, 388, 394, 403–408, 410, 414 ff., 420–426

Brentano, Dominicus 37, 38 (Fn.), 45, 83 (Fn.), 107

Brentano, Franz 37 f., 40, 46, 131 ff., 151, 170, 240 f., 252, 277, 295, 375

Brentano, Georg 37, 107, 114, 131

Brentano, Gunda s. Savigny, Gunda

Brentano, Joachim Ariel 66

Brentano, Lulu (Ludovica) 37, 45, 49, 102, 133 f., 144, 164, 241, 367

Brentano, Maria 37

487

Brentano, Meline (Magdalena) 37, 45, 49, 58, 102, 134, 144, 147, 152, 155, 167, 171, 196, 223, 244, 257 f., 307, 367, 419, 420 (Fn.)

Brentano, Paula 37, 46

Brentano, Peter 37, 38 (Fn.), 46

Brentano, Peter Anton 36–41, 44f., 47 ff., 54 f., 82, 83 (Fn.), 132, 229

Brentano, Sophie 37, 46, 58, 61, 83, 166, 305

Brentano, Susanna 37

Brentano, Toni 375 f., 414

Brühl, Sophie Gräfin 342

Buff, Charlotte 237, 239, 402,

Bülow, Friedrich Wilhelm Freiherr von 201

Bülow, Hans von 219 (Fn.)

Bürger, Gottfried August 158

Burgsdorff, Wilhelm von 224

Bußmann, Auguste 14, 218 f., 226, 259 ff., 283, 291, 298 f., 326 f., 342 f.,

Carriere, Moritz 147 (Fn.)

Chaucer, Geoffrey 324

Choiseul, Herzog von 167

Claudius, Matthias 340, 356

Clausewitz, Carl von 342, 416

Clemens Brentanos Frühlingskranz (Bettine) 36, 45, 55, 66, 76, 78, 80 f., 92, 101, 107 f. 110 (Fn.), 113, 115, 163, 167, 232

Constant, Benjamin 286

Corinne ou l'Italie (Staël) 286

Creuzer, Friedrich 140, 143, 146 f., 148 ff., 165, 168, 260, 297 f., 302

Creuzer, Sophie 140

Dalberg, Carl Theodor von 154, 167, 189, 260, 283

Daub, Karl 150

Daum, Caroline 27 ff.

Daum, Gottfried Adolf 22, 27

De la literature considerée (Staël) 99 (Fn.)

De l'Allemagne (Staël) 256, 286 f.

Delphine (Staël) 285 f.

Dichtung und Wahrheit (Goethe) 237, 399, 404

Dieses Buch gehört dem König (Bettine) 240

Dieterich (Oberkonsistorialrat) 21, 209

Dieterich (Verleger) 68, 90, 118

Dieterich, Henriette 90, 120

Dohna-Altenstein 332

Drama Ponce de Leon (Brentano) 128 (Fn.)

Drewitz, Ingeborg 17

Driesen 208

Dürer, Albrecht 346

Eichendorff, Joseph von 202, 268, 279, 303 f.

Ein feste Burg ist unser Gott (Luther) 194

Eixdorfer (Kanonikus) 350

Elsermann 258

Erzählungen von Schauspielen (Arnim) 118

Essai sur les fictions (Staël) 99 (Fn.)

Europa (Schlegel) 118

Faust (Goethe) 70, 201, 267

Fichte, Johann Gottlieb 13, 108 f., 183, 201, 342, 366, 416

Finckenstein, Henriette von 196

Flavigny, Alexandre de, Vicomte 219 (Fn.)

Flemming, Friedrich Ferdinand 131

Franz, Kaiser von Österreich 333

Franz Sternbalds Wanderungen (Tieck) 195

Fredersdorff, Michael Gabriel 28 f., 370

Freud, Sigmund 124

Freyberg, Max Prokop Freiherr von 352, 357, 376 (Fn.), 377–396, 402 ff., 409 ff., 414, 417, 424

Friederike (Schwester von Luise) 26

Friedrich der Große 21, 24, 28 f., 55, 126, 176, 186, 305 (Fn.), 366

Friedrich III., Kurfürst 291

Friedrich Wilhelm I. 27

Friedrich Wilhelm III. 16, 176 f., 205, 211, 416

Friedrich Wilhelm IV. 167

Frischlin, Philipp Nicodemus 131

Frohreich (Diener) 159, 199, 278, 331

Frommann (Verleger) 264

Gachet, Louise de 77, 106 f.

Genoveva (Tieck) 196

Gerning, Johann Isaak von 114, 166

*Geschichte des Fräuleins von Sternhagen,
Die* (S. La Roche) 50, 52, 54

Gespräche mit Dämonen (Bettine) 240

Gneisenau, August Wilhelm Anton 201,
342

Godwi (Brentano) 64, 68 (Fn.), 70, 104

Goethe, August von 178, 265, 284

Goethe, Catharina Elisabeth (Frau Rat)
39, 76, 148 f., 152–155, 167, 195 f.,
236–242, 246, 251 f., 254 f., 265, 298

Goethe, Christiane von 233, 254, 265,
275, 321, 397 f., 400 (Fn.)

Goethe, Cornelia 114 (Fn.), 239

Goethe, Johann Wolfgang von 16, 32,
34 f., 36 (Fn.), 42, 44, 46, 51 f., 54 f.,
59–62, 75, 91, 97, 99 (Fn.), 107, 109,
114 (Fn.), 117 (Fn.), 135, 148 f.,152 f.,
155, 158, 161, 170, 178 f., 181, 183 f., 187,
198, 209, 214, 218, 223, 228–232,
234–240, 242, 244, 246–249, 251, 253,
255–259, 262–265, 267 f., 270, 275,
278, 280 f., 283 f., 286, 288 f., 291,
293, 295, 298, 308 ff., 314 f., 320 f.,
323 ff., 327 f., 335, 337, 339, 346 f., 349,
351–355, 357, 360 ff., 364 f., 376 ff.,
384, 395–403, 406, 411 ff., 417, 423

Goethes Briefwechsel mit einem Kinde
(Bettine) 47, 146 (Fn.), 147, 149, 230,
232, 242 (Fn.), 244, 250, 254, 376
(Fn.), 397

Gontard, Henry und Susette 166

Görres, Joseph 279 f., 298, 304, 325,
328, 426

Gotha, Herzog von 167

Gotter, Pauline 309

Götz von Berlichingen (Goethe) 310, 408

Grassini, Giuseppa 117, 120, 122, 124 ff.,
313

Grimm, Hermann 230 (Fn.)

Grimm, Jacob 159, 171, 258, 262, 280,
319, 325, 360, 362 f., 381, 407 f., 413 f.,
427

Grimm, Ludwig Emil 262, 309, 314, 316,
319, 325, 345, 350, 352 ff., 357, 375, 414

Grimm, Wilhelm 159, 258, 262, 280,
319, 325, 327, 343, 360, 364, 381,
407 f., 413 f., 426 f.

Grolman, Karl Wilhelm Georg 201

*große Arbeit einer Lebensansicht,
Die* (Arnim) 322

Gryphius, Andreas 131, 407

Guaita, Georg Friedrich von 134, 367

Günderode, Die (Bettine) 48, 54 f., 80,
101 (Fn.), 110 (Fn.), 132, 135, 142–145,
166 f., 185,

Günderrode, Karoline von 77 ff., 94,
107, 110, 115, 134–157, 163 ff., 168 f.,
171, 185, 191 f., 195, 198, 236, 238 f.,
251, 260, 268, 340, 379

Halle und Jerusalem (Arnim) 62 (Fn.),
212, 360, 407, 409 f., 415, 423

Hamilton, Lady 125 (Fn.)

Hardenberg, Karl August 201, 406, 416

Hastfer, Helmina von 98 (Fn.)

Hebbel, Christian Friedrich 363

Hedemann 416

Heinse, Wilhelm 53 f.

Herder, Johann Gottfried von 68, 158

Herzlieb, Minchen 264, 402

Heß, Ludwig 314

Heyden, Susanne von 140

Heyer, Konrad Friedrich 60

Hitzig (Buchhändler) 407

Hölderlin, Friedrich 14, 166

Hofer, Andreas 332 f.

Hoffmann (Musiklehrer) 169

Hollins Liebeleben (Arnim) 35, 68 f., 73,
75, 90 ff.

Homer 172, 282

Horaz 30

Horen (Goethe, Schiller) 280

Huber 386

Humboldt, Alexander von 183

Humboldt, Caroline von 15

Humboldt, Wilhelm von 15, 307 f., 312,
322 ff., 349, 365 f., 406

Iffland, August Wilhelm 416

Ilius Pamphilius und die Ambrosia
(Bettine) 240

Iphigenie (Goethe) 34, 233

Jacobi, Anna 340 f., 345
Jacobi, Friedrich Heinrich 53, 306, 308, 310 ff., 315, 323, 340, 349, 356, 357
Jacobi, Lene und Lotte 356 f.
Jacobi, Max 340
Jagemann, Caroline Friederike 180, 320
Jean Paul (Johann Paul Friedrich Richter) 280
Jordis, Johann Karl 133 (Fn.), 134, 218, 241 f., 257, 259,
Jurine 98

Kalb, Charlotte von 104
Kant, Immanuel 201
Karl August, Herzog von Sachsen Weimar 180, 229
Karsch, Anna Luise 30
Kerner, Justinus 280
Kestner, Theodor Friedrich Arnold 42, 60, 90, 237
Kierkegaard, Sören Aabye 363
Kleist, Heinrich von 214, 366, 406 f., 416
Knaben Wunderhorn, Des (Arnim/ Brentano) 12, 157, 160, 163 f., 175, 178 f., 183, 187 f., 194, 259, 268, 272, 282, 294, 298, 314, 320, 415
Klosterbeere, Die (Bettine) 47
Köppen, Frau Kriegsrat 21 f.
Krüdener, Barbara Juliane von 212
Kühn, Sophie von 14

Labes, Amalie Caroline von 21 ff., 25 f., 29 f., 32 f., 50, 54 f., 57, 71 f., 86 f., 117, 124, 175, 179, 199, 216, 295, 297, 334, 371, 373
Labes-Schlitz, Hans von 21, 25 f., 29 f., 34, 72 f., 92, 117 f., 185 f., 199, 209, 295, 305, 370 ff.
Labes (Großvater) 34, 186
Lafontaine, August Heinrich 34, 232 (Fn.)
La Roche, Carl von 55, 339,
La Roche, Franz von 49, 55
La Roche, Georg Michael Franck 51, 278
La Roche, Luise von 55, 230

La Roche, Maximiliane von 36 ff., 41–45, 53–56, 82, 83 (Fn.), 209, 229, 236 ff., 254, 257, 278, 361
La Roche, Sophie von 35, 42, 49–58, 74, 76, 97 f., 104, 106, 108, 111, 155, 164, 209, 230, 237 ff., 347
Lavater, Johann Kaspar 239, 356
Leiden des jungen Werther, Die (Goethe) 91, 229, 232, 237, 310
Lenz 54
Levetzow, Ulrike von 402
Levin, Rahel 15, 17, 115, 123, 129, 190, 320, 366
Levy, Sara 412
Lichnowski, Felix Prinz von 416
Lindner, Emilie 125 (Fn.)
Lindpaintner, Peter 345, 350
Liszt, Franz 219 (Fn.)
Loeben, Otto Heinrich Graf von 304 (Fn.)
Lohenstein 131
Louis Ferdinand, Prinz von Preußen 180, 199, 202, 213
Lucchesini, Girolamo Marchese (preußischer Gesandter) 177
Lucinde (Schlegel) 13, 16, 247
Ludwig, Kronprinz von Bayern 167, 310 f.
Luise, Königin von Preußen 16, 176, 184, 198, 201, 209, 211, 213 f., 342, 394, 404
Luther, Martin 44, 194 f.

Marcello, Benedetto 350
Mariannina (Kammermädchen) 349 f.
Meierotto, Johannes Heinrich Ludwig 34
Melete (Günderrode) 143 (Fn.)
Mendelssohn, Dorothea s. Veit, Dorothea
Mendelssohn, Henriette 76
Mendelssohn, Moses 76
Mendelssohn Bartholdy, Felix 406 (Fn.)
Merck 53, 239
Mereau, Sophie 12, 15, 49, 63 f., 66 f., 102, 104, 109 ff., 113 ff., 119, 124, 129 f., 132 ff., 153, 165, 169 f., 196, 217 f., 268

Mistris Lee (Arnim) 324, 326 f.

Möhn, Louise *s.* La Roche, Luise von

Molitor, Franz Joseph 284

Montgelas, Maximilian Graf von 306, 356,381

Montgomery-Silfverstolpe, Malla 46, 232, 249 f.

Mörike, Eduard 202

de la Motte-Fouqué, Friedrich 416

Motz, Carl Ämilius von und Gerhard Heinrich von 375

de Moy de Sons, Charles Antoine 305 f., 314

de Moy de Sons, Marianne Elisabeth 338

Mozart, Wolfgang Amadeus 313

Müller, Adam 321, 416

Napoleon 18, 98, 99 (Fn.), 120 ff., 124, 176 ff., 189, 194 (Fn.), 204 f., 211, 215, 259 f., 262, 303, 311, 322, 332

Natürliche Tochter, Die (Goethe) 97

Necker, Jacques 99 (Fn.)

Necker-Curchod, Susanne 99 (Fn.)

Nees von Esenbeck, Lisette 150

Nelson und Meduse (Arnim) 125

90 und 3 Sonete (Arnim) 282

Nicolai, Christoph Friedrich 158

Nostitz, Johann Karl Georg von 180, 213

Novalis 13–16, 21, 56, 84

Oehlenschläger, Adam Gottlob 287

Opitz, Martin 131

Palm (Buchhändler) 194

Paul, Jean *s.* Jean Paul

Pestel, Elisabeth von 305

Piautaz, Claudine 46, 148 (Fn.)

Pistor, Carl Philipp Heinrich 342, 405

Platon 256

Pückler-Muskau, Herrmann Fürst von 107, 185, 250, 397

Radziwill, Anton Heinrich 201, 209, 226, 361, 366, 404, 415 f.

Raumer, Friedrich von 34, 60, 90, 416

Reichardt, Johann Friedrich 117, 125,

158, 182 f., 187, 194, 201, 209, 215, 222, 224, 228, 258, 319, 361, 405 f.,

Reichardt, Louise 12, 120, 187, 319, 361, 414, 427

Reimer (Buchhändler) 364, 416

Reinhard, Franz Volkmar 365

Riemer, Friedrich Wilhelm 259, 263, 265, 397

Righini, Vincenzo 406

Ringseis, Johann Nepomuk 351

Robinson, Henry Crabb 67, 235

Rölleke, Heinz 160

Romanzen vom Rosenkranz (Brentano) 343

Römische Elegien (Goethe) 233

Rottenhof, Friederike Anna Ernestine von 37

Rumohr, Karl Friedrich 196, 310, 345, 348

Sailer, Johann Michael 355 ff., 366, 385, 388, 421 (Fn.)

Salvotti, Antonio, Freiherr von Eichenkraft und Bindeburg 349 f.

Saussure, Horace Bénédikt de 92

Savigny, Franz von 152 f., 312, 338

Savigny, Friedrich Carl von 59 f., 63, 69, 75, 79, 81, 94, 97, 102, 114, 127, 133 f., 136, 139 f., 143 f., 149, 152, 154 f., 163–166, 169, 171, 184 f., 188, 191, 196, 204, 213, 229, 238, 241, 244, 250, 253, 256 ff., 262, 267, 278 f., 283, 288, 298 f., 302 (Fn.), 306 f., 312, 314, 316, 322, 324 f., 328, 336–340, 345, 348, 355, 357, 360, 365 f., 375–379, 386, 402, 406, 411, 416, 421 f., 424, 427

Savigny, Gunda von (geb. Brentano) 37, 45 f., 49, 58 f., 61, 75, 79, 83, 96, 103, 105, 112 ff., 134, 138 ff., 144, 147, 152 f., 165, 166 (Fn.), 169 f., 232 (Fn.), 241, 245, 257, 293, 312, 337, 345, 366, 383, 386, 406, 411, 413, 419, 421 f., 424, 427

Savigny, Bettina von 169 f., 312

Schelling, Caroline 15, 115, 123, 308, 310,

Schelling, Friedrich Wilhelm Joseph 15, 60, 108, 306, 308 f., 312, 315 f.

Schenkendorff, Max von 333
Schill, Ferdinand von 332 f., 342
Schiller, Friedrich von 13, 15 f., 54, 104,
    194 f., 234, 279, 295, 309 (Fn.), 321
Schiller, Charlotte von 321
Schlabrendorff, Gustav Graf von 118,
    201
Schlegel, August Wilhelm 15, 232 (Fn.),
    286 f.
Schlegel, Caroline s. Schelling, Caroline
Schlegel, Dorothea 15, 117, 247, 280, 286
Schlegel, Friedrich 13 ff., 57, 76, 98
    (Fn.), 108, 117 f., 280, 308 (Fn.)
Schleiermacher, Friedrich Daniel 342,
    366, 412 (Fn.), 416
Schlitz, Graf Görz zu 26, 305
Schlitz, Hans von (Onkel) s. Labes-
    Schlitz, Hans von
Schlitz, Luise von (Tante) 26, 34, 186,
    305, 411
Schlosser, Fritz 167, 236 (Fn.)
Schmid, Siegfried (Prediger) 422
Schneider, Georg Abraham 404
Schönemann, Lili 237
Schopenhauer, Johanna 257, 320
Schumann, Clara 15
Schumann, Robert 15 f.
Schwinck, Auguste 125, 207, 209, 211 f.,
    216 ff., 220, 222, 225, 228, 259, 268 f.,
    274 f., 287, 301, 334, 363, 389
Schwinck, Charlotte 208–214, 220,
    224–227, 334 ff.
Servière, Karoline 148, 150
Shakespeare, William 34, 196, 252, 362,
    408
Sismondi, Jean Charles Léonard 286 f.
Sophokles 222
Splittgerber, David 27
Stadion, Johann Philip Graf von 307
Staegemann, Friedrich August
    (Wirtschaftspolitiker) 209, 212, 333,
    412 (Fn.), 416
Staegemann, Elisabeth 209
Staël, Germaine de 99, 256, 285 ff.,
    292 f., 302
Stein, Heinrich Friedrich Karl Freiherr
    von 201, 209, 239, 303, 322, 332, 342

Stein, Charlotte von 321, 400, 402, 417
Stolberg, Auguste 237, 356
Ströhling, Eduard Peter 66, 120

Tian (Günderrode) 143 (Fn.)
Tieck, Friedrich 63, 287
Tieck, Ludwig 63, 70, 154, 184, 195–198,
    201, 224, 258, 270, 280, 309 f., 310,
    312, 349
Torquato Tasso (Goethe) 233
Trippel, Alexander 257
Trösteinsamkeit (Arnim) 282, 298
Tscherning, Andreas 131

Uhland, Johann Ludwig 280

Varnhagen van Ense, Rahel s. Levin,
    Rahel
Varnhagen von Ense, August 15, 189,
    282
Veit-Mendelssohn, Dorothea 12 f., 98
    (Fn.), 123, 308 (Fn.)
Vergil 282
Verlohren, Hauptmann von 399
Versöhnung in der Sommerfrische, Die
    (Arnim) 409
Voß, Johann Heinrich 282, 304, 306,
    320, 323
Voß, Louise Gräfin 342
Voß, Sophie Gräfin 342, 366, 418
Vulpius, Christian August 408

Wagner, Cosima 219 (Fn.)
Wagner, Richard 219 (Fn.)
Wahlverwandtschaften, Die (Goethe)
    336, 357–361, 365, 407, 422
Wallenstein (Schiller) 188, 194
Walzerlied (Brentano) 122 f.
Weise, Christian 310 (Fn.)
Weishaupt, A. 356 (Fn.)
Werner, Zacharias 287
West-östlicher Diwan (Goethe) 36, 230
Wieland, Christoph Martin 50 ff., 254,
    347
Wieland, Regina Catharina 51
Wiesel, Pauline 202
Wilhelm Meisters Lehrjahre (Goethe) 16,
    108, 233, 235 f., 252, 310

Willemer, Magdalena 36
Willemer, Marianne von 230, 402
Wilke (Vormund) 175
Winkelmann, Stephan August 60, 64, 66, 70, 75
Wintergarten, Der (Arnim) 125, 194, 299, 321, 324 f., 327 f., 343, 352
Winter, Peter von 126, 313, 324, 339, 345 f.
Wißmann, Friedrich Ludwig August 201, 212, 220, 334
Wolf, Friedrich August 322, 416
Wollstonecraft, Mary 119 (Fn.)

Wolzogen, Karoline von 321
Wrangel, Ludwig von 97

Zeitung für Einsiedler 268, 279–282, 287, 294, 298, 311, 314, 320, 328
Zeller, Franz Anton 66
Zelter, Carl Friedrich 366, 406, 412 (Fn.), 422 (Fn.)
Ziegesar, Sylvie von 402
Zimmer, Johann Georg 278, 281, 328, 407
Zylinicky (Zylmitzki) 210

Hartwig Schultz
Schwarzer Schmetterling

Mit seinem Buch *Schwarzer Schmetterling* legt der Romantikforscher Hartwig Schultz die erste moderne Biografie des romantischen Dichtergenies Clemens Brentano vor. In zwanzig Kapiteln entwirft Schultz ein neues Bild eines der begabtesten und zugleich rätselhaftesten Künstler der deutschen Literatur.

»… eine Biografie, die Schultz mit schönem Elan und in einem oft glänzenden Stil zu erzählen versteht.«

DIE ZEIT

»Extreme hat das ruhelose Leben von Clemens Brentano genug zu bieten. Wohl auch deshalb fehlte seit langem eine Lebensgeschichte. Jetzt ist sie da: klug als Folge von Schlaglichtern angelegt, die das poetische Chaos überschaubar machen. … Das Buch macht neugierig auf seine Dichtungen – genau das, was eine Biogafie tun sollte.«

kulturSPIEGEL

BERLIN VERLAG